DSCG 2

Finance

Manuel et applications

Alain Donadio
Emmanuelle Nègre
Marie-Anne Verdier
Taher Hamza
Firas Batnini

Vuibert

ISBN 978-2-311-40432-6

Composition couverture : Les Paoistes
Composition maquette : Caroline Delavault

Site Internet : http://www.vuibert.fr

Sommaire

Présentation de l'épreuve

UE 2 - ÉPREUVE ÉCRITE

Niveau Master : 140 heures - 15 ECTS - Cœfficient 1

Le programme reprend les bases de DCG de Finance d'entreprise (UE 6) en les approfondissant et en y intégrant de nouvelles dimensions comme le diagnostic des groupes ou les options réelles.

Déroulement de l'épreuve

Jusqu'à maintenant, l'épreuve s'est toujours décomposée en deux parties indépendantes :

– Une partie technique présentant un cas pratique de 5 à 8 pages où le candidat est régulièrement amené à présenter un diagnostic financier, à résoudre des problèmes calculatoires de finance d'entreprise ou de marché, de répondre à des questions de cours. Cette partie représente généralement les trois-quarts de la note finale (75 points sur 100) et suppose donc que le candidat y consacre environ 2 heures de temps.

– Une partie analytique de réflexion le plus souvent accompagnée d'une documentation de 2 à 4 pages. Le candidat doit répondre à la problématique de manière claire, structurée (introduction, développement en deux ou trois parties, conclusion) et synthétique (pas plus de 4 pages). Cette partie compte généralement pour un quart de la note finale (25 points sur 100) et suppose que le candidat y consacre environ 1 heure de temps. On attend dans cette partie que le candidat mobilise des développements théoriques.

Durée totale de l'épreuve : 3 heures.

Compétences attendues

Pour la première partie, le candidat devra montrer ses capacités :

– à comprendre et interpréter des documents financiers décrivant la situation d'une organisation ;

– à expliquer des techniques ou des modèles utiles à la résolution des problèmes qui se posent ;

– à évaluer de manière calculatoire des éléments de l'organisation (instruments financiers, patrimoine, etc.) à partir de modèles financiers précis ;

– à apprécier des décisions prises ou envisagées par l'organisation ;

– à présenter des propositions susceptibles de répondre à un problème particulier.

Pour la seconde partie, le candidat montrera **:**

– au niveau du fond, sa capacité à faire le lien entre le sujet posé, les documents annexés, les apports théoriques du cours (avec référence aux auteurs) et l'actualité financière ;

– au niveau de la forme, un effort conséquent est attendu sur la lisibilité de la copie, la syntaxe, l'orthographe et la structure..

Cette épreuve exige une bonne maîtrise des concepts et des théories, une capacité à prendre du recul sur la technique de manière à en comprendre les fondements, à savoir la critiquer et l'utiliser à bon escient.

Marchés financiers : organisation, fonctionnement et acteurs

Chapitre 1

Sens et portée de l'étude	Notions et contenus
Les marchés financiers constituent des mécanismes d'allocation des ressources et de rémunération de l'épargne. Ils apportent des moyens de financement à l'ensemble de l'économie (entreprises, institutions financières, État). Ils offrent, enfin, des instruments sophistiqués de gestion des risques.	Définition et historique des marchés financiers en France. Typologie des marchés financiers. Organisation et fonctionnement des marchés financiers.

Le marché financier est un lieu de rencontre entre les émetteurs de titres financiers qui ont des besoins de financement, et les investisseurs. Il constitue un mécanisme d'**allocation des ressources** et de rémunération de l'épargne, et un moyen de financement de l'économie. L'autre fonction capitale des marchés financiers est de permettre la **gestion des risques** qui surviennent au sein de l'économie réelle et de la sphère financière.

1. Définition et historique des marchés financiers en France

1.1 Définition d'un marché financier

C'est un lieu d'échange entre acheteurs et vendeurs, par la confrontation de l'offre et de la demande de titres financiers afin de conclure des transactions. Ce lieu de rencontre est, depuis plusieurs décennies, dématérialisé et non plus physique, grâce aux évolutions technologiques (informatique, communication, etc.).

Les marchés financiers constituent un **lieu de rencontre** entre les émetteurs de titres financiers et les investisseurs. Ils sont essentiels pour assurer le financement des différents acteurs de l'économie. Les marchés financiers reflètent en permanence l'opinion des acteurs économiques sur la situation de l'économie nationale et internationale. Les transactions sur ces marchés s'effectuent à des coûts réduits (marché secondaire), dans le cadre d'une transparence de l'information, et permettent la **liquidité du patrimoine** des porteurs de titres.

1.2 Historique des marchés financiers en France

1983	Création du second marché (SM)
	Suppression de la double cotation comptant/terme
	Mise en place du règlement mensuel (RM)
1984	Dématérialisation des titres

1986	Création MATIF (Marché à terme des instruments financiers devenu marché à terme international de France).
	Démarrage de la cotation en continu avec 50 valeurs du RM.
	Désintermédiation et création du marché des titres de créances négociables (TCN) sur le marché monétaire.
1987	Lancement de l'indice CAC40 sur la base de 1 000 points. La Bourse bascule vers la cotation en continu des valeurs et devient par ailleurs un lieu dématérialisé.
	Ouverture du MONEP (Marché des options négociables de Paris).
1988	Mise en place des nouvelles institutions boursières : SBF (société des bourses françaises), CBV (Conseil des bourses de valeur).
1989	Libération des courtages.
1990	Suppression du contrôle des changes.
	Démarrage du système RELIT (Règlement et livraison de titres).
1996	Création du nouveau marché (NM).
1997	Suppression du marché hors-cote.
2000	Suppression du marché RM et lancement du SRD (service à règlement différé).
	Création d'Euronext par la fusion des bourses de Paris, 'Amsterdam et Bruxelles.
2001	Introduction en bourse de la société Euronext.
2003	Le conseil des marchés financiers (CMF), le Conseil de discipline et de gestion financière (CDGF) et la Commission des opérations de bourse (COB) ont été réunis au sein d'une nouvelle institution, l'Autorité des marchés financiers (AMF).
2005	Création du marché « réglementé » unique : Eurolist avec trois compartiments : A, B et C. Eurolist remplace le premier marché, le second marché et le nouveau marché.
2007	Fusion d'Euronext avec le New York Stock Exchange (NYSE) pour donner naissance à NYSE Euronext.
2013	Fusion entre les opérateurs boursiers NYSE Euronext et l'américain ICE, la nouvelle entité porte le nom d'Euronext.

2. La typologie des marchés financiers

Afin de comprendre les mécanismes de fonctionnement des marchés financiers, il est impératif d'expliciter les différentes typologies des marchés financiers : marché primaire vs. marché secondaire, marché physique vs. marché dérivé et enfin marché organisé vs. marché de gré à gré.

2.1 Le marché primaire vs. le marché secondaire

a. Le marché primaire et financement désintermédié

DÉFINITION

C'est le **marché du neuf** ou encore le **marché des émissions** (*issuances*) de titres financiers de type action (augmentation de capital) ou obligation (emprunt obligataire) et autres titres de créances à court terme, pour le financement des entreprises, des institutions financières, des états, des collectivités locales, etc.

Deux types d'agents économiques sont impliqués dans une opération d'émission : les investisseurs qui cherchent à faire fructifier leur placement, et les émetteurs à la recherche de financements pour leurs investissements. Il s'agit là d'une relation désintermédiée entre les émetteurs et les investisseurs, sans passer par les établissements de crédit qui sont l'intermédiaire traditionnel entre ces deux acteurs. C'est surtout un processus d'allocation de ressources avec pour objectif la création de valeur pour les parties impliquées.

b. Le marché secondaire

DÉFINITION

C'est le **marché de l'occasion** ou en encore de la circulation des titres (actions, obligations, etc.) déjà existants.

La vocation première de ce marché est d'assurer la liquidité des titres détenus par les investisseurs à travers un processus de cotation (*listing*) et de négociation permanente. De fait, il permet l'évaluation boursière (*pricing*) des titres objets de négociation. Les transactions permettent notamment le **transfert et la diversification des risques** entre parties impliquées. Les transactions sur ces deux marchés s'effectuent selon le schéma suivant.

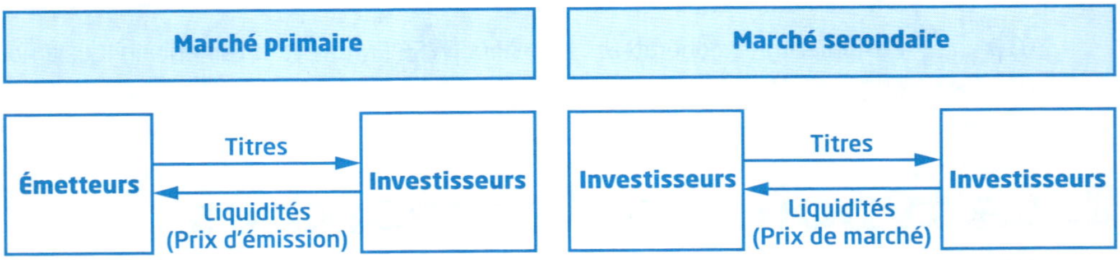

2.2 Le marché organisé ou réglementé vs. le marché de gré à gré (OTC)

Lorsque les transactions sur des titres financiers s'effectuent sur le marché financier, on parle de marché règlementé. Dans le cas où les deux parties engagées dans la transaction (acheteur et vendeur) négocient en direct, il s'agit d'un marché de gré à gré.

a. Le marché organisé ou réglementé

Les transactions sur ce marché s'effectuent à travers le placement d'ordres d'achat et de vente par les parties négociantes. Ces marchés organisés sont régis par des règles dont l'application est contrôlée par **des autorités de régulation**. Ces règles concernent en particulier les conditions d'admission à la cotation (introduction en bourse) et le déroulement des transactions boursières. Deux acteurs assurent l'organisation opérationnelle et réglementaire des marchés financiers : **l'entreprise de marché** (Euronext Paris) et **l'autorité de régulation** (Autorité des marchés financiers (AMF) en France). Le premier se charge du bon fonctionnement des marchés et ce en conformité avec la règlementation des autorités de contrôle, qui constituent l'autre acteur essentiel à l'existence de marchés organisés. Les transactions sur ces marchés s'effectuent selon le schéma suivant.

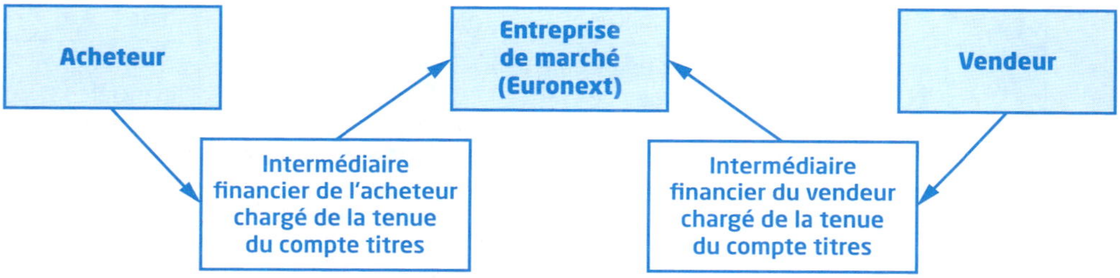

b. Le marché de gré à gré (OTC)

Un marché de gré à gré est aussi appelé **marché OTC** (*over the counter*). Sur ce type de marché, les deux parties négocient directement entre elles les termes de la transaction. Elles sont souvent mises en relation grâce à des professionnels (banques, intermédiaires financiers, etc.). Le marché OTC porte aussi bien sur des actifs physiques que des actifs dérivés.

2.3 Les marchés physiques vs. marchés dérivés

Sur les marchés physiques, les transactions portent sur des **actifs physiques** (actions, obligations, devises, matières premières, etc.). Les marchés dérivés offrent la possibilité d'acheter ou de vendre des contrats qui portent sur des transactions à terme ferme (**contrats à terme**) ou conditionnel (**options**). Les instruments dérivés ont pour actifs sous-jacents des actifs de nature physique.

a. Les marchés des actifs financiers et physiques

Il existe plusieurs marchés selon la nature de l'actif physique négocié. Le tableau ci-après expose les différents marchés physiques, les actifs qui y sont échangés ainsi que les parties engagées dans les transactions (émetteurs et investisseurs).

Marché	Définition	Actifs négociés	Émetteurs
Marché monétaire	C'est un marché de financement à court terme. Il comprend un compartiment interbancaire réservé aux banques et un compartiment de titres de créances négociables (TCN).	TCN tels que : - Billet de trésorerie (BT) - Certificat de dépôt négociable (CDN) - BTAN (bon à moyen terme négociable)	Compartiment des TCN : - Entreprises publiques et privées cotées (BT) - Institutions financières (CDN) - États (BTAN)
Marché des actions	C'est un marché des titres de propriété. Il propose un financement à long terme par fonds propres (*equity*) via des augmentations de capital.	- Actions ordinaires - Actions préférentielles (actions à dividende prioritaire, actions à droit de vote double)	- Institutions financières - Entreprises publiques et privées cotées
Marché obligataire	C'est un marché de financement à long terme par titres de créances appelés obligations. C'est donc le marché de la dette privée et de la dette souveraine (étatique).	- Obligation à taux fixe - Obligation à taux variable - Obligation convertible - Obligation remboursable en actions - etc.	- Institutions financières - Entreprises publiques et privées - États - Collectivités locales - Institutions supranationales
Marché des changes (FOREX)	Le marché des changes est un lieu d'échange de monnaies ou de devises selon un taux de change qui est le prix d'échange (parité) entre chaque couple de devises. Il existe un seul marché des changes dans le monde.	Différents couples de devises sont négociables sur le FOREX, les plus importantes sont : EUR/USD, EUR/JPY, USD/CAD, GBP/USD	
Marché des matières premières	Le marché des matières premières (*commodities*) est un lieu de transactions entre des producteurs et consommateurs. C'est un marché mondial qui s'est développé autour de la standardisation des produits et des contrats de négociation disponibles dans le monde entier. Le plus connu de ces marchés est le marché pétrolier.	Les principales matières premières négociables sont : - Énergies : pétrole, gaz, charbon, éthanol, électricité... - Environnement : carbone - Métaux : précieux, non-précieux - Commodités agricoles : tropicaux (café, cacao, sucre), céréales (blé, maïs, riz), oléagineux (soja, colza), viande, bois, etc.)	

b. Les marchés dérivés

DÉFINITION

Ce sont des marchés où s'échangent des instruments financiers (contrats) liés à des actifs sous-jacents physiques (actions, obligations, devises, etc.). Ces contrats constituent des outils de **gestion du risque** de variation des prix des actifs, ou des taux d'intérêt, dans le futur. Les intervenants sont des investisseurs professionnels qui s'engagent à acheter ou à vendre à terme, un actif sous-jacent à un prix fixé aujourd'hui pour un règlement ou une livraison ultérieure. L'engagement peut être à terme **ferme** (*Future, Forward, Swaps*) ou **optionnel** (*Options*).

Le tableau ci-après présente les différents produits dérivés par type d'actif physique sous-jacent.

Actif physique sous-jacent	Produit ou instrument dérivé
Actions	Option sur actions
Dette long terme	Contrat à terme de taux d'intérêt (long)
Dette court terme	Contrat à terme de taux d'intérêt (court)
Devises	Contrat à terme sur devises Option sur devises
Matière première	Contrat à terme sur matière première
Indice boursier	Contrat à terme sur indice boursier

3. L'organisation et fonctionnement des marchés financiers

La **loi de modernisation des activités financières** puis la **loi de sécurité financière** (loi n°2003-706 du 1er août 2003) ont reconfiguré le paysage boursier français. Le Conseil des marchés financiers (CMF), le Conseil de discipline et de gestion financière (CDGF) et la Commission des opérations de bourse (COB) ont été réunis au sein d'une nouvelle institution, l'Autorité des marchés financiers (AMF). Quelques années avant, il y a eu la création d'Euronext, entreprise de marché, qui est la première bourse paneuropéenne, suite à la fusion des bourses d'Amsterdam, Bruxelles et Paris. Enfin, et depuis novembre 2013, tous les marchés français réglementés font un seul marché appelé Euronext.

3.1 L'organisation institutionnelle des marchés financiers

Nous présentons ci-après les deux institutions clés des marchés financiers en France, à savoir l'entreprise de marché Euronext, et l'organe de régulation appelé Autorité des marchés financiers (AMF).

a. L'entreprise de marché Euronext

DÉFINITION

Euronext est l'entreprise de marché qui assure la **gestion des marchés** de la Bourse de Paris (marché règlementé). Elle est née de la fusion des places financières d'Amsterdam, Bruxelles et Paris, qui donna ainsi naissance à la première bourse paneuropéenne. Elle gère les marchés au comptant ainsi que les marchés dérivés. C'est une entreprise cotée sur son propre marché depuis 2001. L'objectif d'Euronext est d'assurer le fonctionnement des marchés des actions, leur sécurité, leur transparence et leur développement.

Elle assure ainsi un nombre important de missions parmi lesquelles :

– Établissement des règles de marché avec l'approbation des autorités de régulation.

– Admission des sociétés à la cote (introduction en bourse) ainsi que leur radiation et la mise à jour de la liste des valeurs mobilières et des produits dérivés négociés.

– Diffusion des cours en temps réel ainsi que toutes autres données de marché.

– Gestion des systèmes informatiques de cotation et de négociation des ordres d'achat et de vente via une plateforme unique de négociation à laquelle sont reliés tous les négociateurs.

– Assurer la fonction de contrepartie centrale au sein d'une chambre de compensation unique (Clearnet SA) de tous les ordres passés.

– Organiser une plateforme unifiée pour le règlement et la livraison des titres.

– Gestion des adhésions des membres du marché (prestataires de services d'investissement, négociateurs, teneurs de marché).

b. L'organe de régulation en France : l'Autorité des marchés financiers (AMF)

La loi n° 2003-706 de sécurité financière du 1er août 2003, a permis la création de l'AMF suite à la fusion de la COB, du CMF et du CDGF. L'objectif de ce regroupement est de renforcer l'efficacité et la visibilité de la régulation de la Bourse de Paris.

DÉFINITION

L'AMF est une autorité publique indépendante dont la mission est de veiller à la protection de l'épargne investie, à l'information des investisseurs et au bon fonctionnement des marchés (primaire et secondaire) d'instruments financiers. L'AMF est principalement chargée de réglementer, autoriser, surveiller et sanctionner.

Le champ d'action de l'AMF porte sur :

– La réglementation et le contrôle de l'ensemble des opérations financières réalisées par les sociétés cotées (introduction en bourse, augmentations de capital, fusions et acquisitions, etc.).

– L'autorisation de la création des produits d'épargne collective tels que les SICAV (société d'investissement à capital variable) et les FCP (fonds commun de placement).

– La définition des principes d'organisation et de fonctionnement des entreprises de marché (Euronext) et des systèmes de règlement-livraison (Euroclear France). Elle approuve les règles des chambres de compensation (Clearnet) et détermine les conditions d'exercice de leurs adhérents. Elle surveille les marchés et les transactions qui s'y déroulent.

– La détermination des règles de bonne conduite et les obligations que doivent respecter les professionnels autorisés à fournir des services d'investissement ou des conseils en investissement (établissements de crédit autorisés à fournir des services d'investissement, entreprises d'investissement, sociétés de gestion, conseillers en investissement financier, démarcheurs, etc.).

D'autres missions récentes sont assurées par l'AMF parmi lesquelles :

– Surveillance des agences de notation en termes d'activité, de publication de documents et rapports, de transparence des méthodes utilisées, etc.

– Contrôles et déclenchement de poursuites judiciaires en cas de manipulations des cours, de délits d'initiés, etc.

– Médiation pour le règlement à l'amiable des litiges.

3.2 L'organisation fonctionnelle des marchés financiers

Depuis le 21 février 2005, Euronext a mis en place une seule cote unifiée (marché réglementé) .

a. Les marchés réglementés et non réglementés de l'Euronext

DÉFINITION

L'Euronext regroupe toutes les valeurs cotées à la Bourse de Paris. Pour être admise à l'Euronext, une entreprise doit mettre à la disposition du marché au moins 25 % de son capital social et doit présenter des comptes audités et certifiés sur les trois dernières années. Les sociétés candidates à l'admission à la cote n'ont aucune obligation en termes de rentabilité ou de distribution de dividendes. Les valeurs cotées sur Euronext sont segmentées selon trois compartiments en fonction de leur **capitalisation boursière** (cours de l'action multiplié par le nombre d'actions du capital social) :
Compartiment A : capitalisation boursière supérieure à 1 milliard d'euros ;
Compartiment B : capitalisation boursière entre 1 milliard et 150 millions d'euros ;
Compartiment C : capitalisation boursière inférieure à 150 millions d'euros.

À côté de l'Euronext, qui est un marché réglementé, il existe deux autres marchés non réglementés gérés par l'entreprise de marché Euronext, qui sont l'Alternext et le marché libre, qu'on peut présenter comme suit :

– L'**Alternext,** devenu Euronext Growth, est un marché de transactions relatif aux petites et moyennes entreprises de la zone euro. C'est une alternative de cotation aux PME européennes, qui cherchent à lever des capitaux dans la zone euro, et qui ne peuvent pas avoir accès aux marchés réglementés. C'est un marché non réglementé mais néanmoins régulé, contrairement au marché libre (présenté ci-après) et qui est soumis à des procédures simplifiées.

– Le **marché libre**, devenu Euronext Access, est un marché de transaction destiné aux PME qui ne peuvent pas accéder aux marchés réglementés. Il impose peu de contraintes et se caractérise par une faible liquidité et une forte volatilité des cours boursiers. Les PME présentes sur ce marché n'ont aucune obligation de diffusion et de transparence d'information.

<table>
<tr><th></th><th>Avant 2005</th><th colspan="2">Après 2005</th></tr>
<tr><td rowspan="3">Marchés réglementés</td><td>Premier marché</td><td rowspan="3">Euronext</td><td>Compartiment A</td></tr>
<tr><td>Second marché</td><td>Compartiment B</td></tr>
<tr><td>Nouveau marché</td><td>Compartiment C</td></tr>
<tr><td rowspan="2">Marchés non réglementés</td><td rowspan="2">Marché libre</td><td colspan="2">Alternext
(Euronext Growth)</td></tr>
<tr><td colspan="2">Marché libre
(Euronext Access)</td></tr>
</table>

Pour la PME, ces marchés apportent une réponse à l'impératif du financement de la croissance et de l'innovation, qui trouve une limite dans les circuits de financement traditionnels. Ils offrent aussi, aux propriétaires et actionnaires historiques de la PME l'avantage de la liquidité de leur patrimoine dans une optique de diversification. La liquidité facilite par ailleurs, les problèmes de transmission du fondateur vers les descendants et la sortie de certains descendants. Ces marchés sont par contre peu efficients pour valoriser (pricer) correctement les actions qui y sont cotées.

b. La négociation des valeurs et ordres de bourse

Euronext est une plateforme unique de négociation. Tous les titres du marché se négocient selon les mêmes règles. Les ordres sont acheminés automatiquement des clients vers un système central qui les exécute automatiquement. Les ordres d'achat sont exécutés par limite décroissante, tandis que les ordres de vente sont exécutés par limite croissante. La **chambre de compensation** (Clearnet) joue un rôle central sur le marché en garantissant le règlement-livraison des transactions. Elle s'intercale entre les acheteurs et les vendeurs en jouant un rôle de contrepartie centrale unique (*clearing house*), ce qui évite tout risque de défaillance des opérateurs. De fait, elle assure le bon fonctionnement et la sécurité du marché.

Plusieurs types d'ordres d'achat et de vente peuvent être passés par les opérateurs. Les principaux d'entre eux sont **l'ordre au marché** et **l'ordre à cours limité**. Le premier, anciennement appelé ordre à tout prix, est prioritaire en termes d'exécution. C'est un ordre d'achat ou de vente qui ne précise pas le prix de la transaction, ce qui lui accorde l'avantage de la liquidité. L'ordre à cours limité est certainement le plus utilisé par les opérateurs. Il fixe un cours maximum à l'achat et un cours plancher à la vente permettant à l'opérateur de maîtriser le prix d'exécution de la transaction.

c. Le service à règlement différé (SRD)

Toutes les valeurs cotées sur Euronext sont négociées au comptant. Ainsi, le règlement est effectué dès que l'ordre d'achat est exécuté. Toutefois, et grâce au **service de règlement différé**, l'investisseur peut différer le règlement/livraison de sa transaction au dernier jour de bourse du mois. Ce type de transaction concerne uniquement les valeurs qui sont éligibles au SRD. Il est aussi possible de reporter, avant la date de liquidation, qui intervient cinq jours de bourse avant la fin du mois, sa position acheteuse ou vendeuse. Dans ce cas, le règlement de la transaction (achat) ou la livraison des titres (vente) interviendront à la fin du mois suivant. Le report de position peut se faire plusieurs fois successives. On parle alors de transaction à découvert à l'achat ou à la vente.

– L'**achat à découvert** ou achat SRD s'effectue en différant le règlement des titres achetés et permet de profiter d'une hausse anticipée du cours.

– La **vente à découvert** ou vente SRD, consiste à vendre des titres sans les avoir en portefeuille et permet de profiter d'une baisse anticipée du cours.

Le SRD est en fait un crédit octroyé par l'intermédiaire financier, moyennant une commission de règlement différé. Afin de pouvoir utiliser le SRD, l'investisseur doit aussi disposer d'une couverture (dépôt de garantie) en espèces (20 % du montant de la transaction) ou en titres (25 % et 40 % du montant de la transaction, respectivement pour les obligations et les actions). L'achat et la vente SRD constituent ainsi des opérations à **effet de levier** qui est de l'ordre de 5 dans le cas d'une couverture en espèces (montant investi = 1/5 de la valeur de la transaction), de 4 pour une couverture en obligations, et de 2,5, enfin, en cas de couverture en actions. Enfin, ce mécanisme revêt un caractère spéculatif, en particulier dans le cas de la vente SRD ou vente à découvert. À ce titre, l'AMF a interdit les ventes à découvert sur les valeurs du secteur bancaire et de l'assurance lors de la crise des subprimes.

d. Les indices boursiers d'Euronext et indices internationaux

DÉFINITION

Les indices boursiers sont des indicateurs utilisés par les investisseurs pour analyser la tendance d'un marché (action, obligation, etc.) ou d'un secteur, ainsi que leur performance. Trois caractéristiques définissent un indice boursier : sa date de création et sa base, les valeurs à intégrer (échantillon) et enfin la méthodologie de calcul.

Aussi bien les titres que les secteurs d'activité ont un poids plus important, à l'intérieur de l'indice, que d'autres. La composition d'un indice boursier vise à ce que son suivi soit un bon indicateur de la tendance du marché. La valeur d'un indice boursier est une moyenne pondérée des cours des actions qui le composent par leur capitalisation boursière flottante respective. Les valeurs qui ont une forte pondération (l'action Total pèse 12 % environ de l'indice) influencent l'évolution de l'indice. Les indices boursiers se calculent en points et leur performance est déterminée en pourcentage (variation en point/valeur de la veille de l'indice en point). La composition d'un indice peut être modifiée pendant l'année (chaque trimestre en France) par un comité d'experts, afin d'assurer la fiabilité et la représentativité des différentes branches d'activités. Les principaux indices boursiers en France, proposés par Euronext, sont présentés ci-après :

Indices boursiers en France	Définition
CAC40 (Cotation assistée en continu)	Créé en 1988 avec une base de 1 000 points, il comprend les 40 plus fortes capitalisations (Euronext Paris). Les actions sont choisies en fonction des critères, de **la capitalisation boursière**, des **liquidités** et du **secteur.**
SBF80 (Société des bourses françaises)	Il comprend les 40 plus fortes capitalisations boursières après le CAC40.
CAC Next 20	Il est composé des 20 valeurs les plus importantes après celles du CAC40.
SBF 120	Il est composé de 120 valeurs parmi les 200 premières capitalisations de la Bourse. Il est composé des 40 valeurs du CAC40 et des 80 valeurs du SBF80.
CAC All-Tradable	Il est composé de toutes les sociétés cotées à Paris dont le taux de rotation annuelle est supérieur à 20 %.
CAC Mid 60	Il est composé de 60 valeurs de moyenne capitalisation.
CAC Small 90	Il est composé de 90 valeurs de petite capitalisation.
CAC All-shares	Regroupe toutes les valeurs cotées sur Euronext Paris dont le taux de rotation annuelle est supérieur à 5 %.
CAC IT20	Il représente 20 valeurs du secteur technologique qui ont une capitalisation et une liquidité suffisantes mais qui n'appartiennent pas au CAC40.
Indices sectoriels	Pétrole & Gaz - Matériaux de base - Industries - Biens de consommation - Santé - Services aux consommateurs - Télécommunications - Services aux collectivités - Sociétés financières - Technologie.

Le tableau ci-après présente les principaux **indices boursiers internationaux**.

Indice boursier	Pays	Définition
Dow Jones	**États-Unis**	30 valeurs principales du NYSE.
SP500		500 valeurs principales cotées au NYSE.
Nasdaq composite		Toutes les valeurs du secteur technologique.
DAX30	**Allemagne**	30 entreprises les plus importantes cotées à la Bourse de Francfort.
FTSE 100	**Grande-Bretagne**	100 entreprises les plus importantes cotées à la Bourse de Londres
Nikkei 225	**Japon**	225 entreprises les plus importantes cotées à la Bourse de Tokyo.
Euro Stoxx 50	**Europe**	100 entreprises les plus importantes cotées au sein de la zone euro.

Un indice boursier est considéré, du point de vue de la gestion de portefeuille, comme **une référence (*benchmark*)** en termes de performance. Par ailleurs, **il reflète le sentiment des investisseurs sur l'état de l'économie**, dans la mesure où il est affecté par les facteurs macroéconomiques (PIB, emploi, inflation, taux d'intérêt, taux de change, etc.), mais aussi microéconomiques, relatifs aux sociétés qui le composent. Il est même considéré comme un indicateur avancé de l'économie traduisant les anticipations des acteurs en termes de croissance économique. À côté des indices sectoriels, les indices boursiers peuvent être profilés de diverses manières en se basant sur des critères tels que : l'éthique, la responsabilité sociale, le développement durable, la zone géographique, etc.

3.3 Les principaux acteurs sur les marchés financiers

Les émetteurs constituent des acteurs essentiels intervenant sur les marchés financiers (marché primaire). Ce sont des entreprises publiques et privées cotées, des institutions financières, des collectivités locales, des États et enfin des institutions supranationales. La levée de capitaux sur les marchés financiers peut se faire à travers l'émission de titres de propriété (augmentation de capital) ou de titres de dettes. Ce sont les banques d'investissement qui sont chargées de la création et de la diffusion des titres sur le marché. Ces émetteurs s'adressent aux différentes catégories d'investisseurs pour garantir le succès de leurs émissions. Les investisseurs, en tant qu'autre acteur central en bourse, interviennent aussi bien sur le marché primaire que secondaire. Le tableau ci-après présente ces différentes catégories d'investisseurs.

Petits porteurs	Ce sont des investisseurs qui sont en grande majorité des particuliers et qui sont porteurs d'une faible quantité de titres financiers.
Gérants de portefeuille	Ils gèrent des portefeuilles de titres pour le compte d'investisseurs ou d'institutionnels, selon des approches de gestion dynamiques ou passives.
OPCVM	Les organismes de placement collectif en valeurs mobilières (OPCVM) qui gèrent des portefeuilles de valeurs mobilières détenus collectivement (sous forme de parts ou d'actions) par des investisseurs particuliers ou institutionnels. Il existe deux types d'OPCVM : les SICAV (société d'investissement à capital variable) et les FCP (fonds commun de placement).

Investisseurs	Présentation
Investisseurs institutionnels	Ce sont tous les organismes collecteurs d'épargne et qui la placent à plus ou moins long terme. Ce sont souvent des fonds de pension, des caisses de retraite, de l'assurance vie, des *hedges funds*, etc.
Spéculateurs	Ce sont des investisseurs qui effectuent des opérations d'achat et de vente de titres financiers, en prenant des risques élevés, dans le but de réaliser des profits substantiels, du seul fait des évolutions du marché.
Arbitragistes	Ils saisissent une inefficience ou un dysfonctionnement temporaire du marché pour en tirer un profit immédiat. Ils renforcent la liquidité et l'autorégulation du marché.
Hedgeurs	Ils sont chargés de la gestion des risques en mettant en place des couvertures contre la volatilité des prix et des taux d'intérêt.

Les autres acteurs importants intervenant sur les marchés financiers sont :

– **Courtiers** (*brokers*) : ce sont des intermédiaires financiers dont le rôle est de permettre aux acheteurs et aux vendeurs de titres financiers de passer des ordres de bourse sur les différents marchés. Ils assurent donc l'exécution des ordres qui émanent des opérateurs en bourse moyennant le prélèvement de frais de courtage.

– **Teneur de marché** (*market marker*) : c'est un opérateur de marché intervenant en bourse afin d'assurer la liquidité des titres. Il offre une contrepartie aux acheteurs ou aux vendeurs sur certains titres considérés comme peu liquides. Ainsi, il s'engage à fournir une cotation continue, en proposant des prix à l'achat et à la vente, indépendamment de la situation du marché. Il se rémunère grâce à la différence entre ses prix d'achat et de vente.

– **Analystes financiers** sont appelés à étudier la situation financière d'une entreprise afin de produire une opinion en termes de performances et de risque (recommandation à l'achat, à la conservation ou à la vente), en direction des différents acteurs opérant sur les marchés financiers.

– **Agences de notation** (rating) : elles évaluent la capacité d'un émetteur de titres de créance, à rembourser sa dette. Elles sont chargées d'évaluer la probabilité de défaut d'un émetteur ce qui les amène à attribuer une note qui traduit la qualité de signature de l'émetteur.

3.4 Les rôles et les activités des salles de marché

Les salles de marché assurent quatre fonctions essentielles à savoir : le front-office, le middle-office, le back-office et enfin la gestion des risques. Ces différentes activités sont décrites dans le tableau ci-après.

Front-office	Toutes les activités liées à la négociation de titres financiers sur les marchés ainsi que les activités de support (études économiques et financières, ingénierie financière, etc.).
Middle-office	Interface entre le front-office et le back-office. C'est une double activité, opérationnelle (gestion des transactions financières après leur négociation) et de contrôle de l'exécution des transactions par rapport aux règles et normes.

Activités	Description
Back-office	Activités administratives, comptables, de contrôle (règlement-livraison) et de reporting.
Gestion des risques	Quantifie les risques encourus de type : - Marché : taux d'intérêt, taux de change, cours, etc. - Contrepartie : exécution des termes d'un engagement. - Opérationnel : défaillance informatique, fraudes, etc.

3.5 Les principaux événements sur les marchés financiers

Les marchés financiers réagissent à tout événement susceptible d'affecter le prix des actions. Ces événements sont de diverses natures : macroéconomique, microéconomique, monétaire, politique, etc. Ces réactions sont plus moins violentes et concernent différents marchés et différents segments de la cote. Des situations de forte volatilité, avec des volumes de transactions parfois considérables, indiquent l'aspect fondamental de l'événement en termes de valorisation des actifs (actions, obligations, devises, matières premières, indices, etc.).

Ces événements concernent d'abord les entreprises cotées qui engagent parfois des opérations stratégiques et financières importantes telles que : des augmentations de capital, des émissions d'emprunt obligataire, des fusions et acquisition, une distribution de dividendes (détachement de coupons), des rachats d'actions, etc. L'annonce de ces opérations impacte leur valorisation par le marché. Ces entreprises sont aussi sous les projecteurs des investisseurs lorsqu'elles publient leurs résultats (semestriels et annuels) ou encore lorsqu'elles sont visées par des **recommandations d'analystes** qui communiquent une opinion sur leur situation financière. Enfin, les entreprises sont suivies par le marché lors de leur introduction en bourse, de la radiation de la cote, ou encore de la modification de la composition de l'indice boursier.

Les acteurs en bourse portent une attention toute particulière aux publications de statistiques macroéconomiques (croissance, inflation, emploi, etc.) et aux annonces de politique monétaire (décision sur les taux d'intérêt directeurs), qui ont parfois un impact très significatif sur les rendements et sur la volatilité des actifs physiques et dérivés (actions, obligations, devises, etc.). En effet, l'état du cycle économique et des prévisions le concernant font fortement réagir le marché en raison de son impact sur les secteurs d'activité et sur les entreprises. Aussi, les situations de risque politique (Brexit, élections américaines) et leur sous-jacent économique peuvent créer une forte animation sur les marchés et affecter significativement la valeur des actifs financiers.

C'est ainsi que face à des événements de toutes sortes, les marchés assument leur rôle de valorisation (*pricing*) des actifs et peuvent se retrouver dans des scénarios d'euphorie, de panique ou enfin de platitude, situation dite de consolidation. Ce processus de valorisation impacte en définitive le patrimoine des investisseurs qu'ils soient petits porteurs ou institutionnels. Il impacte aussi les entreprises, les institutions financière voire l'État, lorsqu'il porte sur les taux d'intérêt de marché ou sur les taux de change.

Schéma de synthèse

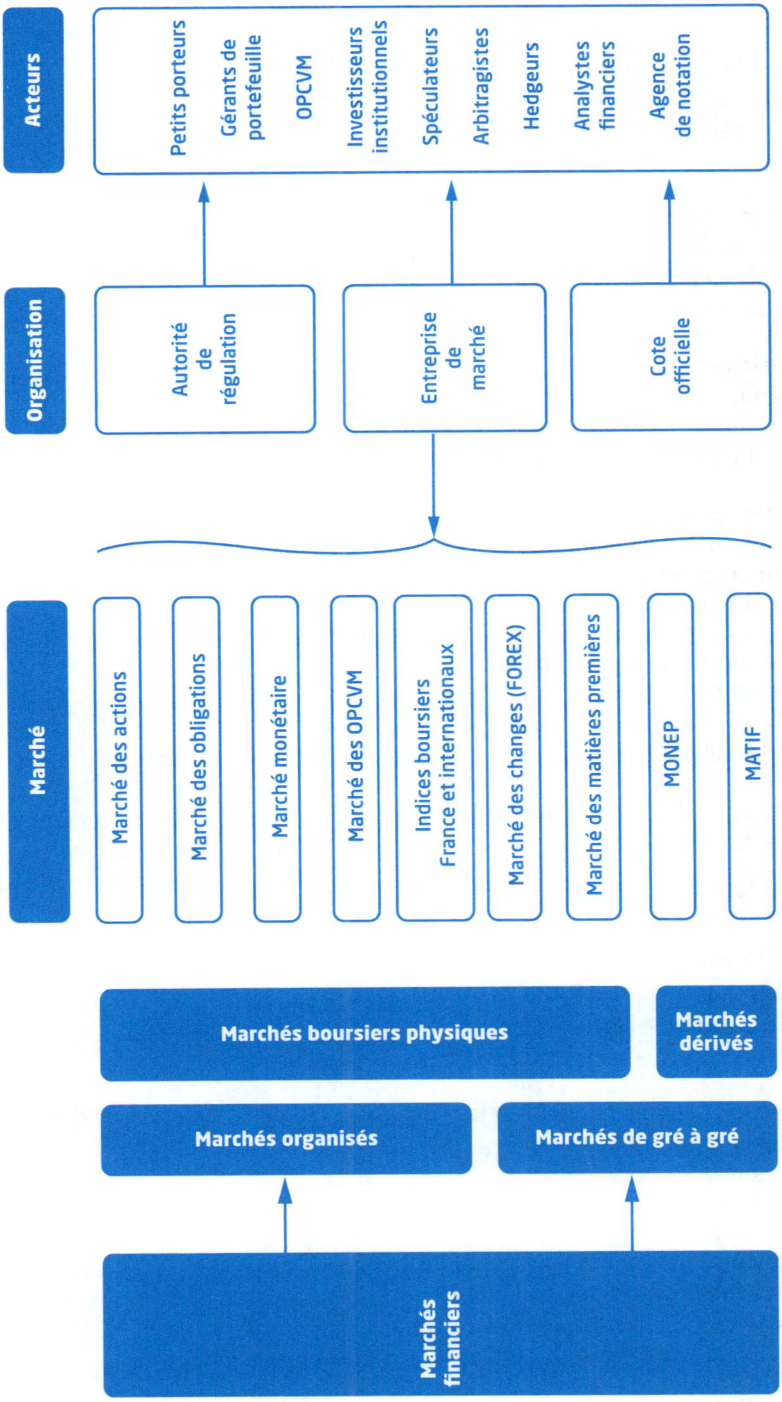

QCM

1. Le marché primaire est :
- **a.** le principal compartiment du marché boursier.
- **b.** le marché des nouvelles émissions.
- **c.** réservé aux grandes entreprises.

2. Le marché secondaire :
- **a.** favorise le financement des entreprises.
- **b.** met en relation les investisseurs entre eux.
- **c.** est réservé uniquement aux actions.

3. Un marché de gré à gré :
- **a.** concerne les actifs physiques uniquement.
- **b.** concerne les actifs dérivés uniquement.
- **c.** concerne les deux types d'actifs.

4. Euronext est :
- **a.** une autorité publique de régulation.
- **b.** un intermédiaire financier.
- **c.** une entreprise de marché indépendante.

5. Le marché monétaire est un marché :
- **a.** réservé aux banques uniquement.
- **b.** réservé à toutes les institutions financières.
- **c.** accessible aux entreprises, à l'État et aux institutions financières.

6. Le marché obligataire est un marché :
- **a.** de financement par dette à court et à long termes.
- **b.** réservé à la dette souveraine.
- **c.** de financement par dette à long terme.

7. Les instruments dérivés portent sur :
- **a.** les actions et les obligations uniquement.
- **b.** les actifs physiques.
- **c.** les devises uniquement.

8. L'Alternext (Euronext Growth) et le marché libre (Euronext Access) sont des :
- **a.** marchés réglementés.
- **b.** marchés de gré à gré.
- **c.** marchés non réglementés.

9. Sur Euronext, les transactions sont exécutées :
- **a.** systématiquement au comptant.
- **b.** systématiquement via le SRD.
- **c.** selon la stratégie de l'investisseur (acheteur ou vendeur).

Applications

EXERCICE GUIDÉ

Les marchés financiers et leurs acteurs

Avec la mondialisation, les marchés financiers se sont multipliés et complexifiés. Tour d'horizon des principaux acteurs.

« Les marchés pensent que la crise est finie », « Les marchés ont décidé de ne plus acheter de la dette publique grecque ». Telles sont les phrases que l'on a entendues ou lues récemment dans les médias. Mais qui sont ces marchés financiers ainsi dotés d'une intelligence et d'un pouvoir redoutables ? La réponse est à la fois simple et compliquée. Simple, parce qu'au fond les marchés correspondent aux acteurs qui y effectuent des transactions. Mais la réponse est en réalité plus compliquée parce qu'il y a plusieurs types de marchés financiers, organisés de manière diverse. En particulier, le rôle des autorités et le mode de régulation diffèrent sensiblement d'un marché à l'autre, et d'un pays à l'autre.

La Bourse des valeurs, un marché organisé : Les intermédiaires de base, les sociétés de bourse, souvent filiales d'institutions bancaires, sont chargés de la négociation et de la cotation des valeurs mobilières. Mais les véritables protagonistes de ces échanges sont au nombre de trois : les émetteurs qui offrent les nouveaux titres sur le marché primaire, les investisseurs institutionnels et les banques, qui effectuent l'essentiel des transactions sur les titres (achats et ventes). Deux autres catégories d'acteurs jouent un rôle essentiel d'évaluation et de contrôle sur les Bourses. Ce sont, en premier lieu, les analystes financiers, qui suivent l'évolution des finances des entreprises et des États, et surtout les agences de notation, chargées d'évaluer et de noter la capacité de remboursement des émetteurs de titres, et dont le poids sur l'équilibre du marché est devenu considérable. En second lieu, il y a les autorités de marché, qui sont de deux types : d'un côté, les autorités privées, qui dirigent les Bourses au travers de sociétés anonymes. Ainsi Euronext est une société anonyme de droit néerlandais dirigée par un conseil de surveillance et un directoire qui définit les règles de fonctionnement de ce marché paneuropéen. Au-dessus des autorités privées se trouvent les autorités publiques, présentes au niveau national – en France, l'Autorité des marchés financiers – et au niveau européen (l'Autorité européenne des valeurs mobilières). Ces autorités publiques ont pour rôle de fixer les règles du marché et d'en surveiller l'application ; elles ont un pouvoir de sanction.

Les marchés de gré à gré : À côté des Bourses telles qu'Euronext, qui sont des marchés « organisés » et contrôlés par des autorités, se sont développés des marchés de gré à gré sur lesquels les transactions sont effectuées entre des opérateurs qui définissent directement entre eux les conditions de leur échange. Ces marchés sont totalement opaques et sont donc très différents des bourses. Ils se sont considérablement développés depuis le début des années 2000 et sont présents dans différents segments de la finance. Ils captent désormais la plus grande partie des transactions sur valeurs mobilières. On les appelle les « dark pools », des marchés où les transactions sont réalisées « dans l'ombre », ce qui permet d'échapper à la surveillance des autorités publiques. Ces marchés sont réservés aux gros investisseurs, notamment parce que les paquets d'actions échangés se chiffrent en millions, voire en milliards d'euros. Les dark pools constituent un véritable « trou noir » dans le système actuel de régulation des marchés boursiers. Les autorités publiques ont une part de responsabilité dans cette situation inquiétante : les dark pools se sont développés à la suite d'une directive européenne de 2007 (marchés d'instruments financiers, MIF) qui a cherché à casser le monopole des bourses en favorisant ces formes « alternatives » d'échanges, incitant les acteurs financiers à créer leurs propres bourses en dehors des marchés organisés. Les marchés de gré à gré représentent également plus de 90 % des transactions sur les produits dérivés, des produits financiers sophistiqués qui servent à la fois à se protéger contre des variations inopinées des actifs financiers (taux de change, action, matière première...) et à spéculer sur ces variations.

Le marché des changes, un marché mondial : À côté des marchés de titres dont il vient d'être question, les marchés des changes sont le lieu où s'échangent les devises, ce qui conduit à la détermination des taux de change. Ce marché mondial des devises est de loin le plus imposant de tous les marchés : selon la récente enquête triennale de la Banque des règlements internationaux (BRI), les échanges quotidiens sur ce marché s'élèveront à 4 000 milliards de dollars en 2010, ce qui représente dix fois ceux observés sur les actions, et quatre fois ceux sur les obligations. Ce marché est très concentré : 85 % des transactions portent sur le dollar ; plus de 50 % des transactions sont réalisées dans deux places financières, au Royaume-Uni (36,7 %) et aux États-Unis (17,9 %). Autre caractéristique : la plupart des transactions se font, là aussi, de gré à gré, le plus souvent à l'aide de systèmes électroniques automatisés, permettant le traitement de milliers d'ordres par minute. La dernière enquête de la BRI révèle un changement important : les transactions interbancaires ont été dépassées pour la première fois par les institutions financières non bancaires, telles que les investisseurs institutionnels, mais surtout les fonds spéculatifs (hedge funds) et les banques centrales. Ce changement correspond à une double évolution. La dimension spéculative du marché des changes est devenue prépondérante, ainsi que le montre le rôle croissant des hedge funds. En d'autres termes, alors que les transactions sur le marché des changes étaient directement liées aux échanges commerciaux au début des années 1970, celles-ci sont désormais liées aux transactions financières internationales, dont la plus grande partie est faite d'opérations purement financières à caractère spéculatif.

H. Lopin, Alternatives économiques, 01/01/2011

1. Expliquez la différence entre un marché de gré à gré et un marché organisé et montrez, en vous basant sur le texte, l'importance croissante du premier pour les acteurs du marché.

2. Explicitez les relations entre les principaux acteurs des marchés financiers : émetteurs, investisseurs institutionnels, banques, analystes financiers et les agences de notation.

3. Quelles différences y a-t-il entre les autorités privées de régulation et les autorités publiques de régulation ?

CORRIGÉ COMMENTÉ

1. Expliquez la différence entre un marché de gré à gré et un marché organisé et montrez, en vous basant sur le texte, l'importance croissante du premier pour les acteurs du marché.

Sur un marché de gré à gré appelé aussi marché OTC (*over the counter*), les transactions sur des actifs physiques ou dérivés s'effectuent directement entre l'acheteur et le vendeur qui définissent directement entre eux les conditions de leur échange. Ils captent désormais la plus grande partie des transactions sur valeurs mobilières. Sur le marché actions, les paquets d'actions échangés se chiffrent en millions, voire en milliards d'euros. Aussi, les marchés de gré à gré représentent également plus de 90 % des transactions sur les produits dérivés. Enfin, et sur le marché des changes, considéré comme le marché financier le plus important au monde en termes de capitaux échangés, la plupart des transactions se font, là aussi, de gré à gré. Ces marchés sont appelés les « *dark pools* », car ce sont des marchés où les transactions sont réalisées « dans l'ombre », ce qui permet d'échapper à la surveillance des autorités publiques.

2. Explicitez les relations entre les principaux acteurs des marchés financiers : émetteurs, investisseurs institutionnels, banques, analystes financiers et les agences de notation.

> **ATTENTION** Il n'est pas demandé de développer les aspects techniques liés au rôle des différents acteurs des marchés financiers.

Les émetteurs sont des entreprises publiques et privées cotées, des institutions financières, des collectivités locales, des États et enfin des institutions supranationales qui cherchent à lever des capitaux sur les marchés financiers à travers l'émission de titres de propriété (augmentation de capital) ou de titres de dettes. Les banques d'investissement sont chargées de la création et de la diffusion des titres sur le marché. Ces émetteurs s'adressent aux différentes catégories d'investisseurs pour garantir le succès de leurs émissions. Les courtiers (*brokers*) jouent dans ce cas le rôle d'intermédiaires dont le rôle est de permettre aux acheteurs et aux vendeurs de titres financiers de réaliser la transaction. La décision des investisseurs est souvent influencée par l'opinion des analystes financiers qui sont appelés à étudier la situation financière d'une entreprise afin de produire une opinion en termes de performances et de risque, en direction des différents acteurs opérant sur les marchés financiers. Dans le même ordre d'idée, et lorsqu'il s'agit d'un investissement dans des titres de dette, les agences de rating évaluent la capacité de l'émetteur à rembourser sa dette ce qui facilite la décision de l'investisseur.

3. Quelles différences y a-t-il entre les autorités privées de régulation et les autorités publiques de régulation ?

Le rôle des deux autorités entre dans le cadre de l'organisation institutionnelle des marchés financiers. Les autorités privées sont représentées par les entreprises de marché, qui dirigent les bourses au travers de sociétés anonymes et vise à assurer le fonctionnement des marchés actions, leur sécurité, leur transparence et leur développement. Cette gestion des marchés porte sur plusieurs opérations, les principales d'entre elles sont : l'admission des sociétés à la cote, la fonction de contrepartie centrale et enfin, la gestion des systèmes informatiques de cotation et de plateforme unifiée pour le règlement/livraison des titres.

Les autorités publiques, présentes au niveau national – en France, l'Autorité des marchés financiers – et au niveau européen (l'Autorité européenne des valeurs mobilières) ont pour rôle de fixer les règles du marché (réglementation) et d'en surveiller l'application, d'autoriser certaines opérations financières réalisées par les sociétés cotées (création des produits d'épargne collective, introduction en bourse, augmentations de capital, fusions et acquisitions, etc.) ; elles ont un pouvoir de sanction. Elles s'occupent aussi de la définition des principes d'organisation et de fonctionnement des entreprises de marché (Euronext). Enfin, et plus récemment, elles assurent la surveillance des agences de notation ainsi que les contrôles et le déclenchement de poursuites judiciaires en cas de manipulations des cours, de délits d'initiés, etc.

EXERCICE

À quel indice boursier faire confiance ? ⌛ 30 minutes ★

Critiqués, les grands indices sont concurrencés par de nouveaux venus.

Le CAC 40 se retrouve régulièrement au banc des accusés. Comme tous les indices, il dose le poids des valeurs qui les composent selon leur capitalisation boursière. Car plus un titre est à la mode, plus son cours monte, plus sa capitalisation augmente… et plus son poids dans l'indice s'alourdit. La plupart des grands indices boursiers, bâtis sur ce modèle, ont donc la fâcheuse réputation de répercuter toutes les bulles. Ou encore de faire la part trop belle aux valeurs vedettes du moment, à l'instar de Total qui a représenté jusqu'à 15 % du CAC 40 (et pèse encore plus de 12 %). Certains indices échappent à ce travers, comme le Dow Jones aux États- Unis ou le Nikkei au Japon, car ils accordent aux valeurs sélectionnées un poids identique. Mais les professionnels leur reprochent de ne pas être représentatifs du marché, et d'afficher une volatilité et une rotation supérieures à celles des indices classiques. Ce débat n'est pas nouveau. Mais, aujourd'hui, les épargnants s'en inquiètent davantage. Car, les indices sont devenus pour eux des supports d'investissement (fonds indiciels cotés en bourse) et plus seulement des indicateurs de marché. « C'est paradoxal. Les investisseurs qui misent sur les indices pensent souvent limiter le risque, alors que, par construction, les indices peuvent être au contraire assez risqués », note David Gagnozzi, directeur général de Fidelity Gestion.

Certains cherchent donc la parade. « Il y a aujourd'hui une demande pour des indices alternatifs, et pour d'autres façons de pondérer les valeurs », observe Lars Hamich, DG de Stoxx Ltd. Ce fournisseur d'indices a d'abord lancé des indices qui pondèrent les valeurs en fonction des dividendes versés les cinq dernières années. D'autres avaient eu la même idée : composer des indices où les valeurs seraient pondérées par des critères fondamentaux. Ces derniers portent sur l'importance des cash-flows, des ventes, des bénéfices et des valeurs comptables sur l'année écoulée ou sur les cinq années passées. Ces nouveaux venus seront-ils plus performants ? Moins volatils, ils devraient être moins sensibles aux bulles que leurs aînés, promet leur promoteur. Mais déjà quelques critiques fusent. « Ces indices n'en sont pas vraiment. Aucune théorie économique ne justifie le choix de ces critères fondamentaux. Cela revient à faire une sélection certes systématique, mais active de titres », estime Noël Amenc, professeur de finance à l'Edhec. La principale vertu de ces nouveaux venus sera donc peut-être de faire prendre conscience aux épargnants que, sur une zone, choisir un indice plutôt qu'un autre est un réel choix de gestion. « Il n'existe pas de bons indices. Chacun a un biais. Il est probable qu'avec le temps, on s'apercevra que ces nouveaux indices en ont un aussi. Et que l'essentiel, pour l'investisseur, est de savoir quel biais et quels risques il est prêt à prendre », souligne Jean-Pierre Grimaud, directeur des investissements chez Swiss Life.

A. Bodescot, Le Figaro, 3 mars 2007

1. Explicitez les réserves émises quant à la pertinence des indices boursiers. Pouvez-vous apporter des contre-arguments à ces mêmes réserves ?

2. Quelle est l'utilité des indices boursiers et pour qui ?

3. Justifiez, exemple à l'appui, l'existence de plusieurs indices boursiers pour une même place boursière.

La finance pour maîtriser et valoriser le temps

Chapitre 2

Sens et portée de l'étude	Notions et contenus
1.1 La valeur et le temps (15 heures)	
1. La notion de valeur est centrale en finance et sera présentée sous les angles financier et mathématique afin de mettre en évidence ses liens avec le temps.	Actualisation en temps discret et en temps continu. Liens entre la valeur actuelle nette des investissements et la valeur des actions.

1. Les origines, le rôle et les fonctions de la finance

1.1 Aux origines de la finance : la notion de confiance

a. Les origines de la finance

L'étymologie du mot « finance » renvoie au verbe latin classique « *finire* » : finir, achever, mener à ses limites, à son terme.

Ce premier sens littéral nous indique l'objet originel de la finance, inscrite dans une forme singulière et très ancienne (civilisation mésopotamienne) de relation : l'échange à crédit. Celui-ci a en effet la particularité de découpler l'achat et le règlement, de décaler dans le temps le moment où les parties prenantes seront libérées de leurs obligations. Il se crée entre les protagonistes un espace de temps, une distance :

– d'un côté, celle-ci **facilite l'échange** entre deux parties aux richesses actuelles asymétriques. Le créancier connaît un excédent de richesse compte tenu de ses besoins actuels, alors que le débiteur ne dispose pas d'assez de valeur pour satisfaire les siens. Le créancier prête alors tout ou partie de son excédent au débiteur et lui accorde le temps nécessaire pour s'ajuster à ses exigences : remboursement du capital prêté et paiement des éventuels intérêts ;

– de l'autre, elle fait naître chez le créancier une source d'inquiétude : son débiteur parviendra-t-il à rembourser la dette dans les temps (en a-t-il même intérêt ?) ? Autrement dit réussira-t-il à créer la richesse future nécessaire au dénouement de la transaction ?

Ainsi, contrairement à la transaction au comptant, où les acteurs évaluent immédiatement et simultanément leur degré de satisfaction, l'échange à crédit crée une asymétrie entre le débiteur, qui profite instantanément de son bien, et le prêteur, qui ne jouira de sa contrepartie que dans un futur plus ou moins proche. L'opération à crédit ne peut se concrétiser que si **l'espérance** des gains futurs **l'emporte sur le doute** lié à l'incertitude qui pèse sur les capacités futures du débiteur à rembourser sa créance et à rémunérer le créancier à hauteur des intérêts exigés. La finance s'est construite dans le cadre de cette problématique en tentant d'**organiser**, d'**accompagner** et de **sécuriser la transaction jusqu'à son terme** (d'où son étymologie), en élaborant et en mettant à disposition :

– des produits financiers prenant la forme de contrats formalisés ou non (de couverture, de financement, de placement...), et de titres financiers (actions, obligations, produits dérivés) ;

– des modes de régulation : marchés plus ou moins encadrés, réglementés, spécialisés ;

– des instruments de régulation : monnaie, taux d'intérêt notamment ;

– des techniques d'évaluation capables :

- de quantifier le temps compris entre l'engagement des parties et le dénouement de la transaction,
- de mesurer les risques encourus et les richesses à venir,
- d'analyser la situation patrimoniale actuelle et à venir des parties prenantes (techniques menant au diagnostic financier).

b. Définition de la finance

La finance s'affirme comme :

– une **réalité intangible** aux origines très anciennes, née des asymétries patrimoniales des hommes les poussant au crédit et donc à la maîtrise du temps ;

– une **activité productive** en constante mutation qui s'organise, se spécialise, se professionnalise et s'autonomise, au point de former un secteur économique à part entière ;

– une **discipline scientifique** dont l'origine est généralement associée à la thèse de Louis Bachelier *Théorie de la spéculation*, soutenue en 1900. Les premiers travaux apparaissent en réalité dès le XVIIIe siècle, avec notamment l'ouvrage de Jules Regnault *Calcul des chances et philosophie de la bourse*, publié en 1863. Aux frontières des mathématiques, de l'économie et de la gestion, la finance s'est formalisée autour de modèles, paradigmes et théories aux ambitions tour à tour descriptives, normatives et explicatives de la complexité des échanges financiers et des comportements sous-jacents des décideurs et des autres parties prenantes.

Dessiner les contours exacts de la finance et en donner une définition académique qui ferait consensus demeurent un exercice délicat. Il reste toutefois possible de la caractériser par son objectif général.

DÉFINITION

La **finance** est une science dont l'objectif fondamental est de créer de la confiance (étymologie que l'on retrouve dans la notion de crédit) en organisant dans le temps la convergence des intérêts entre demandeurs et pourvoyeurs de fonds.

1.2 La finance : son rôle et ses fonctions

a. Sa place dans le circuit économique

La complexité croissante des transactions entre pourvoyeurs et demandeurs de fonds engendre très tôt la naissance d'un troisième type d'intervenant : l'**intermédiaire financier**, qui se présente sous des formes plus ou moins institutionnalisées (courtiers, banques, sociétés de placement, assureurs…) et qui, par son expertise professionnelle complète, supplée le marché dans sa fonction de régulateur.

La circulation des flux financiers entre ces trois acteurs peut se schématiser de la façon suivante :

Représentation schématique de la circulation des flux financiers

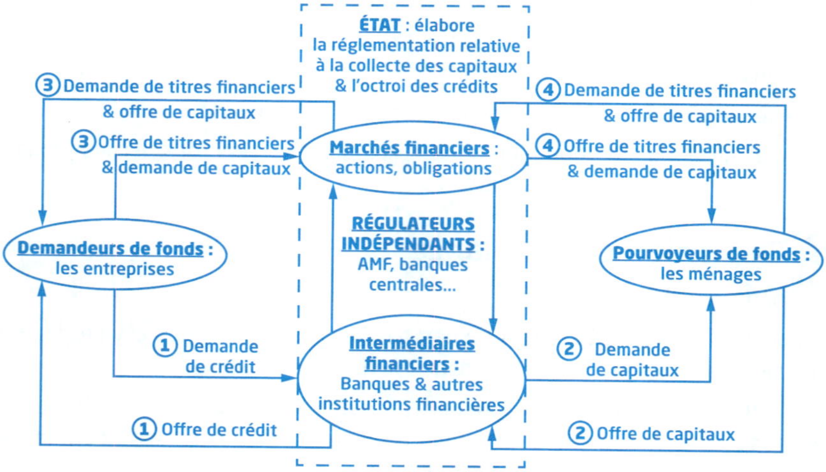

Les intermédiaires financiers et les marchés assurent les principales fonctions de la finance.

– Les intermédiaires financiers :

Les entreprises apparaissent comme des **demandeurs nets** de crédits mobilisés pour financer leurs investissements. Les ménages, pourvoyeurs nets de capitaux, placent leur part de revenu non consommée sous forme de comptes courants et de placements auprès des intermédiaires financiers. Grâce à ces capitaux, ces derniers répondent à la demande de crédit des entreprises en mettant à leur disposition l'épargne des ménages (flux ① et ②).

– Les marchés financiers :

L'offre de capitaux des ménages peut également rencontrer la demande de capitaux des entreprises de manière plus directe, en passant par les marchés financiers (flux ③ et ④). On parle de désintermédiation, tendance qui s'accentue avec l'apparition des plateformes de *trading* en ligne telles que Plus500, eToro, iFOREX, XTB ou encore Alvexo. Les grandes banques ont elles-mêmes développé leur propre plateforme, avec en France : Boursorama Banque (Société Générale), Hello Bank ! (BNP-Paribas) BforBank (Crédit Agricole), Fortuneo (Crédit Mutuel-Groupe Arkéa), ING Direct (Groupe néerlandais ING) et Monabanq (Crédit Mutuel-CIC).

L'État intervient pour organiser et réglementer juridiquement et fiscalement les transactions, et encadrer les intervenants. Une part de la régulation est également assurée par des organismes indépendants tels que l'Autorité des marchés financiers et les banques centrales (Banque de France, Banque centrale européenne).

b. Les fonctions de la finance

Selon Zvie Bodie et Robert Merton (*Finance*, Éditions Pearson France 2011), la finance doit pouvoir assumer six fonctions essentielles :

1. Élaborer et mettre à disposition les techniques et produits financiers assurant le **transfert des ressources financières** entre pourvoyeurs et demandeurs de fonds **dans le temps** et dans un espace géographique mondialisé sous contraintes d'optimisation des coûts et des résultats.

2. Permettre une meilleure **maîtrise des risques** par des systèmes assurantiels (prestations de service qui protègent des impacts négatifs du risque par mutualisation de celui-ci contre le versement d'une prime), de couverture ou de diversification qui les réduisent ou les transfèrent à des agents mieux à même de les supporter.

3. Proposer des **mécanismes de compensation et de règlements** visant à faciliter les transactions de biens et services à la fois dans la sphère économique et financière.

4. Mettre en place des formes de **mutualisation des ressources** pour financer des projets indivisibles extrêmement coûteux (ouvrages d'art, infrastructures réseaux) et des **mécanismes de subdivision de la propriété** (titrisation) afin d'en faciliter l'accès au plus grand nombre et de construire des portefeuilles diversifiés de titres.

5. Délivrer de l'**information sur les prix** sous forme de cours boursiers pour les actifs financiers (actions, obligations) ou de taux d'intérêt pour l'appréciation du temps et des risques.

6. **Inciter les parties prenantes** à la réalisation de la transaction malgré les éventuels comportements opportunistes liés à l'asymétrie d'information, susceptibles d'exister entre pourvoyeurs et demandeurs de fonds [▶ PARTIE 2 SUR LA VALEUR ET LE TEMPS].

2. La valeur temps

2.1 Les concepts de temps et de valeur dans la finance classique

a. Une conception particulière du temps

Comme précisé précédemment, le temps est un élément clé de la finance. Il constitue la dynamique de la discipline, il est pour ainsi dire sa raison d'être.

Le célèbre proverbe métaphorique « *Remember that time is money* », extrait de *Avis à un jeune apprenti* (1748) de Benjamin Franklin (1706-1790), résume assez bien le sens du concept tel qu'il est entendu en finance.

Il s'agit d'une approche rationaliste, utilitariste qui, dans la philosophie des Lumières, se veut universelle. C'est dans cette optique qu'il faut comprendre la dynamique financière du temps, où se confrontent présent et futur dans le cadre d'un choix rationnel où l'homme arbitre entre le plaisir immédiat et une satisfaction à venir espérée supérieure.

À ce stade, deux questions restent posées :

– À quelle condition l'homme pourrait-il être incité à renoncer au présent pour privilégier le futur ?

– Comment valoriser le temps ?

b. L'évaluation du temps : techniques de l'actualisation et de la capitalisation

La maîtrise du temps, concept ô combien abstrait, suppose de pouvoir lui attribuer une valeur à partir de laquelle il est possible de déduire les revenus futurs escomptés.

Les mathématiques financières du XIXe siècle, originellement associées à la thèse de Louis Bachelier, mais dont on a les prémices dès le XVIIIe siècle avec les mathématiciens B. Pascal, P. de Fermat et la famille Bernoulli (Nicolas, Jacques et Daniel), vont permettre de formaliser les valeurs à l'instant présent (actuel) et pour n'importe quelle échéance future, en posant au préalable l'hypothèse d'un temps discret.

c. Le temps discret

L'emploi du terme « discret » ramène ici à l'origine du mot, qui est un emprunt du latin « *discretus* » signifiant « divisé, séparé, interrompu ».

DÉFINITION

Le **temps discret** est un système qui suppose que le temps qui sépare le présent du futur peut être fractionné en une multitude de périodes. Le passage d'une période à l'autre s'effectue en faisant abstraction des valeurs intermédiaires possibles.

Avantages : cette approche facilite les calculs en permettant entre autres le recours aux techniques d'interpolation linéaire (estimation des valeurs comprises entre deux points connus en supposant une relation de linéarité entre eux). Elle simplifie la représentation du temps qui se schématise par une droite fractionnée en **n** périodes calendaires égales (années, semestres, trimestres, mois...) :

N correspond à la date d'origine, où l'agent économique dispose d'un capital initial C_0 qu'il peut consommer immédiatement ou lors de n'importe quelle période ultérieure.

N + 1 s'interprète comme la fin de la première période ou le début de la suivante.

Inconvénient : cette approche entraîne une perte d'informations d'une période à l'autre et entre lesquelles l'évolution n'est pas forcément linéaire. Cette perte est d'autant plus importante que l'espace de temps entre N et N + 1 est important.

d. Le passage d'une période à l'autre : le prix du temps

La fragmentation du temps pose le problème du passage d'une période à l'autre qui entraîne une modification de la valeur du capital initial C_0 dans le cas où celui-ci n'est pas consommé immédiatement.

Dans l'optique financière, cette valeur va nécessairement augmenter car :

– la non-consommation s'interprète comme un **renoncement au plaisir immédiat**, une privation que l'agent économique n'accepte que moyennant un revenu futur lui assurant un pouvoir d'achat futur au moins égal à celui dont il dispose aujourd'hui ;

– le capital C_0 est mis à la disposition d'un autre acteur qui peut en disposer : on a par conséquent la réalisation d'**un service économique auquel le marché doit attribuer un prix**.

ATTENTION Ce choix est hérité de la vision optimiste des Lumières du XVIIIe siècle en un avenir qui, par l'innovation, va accroître le bien-être des hommes, à condition de renoncer aux jouissances du présent. Une autre vision du temps aurait conduit à des modalisations différentes.

Ce prix constitue la **valeur temps de l'argent** (du capital non immédiatement consommé) et prend la forme d'un taux appelé **taux d'intérêt.**

EXEMPLE

Taux en vigueur (OCDE 2017)

Les taux d'intérêt à long terme sont ceux des obligations d'État à échéance dix ans. Ils correspondent aux cours auxquels ces obligations s'échangent sur les marchés de capitaux, et non aux taux d'intérêt fixés à l'émission de ces emprunts. Pour juin 2017, le taux est de 0,66 % en France, 0,25 % en Allemagne et 2,19 % aux États-Unis.

Les taux d'intérêt à court terme sont appliqués entre institutions financières ou les taux des titres d'État à court terme sur le marché primaire ou secondaire. Ils correspondent aux taux du marché monétaire à trois mois, et sont désignés par les termes normalisés « taux du marché monétaire » et « taux des bons du Trésor ». Pour juillet 2017, le taux de la France et celui de l'Allemagne sont à –0,33 % contre 1,22 % aux États-Unis.

Les taux négatifs actuels ne manquent d'interpeller les observateurs de la vie économique. Pourquoi les investisseurs acceptent-ils un rendement négatif pour l'acquisition d'obligations d'État de courte échéance ? Si l'on s'en tient à l'interprétation temporelle, c'est parce qu'ils ne croient plus en l'avenir, en la capacité des emprunteurs à créer suffisamment de valeur dans le futur. La consommation immédiate devrait donc être privilégiée, mais les investisseurs en question ont pour mission de placer des liquidités. À ce jour, ils préfèrent perdre de la valeur dans les obligations de certains États plutôt que de risquer d'en gagner en achetant des titres émis par le secteur privé. La rentabilité négative des obligations d'État constitue le prix de la sécurité. Cette interprétation introduit un autre élément constitutif du taux d'intérêt. Il est à la fois le prix du temps mais aussi du risque. Nous approfondirons cette relation dans le chapitre 3 et préciserons les mécanismes menant aux taux négatifs dans le chapitre relatif aux obligations. Retenons pour le moment la définition générique suivante du taux d'intérêt :

DÉFINITION

Le **taux d'intérêt** exprime, en pourcentage, la rémunération d'un placement pour un prêteur (et, symétriquement, le coût d'un emprunt pour le débiteur) sur une périodicité donnée, généralement l'année, autrement dit, la valeur de l'argent dans le temps sur le marché financier.

Par mesure de simplification, ce taux sera considéré comme identique, quelle que soit la période considérée. Si l'on parle de structure à terme des taux plate, il faudrait en réalité distinguer les taux long terme et court terme [▶ L'OUVRAGE DE DCG UE6 *Finance d'entreprise*].

e. Le concept de valeur en finance

Le concept de valeur en finance recouvre deux dimensions qui se distinguent par leur **nature**, leur **temporalité** et leur **principal mode d'évaluation** :

– une dimension **patrimoniale**, **statique** qui recouvre des actifs (matériels, immatériels, financiers) détenus par un agent économique à l'**instant présent**, dont l'évaluation s'effectue de préférence par référence au **prix de marché** ;

– une dimension **dynamique** de **flux** attendus pour un temps **futur** : ils sont évalués par actualisation ou capitalisation (voir *supra*), c'est-à-dire en y appliquant un taux d'intérêt qui permet d'**incorporer le prix du temps dans la valeur des flux.**

Les deux dimensions restent toutefois étroitement liées, dans la mesure où :

– les éléments patrimoniaux peuvent également être évalués par incorporation du temps (application d'un taux d'actualisation) en y intégrant les revenus futurs attendus de leur exploitation dans le temps, ce que la comptabilité financière appelle les **avantages économiques futurs** définis comme le « potentiel qu'a un actif de contribuer, directement ou indirectement à des flux nets de trésorerie au bénéfice de l'entité » (art. 211-2 du Plan comptable général) ;

– l'évaluation des flux futurs sert souvent à déterminer le prix d'équilibre de l'actif sur le marché qui figure ensuite dans le patrimoine, dans un bilan par exemple ;

– le calcul des revenus attendus peut intégrer des éléments d'actif du patrimoine (l'investissement de départ par exemple).

2.2 Les techniques financières de valorisation du temps

Dans cette partie, nous ferons un rappel des définitions et des formules de calcul des différentes valorisations. Pour les exemples et des exercices de base, il est possible de se référer à l'ouvrage de DCG UE6 *Finance d'entreprise* de Gilles Meyer (Vuibert 2016). Nous proposons des applications à la fin du présent chapitre.

a. La valeur capitalisée d'un flux unique

DÉFINITION

La **valeur capitalisée** correspond à la valeur acquise par une somme initiale quelconque C_0 au bout d'un certain nombre de périodes n. Il s'agit de la projection d'une valeur présente dans le futur, compte tenu du prix du temps, c'est-à-dire du taux d'intérêt i.

– Valeur capitalisée au bout de 1 période : $\mathbf{C_1 = C_0.(1 + i)}$

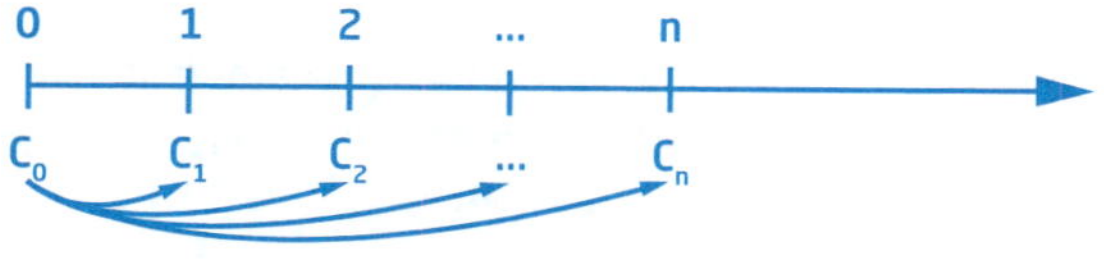

Pour les périodes suivantes, il convient de distinguer le système des intérêts simples du système des intérêts composés.

DÉFINITION

L'intérêt est dit **simple** lorsque son calcul s'effectue uniquement à partir du montant initial (le capital). Ainsi, les intérêts produits ne s'ajoutent pas à la somme de départ et ne génèrent donc pas de nouveaux intérêts.

Dans ce cas, pour la période 2 : $\mathbf{C_2 = C_0 + 2.C_0.i \Leftrightarrow C_2 = C_0\,(1 + 2.i)}$.

Et pour n périodes : $\mathbf{C_n = C_0 + n.C_0.i \Leftrightarrow C_n = C_0\,(1 + n.i)}$.

Cette technique de calcul s'utilise pour les échéances à court terme (marché monétaire à moins d'un an), notamment dans le cadre des escomptes bancaires [▶ OUVRAGE DE DCG UE6 FINANCE].

DÉFINITION

L'intérêt est dit **composé** lorsque son calcul s'effectue à partir du montant initial (le capital) auquel s'ajoutent les intérêts échus. Les intérêts produits s'ajoutent à la somme de départ et génèrent donc de nouveaux intérêts.

En appelant V les différentes valorisations dans le temps, on obtient :

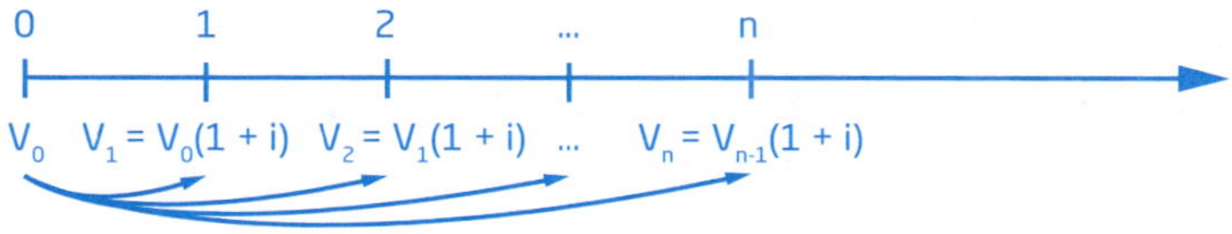

À chaque période, le capital peut aussi être évalué par rapport à la valeur initiale V_0.

Dans ce cas, pour la période 2 : $\mathbf{V_2 = V_0.(1 + i)^2}$.

Et pour n périodes : $\mathbf{V_n = V_0.(1 + i)^n}$.

Cette technique de calcul est retenue pour les échéances à long terme (plus d'un an), notamment dans le cadre des marchés obligataires.

Notons que quelle que soit la technique retenue, intérêts simples ou composés, **la valeur capitalisée est une fonction croissante** du taux, du prix du temps, de **i** et de la durée **n** de temps considérée.

b. La valeur actualisée d'un flux unique

DÉFINITION

La **valeur actualisée** correspond à la valorisation présente d'une somme future quelconque attendue au bout d'un certain nombre de périodes n. Il s'agit donc de ramener les valeurs futures à l'instant initial (présent), compte tenu du prix du temps, c'est-à-dire du taux d'intérêt i souvent appelé dans ce cas **taux d'actualisation**.

Moins utilisée, la racine du qualificatif « actuariel » se retrouve dans la profession d'« actuaire » qui désigne le spécialiste qui applique les techniques financières pour évaluer les risques, les coûts et la rentabilité dans les problèmes d'assurances, de finance et de prévoyance sociale.

Schématiquement, la logique d'actualisation détermine les revenus perçus dans le futur à l'instant présent :

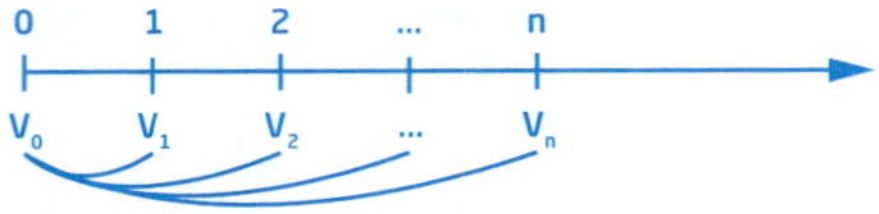

Les formules se déduisent des précédentes, la variable recherchée étant $\mathbf{V_0}$ et non plus $\mathbf{V_n}$:

– Valeur actuelle d'un capital obtenu au bout de 1 période : $\mathbf{V_0 = V_1 / (1 + i) \Leftrightarrow V_0 = V_1.(1 + i)^{-1}}$.

En restant dans la logique des intérêts composés :

– Valeur actuelle d'un capital obtenu au bout de 2 périodes : $\mathbf{V_0 = V_2 / (1 + i)^2 \Leftrightarrow V_0 = V_2.(1 + i)^{-2}}$.

– Valeur actuelle d'un capital obtenu au bout de n périodes : $\mathbf{V_0 = V_n / (1 + i)^n \Leftrightarrow V_0 = V_n.(1 + i)^{-n}}$.

À l'inverse de la valeur capitalisée, **la valeur actuelle est une fonction décroissante** du niveau du taux d'intérêt **i** et de la durée de temps **n**.

c. La valorisation possible du taux d'intérêt et du nombre de périodes nécessaires

À partir de la même formule financière, il est possible de déterminer le **taux d'intérêt i** qui serait nécessaire pour obtenir une valeur Vn à partir d'un investissement V_0 sur n périodes :

$$V_0 = V_n(1+i)^{-n} \Leftrightarrow (1+i)^n = \frac{V_n}{V_0} \Leftrightarrow i = \left(\frac{V_n}{V_0}\right)^{1/n} - 1 .$$

On peut de même calculer le nombre de périodes **n** pendant lesquelles il faudrait placer $\mathbf{V_0}$ au taux d'intérêt **i** pour obtenir $\mathbf{V_n}$:

$$V_0 = V_n(1+i)^{-n} \Leftrightarrow (1+i)^n = \frac{V_n}{V_0} \Leftrightarrow \ln(1+i)^n = \ln\left(\frac{V_n}{V_0}\right) \Leftrightarrow n.\ln(1+i) = \ln\left(\frac{V_n}{V_0}\right).$$

$$\Leftrightarrow n = \frac{\ln\left(\frac{V_n}{V_0}\right)}{\ln(1+i)}.$$

d. La capitalisation et actualisation de flux multiples

Il est possible d'utiliser les formules précédentes en considérant non plus un seul capital, mais une multitude de flux **périodiques** C sur un intervalle quelconque (mensuel, trimestriel, annuel...), mais toujours constant. Ils ont généralement pour objet :

– la constitution d'un capital : placement d'épargne retraite ou immobilière... ;

– le remboursement d'une dette, d'un emprunt (on parle alors d'annuités d'emprunt) ;

– le paiement d'une charge régulière : loyers, redevances crédits-bails... ;

– l'étalement régulier d'une charge : amortissement d'une immobilisation, provision d'une charge d'impôt...

Ces flux peuvent être variables ou identiques, ce qui nous amène à distinguer quatre cas de figure auxquels sont associées quatre formules.

e. La capitalisation de flux variables

Supposons une échéance à cinq périodes de cinq flux (**C_0 à C_4**) générés en début de chaque période, compte tenu d'un taux d'intérêt périodique constant i.

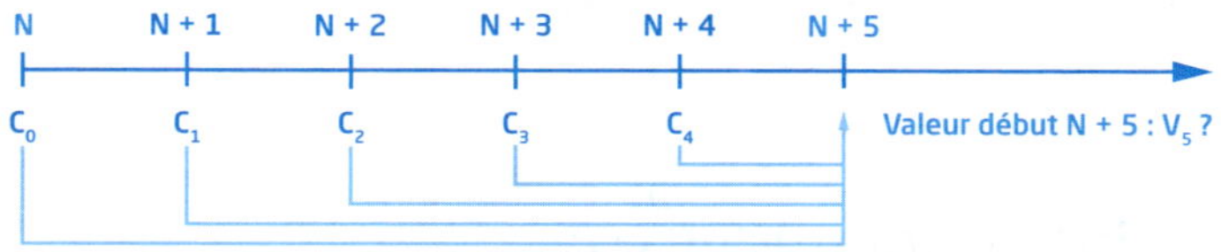

$$V_5 = C_0 (1+i)^5 + C_1 (1+i)^4 + C_2 (1+i)^3 + C_3 (1+i)^2 + C_4 (1+i)$$

f. L'actualisation de flux variables

Les conditions sont les mêmes que lors de la capitalisation de flux variables.

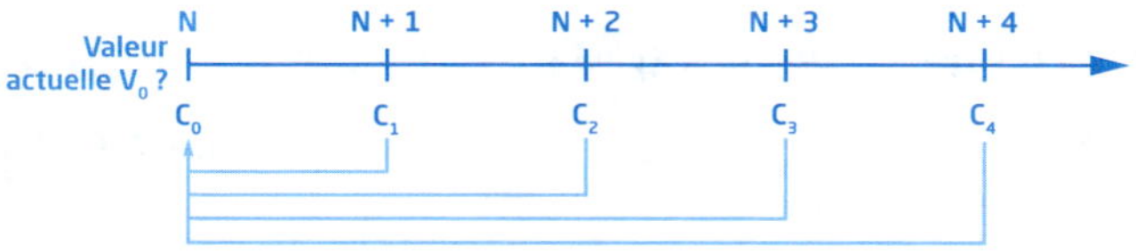

$$V_0 = C_0 + C_1 (1+i)^{-1} + C_2 (1+i)^{-2} + C_3 (1+i)^{-3} + C_4 (1+i)^{-4}$$

ATTENTION

Remarquons d'une part que le flux C_0 est positionné à la date initiale et n'a donc pas besoin d'être actualisé et, d'autre part, que seuls quatre intervalles sont représentés puisque l'on se situe au début de la première période et non à la fin de la période 4 (ou au début de la période 5 : N + 5) comme en capitalisation.

g. La capitalisation de flux identiques

Soit un flux constant C généré en fin de période sur **n** périodes au taux constant **i** :

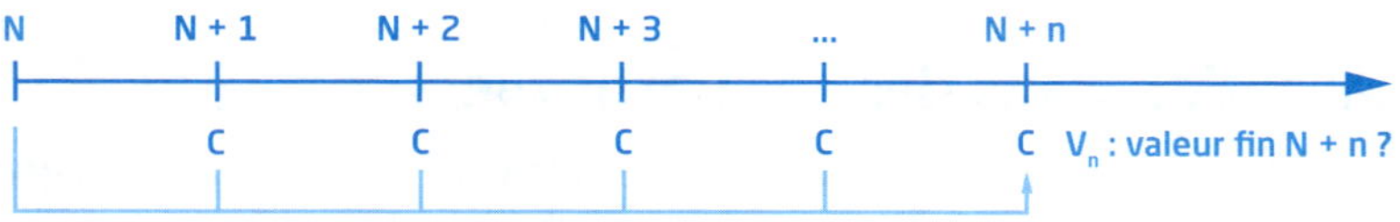

$$V_n = C (1 + i)^n + C (1 + i)^{n-1} + C (1 + i)^{n-2} + ... + C (1 + i)^2 + C (1 + i) + C$$

La formule se simplifie puisque l'on est en présence d'une suite géométrique de premier terme **C** (le plus petit qui est à droite) qui augmente selon une raison constante (1 + i) sur n rangs.

RAPPEL

La somme S_n d'une suite géométrique de 1er terme U_1 comportant n termes et de raison q est :

$$S_n = U_1 \times \frac{q^n - 1}{q - 1}.$$

Appliquée à la valeur acquise lors de la **n^e^** période, cela donnera :

$$V_n = C\frac{(1+i)^n - 1}{(1+i)-1} \Leftrightarrow V_n = C\frac{(1+i)^n - 1}{i}.$$

On en déduit la formule du flux identique capitalisé C :

$$C = V_n \frac{i}{(1+i)^n - 1}.$$

h. L'actualisation de flux identiques

Soit un flux constant C généré en fin de période sur **n** périodes au taux constant **i** :

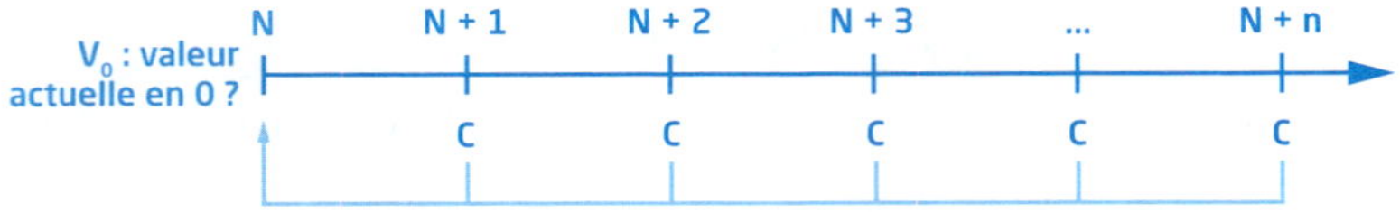

$$\mathbf{V_0 = C\,(1 + i)^{-1} + C\,(1 + i)^{-2} + C\,(1 + i)^{-3} + \dots + C\,(1 + i)^{-(n-1)} + C\,(1 + i)^{-n}}$$

La formule suit également la logique d'une suite géométrique de premier terme **C (1 + i)^-n^** (le plus petit qui est à droite), de raison (1 + i) sur n rangs :

$$V_0 = C(1+i)^{-n}\frac{(1+i)^n - 1}{(1+i)-1} \quad V_0 = C\frac{\frac{(1+i)^n}{(1+i)^n} - (1+i)^{-n}}{i} \quad V_0 = C\frac{1-(1+i)^{-n}}{i}.$$

On en déduit la formule du flux identique actualisé, encore appelé **annuité** C :

$$C = V_0\frac{i}{1-(1+i)^{-n}}.$$

Les calculs financiers privilégient largement l'évaluation par actualisation, dans la mesure où la date initiale N représente le présent (« L'action prend place dans le présent réel et sa réalité s'y développe », in *Le temps, la finance et le management*, Von Mises, 1949, p. 100), moment de la prise de décision, c'est-à-dire le temps de l'action. Notons au passage la racine latine commune des termes « actualisation », « acte », « action » et « acteur », désignant **celui qui fait, celui qui agit dans l'instant présent**.

i. L'actualisation dans des cas particuliers

Ces formules mathématiques de base répondent de manière satisfaisante aux cas généraux où les variables sont identiques d'une période à l'autre et l'horizon temporel est fini. En raison de leurs propriétés, elles peuvent s'adapter à des cas plus spécifiques : variables différentes d'un intervalle à l'autre, horizon temporel infini.

Actualisation de flux multiples et constants C sur horizon infini

Lorsque le nombre de périodes n tend vers l'infini (on parle de rente perpétuelle), la formule d'actualisation s'en trouve simplifiée puisque dans ce cas $(1 + i)^{-n}$ tend vers 0. La formule devient :

$$V_0 = \frac{C}{i}.$$

Actualisation de flux multiples de fin de période C progressant selon un taux constant g

À partir du premier flux C_1, les suivants se déterminent en fonction du taux de croissance g :

$C_2 = C_1 (1 + g)$

$C_3 = C_2 (1 + g) \Rightarrow C_3 = C_1 (1 + g)^2$

$C_n = C_n - 1 (1 + g) \Rightarrow C_n = C_1 (1 + g)^{n-1}$

Actualisés au taux constant i :

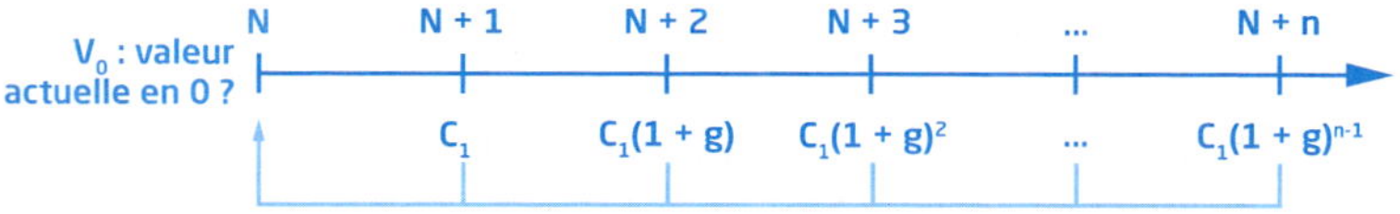

$$V_0 = \frac{C_1}{(1+i)} + \frac{C_1(1+g)}{(1+i)^2} + \frac{C_1(1+g)^2}{(1+i)^3} + \ldots + \frac{C_1(1+g)^{n-1}}{(1+i)^n}$$

$$V_0 = C_1 \frac{1 - \left(\frac{1+g}{1+i}\right)^n}{i-g}$$

La formule doit conduire à une valeur positive et nécessite donc l'hypothèse suivante : **i > g**.

EXEMPLE

Martin détient une action début N. Le premier dividende perçu en début N + 1 sera de 10 € et progressera de 2 % tous les ans pendant cinq ans. On suppose que la somme actualisée des dividendes à recevoir constituerait une bonne estimation de la valeur de l'action en début N. En supposant un taux d'actualisation annuel de 5 %, la valeur actuelle de l'action début N sera donc :

$$V_0 = 10 \frac{1 - \left(\frac{1{,}02}{1{,}05}\right)^5}{0{,}05 - 0{,}02} = 44{,}97 \text{ €}$$

Le calcul peut se décomposer sous la forme d'un tableau :

Début de période	1	2	3	4	5
Flux futurs (en progression de 2 % par an)	10	$10 \times 1{,}02 =$ 10,20	$10 \times 1{,}02^2$ = 10,40	$10 \times 1{,}02^3$ = 10,61	$10 \times 1{,}02^4$ = 10,82
Flux actuels ramenés en début 0 (au taux de 5 %)	$10 \times 1{,}02^{-1}$ = 9,52	$10 \times 1{,}02^{-2}$ = 9,25	$10 \times 1{,}02^{-3}$ = 8,99	$10 \times 1{,}02^{-4}$ = 8,73	$10 \times 1{,}02^{-5}$ = 8,48

La valeur de l'action correspond à la somme des dividendes futurs actualisés : **44, 97 €.**

Dans le cadre d'un nombre infini de périodes n, $\left(\frac{1 + g}{1 + i}\right)^n$ tend vers 0, la formule se simplifie et devient : $V_0 = \frac{C_1}{i - g}$

EXEMPLE

En reprenant l'exemple précédent, mais avec une progression de 2 % sur horizon infini :

$$V_0 = \frac{10}{0,05 - 0,02} = 333,33 \text{ €}$$

soit un montant bien supérieur au précédent, ce qui est logique puisque les dividendes sont envisagés sur un temps bien plus long (infini et non cinq ans). Ce mode d'évaluation des actions, qui par nature n'ont pas d'échéance (contrairement aux obligations), est connu sous le nom de modèle de Gordon et Shapiro.

Actualisation d'un flux sur horizon fini avec un taux variable

Le taux d'intérêt varie en fonction de l'échéance du flux, ce qui devrait nous amener à utiliser un taux d'actualisation différent d'une période à l'autre.

La valeur actuelle V_0 d'un flux Vn obtenu au bout de n périodes aux taux i_1 pour la première période, i_2 pour la deuxième, etc., i_n pour la dernière sera :

$$V_0 = V_n \frac{1}{(1+i_1)(1+i_2)\ldots(1+i_n)}$$

EXEMPLE

Un capital de 10 000 € obtenu au bout de trois ans par un placement au taux annuel de 2 % la première année, 3 % la deuxième et 4 % la troisième, aura une valeur actuelle de :

$$V_0 = 10000 \frac{1}{(1,02).(1,03).(1,04)} = 9\,152,28 \text{ €}$$

Si le taux avait été unique, par exemple de 2 %, on aurait retrouvé la formule classique d'actualisation pour trois périodes soit :

$$V_0 = 10000 \frac{1}{1,02^3} = 9151,41 \text{ €}$$

j. Le problème du fractionnement des périodes

Ont jusqu'à présent été envisagés un nombre entier de périodes n et un taux constant i qui permet de passer d'une période à l'autre.

ATTENTION Il est important de noter que, quelle que soit la formule utilisée, **il doit toujours y avoir une cohérence entre la périodicité et le taux.** Ainsi, si les intervalles sont annuels, le taux sera exprimé pour l'année, s'ils sont mensuels, le taux le sera également.

Reste posé le problème des échéances qui ne comportent pas un nombre entier de périodes, par exemple un placement sur trois ans et six mois au taux annuel de 6 %.

Les calculs diffèrent selon le système d'intérêt envisagé : intérêts simples ou intérêts composés.

Intérêts simples et taux proportionnel

DÉFINITION

Le **taux proportionnel** est un taux qui se décline **en fraction de temps de manière proportionnelle, linéaire.**

Ainsi pour un taux semestriel $\mathbf{i_s}$:

– le taux proportionnel trimestriel est $\mathbf{i_t = i_s \times 1/2}$ *(deux trimestres dans un semestre)* ;

– le taux proportionnel mensuel est $\mathbf{i_m = i_s \times 1/6}$ *(six mois dans un semestre)* ;

– le taux proportionnel annuel est $\mathbf{i_a = i_s \times 2}$ *(deux semestres dans une année).*

Cette approche est particulièrement adaptée aux intérêts simples car un même capital placé à taux proportionnels génère une somme identique.

EXEMPLE

Ainsi 1 000 € placés au **taux d'intérêt simple** de 9 % rapportent au bout d'un an :

Taux proportionnel	Intérêt produit	Valeur acquise
9 % par an	1 000 × 9 % = **90**	1 000 × 1,09 = **1 090**
4,50 % par semestre (9 %/2)	1 000 × 4,50 % × 2 = **90**	1 000 × (1 + 0,045 × 2) = **1 090**
0,75 % par mois (9 %/12)	1 000 × 0,75 % × 12 = **90**	1 000 × (1 + 0,0075 × 12) = **1 090**

Intérêts composés et taux équivalent

Il n'en va pas de même si le placement s'effectue au **taux d'intérêt composé**.

EXEMPLE

Au taux annuel de 9 %, 1 000 € placés à intérêts **composés** rapportent au bout d'un an :

Taux proportionnel	Valeur acquise
9 % par an	1 000 × 1,09 = **1 090**
4,50 % par semestre (9 %/2)	$1\,000 \times 1{,}045^2 =$ **1 092,025**
0,75 % par mois (9 %/12)	$1\,000 \times 1{,}0075^{12} =$ **1 093,807**

Pour rendre les valeurs acquises équivalentes en taux composés, il faut appliquer les **taux équivalents** correspondant aux périodes.

DÉFINITION

Deux taux sont dits **équivalents** s'ils génèrent la même valeur acquise pour un même capital placé en taux composés.

Ainsi, pour un taux semestriel $\mathbf{i_s}$:

– le taux équivalent trimestriel est $\mathbf{i_t = (1 + i_s)^{1/2} - 1}$ *(deux trimestres dans un semestre)* ;

– le taux équivalent mensuel est $\mathbf{i_m = (1 + i_s)^{1/6} - 1}$ *(six mois dans un semestre)* ;

– le taux équivalent annuel est $\mathbf{i_a = (1 + i_s)^2 - 1}$ *(deux semestres dans une année).*

EXEMPLE

Pour le placement de 1 000 € au taux annuel de 9 %, le taux semestriel équivalent i_s serait tel que :

$1\ 000 \times 1{,}09 = 1\ 000 \times (1 + i_s)^2$

$(1 + i_s)^2 = 1{,}09 \Leftrightarrow 1 + i_s = 1{,}09^{1/2} \Leftrightarrow i_s = 1{,}09^{1/2} - 1 \Leftrightarrow i_s \cong 0{,}044$ soit 4,4 %

Cela rapporte au bout d'un an :

Taux équivalent	Valeur acquise
9 % par an	$1\ 000 \times 1{,}09 =$ **1 090**
$1{,}09^{1/2} - 1 = 4{,}403$ % par semestre	$1\ 000 \times 1{,}04403^2 =$ **1 090**
$1{,}09^{1/12} - 1 = 0{,}7207$ % par mois	$1\ 000 \times 1{,}0007207^{12} =$ **1 090**
$1{,}09^{1/4} - 1 = 2{,}1778$ % par trimestre	$1\ 000 \times 1{,}021778^4 =$ **1 090**

Facile d'utilisation, le taux d'intérêt proportionnel est largement employé pour les opérations à court terme mais également dans tous les systèmes d'étalement linéaire (on parle aussi de *prorata temporis*, comme pour l'amortissement linéaire comptable par exemple).

Pour des horizons à long terme, le taux équivalent sera retenu.

Du temps discret au temps continu : l'accumulation ou l'actualisation sur un nombre infini de périodes

Augmenter le nombre de fractions de période revient à accroître le nombre de versements d'intérêts et à réduire l'espace de temps entre deux échéances. Or, plus cet écart se réduit, plus la valeur future est forte.

En appelant **t** le nombre de périodes de temps (ici 1 an), **s** le nombre de fractions de période dans l'année, **i** le taux d'intérêt annuel, $\mathbf{V_0}$ la valeur actuelle et $\mathbf{V_1}$ la valeur capitalisée au bout d'un an, la formule de la valeur acquise en t est :

$$V_t = V_0 \times \left(1 + \frac{i}{s}\right)^{s.t}$$

EXEMPLE

Reprenons la possibilité de placer 1 000 € au taux annuel de 9 % pendant un an et poursuivons la décomposition temporelle de ce placement dans un système d'accumulation, c'est-à-dire en taux d'intérêt composés. L'opération étant à court terme, on retient le mécanisme des taux proportionnels.

Taux proportionnel	Valeur acquise
9 % par an	$1\ 000 \times 1{,}09 =$ **1 090**
4,50 % par semestre (9 %/2)	$1\ 000 \times 1{,}045^2 =$ **1 092,025**
2,25 % par trimestre (9 %/4)	$1\ 000 \times 1{,}0225^4 =$ **1 093,083**
0,75 % par mois (9 %/12)	$1\ 000 \times 1{,}0075^{12} =$ **1 093,807**
0,025 % par jour (9 %/360)	$1\ 000 \times 1{,}00025^{360} =$ **1 094,16**

On constate bien une progression de la valeur acquise au fur et à mesure que l'intervalle de temps décroît.

Envisager un nombre infiniment grand de fractions de période (des échéances très petites) revient à considérer que P tend vers l'infini. Mathématiquement, on peut démontrer que $\left(1+\frac{i}{s}\right)^{s.t}$ tend alors vers $e^{i.t}$, où e est la base exponentielle népérienne[1].

$V_t = V_0 \times e^{i.t}$, soit dans notre exemple : $1\,000 \times e^{0{,}09 \times 1} = 1\,094{,}17$

Cette fonction est :

– croissante par rapport à t : la valeur future augmente quand le nombre de périodes t devient plus important ;

– croissante par rapport à i : la valeur future s'accroît lorsque le taux d'intérêt augmente ;

– convexe par rapport à t : l'accumulation s'accélère pour chaque période supplémentaire.

Cette convexité est logique puisque les intérêts participent à l'accumulation du capital : le taux s'applique à un capital toujours plus important.

EXEMPLE

En reprenant les données de l'exemple précédent, sur deux années (tout en restant en taux proportionnel), on obtient : $1\,000 \times e^{0{,}09 \times 2} = 1\,197{,}217$ € en fin de 2e année, soit un surplus de 1 197, 217 – 1 094,17 = 103,047 € sur un an ;
Sur trois années : $1\,000 \times e^{0{,}09 \times 3} = 1\,309{,}96$ € en fin de 3e année, soit un surplus de 1 309,96 – 1 197,217 = 112,747 € toujours sur un an. On assiste donc à une augmentation.

Un raisonnement similaire peut s'effectuer pour le calcul d'une valeur actualisée

La formule est donc identique à la précédente, on cherche juste à exprimer V_0 en fonction de V_t :

$$V_0 = \frac{V_t}{\left(1+\frac{i}{s}\right)^{s.t}}$$

Et lorsque s tend vers l'infini la formule devient : $V_0 = \frac{V_t}{e^{i.t}}$

La fonction est :

– décroissante par rapport à t : la valeur actuelle diminue quand le nombre de périodes t s'accroît ;

– décroissante par rapport à i : la valeur actuelle diminue avec un taux d'intérêt plus élevé ;

– convexe par rapport à t : la baisse de la valeur actuelle décroît de moins en moins vite pour chaque période supplémentaire.

EXEMPLE

Ainsi, pour une valeur espérée de 1 000 € dans un an, il faudra placer au taux annuel composé de 9 % :

Taux proportionnel	Valeur actuelle
9 % par an	$1\,000 \times 1{,}09^{-1}$ = **917,43 € en début de l'année 1**
4,50 % par semestre (9 %/2)	$1\,000 \times 1{,}045^{-2}$ = **915,73 € en début de l'année 1**
2,25 % par trimestre (9 %/4)	$1\,000 \times 1{,}0225^{4}$ = **914,843 en début de l'année 1**

1. e est appelé nombre de Neper ou nombre d'Euler. e = 2,718 281 828... Il permet de formaliser le temps continu.

Taux proportionnel	Valeur actuelle
0,75 % par mois (9 %/12)	1 000 × $1{,}0075^{12}$ = **914,238 en début de l'année 1**
0,025 % par jour (9 %/360)	1 000 × $1{,}00025^{360}$ = **913,94 en début de l'année 1**

Sur un horizon infini, on obtiendra : $V_0 = \frac{1\,000}{e^{0,09}} = 913{,}93$

Pour deux périodes d'un an, on aurait une valeur actuelle de 1 000 / $e^{0,09 \times 2}$ = 835,27 €, soit une baisse de 835,27 – 913,93 = –78,66 € sur un an.
Sur trois années, la valeur actuelle serait de 1 000 / $e^{0,09 \times 3}$ = 763,38 €, donc un écart de : 763,38 – 835,27 = –71,89 € sur un an, qui se réduit.

Faire l'hypothèse d'un nombre infini de versements (d'échéances infiniment petites) revient en réalité à **passer du temps discret au temps continu**.

DÉFINITION

Le **temps continu** est un système qui suppose une continuité du temps entre le présent et le futur.

L'absence d'intervalle évite les pertes d'information entre deux périodes.

L'approche en temps continu est utilisée en finance comme **approximation du temps discret**. **Le lien entre les deux systèmes peut être assuré par la relation entre taux discret et taux continu.**

Si l'on appelle $\mathbf{i_d}$ le taux discret et $\mathbf{i_c}$ le taux continu, $\mathbf{V_n}$ la valeur future en **n** et $\mathbf{V_0}$ la valeur d'origine :

– en taux discret : $\mathbf{V_{nd} = V_0 (1 + i_d)^n}$;

– en taux continu : $\mathbf{V_{nc} = V_0\, e^{ic.n}}$.

Il y a équivalence des deux taux $\mathbf{i_d}$ et $\mathbf{i_c}$ si Vnd = Vnc ⇒ $V_0 (1+id)^n = V_0\, e^{ic.n}$ Û $(1+id) = e^{ic}$.

En simplifiant : $V_0 (1+id)^n = V_0\, e^{ic.n}$ Û $(1+id) = e^{ic}$

$\mathbf{i_c = \ln (1 + i_d)}$ **et** $\mathbf{i_d = e^{ic} - 1}$

EXEMPLE

Le taux continu équivalent au discret de 9 % est de ic = ln (1 + 0,09) = **0,08617, soit 8,617 %.**
Ainsi, la valeur acquise d'une somme de 10 000 € placée pendant trois ans est :
– au taux discret de 9 % : 10 000 × $1{,}09^3$ = 12 950,29 ;
– au taux continu de 8,217 % : 10 000 × $e^{0,09 \times 3}$ = 12 950,29.
On trouve bien des valeurs équivalentes.

Schéma de synthèse

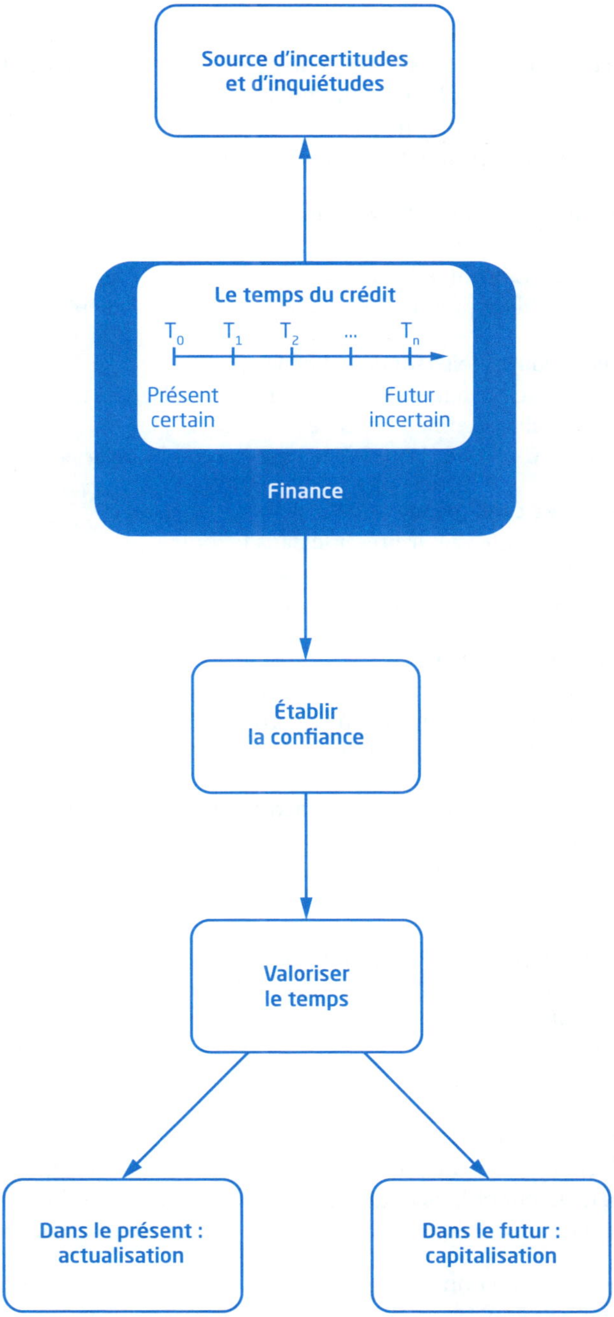

QCM

QCM

1. La circulation des flux financiers entre pourvoyeurs et demandeurs de fonds :

a. repose uniquement sur les marchés financiers.
b. repose uniquement sur les intermédiaires financiers.
c. repose à la fois sur les marchés financiers et les intermédiaires financiers.

2. Les opérations suivantes relèvent de la finance (1) :

a. souscription d'une assurance-vie.
b. émission d'un emprunt obligataire.
c. enregistrement d'un prêt bancaire dans les comptes de l'entreprise.

3. Les opérations suivantes relèvent de la finance (2) :

a. constitution d'un portefeuille diversifié pour un placement de long terme.
b. déduction des charges financières de l'assiette fiscale.
c. acquisition d'un ensemble immobilier en vue d'en faire le siège social de l'entreprise.

4. La valeur capitalisée correspond :

a. à la projection d'une valeur présente dans le futur.
b. à la valorisation d'une somme future dans le présent.
c. au capital initial duquel on déduit les intérêts.

5. La valeur actualisée correspond :

a. à la projection d'une valeur présente dans le futur.
b. à la valorisation d'une somme future dans le présent.
c. au capital initial duquel on déduit les intérêts.

6. Le taux d'intérêt i et la valeur capitalisée (actualisée) sont liés par une relation :

a. croissante (décroissante).
b. décroissante (croissante).
c. indéfinie.

7. Les intérêts d'un placement de 10 000 € à intérêts simples au taux annuel de 5 % s'élèvent au bout de deux ans à :

a. $10\,000$ € $\times 1{,}05 \times 2$.
b. $10\,000$ € $\times 1{,}05^2$.
c. $10\,000 \times (1{,}05 \times 2 - 1)$.

8. Les taux proportionnels :

a. sont particulièrement adaptés dans le cadre des intérêts simples.
b. sont généralement utilisés pour des opérations de court terme d'un an au plus.
c. permettent de rendre équivalent un placement sur un an ou sur deux semestres.

9. Pour un emprunt de 100 000 € au taux annuel i, remboursable en annuités constantes fin de période sur dix ans, l'emprunteur s'engage à rembourser la somme de :

a. 10 000 € par an.
b. $a = 100\,000 \dfrac{i}{1-(1+i)^{-10}}$.
c. $a = 100\,000 \dfrac{i}{(1+i)^{10}-1}$.

Applications

EXERCICE GUIDÉ

Étude stratégique

Actualisation

La société anonyme Alpha exploite un réseau de magasins de vente en gros de matériel et fournitures pour salles de bains. L'entreprise connaît une forte croissance de ses activités et souhaite acquérir un terrain d'une valeur de 100 000 € afin d'y faire construire un bâtiment d'exposition d'une valeur de 300 000 €.

Ne disposant pas des fonds nécessaires, la société Alpha décide de financer l'ensemble immobilier par crédit-bail : contrat de location d'une durée prédéfinie, au bout de laquelle l'entreprise peut acheter le bien pour un prix plus faible, appelé valeur d'option d'achat.

Deux propositions lui sont faites pour un contrat commençant le 1er janvier N :

1. Celle de la société Locabail-France :

– Durée de location : 12 ans.

– Loyers semestriels constants payables d'avance à partir du 1er janvier N.

– Valeur d'option d'achat du terrain et de la construction le 1er janvier N + 12 : 199 609 €.

– Coût semestriel du contrat : 5,55 %, qui correspond au taux d'actualisation des loyers et de la valeur d'option d'achat égalisant la valeur de l'ensemble immobilier (terrain + construction).

2. Celle de la société Leasing-International :

– Durée de location : 18 ans.

– Loyers trimestriels constants payables à terme échu (fin de trimestre) à partir du 31 mars N.

– Valeur d'option d'achat du terrain et de la construction le 1er janvier N + 18 : 138 046,20 €.

– Coût trimestriel du contrat : 2,52 %, qui correspond au taux d'actualisation des loyers et de la valeur d'option d'achat égalisant la valeur de l'ensemble immobilier (terrain + construction).

1. Vérifiez que le montant du loyer semestriel de la première proposition est de 25 000 €.

2. Déterminez le montant du loyer trimestriel de la seconde proposition.

3. Quel est le contrat le plus intéressant pour l'entreprise ?

CORRIGÉ COMMENTÉ

MÉTHODE

Comme pour de nombreux problèmes de mathématiques financières, la difficulté ne réside pas dans les techniques mobilisées, mais dans la compréhension de l'énoncé. Il ne faut pas hésiter à se faire un axe des temps de manière à bien mettre en évidence les intervalles de temps (sont-ils réguliers ?), les montants actuels et futurs (sont-ils identiques ?), la temporalité de l'évaluation demandée (actualisation ou capitalisation ?) et la cohérence entre le taux et la périodicité des flux. Une fois ces caractéristiques précisées, il sera aisé d'appliquer au problème la bonne formule et de remplacer les variables par les données précisées dans l'énoncé.

Lisez toujours bien l'énoncé et l'intégralité des questions, de manière à détecter le problème de gestion qui se pose. Ici, il s'agit de choisir entre les deux propositions (ce que nous comprenons par la question 3).

1. Vérifiez que le montant du loyer semestriel de la première proposition est de 25 000 €.

Le loyer est constant durant tout le contrat. Il équivaut donc à une annuité semestrielle constante actualisée sur 12 × 2 - 1 = 23 semestres au taux semestriel de 5,55 % (on a une cohérence entre le taux et la périodicité).

ATTENTION

Le versement des semestrialités s'effectue en avance : la première annuité n'est donc pas à actualiser. Il faut ainsi retenir une actualisation sur 23 semestres et non 24. En revanche, le prix de levée de l'option d'achat est un flux de fin de période intervenant au bout des 24 semestres.

L'actualisation des loyers et de la levée de l'option doit correspondre à la valeur de l'ensemble immobilier à financer, soit 400 000 € :

$$400\,000 = 25\,000 + 25\,000\,\frac{1-(1+0{,}0555)^{-23}}{0{,}0555} + 199\,069 \times 1{,}0555^{-24}$$

L'équation est vérifiée et le loyer semestriel est donc bien de 25 000 €.

2. Déterminez le montant du loyer trimestriel de la seconde proposition.

En appliquant la même démarche que le premier contrat, il faut actualiser le loyer sur 18 × 4 = 72 trimestres, ainsi que la levée d'option afin de retrouver le montant de l'ensemble immobilier de 400 000 €.

ATTENTION

Le versement des trimestrialités s'effectue en fin de période : l'actualisation porte donc sur l'ensemble des 72 trimestres. Le prix de levée de l'option est également un flux de fin de période versé au bout des 72 trimestres.

$$400\,000 = a \times \frac{1-(1+0{,}0252)^{-72}}{0{,}0252} + 138\,046{,}20 \times 1{,}0252^{-72}$$

$a = 11\,400$

3. Quel est le contrat le plus intéressant pour l'entreprise ?

ATTENTION Il s'agit ici de comparer les deux propositions. Les deux contrats ne présentant pas la même durée, les mêmes flux et la même périodicité, il n'est pas possible de résoudre directement le problème. Le critère de comparaison le plus adéquat sera le taux d'actualisation de chaque contrat ramené à une périodicité commune. Nous proposons un taux annuel, mais il serait possible de retenir un taux semestriel ou trimestriel.
Pensez également à nuancer votre proposition en rappelant qu'elle n'est valable que par rapport à un critère donné.

Calculons les taux annuels des contrats 1 et 2 nommés respectivement ia1 et ia2 :

- $i_{a1} = (1+0{,}0555)^2 - 1 =$ **11,41 %** ;
- $i_{a2} = (1+0{,}0252)^4 - 1 =$ **10,47 %**

Pour 100 € investis, le premier contrat coûte 11,41 € quand le second n'est qu'à 10,47 €. Sur le seul critère du coût, la proposition de la société Leasing-International sera retenue.

Remarque

Il s'agit ici d'un exemple d'évaluation d'un élément de patrimoine à l'aide des flux futurs attendus. En application des normes IAS/IRFS (ici l'IFRS 17), le bien faisant l'objet du crédit-bail va figurer à l'actif du bilan pour le montant actualisé ainsi calculé, soit ici 400 000 € en retenant le contrat 2.

EXERCICES

1. Actualisation de flux variables ⌛ 30 minutes ★★

Présentation du sujet

La société Bédiard envisage un investissement immédiat de 300 000 € qui rapporterait 100 000 € au bout d'un an, 120 000 € au bout de deux ans, 180 000 € au bout de trois ans et 211 500 € après quatre ans.

Le responsable financier pense que l'actualisation de l'ensemble des flux au taux de 6 % serait une bonne façon de valoriser cet investissement.

1. Déterminez la valeur de l'investissement envisagé.

2. Quelle devrait être l'annuité constante qui, actualisée au même taux et sur la même période, permettrait d'obtenir une valeur actuelle identique ? Interprétez cette annuité.

2. Temps discret, temps continu ⌛ 30 minutes ★★

Présentation du sujet

La société Badé cherche des opportunités de placement pour un excédent de trésorerie de 100 000 €.

Elle découvre l'annonce financière suivante : privilégiez les placements en capitalisation continue. Pour un taux annuel de 3,75 %, vous gagnerez jusqu'à 413 € de plus pour un montant de 100 000 € immobilisés sur cinq ans, soit un taux de croissance de 20,62 % sur la période.

1. Vérifiez les données de l'annonce.

2. Vérifiez les données de cette seconde annonce et sélectionnez le placement le plus intéressant.

3. Actualisation ⌛ 40 minutes ★★

Présentation du sujet

Pour se moderniser, l'entreprise Aciert acquiert début N un matériel pour 500 000 €.
Le responsable financier étudie quatre possibilités de financement :

1. Versement de 20 % au comptant et emprunt du solde selon les modalités suivantes :
- Remboursement en 12 trimestrialités sur une durée de trois ans.
- Les deux premières trimestrialités ne comprennent que les intérêts courus.
- Les suivantes sont des trimestrialités constantes.
- Le taux d'intérêt annuel applicable est de 12 %.

2. Versement de 20 % au comptant et emprunt du solde selon les modalités suivantes :
- Remboursement en six semestrialités constantes sur une durée de trois ans.
- Le taux d'intérêt annuel applicable est de 12 %.

3. Emprunt de la totalité du montant de l'investissement selon les modalités suivantes :
- Remboursement en 12 trimestrialités (fin de période) sur une durée de trois ans.
- La première semestrialité est 45 000 €, les suivantes augmentent de 2 % à chaque période.
- Le taux d'intérêt annuel applicable est de 12 %.

4. Recours au crédit-bail selon les modalités suivantes :
- Loyers trimestriels de 60 000 €, payables en début de période.
- Prix d'achat du matériel à la fin du bail (prix de levée d'option) : 50 000 €.
- Durée du contrat : trois ans.

Taux d'actualisation annuel retenu pour l'ensemble des possibles : 10 %.

Déterminez le mode de financement le plus approprié, sans tenir compte des paramètres fiscaux.

Valeur et information : du marché parfait au marché efficient

Chapitre 3

Sens et portée de l'étude	Notions et contenus
1.3 La valeur et le l'information (15 heures)	
Les marchés financiers sont a priori organisés en vue d'assurer aux investisseurs une information financière de qualité et une allocation efficiente des ressources.	Les différentes formes d'efficience Les anomalies traitées par la finance comportementale et les bulles spéculatives Importance de l'hypothèse d'efficience pour la gestion financière.

Le chapitre 2 a mis en évidence le rôle central que joue le taux d'intérêt dans la logique financière. Il quantifie le temps et le risque et débouche sur le mécanisme de l'actualisation à partir duquel se sont développés les concepts de Valeur Actuelle Nette (VAN), de Taux Interne de Rentabilité (TIR) et de coût du capital qui seront développés au cours des chapitres consacrés aux politiques d'investissement et de financement.

Il reste à expliciter le cadre théorique formalisé de ces systèmes en abordant le problème de la valeur et de l'information qui va nous aider à comprendre la normalisation du comportement des acteurs économiques.

1. La formalisation des choix économiques

Les fondements théoriques issus de la micro-économie sont à la base de bon nombre de théories financières. En comprendre les mécanismes permet de mieux appréhender les modèles financiers classiques qui s'en sont largement inspirés. Pour une présentation plus complète et très didactique, il est possible de se référer au petit ouvrage de Jacques Généreux : Économie politique - Tome 2 - Microéconomie, éd. hachette supérieur, collection les fondamentaux.

1.1 Le choix entre consommation immédiate et consommation future avec possibilité d'investir sur le marché financier

La théorie micro-économique a formalisé la façon dont les agents économiques, disposant d'un capital initial, expriment leurs préférences entre la consommation de différents types de produits. Par analogie, l'approche financière a substitué aux combinaisons de biens, des arbitrages entre consommation immédiate et consommation future. Chaque individu est caractérisé par une série de courbes d'indifférence, encore appelées fonctions d'utilité (codifiées U_0, U_1, U_2 sur la figure 1). Elles sont nécessairement parallèles et constituent une carte d'indifférence propre à chacun.

DÉFINITION

La **courbe d'indifférence** est une fonction représentative de l'ensemble des combinaisons de consommation immédiate et de consommation future qui procurent un même niveau d'utilité pour un agent économique donné.

Ainsi, le consommateur obtient le même degré de satisfaction à tous les points de la courbe U_0 qui constituent ses choix possibles de combinaisons, compte tenu de son niveau actuel de revenu.

Les propriétés mathématiques de ces courbes sont révélatrices de la vision théorique que les économistes ont des comportements des individus dans leur arbitrage entre le présent et le futur entendu comme une renonciation à la jouissance immédiate. Une grande partie de la théorie financière est basée sur cette vision, qui dans une culture autre que la nôtre (chinoise ou indienne par exemple) ne se serait pas formalisée ainsi.

En nommant C_0 la consommation immédiate (de début de période : t_0) et C_1 la consommation future (ou fin de période : t_1), les fonctions d'utilité se représentent conformément aux figures 1 et 2 ci-après.

Sur la **figure 1**, chaque courbe est **positive convexe, décroissante**. Ces caractéristiques s'analysent de la façon suivante :

– la **courbe est positive** car l'agent économique ne consomme jamais une unité supplémentaire qui lui procure une utilité marginale négative et qui de fait diminuerait sa satisfaction totale ;

– la **courbe décroissante** indique qu'il existe une relation négative entre la consommation présente et à venir. Le fait de renoncer à une consommation immédiate ΔC_0 doit donc être compensé par une hausse de la consommation future ΔC_1, sans quoi la satisfaction totale diminue ;

– la **convexité** de la fonction souligne le fait que la compensation des quantités consommées dans le temps n'est pas stable. Une relation stable supposerait une relation linéaire. Il s'agit du cas schématisé par la figure 2 : sur la droite décroissante, toute baisse ΔC_0 entraînerait une même hausse $\mathbf{\Delta C_1}$. Sur le graphique de la figure 1, nous constatons qu'une même variation ΔC_0 est compensée par deux variations différentes : $DC_1 \neq \Delta C'_1$. Cette construction traduit l'hypothèse **d'utilité marginale décroissante des consommations dans le temps.** Le premier euro consommé immédiatement procure une satisfaction plus grande que le deuxième qui lui-même procure plus de plaisir que le troisième, et ainsi de suite.

EXEMPLE

La position initiale de notre agent économique se situe au point X, combinaison des consommations C_0^x et C_1^x. Il accepterait de renoncer à une consommation présente ΔC_0 si elle est compensée par une variation future DC_1 le menant à la combinaison C_0^y ; C_1^y du point Y. À ce nouvel équilibre, le niveau de consommation disponible aujourd'hui est désormais plus rare qu'au point de départ X : $C_0^y < C_0^x$, ce qui augmente son utilité marginale. Pour renoncer à une même part de consommation actuelle ΔC_0, il sera exigé une augmentation à venir $\Delta C'_1$ supérieure à DC_1. Cela signifie symétriquement que l'intérêt pour le temps futur est de plus en plus faible puisque son niveau attendu est plus important : $C_1^y > C_1^x$: utilité marginale décroissante du revenu à venir.

La plus ou moins forte convexité de la courbe est **propre à chaque agent économique** et dépend des goûts **relatifs** et **subjectifs** de chacun pour le présent par rapport au futur.

Les pentes décroissantes des tangentes à un point d'une courbe d'indifférence (T1 pour X, T2 pour Y et T3 pour Z) représentent de manière générale un **taux marginal de substitution** (TMS).

Figure 1

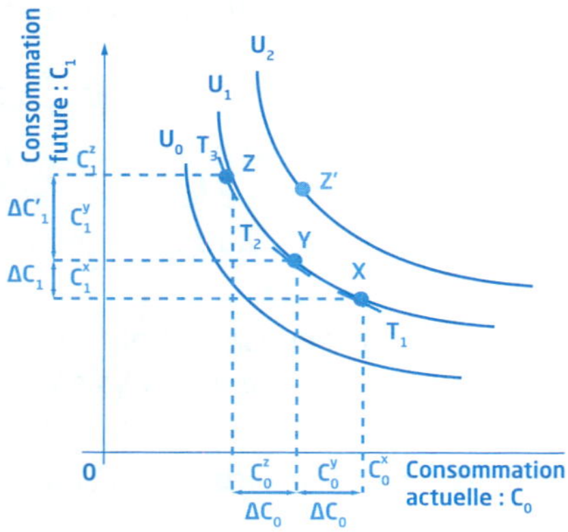

Figure 2

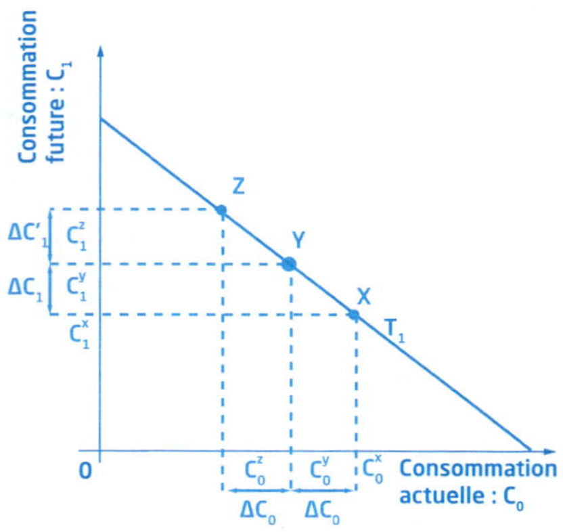

DÉFINITION

Le **taux marginal de substitution (TMS)** exprime, pour l'agent, le prix relatif qu'il accorde au temps présent par rapport au temps futur : la quantité d'euros (DC1) qu'il faut lui procurer en fin de période pour qu'il accepte de ne pas les dépenser en début de période (DC0). Il se détermine par le calcul de la dérivée de C_1 par rapport à C_0 pour chaque point.

Ce taux est plus ou moins élevé selon la préférence de l'agent pour le présent ou le futur. En Z, il privilégie l'avenir alors qu'en X, c'est que le temps actuel qui lui procure davantage de satisfaction. Retenons toutefois que quel que soit l'arbitrage réalisé par l'acteur économique sur une même courbe d'indifférence, son niveau total de satisfaction reste identique. Le déplacement sur une même courbe d'indifférence relève d'un changement de combinaison qui tient **à la subjectivité de l'individu.**

EXEMPLE

Supposons un agent économique qui, sur une même courbe d'utilité a le choix entre ces deux combinaisons :

1. consommer 1 000 € aujourd'hui et 1 500 € dans un an, ou
2. consommer 500 € maintenant et 2 200 € au bout d'une année.

Aucune des deux possibilités n'apparait dominante. La sélection s'effectuera en fonction de la **subjectivité** de chacun et variera donc d'un individu à l'autre.

En revanche, la subjectivité ne joue plus lorsque le choix s'effectue entre plusieurs courbes d'utilité différentes, par exemple U_0, U_1 U_2 sur la figure 1. La courbe U_2 sera préférée aux deux autres quel que soit l'agent économique considéré. Celui-ci est en effet doté d'un comportement dit **rationnel**.

DÉFINITION

Un **comportement d'un agent économique** est dit **rationnel** lorsqu'il poursuit des fins cohérentes entre elles et qu'il emploie des moyens appropriés pour les atteindre. En économie, elle a été personnifiée par l'*homo œconomicus*.

EXEMPLE

Supposons à présent que l'agent économique ait le choix entre :

1. consommer 1 000 € aujourd'hui et 1 500 € dans un an, ou
2. consommer 1 200 € aujourd'hui et 1 800 € dans un an.

La possibilité 2 offre une utilité totale supérieure à la première et sera systématiquement retenue, quel que soit l'agent économique considéré. Elle lui est **objectivement** supérieure.

Un individu cherche donc à maximiser sa satisfaction, c'est pourquoi il préfèrera toujours une combinaison de consommation qui engendre une utilité totale plus avantageuse. Formellement, cela se traduit par le passage de la courbe d'indifférence U_0 à la courbe d'indifférence U_1 pour atteindre le point Z' qui est préféré à tous les points X, Y et Z car sa satisfaction globale est plus forte.

L'accès à une courbe plus haute relève d'une augmentation du budget ou du revenu de l'individu. Il résulte d'une décision **objective et rationnelle :** tout agent, quels que soient ses goûts pour le présent et le futur, préfère toujours plus de richesse que moins car elle procure une plus grande satisfaction.

Ce rapport présent/futur amène à préciser une seconde dimension de la rationalité qui touche les **anticipations** des agents économiques.

DÉFINITION

Les **anticipations rationnelles** (John Muth 1961, et Robert Lucas1972) sont des prévisions effectuées en utilisant au mieux les informations dont ils disposent sur les événements futurs.

Dans l'approche financière classique, les informations n'ont pas nécessairement besoin d'être complètes. Elles sont en revanche supposées symétriques, connues au même moment, analysées de la même façon avec le même modèle dévaluation : l'actualisation des flux futurs attendus de l'investissement (les dividendes pour les actions, les cash-flows pour les investissements industrielles) selon les modalités de calcul présentées précédemment.

EXEMPLE

Un individu dispose de 100 000 € aujourd'hui et percevra 150 000 € dans 1 an. Son degré de satisfaction initial se situe au point D, sur la fonction d'utilité U_0 de la figure 3 ci-dessous.

Figure 3

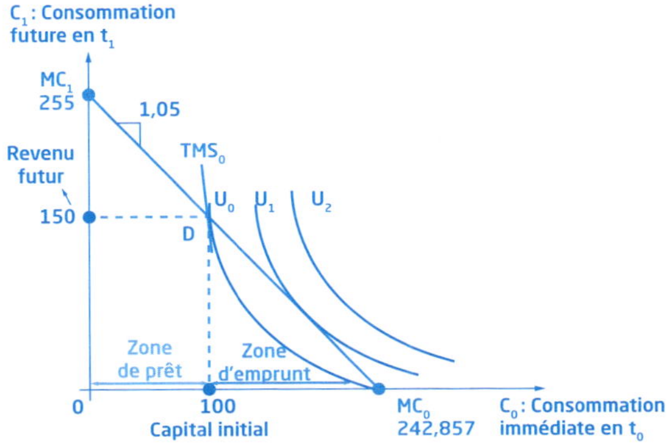

Supposons qu'il ait accès au marché des capitaux pendant 1 an. Il peut librement et sans coût y emprunter ou y placer tout ou partie de ses revenus au taux annuel garanti de 5 % (simple rémunération du temps). Nous voyons en effet apparaître une zone de prêt et une zone d'emprunt de part et d'autre du capital initial détenu :
– à gauche, l'agent économique renonce à une partie de son capital actuel. Il en prête une partie pour profiter d'un revenu future plus élevé ;
– à droite, il choisit un niveau de plaisir immédiat supérieur à son capital disponible aujourd'hui. Il doit pour ce faire emprunter et se servir de son revenu futur pour rembourser sa dette.
Les deux possibilités extrêmes de notre individu sont alors :
– maximiser sa **consommation immédiate** : compte tenu de son revenu futur de 150 000 €, notre agent économique peut emprunter, au taux de 5 % sur le marché des capitaux, une somme maximum de :
150 000 / 1,05=142 857 €. Il pourra ainsi consommer au maximum : 142 857 + 100 000 = 242 857 € en t_0 et sa consommation future sera nulle : point MC0 sur l'axe des abscisses. Son revenu futur de 150 000 € servira à rembourser l'emprunt de 142 857 € ainsi que 7 143 € d'intérêts.
– maximiser sa **consommation future** : il prête son capital initial de 100 000 € sur un an au taux de 5 % ce qui lui rapporte : 100 000 × 1,05 = 105 000 €, auxquels s'ajoutent le revenu à venir de 150 000 € soit une consommation future maximum de : 105 000 + 150 000 = 255 000 € en t_1, point MC1 sur l'axe des ordonnées. Sa consommation immédiate est alors nulle.
L'ensemble des combinaisons possibles se situent entre ces deux positions extrêmes qui peuvent donc être reliées de manière linéaire. Nous obtenons le segment [MC_0, MC_1] appelé **droite de marché des capitaux** qui a comme pente l'indice du taux d'intérêt soit 1,05 (normalement de signe négatif puisque la droite est décroissante ; par mesure de simplification, le raisonnement s'effectue en valeur absolue des pentes).
À ce stade, l'agent économique se situe toujours au point de départ D, à l'intersection de la droite de marché des capitaux et de sa fonction d'utilité U_0. Il serait indifférent à toute autre combinaison de consommation immédiate et future située sur cette courbe. Il pourrait par exemple choisir le point D' (figure 4) où il ne souhaite consommer que 62 500 € en t_1. Selon la position D', la consommation immédiate serait de 140 000 €. Il emprunterait une valeur actuelle de 40 000 € au taux de 5 % et rembourserait 40 000 × 1,05 = 42 000 €.

Figure 4

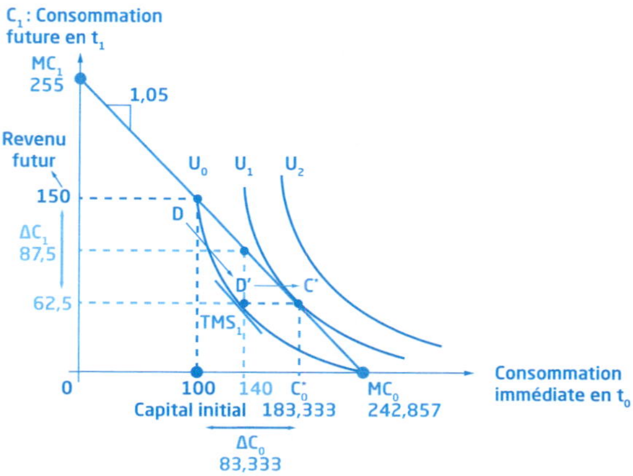

Ce déplacement de D vers D' sur la fonction U_0 relève d'un critère de décision purement **subjectif** : l'agent économique attribue au présent une valeur plus grande qu'au futur. Ce changement se caractérise par un TMS (pente tangente à U_0) plus petit : le prix attribué au temps est plus faible, c'est pourquoi il opte pour une consommation immédiate plus forte. Toutefois, cette combinaison D' n'est pas un résultat optimal.

En effet, l'agent économique pourrait envisager un montant bien supérieur le menant jusqu'au point C* à l'intersection de la droite de marché des capitaux et de la courbe d'indifférence U_1. Celle-ci sera en tout point préférée à U_0 puisqu'elle est plus élevée : elle offre des combinaisons de consommation plus satisfaisantes quelles que soient les préférences retenues. En D', notre acteur n'utilise pas toute l'efficience du marché.

Il est aisé de vérifier que s'il ne souhaite consommer que 62 500 € en t_1 (au lieu des 150 000 € possibles compte tenu de son revenu futur), il peut emprunter aujourd'hui l'équivalent de : 150 000 – 62 500 = 87 500 € (**D C_1**) et consommer une valeur actuelle supplémentaire de : 87 500 / 1,05 = 83 333 € (**D C_0**), soit une consommation immédiate totale de 100 000 + 83 333 = 183 333 € au lieu des 140 000 € de la combinaison D'.

Ce 2ème déplacement de D' vers C* est dictée par la recherche de sa satisfaction maximale, caractéristique de sa **rationalité** : accéder à une courbe d'indifférence plus élevée compte tenu de son capital initial et des possibilités de prêt et d'emprunt sur le marché financier. Nous retrouvons l'idée que le passage d'une courbe d'indifférence à une autre relève d'un **critère objectif** : c'est le niveau du taux d'intérêt fixé sur le marché des capitaux qui s'impose à l'agent économique et qui l'incite objectivement (indépendamment de ses choix temporels) à opter pour la combinaison C* préférée à toute autre combinaison de la courbe U_0.

À ce point optimal C*, le taux marginal de substitution de l'agent (le prix subjectif accordé au temps) égale le taux d'intérêt du marché qui lui, est déterminé de manière objective par l'offre et la demande de capitaux.

À ce niveau, retenons le premier objectif du marché des capitaux qui permet à notre agent économique de transformer ses euros actuels en euros futurs, de différer sa consommation dans le temps. En l'absence de système de régulation organisé des capitaux, notre individu resterait cantonné au point D' (consommer 100 000 € maintenant et 150 000 € dans un an) sur sa fonction d'utilité U_0.

Remarquons également que la décision de l'acteur économique de prêter ou d'emprunter est indépendante de sa préférence subjective pour la consommation présente ou future. C'est le premier principe de séparation dit de Fisher selon lequel la décision d'investir sur le marché des capitaux est indépendante de la décision de consommer. Nous approfondirons ce principe ultérieurement.

1.2 La décision d'investir dans un projet de production ou sur le marché financier

Il s'agit à présent d'envisager l'arbitrage entre une consommation immédiate, un placement financier et un projet d'investissement productif. Le théorème de séparation de Fisher va se trouver conforté.

EXEMPLE

Reprenons la situation de notre agent économique (figure 5) qui dispose de 100 000 € aujourd'hui et percevra 150 000 € dans 1 an (même point D de départ, soit la fonction d'utilité U_0). Il a également accès au marché des capitaux pour prêter ou emprunter au même taux annuel garanti de 5 %.

L'arbitrage entre consommation immédiate et placement financier a conduit notre acteur économique au point D sur la courbe d'indifférence U_1. U_2 reste hors d'atteinte compte tenu de sa droite de marché actuelle.

Ajoutons à présent la possibilité d'investir dans un projet productif, immobilier par exemple, qui nécessite 100 000 € d'investissement initial et qui rapporte 115 500 € au bout d'une période et ce de manière certaine.

En mettant en évidence les deux solutions extrêmes, nous allons pouvoir déterminer une nouvelle droite de marché des capitaux :

Consommer un maximum en t_0 consisterait :

- à mobiliser immédiatement le revenu présent de 100 000 €,
- à emprunter sur le marché à 5 % une valeur actuelle qui pourra être remboursée avec les 150 000 € de revenu futur soit : 150 000 / 1,05 = 142 857 €,
- à emprunter toujours au taux de 5 % une valeur actuelle qui remboursable avec les 115 500 €, fruit du projet d'investissement soit : 115 500 / 1,05 = 110 000 €,
- à investir 100 000 € en t_0 dans le projet immobilier.

La consommation optimale de t_0 serait alors de : 100 000 + 142 857 + 110 000 – 100 000 = 252 857 €

En t_1, le revenu futur de 150 000 € permet de rembourser l'emprunt de 142 857 € et le flux du projet immobilier de 115 500 € de couvrir la dette de 110 000 €. Plus aucune consommation n'est alors possible.

Consommer un maximum en t_1 consisterait à placer le revenu présent de 100 000 € dans le projet immobilier qui rapportera 115 500 €

La consommation optimale de t_1 serait alors de : 150 000 + 115 500 = 265 500 €.

Nous pouvons à présent représenter sur le graphique la nouvelle droite des capitaux (C'_0, C'_1) parallèle à la précédente mais plus à droite donc offrant un revenu global plus élevé.

Figure 5

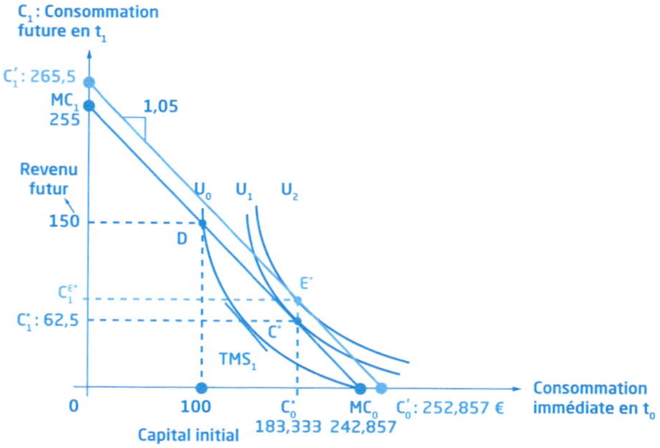

Si l'agent économique reste sur la courbe U_1, point C*, sa position n'est pas optimale. Il peut atteindre la nouvelle courbe d'indifférence U_2 au point E* préférée en tout point à U_1. Pour y parvenir, il lui suffira d'utiliser son emprunt pour investir dans le projet. Cette solution est rationnelle puisque le coût de l'emprunt est de 5 % quand le rendement de l'investissement est de 115 500 / 100 000 – 1 = 15,5 %.
Il retrouve ainsi le même niveau de consommation immédiate qu'en U_1, (point (C_0^*) mais avec une consommation future supérieure : $C_1^{E*} > C_1^*$.
Au point E*, le taux marginal de substitution (tangente à U_2 au point E*) est égale au taux d'intérêt du marché (pente de la droite (C_0', C_1')).

Le point E* représente une situation optimale pour l'agent économique considéré. Il est le résultat :

– d'un **critère subjectif** : les préférences du sujet pour la consommation présente par rapport à la consommation future : le degré de convexité de ses courbes d'utilité constituant sa carte d'indifférence ;

– de **critères objectifs** qui l'amènent à modifier rationnellement sa position pour atteindre une combinaison de consommation plus satisfaisante :

- le taux d'intérêt du marché des capitaux qui lui donne accès à une courbe d'utilité plus haute (il passe de U_0 à U_1) ;
- le rendement de l'investissement qui l'amène à une courbe d'utilité encore plus haute (passage de U_1 à U_2).

Le comportement de l'agent économique procède ainsi d'une double séparation dans ses choix entre consommation immédiate et investissements futurs sur le marché des capitaux ou dans des projets industriels (ou immobilier). Cette séparation porte le nom de l'économiste qui l'a formalisé : Irving Fisher (1867-1947).

DÉFINITION

Le principe (encore appelé théorème ou loi) de séparation de Fisher
La décision d'un agent économique d'investir dans un projet productif et sur le marché des capitaux s'envisage avant et indépendamment de sa décision de consommation.

Ce principe amènera ultérieurement à formuler les hypothèses du marché parfait puis du marché efficient.

Il est essentiel dans l'analyse financière classique. Il donne à la discipline une assise scientifique formalisée où les décisions financières sont rationnelles : elles s'imposent à tous, quel que soit notre rapport au temps, ce qui sera ensuite traduit par : « *quel que soit notre rapport au risque* » [▶ CHAPITRE 4].

Les décisions sont prises par rapport aux **caractéristiques intrinsèques du projet** et **au niveau du taux d'intérêt du marché, indépendamment des préférences pour le présent ou le futur personnel**. Si l'investissement est rentable, il n'y aura pas de désaccord et il sera retenu par tous les acteurs concernés. Ce n'est que dans un deuxième temps et de manière autonome que chaque acteur arbitre entre :

– un financement par fonds propres, qui affaiblit la consommation immédiate mais augmente les revenus futurs ;

– et un financement par emprunt qui préserve le capital actuel mais grève les revenus à venir qui seront utilisés pour rembourser la dette.

La rationalisation de ce processus décisionnel, qui mène à une situation optimale, s'inscrit dans un cadre théorique particulier : celui du **marché parfait** qui servira de référence pour un fonctionnement efficient.

2. Le cadre informationnel de l'analyse classique

2.1 Le marché parfait : révélateur de la valeur fondamentale

a. La nécessité d'un cadre théorique

Lorsqu'une entreprise envisage un projet d'investissement (sous forme de projets ou d'achats de titres), la théorie financière classique l'aborde comme un problème d'allocation des ressources dans le temps entre :

– la satisfaction immédiate qu'engendre la consommation immédiate ;

– et la satisfaction à venir des revenus issus d'un investissement qui décale la consommation.

Ainsi, les critères de décision d'investissement sont différents selon que l'entrepreneur a recours :

– à **l'autofinancement** : son choix dépend de l'ordre de ses préférences personnelles pour la consommation immédiate ou différée donc de critères subjectifs [▶ SECTION 1] ;

– au **financement par emprunt** : son choix est lié de la capacité du projet à générer des flux de trésorerie utilisés prioritairement pour rembourser le capital et les intérêts, c'est-à-dire l'investissement initial et le coût du capital pris en compte dans le taux d'actualisation. La décision d'investir n'est alors plus dépendante des choix personnels. Elle devient professionnelle et est indépendante de l'alternative possible entre une consommation immédiate ou différée. Nous retrouvons le principe du théorème de séparation de Fisher.

Dans le cas d'un **financement mixte** : une part en fonds propres, une part en emprunt, le principe de séparation de Fisher reste vrai à condition que les opérations se déroulent dans le cadre du marché parfait.

DÉFINITION

Le **marché parfait** est un marché financier idéalisé par un certain nombre d'hypothèses. Elles constituent les conditions dans lesquelles le marché est capable de fournir aux acteurs économiques les valeurs idéales (théoriques) des actifs qui y sont échangés.

b. Les hypothèses du marché parfait

Les hypothèses du marché parfait sont les suivantes :

– **information parfaite** : l'information circule sans déformation, sans délit d'initiés, instantanément et gratuitement, ce qui la rend disponible pour tous ;

– **fluidité des transactions** : il n'existe pas de coût de transaction, de barrière à l'entrée, ni de taxe ou d'impôt, ce qui assure la liquidité du marché c'est-à-dire la possibilité de vendre ses titres à tout moment sans entrave ;

– **parfaite divisibilité** des titres financiers qui y sont cotés et parfaite négociation possible de ceux-ci (ce qui en assure la liquidité) ;

– **atomicité des acteurs** : les intervenants acheteurs et vendeurs sur le marché sont si nombreux, que leurs actions individuelles n'ont aucune influence sur l'équilibre du marché (sur les prix d'équilibre) ;

– **homogénéité des anticipations des investisseurs rationnels** qui ont pour objectif la maximisation de l'utilité de leur richesse. Ils anticipent donc les mêmes espérances de gains et les mêmes niveaux de risque (variances, covariances et taux de rendement exigé), seule l'attitude face au risque diffère. L'agent économique peut avoir une préférence pour le risque, s'avérer neutre, ou adverse au risque. Les modèles financiers classiques retiennent généralement une attitude adverse au risque. Les investisseurs vont donc chercher à le minimiser.

Il existe un actif sans risque auquel tout investisseur peut prêter ou emprunter sans limitation. Taux d'emprunt et taux de prêt sont donc égaux et il n'y a pas de rationnement du crédit.

La dernière hypothèse signifie que lorsque l'investisseur utilise ses fonds propres, le **coût d'opportunité est égal au coût de l'emprunt**. Son investissement s'analyse comme s'il était **uniquement financé par l'emprunt.**

EXEMPLE

En effet, supposons un projet nécessitant un investissement de 1 000 dont on attend un rendement de 7 %. Il est finançable par dette et/ou par fonds propres. Le taux d'emprunt pour la période est de 5 %. Il correspond également à ce que rapporterait un actif sans risque sur la même période. Déterminons son coût :

– si le projet est entièrement financé par dette :

– dans le cas d'un financement mixte :

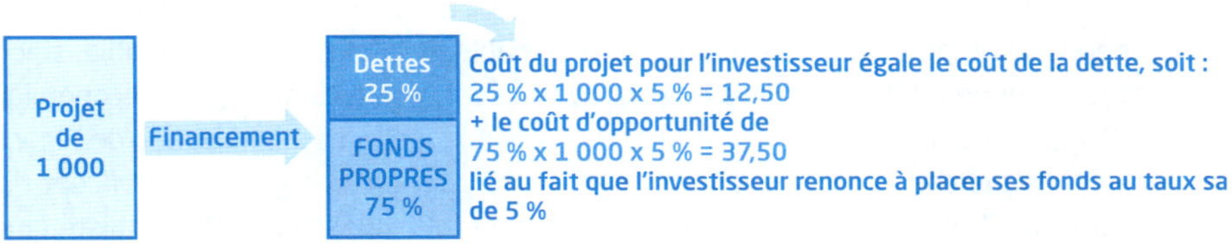

Dans les deux cas, le coût est identique : 50 = 12,50 + 37,50. Il n'y a donc pas lieu de les distinguer. Le processus décisionnel de l'investisseur va alors suivre les deux mêmes étapes :
Étape 1 : la décision d'investir qui s'effectue en comparant le taux de rentabilité (taux sans risque + prime de risque) **qu'il espère du projet et le taux d'intérêt** (taux sans risque = coût d'opportunité).
Étape 2 : le choix dans ses préférences de consommation inter-temporelles (entre le présent et le futur) qui dépend du niveau du **taux d'intérêt** et de son **TMS** (rapport entre l'utilité de la consommation différée et celle de la consommation immédiate) ; conformément au principe de séparation de Fisher.

Outre la séparation entre la décision de consommation et la décision d'investissement (qui elle-même distingue marché des capitaux et projets industriels), la loi justifie la séparation **actionnaires / dirigeants** (cas des sociétés de capitaux). Les deux parties ont intérêt à retenir les projets les plus rentables même si leur TMS est différent.

Largement inspiré des hypothèses de concurrence pure et parfaite, (développées notamment par Léon Walras (1834-1910) et formalisées en 1921 par Franck Knight (1885-1972)) le marché parfait reste une abstraction, le cadre idéal qui mène au graal financier : la **connaissance de la valeur fondamentale de l'entreprise**.

c. La valeur fondamentale

DÉFINITION

La **valeur fondamentale ou intrinsèque d'une entreprise** correspond au juste prix qui reflète ses performances économiques passées, actuelles et à venir.

Elle doit permettre l'allocation optimale des ressources financières : les fonds s'orientent vers les firmes capables de générer le maximum de richesse, contribuant à un niveau optimum de bien-être économique. Dépendante d'un trop grand nombre de variables (facteurs de production, conjoncture, etc.) cette valeur ne peut être directement observable. L'étude de la réalité du fonctionnement des marchés conduit les analystes à constater que ces hypothèses sont loin d'être respectées, et notamment que :

– l'information n'est pas parfaite ni instantanément disponible ;

– les transactions subissent des taxes et les revenus, des impôts ;

– le fonctionnement des marchés génère des coûts (coûts de transaction : frais engagés pour découvrir, collecter, comprendre l'information, etc.) ;

– les anticipations des investisseurs sont hétérogènes et leurs décisions pas toujours rationnelles.

Pour la théorique financière classique, il revient aux marchés financiers de révéler cette valeur théorique en proposant l'estimation la plus fiable et la plus précise possible, selon un processus objectif : indépendant des avis ou des croyances subjectives des agents économiques. La finance est ici pensée comme « reflet » fidèle de l'économie réelle. La minimisation de l'écart entre la valeur réelle de marché et sa valeur fondamentale conduit à l'émergence du concept de **marché efficient** (ou EMH : Efficient Market Hypothesis) mis en évidence par l'économiste américain E. Fama

(Nobel 2013) dans sa thèse « *The Behavior of Stock Market Prices* » publiée en 1965. Il convient de préciser les enjeux et les caractéristiques de ce concept fondateur de la finance classique.

2.2 Les enjeux de l'efficience des marchés

a. La remise en cause des analyses fondamentales et techniques

L'élaboration du modèle de l'efficience des marchés développé dans les années 60, fait échos à un débat plus ancien qui se trouve dès 1900 au cœur de la thèse de Louis Bachelier « théorie de la spéculation ». Elle pose le problème de l'anticipation possible ou pas de l'évaluation des cours des actifs boursiers.

À l'époque (et aujourd'hui encore), deux approches rivalisent dans l'évaluation des valeurs futures d'un titre :

– **l'analyse fondamentale :** l'étude des comptes de l'entreprise, de ses résultats, de sa stratégie, ses produits, son environnement global justifie les variations à la hausse ou à la baisse de l'action. On cherche les corrélations entre les fondamentaux de la société et le cours du titre.

– **l'analyse technique ou graphique :** l'évolution du cours des actions suit des « formes types » représentées sur des graphiques et qu'il est possible de prévoir. Les chartistes (de l'anglais « chart » : graphique) et l'emploi des robots s'inscrivent dans cette approche.

Dans les deux cas, on suppose que les évolutions à venir des titres sont **dépendantes de leurs valeurs passées**. Elles sont soit liées aux performances économiques observées, soit à des figures géométriques dont on peut déduire le prolongement. Ces deux orientations ne sont pas jugées pertinentes par Bachelier car **trop subjectives,** pas assez scientifiques : « *La détermination des mouvements (des cours) se subordonne à un nombre infinie de facteurs : il est impossible d'en espérer la prévision mathématique, et la dynamique de la bourse ne sera jamais une science exacte.* »

L. Bachelier propose non pas de prévoir le cours futur mais **la loi de probabilité attachée à sa variation** (hausse ou baisse). Il utilise la rationalité mathématique pour donner à la finance une assise plus **scientifique.**

Il observe que la loi suivie par les cours de l'action est de type de **Gauss** (Carl Friedrich Gauss : 1777-1855, mathématicien, astronome et physicien allemand) encore appelée **loi normale,** caractéristique des données indépendantes dont les résultats relèvent du hasard (type jeu de dés ou de pile ou face). Cela signifie que le cours actuel comme le cours futur **ne sont pas liés aux cours passés.** L'évolution à venir a autant de chance d'être à la hausse qu'à la baisse. Les variables sont indépendantes et identiquement distribuées autour de la moyenne. Toute information nouvelle dont la révélation est susceptible d'impacter l'évolution future d'un titre, est **imprévisible**. Elle n'est pas corrélée à une connaissance passée, mais liée à des événements **aléatoires** qui auront autant de chances de faire baisser le prix que de le faire monter. On parle aussi de marche aléatoire du marché.

Le futur devient **probabilisable** sous la forme de variables aléatoires suivant une loi normale. Ainsi les prédictions ne sont plus subjectives (fonction de l'opinion, de l'analyse de chaque agent) mais **objectives**.

Une des conclusions de ce travail de recherche est de réfuter l'efficacité des gestions actives de portefeuilles de titres (qu'elles soient analytiques ou techniques).

b. De la gestion active à la gestion passive des portefeuilles de titres

DÉFINITION

La **gestion d'un portefeuille** est dite **active** lorsque les titres qui le constituent ont été sélectionnés de manière discrétionnaire par le gérant à l'aide de techniques ou d'outils d'analyse financière. L'objectif affiché est de surperformer le marché de référence (appelé «benchmark») du portefeuille considéré.

C'est le mode de gestion retenu par la plupart des fonds d'investissement qui cherchent à offrir à leurs clients une performance supérieure à ce que pourrait proposer un placement passif sur le marché de référence.

Les critères de sélection sont extrêmement divers : fonction du niveau de risque souhaité, de la répartition géographique ou sectorielle des actifs, du type de produits utilisés ou de l'horizon de temps retenu, etc.

L'intervention active des experts et la mobilisation de techniques financières sophistiquées entraînent d'importants frais de gestion qui viennent grever les performances obtenues. Selon la thèse de L. Bachelier, elles ne permettront pas d'obtenir une rentabilité supérieure à une gestion dite passive ou indicielle.

DÉFINITION

La **gestion d'un portefeuille** est dite **passive** ou **indicielle** lorsque l'objectif visé par le gérant est d'égaler les performances du marché de référence. Ce type de gestion part de l'hypothèse qu'il n'est durablement pas possible d'offrir plus de rentabilité que le marché. Le portefeuille se compose de titres qui permettent de répliquer de manière plus ou moins optimale l'indice du marché référent.

L'opposition gestion active, gestion passive va au-delà des pratiques. Elle rend compte d'une divergence fondamentale de point de vue des agents économiques vis-à-vis du marché : ce dernier constitue-t-il un mécanisme optimal d'allocation des ressources financières ?

Une réponse négative implique qu'il est possible d'envisager un panier d'actifs offrant une rentabilité supérieure à celle du marché, situation où, selon l'expression consacrée, qu'il est possible de *battre le marché*. La performance individuelle s'appuyant sur des critères subjectifs peut l'emporter sur la puissante régulation objective que le marché est censé incarner. Le rôle des gestions actives est alors pleinement légitimé. A contrario, la gestion passive apparaît plus crédible si on considère le système de marché comme le meilleur mode de répartition des capitaux entre les investisseurs.

Dès la fin des années 60, plusieurs études empiriques tendent à confirmer la seconde approche. La théorie de l'efficience des marchés initiée par Eugène Fama s'inscrit dans la volonté de proposer un corpus formalisé pour poursuivre ces travaux scientifiques.

2.3 Définitions et caractéristiques de l'efficience des marchés

L'efficience des marchés relève d'une démarche empirique consistant à étudier les valeurs réelles des actifs financiers sur le marché et à les confronter aux principales hypothèses du marché parfait. L'objectif n'est pas tant de vérifier le mécanisme de marché que ses résultats : parvient-on à une allocation optimale des capitaux ?

Pour ce faire, l'ensemble des hypothèses n'a pas nécessairement besoin d'être respecté. L'idée consiste plutôt à formaliser un modèle capable de s'émanciper de ce corpus rigide pour prendre une forme plus applicable ou à défaut, plus apte à expliquer la réalité de fonctionnement des marchés.

a. Les trois types d'efficience

Dans cette optique, l'efficience recouvre une dimension plurielle fonction des hypothèses sous-jacentes retenues. Trois types d'efficience sont généralement distingués.

L'efficience organisationnelle ou allocative

DÉFINITION

Un **marché** est dit **efficient au sens allocatif** s'il permet aux capitaux de s'orienter vers les investissements les plus rentables. L'utilisation des ressources est alors optimale et les revenus attendus s'en trouvent maximisés.

Un tel marché suppose :

– l'absence de **barrière à l'entrée** pour l'investissement et l'investisseur,

– des **capitaux mobiles** : ils peuvent être mobilisés sur n'importe quel actif sans coût,

– des actifs de support **liquides** : négociables à tout moment, les vendeurs trouvent toujours des acheteurs (et inversement) au prix de marché,

– la **préexistence d'une valeur fondamentale** pour chaque actif que le marché révèle s'il est efficient.

Cette dernière hypothèse soulève un inconvénient majeur dans le cadre d'une recherche empirique. En effet, tester l'allocation efficiente oblige à choisir un modèle précis de détermination de la valeur fondamentale (MEDAF, modèle à trois facteurs, APT, etc., développés dans le chapitre 3 : *Valeur et risque*). Dès lors, si l'étude conclut à un écart conséquent et régulier entre les valeurs réelles et les valeurs fondamentales, cela ne réfute pas nécessairement l'efficience car le biais peut s'expliquer par un choix inapproprié du modèle d'évaluation L'inefficience ne peut être prouvée si les valeurs réelles sont comparées à des valeurs intrinsèques non fiables.

L'efficience opérationnelle

DÉFINITION

Un **marché** est dit **opérationnellement efficient** s'il met en relation un nombre suffisant d'offreurs et de demandeurs de capitaux pour des coûts de transaction raisonnables.

Cette version de l'efficience a l'avantage d'être moins contraignante que la précédente dans la mesure où la gratuité des transactions n'est plus une condition nécessaire à la validation du modèle.

Elle justifie le rôle des intermédiaires financiers (banques, fonds d'investissements, sociétés de bourse, etc.) qui moyennant une juste rétribution, participent à la production et à la diffusion de l'information, facilitent la rencontre entre offreurs et demandeurs de capitaux et assurent ainsi la liquidité des actifs financiers.

Elle admet la présence d'agents économiques ne disposant pas d'une information parfaite. Ils interviennent sur le marché financier par l'entremise des intermédiaires financiers qui disposent d'une information de meilleure qualité. Les investisseurs parviennent ainsi à réduire leur niveau de risque (ils sont mieux informés grâce aux intermédiaires), à maximiser leurs profits en minimisant les coûts de transaction.

Il reste toutefois à tester le niveau de qualité l'information nécessaire à l'allocation optimale des capitaux. Ce sera l'objet de la troisième efficience.

L'efficience informationnelle

DÉFINITION

Un marché est dit **efficient au sens informationnel** si les prix (cours) des actifs qui y sont évalués reflètent à tout moment leur valeur intrinsèque, c'est-à-dire toute l'information pertinente disponible (tout ce qui, en moyenne, est disponible). Dans ces conditions, la décision d'investir ne dépend que de la connaissance du prix.

C'est sur cette dernière forme d'efficience que la théorie financière classique va s'appuyer pour développer l'essentiel de ses modèles classiques : diversification des portefeuilles de Markowitz, MEDAF de Sharpe, APT de Ross, modèles optionnelles de Black & Scholes, ou de Cox Ross et Rubinstein, les théorèmes de Modigliani-Miller. D'un point de vue conceptuel, elle se trouve vérifiée si les agents économiques :

– sont rationnels ;

– disposent de la même information (absence d'asymétrie d'information) accessible immédiatement et sans coût ;

– évoluent dans un contexte de concurrence tel que nul ne peut individuellement influencer le marché (atomicité).

Dans ce cas, toute nouvelle information est **instantanément incorporée dans le prix de l'actif.**

b. Les trois types d'efficience informationnelle

E. Fama souhaite approfondir empiriquement le concept. Mais face à la complexité du fonctionnement réel des marchés, la notion d'information mérite d'être nuancée et les hypothèses jugées pas forcément nécessaires écartées. Inspiré des travaux d'Harry Roberts, il propose de tester trois niveaux distincts d'efficience informationnelle, conçues de manière inclusive (englobante).

Elles se distinguent par trois types d'information (Roberts 1967, Fama 1970) : passées, publiques, privées qui impactent la prise de décision et rendent plus ou moins légitimes différents types d'intervenants économiques :

– **L'efficience faible :** les prix (les cours) reflètent toutes les informations contenues dans l'histoire des transactions passées (prix, rentabilité et volume). Leur évolution ne peut donc pas dépendre des variations passées. Si cette forme se vérifie, les approches techniques (chartistes) n'ont aucune raison d'exister.

– **L'efficience semi-forte :** en plus des informations passées**,** le prix de l'actif intègre immédiatement les informations publiques (rapports annuels, l'annonce des bénéfices, des distributions de dividendes ou d'actions gratuites, l'information fournie par la presse, etc.). Si ce niveau est observable, les analystes financiers qui construisent leur décision à partir de l'étude des fondamentaux de l'entreprise et de son environnement socio-économique deviennent sans effet.

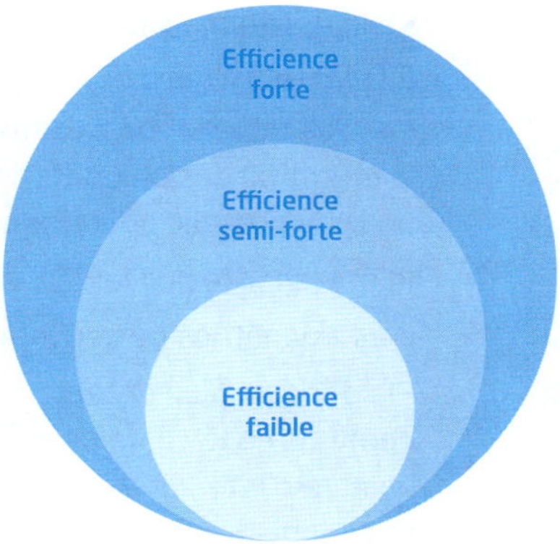

– **L'efficience forte :** les informations passées, publiques et privées (privilégiées, accessibles qu'à certaines parties prenantes comme par exemple les dirigeants) sont reflétées par les prix des actifs dès les premières transactions.

L'efficience informationnelle n'est pas conçue comme une fin en soi. Elle est appréhendée comme un moyen d'assurer la qualité de **l'efficience allocative** :

– les fonds des investisseurs s'orientent vers les meilleurs actifs ;

– l'arbitrage inter-temporel (entre consommation immédiate et future) est optimum.

Autrement dit, l'enjeu est de savoir si le marché financier est capable de déterminer les prix des actifs de telle manière que ces derniers puissent constituer une aide à la décision fiable pour les investisseurs. Si l'efficience forte est vérifiée :

– toutes les informations nécessaires à la prise de décision sont **agrégées dans le prix** ;

– il n'est donc **pas possible de prévoir les évolutions futures** des cours à partir des informations passées, publiques, privées, et des anticipations futures puisqu'elles sont déjà valorisées dans le prix de marché ;

– l'étude historique des mouvements de cours ou des rentabilités passées n'a aucun intérêt car les **prix futurs sont indépendants des évaluations et des tendances passées** ;

– les agents économiques détenant des informations privilégiées (les cadres dirigeants, les experts comptables ou commissaires aux comptes de l'entreprise, etc.) ne peuvent pas les exploiter (devoir de réserve, sanctions possibles pour délits d'initiés, etc.) et leur comportement n'a aucun impact sur la valeur réelle de marché ;

– les variations de prix ne s'expliquent que par la **divulgation d'une information nouvelle** qui est immédiatement intégrée dans celui-ci (d'où sa variation) ;

– l'apparition d'une information supplémentaire non connue jusque-là est **aléatoire**, le cours des actifs suit donc une démarche également aléatoire (relevant du hasard). Son évolution dans le temps en devient imprévisible ;

– aucun gestionnaire de portefeuilles d'actifs ne peut durablement générer **plus de profits que le marché,** c'est-à-dire dégager plus de valeur que les indices boursiers supposés refléter les performances du marché. Les politiques de sélection de valeur (stock picking) en vue de constituer un portefeuille des titres n'ont plus pas de légitimé, les indices de marché suffisent.

Dans cette version forte, les conditions d'efficience peuvent apparaitre très strictes mais pour E. Fama, elles s'avèrent **moins contraignantes que dans le cadre théorique du marché parfait**. En effet, l'information n'a ici pas besoin d'être parfaite et symétrique.

– Elle peut être **incomplète** parce que :

• elle existe mais n'est connue d'aucun agent économique, elle n'a donc pas d'impact sur le prix de l'actif ;

• elle se trouve répartie entre un très grand nombre d'agents économiques qui vont faire évaluer l'actif à des prix différents mais que le marché sera capable d'agréger afin d'en dégager une valeur réelle qui reflète l'ensemble des informations jusque-là dispersées ;

– Elle est répartie de manière **asymétrique**, mais :

• les asymétries ne peuvent être exploitées du fait d'une règlementation stricte ;

• la décision d'un détenteur d'une information privilégiée (ou d'une interprétation plus pertinente de celle-ci) ne peut avoir d'influence sur le cours de l'actif compte tenu du très grand nombre d'intervenants qui sont en concurrence sur le marché (hypothèse d'atomicité). Il ne peut donc tirer parti de son avantage informationnel.

Ce rôle essentiel de la concurrence de nombreux investisseurs est précisé par E. Fama dès 1965 « sur un marché efficient, la concurrence fera en sorte qu'en moyenne, toutes les conséquences des nouvelles informations quant à la valeur intrinsèque seront instantanément reflétées dans les prix. »

En outre, l'information peut ne pas être complètement exploitée voire faire l'objet d'interprétations divergentes entraînant des anticipations hétérogènes des valorisations pour un même actif. Le prix généré par le marché ne parvient alors pas à intégrer l'ensemble des informations et des sur ou sous évaluations par rapport à la valeur intrinsèque sont envisageables.

Pour E. Fama, cette situation n'est pas à même de remettre en question l'efficience des marchés car la qualité de l'efficience se mesure dans la capacité de ceux-ci à agréger dans le prix des actifs, les informations détenues par un grand nombre d'intervenants. Les sous-évaluations y seront aussi fréquentes que les surévaluations et le marché va générer un **cours proche de sa valeur fondamentale**. Le cours étant fixé un très grand nombre de fois, il se trouve distribué de manière aléatoire autour de sa valeur fondamentale, suivant la logique d'une loi normale et devient **un indicateur crédible de prise de décision**.

L'articulation entre marché parfait et marché efficient et le processus menant à démontrer l'intérêt de tester le degré d'efficience, peut être schématisé de la manière suivante (suivant l'ordre des numéros de flèche) : d'abord utilisée pour évaluer le cours d'une action, la figure page suivante s'est ensuite appliquée aux choix d'investissement. Il en résulte que chaque projet peut être évalué par **sa valeur de marché qui constitue la meilleure estimation possible de sa valeur intrinsèque** calculée à partir de **l'actualisation de ses flux futurs** (tout comme le cours des actions est déterminé par l'actualisation des dividendes).

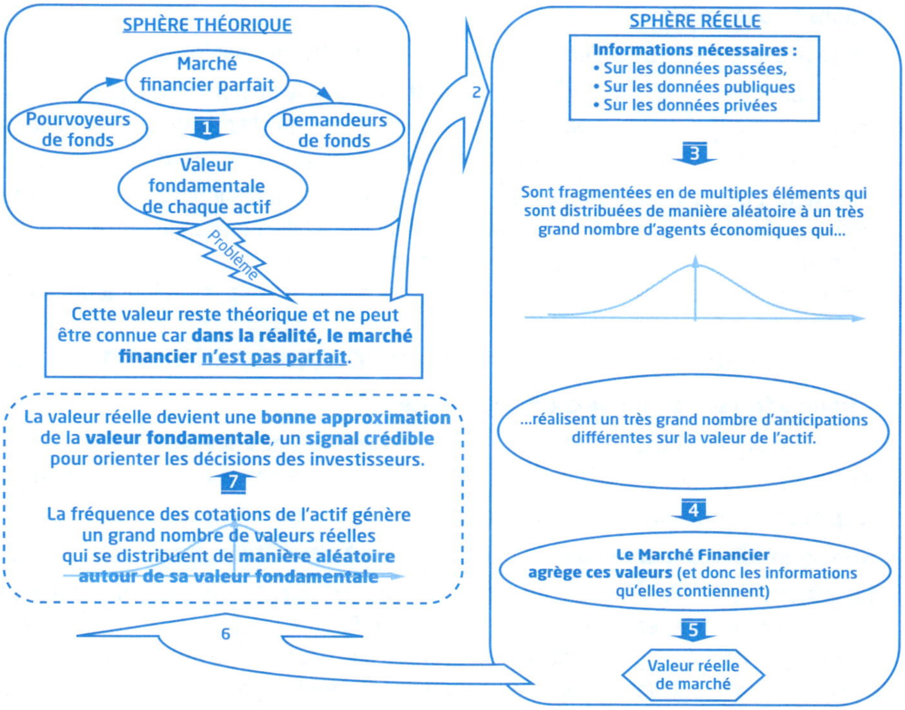

3. L'efficience des marchés en question

3.1 Les limites intrinsèques du modèle et les réponses apportées

a. L'impossible échange

Critique adressée au modèle de l'efficience

Si les prix reflètent toute l'information disponible et si les agents sont rationnels dans leurs comportements et leurs anticipations et donc **homogènes** dans leurs actions, **l'échange devient impossible et le marché disparaît**. En effet :

– si les prix baissent, tous les agents souhaiteront **vendre** mais personne n'acceptera **d'acheter**,

– si les prix augmentent, tous les agents désireront **acheter** mais personne ne **vendra**.

Les échanges supposeraient en fait la **non efficience des marchés** caractérisée par des anticipations opposées liées à des asymétries d'informations ou à des divergentes d'interprétation de celles-ci.

Réponses à la critique

Il reste possible de justifier l'échange sur un marché efficient par les deux arguments suivants :

– Il faut postuler que les agents se comportent comme si le marché n'était pas efficient. Ils investissent dans de l'information parce qu'ils pensent (à tort) que le prix de marché ne la contient pas toute. Leurs anticipations sont donc divergentes et justifient l'échange.

– À la date t d'équilibre, le prix contient toute l'information disponible et il n'y a effectivement plus d'intérêt à vendre ou acheter des actifs financiers. Mais ultérieurement, en t+1, de nouvelles informations seront révélées. Leur intégration n'est pas immédiate. Des échanges s'effectuent le temps que les acheteurs et vendeurs aient, par tâtonnement, mis à jour leurs anticipations.

b. Le paradoxe de l'information payante et asymétrique

Critique adressée au modèle de l'efficience

À la fin des années 70, début des années 80, les économistes américains Sanford J. Grossman et Joseph Stiglitz[1] proposent un modèle dans lequel deux catégories d'intervenants entrent en jeu :

– des agents économiques qui achètent l'information à un certain coût,

– des agents économiques non informés qui se contentent d'observer les prix des actifs.

Si le marché est efficient, toutes les informations des agents informés sont intégrées dans les prix et donc transmises gratuitement aux non informés. Ce phénomène de « passager clandestin » (ou *free Riding :* possibilité de profiter de l'usage d'un bien ou service sans en payer le juste prix.) conduit les investisseurs informés à ne plus acquérir d'information puisqu'il leur est possible d'en profiter sans coût, juste en observant les prix des actifs. Il s'en suit un désintérêt général pour l'investissement dans l'information. Les auteurs en concluent que si les prix reflètent parfaitement et à tout instant l'ensemble de l'information disponible, aucun agent économique ne serait incité à acquérir cette information coûteuse. Elle ne serait par conséquent plus produite car jugée non rentable et donc plus intégrable dans les prix. Cet argument est connu sous le nom de **paradoxe de « Grossman-Stiglitz ».** Ils en concluent que l'hypothèse de la gratuité de l'information est une condition nécessaire au fonctionnement efficient du marché. C'est cette gratuité difficilement observable dans le fonctionnement réel des marchés qui selon eux fragilise le modèle.

Réponses à la critique

E. Fama admet la possibilité d'une information payante susceptible d'engendrer des asymétries de connaissances et ponctuellement la réalisation d'une rentabilité supérieure à celle du marché. Cela ne remet selon lui, pas pour autant l'efficience du marché en question pour plusieurs raisons :

– pour un même investisseur, les périodes de sur performance et de sous performance vont se succéder et se neutraliser. Le rendement moyen est alors égal voire inférieure à celui du marché compte tenu des frais de gestion ;

– en supposant les résultats d'un investisseur durablement supérieurs à ceux du marché, les performances de l'ensemble des acteurs financiers sur le même type de placement seront hétérogènes au point qu'en moyenne ils ne feront pas mieux que le marché. Cela revient à penser que les gérants actifs de fonds se sont engagés dans un jeu à somme nulle : hors frais, les bénéfices

---

1. Grossman S., Stiglitz J., "On the Impossibility of Informationally Efficient Markets", American Economic Review, vol. 70,1980, p. 393-408.

des uns représentent les pertes des autres, de sorte que les résultats agrégés deviennent identiques à ce que le marché aurait engendré (mais avec moins d'efforts et de coûts).

E. Fama prône donc une gestion passive des portefeuilles de titres. Les fonds actifs sont au mieux considérés comme inutiles car ils ne font en moyenne pas mieux que le marché voire néfastes en raison des ressources inutiles qu'ils mobilisent et des coûts de gestion qui les rendent moins performants. L'économiste justifie l'existence de ce type d'acteurs plus par leur qualité marketing (capacité à attirer les clients en faisant croire qu'ils peuvent faire mieux que le marché) que par leurs compétences financières.

c. Un préalable discutable : l'existence d'une valeur intrinsèque pour chaque actif coté

Critique adressée au modèle de l'efficience

Le modèle suppose l'existence préalable d'une valeur fondamentale (ou intrinsèque) pour laquelle le marché financier efficient est, par la loi de l'offre et de la demande des actions, supposé être l'estimateur fiable. Comme le souligne l'économiste français A. Orléan[1] :

« La finance est pensée comme étant un **reflet fidèle de l'économie productive**. [...], la valeur fondamentale **préexiste objectivement** aux marchés financiers et ceux-ci ont pour rôle central d'en fournir **l'estimation la plus fiable et la plus précise**, conformément à la théorie de l'efficience.

Dans une telle perspective, l'évaluation financière ne possède aucune autonomie et c'est précisément parce qu'il en est ainsi qu'elle peut être **mise tout entière au service de l'économie productive à laquelle elle livre les signaux** qui feront que le capital s'investira là où il est le plus utile. »

En ce sens, le modèle ne conçoit pas l'existence :

– de crises financières durables liées à des comportements collectivement et massivement irrationnels,

– de données subjectives qui influenceraient les décisions des investisseurs,

– d'un marché financier autonome dont les évaluations seraient découplées de la réalité économique (absence de bulles spéculatives),

– d'une incertitude radicale (non probabilisable) quant aux flux futurs.

Il s'agit pourtant d'éléments qui ont été largement observés lors des crises financières des années 90 et 2000 et même des crises antérieures.

Réponses à la critique

E. Fama ne nie pas l'existence de crises récurrentes liées à l'éclatement de bulles spéculatives, à un découplage entre les performances de l'économie réelle et celles des marchés financiers. Mais pour l'économiste américain, elles s'expliquent par des raisons qui ne sont pas de nature à remettre en cause l'efficience du marché.

Dans l'approche néoclassique, la plupart des crises financières s'accompagnent de politiques monétaires expansionnistes qui engendrent un excès de liquidités, des taux d'intérêt très bas et une forte incitation à l'endettement. Ces interventions entraînent des surinvestissements de

1. « Efficience, finance comportementale et convention : une synthèse théorique » André Orléan / CEPREMAP // Disponible sur: http://www.pse.ens.fr/orlean

flux de capitaux qui augmentent artificiellement la valeur de certains actifs. Lorsque les régulateurs décident ou sont contraints de réduire brutalement la masse monétaire en circulation, de remonter les taux d'intérêt, ils provoquent un retournement violent des anticipations des investisseurs et de fortes chutes des cours boursiers sans lien direct avec les performances réelles de l'économie et des actifs cotés. Les crises financières ont par conséquent un caractère exogène (politique monétaire et budgétaire inadaptées) qui rend le marché non efficient mais ne remet pas en cause l'efficience.

Sur les possibles données subjectives, la réponse est identique à celle déjà apportée à Grossman et Stiglitz, à savoir que compte tenu du grand nombre d'intervenants, les prises de positions non rationnelles n'ont pas d'impact sur le mécanisme d'efficience.

3.2 Les limites empiriques du modèle et les réponses apportées

Comme nous l'avons mentionné en début de cette présente partie, le concept d'efficience de marché a vocation à être testé sur les marchés financiers (le marché parfait relevant de la sphère théorique). Les résultats des premiers tests d'efficience réalisés sur le marché nord-américain au cours des années soixante et du début des années soixante-dix se sont révélés favorables à l'efficience des marchés au moins dans sa forme semi-forte. Les études suivantes furent nettement plus nuancées en raison notamment de la sophistication plus avancée des techniques statistiques employées, des périodes d'observation retenues désormais plus longues, d'une profonde transformation du contexte économique (fin du compromis fordiste) et des marchés financiers de plus en plus dominés par les investisseurs institutionnels dont les volumes de transaction se sont considérablement accrus.

E. Fama (1991) reprend l'argument déjà employé pour écarter les expérimentations relatives à l'efficience allocative [▶ SECTION 2, c] : tous les tests d'efficience sont forcément liés à un modèle d'évaluation des actifs. L'efficience n'est pas testable de manière isolée car un modèle d'évaluation (type MEDAF) des actifs lui est forcément associée. Il est dès lors impossible de déterminer avec certitude si les résultats réfutant l'hypothèse d'efficience ont pour cause l'inefficience du marché ou une mauvaise appréciation du modèle d'évaluation retenu. A contrario, si les études sont favorables, l'efficience est nécessairement vérifiée, puisque, dans ce cas on valide à la fois l'efficience et le modèle d'évaluation qui suppose l'hypothèse d'efficience. Autrement dit, dans l'optique d'E. Fama, l'efficience apparait comme une hypothèse non réfutable empiriquement. Les tests restent utiles pour mesurer le degré d'efficience qui s'exerce sur les marchés, inciter les intervenants professionnels et régulateurs à construire les conditions de son développement, améliorer le modèle d'évaluation des titres.

Cet argument sera utilisé en réponse à tous les tests cherchant à remettre l'efficience des marchés en s'attaquant au MEDAF. Tel est le cas des études qui constatent d'importants écarts entre les cours réels des actions et leurs valeurs fondamentales. Ils mettent par exemple en évidence :

– un **effet taille** selon lequel la rentabilité des titres des petites entreprises (*small caps*) sont plus élevées que celle des grandes firmes, ce qui en situation d'efficience ne devrait pas être possible.

– les **effets calendaires** où le niveau de rentabilité s'avère lié au jour de la semaine considéré (plus faible le lundi et plus élevé le vendredi), à la période du mois (plus forte sur la première quinzaine et quasi nulle ensuite) voire de l'année (importante pendant les premiers jours de janvier) ; ce qui n'est plus en rapport avec la valeur fondamentale des sociétés émettrices des titres.

– les **bulles spéculatives** qui entraînent d'importants écarts entre les performances financières et les richesses réellement créées par l'économie et des crises financières de plus en plus fréquences sur les marchés financiers.

– un **effet mean reverting :** où sur horizon court des corrélations significatives entre cours présents et cours passés (autocorrélations) sont constatées. Il s'en suit sur le long terme une succession de périodes de hausse puis de baisse des cours qui oscillent autour d'une moyenne représentative de la valeur fondamentale du titre (phénomène dit du *mean reverting*). Le prix des actifs ne suit donc pas une marche aléatoire car pendant ces périodes il est possible de prévoir les rentabilités à partir des valeurs passées et même d'établir des stratégies spéculatives.

Pour Fama, c'est le modèle d'évaluation des actifs financiers (MEDAF) que ces études remettent en cause et non l'efficience qui reste compatible avec l'ensemble des résultats. Il développera lui-même un modèle alternatif dit à *trois facteurs* (Fama & French 1993, ▶ CHAPITRE 3) en réponse à un MEDAF jugé trop restrictif.

E. Fama parvient donc à préserver la légitimité scientifique du concept d'efficience auquel il attribue un caractère très flexible puisqu'il reste compatible avec :

– une distribution asymétrique de l'information,

– une hétérogénéité des anticipations,

– un désaccord dans l'interprétation de l'information,

– de fortes variations des cours boursiers voire une crise financière,

– une surperformance des gestionnaires de fonds.

Les arguments d'Eugène Fama ne font toutefois pas l'unanimité et de nouveaux courants de pensée émergent. La finance comportementale constitue le plus notable d'entre eux.

3.3 La finance comportementale (Behavioral Finance)

a. La finance comportementale comme alternative à la rationalité des investisseurs

DÉFINITION

La **finance comportementale (Behavioral Finance ou finance psychologique)** est un courant de pensée qui élabore des modèles financiers en y intégrant les concepts, méthodes et analyses de la psychologie individuelle et collective et en en étudiant les conséquences pour les acteurs et les marchés financiers.

Issue des travaux d'A. Tversky (1974) et de D. Kahneman (1979), la finance comportementale s'affranchit de l'hypothèse d'efficience pour construire un modèle de pensée plus complet qui inclut une dimension psychologique et introduit dans le processus décisionnel d'investissement des critères subjectifs. Pour ce faire, le postulat de rationalité des investisseurs (cohérence entre fins et moyens) et l'objectif unique, poursuivit par chacun d'entre eux, qui se limitait jusque-là à la maximisation de l'espérance d'utilité, sont remis en question.

Ces divergences s'expliquent entre autre par la volonté des tenants de ce courant de s'inscrire dans une approche moins normative et plus descriptive (positive) : modéliser ce qui est et non ce qui devrait être. Particulièrement insatisfaits des réponses classiques données aux crises financières qui tendent à disculper le fonctionnement des marchés, la finance comportementale, à travers de grandes approches tente de comprendre :

– La façon dont les opérateurs (investisseurs, créanciers, ...) prennent leurs décisions. Il s'agit de la « **Finance comportementale micro** » (ou finance comportementale **psychologique**) qui met en évidence les biais cognitifs, anomalies, travers de comportement, erreurs des décideurs. Ils relèvent souvent d'un processus d'apprentissage dit heuristique qui consiste à résoudre un problème qui ne passe pas par une analyse détaillée de celui-ci mais par un raisonnement simplifié mobilisant les habitudes, les réflexes, les automatismes, ce qui économise du temps, des efforts et donc des coûts. Ce courant de pensée a été récompensé par un prix Nobel d'économie attribué au psychologue Daniel Kahneman (2002) pour sa théorie dite des **perspectives** selon laquelle la douleur ressentie face à une perte d'argent ne peut être compensée que par un gain (ou perspective de gain) qui lui est bien supérieur.

– Les effets de ces décisions et comportementaux inappropriés sur les marchés (anomalies de prix et de rendements) et par extension sur l'ensemble du système économique. C'est le domaine de la « **Finance comportementale macro** » (ou finance comportementale **quantitative**).

b. Principales anomalies détectées par la finance comportementale psychologique

	Biais individuels	Biais collectifs
Biais cognitifs : sont des erreurs liées à une mauvaise compréhension ou mémorisation de l'information ou à un mauvais raisonnement.	• **l'attention sélective** où le décideur ne retient que les éléments les plus spectaculaires et médiatisés, ceux qui se trouvent facilement disponibles, aisés à comprendre. Il néglige la recherche de faits contradictoires, l'approfondissement de connaissances plus complexes et moins tranchées, • **l'ancrage** (ou fixation) **mental** quand le décideur s'accroche à des points de référence qui lui sont propres (un seuil de cours, une tendance passée, un nombre particulier, etc.), • le **biais de première impression** où le décideur reste fixé sur sa première analyse, • le **cadrage** (ou encadrage) **mental** lorsque la décision ou l'analyse sont effectuées à partir d'une information consciemment ou inconsciemment partielle (par paresse intellectuelle, manque de temps, négligence, etc.) ou dont le sens est déformée de manière à mieux correspondre à aux convictions du décideur, • la **dissonance cognitive** consistant à rejeter ou nier toute information contraire à ses croyances, ses savoirs,	• le **biais culturel** : les erreurs résultent de connaissances ou croyances marquées par une culture générale ou technique insuffisante ou qui oriente l'analyse, • le **consensus de marché** (ou sentiment général du marché) où une majorité des opinions prévoit une tendance de la bourse particulière (hausse ou baisse) et sa soudaine inversion quand le niveau d'acceptation optimum est atteint (représente environ 80 % des opinions). • l'**apprentissage social** : processus où l›individu (l'investisseur) tend à se soumettre aux principes appris dans son environnement social, • le **mimétisme** qui traduit la tendance des décideurs à imiter ce que pensent (conformisme) et font (suivisme) les autres, même lorsque c'est contraire à leurs intérêts ou à leurs propres analyses.

	Biais individuels	Biais collectifs
Biais émotionnels : sont des erreurs de décision dues à une émotion excessive et non contrôlée	• **l'argent discrétionnaire** correspondant à la partie du patrimoine ou des revenus investie de manière moins rigoureuse car considérée comme un surplus (gains passés, produits exceptionnels, héritage, etc.) appartenant à un tiers, • la **pensée magique** où le décideur s'imagine que les événements vont s'arranger par eux-mêmes, • **l'aversion pour la perte** qui conduit l'investisseur à refuser de vendre un titre où il perd de la valeur (attente d'un retournement de tendance), • **l'aversion au regret** : la vente n'est déclenchée que lorsqu'un seuil précis est atteint, • **l'engagement** qui produit un effet cliqué où l'investisseur a du mal à se dégager de l'orientation qu'il a choisie, • **l'horizon temporel** où en fonction de sa sensibilité, le décideur opte pour un résultat court terme en prenant un les risques maximum, ou un résultat long terme plus prudent, • les **sentiments** pouvant altérer la lucidité : la cupidité, l'ego, la fierté qui peuvent conduire à la sur-confiance et à la sous-estimation des risques ; la peur, le conservatisme qui au contraire débouchent sur une minimisation des risques et un excès de prudence.	• la **contagion** : extension d'un comportement type (vente ou achat) à une majorité d'intervenants, • le **conformisme** qui correspond à un besoin normal et vital de l'individu de se sentir proche des membres de son groupe d'appartenance et qui conduit à opter pour des choix identiques aux autres afin de ne pas être exclu du groupe, marginalisé, d'éviter les conflits, d'avoir à justifier sa position originale, de ne pas subir la pression des pairs, etc. • le **biais de familiarité** qui consiste à n'investir que dans les pays, sur les places boursières ou les secteurs que l'on maîtrise le mieux, ce qui va l'encontre du principe de diversification. • le **biais d'attribution** : justification d'un événement en lui attribuant un responsable : soi-même (ou un membre de référence) pour un résultat bénéfique ; un tiers si le résultat est défavorable. Il peut mener à la déification ou la diabolisation.

c. Les effets sur le marché mis en évidence par la finance comportementale quantitative

Les biais individuels et collectifs mis en évidence par la finance comportementale psychologique sont en mesure d'expliquer un certain nombre de dysfonctionnements observé sur les marchés. Il s'agit notamment :

– des brusques **ruptures de tendance** par accélération de celle-ci ou par son retournement complet, à rapprocher des comportements collectifs de mimétisme, de consensus de marché, des effets de contagion et de conformisme,

– des **sur-réactions** suivies de mouvements d'ajustement, suite à la publication d'informations (qui parfois ne sont que des rumeurs) résultant de biais cognitifs type attention sélective ou cadrage mental,

– des **écarts de cours sur court terme** par rapport à la tendance long terme qui peut être lié à des biais émotionnels relatifs à l'horizon temporel,

– des **comportements extrêmes** de traders susceptibles de mettre en danger l'équilibre d'une institution financière (Jérôme Kerviel avec l'affaire de la Société Générale, Nick Leeson qui provoque la faillite de la banque britannique Barings, Bruno Iksil de JP Morgan Chase, etc.) provoqués notamment par des biais émotionnels de pensée magique, d'aversion pour la perte, d'engagement,

– des conséquences qui contribuent au déclenchement des crises financières que l'efficience ne prévoit pas.

d. Les limites de la finance comportementale

Sur une bonne partie de son champ d'investigation, la finance comportementale s'attache plus à expliquer les divergences entre les valeurs boursières et les valeurs fondamentales (fussent-elles subjectives) de marché. En ce sens, et même en remettant en question les anticipations rationnelles des décideurs, elle n'est pas à même de prouver l'inefficience des marchés. Les études de terrain tendent du reste à montrer que sur long terme, les gestionnaires de portefeuille, même à l'aide des robots, ne battent que très rarement les performances du marché.

En outre, ce courant tarde à proposer un véritable modèle général d'équilibre des transactions financières type MEDAF, pour au moins deux raisons :

– il se base davantage sur les sciences sociales (psychologie, sociologie) que sur les mathématiques ce qui rend la modélisation plus délicate,

– il relève d'une approche inductive (les expérimentations induisent la théorie) dont les résultats expérimentaux sont très divers et dont il est difficile de tirer des lois générales opérationnelles,

– il conserve comme point de référence le modèle classique. En effet, les observations comportementales sont considérées comme des erreurs, (des biais) par rapport à un fonctionnement *normal*, c'est-à-dire efficient au moins dans sa forme semi-forte ou faible.

Sa force réside donc plus dans son pouvoir explicatif des anomalies de marché que dans sa capacité à construire un véritable modèle alternatif à ceux qui se sont développés à partir de l'efficience. En ce sens il tend plus à compléter les modèles existants qu'à les remplacer.

e. Une réponse aux limites de la finance comportementale : la finance autoréférentielle

Un autre courant, se voulant plus radical quant au rejet de l'efficience (ou plus exactement de la valeur fondamentale) existe, celui de la **finance autoréférentielle ou conventionnaliste** développée par l'économiste français André Orléan. Dans cette approche, inspirée de la théorie générale de J-M Keynes, chaque investisseur se détermine non pas à partir de son estimation personnelle de la valeur fondamentale, mais à partir de son anticipation de la valeur que les autres intervenants vont se fixer. Autrement dit, chacun raisonne par rapport à une représentation collective (une convention) anticipée des prix. Sur un marché financier où domine l'incertitude radicale (futur non probabilisable), le profit ne se réalise que lorsque l'investisseur réussi à prévoir l'évolution de l'opinion du groupe par rapport à une convention de marché collectivement construite et acceptée (et plus ou moins proche de la réalité des performances économiques).

La finance est alors perçue comme un système autonome de régulation des transactions financières, c'est-à-dire indépendant et sciemment déconnecté de la réalité économique (des valeurs fondamentales). Les tendances à la hausse ou à la baisse ne sont liées qu'à des prises de position qui accentuent les variations. Les gagnants sont ceux qui se dégagent avant le retournement de tendance. Dans cette optique, les bulles spéculatives et donc les crises financières ne sont pas des dysfonctionnements anormaux du fonctionnement des marchés liés à des éléments exogènes (politique monétaire expansionniste, etc..). Elles sont endogènes et inhérentes au système. Il ne faut dès lors pas se demander s'il y aura dans une crise financière mais uniquement le moment elle aura lieu.

Pour approfondir le thème, il est possible de se référer à l'article d'André Orléan : *Efficience, finance comportementale et convention : une synthèse théorique* CEPREMAP janvier 2004, en libre accès sur Internet.

Pour une réponse de Fama, ▶ la partie 3, 3.2 dans le présent chapitre.

Schéma de synthèse

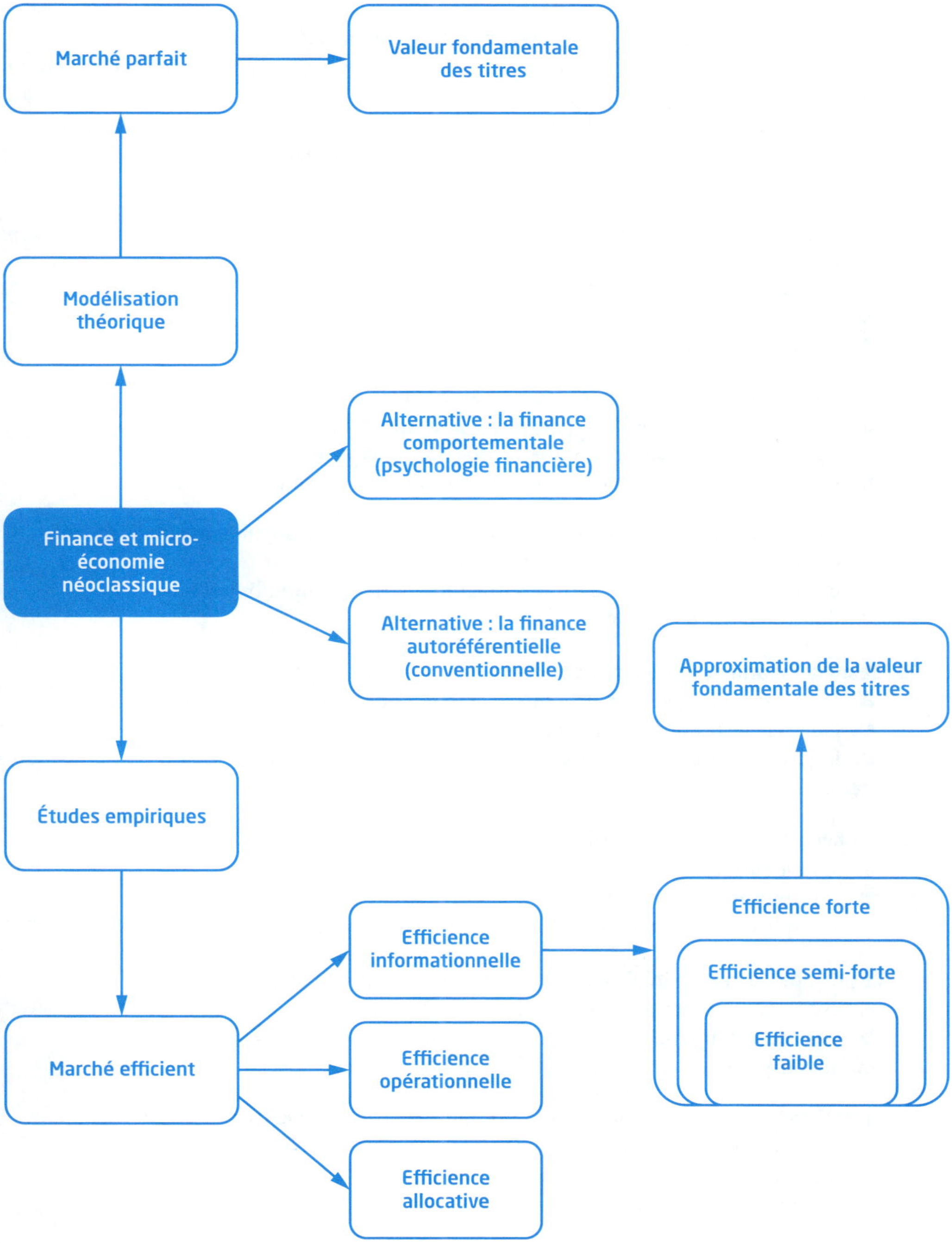

QCM

1. La courbe d'efficience d'un agent économique est toujours :

a. positive signifiant, qu'il ne consomme jamais une unité supplémentaire qui lui procure une satisfaction marginale négative.

b. croissante, signifiant qu'il augmente constamment sa satisfaction marginale.

c. convexe, signifiant que les relations entre les consommations présentes et futurs ne sont pas stables.

2. Les éléments suivants sont fonction d'éléments subjectifs, propres à chaque agent économique :

a. le degré de convexité d'une courbe d'utilité.

b. le déplacement sur une même courbe d'indifférence.

c. le passage d'une courbe d'indifférence à l'autre.

3. Le comportement rationnel des acteurs économiques fait :

a. qu'ils préfèreront toujours plus de richesse que moins.

b. qu'ils opteront toujours pour la courbe d'indifférence la plus haute possible.

c. qu'ils choisiront la pente la plus forte sur une même courbe d'indifférence.

4. Selon les principes de séparation de Fisher la décision de consommer est indépendante :

a. de la décision d'investir sur le marché des capitaux.

b. de la décision d'investir dans un projet industriel ou immobilier.

c. du niveau des taux d'intérêt.

5. Selon la théorie de l'efficience des marchés :

a. Il n'est pas possible de battre durablement les performances du marché.

b. l'analyse technique est préférable à l'étude des fondamentaux.

c. la gestion passive des portefeuilles de titres est préférable à la gestion active de ces derniers.

6. Les hypothèses du marché efficient :

a. sont identiques au marché parfait.

b. sont moins contraignantes que celles du marché parfait.

c. sont plus contraignantes que celles du marché parfait.

7. Le principe de rationalité limitée de l'agent suppose que celui-ci va :

a. évaluer avec précision l'ensemble des choix à sa disposition.

b. s'arrêter au premier choix jugé satisfaisant.

c. effectuer son choix de manière claire et immédiate.

8. En France, la réglementation relative aux délits d'initiés, relève d'une forme :

a. d'efficience informationnelle faible.

b. d'efficience opérationnelle forte.

c. d'efficience informationnelle forte.

Applications

EXERCICE GUIDÉ

Dissertation

Réflexion sur la finance comportementale (extrait annale DSCG 2008)

A l'aide de vos connaissances et des annexes 1 et 2, il vous appartient de répondre à la question suivante :

Fonctionnement des marchés financiers et comportement des individus : la théorie financière « classique » est-elle remise en cause ?

Remarque

Il est attendu de la part du candidat, de répondre de **manière précise et structurée** à la question posée en rappelant tout d'abord les fondements de la théorie financière classique, puis en évoquant les reproches qui lui sont adressés et enfin, en analysant les apports de la finance comportementale en la matière. Votre réflexion intégrera également les contre-arguments qui peuvent être invoqués à l'encontre de la finance comportementale.
Il est demandé de **limiter votre réponse à 4 pages au maximum** sur votre copie d'examen.

ANNEXE 1 La finance comportementale ou la psychologie de l'investisseur

Par Philippe De Brouwer

Extrait de la revue Finances Vecteur, septembre 2001, p. 14-16

Investir ne relève pas d'une décision purement rationnelle, basée sur la seule analyse des fondamentaux que sont les taux, les bénéfices ou l'évolution du marché. Les analystes sont d'ailleurs de plus en plus nombreux à admettre l'influence de facteurs irrationnels, comme l'excès de confiance, le mimétisme, les erreurs de perception, ... sur la formation des cours de bourse. Autant « d'irrationalités » qu'étudie la Finance comportementale.

[...] Les modèles qui utilisent la fonction d'utilité tiennent donc compte du profil de l'investisseur ou plus précisément – dans l'approche classique – de son patrimoine. Mais pas de son profil psychologique, vu qu'implicitement, on part du principe que l'investisseur agit toujours de manière rationnelle et cohérente. Or, la question est de savoir si ceci est bien le cas ou en d'autres mots, si les techniques de modélisation classiques sont adaptées au fonctionnement de l'esprit humain.

[..] La littérature spécialisée parle de biais ou d'anomalies de raisonnement ou de comportement, et distingue plusieurs sources. L'excès de confiance en est une. Demandez par exemple à quelques-uns de vos amis ou collègues s'ils appartiennent aux 50 % de bons ou aux 50 % de mauvais conducteurs. Vous constaterez que plus de 98 % d'entre eux estiment faire partie de la première catégorie. Alors que l'on pourrait s'attendre à ce que dans un groupe composé d'individus rationnels avec une juste auto perception, la moitié d'entre eux se considèrent comme de moins bons conducteurs.

Cette anomalie de raisonnement est inhérente à la culture et à l'histoire humaine. L'excès de confiance et d'optimisme est en effet à l'origine des guerres, mais aussi des découvertes scientifiques et de l'activité économique. Le problème est que lorsqu'il s'agit d'investissements, cet excès débouche trop souvent sur de mauvaises décisions.

Autre exemple d'anomalie de raisonnement : l'heuristique bornée, qui consiste à prendre des décisions un peu à la légère, en prenant en considération un nombre insuffisant de critères. Il s'agit une fois de plus d'un travers propre à la nature humaine.

Il est en effet difficile d'analyser un problème quand il faut tenir compte de mille et une données. Par ailleurs, une vision en tunnel peut mener à des points de vue et des décisions irrationnelles. En voici un exemple. Supposons que A et B possèdent une action X qui vaut 120 euros. A l'a achetée 100 euros et B l'a payée 50 euros. Le cours s'effondre soudain à 60 euros. Qui, à votre avis, aura le plus mal au ventre ? Beaucoup répondent A, qui doit encaisser une perte importante, alors que B ne doit finalement que digérer un moindre gain. Mais si vous élargissez le cadre de la réflexion au-delà de la seule variable 'bénéfice/ perte par rapport au prix d'achat', vous constaterez que tant B que A voient leur avoir total diminuer de moitié. D'un point de vue rationnel, nos deux investisseurs peuvent donc verser la même quantité de larmes... En règle générale, les investisseurs éprouvent une véritable aversion pour la perte, et lorsque leurs décisions ne donnent pas le résultat escompté, ils regrettent plus souvent ce qu'ils ont fait que ce qu'ils n'ont pas fait. Supposons par exemple que vous possédez des actions de la société A. L'an dernier, vous avez envisagé de les vendre pour investir dans la société B, mais, finalement, vous n'en avez rien fait.

Or, il s'avère aujourd'hui que vous auriez pu gagner 30 000 euros. Cela fait mal, bien sûr. Mais comparons maintenant cette douleur à celle que vous éprouveriez si vous aviez été porteur d'actions B et que vous les aviez vendues pour acheter des actions A... Chez la plupart des investisseurs, la douleur est plus intense dans la deuxième situation, où ils ont pris une décision et entrepris une action, que dans la première, où ils se sont abstenus : le « regret of commission » est plus grand que le « regret of omission ».

[...] Tant que personne d'autre ne semble vouloir d'une action, ils n'en veulent pas non plus. Mais si d'autres l'achètent et, surtout, si tout le monde en parle, alors on assiste à une véritable ruée. Et c'est ainsi que s'amorcent des mouvements qui n'ont rien à voir ni avec les données fondamentales de l'entreprise, du secteur ou du marché, ni avec l'évolution des taux. Pire, si les données fondamentales se dégradent, les investisseurs auront tendance à minimiser cette information, à « sous-réagir ». Ils refuseront de remettre leur choix en question, préférant jouer l'autruche. Souvent, ils ne verront même pas les signaux de danger -les supporters ne voient-ils pas mieux les fautes commises contre leur équipe que celle commises par leur équipe ? Jusqu'au jour où la bulle devient tellement grosse, qu'elle éclate : quelques « donneurs de ton » vendent l'action, l'euphorie retombe, la tendance s'inverse (mean reverting) et, cette fois, les investisseurs « sur-réagissent » aux mauvaises nouvelles.

Bref, dans le monde des investisseurs, les choses ne se passent pas vraiment comme les modèles classiques voudraient nous le faire croire. Les investisseurs ne sont pas (toujours) rationnels et les marchés ne sont pas efficients (en ce sens que les cours ne reflètent pas toujours exactement les informations disponibles). Est-ce à dire qu'il ne faut plus investir en bourse ou qu'il faut jouer à pile ou face ? Non, mais l'investisseur doit prendre conscience des anomalies de raisonnement qui peuvent lui jouer des tours et, surtout, en tenir compte. C'est précisément ce que fait la Behavioral Finance ou Finance comportementale. Elle essaie d'expliquer et de prévoir le comportement d'investisseurs et d'analystes qui se laissent parfois influencer par des facteurs qui ne sont pas aussi rationnels que le risque et le rendement, et qui composent des portefeuilles en conséquence. Et c'est ainsi qu'à la Théorie Moderne du Portefeuille de Markovitz, qui nous décrit un portefeuille optimal dans un monde rationnel, s'oppose la Théorie Comportementale du Portefeuille, qui nous explique à quoi ressemble un portefeuille dans le monde réel.

ANNEXE 2 La finance comportementale ou l'émergence d'un nouveau paradigme dominant ?

Par Michel Albouy et Gérard Charreaux, professeurs à l'Université de Grenoble et de Bourgogne Article extrait d'un numéro spécial de la Revue Française de Gestion 2005/4, n°157, p. 139-143.

Peut-on faire confiance aux cours de Bourse pour prendre des décisions ?

[..] La réponse à cette question est lourde de conséquences et dépasse largement la seule gestion de portefeuille. Elle conditionne, par exemple, la pertinence de la réforme comptable visant à faire de la *fair value* la norme de référence ou le contenu des pratiques cherchant à instaurer une gestion par la valeur actionnariale au sein même des entreprises, notamment en mettant en place des systèmes de rémunération fondés sur les valeurs boursières. Elle conditionne également l'évaluation des décisions financières et des mesures de performances des dirigeants d'entreprises comme des gestionnaires de fonds. À titre d'illustration, pour une décision financière aussi importante qu'une acquisition, notamment si elle est payée par échange de titres, la rentabilité de l'opération dépend de la fiabilité de la valeur de marché. Tous ceux qui, au moment de la bulle des valeurs technologiques en 2000, ont acheté des titres ou des sociétés se souviendront longtemps des conséquences de cet emballement du marché. Bref, quel crédit accorder aux cours que les marchés financiers produisent désormais en temps continu ? La question demeure ouverte.

Les tenants de la finance comportementale estiment que les prix qui se forment sur le marché sont loin des prédictions des modèles standards même s'il n'existe pas d'opportunités profitables ajustées pour le risque.

[..] La mise en évidence de ces comportements anormaux et le fait qu'il existe des investisseurs dont le comportement est irrationnel ne suffisent pas cependant à convaincre les partisans de l'efficience. Leur réponse est que l'efficience des marchés ne nécessite pas que chaque individu ait une rationalité parfaite, il suffit que l'interaction entre les investisseurs conduise à des cours qu'on ne puisse distinguer de ceux qui se seraient formés si tous les individus étaient dotés d'une rationalité parfaite. Autrement dit, ils supposent sur la base de l'arbitrage que les marchés conduisent à éliminer les individus irrationnels. Le débat se déplace donc du niveau du comportement individuel au comportement collectif. Michel Albouy [..] conclut cependant que l'hypothèse d'efficience conserve un argument déterminant en sa faveur, à savoir que les gérants professionnels n'arrivent pas à battre systématiquement le marché. Cet argument, usuel dans la littérature, pose cependant un problème s'il peut y avoir simultanément absence de profit systématique et des divergences importantes et persistantes entre les cours boursiers et la valeur intrinsèque auquel cas l'information fournie par les cours pourrait être source de destruction de valeur en induisant des décisions erronées.

Or, c'est ce que semble prétendre Michael Jensen (2004), un des fondateurs de la théorie « Théorie de l'efficience », dans ces récentes analyses sur les coûts d'agence de la surévaluation, notion qu'il introduit afin de tenir compte de la surévaluation associée au phénomène de la bulle Internet. Comme il l'écrit (Jensen, 2004), l'existence de cette bulle est compatible avec l'hypothèse d'efficience telle qu'elle est formulée habituellement. En effet, cette hypothèse ne prétend pas que le cours boursier reflète toujours précisément la valeur intrinsèque mais seulement qu'en moyenne, le cours étant biaisé, il y a autant de chances qu'il le soit vers le haut que vers le bas. Toutefois, Jensen et Murphy (2004) concluent qu'on ne peut plus s'appuyer désormais sur le cours boursier pour maximiser la valeur sur le long terme pour deux raisons. D'une part, si les marchés sont efficients, ils ne le sont qu'au sens semi-fort car les dirigeants disposent d'informations non accessibles aux investisseurs.

D'autre part, il existe des investisseurs irrationnels, des « bruiteurs » ou « *noise traders* ». Autrement dit, Jensen admet la possibilité de divergence durable entre cours boursier et valeur intrinsèque, pouvant prendre la forme d'une surévaluation, celle-ci s'expliquant par les stratégies opportunistes des dirigeants, auditeurs, intermédiaires, analystes, mais aussi par des biais cognitifs, comme la croyance en la gratuité des stock-options, ou émotionnels, tels que le comportement d'obéissance des administrateurs. La thèse optimiste des tenants de l'efficience selon laquelle les marchés corrigent au niveau agrégé les biais de rationalité constatés au niveau des comportements individuels se trouve alors rejetée et Jensen va même jusqu'à conclure qu'il faut changer la façon d'enseigner la notion de maximisation de la valeur qui ne signifie plus maximisation du cours boursier.

L'existence d'une divergence durable entre valeur intrinsèque et cours boursier pose le problème de l'estimation du coût du capital via le modèle d'équilibre des actifs financiers (MEDAF). Cette question centrale en finance – qui concerne aussi bien les gestionnaires de fonds que les financiers d'entreprise – est abordée par Florin Aftalion dans sa contribution intitulée « Le MEDAF et la finance comportementale ». Après avoir passé en revue les principaux biais comportementaux justifiant le fait que les individus pourraient ne pas prendre leurs décisions conformément aux axiomes de Von Neumann et Morgenstern, l'auteur passe en revue les anomalies du MEDAF avant d'aborder la question de la refondation d'un MEDAF reposant sur des hypothèses en accord avec la finance comportementale. Il conclut néanmoins que, malgré quelques tentatives intéressantes (mais divergentes), les chercheurs en finance quantitative ne sont toujours pas arrivés à la formulation d'un nouveau modèle reposant sur les heuristiques ou les sentiments des investisseurs qui soit accepté par la majorité de la communauté scientifique en finance. Par ailleurs, comme la valeur fondamentale d'une entreprise reste difficile à mesurer (chaque évaluateur ayant son idée), les tenants de l'efficience ont beau jeu de souligner le caractère contestable des écarts entre valeur fondamentale et cours boursiers.

[..] Le Nobel d'économie 2017, Richard Thaler (1999) dans un article provocateur concluait récemment à la fin de la finance comportementale. Dans la mesure où elle avait perdu son caractère controversé et était devenue le paradigme dominant, le qualificatif de comportemental serait devenu redondant et il n'y aurait plus de finance que « comportementale »... tout économiste n'incorporant pas la dimension comportementale étant à l'évidence irrationnel ... Même si cette conclusion peut paraître hardie, la publication de ce dossier dans la Revue française de gestion confirme, en tout état de cause, la place de plus en plus importante accordée à ce nouveau paradigme.

CORRIGÉ COMMENTÉ

MÉTHODE

Toutes les épreuves de l'UE 2 de DSCG comportent un dossier à exploiter sous la forme d'une rédaction structurée et synthétique. Souvent négligée par les candidats, cette partie, qui compte pour ¼ des points, n'est pourtant pas très difficile. Elle requiert juste une bonne maîtrise du cours et une méthode de travail appropriée.

Le sujet est, dans la grande majorité des cas, donné avec des documents annexés qui nourrissent la réflexion et aident à la mobilisation du cours. Comme indiqué dans la remarque officielle, la réponse doit être :

– **précise** : les idées sont exposées de manière synthétique et argumentées à l'aide de théories et/ou d'illustrations ;

– **structurée** : avec une introduction, un développement en deux ou trois parties aux titres explicites et cohérents, une conclusion. Des phrases de transition entre les parties sont souhaitables.

– limitée à 4 pages (une copie double) au plus, donc **synthétique**.

Il convient d'y passer entre 1 heure et 1 heure 15 au maximum. Une bonne stratégie consisterait à démarrer l'épreuve d'UE2 par ce dossier car il exige de la concentration et une certaine disponibilité d'esprit que l'on n'a plus forcément à l'approche de la 3e heure (quand elle n'a pas été largement entamée). Il convient de soigner :

– le **fond** : le cours avec utilisation des théories, des concepts, des modèles et des références explicites aux textes annexés doivent être mobilisés à bon escient ;

– la **forme** : les fautes de syntaxe, d'orthographe, etc., les écritures peu lisibles, raturées sont sanctionnées.

Avec de l'entrainement, ce type de dossier peut s'avérer très profitable dans l'optique du DSCG mais également pour vos futurs responsabilités où les occasions de rédaction synthétique ne manqueront pas.

Méthode pour l'introduction

Partie la plus délicate de la rédaction, elle nécessite une certaine rigueur qui suit la méthodologie suivante :

1. Une **accroche** (2 à 3 lignes maximum) montrant l'importance actuelle du thème : une illustration tirée de l'actualité économique ou financière, une citation, un élément trouvé dans les textes d'annexe, etc.

2. **Introduction du thème** avec les **concepts clés et leur définition**

3. **Questionnement** : quoi, qui, pourquoi, comment, quelles conséquences, etc.

4. Présentation de la **problématique** (à ne pas confondre avec le questionnement) et du **plan** : souvent suggérés par le sujet.

Introduction

Dans un article de la revue *Journal of Financial Economics* de 1978, l'économiste et professeur de finance à la Harvard Business School, Michael Jensen n'hésitait pas à affirmer « *qu'il n'est pas de proposition en économie plus solidement confirmée que l'hypothèse d'efficience des marchés financiers.* » Véritable pilier de la théorie financière « classique », l'efficience répond à un des objectifs fondamentaux de la finance : l'évaluation des firmes permettant une allocation optimale des capitaux. Au sens informationnel, l'efficience désigne selon E. Fama (1965), des marchés financiers où les prix (cours) des actifs qui y sont évalués, reflètent à tout moment la valeur fondamentale de l'entreprise, c'est-à-dire toute l'information pertinente disponible (tout ce qui, en moyenne, est disponible). Dans les conditions d'efficience, la décision d'investir ne dépend que de la connaissance du prix, fidèle approximation de la valeur fondamentale théorique du marché parfait. Mais les crises financières récentes n'ont-elles pas mis en évidence d'irrémédiables écarts entre valeur réelle et valeur intrinsèque ? Ne sonnent-elles pas le glas d'une théorie classique qui peine à expliquer les dysfonctionnements que les crises financières exacerbent ? Ou pire encore, n'est-ce pas en se basant sur les modèles d'évaluation inspirés d'un corpus théorique inadapté que le système se fourvoie ? La théorie classique est-elle dépassée, incomplète, des alternatives sérieuses existent-elles ?

La théorie financière classique a du mal à expliquer rationnellement le fonctionnement des marchés financiers. De nouveaux courants émergent dont notamment celui de la finance comportementale. Présentée comme une alternative crédible, il n'apparait pourtant pas aussi robuste que ce que l'on pouvait espérer.

Les fondements de la finance classique font l'objet de la première partie. La deuxième présente ses principales limites et la troisième une analyse critique de l'approche comportementale.

Partie I : Les fondements et les enjeux de la théorie financière classique

A. Rationalité limitée des agents économiques et objectivité des décisions

B. L'information comme source fondamentale de l'efficience

Partie II : Les reproches adressés à la théorie classique des marchés financiers

A. Les limites intrinsèques de l'hypothèse d'efficience

B. Les limites empiriques des modèles classiques d'évaluation des actifs par les marchés financiers.

ATTENTION

Seules les principales critiques adressées à la théorie financière classique sont développées. Il n'est pas utile d'y ajouter les réponses des tenants de l'efficience car le cœur du sujet est d'articuler ces critiques avec la réponse apportée par la finance comportementale aux limites (réelles ou supposées) du modèle classique. Penser à relire le sujet au cours de votre rédaction de manière à ne pas perdre le fil de ce qui est demandé et à éviter l'effet « étalement des connaissances », au risque d'un hors sujet et/ou d'y passer trop de temps.

Partie III : Les apports de la finance comportementale (Behavioral Finance)

A. Les bases et les enjeux de la finance comportementale.

B. Les limites de la finance comportementale

Conclusion

La finance comportementale remet-elle en cause la finance classique concernant les marchés financiers ? Elle en modifie en tout cas les contours en introduisant de la psychologie là où dominait l'approche mathématique. Mais son manque de cadres formels et de théories unifiées (en particulier sur les biais comportementaux et l'irrationalité) ne permet pas de faire émerger un véritable modèle alternatif de type MEDAF. Il n'est par conséquent pas possible de rejeter la théorie financière classique dans son ensemble, car elle demeure une base de référence pour les praticiens et les théoriciens. Il appartient simplement aux chercheurs de l'améliorer de manière à mieux comprendre les mécanismes des marchés financiers. D'autres courants comme la finance autoréférentielle (conventionnaliste), sauront peut-être relever le défi.

ATTENTION De nombreux éléments du cours sont ici mobilisés. Il s'agit toutefois de les utiliser à bon escient et surtout de ne pas transformer l'argumentaire en une question de cours. Il ne faut pas chercher à « tout dire », à tout expliquer. Tous les concepts, théories, modèles ou les auteurs que vous utilisez n'ont pas à être détaillés. Il faut avant tout montrer que vous avez compris le lien entre ces derniers et le sujet traité et que vous savez structurer votre argumentation. Il faut trouver dans le développement un juste équilibre entre le *trop* et le pas *assez*.

EXERCICES

1. Actualisation de flux variables ⌛ 30 minutes ★

Présentation du sujet

Un investisseur dispose d'un capital de 10 000 € qu'il pourrait investir dans un projet industriel par tranche de 1 000 €. Les revenus marginaux attendus au bout d'une période vous sont donnés dans le tableau ci-dessous.

Investissement marginal	Investissement total	Revenu marginal	Revenu total	Rentabilité marginale	Rentabilité moyenne
1 000	1 000	1 500			
1 000	2 000	1 480			
1 000	3 000	1 440			
1 000	4 000	1 380			
1 000	5 000	1 300			
1 000	6 000	1 200			
1 000	7 000	1 080			
1 000	8 000	900			
1 000	9 000	640			
1 000	10 000	220			

1. Complétez le tableau en arrondissant les taux de rentabilité à 2 décimales.

2. Commentez vos résultats (une représentation graphique est possible avec en abscisse les revenus immédiats et en ordonnées les revenus futurs), en supposant un taux d'inflation nul.

3. En supposant que l'investisseur ait la possibilité de placer son revenu, toujours par tranche de 1 000 €, sur le marché financier, au taux de 8 % pour la période considérée, quel serait la combinaison optimale entre l'investissement et le placement financier.

4. Cette combinaison optimale est-elle propre à l'investisseur ? (justifiez votre réponse)

2. Analyse ⌛ 30 minutes ★★

Présentation du sujet

En 1990, les économistes Andrei Shleifer et Lawrence Summers publient dans le *Journal of Economic Perspectives* un article intitulé « *The Noise Trader Approach to Finance* » où ils analysent la situation du marché japonais des actions avant l'éclatement de la bulle, dans les années quatre-vingt :

« Durant cette période, les actions japonaises ont été vendues à des multiples (Rapport entre le cours et les bénéfices de l'action encore appelé PER pour « Price Earning Ratio ».) prix-bénéfices compris entre 20 et 60 et ont continué à croître. Les taux de croissance anticipés des dividendes comme les primes de risque qui auraient justifié de tels multiples paraissaient totalement irréalistes. Néanmoins, un investisseur qui aurait jugé les actions japonaises surévaluées et aurait désiré les vendre à découvert se serait trouvé confronté à deux risques. D'une part, qu'arrivera-t-il si les performances du Japon s'avèrent si bonnes qu'elles justifient ces évaluations ? D'autre part, de combien l'écart peut-il encore grandir et pour combien de temps avant que les actions japonaises reviennent à des niveaux de prix plus réalistes ? N'importe quel investisseur qui a vendu à découvert des actions japonaises en 1985, quand les multiples étaient de 30, aura perdu sa chemise lorsque les multiples ont monté jusqu'à 60 en 1986 ».

1. Quel devrait être le comportement des investisseurs selon l'analyse financière classique ? les comportements décrits sont-ils de nature à remettre en question l'hypothèse d'efficience informationnelle au sens de Fama ?

2. Ces comportements trouvent-ils une explication scientifique au sein de la théorie financière ? (si oui, à préciser).

La finance pour maîtriser le risque

Chapitre
4

1. Le risque ou les risques ?

1.1 De la nécessité de privilégier le risque pour maîtriser l'incertitude

a. Le temps source d'incertitude

Comme cela a été rappelé en chapitre 2, les enjeux majeurs de la discipline financière sont étroitement liés à l'appréhension du temps et notamment l'articulation entre :

– **le présent** : moment où l'agent économique est amené à prendre une décision qui va engager des fonds dans l'objectif d'améliorer le niveau de richesse actuelle ;

– **le futur** : constitué d'une ou de plusieurs périodes au cours desquelles vont se constituer les revenus (ou économies) escomptés des décisions actuelles.

Les modèles économiques et financiers se sont construits autour de cette articulation temporelle en partant du postulat selon lequel les individus exigent une compensation future pour tout renoncement à une consommation immédiate, de manière à maintenir un niveau de satisfaction identique. Le futur doit donc être source de rémunération, car il nécessite un sacrifice de consommation immédiate. Pour ce faire, la finance a fixé au temps un prix : le taux d'intérêt. En fonction du niveau de ce dernier, les agents économiques se trouvent plus ou moins incités à investir dans le futur. Mais la valeur temps n'est pas le seul élément à prendre en considération, particulièrement lorsque l'agent économique envisage un placement sur le marché financier ou dans un investissement industriel. Dans ces cas, il n'est pas certain d'obtenir la rémunération escomptée, voire même de retrouver son capital initial. L'alternative présent/futur laisse alors la place à celles du certain/incertain, du risqué/non-risqué, justifiant un surplus de rémunération par rapport à la seule valeur temps.

b. De l'incertitude au risque

Dans la lignée de Keynes, l'économiste américain Frank Knight soutien la thèse selon laquelle la plupart des variables économiques relèvent de l'incertitude dite radicale.

DÉFINITION

L'incertitude au sens de Frank Knight (1885-1972) désigne le caractère imprécis, vague, **imprévisible** donc **non quantifiable, non probabilisable**, des conséquences d'un événement futur, d'une décision actuelle ou de l'évolution d'une situation actuelle.

Une telle approche n'est pas compatible avec les projets scientifiques du courant économique néo-classique qui investit le champ de la finance dans les années 1950. L'ambition est de (re) construire un modèle d'équilibre général d'allocation optimale des ressources (des capitaux) où le marché financier joue le rôle de régulateur. Pour ce faire, il y a nécessité d'évaluer les titres, supports des placements de fonds (actions et obligations notamment), à partir de leurs revenus futurs incertains. L'incertitude doit par conséquent être quantifiée. Pour cela, les économistes mobilisent les outils mathématiques et en particulier les probabilités.

C'est pourquoi, outre l'adoption (avec adaptation) du corpus du marché parfait et de la rationalité fondamentaliste (basée sur l'existence d'une valeur fondamentale, ▶ chapitre 3) des agents économiques, ils écartent le concept d'incertitude radicale de leurs travaux au profit du risque entendu comme suit.

DÉFINITION

Le risque se définit comme une incertitude mesurable, probabilisable donc prédictible et maîtrisable.

1.2 La mesure du risque et sa place dans le modèle financier classique

a. Une mesure paramétrique du risque

Il revient à l'économiste Harry Markowitz (Nobel d'économie 1990) d'avoir, en 1952, introduit le risque dans la formalisation financière. Nous retrouvons l'idée, déjà soutenue en 1900 par Louis Bachelier (▶ chapitre 3 : « Valeur et information ») selon laquelle la maîtrise des valeurs futures peut s'envisager sans chercher à anticiper l'ensemble des variables susceptibles d'impacter les revenus des actifs. Pour Markowitz, comme pour Bachelier en son temps, les prédictions se rattachent à la loi de probabilité suivie par les variations des cours des titres et non à la détermination précise de sa valeur réelle future. Faisant le parallèle avec les travaux de Pierre-Simon de Laplace (1749-1827) et Carl Friedrich Gauss (1777-1855), ils démontrent que les variations de phénomènes expliqués par une multitude de variables indépendantes suivent une loi normale dont les paramètres sont :

– la moyenne arithmétique : la tendance centrale autour de laquelle gravitent la plupart des observations ;

– l'écart-type : mesure de la dispersion des observations autour de la tendance centrale.

Markowitz propose ainsi de calculer les variations de cours à partir de leur rentabilité.

DÉFINITION

De façon générale, la rentabilité et le rendement se définissent comme une mesure **d'efficience** déterminée par le rapport entre la **richesse créée** par un investissement et les **ressources mobilisées** pour l'obtenir cette richesse.

Pour une action, la rentabilité se mesurera par le rapport entre les flux de revenus (plus ou moins-value de cession + dividende) et le prix d'acquisition du titre. Le rendement ne tient compte que des dividendes.

En appelant R_i : la rentabilité de l'action i, C_{it} et C_{it-1} : les cours de l'action i au temps t et t-1 et D_{it} : les dividendes reçus de l'action i en t ; la formule de la **rentabilité** (en anglais : *rate of return* pour rentabilité et *yield* pour rendement) de l'action i s'écrit :

$$R_i = \frac{(C_{it} - C_{it-1}) + D_{it}}{C_{it-1}}$$

C'est en décomposant cette formule que l'on met en évidence la partie rendement :

$$R_i = \boxed{\frac{(C_{it} - C_{it-1})}{C_{it-1}}} + \boxed{\frac{D_{it}}{C_{it-1}}}$$

Taux de plus ou moins-value de l'action i

Taux de **rendement** de l'action i

La variance et 'l'écart-type seront les mesures classiques du risque. (Pour les calculs de base, se référer au chapitre 2 « Valeur et risque » du manuel *DCG 6. Finance d'entreprise* de Gilles Meyer, Vuibert.)

Il reste à préciser comment le risque va être intégré dans le modèle.

b. La place du risque dans le modèle

La finance distingue deux grandes familles de risques et intègre ces dernières selon deux approches différentes :

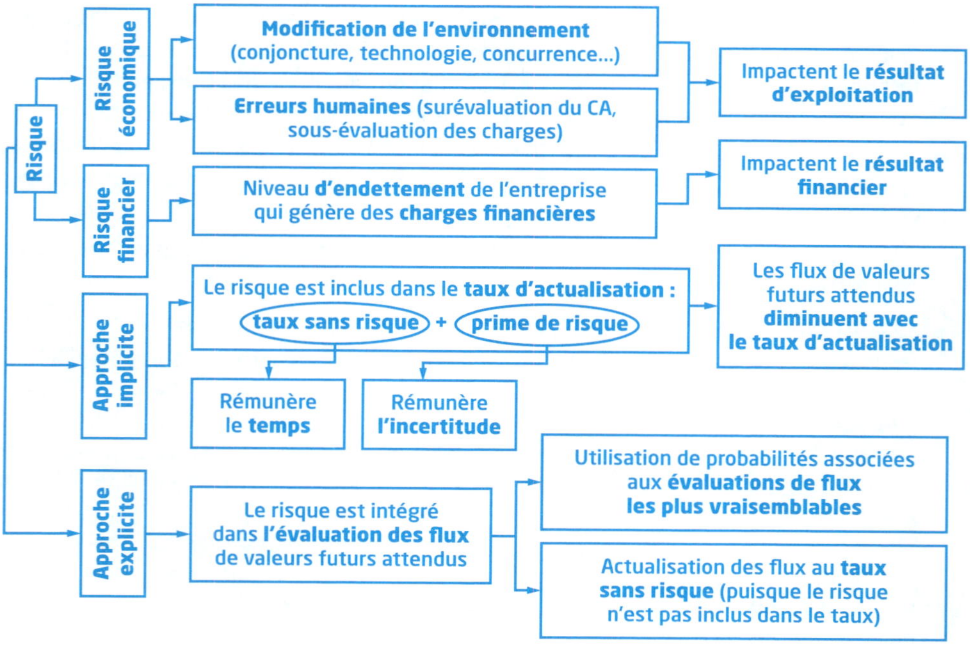

Les théories développées par la suite relèvent de **l'approche explicite du risque économique,** d'abord appliquée à la prise de décision, pour un investissement, puis étendue aux placements de titres financiers pour donner naissance au MEDAF.

2. La diversification des risques

Cette technique s'inscrit dans la problématique de la gestion optimale des portefeuilles d'actifs : en obtenir la rentabilité maximum pour un risque minimum tout en s'appuyant sur une régulation de marché, ce que H. Markowitz appelle : le *portefeuille efficient*.

DÉFINITION

Formalisée par Markowitz, **la diversification** est une technique de gestion de portefeuille qui consiste à intégrer dans celui-ci un certain nombre de titres aux caractéristiques suffisamment différentes pour ne pas réagir de la même façon aux mêmes facteurs d'influence.

2.1 Les hypothèses de base du modèle de gestion des risques

– **Fluidité des transactions** : il n'existe pas de coût de transaction, de barrière à l'entrée, ni de taxe ou d'impôt, ce qui assure la liquidité du marché : la possibilité de vendre ses titres à tout moment sans entrave et sans impact sur la valeur du cours ;

– **Parfaite divisibilité** de valeur des entreprises (en actions) et parfaite négociation possible de celles-ci ;

– **Atomicité des acteurs** : les intervenants, acheteurs et vendeurs sont si nombreux sur le marché que leurs actions individuelles n'ont aucune influence sur l'équilibre du marché (sur les prix d'équilibre) ;

– **Homogénéité des anticipations** des investisseurs **rationnels,** qui ont pour objectif la maximisation de l'utilité de leur richesse. Ils anticipent donc les mêmes espérances, variances et covariances des taux de rendement. Seule l'attitude face au risque diffère. L'agent économique peut avoir une préférence pour le risque, s'avérer neutre, ou adverse au risque. Les modèles financiers classiques retiennent généralement une attitude **adverse au risque** ;

– Il existe un actif **sans risque** auquel tout investisseur **peut prêter ou emprunter sans limitation** : taux d'emprunt = taux de prêt, ce qui exclut tout rationnement du crédit (▶ chapitre 10 sur la politique de financement).

2.2 Les conclusions du modèle de gestion des risques

La diversification doit permettre d'obtenir une rentabilité plus forte pour un même niveau de risque (ou une même rentabilité pour un risque plus faible) jusqu'à atteindre le portefeuille efficient.

Supposons un portefeuille constitué de 2 titres risqués i et j. Il est possible de représenter graphiquement toutes les combinaisons possibles du portefeuille dans un repère orthonormé avec :

– pour axe des abscisses : le risque mesuré, l'écart-type σ (ou la variance σ^2 dans les formules) ;

– pour axe des ordonnées : le rendement espéré du portefeuille : E(R).

L'ensemble des combinaisons forme une courbe parabolique [i,j] sur laquelle deux portefeuilles particuliers doivent attirer l'attention :

Figure 1. Combinaison rentabilité/risque pour un portefeuille à 2 titres i et j

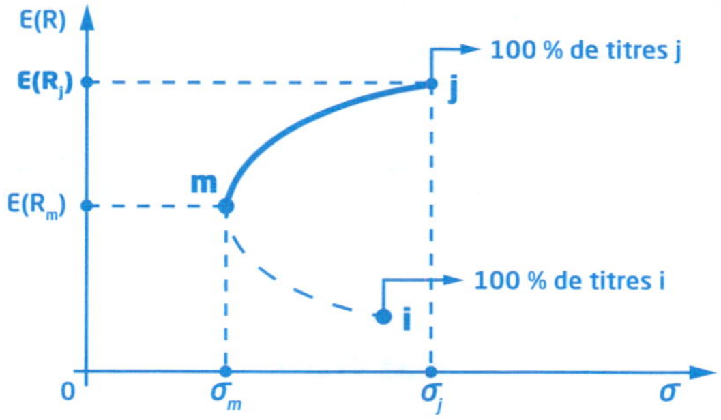

– le portefeuille situé au **point j**, composé de **100 % de titres j** (et aucun i), qui offre la rentabilité maximale **E(R_j)** couplée au risque le plus élevé σ_j ;

– le portefeuille situé au **point m**, qui offre la rentabilité maximum E(R_m) pour un risque minimum σ_m.

La partie comprise entre i et m est dite **dominée** car, à chaque point de la courbe, il est possible d'obtenir une rentabilité supérieure pour un même niveau de risque. Il convient donc de se focaliser sur les combinaisons situées entre m et j, constitutives de la **frontière efficiente** recherchée par l'ensemble des investisseurs rationnels.

Appliquée à un nombre plus important de titres, la représentation graphique des différents portefeuilles (figure 2) conduit à la formation d'un nuage de points. Les solutions optimales se situent sur la frontière efficiente comprise entre le portefeuille à rentabilité et risque maximum PF_{max} et celui offrant la rentabilité maximum pour un risque minimum PF_{min}. La partie inférieure de la courbe qui s'étend jusqu'à PF_{dom} est sous optimale, elle est à chacun de ses points dominée par la frontière efficiente.

Figure 2. Combinaisons rentabilité/risque pour de multiples portefeuilles de titres

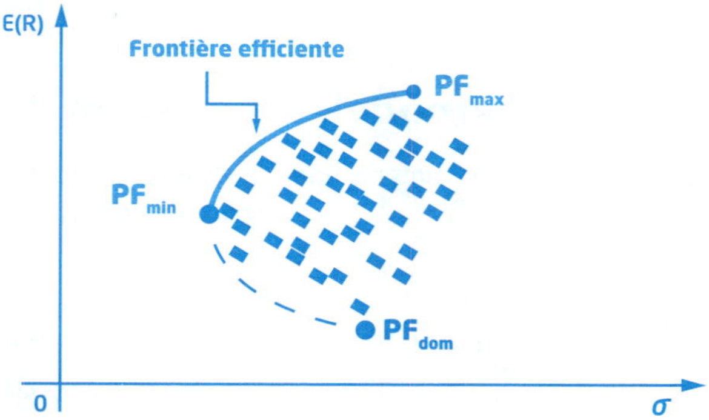

Figure 3. Effet du niveau de corrélation sur la frontière des combinaisons de portefeuilles

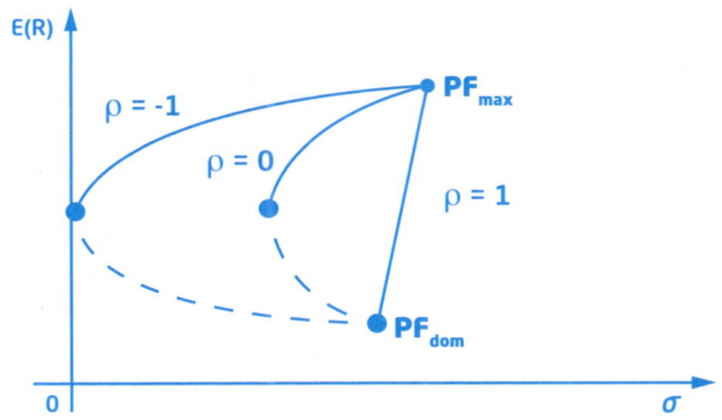

La forme parabolique de la **frontière efficiente** s'explique par la relation inverse qui existe entre l'écart-type du portefeuille et le coefficient de corrélation. Plusieurs cas de figure sont visibles en figure 3 :

– La diversification n'a aucun effet lorsque le coefficient de **corrélation** ρ est de 1. Ce cas de parfaite corrélation positive signifie que les titres composant le portefeuille **évoluent dans le même sens et de manière linéaire** (tous les portefeuilles possibles sont alignés et forment une droite croissante). Aucune réduction du risque n'est alors possible sans diminuer la rentabilité (et inversement). Il n'y a pas de frontière efficiente et de portefeuille dominé.

– La diversification est maximum quand ρ est de -1. Ce cas de parfaite corrélation négative indique que les titres composant le portefeuille **évoluent dans un sens inverse au point de neutraliser le risque minimum qui peut être nul** (point d'intersection avec l'axe des ordonnées).

– Une corrélation nulle ($\rho = 0$) signifie que les titres composant le portefeuille n'ont pas de relation particulière, ils sont **indépendants**. Nous constatons toutefois que même dans ce cas, la diversification permet de réduire le risque.

On peut déduire de ces différents cas que la **diversification est d'autant plus efficace pour réduire le risque que le coefficient de corrélation est faible**. Empiriquement, les portefeuilles sont le plus souvent **corrélés légèrement positivement.** Ceci s'explique par le fait que l'ensemble des titres est souvent impacté par l'évolution d'indicateurs économiques communs (inflation, taux d'intérêts, etc.).

Harry Markowitz met en évidence la « **loi de la covariance moyenne** » ou « effet de Markowitz ».

DÉFINITION

« **L'effet de Markowitz** » : loi empirique selon laquelle, lorsque la diversité d'un portefeuille de titres augmente, le risque de celui-ci tend vers la moyenne des covariances des titres inclus dans le portefeuille. Selon les études de terrain, une trentaine de titres différents suffit.

Figure 4. Effet de la diversification d'un portefeuille de titres sur le risque

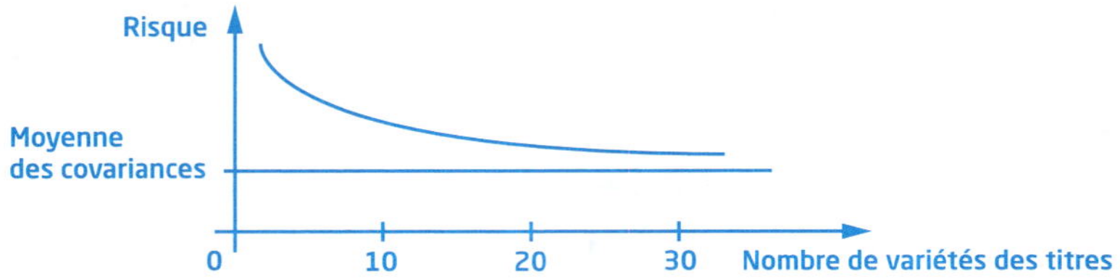

Ce résultat indique que la moyenne des variances (moyenne des risques spécifiques à chaque titre) tend vers 0. Seul subsiste le risque dit **systématique** qui correspond à la sensibilité moyenne de chaque titre par rapport au portefeuille considéré (mesuré par la covariance moyenne). Cela traduit le fait que des éléments macro-économiques (conjoncture générale, décisions de politique économique et budgétaire des autorités publiques, décisions de politique monétaire des banques centrales, etc.) impactent dans le même sens (positif ou négatif) les « fondamentaux » de tous les émetteurs de titres. Communs à tous les titres, ces facteurs de risque ne peuvent être éliminés par la diversification. Ils expliquent la subsistance d'un effet de « covariation ».

Harry Markowitz en conclut que :

– le **risque d'un actif** se compose d'un risque spécifique propre à chaque titre et indépendant du marché financier, mesuré par sa variance (ou son écart-type), et un risque systématique évalué par sa covariance avec un portefeuille parfaitement diversifié ;

– le **risque spécifique** du titre est éliminé par la diversification ;

– le **risque systématique subsiste** et lui seul doit faire l'objet d'une rémunération.

Une fois la frontière efficiente mise en évidence, se pose le problème de la sélection du portefeuille par rapport aux préférences individuelles des investisseurs : quelle combinaison retenir parmi toutes celles qui se situent sur la frontière efficiente ? Qu'est-ce qui justifie le fait de se situer au point A, B ou C (figure 5) ?

Le choix dépendra de la fonction d'utilité [▶ CHAPITRE 3] de chaque investisseur, c'est-à-dire de son degré d'aversion pour le risque. Sur la figure 5, il optera pour :

– la combinaison **A** s'il est très réticent au risque ;

– le portefeuille **B** s'il est moins sensible à l'incertitude ;

– la solution **C** si sa confiance en l'avenir est élevée.

Si nous retenons l'agent B disposant d'une carte d'indifférence $U_{0\text{-}B}$, $U_{1\text{-}B}$, $U_{2\text{-}B}$, son portefeuille optimal se situe à l'intersection de la frontière d'efficience et de la courbe d'indifférence $U_{1\text{-}B}$, qui lui offre le maximum de satisfaction compte tenu des possibles car elle est plus élevée que $U_{0\text{-}B}$; celles se situant au-dessus ne sont pas atteignables.

Figure 5. Choix d'une combinaison optimale sur la frontière d'efficience

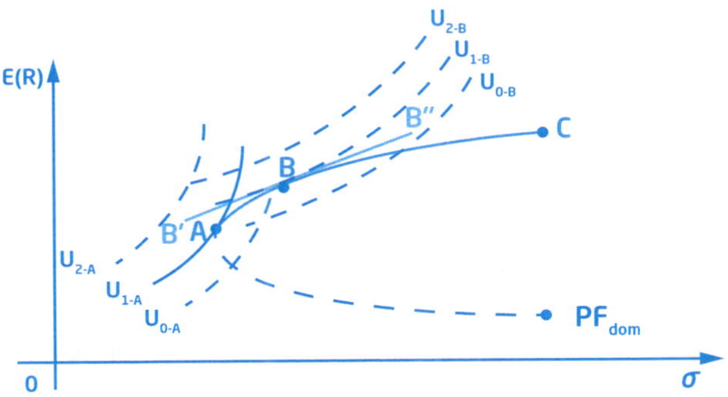

Remarquons que les courbes d'utilité sont construites sous l'hypothèse **d'aversion au risque** de l'investisseur :

– sur une même courbe, son utilité s'accroît en allant de gauche à droite : la hausse de la rentabilité entraîne une hausse du risque ;

– il augmente sa satisfaction en optant pour **une courbe plus haute**, autrement dit, il cherchera toujours une rentabilité supplémentaire pour compenser une hausse du risque.

À l'équilibre, nous obtenons un portefeuille unique **B** correspondant à la droite [B'B''] tangente au niveau du point B aux deux courbes. C'est en ce point que l'investisseur B réalise l'égalité entre :

– le taux marginal de substitution de ses préférences de rentabilité et de risque (courbe d'utilité) ;

– le taux marginal de substitution de rentabilité et de risque de la frontière d'efficience.

Il y a rencontre entre les préférences subjectives de l'agent économique (courbes d'utilité) et la **frontière d'efficience** qui s'est construite sur des critères objectifs et qui de ce fait s'impose à tous les agents économiques.

2.3 Le Modèle d'équilibre des actifs financiers (MEDAF)

Dans la continuité des travaux de Markowitz, William F. Sharpe va construire un modèle plus complet d'équilibre général : le MEDAF, connu sous l'acronyme anglais CAPM (*Capital Asset Pricing Model*), et parfois traduit par Modèle d'évaluation des actifs financiers. Il s'inscrit dans le cadre non plus d'un investissement précis mais dans celui de la gestion d'un portefeuille constitué d'une multitude de projets. Les hypothèses théoriques restent toutefois les mêmes. Leur architecture gravite autour de trois axes :

– La construction de la **droite de marché des capitaux** (*Capital Market Line*) qui met en relation **l'actif sans risque et le portefeuille de marché.**

– L'établissement d'une relation permettant **d'évaluer le prix d'équilibre d'actif financier** à partir de la **droite de marché des titres** (*Security Market Line*).

– La formalisation de la relation entre **le rendement d'un actif quelconque et le rendement du marché.**

2.4 La relation entre l'actif sans risque et le portefeuille de marché : la droite de marché des capitaux (*Capital Market Line*)

a. Les hypothèses de base de la formalisation de la relation

– Il existe sur le marché financier **un actif sans risque** qui **génère une rémunération future certaine** sous la forme d'un taux d'intérêt appelé **taux sans risque R_f**. Il prend généralement la forme d'une obligation d'État type « bon du trésor ».

– Tout agent économique peut **placer ou emprunter sans coût de transaction, au taux sans risque R_f**.

– Il est possible de constituer un **portefeuille parfaitement diversifié** qui intègre l'ensemble des titres négociables sur le marché financier (en proportion de leur capitalisation boursière) et qui **élimine le risque spécifique** associé à chacun d'entre eux.

– Ce portefeuille est caractérisé par son espérance de rentabilité (moyenne des rendements des titres qui le composent) **$E(R_M)$** et par son risque systématique mesuré par la moyenne des covariances des titres qu'il contient. Il est appelé **portefeuille de marché PF_M**.

– Tout agent économique peut se constituer un portefeuille composé **d'une part d'actif sans risque et d'une part de PF_M** (reprise des travaux de James Tobin 1958, prix Nobel 1981).

Figure 6. Choix d'une combinaison optimale entre actif sans risque et portefeuille de marché

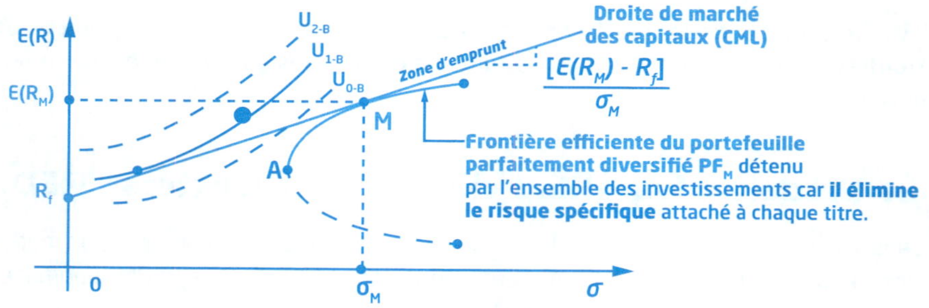

b. Les conclusions tirées de la relation

Selon la même logique développée par H. Markowitz, les différentes combinaisons possibles du PF_M font apparaître une **frontière efficiente** de forme parabolique (curviligne) car uniquement constituée à partir de titres risqués. Si on ajoute la possibilité d'y intégrer une part de l'actif sans risque, cette frontière efficiente devient une droite, ou plus exactement une demi-droite **$[R_f M)$**, appelée **Droite de marché des capitaux** (*CML*) qui s'interprète de la façon suivante :

– Elle est **préférée** en tout point **à la frontière efficiente du PF_M** à l'exception du point **M** où il y a indifférence.

– Elle est **identique pour tous les investisseurs** (hypothèse d'homogénéité des espérances), qui vont forcément choisir une combinaison de titres située sur un des points de la droite, en fonction de leur courbe d'indifférence, par exemple le point **B** pour l'acteur économique B.

– **Au point R_f**, l'investisseur a placé **l'intégralité de son épargne dans l'actif sans risque**. Soumis à aucune incertitude, il ne perçoit que **la rémunération du temps R_f.**

– **Entre R_f et M**, il réalise un placement doublement diversifié **P** comprenant à la fois **une part d'actifs risqués x via le PF_M et une part de l'actif sans risque 1 - x**.

Sa rentabilité espérée est alors de :
$E(R_P) = (1-x)R_f + x.E(R_M) \Rightarrow \boldsymbol{E(R_P) = R_f + x.[E(R_M) - R_f]}$;

et son risque de : $\sigma_P^2 = (1-x)^2.\sigma_{R_f}^2 + x^2.\sigma_M^2 + 2.x.(1-x).\sigma_{R_f,M}$, risque qui se simplifie puisque, par définition, l'actif sans risque n'en présente aucun, sa variance $\sigma_{R_f}^2$ et sa covariance associée au portefeuille de marché $\sigma_{R_f,M}$ sont nulles. Le risque du portefeuille P n'est plus que de : $\sigma_P^2 = x^2.\sigma_M^2 \Rightarrow \boldsymbol{\sigma_P = x.\sigma_M}$

On en déduit la part optimale x à détenir dans P : $\boldsymbol{x = \sigma_P / \sigma_M}$

En remplaçant x par sa valeur dans l'équation de rentabilité, il devient aisé de démontrer que :
$E(R_P) = R_f + \frac{[E(R_M) - R_f]}{\sigma_M}\sigma_P$: **droite de marché des capitaux (CML) de pente** $\frac{[E(R_M) - R_f]}{\sigma_M}$, autrement dit que le rendement de **P** correspond à la rémunération sans risque R_f (prix du temps) à laquelle s'ajoute la prime de risque du marché : $\frac{[E(R_M) - R_f]}{\sigma_M}\sigma_P$, encore appelée **ratio de Sharpe**, représentative du risque systématique. Le risque spécifique n'est pas rémunéré puisqu'il a été éliminé par la diversification du portefeuille de marché.

Au point M, intersection entre la CML et la frontière efficiente du PF_M, l'intégralité des fonds est investie dans le portefeuille de marché qui rapporte : $E(R_M) = R_f$ **+ la prime de risque du marché.**

Au-delà de M, les combinaisons de la frontière optimale (la droite CML) **ne sont pas accessibles** compte tenu du niveau des fonds actuels disponibles. Pour atteindre ces points d'équilibre, l'agent économique doit **emprunter au taux sans risque R_f** (zone d'emprunt à droite du point M).

2.5 L'évaluation du prix d'équilibre d'un actif à partir de la droite de marché des titres (*Security Market Line*)

La droite de marché de capitaux a permis d'établir une relation linéaire entre le rendement du portefeuille de marché **$E(R_M)$** et son risque total σ_M. Il est également possible de construire une **relation linéaire** entre **le rendement d'un actif ou d'un portefeuille d'actifs efficient** (comme le PF_M) **et le risque de marché** σ_M.

Considérons un portefeuille P constitué de x % d'un titre **i** (qui pourrait aussi être un portefeuille de titres risqués), et de (1-x) % du portefeuille de marché PF_M.

Son espérance rendement sera telle que : $E(R_P) = x.E(R_i) + (1+x).E(R_M)$

Son risque sera mesuré par **sa variance :** $\sigma_P^2 = x^2.\sigma_i^2 + (1+x)^2\sigma_M^2 + 2.x.(1-x).\sigma_{iM}$

où σ_{iM} = la covariance du titre i avec le marché M.

ou par son **écart-type :** $\sigma_P = \sqrt{x^2.\sigma_i^2 + (1+x)^2\sigma_M^2 + 2.x.(1-x).\sigma_{iM}}$

La combinaison de l'actif i et du portefeuille de marché PF_M forment un nuage de points encadré par la parabole **i' Mi**. Nous ne retiendrons dans un premier temps que la **frontière d'efficience [Mi].**

Figure 7. Droite de marché des capitaux

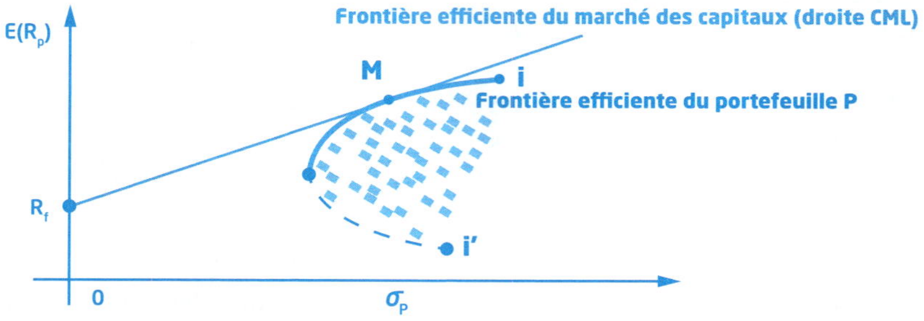

À **l'équilibre** (optimum de satisfaction), le titre i devrait être **intégré** en proportion x_i dans le portefeuille de marché. Le fait que le titre i puisse être proposé en dehors du $\mathbf{PF_M}$ pour former le portefeuille **P**, signifie qu'il existe un excès de demandes du titre i. L'équilibre ne sera atteint que lorsque **cet excès aura disparu**, c'est-à-dire quand x = 0. On obtient alors le point d'équilibre **M** à l'intersection de la droite de marché des capitaux (CML).

Ce point **M** correspond au **rendement optimal du portefeuille P**. Il peut être déterminé en calculant la **dérivée** de la frontière d'efficience du portefeuille P avec la droite de marché des capitaux. On obtient :

$$E(R_i) = R_f + [E(R_M) - R_f]\frac{\sigma_{iM}}{\sigma_M^2}$$

Le titre i n'attire les investisseurs que si sa rémunération est **supérieure au taux sans risque** R_f. Le surplus de rémunération $\mathbf{E(R_i) - R_f}$ représente **le risque total du titre** :

$$E(R_i) - R_f = [E(R_M) - R_f]\frac{\sigma_{iM}}{\sigma_M^2} \text{ et si nous posons } \beta_i = \frac{\sigma_{iM}}{\sigma_M^2} \Rightarrow E(R_i) - R_f = \left[E(R_M) - R_f\right]\beta_i$$

Nous constatons que ce surplus (rémunération du risque du titre i) dépend du **risque de marché** $\mathbf{s_M}$ et de sa relation avec le risque de marché, mesurée ici par la **covariance** σ_{iM}.

Cette relation pourrait tout aussi bien être mesurée par le **coefficient de corrélation** : $\rho_i = \dfrac{\sigma_{iM}}{\sigma_i.\sigma_M}$.

La covariance en fonction du coefficient de corrélation s'écrit alors : $\sigma_{iM} = \rho_i.\sigma_i.\sigma_M$

Cette nouvelle relation permet d'exprimer b_i en fonction du coefficient de corrélation ρ :

$$\beta_i = \frac{\rho.\sigma_i.\sigma_M}{\sigma_M^2} \Leftrightarrow \beta_i = \frac{\rho.\sigma_i}{\sigma_M}$$

et de représenter graphiquement le rendement de l'actif en fonction de ce coefficient de corrélation $\boldsymbol{b_i}$ qui mesure la **sensibilité de la rentabilité du titre i par rapport à la rentabilité du marché.** On met alors en évidence la **droite de marché des titres** (*Security Market Line - SML*) de même pente que la droite de marché des capitaux (CML), et autour de laquelle gravitent des titres sur- ou sous-évalués lorsque le marché n'est pas à l'équilibre.

Figure 8. Droite de marché des titres

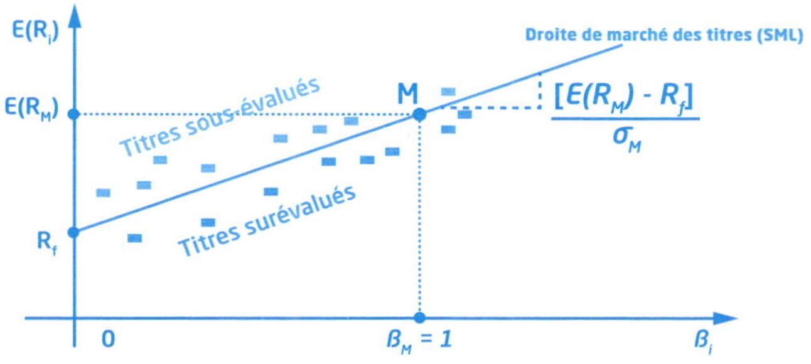

Par définition, le β du marché β_M est égal à **1.**

À l'équilibre, **tous les rendements espérés de titres se trouvent sur la droite de marché SLM**. Le fait que cela ne soit pas le cas constitue une information importance pour les investisseurs.

En gardant à l'esprit l'évaluation du rendement d'un titre : $R_i = \frac{D_{it}}{C_{it-1}}$, [▶ DÉBUT DU CHAPITRE] l'analyse est :

– Si les rendements espérés $E(R_i)$ se situent en dessous de la SLM, cela signifie que **leur rentabilité est trop faible** pour qu'ils soient à l'équilibre (sur la droite). Autrement dit, leur cours boursier est trop élevé, ils sont **surévalués**.

– Si les rendements espérés $E(R_i)$ se situent au-dessus de la SLM, **leur rentabilité est trop forte** pour être à l'équilibre. Leur cours boursier est trop faible, ils sont **sous-évalués**.

Découvrant cette information, les agents économiques **réduisent** leurs investissements dans les actifs **surévalués** ce qui va **diminuer** leur valeur et **augmenter** leur rentabilité jusqu'à atteindre l'équilibre. Le raisonnement inverse est tenu pour les titres sous-évalués.

2.6 La formalisation de la relation entre le rendement d'un actif quelconque et le rendement de marché

La relation entre le rendement d'un actif quelconque et le rendement du marché s'effectue par régression entre le rendement du titre considéré et celui du marché, en référence au β du marché égal à 1. Un premier niveau d'analyse permet de distinguer les titres offensifs des titres défensifs dans les figures 9 et 10.

Figure 9. Régression d'un titre offensif i, risqué car il sur-réagit aux variations du marché

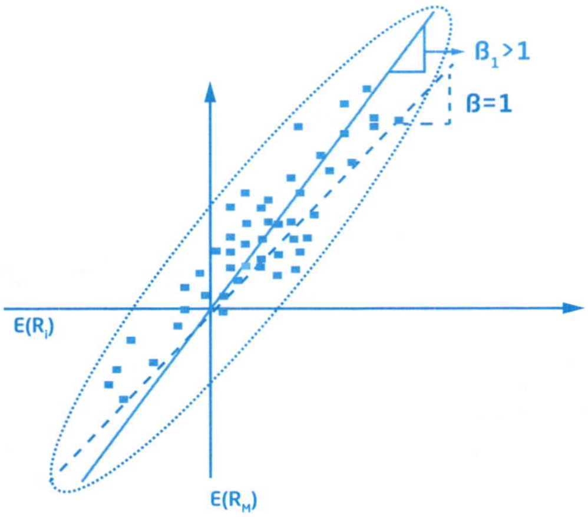

Figure 10. Régression d'un titre défensif j, peu risqué car il atténue les variations du marché

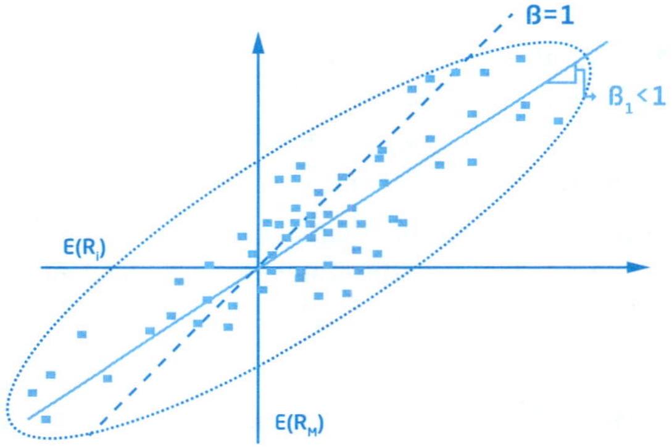

Un second niveau d'analyse (indépendant du niveau du β du titre) porte sur les écarts entre la droite de régression et les points du nuage. Plus les points du nuage sont dispersés autour de la droite, plus le titre apparaît risqué. Cette analyse signifie que l'ensemble du risque ne s'explique pas uniquement par les variations du marché. Cet éparpillement des points du nuage (l'ellipse sur les figures) représente le risque non expliqué par les variations du marché : le risque spécifique (plus élevé pour j que pour i). On parle aussi de bruits (*noise*).

C'est le **coefficient de détermination (R^2)** qui permet d'apprécier la part du risque expliquée par les variations du marché. Ainsi un portefeuille d'actifs avec un $R^2 = 0{,}55$ signifie que 55 % du risque s'explique par la variation du marché et donc que 45 % est lié au risque spécifique. Les erreurs d'estimation du β sont, elles, mesurées par « l'erreur type » qui s'inscrit dans un « intervalle de confiance ». Plus cet intervalle est large, plus l'erreur type sera élevée et le β mal estimé, et inversement.

De manière formalisée, nous retrouvons l'idée de Markowitz, mais avec une précision sur l'évaluation de chaque risque :

Figure 11. Décomposition du risque total

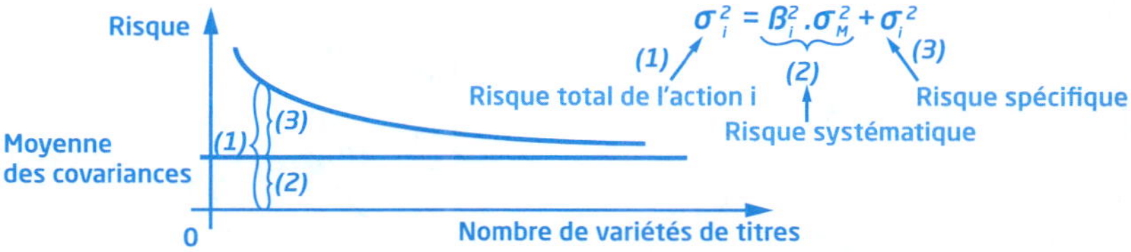

2.7 Utilisation du MEDAF pour évaluer la gestion d'un portefeuille d'actifs

a. L'enjeu de la gestion d'un portefeuille d'actifs

Le MEDAF est fondamentalement un modèle d'équilibre qui formalise un idéal de régulation du marché. Nous avons pu du reste constater qu'au point d'équilibre :

– tous les actifs risqués se trouvaient intégrés dans le portefeuille de marché PF_M ;

– l'ensemble des investisseurs effectuaient leurs investissements en combinant une part d'actifs sans risque et une part du PF_M en fonction de leur courbe d'utilité, c'est-à-dire de leur degré d'aversion au risque par rapport à la rentabilité qu'ils escomptent ;

– aucun titre ne se trouve sur- ou sous-évalué, ce qui suppose qu'il n'y a plus aucune transaction.

Cette situation s'avère peu réaliste et pourrait faire penser que le MEDAF reste une construction purement théorique sans réelle portée pratique. De manière plus opérationnelle, il peut servir de **référent** au sens où il formalise la performance du marché s'il fonctionne dans des conditions d'efficience (hypothèses d'efficience qui seront approfondies ultérieurement). Dans une approche plus empirique, puisque les investisseurs disposent de cette référence, la question (le défi) qui se pose est de savoir s'il est possible de constituer un portefeuille capable de se révéler plus rentable que le marché et si c'est le cas, s'il peut l'être durablement ?

Trois méthodes d'évaluation de la performance ont été développées à cet effet.

b. L'indice de Treynor : I_T

Chronologiquement, c'est le premier indice formalisé par J. L. Treynor en 1965. Il consiste dans un premier temps à comparer les droites de rentabilité de différents portefeuilles d'actifs par rapport à celle de l'actif sans risque R_f.

Considérons un gestionnaire financier qui a lui-même composé deux portefeuilles $\mathbf{P_1}$ et $\mathbf{P_2}$ d'actifs risqués pour le compte d'un client. Il est possible de représenter graphiquement (figure 12) leur droite de rendement en croisant la performance des portefeuilles (axe des ordonnées) avec celle du marché (axe des abscisses). Cette première représentation va permettre de classer la performance des portefeuilles entre eux. La droite de rendement de l'actif sans risque $\mathbf{R_f}$ va servir de **repère d'appréciation**.

Figure 12. Positionnement des portefeuilles

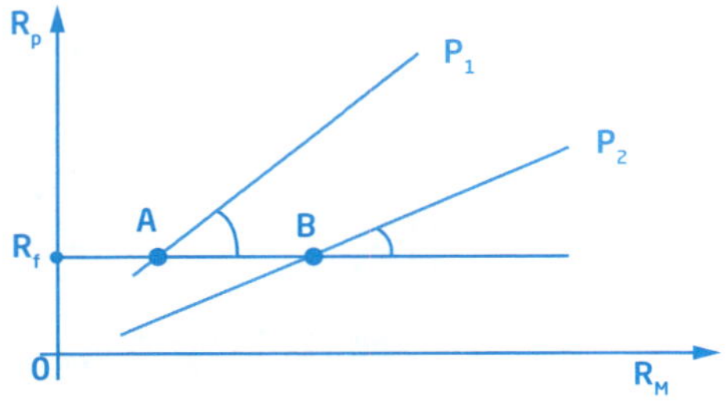

Figure 13. Positionnement de la droite de marché

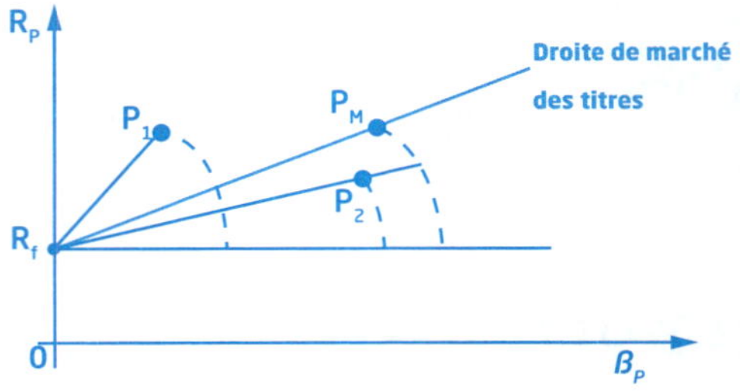

En deçà de la droite Rf, les combinaisons des deux portefeuilles n'ont aucun intérêt, car le client obtiendrait une richesse moindre que ce que peut rapporter l'actif sans risque.

Au-dessus, nous constatons que P_1 est systématique au-dessus de P_2, ce qui signifie que pour un rendement donné du marché, P_1 offre une rémunération supérieure à P_2. Cette situation se traduit par le fait que la droite P_1 coupe la droite de l'investissement sans risque R_f au point A, après P_2 (point B).

On en déduit que **le portefeuille P_1 est plus performant que P_2.**

Il reste à **confronter ces performances avec celle du marché**. Pour ce faire, J. Treynor se réfère au **rendement du portefeuille PF_M** qu'il compare à ceux des portefeuilles constitués par le gestionnaire financier par l'intermédiaire du coefficient β.

J. Treynor établit la relation suivante : $I_T = \dfrac{R_P - R_f}{\beta_P}$

Sur le graphique (figure 13), le ratio de Treynor correspond **à l'angle formé par la droite de rendement du portefeuille considéré et la droite de l'investissement sans risque partant du taux R_f.** Plus l'angle est **ouvert**, plus l'indice **I_T est élevé** et plus le portefeuille est **performant**. La méthode autorise à présent une évaluation des portefeuilles entre eux mais aussi par rapport à la **droite de marché des titres (SML).**

Nous retrouvons dans notre exemple une rentabilité de P_1 plus intéressante que P_2 mais également supérieure au marché. P_2 s'avère quant à lui moins intéressant que le marché.

En introduisant le coefficient β dans son indice, Treynor ne considère que le risque **systématique**. La méthode s'inscrit bien dans la logique de **diversification** où seul ce risque est l'objet d'une **rémunération, donc d'une évaluation**.

c. L'indice de Sharpe : I_S

Développé par William Sharpe en 1966, l'indice de Sharpe reste très proche de celui de Treynor mais utilise comme dénominateur **la volatilité** des portefeuilles (leur écart type) plutôt que le β. Sharpe prend ensuite comme référant le **taux sans risque R_f** et évalue les combinaisons d'actifs par le rapport entre le surplus de rémunération du portefeuille considéré (ce qu'il rapporte de plus par rapport au taux sans risque) et son différentiel de risque avec le placement sans risque :

$$I_S = \frac{R_P - Rf}{\sigma_P - \sigma_f}$$

$R_P - Rf$ → Surplus de rémunération du portefeuille P

$\sigma_P - \sigma_f$ → Surplus de risque du portefeuille P

mais comme par définition σ_f est **nul :** $I_S = \dfrac{R_P - R_f}{\sigma_P}$

Autrement dit, Sharpe évalue le portefeuille par rapport **au risque total σ_p et pas uniquement par rapport au risque systématique β.**

Il exprime donc le **rendement supplémentaire du portefeuille par unité de risque, par rapport à une stratégie sans risque.**

Supposons quatre portefeuilles P_1, P_2, P_3 et P_4 constitués d'actifs risqués. Ils sont représentés dans le graphique ci-dessous (figure 14) pour tous les couples rendement/risque.

Figure 14 . Analyse selon l'indice de Sharpe

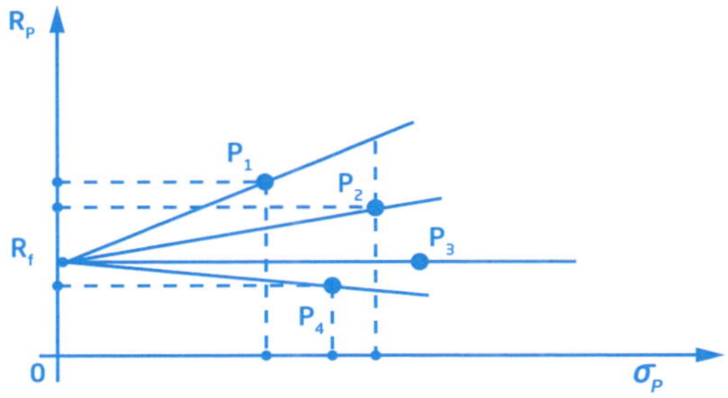

L'indice de Sharpe conduit à plusieurs analyses en fonction du résultat obtenu :

– **I_S positif** comme c'est le cas pour P_1 et P_2, indique que ces deux placements offrent une meilleure rémunération que l'actif sans risque. Le gestionnaire privilégie **P_1** qui offre un meilleur rendement pour un même niveau de risque (ou un risque plus faible pour un même niveau de rendement) ;

– **I_S nul** signifie que le produit financier évalué ne fait pas mieux que l'actif sans risque R_f. Mais, étant donné qu'il est risqué, un tel produit financier n'apparaît pas compétitif ;

– **I_S négatif** traduit une combinaison d'actifs peu performante (P_4) puisque son rendement est plus faible que le taux sans risque pour une volatilité plus élevée.

Ainsi, le gestionnaire choisira le portefeuille qui propose le ratio de Sharpe positif le plus élevé.

Mais la méthode ne nous informe pas sur la performance des placements par rapport au portefeuille de marché.

Pour ce faire, il convient d'adapter le ratio de Sharpe en utilisant un autre référent que l'actif sans risque que nous appellerons **r**. Le rapport devient : $I_S = \dfrac{R_P - R_r}{\sigma_P - \sigma_r}$ où cette fois σ_r est **positif.**

Ce référent **r** peut être le portefeuille de marché PF_M, une combinaison PF_M/actif sans risque ou tout autre fonds admis comme standard pour apprécier le placement envisagé. Ainsi, un gestionnaire qui cherche à construire un placement avec des valeurs technologiques se servira de l'indice Nasdaq 100 (référence États-Unis) ou du Tech 40 (indice pour les valeurs technologiques européennes) comme référence.

Quel que soit le repère retenu, la logique d'analyse reste identique : on mesure l'espérance de rendement supplémentaire par unité de risque supplémentaire pour une stratégie d'investissement donnée (sans risque, parfaitement diversifiée, sectorielle, géographique, etc.). Le portefeuille envisagé n'est performant que si son indice I_S est positif et le plus fort possible.

d. L'indice de Jensen : I_J

Élaboré en 1968 par Michael C. Jensen, l'indice de Jensen I_J fait quant à lui directement référence à la droite de marché des titres et évalue les portefeuilles par rapport à celle-ci. Pour bien comprendre la logique, reprenons notre figure 8 de la SML et reportons-y les portefeuilles d'actifs risqués P_1 et P_2 qui se trouvent de part et d'autre de la SML :

Figure 15. Analyse par le ratio de Jensen

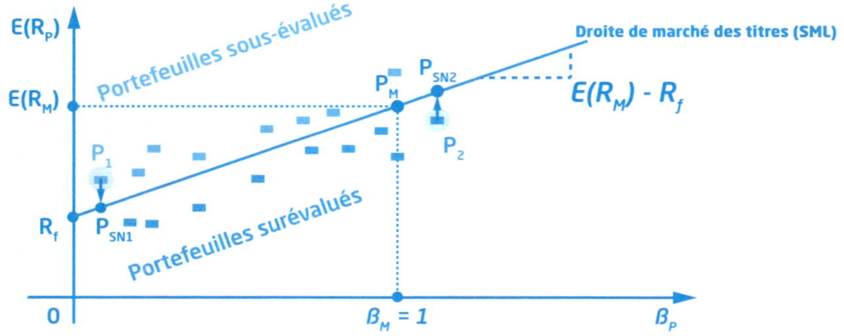

L'indice de Jensen consiste à mesurer pour chaque combinaison donnée l'écart entre ladite combinaison et le portefeuille de marché équivalent, de même β, se trouvant nécessairement sur SML. L'investisseur qui suit ce raisonnement est dit en « stratégie naïve », c'est-à-dire qu'il agit comme s'il se trouvait en marché efficient. Ainsi, sur le graphique P_{SN1} et P_{SN2} sont les portefeuilles de stratégie naïve respectifs de P_1 et P_2. Cette stratégie consiste à acheter le portefeuille de marché et à prêter ou à emprunter au taux sans risque R_f de manière à obtenir le même β que le portefeuille que l'on cherche à évaluer (ici P_1 ou P_2).

Ainsi, pour P_1 nous aurons : $(R_{P1} - R_f) = (R_{M1} - R_f)\beta_{P1}$

Il reste à comparer les performances des deux portefeuilles de manière à mettre en évidence un éventuel résultat anormal (différent de celui du marché).

Il suffit pour cela d'appliquer la technique de la régression : $(R_{P1} - R_f) = \alpha_P + (R_{M1} - R_f)\beta_{P1}$

On en déduit que $\alpha_P = (R_{P1} - R_f) - (R_{M1} - R_f)\beta_{P1}$

Le **coefficient** α_p est appelé **indice de performance de Jensen ou alpha de Jensen**.

Il représente sur le graphique la distance verticale entre le point représentatif du portefeuille évalué et le point qui aurait été atteint par la stratégie naïve, pour un même β, c'est-à-dire pour un niveau de risque systématique identique.

Sa détermination est particulièrement éclairante pour apprécier les performances de deux placements alternatifs. Ainsi, si on ne considère que le critère du rendement, le portefeuille $\mathbf{P_2}$ paraît plus attractif que $\mathbf{P_1}$. Comparaison n'est pas raison, et la raison nous ramène au MEDAF qui nous enseigne que les performances financières s'apprécient sur la base du **couple rendement-risque**. Ainsi, si P_2 s'avère plus rentable que P_1, il est aussi bien plus risqué.

En ramenant les deux portefeuilles sur la SLM par leur stratégie naïve respective, les deux placements deviennent comparables, et trois situations sont possibles :

– **I_J positif** : cas pour P_1 qui offre un revenu supérieur au marché, un profit anormal, symptomatique d'un placement dont le coût d'achat est sous-évalué, l'acquérir (où le proposer à des investisseurs) permet d'obtenir une rentabilité plus intéressante que le marché ;

– **I_J nul** : la performance du fonds égale celle du marché, elle correspond à la stratégie naïve ;

– **I_J négatif** : situation de P_2 dont le prix sur le marché est trop élevé par rapport à son équivalent sur la droite de marché des titres qui offre un rendement supérieur pour un risque systématique identique.

Autrement dit, le fonds le plus performant se caractérise par un alpha de Jensen positif le plus élevé possible. Dans notre exemple, nous conseillerons $\mathbf{P_1}$ qui offre un couple rendement/risque plus satisfaisant que $\mathbf{P_2}$.

2.8 Les limites du MEDAF

Le modèle repose sur les **hypothèses d'efficience du marché** et de **rationalité** des agents économiques, qui créent des conditions de fonctionnement très restrictives et foncièrement éloignées de la réalité des marchés : possibilité d'emprunter et placer au même taux sans risque des montants illimités, absence de fiscalité et de coûts de transaction, homogénéité des actifs et des anticipations des investisseurs puisque tous les intervenants reçoivent la même information (absence d'asymétrie d'information), au même moment et disposent donc des mêmes opportunités d'investissement (c'est pourquoi à l'équilibre leur portefeuille se trouvent sur la même droite, et qu'ils procèdent aux mêmes ajustements lorsqu'un titre se trouve sur- ou sous-évalué).

Le modèle suppose la possibilité de se référer à un **actif sans risque**, dont le rendement serait certain. Compte tenu des niveaux records d'endettement de bon nombre de pays, États-Unis en tête, des crises financières de portée systémique, des tensions géopolitiques très vives, le risque de défaut d'un État quel qu'il soit, peut-il être vraiment considéré comme nul ?

W. Sharpe attribue à son système d'équilibre une **portée générale**. Il est donc censé s'appliquer à n'importe quel type d'actifs. Or, le portefeuille de marché parfaitement diversifié auquel se réfère le MEDAF ne combine que des actions. Pour qu'il soit applicable aux autres produits financiers : obligations, matières premières, actifs immobiliers, brevets, etc., sans compter les produits dérivés, il faudrait, selon R. Roll (1977), inclure dans le PF_M l'intégralité de ces actifs. Ceci rend la réalisation de ce portefeuille de marché, et *a fortiori* son observation, tout à fait impossible. Dans la pratique, on se contente d'utiliser les indices boursiers (CAC 40, SBF 120, Dow Jones Industrial, Nasdaq Composite, Euronext 100...) mais qui ne sont finalement que des approximations du PF_M théorique du MEDAF.

Le MEDAF ne retient que **deux variables explicatives** des différences de rendement entre les actions :

– le **risque spécifique** au titre qui ne donne pas lieu à rémunération puisqu'il peut être réduit par la diversification ;

– le **risque systématique** mesuré par le β.

Autrement dit, le bêta est considéré comme le seul facteur explicatif des écarts de rendement entre les actions. Le taux sans risque et le rendement du portefeuille du marché restent quant à eux identiques pour tous les actifs risqués considérés. Or, comme nous l'avons précisé plus haut, cette double hypothèse est sujette à caution.

En outre, plusieurs études empiriques ont montré qu'il existait d'autres variables dont l'impact sur la rentabilité des actions était important. Les travaux de Kenneth French et Eugene Fama (Nobel d'économie 2013) menés en 1992 ont par exemple mis en évidence l'influence :

– de la **taille des entreprises** ;

– du ratio **Book-to-Market** = $\dfrac{\textit{Valeur comptable des capitaux propres}}{\textit{Capitalisation boursière}}$.

Dans cette étude, ces deux variables ont un pouvoir explicatif bien plus important que le seul bêta.

Le MEDAF s'avère un modèle impossible à tester empiriquement car il se fonde sur les anticipations que font les investisseurs de la performance des entreprises. Ces anticipations ne sont dans la réalité pas forcément homogènes ni même observables. Ainsi, les dirigeants ont généralement une vision plutôt optimiste de l'impact de leurs décisions sur le futur de leur société. Les analystes extérieurs eux font preuve de plus de prudence. Les études de terrain s'effectuent alors sur la base des anticipations dites **rationnelles** justifiant l'utilisation des rentabilités passées. La corrélation entre les comportements futurs et les comportements passés est cependant loin d'être une hypothèse effectivement constatée dans la réalité.

Un problème similaire se pose au niveau de l'estimation du bêta. L'évaluation de β s'effectue par régression sur des données historiques de courte période. Or selon la périodicité retenue (annuelle, mensuelle, hebdomadaire ou journalière), le bêta sera différent, ce qui rend ce dernier instable. De plus, comme pour les espérances de rendement, la corrélation entre les bêtas passés et futurs n'est pas assurée.

Pour répondre à un certain nombre de ces critiques, des modèles alternatifs ont été développés.

3. Les modèles alternatifs

Ils se sont construits à partir du MEDAF et de la volonté des chercheurs de confronter sa robustesse aux observations de terrain. Les résultats mettent notamment en évidence **la pluralité des variables qui expliquent les différences de rendement entre les actifs**. K. French et E. Fama en retiendront trois quand S. Ross formalise une théorie susceptible d'en intégrer bien davantage : le Modèle d'évaluation par arbitrage (MAE ou APT pour *Arbitrage Pricing Theory*).

3.1 Le modèle d'évaluation par arbitrage (MAE ou *APT* pour *Arbitrage Pricing Theory*)

a. L'arbitrage au cœur du modèle en lieu et place de l'équilibre nécessaire au MEDAF

Ce modèle a été développé en 1976 par **Stephen Ross** (1944-2017) qui a mené une carrière à la fois d'universitaire, de conseiller et d'entrepreneur. Il intègre donc dans ses travaux une optique à la fois **théorique**, en réponse à certaines faiblesses du MEDAF, mais également **pratique** en vue d'offrir aux investisseurs financiers des outils d'analyse plus solides.

Le postulat de S. Ross est que **le rendement d'un actif risqué dépend des espérances de rentabilité que lui attribuent les agents économiques et de sa sensibilité à plusieurs autres variables** qui restent à déterminer. C'est pourquoi S. Ross utilise un modèle d'analyse statistique dit factoriel capable de mettre en évidence ces facteurs d'influence. S. Ross les classe en deux catégories :

– Les facteurs **systématiques qui impactent l'ensemble des actifs,** qui sont généralement d'ordre macroéconomique et qui génèrent le **risque systématique** ;

– Les facteurs économiques **spécifiques** qui n'affectent qu'un ou certains actifs. Propres à l'entreprise, au secteur étudié, à la zone géographique... ils génèrent le **risque spécifique**.

Selon S. Ross, il est possible d'éliminer ces deux catégories de risque :

– Le risque spécifique est classiquement réduit par la diversification du portefeuille d'actifs (Markowitz).

– Le risque systématique peut également disparaître si on considère non pas un seul facteur de risque comme pour le MEDAF (le risque associé au portefeuille de marché), mais une multitude de facteurs dont la somme des impacts va, selon la même logique que la diversification des titres, tendre vers 0.

Le degré d'influence de chaque facteur **f_i varie**, c'est pourquoi Ross leur affecte un coefficient ***b_i***. La rentabilité du titre **i** pour **n** facteurs systématiques **k** s'écrit alors :

$$R_i = E(R_i) + \sum_{k=1}^{n} \beta_{ik}.f_k + \varepsilon_i \quad ; \text{où :}$$

$E(R_i)$: rentabilité anticipée du titre i, qui correspond à celle du titre lorsque tous les facteurs sont nuls.

β_{ik} : sensibilité du titre i par rapport au facteur k.

f_k : valeur aléatoire du facteur macroéconomique k.

ε_i : valeur aléatoire du facteur spécifique au titre i, indépendante de tous les facteurs systématiques.

Il reste ensuite à constituer un portefeuille de m variétés de titres selon un processus d'arbitrage.

DÉFINITION

Le processus d'arbitrage consiste à vendre certains actifs et se servir de la valeur ainsi obtenue pour en acquérir d'autres (ainsi **aucune richesse supplémentaire n'est nécessaire**) de manière **à obtenir un risque nul,** c'est-à-dire sans risque spécifique (diversification par une grande variété de titres) ni risque systématique.

Le recours à l'arbitrage évite selon S. Ross une des principales faiblesses du MEDAF qui, à ses yeux, est la nécessaire constitution d'un portefeuille de marché. Le MEDAF considère en effet que les taux de rentabilité des actions se déduisent d'une simple fonction linéaire à un seul facteur : le taux de rentabilité du portefeuille de marché $E(R_M)$, portefeuille dont la validation empirique pose problème.

C'est par arbitrage et sans nécessaire recours au portefeuille de marché, qu'à l'équilibre, le risque systématique se réduit. Il disparaît lorsque la somme des β_i pondérée par les richesses utilisées est nulle. Un tel processus aboutit à la formation d'un portefeuille dit **d'arbitrage.**

DÉFINITION

Un portefeuille d'arbitrage se définit comme une combinaison d'actifs financiers ne supportant aucun risque et n'utilisant aucune richesse et dont la rentabilité moyenne est de ce fait nulle puisqu'il n'y a plus de risque à rémunérer. Il est obtenu par application du processus d'arbitrage.

Si sa rentabilité moyenne est différente de 0, cela signifie que **le marché n'est pas à l'équilibre** et le portefeuille n'est alors pas considéré comme un portefeuille d'arbitrage. Le processus d'arbitrage se poursuit jusqu'au point d'équilibre où, comme pour le MEDAF, tous les investisseurs sont satisfaits de leur placement. Il n'y a **plus d'opportunité de profits** à réaliser sur le marché via le processus d'arbitrage, du moins à l'instant *t*.

Avec l'APT, l'équilibre n'est donc plus une condition nécessaire au modèle, mais l'aboutissement d'un processus d'achats et de ventes (l'arbitrage) générant des surprofits, jusqu'à ce que les opportunités d'en réaliser disparaissent. Selon Ross, cela rend le modèle d'évaluation plus réaliste et moins contraignant.

b. Une nouvelle formalisation de la rentabilité et de la prime de risque d'un actif

S. Ross poursuit son raisonnement en introduisant l'actif sans risque R_f. Il en déduit une nouvelle formalisation du rendement d'un titre financier i :

$$R_i = R_f + \beta_{i1}(E_{k1} - R_f) + \beta_{i2}(E_{k2} - R_f) + \ldots + \beta_{in}(E_{kn} - R_f)$$

ε_i : la valeur aléatoire du facteur spécifique au titre i a disparu par diversification.

E_{k1} : rentabilité espérée d'un portefeuille de sensibilité 1 au facteur k1 et nulle pour tous les autres.

$E_{k1} - R_f$: prime de risque à l'équilibre pour le facteur k1, que l'on note l_1.

La relation peut alors s'écrire : $R_i - R_f = \sum_{k=1}^{n} (E_{ki} - R_f).\beta_{ik}$

ou encore : $R_i - R_f = \sum_{k=1}^{n} \lambda_{ki}\beta_{ik}$

signifiant que le **surplus de rentabilité de l'actif i** (prime de risque totale : $R_i - R_f$) correspond à la **somme de l'ensemble des primes de risque associées à chaque facteur d'influence,** chaque prime étant pondérée par son coefficient de sensibilité β.

La formule donne également une interprétation de la rentabilité d'un titre i :

$R_i = R_f + \sum_{k=1}^{n} \lambda_{ki}\beta_{ik}$, c'est-à-dire : la somme d'un rendement sans risque plus une prime de risque fonction des coefficients de sensibilité de l'actif i aux différents facteurs systématiques.

S. Ross ne précise pas les facteurs d'influence ni même leur nombre. Ces variables devront être mises en lumière par des études empiriques. En 1986, Nai-fu Chen et Richard Roll publient les résultats d'une étude qui teste les facteurs suivants :

– le taux d'inflation non anticipé ;

– le degré d'aversion au risque ;

– la production industrielle ;

– la structure à terme des taux d'intérêt (étude des relations entre taux court terme et taux long terme) ;

– le niveau des taux d'intérêt ;

– le niveau de la consommation réelle ;

– le prix du pétrole ;

– le portefeuille du marché.

Seuls les **quatre premiers** ont un impact significatif sur les différences de rendement des titres. La plupart des autres travaux menés en Europe ou aux États-Unis ne vont pas au-delà.

c. Des premières réponses aux limites du MEDAF

Il ne remet pas en question le MEDAF mais le complète voire l'englobe. En effet, si nous appliquons l'APT à un seul facteur : le portefeuille de marché, il n'y a plus qu'une seule prime de risque : **β_i-[E(R_M) - R_f]** et nous retrouvons l'équilibre du MEDAF vu comme un **cas particulier de l'APT**.

Ce faisant, l'APT étant multi-facteurs, ses résultats sont nettement **moins dépendants de ce portefeuille de marché** dont nous avons évoqué la difficulté de constitution (cf. limites du MEDAF). L'existence du PM_F est une **condition nécessaire du MEDAF**, mais pas de l'APT qui peut l'écarter des facteurs explicatifs et donc **fonctionner sans**.

L'intégration d'une **pluralité de facteurs** explicatifs des rendements rend le modèle plus **réaliste**.

Il offre en outre des possibilités d'application plus fines comme, par exemple :

– identifier **l'origine de la performance** d'un fonds spécialisé dans un secteur particulier (High Tech, services, matières premières, etc.), une zone géographique (pays émergents, etc.)... Il devient ainsi possible de distinguer les facteurs qui relèvent de la compétence du gestionnaire de ceux qui sont communs à tous les fonds ;

– mesurer la performance d'un investissement précis envisagé par une entreprise et qui dépend forcément de plusieurs facteurs économiques pouvant être mis en évidence.

d. L'APT ne répond pas à toutes les faiblesses du MEDAF et en génère de nouvelles

La détermination de l'actif sans risque reste posée. L'utilisation du processus **d'arbitrage** plutôt que celui de **l'équilibre** (MEDAF) avait pour but de rendre les hypothèses théoriques moins contraignantes. En effet, la position d'équilibre sur le marché des actifs suppose une **égalité entre offre et demande** d'actifs. Cette égalité n'est possible que parce que le principe **d'arbitrage était vérifié** (c'est par l'arbitrage : vente des titres surévalués, achat des titres sous-évalués, que l'on parvient à l'équilibre). En revanche, **le principe d'arbitrage peut être vérifié sans qu'il y ait situation d'équilibre** : sans égalité entre offre et demande. Le processus d'arbitrage requiert trois caractéristiques :

1. Il n'implique **aucune mise de fonds** : les ventes de titres financent les achats.

2. Il n'entraîne **aucune modification du niveau de risque** supporté par les actionnaires puisque la somme des coefficients de sensibilité pondérés par le niveau de richesse qui y est consacré (à la vente ou à l'achat) est nulle.

3. Il permet de **dégager un profit**, d'exploiter une opportunité de gains liée à une imperfection du marché.

Mais dans cette première version de l'APT, les tests empiriques ne se sont pas révélés satisfaisants, notamment parce que la diversification des risques spécifiques reste approximative. Cela a généré des erreurs d'évaluation non négligeables pour certains types d'actifs. Afin de pallier ce problème, l'APT a dû **intégrer le processus d'équilibre** et finalement conserver les mêmes contraintes théoriques que le MEDAF.

L'APT s'avère également être un modèle **plus complet** mais aussi **plus complexe** que le MEDAF sans pour autant avoir une portée explicative beaucoup plus puissante. Ainsi, l'APT ne **permet pas l'identification des facteurs à retenir** (à tester) **le nombre de facteurs** à intégrer, les causes premières de ces facteurs. En effet, de nature macroéconomique, chaque variable explicative est elle-même influencée par une multitude d'autres variables sur lesquelles nous n'avons pas d'information. (Si l'inflation est un facteur essentiel : d'où vient-elle ? Est-elle endogène, exogène, monétaire, industrielle ? etc.)

Eugene Fama et Kenneth French ont proposé un modèle plus simple qui se présentait comme une alternative plus radicale au MEDAF : **le modèle à trois facteurs**.

3.2 Le modèle à trois facteurs d'Eugene Fama et Kenneth French

En 1993, E. Fama et K. French publient une étude sur la rentabilité des placements aux États-Unis visant à montrer que celle-ci ne dépend pas uniquement de la rentabilité du marché comme pour le MEDAF et reste sensible à des caractéristiques spécifiques au titre, et non macroéconomiques comme pour l'APT.

Trois facteurs de sensibilité sont mis en évidence :

1. La **rentabilité du marché** (le facteur unique pour le MEDAF) : **M** ;

2. Le **ratio book-to-market (B/M)** : capitalisation boursière/capitaux propres comptables :

HML = « high [book/market] minus low » ;

3. L'**écart de rentabilité** entre **les grosses et les petites capitalisations : facteur taille**

SMB (*Small Minus Big*) = « Petite (capitalisation) - Grosse (capitalisation) »

Fama et French parviennent à expliquer environ **90 %** de la variation du rendement mensuel des actions des bourses du NYSE, AMEX et NASDAQ.

Sa formalisation est la suivante :

$$R_i = R_f + \beta_{iM}(E_M - R_f) + \beta_{iSMB}(E_{Small} - E_{Big}) + \beta_{iHML}(E_{High} - E_{Low})$$

Il ressort de l'étude que :

– les petites capitalisations supportent une prime de risque sensiblement supérieure aux plus grosses ;

– les entreprises présentant **un B/M élevé** (actifs dits de **valeur ou value**) présentent une **rentabilité plus forte (prime de risque plus importante)**, en moyenne, que celles dotées **d'un B/M plus faible** (actifs dits de **croissance ou *growth***).

$$B/M = \frac{\textit{Valeur comptable des capitaux propres}}{\textit{Capitalisation boursière}} \text{ où :}$$

- la valeur comptable représente la valeur patrimoniale qui évalue le **passé et le présent** de l'entreprise **;**
- la capitalisation boursière : la valeur financière qui évalue le **futur** de l'entreprise.

Ce ratio est :

– **élevé** (B/M > 1) quand la valeur comptable est plus importante que la valeur boursière.

Acheter ce type de titres revient à penser que le marché **sous-évalue** l'entreprise. On parle de **gestion valeur (ou value).** Ce type de gestion est **contraire à ce que nous enseigne l'analyse théorique.** En effet, si l'on croit à **l'efficience du marché,** la bonne valeur est la capitalisation boursière et c'est à la valeur comptable de s'adapter ;

– **faible** (B/M < 1) lorsque la valeur boursière est plus importante que la valeur comptable.

Acheter ce type de titres revient à penser que le marché **croit au potentiel de la société à créer de la richesse dans l'avenir. On parle de gestion croissance (ou *growth*).**

Dans la pratique, les gestionnaires achètent les firmes à B/M élevé car ils pensent que le marché n'est pas efficient et que les titres sont sous-évalués (et vendent les actions à faible B/M car supposées surévaluées).

Les travaux de Fama et French concluent que les catégories d'actifs les plus performantes sont les ***small cap***.

Ce résultat n'est pas incompatible avec la logique du MEDAF. Il indique simplement que les petites entreprises à B/M élevé sont plus risquées. Les investisseurs exigent donc une **prime plus importante**. Selon W. Sharpe, le modèle des trois facteurs ne fait que compléter le MEDAF sans remettre en question son fondement : **la recherche d'un rendement plus élevé entraîne une hausse du risque.**

Le modèle de Fama et French reste en outre **compatible avec le modèle d'évaluation par arbitrage** (*APT*) qui dit que le rendement espéré d'un actif financier est une fonction linéaire de la sensibilité des facteurs de risque qui influencent ce titre. Il ne fait que se focaliser sur trois d'entre eux.

3.3 Une alternative plus disruptive : l'approche fractale des marchés

a. Une remise en question plus fondamentale : la loi relative aux variations futures des valeurs

Comme cela a été précisé lors du chapitre 3, la finance classique s'est construite sous hypothèse d'une marche aléatoire des cours des actions suivant une loi normale, rendant impossible, pour ne pas dire inutile, toute prédiction des cours. Or, dans un contexte de fortes volatilités des cours et donc des niveaux de rentabilité, ce choix ne s'avère pas le plus adapté.

En effet, les paramètres de la loi normale sont la moyenne et l'écart-type retenus dans les modèles comme mesure du risque. Les résultats générés par la loi n'ont de sens que pour un ensemble de données relativement regroupé autour de la moyenne. Des variables qui s'en trouveraient très éloignées sont considérées comme « aberrantes » et se voient associées à une probabilité de survenance extrêmement faible, au point d'être exclues du domaine du possible. Une telle démarche n'est pas gênante :

– pour des objets d'étude bornés : des notes comprises entre 0 et 20, la taille ou le poids d'une population humaine, ou d'objets physiques aux propriétés définies ;

– quand l'amplitude des variations reste modérée et constante ;

– lorsque les conséquences liées à la réalisation de variables aberrantes n'ont que des effets limités.

Selon Benoît Mandelbrot, les études qu'il mène dès les années 1960 mettent en évidence :

– des phénomènes de **discontinuités** : des chutes brutales de cours entraînant une queue de distribution épaisse et non gaussienne des rentabilités ;

– de fortes et fréquentes **variations d'amplitude** dans le temps rendant les variations de grande amplitude aussi fréquentes que celles de petite amplitude.

Le mathématicien franco-américain propose l'adoption de lois de probabilité plus appropriées (lois stables de Levy ou lois puissances de Zipf) qui :

– accordent **aux événements rares et très risqués** (provocant des variations extrêmes), des **probabilités de survenance plus réalistes** (bien supérieures à ce que donnerait la loi normale) ;

– n'utilisent pas **la moyenne comme paramètre central de prédiction** (qui n'a plus de sens quand les écarts-types sont très importants) mais tient compte **des événements extrêmes passés** (non dilués dans la moyenne) ;

– très **sensibles à de faibles variations des paramètres**.

b. La proposition d'une modélisation alternative en réelle rupture avec les théories classiques

À partir de ces constats, B. Mandelbrot propose de construire une théorie financière mais aussi de puissants outils d'aide à la gestion des actifs sur les marchés financiers. Sa modélisation s'inscrit dans le cadre de ce qu'il nommera les *objets fractals*.

DÉFINITION

Les **fractales** sont des objets géométriques qui ont la propriété de pouvoir être décomposés en fragments, dont chacun a la même forme que le tout.

Pour bien saisir le concept, il est possible de se référer à l'image des poupées russes gigognes où chaque figurine renferme une reproduction d'elle-même à l'identique mais à une échelle plus petite.

Appliquée aux variations des cours ou des rentabilités boursières, cette approche rend compte d'une multitude d'observations empiriques selon lesquelles la distribution des rendements mensuels est très semblable à la distribution des rendements hebdomadaires ou journaliers (on parle aussi de propriété d'invariance à l'échelle).

Cette loi est de nature à remettre en question les fondements de la théorie classique : l'indépendance des cours boursiers et l'impossibilité d'en prévoir les tendances.

En effet, les observations fractales se caractérisent par la reproduction de formes similaires dans le temps mais à des échelles différentes. Ainsi, l'analyse d'une forte variance d'un indice boursier sur une journée peut aider à modéliser et donc à prévoir un choc d'échelle plus importante pouvant aller jusqu'à la crise financière. En détectant les éléments réguliers qui paradoxalement construisent un ensemble irrégulier, il devient possible de prévoir les rentabilités futures avec une probabilité raisonnable. C'est ici l'efficience faible qui se trouve contredite : les informations, même passées, ne sont pas immédiatement intégrées dans les cours actuels des titres. Elles se répartissent entre les cours passés, présents et à venir.

L'introduction de l'analyse fractale (et même multi-fractale) et de lois de probabilités plus adaptées permet en outre d'introduire dans le raisonnement un processus d'apprentissage, où les informations passées, mais aussi l'expérience acquise par les décideurs, leurs anticipations pas forcément rationnelles, les analyses des fondamentaux retrouvent un rôle actif. Le modèle de Mandelbrot n'exclut aucune approche : chartiste (technique ou graphique), fondamentale ou par marche au hasard. Il tend à les inclure dans un vaste champ d'étude apte à mieux rendre compte de la complexité du fonctionnement des marchés financiers et de l'extrême diversité des facteurs qui impactent ses performances.

L'impact de l'approche financière par les fractales

Bien accueillie par les professionnels qui voient dans cette approche une justification de la gestion active des portefeuilles de titres, le milieu académique tardera à intégrer et à diffuser les travaux de Mandelbrot.

Dans son ouvrage *Une approche fractales des marchés : risque, perdre et gagner* paru en 2005 aux éditions Odile Jacob (coécrit avec Richard Hudson), B. Mandelbrot n'hésite pas à écrire en 4e de couverture :

« [...]. C'est ainsi que j'ai passé ma vie à étudier le risque et à analyser la répartition des revenus dans la société, la formation et l'explosion des bulles financières, les variations de taille des sociétés. Les concentrations industrielles et l'évolution des cours financiers. Pour moi, une structure se dessine dans ces mouvements de prix. Mes travaux pourraient ainsi éviter aux gens de perdre autant d'argent parce qu'ils sous-estiment leurs risques de ruine. Penser les marchés comme un système scientifique permettrait aussi de forger une industrie financière plus forte et un système de régulation meilleur. »

Les modèles fractals permettent aujourd'hui de quantifier certains indicateurs de risque tel le *Value-at-Risk* utilisé dans le contrôle des risques des portefeuilles de marché. Ils participent à une meilleure compréhension des crises financières et des phénomènes de contagion et aident à la modélisation d'autres phénomènes (courbes de taux...). De l'aveu même de son auteur, le modèle fractal reste incomplet mais ne demande qu'à se développer.

Schéma de synthèse

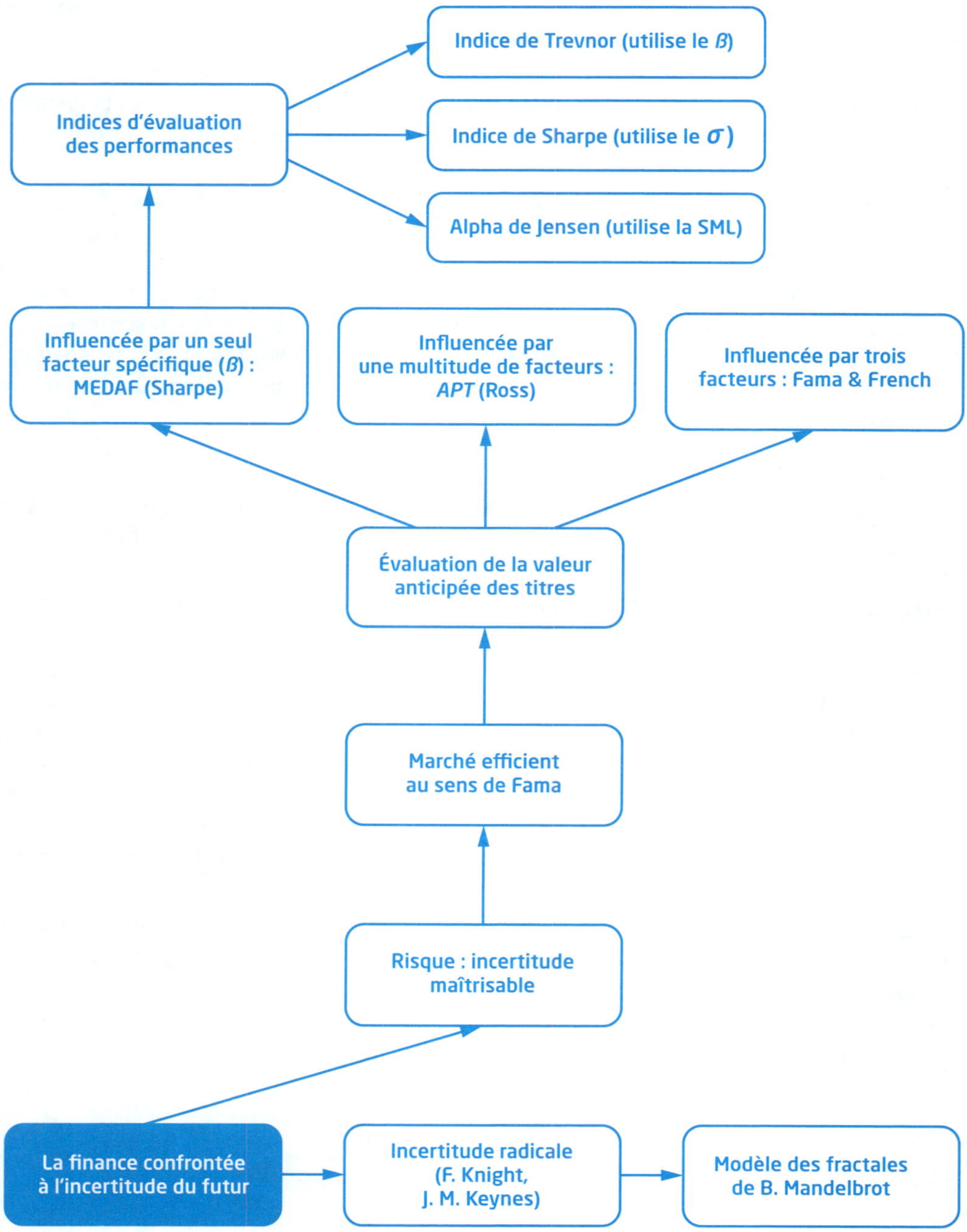

QCM

1. La rentabilité se calcule par le rapport :

a. entre les dividendes reçus et le cours de l'action.
b. entre le taux de plus ou moins-value de l'action et son taux de rendement.
c. entre les revenus de l'action (plus ou moins-value et dividendes) et le cours de celle-ci.

2. Pour un portefeuille constitué de titres risqués, un coefficient de corrélation :

a. de -1 indique une diversification parfaite entre les titres d'un même portefeuille.
b. de 1 indique l'impossibilité de réduire le risque du portefeuille.
c. de 0 indique l'absence totale de risque.
d. mesure le degré d'éparpillement des évaluations boursières par rapport à la moyenne.

3. La frontière d'efficience d'un portefeuille de titres risqués :

a. est strictement croissante.
b. constitue les choix optimum pour tous les investisseurs, en supposant le marché efficient.
c. permet de réduire le risque tout en augmentant la rentabilité.

4. La droite de marché des capitaux :

a. se construit dans un repère orthonormé ayant pour abscisse le risque (σ), pour ordonnée l'espérance de rentabilité (E(R)).
b. se construit dans un repère orthonormé ayant pour abscisse le bêta (β), pour ordonnée l'espérance de rentabilité.
c. représente la frontière d'efficience lorsque l'on intègre dans le raisonnement l'actif sans risque.

5. Le bêta (β) d'un titre risqué :

a. supérieur à 1, indique son caractère offensif : il sur-réagit par rapport aux variations du marché.
b. inférieur à 1 (mais supérieur à 0), souligne le caractère défensif du titre qui atténue les variations du marché.
c. égal à 1 signifie qu'il réagit de la même façon que le marché.
d. n'est jamais négatif.

6. Un portefeuille de titres risqués est d'autant plus performant :

a. que son indice de Treynor I_T est élevé.
b. que son indice de Sharpe I_S est élevé.
c. que son alpha de Jensen est faible.

7. Le modèle d'évaluation par arbitrage :

a. envisage une pluralité de facteurs influençant la rentabilité d'un titre.
b. est incompatible avec le MEDAF.
c. est incompatible avec le modèle à trois facteurs de Fama et French.

Applications

EXERCICE GUIDÉ

Constitution de portefeuilles ⌛ 45 minutes ★★

Un investisseur dispose d'un capital de 100 000 € qu'il pourrait investir dans un actif sans risque R_1 et/ou dans un autre actif sans risque R_2. Les caractéristiques de ces deux titres vous sont présentées ci-dessous :

Rendement de R_1	14 %	Écart-type de R_1	0,2
Rendement de R_2	8 %	Écart-type de R_2	0,15
Coefficient de corrélation entre les deux titres	0		

Six combinaisons vous sont proposées en annexe 1.

1. Complétez l'annexe 1 (2 décimales pour la rentabilité et l'écart-type, 4 pour la variance).

2. Représentez graphiquement les six portefeuilles envisagés (annexe 2 à compléter).

3. Commentez, en précisant notamment l'impact d'un coefficient de corrélation nul entre les titres.

En supposant l'existence d'un actif sans risque R_f, rémunéré au taux de 6 % :

4. À l'aide du graphique précisez, parmi les six portefeuilles, celui qui apparaît le plus proche de la combinaison optimale d'actifs risqués.

5. Précisez par le calcul la combinaison optimale précise de ce portefeuille P en utilisant les formules de l'annexe 3.

En supposant que ce portefeuille optimal P soit composé de 69,23 % du titre R_1 et de 30,77 % du titre R_2 :

6. Déterminez la rentabilité et l'écart-type de ce portefeuille optimal P.

7. Exprimez l'équation d'un portefeuille PR_f, composé d'une part x du portefeuille efficient P et d'une part de l'actif sans risque $(1 - x)$.

8. Déterminez la rentabilité et le risque d'un portefeuille PR_{f50}, composé de 50 % de l'actif sans risque et de 50 % du portefeuille P.

9. Précisez la composition totale du portefeuille PR_{f50}, en pourcentage et en valeur.

10. Ce portefeuille PR_{f50} serait-il plus efficient qu'un portefeuille composé uniquement de l'actif sans risque et de l'actif risqué R_1 ? (Justifiez)

ANNEXE 1 Caractéristiques des 6 portefeuilles envisagés (à compléter).

Portefeuilles envisagés	Proportion investie dans R_1	Proportion investie dans R_2	Rentabilité espérée $E(R_p)$	Variance σ^2	Écart-type σ
A	0%	100%			
B	25%	75%			
Min	36%	64%			
C	50%	50%			
D	75%	25%			
E	100%	0%			

ANNEXE 2 Courbe du couple Rentabilité/Risque pour les 6 portefeuilles envisagés (à compléter).

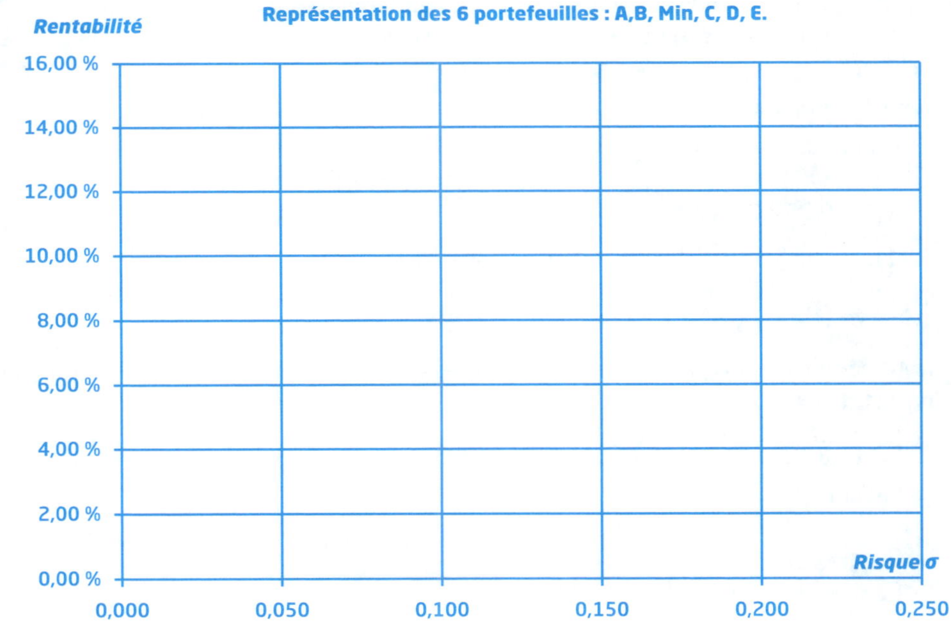

ANNEXE 3 Formules pour trouver la composition du portefeuille optimal de risque.

Pour un portefeuille composé de deux titres risqués 1 et 2 et en considérant le taux sans risque R_f, la combinaison optimale d'actifs risqués serait composée de x_1 pourcent du titre 1 et de x_2 pourcent du titre 2, avec :

$$x_1 = \frac{\left[E(R_1) - R_f\right].\sigma_2^2 - \left[E(R_2) - R_f\right].\rho_{1,2}.\sigma_1.\sigma_2}{\left[E(R_1) - R_f\right].\sigma_2^2 + \left[E(R_2) - R_f\right].\sigma_1^2. - \left[E(R_1) - R_f + E(R_2) - R_f\right].\rho_{1,2}.\sigma_1.\sigma_2} \text{ et } x_1 = 1 - x_2.$$

Applications

CORRIGÉ COMMENTÉ

MÉTHODE

Il s'agit d'un exercice mêlant technique et analyse. Il n'est pas d'une grande complexité si les formules sont bien posées (et donc connues). Il est important dans ce type d'exercice de bien lire l'ensemble de l'énoncé et toutes les questions, de manière à dégager le fil conducteur de l'exercice.

Il s'agit ici de mettre en évidence la frontière d'efficience à partir de deux titres risqués d'abord, puis en intégrant l'actif sans risque.

1. Complétez l'annexe 1.

ATTENTION

Les portefeuilles A et E n'ont pas besoin de calculs. Composés respectivement de 100 % de R_2 et de 100 % de R_1, le sujet donne les résultats (hormis la variance mais qui n'est que le carré de l'écart-type qui est connu).

La justification d'un des quatre autres portefeuilles suffit. Pour les formules, il faut se référer à celles qui ont été utilisées pour constituer un portefeuille formé d'un actif sans risque et du portefeuille de marché (partie 3-3.2-B du présent chapitre), il suffit de remplacer le portefeuille de marché par le portefeuille d'actifs risqués.

Justification pour B :

Espérance de rentabilité : $E(R_P) = x.E(R_1) + (1 - x).E(R_2)$

$$E(R_B) = 0{,}25 \times 0{,}14 + 0{,}75 \times 0{,}08 \Rightarrow E(R_B) = 9{,}50\ \%$$

Risque mesuré par la variance en fonction de la covariance :

$$\sigma_P^2 = x^2.\sigma_1^2 + (1 - x)^2.\sigma_2^2 + 2.x.(1 - x).\sigma_{1,2}$$

Nous ne connaissons pas la covariance entre les deux titres mais le coefficient de corrélation qui est tel que :

$$\rho_{1,2} = \frac{\sigma_{1,2}}{\sigma_1.\sigma_2} \Rightarrow \sigma_{1,2} = \rho_{1,2}.\sigma_1.\sigma_2 \text{ et donc } \sigma_P^2 = x^2.\sigma_1^2 + (1 - x)^2\,\sigma_2^2 + 2.x.(1 - x).\rho_{1,2}.\sigma_1.\sigma_2$$

soit pour B :

$$\sigma_B^2 = 0{,}25^2 \times 0{,}20^2 + 0{,}75^2 \times 0{,}15^2 + 2 \times 0{,}25 \times 0{,}75 \times 0 \times 0{,}20 \times 0{,}15 \Rightarrow \sigma_B^2 = 0{,}0152$$

et $\sigma_B = \sqrt{\sigma_B^2} \Rightarrow \sigma_B = \sqrt{0{,}0152} \Rightarrow \sigma_B = 0{,}123$

Portefeuilles envisagés	Proportion investie dans R_1	Proportion investie dans R_2	Rentabilité espérée $E(R_p)$	Variance σ^2	Écart-type σ
A	0 %	100 %	**8,00 %**	**0,0225**	**0,150**
B	25 %	75 %	**9,50 %**	**0,0152**	**0,123**
Min	36 %	64 %	**10,16 %**	**0,0144**	**0,120**
C	50 %	50 %	**11,00 %**	**0,0156**	**0,125**
D	75 %	25 %	**12,50 %**	**0,0239**	**0,155**
E	100 %	0 %	**14,00 %**	**0,0400**	**0,200**

2. Représentez graphiquement les six portefeuilles envisagés (annexe 2 à compléter).

(Ne pas tenir compte pour le moment des droites de couple risque-rentabilité partant de R_f = 6 %.)

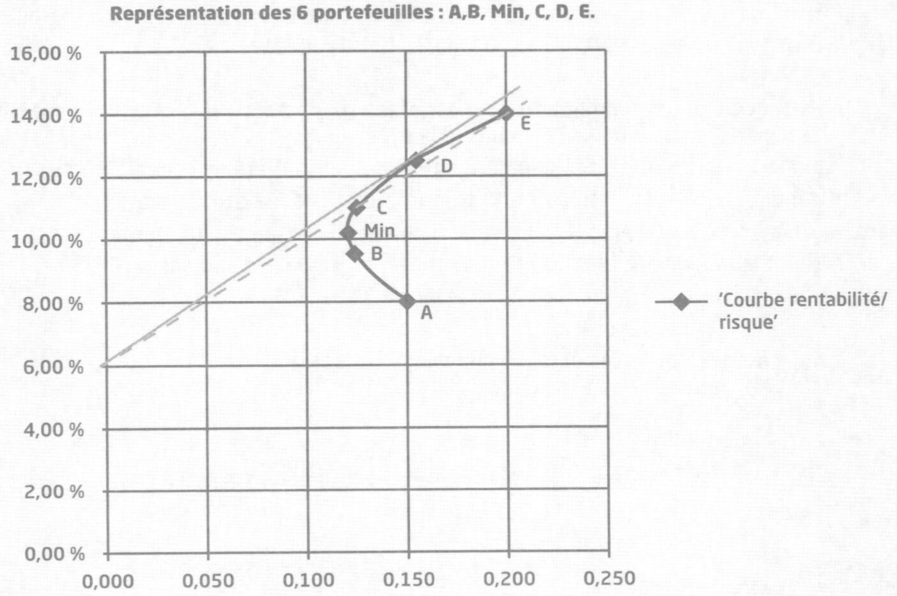

3. Commentez, en précisant notamment l'impact d'un coefficient de corrélation nul entre les titres.

ATTENTION Souvent négligées, les questions d'analyse sont, au niveau du DSCG, extrêmement importantes. Généralement mieux valorisées que les simples questions techniques, elles montrent votre niveau de compréhension et votre capacité de synthèse. Les analyses seront effectuées de manière structurée en soignant la forme. Des analyses faites à partir de résultats erronés, peuvent être valorisées si elles restent cohérentes.

Le coefficient corrélation nulle indique que les titres R_1 et R_2 sont indépendants l'un de l'autre. Ce n'est pas pour autant qu'un portefeuille diversifié comprenant ces deux titres ne permet pas une réduction du risque. Il en est ainsi pour les combinaisons B, Min et C qui présentent un écart-type plus faible que ceux de R_1 (E) et R_2 (A).

La courbe des différents couples rentabilité/risque des 6 portefeuilles (PF) est bornée par :

– le PF_A constitué à 100 % de l'actif R_2 (nous retrouvons ses caractéristiques propres : rentabilité de 8 % pour un écart type de 0,15) ;

– le PF_B constitué à 100 % de l'actif R_1 (nous retrouvons ses caractéristiques propres : rentabilité de 14 % pour un écart-type de 0,2).

et fait apparaître un portefeuille à risque minimum (PF_{MIN}).

Tous les PF situés entre PF_A et PF_{MIN} sont dominés dans la mesure où, en augmentant la part du titre R_1, il est possible d'accroître la rentabilité du PF tout en diminuant le risque.

Les combinaisons situées entre PF_{MIN} et PF_E forment la **frontière efficiente** sur laquelle il n'est pas possible d'accroître la rentabilité sans augmenter le risque. Le choix entre PF_{MIN}, PF_C, PF_D, PF_E dépend de la sensibilité de l'investisseur pour le risque. Très adverse au risque, il optera pour PF_{MIN}, plus ouvert à l'incertitude, il choisira PF_E.

4. À l'aide du graphique précisez, parmi les six portefeuilles, celui qui apparaît le plus proche de la combinaison optimale d'actifs risqués.

La combinaison optimale (donc forcément située sur la frontière efficiente) d'actifs risqués est un portefeuille particulier commun à la frontière d'efficience et à la droite de couple risque/rentabilité ayant pour origine le taux sans risque (6 %) et qui est tangente à la courbe d'efficience. Sur le graphique [▶ QUESTION 2], nous constatons que la combinaison la plus proche de ce portefeuille est **D,** composée de 75 % de R_1 et de 25 % de R_2.

5. Précisez par le calcul la combinaison optimale précise de ce portefeuille P en utilisant les formules de l'annexe 3.

$$x_1 = \frac{\left[E(R_1) - R_f\right].\sigma_2^2 - \left[E(R_2) - R_f\right].\rho_{1,2}.\sigma_1.\sigma_2}{\left[E(R_1) - R_f\right].\sigma_2^2 + \left[E(R_2) - R_f\right].\sigma_1^2 - \left[E(R_1) - R_f + E(R_2) - R_f\right].\rho_{1,2}.\sigma_1.\sigma_2}$$

Remplaçons par les données que le sujet fournit :

$$x_1 = \frac{[0,14 - 0,06] \times 0,15^2 - [0,08 - 0,0 -] \times 0 \times 0,20 \times 0,15}{[0,14 - 0,06] \times 0,15^2 + [0,08 - 0,06] \times 0,20^2 - [0,14 - 0,06 + 0,08 - 0,06] \times 0 \times 0,20 \times 0,15}$$

$x_1 =$ **69,23 %** et $x_2 = 1 - x_1 \Rightarrow x_2 =$ **30,77 %**, portefeuille pas très éloigné de la combinaison D.

6. Déterminez la rentabilité et l'écart-type de ce portefeuille optimal P.

Nous avons recours aux mêmes formules que pour la question 4 :

$$E(R_P) = 0,6923 \times 0,14 + 0,3077 \times 0,08 \Rightarrow E(R_P) = 12,15\,\%$$

$$\sigma_P^2 = 0,6923^2 \times 0,20^2 + 0,3077^2 \times 0,15^2 + 2 \times 0,6923 \times 0,3077 \times 0 \times 0,20 \times 0,15 \Rightarrow \sigma_P^2 = 0,0213$$

$$\sigma_P = \sqrt{0,0213} \Rightarrow \sigma_P = 0,146$$

7. Exprimez l'équation d'un portefeuille PR_f, composé d'une part x du portefeuille efficient P et d'une part de l'actif sans risque $(1 - x)$.

Ce portefeuille est tel que : $E(R_{PRf}) = R_f + x.\left[E(R_P) - R_f\right]$ avec $x = \dfrac{\sigma_{PRf}}{\sigma_P}$

On en déduit que $E(R_{PRf}) = R_f + \dfrac{\left[E(R_P) - R_f\right]}{\sigma_P}.\sigma_{PRf}$

$$E(R_{PRf}) = 0,06 + \frac{0,1215 - 0,06}{0,146} \times \sigma_{PRf} \Rightarrow \boldsymbol{E(R_{PRf})} = 0,06 + 0,42\sigma_{PRf}$$

8. Déterminez la rentabilité et le risque d'un portefeuille PR_{f50}, composé de 50 % de l'actif sans risque et de 50 % du portefeuille P.

$E\left(R_{PRf50}\right) = R_f + x.\left[E(R_P) - R_f\right]$ avec $x = 0{,}5$

et donc $E\left(R_{PRf50}\right) = 0{,}06 + 0{,}5 \times [0{,}1215 - 0{,}06]$

$\boldsymbol{E\left(R_{PRf50}\right) = 9{,}08\ \%}$

$x = \dfrac{\sigma_{PRf}}{\sigma_P}$ avec $= 0{,}5$ et donc $\Rightarrow 0{,}5 = \dfrac{\sigma_{PRf50}}{0{,}146} \Rightarrow \sigma_{PRf50} = 0{,}073$

9. Précisez la composition totale du portefeuille PR_{f50}, en pourcentage et en valeur.

L'investisseur dispose d'un capital de 100 000 €, qu'il consacre pour 50 % à l'actif sans risque, et pour 50 % au portefeuille P, lui-même composé de 69,23 % de R_1 et 30,77 % de R_2 ce qui donne la répartition suivante :

	Répartition en %	Répartition en valeur
50 % dans l'actif sans risque	50 %	50 000 €
50 % × 69,23 % dans l'actif risqué R_1	34,62 %	34 620 €
50 % × 30,77 % dans l'actif risqué R_1	15,38 %	15 380 €
Total	**100 %**	**100 000 €**

10. Ce portefeuille PR_{f50} serait-il plus efficient qu'un portefeuille composé uniquement de l'actif sans risque et de l'actif risqué R_1 ? (Justifiez)

Dans ce cas, $E\left(R_{R_1Rf}\right) = R_f + x.\left[E(R_1) - R_f\right]$, c'est-à-dire : $E\left(R_{R_1Rf}\right) = 0{,}06 + 0{,}5 \times 0{,}14$

$E\left(R_{R_1Rf}\right) = 10\ \%$

σ_{R1Rf} se déduit de la formule de

$$x = \frac{\sigma_{R1Rf}}{\sigma_1} \Rightarrow \sigma_{R1Rf} = x.\sigma_1 \Rightarrow \sigma_{R1Rf} = 0{,}5 \times 0{,}20 \Rightarrow \sigma_{R1Rf} = 0{,}1$$

Ce portefeuille de coordonnées 0,10 et 0,1 se situe sur le graphique (question 2) sous la droite de couple risque/rentabilité. Il se situerait en réalité sur une autre droite, partant du taux sans risque de 6 % et allant jusqu'au portefeuille E constitué de 100 % de R_1 (droite en pointillé sur le graphique de la question 2). Sur cette nouvelle droite, nous aurions toutes les combinaisons possibles d'actif sans risque et d'actif risqué R_1. L'angle de cette droite est plus faible que celui de la droite de couple risque/rentabilité, indiquant son inefficience. Cette inefficience est liée au fait que R_1 ne bénéficie pas de l'effet de diversification du portefeuille P comprenant des parts des deux titres risqués R_1 et R_2.

EXERCICES

1. Exigence de rentabilité des actionnaires selon le MEDAF ⌛ 20 minutes ★

La société Siflex est une SA constituée de 500 000 actions. Sa valeur comptable est de 10 millions d'euros. Son action, cotée à 18,50 €, se voit attribuer un bêta de 1,2. Nous savons que le taux sans risque est fixé à 3 % et la prime de risque du marché à 5 %. Les investisseurs anticipent une rentabilité du titre de 11 %.

1. Déterminez l'espérance de rendement du marché.

2. Caractérisez le titre Siflex par rapport à son bêta.

3. Déterminez le taux de rentabilité à exiger selon le MEDAF, en précisant la prime de risque.

4. Par rapport au modèle du MEDAF, l'action Siflex pose-t-elle un problème d'évaluation ? Si oui, par quel mécanisme le marché devrait-il résoudre ce problème ?

5. Obtenez-vous les mêmes conclusions en utilisant le ratio book-to-market (B/M) ?

2. Gestion d'un portefeuille de titres ⌛ 30 minutes ★★

Un investisseur dispose d'un capital de 1 000 000 €. Il souhaite constituer un portefeuille d'actifs à partir des 5 fonds dont les caractéristiques sont données dans le tableau ci-après.

Fonds	F1	F2	F3	F4	F5
Rentabilité attendue	15 %	13 %	20 %	22 %	25 %
Écart-type	0,10	0,14	0,15	0,27	0,30

Nous savons par ailleurs que les fonds F_3 et F_5 sont parfaitement corrélés entre eux, tandis les fonds F_1 et F_5 sont totalement indépendants.

1. Après avoir représenté les fonds dans un repère orthonormé, précisez si certains d'entre eux peuvent être considérés comme non efficients.

2. En utilisant le ratio de Sharpe, déterminez le portefeuille optimal.

3. Quelle part x l'investisseur devra-t-il consacrer à ce portefeuille optimal pour atteindre un risque de 0,12 ? Où devra-t-il investir la partie restante (1 - x) pour conserver ce niveau de risque ?

L'investisseur choisit finalement de constituer le portefeuille P uniquement à partir des fonds F_1 et F_5.

4. Quelle sera la combinaison optimale du portefeuille P ? Quelles seront ses performances en termes de rentabilité espérée et de risque ?

Vous disposez de la formule ci-dessous qui donne le montant **M** optimum qu'il faut investir dans un portefeuille, en fonction du coefficient d'aversion au risque **a** et du capital initial disponible **C** : **M** = **C** × x, avec : $x = \frac{1}{2.\alpha} \times \frac{E(R_P) - R_f}{\sigma_P^2}$.

5. Quel devrait être le montant M que l'investisseur devrait engager dans le portefeuille P, compte tenu de son coefficient d'aversion au risque a =3,7 ?

La finance pour valoriser les titres : actions, obligations et options

Chapitre 5

Thème 1. La valeur

Sens et portée de l'étude	Notions et contenus
1.1 La valeur et le temps	
La notion de valeur est centrale en finance et sera présentée sous les angles financier et mathématique afin de mettre en évidence ses liens avec le temps.	Évaluation d'une obligation : valeur coupon attaché et valeur au pied du coupon. Sensibilité et duration d'une obligation. Évaluation d'une action : modèles à perpétuité, modèles à plusieurs périodes.
1.4 La valeur et les options	
Les options constituent à la fois un outil de couverture des risques et un outil d'analyse de la situation des apporteurs de capitaux.	Option : caractéristiques de l'instrument. Déterminants de la valeur d'une option. Évaluation binomiale. Modèle de Black et Scholes.

1. La valorisation des actions

1.1 Les enjeux de la valorisation

DÉFINITION

Les actions sont des titres financiers qui représentent une fraction du capital d'une entreprise. Elles sont porteuses de droits de propriété et, à ce titre, donnent accès à une participation au pouvoir de décision dans l'entreprise et à une part de la valeur créée.

De par ces caractéristiques, l'évaluation des actions revêt un enjeu majeur dans la cadre du **partage des pouvoirs** tant en termes de gouvernance que de répartition de la valeur générée ou des risques encourus. Valoriser les actions revient non seulement à apprécier l'entreprise dans son ensemble, sa capitalisation boursière, mais également à assurer son financement, sa transmission. La valeur de l'action doit assurer l'équilibre des pouvoirs autant que l'équilibre économique. Mais, alors que la valeur patrimoniale (les capitaux propres du bilan) valorise l'accumulation présente des richesses créées (ou détruites), l'action a vocation à intégrer l'avenir : les flux futurs attendus. On comprend dès lors l'importance des modèles d'actualisation dans la valorisation des actions.

1.2 Les premiers modèles de valorisation par actualisation

a. Le modèle d'Irving Fisher (1930)

À la suite des travaux d'Alfred Marshall, I. Fisher formalise l'évaluation du temps à travers le taux d'intérêt qui assure le lien entre le patrimoine présent et les opportunités à venir [▶ CHAPITRE 2]. Censées rendre compte des richesses à venir, les actions se prêtent particulièrement au modèle. Les revenus attendus des actions prennent la forme de dividendes auxquels s'ajoute la valeur de cession. Leur actualisation permet d'obtenir la valeur actuelle de l'action P_0 :

$$P_0 = \sum_{t=1}^{n} \frac{d_t}{(1+kc)^t} + \frac{P_t}{(1+kc)^t}$$

où d_t représente les dividendes futurs versés en $\boldsymbol{t}$, kc mesure le rendement requis des actionnaires – ce qu'ils exigent pour différer leur consommation immédiate – et P_t désigne la valeur de cession à l'instant $\boldsymbol{t}$.

Afin de ne pas se trouver contraint par un trop grand nombre de variables futures à estimer, Fisher va raisonner sur **horizon infini** et considérer un niveau **constant de dividende**. Cette dernière hypothèse est justifiée par le fait que Fisher envisage un environnement en croissance nulle. La détention infinie suppose quant à elle que l'action ne sera pas cédée. Elle s'explique de par la nature même de l'action qui, en tant que titre de propriété, n'a pas d'échéance et donc n'a pas vocation à être remboursée. On suppose implicitement la non-liquidité de l'action. J. M. Keynes reprendra cette idée de non-liquidité pour donner une interprétation différente de *kc*. Il l'interprétera avant tout comme le prix de la renonciation à la liquidité et non à la consommation immédiate.

Quoi qu'il en soit, renoncer perpétuellement à la liquidité revient à se priver de la plus ou moins-value qui tend alors vers zéro. Pour d_t stable et actualisé à l'infini, la valeur actuelle de l'action devient :

$$P_0 = \frac{d}{kc}$$

b. Le modèle Gordon-Shapiro (1956)

Le développement des marchés financiers et la rationalité des investisseurs cherchant à optimiser leurs richesses futures rendent l'hypothèse des dividendes futurs constants contestable. M. J. Gordon et E. Shapiro proposent d'intégrer dans la formule un taux constant d'augmentation des dividendes g qui rend compte de la croissance de l'entreprise, désormais non nulle. Ainsi, le dividende futur de la période $\boldsymbol{t}$ (d_t) progresse au même rythme que le bénéfice par action de la même période $\boldsymbol{t}$ (π_t) :

$$d_t = d_0(1+g)^t \text{ et } \pi_t = \pi_0(1+g)^t$$

Les auteurs déterminent $\boldsymbol{g}$ par le produit entre le taux de rétention (de non-distribution) du bénéfice b et le taux moyen annuel de rentabilité nette des nouveaux investissements i, tous deux présumés constants : $g = b.i$.

Cette relation suppose implicitement que les nouveaux investissements sont exclusivement financés par les profits non distribués, autrement dit qu'ils sont entièrement autofinancés.

Si l'on conserve l'horizon infini de Fisher, et si l'on suppose que l'évaluation s'effectue immédiatement après le versement du premier dividende d_1, la formule d'évaluation de l'action devient :

$$P_0 = d_1 \sum_{t=1}^{\infty} \frac{(1+g)^t}{(1+kc)^{t+1}} \Rightarrow P_0 = \frac{d_1}{kc-g}$$

avec $d_1 = d_0(1+g)$; $g = b.i$; $kc > g$.

La dernière condition signifie que le rendement requis des actionnaires est nécessairement supérieur au taux de croissance des dividendes. L'absence d'augmentation du dividende (l'absence de croissance des profits : $g = 0$) nous redonne la formule de Fisher. La valeur de l'action redevient la simple actualisation perpétuelle du revenu au rendement requis. Mais la formule devient inopérante pour les firmes connaissant une période de forte croissance et qui font légitimement apparaître un taux g supérieur au rendement requis kc. N. Molodovsky proposera une alternative pour pallier cette difficulté (▶ ci-dessous).

Notons par ailleurs que la valeur de l'action $\boldsymbol{P_0}$ s'accroît d'autant plus que le dividende d_1 est élevé, autrement dit que le taux de croissance g est grand puisque $d_1 = d_0(1+g)$. En outre, au numérateur, kc et g étant des taux, ils sont inférieurs à $1 \Rightarrow kc - g < 1$. Plus g est grand, plus $kc - g$ tend vers zéro et plus P_0 s'accroît. Ainsi, une politique généreuse de distribution de dividendes engendre une hausse du cours boursier. Cette relation sera toutefois remise en question par Modigliani et Miller dont les travaux tendent à démontrer la neutralité de la politique de dividendes [▶ CHAPITRE 13 : POLITIQUE DE DISTRIBUTION].

La formule de Gordon et Shapiro met aussi en évidence la relation suivante :

$$P_0 = \frac{d_1}{kc - g} \Rightarrow \frac{d_1}{P_0} = kc - g \Rightarrow kc = \frac{d_1}{P_0} + g$$

Autrement dit, le rendement requis des actionnaires correspond au taux de rendement - ce que l'action rapporte aujourd'hui (d_1 / P_0) - auquel s'ajoute une opportunité de croissance g qui l'incite à réinvestir sur le long terme. Cette distinction valide les analyses de marché qui différencient :

– les valeurs de rendement qui distribuent beaucoup de dividendes mais qui, de fait, réduisent la part de profit consacrée aux investissements futurs, donc à la croissance (cas de Sanofi, Vivendi, Engie) ;

– les valeurs de croissance qui octroient peu de dividendes pour mieux financer leur croissance future comme pour Google ou Apple du temps de Steve Jobs.

c. Le modèle N. Molodovsky (1965)

Nicholas Molodovsky prolonge le modèle de Gordon et Shapiro, mais en remettant en question la stabilité du taux de croissance des bénéfices, et donc des dividendes, et l'horizon infini de l'action. Molodovsky considère que l'activité de l'entreprise est cyclique et que son avenir se décompose en trois périodes - P_1, P_2, P_3 - caractérisées par des rythmes différents de croissance :

– P_1, où le niveau de dividende augmente fortement selon un taux g selon une durée fonction de l'activité ;

– P_2, de quelques années pendant lesquelles la croissance est lente et décroît linéairement selon le taux g' ;

– P_3, caractérisée par un taux de croissance très faible qui, pendant cette phase, tend vers l'infini et en devient négligeable.

La formalisation de l'action actualisée est alors :

$$P_0 = \frac{d_1}{(g - kc)} \times \left[\frac{(1+g)^t}{(1+r)^t} - 1\right] + d_1 \times \frac{(1+g)^{t-1} \times (1+g')}{(1+g) \times (1+kc)^t}$$

La formule permet à présent d'envisager les cas où les entreprises connaissent un taux de croissance g supérieur au rendement requis des actionnaires (première période).

1.3 Les approches comparatives par le PER

a. L'approche par le *Price-Earnings Ratio* (PER)

DÉFINITION

Le PER est un coefficient multiplicateur qui, appliqué au bénéfice net par action (BNPA), donne une bonne estimation de la valeur de l'action. Il mesure le potentiel de croissance de l'entreprise valorisé par le marché par rapport à son bénéfice net par action actuel. Il est d'autant plus élevé que la croissance attendue est forte.

Ainsi : **PER × BNPA =** P_0. Si le BNPA est annuel, le PER indique le nombre d'années pendant lequel il faut détenir l'action pour couvrir son acquisition par le BNPA. Il s'interprète comme un délai de récupération.

Le PER peut aussi être utilisé comme ratio : PER = P_0 / BNPA.

En multipliant chaque élément du ratio par le nombre d'actions *N*, nous aurons :

$$PER = \frac{P_0 \times N}{BNPA \times N} \Rightarrow PER = \frac{P_0 \times N}{BNG}$$

où P_0 x N représente la capitalisation boursière et BNG le bénéfice net global de la société.

Dans cette optique, les acteurs de marché utilisent le PER comme outil de comparaison. Ce rapprochement n'a de sens qu'entre entreprises présentant les mêmes niveaux de risque d'exploitation et de structure financière. Dans ce cadre, le PER d'une entreprise cible est comparé au PER moyen de son sectoriel ou au PER moyen d'un groupe de référence (*peer group*). En multipliant le bénéfice de la société à valoriser par le PER moyen, les analystes obtiennent une bonne estimation de l'action.

Il reste toutefois à ne pas négliger les hypothèses contraignantes de la construction du PER, notamment les BNPA et le rendement requis supposés constants.

P_0 peut aussi être évaluée à partir de l'actualisation des bénéfices par actions, ce qui, sur horizon infini et en supposant une **croissance nulle** (BPA constant), donne :

$$P_0 = \sum_{t=1}^{\infty} BNPA \times (1+kc)^{-t} \Rightarrow P_0 = \frac{BNPA}{kc}$$

À partir de cette relation, il est possible de connecter le rendement requis de l'actionnaire et le PER :

$$P_0 = \frac{BNPA}{kc} \Rightarrow kc = \frac{BNPA}{P_0} \Rightarrow kc = \frac{1}{PER}$$

Le rendement requis se définit alors comme l'inverse du PER, ce qui enrichit l'interprétation des valeurs.

En croissance nulle, *kc* correspond au rapport entre le bénéfice par action actuel et le prix actualisé de l'action sur le marché. Dans ce cas, *kc* représente la rentabilité immédiate pour l'actionnaire détenteur de l'action.

Mais si l'entreprise affiche de bonnes perspectives de création de valeur, *kc* (qui, par définition, intègre les espérances des acteurs) se trouvera à un niveau supérieur à 1 / PER.

Dans ce cas, l'entreprise est généralement dotée d'un PER élevé et les investisseurs s'attendent à une hausse de son cours d'action égal à la valeur actuelle des opportunités de croissance (VAOC) :

$$P_0 = \frac{BNPA}{kc} + VAOC$$

VAOC = Flux actualisés issus des nouveaux investissements - Coûts actualisés de ces nouveaux investissements.

À l'inverse, si la société ne propose pas de projets de développement intéressants pour l'avenir, *kc* se révélera inférieure à 1 /PER. Son PER s'avère faible, sa situation future est jugée plus fragile que sa position actuelle. Le cours de l'action sera amené à baisser (VAOC < 0).

EXEMPLE

Soit trois sociétés S_1, S_2 et S_3 dont les PER respectifs sont de 50, 10 et 5. Leur capital est constitué du même nombre d'actions (100 000) et leur valorisation est identique (45 € l'action). À partir de ces trois données, il est possible de construire le tableau d'analyse ci-dessous :

	Capitalisation boursière : $P_0 x N$	PER	Bénéfice net $BN = P_0 x N / PER$	Nombre d'actions en milliers : N	BNPA = BN / N	1/PER	Valorisation de l'action P_0
S_1	**4 500** K€	50	**90** K€	100	**0,9** K€	**2 %**	45 €
S_2	**4 500** K€	10	**450** K€	100	**4,5** K€	**10 %**	45 €
S_3	**4 500** K€	5	**900** K€	100	**9** K€	**20 %**	45 €

Supposons que le rendement requis des actionnaires sur le marché *kc* soit de 10 %.
En comparant *kc* et l'inverse du PER, on peut observer trois situations :

– la situation de S_2 où **1 / PER =** *kc* **= 10 %**. Ce cas de figure correspond à un niveau de croissance nul des bénéfices. Les actionnaires ont intégré que, dans l'avenir, l'entreprise ne fera pas mieux que *kc* ;

– la situation de S_1 où **1 / PER <** *kc* **⇒ 2 % < 10 %**. La performance actuelle de 2 % est largement inférieure au rendement au fort potentiel de croissance de l'entreprise. Cela explique son PER élevé. La valeur de l'action est sous-évaluée et incite les investisseurs à acquérir les titres de S_1 ;

– la situation de S_3 où **1 / PER >** *kc* **⇒ 20 % > 10 %**. La performance actuelle de 20 % est bien supérieure aux perspectives à venir de la société (10 %). Son PER est plus faible que S_1 et S_2. Les investisseurs s'attendent à une décroissance de la firme et s'en dégageront car elle est surévaluée.

b. Le modèle de G. Bates (1962)

G. Bates conserve l'idée de raisonner avec le PER, utilisé comme multiplicateur mais sur horizon fini. Il va donc réintroduire la plus ou moins-value de cession comme élément d'évaluation de l'action - pas uniquement les dividendes versés. Par conséquent, nous repartons de notre formule de départ, en supposant une cession en ***n*** :

$P_0 = \sum_{t=1}^{n} \frac{d_t}{(1+kc)^t} + \frac{P_n}{(1+kc)^n}$ avec d_t les dividendes futurs versés à chaque période ***t*** ; kc le rendement requis et P_n la valeur de cession en ***n***.

Cette formulation suppose de se référer non seulement à des dividendes à venir, mais également à une valeur future de cession de l'action. Bates va utiliser le PER pour approcher les valeurs actuelles et futures de l'action :

$P_0 = PER_0 \times BNPA_0$ et $P_n = PER_n \times BNPA_n$

où PER_0 est le multiplicateur d'entrée ou PER actuel de l'entreprise et PER_n est le multiplicateur de sortie ou PER futur de l'entreprise à l'horizon de détention fixé ***n***.

Comme Gordon et Shapiro, l'auteur suppose que les BNPA et les dividendes évoluent selon un taux de croissance g constant :

$P_n = PER_n \times BNPA_0 \times (1+g)^n$ et $d_t = d_0 \times (1+g)^t$

d_0 peut être exprimé en fonction du BNPA *via* le taux de distribution $\rho = d_0 / BNPA_0 \Rightarrow d_0 = \rho.BNPA_0$.

Notre formule de départ devient :

$$PER_0 \times BNPA_0 = \sum_{t=1}^{n} \rho.BNPA_0 \frac{(1+g)^t}{(1+kc)^t} + PER_n \times BNPA_0 \frac{(1+g)^n}{(1+kc)^n}$$

En simplifiant, Bates obtient l'équation finale suivante :

$$PER_0 = \rho \times \frac{1+g}{kc-g}\left[1-\left(\frac{1+g}{1+kc}\right)^n\right] + PER_n \times \left(\frac{1+g}{1+kc}\right)^n$$

La formule ne donne pas directement la valeur de l'action mais, une fois le PER déterminé, il suffit de l'appliquer au BNPA actualisé pour déduire P_0.

Bates a souhaité faire de son équation un outil opérationnel. Il en a proposé une formulation simplifiée :

$PER_n = PER_0 \times A - d \times B$, où ***A*** et ***B*** sont donnés dans des tables dites tables de Bates.

Le modèle de Bates répond en partie aux limites des modèles précédents en intégrant un horizon fini de cession tout en mobilisant le PER qui permet une approche comparative par rapport à des PER sectoriels ou des PER de marché. Mais, comme pour Gordon et Shapiro, la méthode suppose un rendement requis supérieur au taux de croissance g avec, qui plus est, g et kc constants.

La formule n'est donc pas adaptée à tous les types d'entreprises. Elle pourra être pertinente pour des sociétés dites de croissance à fort PER, qui ne versent pas ou très peu de dividendes. Cela correspond assez bien aux jeunes entreprises innovantes se trouvant dans la première phase du modèle de Molodovsky ou qui souhaitent s'introduire en Bourse. La validé des résultats va néanmoins dépendre de la fiabilité des données prévisionnelles utilisées pour valoriser le PER de sortie et les dividendes à venir. Une méthodologie consiste notamment à se baser sur les données passées du secteur de l'entreprise concernée et à en faire une extrapolation avec des éléments correctifs pour mieux cadrer avec ses caractéristiques. Outre la complexité technique du système, que l'outil informatique peut aisément pallier, les données prévisionnelles peuvent rapidement s'écarter de la réalité à venir en environnement incertain où les données passées et à venir ne présagent en rien des résultats futurs.

2. La valorisation des obligations

2.1 Définition et caractéristiques d'une obligation

DÉFINITION

Les obligations constituent des titres financiers négociables représentatifs d'une fraction d'un emprunt émis par une entreprise (obligation *corporate*) ou un État (obligation souveraine). Elles sont porteuses de droits de créance.

Le marché des obligations s'est développé dès le XVIe siècle afin de faciliter le financement des déficits du pouvoir monarchique. Parce qu'il concerne aussi bien les émetteurs publics que les émetteurs privés, le marché obligataire domine en valeur les transactions mondiales puisqu'il en représente à lui seul plus de la moitié.

L'émission d'un emprunt obligataire se caractérise par les éléments suivants :

– un **nombre** d'obligations émises ;

– une **date d'émission** : date à laquelle les obligations sont émises par l'emprunteur ;

– une **date de souscription** : date de paiement pour le souscripteur ;

– une **date de jouissance** (aussi appelée de négociation) : date à partir de laquelle les intérêts sont calculés ;

– un **nominal** (ou principal ou valeur faciale) : il correspond au capital emprunté par l'émetteur de l'obligation divisé par le nombre de titres émis. Il sert de base au calcul de l'intérêt ;

– une **échéance** ou maturité : elle désigne la durée de vie de l'obligation. À l'échéance, l'intégralité du nominal doit avoir été remboursé. Certaines obligations ne comportent aucune échéance. Il s'agit des obligations perpétuelles dont la rémunération est généralement supérieure à l'obligation ordinaire ;

– un **coupon** : il représente le montant de l'intérêt périodique versé au détenteur de l'obligation. Il se détermine par application du taux d'**intérêt nominal** (ou facial) à la valeur nominale. Selon la nature de l'obligation, ce versement est étalé dans le temps, généralement selon un rythme annuel, mais peut n'intervenir qu'à l'échéance (*in fine*). Le coupon peut être versé par l'emprunteur en début de période (système à intérêts précomptés) ou en fin de période (système à intérêts postcomptés), ce qui est le cas le plus courant. L'émission de l'emprunt s'effectue à taux d'intérêt :

- **fixe** : il est alors connu par avance dès l'émission et est fixé pour toute la durée de l'emprunt ;
- **variable** : plus risqué que le taux fixe mais généralement associé à un taux plancher garanti, il n'est pas connu à l'avance et est indexé sur un taux d'intérêt de référence du marché. Pour les échéances longues, on a recours au TME (taux moyen des emprunts d'État), au TMO (taux annualisé du marché obligataire) ou au TEC (taux de l'échéance constante). Pour les échéances courtes, on se base sur l'Eonia (taux moyen pondéré en euros, équivalent au loyer de l'argent au jour le jour) et l'Euribor (taux interbancaire offert en euros) ;

• **indexé** : c'est une déclinaison du taux variable, mais ici le taux est indexé sur un référent autre qu'un taux de marché, généralement l'inflation (OATi en France, OAT€i pour la zone euro) ;

• **révisable** : autre déclinaison du taux variable, mais où le taux est connu à l'avance et renégociable entre les parties prenantes en fonction de modalités qu'elles ont fixées ;

• **nul** : dans ce dernier cas, encore appelé à **coupon zéro**, l'intégralité de la rémunération s'effectue par différence entre le prix d'émission et le prix de remboursement.

– un **coupon couru** : il se définit comme la part de l'intérêt dû par l'émetteur de l'obligation à un instant ***t***, compris entre le dernier versement du coupon et celui à venir. On parle aussi d'intérêts courus. Il se calcule selon la technique du taux proportionnel, convention jours Exact/Exact. Sur la place de Paris, le calcul s'effectue avec 2 jours ouvrés de décalage (dits jours de valeur) **après** la date de négociation, soit une convention jours Exact + 2/Exact. Attention aux jours non ouvrés qui sont comptabilisés.

EXEMPLE

Ainsi, pour une obligation de 1 000 € au taux facial de 5 % par an, avec une date de détermination du coupon au 1er mars de chaque année, le coupon couru au 30 juin, qui est un mercredi, sera :

1 000 × 5 % × (31 + 30 + 31 + 30 + 2 jours ouvrés) / 365 = 50 × 124 / 365 ≅ 17 €, soit en pourcentage du facial : 5 % × 124 / 365 ≅ 1,7 % ou 17 / 50 × 5 % = 1,7 %.

– un **prix d'émission** : il s'agit du prix de l'obligation au moment de son émission. Il peut égaler le nominal (émission au pair), être supérieur au nominal (au-dessus du pair) ou inférieur au nominal (en dessous du pair). Le dernier cas de figure est le plus courant. La différence entre la valeur nominale et la valeur d'émission constitue la **prime d'émission** ;

– une **signature** : les émissions d'obligations nécessitent d'être garanties car, contrairement aux actions, elles sont associées à un droit à rémunération et à remboursement pour le prêteur, quelle que soit la situation financière de l'émetteur. La mise en confiance est une condition essentielle du succès de l'émission. C'est pourquoi les émetteurs reçoivent des notes - ***rating*** - selon la sécurité que leur signature assure aux souscripteurs et la qualité de leur émission. Ces notes apprécient pour l'essentiel le risque de solvabilité de l'émetteur. Elles sont attribuées par des agences de notation autonomes, dont les principales sont Moody's, Standard & Poor's et Fitch Ratings. Les notations sont hiérarchisées selon des échelles codifiées par ordre décroissant de qualité. Chez Fitch Ratings, cela va de AAA à D (défaut de paiement) avec l'ajout de signes + ou - pour nuancer les avis. Plus la signature est de qualité, plus les obligations sont émises à un taux avantageux pour l'emprunteur ;

– un **prix de remboursement** : il correspond au remboursement du capital de l'obligation à son échéance. Il peut être égal ou supérieur au nominal. La différence entre le prix de remboursement et le nominal est appelée la **prime de remboursement** ;

– une **modalité de remboursement** : elle peut prendre des formes très variées :

• remboursement étalé dans le temps par amortissement constant (part du capital remboursé identique) ou annuité constante (versement identique comprenant une part de capital et le coupon) ;

• remboursement en totalité à l'échéance de l'emprunt (remboursement *in fine*) ;

• remboursement par conversion en un autre emprunt obligataire ou par versement d'actions.

Les remboursements devant s'effectuer en un nombre entier de titres, un système de tirage au sort est prévu, notamment pour les remboursements à séries égales ou par annuités constantes ;

– un **cours** : les obligations sont émises sur le marché primaire, puis négociables sur le marché secondaire. La **cotation** d'une obligation s'effectue en pourcentage du nominal hors coupon couru (pied du coupon ou *clean price*) de façon à comparer facilement les performances intrinsèques de titres présentant des caractéristiques distinctes, notamment des dates de versement des coupons différentes. Le coupon fait l'objet d'une cotation à part, exprimée également en pourcentage du nominal.

Lorsque le titre est acquis en dehors des dates d'échéance du coupon, le souscripteur doit payer le prix de l'obligation à sa cotation **ainsi que le coupon couru** à la date d'achat. Recevant la totalité du coupon annuel à la prochaine échéance, il sera bien rémunéré pour sa période de détention.

Au-delà de ces principales caractéristiques, les emprunts obligataires peuvent faire l'objet d'une multitude de conditions particulières touchant l'un ou l'autre des paramètres et engendrant une grande variété de produits dérivés (obligations convertibles, échangeables, à bons de souscription...). Certains titres sont cotés en valeur ; c'est notamment le cas des obligations convertibles.

2.2 Les principes d'évaluation des obligations

L'évaluation des obligations est fondée sur les techniques actuarielles déjà appliquées pour les actions. Nous retrouvons le principe classique selon lequel la valeur actuelle du titre se détermine par actualisation de ses revenus futurs au taux d'actualisation k. Pour l'obligation, il s'agit des coupons périodiques c_t et de la valeur de remboursement V_n. À la date d'émission, pour une obligation à échéance $\boldsymbol{n}$, de valeur faciale V_F, de taux nominal k_d et de coupon $c_t = V_F \times k_d$, nous avons la relation :

$$V_F = \sum_{t=1}^{n} \frac{c_t}{(1+k_d)^t} + \frac{V_n}{(1+k_d)^n}$$

La valeur actuelle de l'obligation V_0 se détermine en actualisant les flux au **taux de rendement actuariel brut** de celle-ci : k_{dr}

$$V_0 = \sum_{t=1}^{n} \frac{c_t}{(1+k_{dr})^t} + \frac{V_n}{(1+k_{dr})^n}$$

Si l'obligation est à taux fixe k_d (c_t constant), les intérêts versés en fin de période et le remboursement *in fine* :

$$V_0 = c_t \times \frac{1-(1+k_{dr})^{-n}}{k_{dr}} + \frac{V_n}{(1+k_{dr})^n}$$

V_0 représente la valeur actuelle du titre, coupon inclus (*gross price*).

Pour un emprunt obligataire de valeur faciale V_f émis à coupon zéro ($c_t = 0$) à échéance $\boldsymbol{n}$:

$$V_0 = V_f (1+k_{dr})^{-n}$$

où k_{dr} correspond au taux d'intérêt du marché.

Il est à constater que l'actualisation s'effectue au taux supposé constant k_{dr}. Il s'agit d'une simplification destinée à faciliter les calculs mais qui n'est pas conforme à la réalité économique de ces transactions. Les emprunts n'ont en effet pas le même taux selon que leur échéance est à court ou à long terme. Dans la pratique des marchés, l'actualisation à une date donnée ***t*** s'effectue pourtant au taux de rendement unique k_{dr}, encore appelé taux **de rendement actuariel brut** de l'obligation.

DÉFINITION

Le taux de rendement actuariel brut est le taux pour lequel il y a équivalence entre la valeur cotée d'une obligation à cette date et la somme des annuités restant à recevoir.

Le taux de rendement actuariel brut est déterminable à tout moment, pour chaque valeur de cotation du titre. Il peut donc servir de base de cotation. La formule peut alors être exprimée en utilisant uniquement les cotations en base 100. En nommant V_F la valeur faciale du titre, on a :

$$V_0 / V_F = k_d \times \frac{1-(1+k_{dr})^{-n}}{k_{dr}} + \frac{V_n / V_F}{(1+k_{dr})^n}$$

La cotation actualisée V_0 / V_F obtenue inclut le coupon. Il faudra lui soustraire le coupon exprimé en pourcentage du nominal pour en déduire la cotation au pied du coupon.

Calculé à la date d'émission et en supposant qu'il n'y ait aucun décalage entre la date de souscription et la date de jouissance, le pied de coupon égale le taux nominal d'émission k_d dans le cas où l'émission et le remboursement s'effectuent au pair. Il diverge du taux nominal dès l'émission lorsque existent des primes d'émission ou de remboursement ou quand la date de souscription se trouve en décalage avec la date de jouissance.

EXEMPLE

L'entreprise Legars acquiert, le 15 juin $N + 1$, une obligation cotée 112,08 au pied du coupon de la société Vector, émise le 10 mars N dans les conditions suivantes :

– valeur nominale (VN) : 2 000 € ; remboursement *in fine* le 10 mars $N + 6$ au pair ; prix d'émission (PE) : 1 985 € ;

– taux nominal : 7,5 % ; taux de rendement actuariel brut : 7,66 % ;

– échéance des coupons : 10 mars de chaque année, intérêts postcomptés.

Par simplification, on raisonnera en convention 360/360 (année de 12 mois de 30 jours), sans jour de valeur.

Caractérisons l'émission :

Il s'agit d'une émission au-dessous du pair (PE < VN) d'une durée de 6 ans (émission en N et échéance en $N + 6$) dont la prime d'émission est égale à 2 000 – 1 985 = 15 € et dont le coupon annuel est de 2 000 × 7,5 % = 150 €.

Vérifions le taux de rendement actuariel brut k_{dr}, de 7,66 % :

$$1\,985 = 150 \times \frac{1-(1+k_{dr})^{-6}}{k_{dr}} + \frac{2\,000}{(1+k_{dr})^6}$$

Cette équation est vérifiée pour k_{dr} **= 7,66 %.**

En raisonnant avec les cotations en base 100, nous aurions :

$V_0 / V_F = 1\,985 / 2\,000 \Rightarrow V_0 / V_F = 99{,}25\ \%$ et $V_n / V_F = 1$ puisque le remboursement est au pair. L'équation devient :

$$99{,}25\ \% = 7{,}5\ \% \times \frac{1-(1+k_{dr})^{-6}}{k_{dr}} + \frac{1}{(1+k_{dr})^6}$$

et se vérifie également pour k_{dr} **= 7,66 %.**

Pour une **émission et** un **remboursement au pair**, c'est-à-dire de 2 000 €, le taux de rendement actuariel brut aurait forcément été égal au taux d'intérêt nominal k_d, soit ici 7,5 % :

$$2\ 000 = 150 \times \frac{1-(1+0{,}075)^{-6}}{0{,}075} + \frac{2\ 000}{(1+0{,}075)^6} \text{ ou } 1 = 0{,}075 \times \frac{1-(1+0{,}075)^{-6}}{0{,}075} + \frac{1}{(1+0{,}075)^6}$$

La différence entre les deux taux (7,66 % et 7,5 %) est liée au fait que, dans le premier cas, le prêteur bénéficie d'une rémunération supplémentaire par rapport au seul coupon : la prime d'émission.

Déterminons le coupon couru en valeur et en pourcentage du nominal :

L'acquisition a lieu le 15 juin *N*, soit 95 jours (3 × 30 jours + 5) après la dernière échéance (10 mars *N*).

Le coupon couru se monte donc à 7,5 % × 95 / 360 ≅ **1,98 %**, soit en valeur : 1,979 % × 2 000 = **39,58 €**.

Précisons le prix total d'acquisition de l'obligation au 15 juin *N* + 1 :

– prix de l'obligation : 2 000 € × 112,08 % = 2 241,60 €

– valeur du coupon couru : 39,58 €

⇒ coût total d'acquisition (hors frais éventuels) = **2 281,18 €** coupon inclus (*gross price*) soit en pourcentage du nominal : 2 281,18 / 2 000 ≅ **114,06 %**, que nous vérifions par addition de la cotation de l'obligation au pied du coupon et du coupon couru : 112,08 + 1,98 = 114,06 %.

Au 10 mars de l'année *N* + 1, M. Legars percevra l'intégralité du coupon annuel, soit 150 €. Cependant, sur l'année (entre le 10 mars *N* et *N* + 1), son revenu net n'est que de 150 – 39,58 = **110,42 €**. Il correspond au coupon sur la durée de détention, entre le 15 juin *N* et le 10 mars *N* + 1, soit 265 jours (30 – 15 + 8 × 30 + 10 ou 360 – 95), et nous vérifions que : 150 × 265 / 360 = 110,42 €, soit 7,5 % 265 / 360 = **5,52 %** :

Figure 1. Évolution des coupons

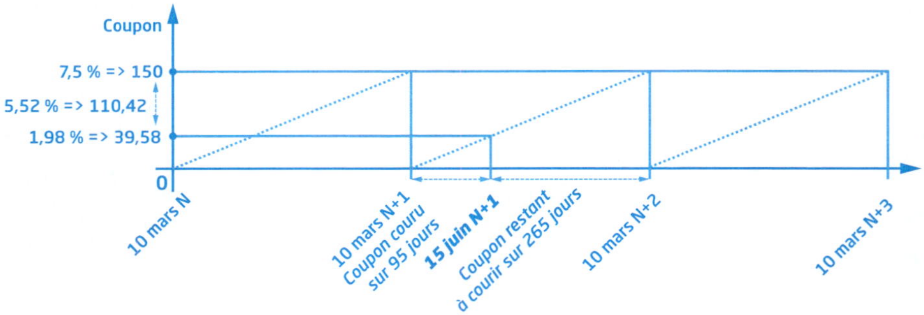

Le taux de rendement actuariel brut, k_{dr}, sera tel que :

$$2\ 281{,}18 = 150 \times \frac{1-(1+k_{dr})^{-(4+265/360)}}{k_{dr}} + \frac{2\ 000}{(1+k_{dr})^{(4+265/360)}} \text{ ou}$$

$$114{,}06\ \% = 7{,}5\ \% \times \frac{1-(1+k_{dr})^{-(4+265/360)}}{k_{dr}} + \frac{1}{(1+k_{dr})^{(4+265/360)}}$$

Ces équations sont vérifiées pour $k_{dr} \cong$ **4,16 %** aux arrondis près.

Ce taux apparaît bien plus faible que le taux nominal de 7,5 % compte tenu du prix d'acquisition de l'obligation coupon inclus, bien supérieur au prix d'émission. Cela ne signifie pas que ce taux sera le rendement final de l'acquéreur, car il est calculé sous l'hypothèse de conserver le titre jusqu'à l'échéance du 10 mars $N + 6$. Une cession avant l'échéance à un cours supérieur à 100 % (à 2 000 €) permettrait d'améliorer ce rendement.

Supposons une cession le 10 mars $N + 3$ au cours de 113 au pied du coupon. Si l'on raisonne en base de cotation :

$$114{,}06\ \% = 7{,}5\ \% \times \frac{1-(1+k_{dr})^{-(1+265/360)}}{k_{dr}} + \frac{113\ \%}{(1+k_{dr})^{(1+265/360)}}$$

Cette équation est vérifiée pour $k_{dr} \cong$ **6,03 %** aux arrondis près, ce qui correspond à un taux supérieur à celui envisagé jusqu'à échéance (4,16 %).

2.3 L'évolution théorique du prix des obligations

a. L'impact du taux de rendement requis

Lorsque l'emprunt est émis au taux facial k_d fixe (donc c_t constant car $c_t = V_F \times k_d$), sa valeur actuelle V_0 est :

$$V_0 = \sum_{t=1}^{n} \frac{c_t}{(1+k_{dr})^t} + \frac{V_n}{(1+k_{dr})^n}$$

De par sa construction mathématique, il est aisé d'en déduire que, lorsque le taux k_{dr} augmente, la valeur de l'obligation diminue - et inversement. Plus concrètement, les variations de k_{dr} sont liées aux conditions de marché, aux attentes des créanciers, au degré d'attraction de l'entreprise, à sa solvabilité... qui évoluent dans le temps et modifient les niveaux d'offre et demande du titre. Ce dernier point peut être illustré de la façon suivante :

Supposons un emprunt obligataire E_1 émis en N pour un nominal de 1 000 € au taux facial de 5 %. Le coupon est alors de 50 €. En $N + 2$, la même entreprise émet un emprunt obligataire E_2 de même nominal (et même échéance) mais au taux de 8 %. Le coupon monte à 80 €. Les détenteurs de l'ancien emprunt auront, dans ces conditions, intérêt à procéder à une opération d'arbitrage consistant à vendre le premier emprunt pour souscrire au second. La valeur de E_1 va mécaniquement diminuer, jusqu'à égaler le rendement de E_2 :

$50 / E_1 = 8\ \% \Rightarrow E_1 = 625$

À cette valeur, les investisseurs deviennent indifférents à investir 625 € qui rapportent 50 € ou 1 000 € qui en font gagner 80.

b. L'impact de l'échéance

Nous constatons également que si ***n*** diminue, V_0 décroît - et inversement. Ce phénomène s'explique par le fait que la baisse de ***n*** indique à l'investisseur que l'obligation se rapproche de son échéance, qui tend naturellement vers sa valeur de remboursement. Le prix de l'obligation devient de moins en moins sensible aux variations des éléments dont elle dépend : taux d'intérêt, environnement économique... quand elle approche de sa maturité.

Il reste à trouver des indicateurs aptes à évaluer ces variations. En effet, comme souvent en finance, ces dernières sont sources d'incertitudes lorsqu'on ne parvient pas à les prévoir, et donc de risque.

2.4 Les risques obligataires liés au taux et les indicateurs de mesure

a. La duration

Il a été plus haut fait mention de la relation inverse entre la variation du taux de rendement et la variation de la valeur de l'obligation. Nous avons également précisé qu'en fonction de la maturité du titre l'impact des mêmes variables n'était pas identique, l'obligation réagissant moins fortement lorsque son échéance était plus proche. Le degré d'exposition aux variations de taux peut être mesuré par un indicateur appelé **duration**, développé par l'économiste américain F. R. Macaulay (1882-1970) en 1938.

DÉFINITION

La duration correspond à la durée de vie moyenne des obligations non encore remboursées à une date donnée. Elle mesure la durée pendant laquelle l'obligation reste sensible à la variation des taux.

Au-delà de la période de duration, la rentabilité de l'obligation n'est plus affectée par les variations de taux d'intérêt, car la perte (le gain) en capital est totalement compensée par le gain (la perte) en intérêt.

Son calcul revient à appliquer la formule d'une moyenne pondérée des flux d'intérêts par les périodes d'échéance de chaque coupon, soit pour la duration $\boldsymbol{D}$:

$$D = \frac{\sum_{t=1}^{n} t \times c_t \times (1 + k_{dr})^{-t}}{\sum_{t=1}^{n} c_t \times (1 + k_{dr})^{-t}}$$

Pour les obligations à coupon zéro, la duration correspond à sa durée résiduelle de l'emprunt.

Plus la duration est élevée, plus le prix de l'obligation est volatil par rapport aux variations de taux et plus le titre est considéré comme risqué.

Notons également que la duration diminue quand le rendement requis augmente. Cette relation s'explique par le fait qu'avec un rendement plus fort le souscripteur couvre plus rapidement le coût de l'emprunt, qui en devient moins risqué (soumis moins longtemps au risque de taux).

La duration est enfin sensible au niveau de maturité du titre $\boldsymbol{n}$. Plus ce dernier se rapproche de son terme, plus la duration est faible - et inversement. Cette corrélation se justifie par la logique suivante :

Quand $\boldsymbol{n}$ diminue $\Rightarrow$ V_0 baisse $\Rightarrow$ k_{dr} augmente tirant $\boldsymbol{D}$ vers le bas pour les raisons précisées ci-dessus.

Nous aurons l'enchaînement inverse en cas de hausse de $\boldsymbol{n}$.

EXEMPLE

Reprenons l'exemple précédent où la société Vector émet le 10 mars N un emprunt obligataire de valeur nominale 2 000 € pour un taux facial de 7,5 % et un remboursement *in fine* le 10 mars $N + 6$ au pair. Supposons un taux de rendement actuariel brut de 8,5 %. Le coupon est donc de 2 000 × 7,5 % = 150 €.

Le tableau ci-dessous décompose le calcul de la duration de l'obligation en date d'émission :

Date	(1) Durée d'actualisation	Flux : coupon	Flux actualisé à 8,5 %	(2) Proportion des flux actualisés	(3) Durée pondérée = (1) × (2)
10 mars 2011	1	150	138,25	7,24 %	0,07
10 mars 2012	2	150	127,42	6,67 %	0,13
10 mars 2013	3	150	117,44	6,15 %	0,18
10 mars 2014	4	150	108,24	5,67 %	0,23
10 mars 2015	5	150	99,76	5,23 %	0,26
10 mars 2016	6	2 150	1 317,83	69,04 %	4,14
Somme			**1 908,93**	**100 %**	**5,01**

La duration correspond à la somme de la dernière colonne : 5,01 indiquant que, pour un rendement requis de 8,50 %, l'obligation reste sensible aux fluctuations des taux pendant 5 ans et un peu plus d'un mois de détention.

Si l'obligation avait été à coupon zéro, sa duration aurait été de 6 ans. Dans ce cas, la variation attendue de la valeur de l'obligation ΔV pour une variation Δk_{dr} du taux du marché peut être approximée par la relation suivante :

$$\frac{\Delta V}{V} = \frac{D}{(1 + k_{dr})} \Delta k_{dr}$$

b. La duration et l'optimisation des décisions en fonction des anticipations

Ces informations présentent un intérêt essentiel pour les investisseurs qui tentent de rationaliser leurs anticipations et en fonction d'opter pour les actifs les plus adaptés.

Ainsi, s'ils prévoient une **hausse des taux d'intérêt**, ils s'attendent à une baisse de la valeur des obligations. Ils auront intérêt à s'orienter vers les titres peu sensibles à la variation de k_{dr}, ceux qui présentent une duration faible c'est-à-dire une **maturité courte**.

A contrario, s'ils anticipent **une baisse des taux**, donc une hausse du prix des obligations, ils optimiseront leurs portefeuilles en s'engageant sur des emprunts très sensibles à l'augmentation de k_{dr}, à savoir ceux dont la duration est forte, c'est-à-dire dont la **maturité est longue**.

Ces relations restent toutefois théoriques et pas toujours vérifiées à travers les observations réelles, entre autres parce que l'indicateur de duration présente quelques faiblesses structurelles.

Un deuxième indicateur, déterminé à partir de la duration, précise l'amplitude de la **sensibilité** du titre aux variations de taux. Il s'agit précisément de la sensibilité, encore appelée **duration modifiée**.

c. De la sensibilité ou duration modifiée à la convexité

DÉFINITION

La sensibilité mesure en pourcentage la variation relative du cours de l'obligation par rapport à une variation du taux de rendement actuariel de 1 %.

Mathématiquement, la sensibilité ***S*** est la dérivée de la duration ***D*** par rapport à k_{dr}, soit :

$$S = D \times \frac{-1}{(1+k_{dr})} \Rightarrow S = \frac{-D}{(1+k_{dr})}$$

Dans l'exemple précédent, $S = -5{,}01 / 1{,}085 \Rightarrow S = -4{,}62\ \%$ indiquant ainsi que si le rendement requis augmente de 1 %, l'obligation diminue de 4,62 % - et inversement.

Cet indicateur apparaît donc plus précis que la duration, en raison du type de relation qui existe entre la valeur de l'obligation et le taux de rendement k_{dr}. Celle-ci se présente sous la forme d'une courbe décroissante convexe.

Le graphique ci-dessous reprend les données de l'emprunt de l'exemple précédent en les mettant en perspective avec deux emprunts en tout point semblables au premier mais de maturités respectives de 15 et 25 ans.

Figure 2. Relation prix de l'obligation et rendement actuariel

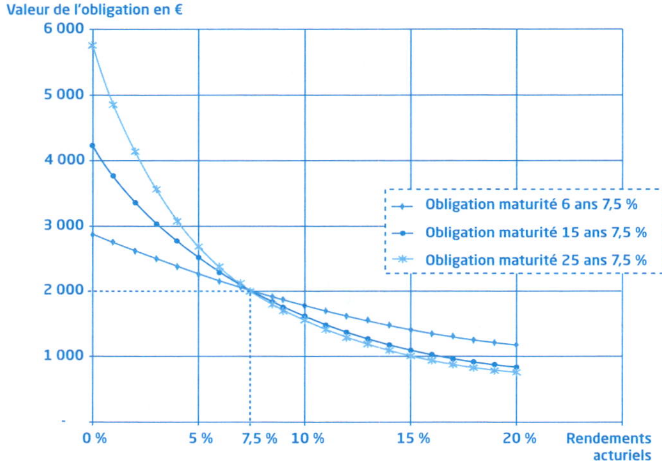

Nous constatons que la convexité augmente avec la maturité, induisant une duration plus forte : une obligation plus sensible par rapport aux variations de taux.

La sensibilité, qui est une dérivée (tangente à la courbe pour un taux de rendement donné), constitue un indicateur fiable même en cas de forte convexité. Mais, dans une logique prévisionnelle, il est nécessaire d'en savoir davantage sur le degré d'intensité de cette convexité. Comme le montre la figure 4, une forte convexité renforce les écarts entre deux pentes (deux sensibilités), donc les risques d'erreurs si l'on néglige cette mesure.

Figure 3. Convexité et risque d'erreur

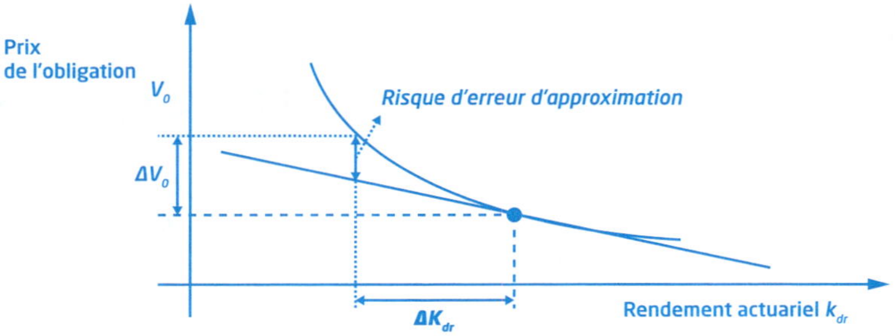

La sensibilité est complétée par un indicateur mesurant directement l'inflexion de la courbe Rendement/Prix de l'obligation : le critère dit de **convexité**, dérivée seconde de la duration.

DÉFINITION

La convexité mesure l'intensité de la sensibilité du cours de l'obligation par rapport à une variation du taux de rendement actuariel de 1 %.

Plus la convexité d'une obligation est forte, plus son prix baissera lentement (augmentera rapidement) si son taux de rendement augmente (baisse).

Bien que présentant un réel intérêt pratique pour les opérateurs de marché, les critères de mesure du risque de taux affichent certaines faiblesses. En premier lieu, elles sont toutes basées sur une formalisation simplifiée de la valorisation de l'obligation, laquelle suppose la constance du taux de rendement actuariel quelle que soit l'échéance et quelles que soient les courbes de taux qui, dans la réalité, sont rarement plates. En outre, comme toute théorie reposant sur la technique de l'actualisation [▶ chapitre 2], il est implicitement supposé que l'ensemble des flux de revenus soit réinvesti au taux d'actualisation lui-même, ce qui n'est pas toujours possible.

Reste enfin que les obligations, particulièrement lorsqu'elles sont émises par des entreprises et non par les États, ne sont pas uniquement soumises au seul risque de taux. Il se peut même que la corrélation entre leur taux de rendement et l'évolution des taux de marché soit assez marginale. Il convient, par conséquent, d'intégrer les autres sources de risque et les critères susceptibles d'en rendre compte.

2.5 Les autres risques encourus par les souscripteurs obligataires

Deux types de risques sont à différencier selon que l'on considère l'obligation à l'échéance ou en cours de vie.

a. Les risques à l'échéance du titre

À l'échéance, le souscripteur a droit au remboursement du capital de l'obligation accompagné d'une éventuelle prime de remboursement. Il subsiste à cette date un risque de non-paiement total ou partiel appelé risque de crédit ou de défaut. Il est lié à la solvabilité de l'entité qui a émis les titres. Pour prévenir ce type d'incertitude, le créancier dispose des avis formalisés par les agences de notation. Relativement fiables sur les échéances courtes, elles ne lèvent que partiellement le doute sur les échéances lointaines et pour les emprunts émis par des entités importantes et complexes (grandes entreprises, États, grands organismes publics et parapublics) car elles se trouvent parfois être juges et parties. Lors de la crise de 2007-2008, les agences ont été amenées à dégrader les dettes de certains organismes de manière extrêmement brutale, les faisant passer en quelques jours des notes les plus élevées de type AAA au statut de *junk bonds* ou obligations pourries, c'est-à-dire en leur attribuant des notes inférieures à BBB ou Baa3. De tels retournements interrogent sur la crédibilité des évaluations initiales.

Un autre indicateur peut venir compléter l'analyse : le **spread d'obligation.**

DÉFINITION

Le spread d'une obligation est l'écart mesuré entre son taux de rendement actuariel et le taux de rendement d'un emprunt sans risque de même maturité : un taux d'obligation d'État ou le taux *mid-swap* pour la zone euro.

Le niveau du spread évalue la qualité de l'emprunteur, et notamment sa solvabilité. L'émetteur sera d'autant mieux perçu que sa marge actuarielle est faible - et inversement.

Si, pour l'exemple précédent, on suppose que l'entreprise Vector a émis ses obligations avec un spread de 715 points de base (7,15 %), cela signifie qu'elle paie 7,15 % de plus par an que les banques pour s'endetter. Le spread est donc assimilable à une prime de risque.

b. Les risques en cours de vie du titre

Outre le risque de taux déjà abordé, les obligataires encourent pendant la durée de détention des risques de perte en capital et de liquidité.

Le risque de perte en capital

Le risque de perte en capital est lié à l'éventuelle moins-value lors d'une cession de l'obligation avant échéance. Ce risque est étroitement lié aux variations du rendement requis, mais également au taux d'inflation anticipé (ou pas), voire au taux de change pour les emprunts en devises. Rappelons qu'une forte inflation détériore la valeur de la monnaie dans le temps et réduit le pouvoir d'achat des prêteurs au moment du remboursement. Les obligations indexées permettent de pallier ce type de risque.

La perception de la qualité du crédit de l'émetteur a également un impact sur le cours de l'obligation, indépendamment de l'évolution des taux du marché. Une veille informationnelle à partir de l'évolution des *ratings* des agences de notation ou du niveau de spread facilite la gestion de cette menace.

Le risque de liquidité

En dehors de la date d'échéance, l'investisseur qui souhaite revendre son obligation sur le marché secondaire n'a pas l'assurance de trouver un acquéreur. Ce problème se pose avec d'autant plus d'acuité que le marché obligataire s'avère nettement moins actif que celui des actions. En outre, la diversification ne réduit ce risque. Il n'est par exemple pas possible de compenser une exposition au risque de liquidité en vendant à découvert un titre précisément illiquide.

Rappelons que la crise des *subprimes* de 2007-2008 est avant tout une crise de liquidité qui, au cœur de la panique, a touché sans discernement les titres de qualité comme les plus *pourris*.

Ce risque touche particulièrement les emprunts obligataires des entreprises dont les rendements sont fortement exposés aux fluctuations de la prime de liquidité exigée des investisseurs. Jong et Driessen (2012) montrent que ces primes peuvent aller de 0,6 % pour les obligations classées en catégorie « investment grade » à 1,5 % pour les obligations spéculatives, ce qui en période de taux bas est d'un niveau conséquent.

Ce risque est souvent négligé : un groupe de chercheurs (Bangia, A., Diebold F. X., Schuermann T. et Stroughair, J. D. 1999) a constaté que le fait d'ignorer l'impact de la liquidité se traduit par une sous-estimation du risque de marché sur les marchés émergents de plus de 25 %.

Amihud et Mendelson (2006) divisent les coûts de la liquidité en trois composantes :

– les **coûts de négociation directs** : coûts de transaction (commissions de courtage, taxes sur les transactions, frais de Bourse) engagés pour trouver des acheteurs ;

– les **coûts de frottement** mesurés par l'écart entre le prix de vente d'une exécution immédiate de l'ordre et le prix médian de l'obligation qui tend à baisser avec le déséquilibre entre offreurs et demandeurs ;

– les **coûts de recherche et de retard encourus** liés au fait de repousser l'exécution de la vente dans l'espoir de négocier un meilleur prix de cession que celui qui est possible immédiatement. Les opérateurs s'exposent dans ce cas à un coût d'opportunité important si le déséquilibre offre/demande s'accentue (au détriment de l'offre).

La maîtrise du risque de liquidité peut s'envisager à plusieurs niveaux :

– au niveau **du titre** en intégrant un indicateur de liquidité pour chaque obligation qui rend compte de sa liquidité intrinsèque, c'est-à-dire de son coût de transaction sur le marché. Dastidar et Phelps (2009) chercheurs à la Barclays Capital©, ont par exemple conçu le *Liquidity Cost Score* (LCS). Un LCS plus faible témoigne d'une meilleure liquidité du titre ;

– au niveau **du suivi** du portefeuille obligataire : la crise de 2007-2008 a montré que le risque de liquidité ne touchait pas seulement les portefeuilles investis sur des classes d'actifs réputées moins liquides (crédits à haut rendement, actions de petites capitalisations, titres convertibles...), mais également ceux qui étaient réputés très liquides. L'enjeu est de parvenir à intégrer la problématique de la liquidité dès l'élaboration du portefeuille. Une première solution consiste à **élargir la batterie d'indicateurs** de risque de liquidité. Les départements de gestion actif/passif des banques ont par exemple développé des indicateurs de L-V@R, adaptation de la *Value-at-Risk* au risque de liquidité. En plus du LCS, Barclays Capital© détermine le PIM (*Price Impact Measure*) qui mesure la sensibilité du prix de l'obligation au volume de transactions, ainsi qu'un critère qui jauge l'efficacité de la transaction : le TES (*Trade Efficiency Score*). Les obligations avec des spreads et des sensibilités plus élevés ont des LCS et des PIM également plus élevés et sont donc particulièrement exposés au risque de liquidité. Des études menées par la même Barclays (2012-2013) tendent à montrer que plus la taille des émissions, le prix, la maturité, le rendement à l'échéance et la duration sont élevés, plus le LCS est élevé, et donc le risque de liquidité est important. Une corrélation entre un bêta de secteur important et un LCS élevé a également pu être observée. Une seconde piste consiste à tester ou simuler une multitude de scénarios de marché cohérents avec l'évolution des valeurs d'actif afin de mesurer le degré de robustesse des différentes allocations possibles ;

– au niveau **de la gestion** du portefeuille obligataire : dresser un échéancier probable des cash-flows sortants et facturer le risque de liquidité qui se trouve très souvent sous-évalué, et réduire l'asymétrie informationnelle entre émetteurs et souscripteurs en mieux communiquant à ces derniers les enjeux de ces risques et les indicateurs leur permettant de les maîtriser.

2.6 Actions ou obligations ?

Les développements précédents nous enseignent que les obligations ne sont pas des titres exempts de risque. Certes moins exposées que les actions, elles sont, de par leurs particularités, aussi sources de menaces. Le tableau ci-dessous met en parallèle les principales distinctions entre les deux titres.

Obligations	Actions
Titres de **créance**.	Titres de **propriété**.
La **rémunération** est une **obligation** et est définie **contractuellement**.	La rémunération est **aléatoire** et ne constitue pas une **obligation**.
Le niveau de rémunération est **indépendant** des performances économiques de l'entreprise.	Le niveau de rémunération est **fonction** des performances économiques de l'entreprise.
Les intérêts de la dette représentent une **charge déductible** pour l'entreprise, ce qui génère un **avantage fiscal**.	Les dividendes ne constituent pas des **charges pour l'entreprise**.
Les dettes ont, sauf exception, une **échéance** de remboursement et donc une durée de vie finie.	Les fonds propres n'ont pas d'**horizon de** remboursement (durée de vie infinie).
Les créanciers ne supportent donc pas les **risques d'exploitation**.	Les actionnaires doivent assumer **les risques d'exploitation**.
Les créanciers disposent d'un **droit prioritaire** sur les flux nets de trésorerie de l'entreprise, voire sur les **actifs en cas de liquidation**.	Les actionnaires seront rémunérés en fonction des flux nets de trésorerie **résiduels**.
Les créanciers se trouvent d'autant mieux protégés qu'ils ne jouent aucun rôle dans la **gestion de l'entreprise**.	Les actionnaires ont un **pouvoir de contrôle du management *via* les droits de vote**.
Conséquences : - les créanciers supportent un niveau de risque inférieur à celui des actionnaires ; - le rendement requis des créanciers (k_{dc}) tend à être inférieur à celui des actionnaires (k_c).	

Une troisième famille de titres domine les transactions sur les marchés et mérite un développement : les options.

3. La valorisation des options négociables

3.1 Les caractéristiques des options financières négociables

Contrairement aux actions et aux obligations, les options financières sont, au même titre que les contrats à terme, (forwards, futures) des actifs dérivés, c'est-à-dire que leur valeur dépend de celle du sous-jacent qui lui est attaché, appelé actif de support.

DÉFINITION

L'option est un engagement financier entre deux parties qui donne le droit (et non l'obligation comme pour les forwards ou les futures) d'acheter ou de vendre un actif à un prix convenu à l'avance (prix d'exercice ou *strike*) et pendant une période définie au préalable, moyennant le versement d'une prime (*premium*).

Le droit d'acheter l'actif constitue une option d'achat ou **call** et le droit de vendre l'actif une option de vente ou **put**. Les options s'échangent à la fois sur des marchés organisés et de gré à gré. Dans le premier cas, on parle d'options négociées ; dans le second, de *warrants*.

Sans un lien quelconque avec les zones géographiques en question, les options sont qualifiées :

– d'**américaines** lorsqu'elles sont exerçables à tout moment jusqu'à l'échéance (cas le plus courant pour les options négociées) ;

– d'**européennes** quand elles ne peuvent être levées qu'au terme prévu.

Les actifs servant de sous-jacents sont généralement des actions, mais il existe également des options notamment sur futures, indices boursiers, devises. Les développements suivants portent sur les options négociables *européennes* d'action.

3.2 Les déterminants et positions de base des options

Les déterminants des options sur actions sont les suivants :

– ***S*** : le cours de l'action servant de sous-jacent, encore appelé ***spot*** ;

– ***E*** : le prix d'exercice ou ***strike*** de l'option ;

– ***Q*** : la quotité, c'est-à-dire la quantité de sous-jacents délivrée par option, 10 ou 100 actions sur la place de Paris, 100 actions pour Amsterdam, Bruxelles, Londres ou sur les marchés américains ;

– la **prime** qui représente le prix à verser pour jouir de l'option ***C*** : la valeur d'un **call** et ***P*** la valeur d'un **put** ; versée lors de la souscription, elle est définitivement acquise au vendeur ;

– ***T*** : la date d'échéance ;

– le ***payoff*** : la valeur de l'option arrivée à maturité.

C'est au français Henri Lefèvre (1817-1885), actuaire, journaliste économique et pionnier de la formalisation financière dans les années 1870, que l'on doit les graphiques désormais classiques qui présentent les principales positions en options : deux pour le *call* et deux pour le *put*.

Figure 5. Les deux positions call

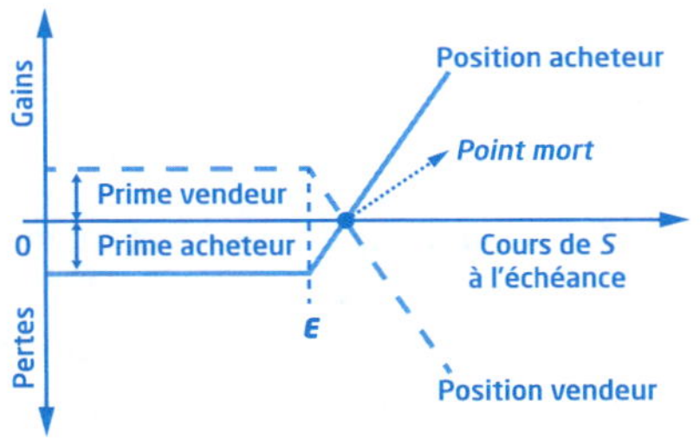

Figure 6. Les deux positions put

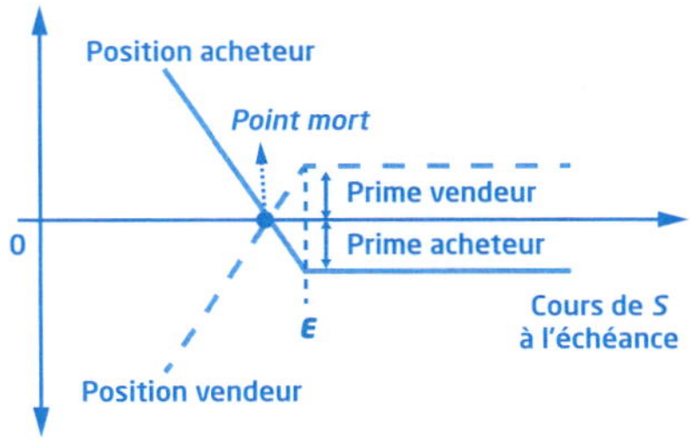

Ces quatre positions mettent en évidence les propriétés des options et les motivations des opérateurs.

– Dans le cas du **call**, la perte de l'acheteur est limitée à la prime. Il n'exerce en effet pas l'option tant que le cours du sous-jacent n'a pas dépassé le prix d'émission. Entre *E* et le point mort, l'acheteur ne réalise pas de gain mais commence à couvrir le prix de l'option (la prime). Au-delà du point mort, l'acheteur entre en zone de gains qui sont potentiellement illimités.

- L'acheteur du call spécule à la hausse sur le cours du sous-jacent mais se sert de l'option comme d'un instrument de **couverture**, puisque la perte est limitée au *premium*.
- Le vendeur du call ne spécule pas à la baisse, car au mieux son gain se limitera à la prime. Il prévoit une diminution modérée du cours du sous-jacent mais s'expose à des pertes illimitées en cas de forte croissance de *S*. On parle d'asymétrie à l'exposition au risque par rapport à l'acheteur.

– Dans le cas du **put**, la perte de l'acheteur reste limitée à la prime. Il n'exerce en effet pas l'option tant que le cours du sous-jacent n'est pas passé en dessous du prix d'émission. Entre *E* et le point mort, l'acheteur commence la prime. Au-delà du point mort, l'acheteur entre en zone de gains, lesquels sont cependant limités à la valeur du sous-jacent moins la prime.

- L'acheteur du put spécule à la baisse sur le cours du sous-jacent et l'option sert de nouveau de **couverture**, puisque la perte est limitée au *premium*.
- Le vendeur du put anticipe une hausse modérée du cours ; au mieux, elle lui rapportera la prime. Contrairement au call, il ne s'expose pas à des pertes illimitées qui ne peuvent aller au-delà de la différence entre la valeur d'émission du sous-jacent et la prime.

Il y a, comme pour le call, une asymétrie au risque entre acheteur et vendeur ; elle est toutefois moins prononcée.

EXEMPLE

Soit une option émise dans les conditions suivantes : valeur d'émission $E = 30$ €, prime = 2 €, échéance à 2 mois. S'il s'agit d'un **call**, l'acheteur se trouvera dans la position de la **figure 6** ; s'il s'agit d'un put, l'acheteur se trouvera dans la position de la **figure 7** :

Figure 7. Position achat call

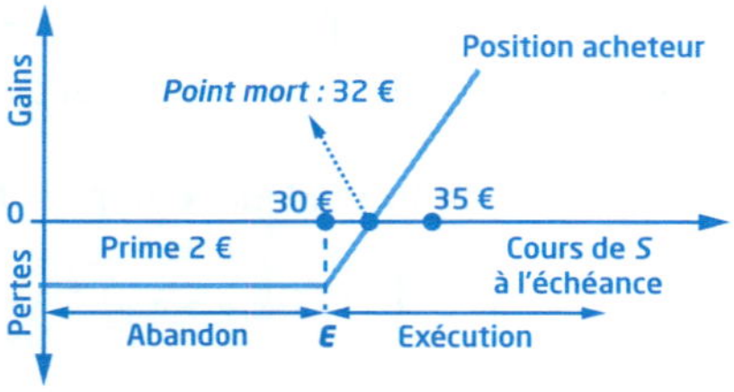

Au cours inférieur à 30, l'acheteur n'exerce pas le call et perd la prime de 2 €. Si le cours est au-delà du prix d'exercice *E*, 35 € par exemple, le call est exercé et le gain est de 35 – 2 = 33 € pour l'acheteur.

Figure 8. Position achat put

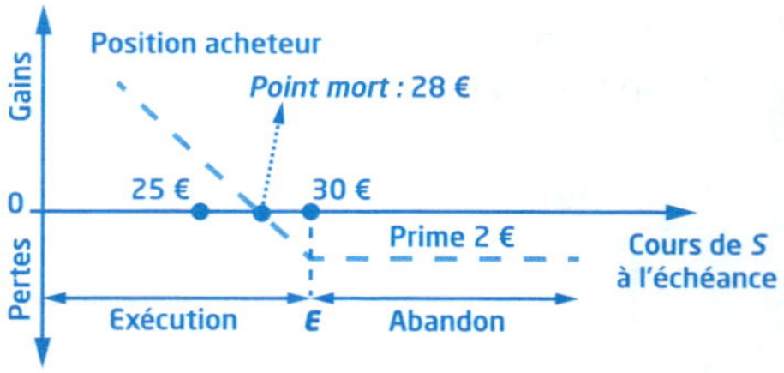

Au cours inférieur à 30, par exemple 25 €, l'acheteur exerce le put et gagne : 25 – 2 = 3 €. Si le cours est au-delà du prix d'exercice *E*, le put n'est pas exercé et la perte reste limitée à la prime de 2 €.

3.3 Les valeurs de l'option

L'option négociée fait l'objet d'une cotation et peut être exercée avant l'échéance lorsqu'elle est *américaine*. Comme sur tout marché, les titres sont cotés non pas par rapport à leur valeur présente mais en fonction des anticipations des opérateurs. Appliquée aux options, cette logique fait apparaître deux valeurs qui encadrent l'option entre son émission et son échéance : la valeur **intrinsèque** et la valeur **spéculative**.

À l'instant ***t***, avant échéance, la valeur d'un **call** se présente ainsi :

Figure 9. Valeur intrinsèque et valeur spéculative d'un call

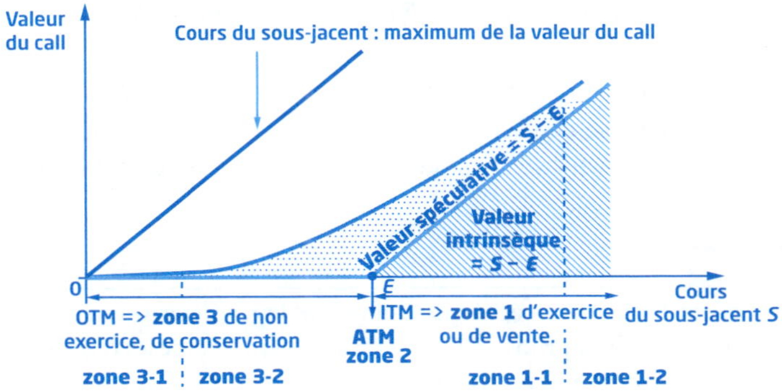

La valeur du cours de l'option d'achat ***C***, avant échéance, connaît trois limites :

– une limite **plancher** : la valeur de l'option ne peut être négative ; sinon, elle n'est pas exercée $\Rightarrow C \geq 0$;

– une limite **plafond** : la valeur de l'option ne peut dépasser la valeur du sous-jacent

S ⇒ *C* < *S* ⇒ **0 d *C* < *S*** ;

– une limite **plancher d'exercice** : l'option n'est exercée que si la valeur du sous-jacent est supérieure au prix d'exercice : $S > E$, la valeur de l'option $\boldsymbol{C = S - E}$.

Si tel n'était pas le cas - $C < S - PE$ -, une opération d'arbitrage se déclencherait. Les investisseurs auraient intérêt à acheter l'option et à l'exercer immédiatement et leur gain serait : $S - PE - C$. De tels mouvements entraînent une hausse du cours de l'option avant échéance jusqu'à ce que : $\boldsymbol{S - PE - C = 0 \Rightarrow C = S - PE}$.

Ce minimum est appelé **valeur intrinsèque** : valeur obtenue en cas d'exercice immédiat.

Trois zones distinctes apparaissent :

– la **zone 1** où *S* devient supérieur à *E* : l'option est dite dans la monnaie (*In The Money*, ITM) et sa valeur intrinsèque devient positive. Le détenteur du call peut exercer l'option ou la vendre car la valeur du call aura augmenté ;

– la **zone 2** où $S = E$: l'option est dite au pair ou à la monnaie (*At The Money*, ATM) et sa valeur intrinsèque est nulle. C'est le point mort, à partir duquel un gain devient possible ;

– la **zone 3** où *S* est inférieur à *E* : l'option est dite en dehors de la monnaie (*Out The Money*, OTM) et sa valeur intrinsèque est nulle (option non exercée et conservée).

Mais attention, ce dernier cas ne signifie pas pour autant que la valeur du call (la prime) est nulle. Elle est également fonction du niveau du sous-jacent - est-il très inférieur à *E* ? - et du temps ***t*** restant jusqu'à l'échéance ***T***. Cette seconde valeur du call est appelée **valeur temps ou valeur spéculative** (ou surcote). Elle est plus ou moins importante en fonction du niveau de *S* par rapport à *E* :

– en **zone 3-1** où *S* est très inférieur à *E* : étant OTM, la valeur intrinsèque est nulle, mais la valeur spéculative également car les opérateurs ne croient pas à la possibilité que *S* devienne supérieur à *E* ;

– en **zone 3-2** où *S* est modérément inférieur à *E* : la valeur intrinsèque reste nulle, mais *S* est suffisamment proche de *E* pour que les opérateurs spéculent à la hausse. La valeur de l'option n'est alors constituée que de la seule valeur spéculative puisque la valeur intrinsèque est nulle ;

– en **zone 1-1** : la valeur totale de l'option se partage entre valeur intrinsèque et valeur intrinsèque ;

– en **zone 1-2** : le cours de *S* est élevé et très supérieur à *E*. La valeur intrinsèque est importante et le potentiel de hausse de l'action est atteint. Une progression du gain potentiel (*S* - *E*) n'est pas envisageable. La valeur spéculative tend vers zéro et la valeur intrinsèque représente l'essentiel de la valeur du call.

EXEMPLE

Soit l'option L'Oréal à échéance juin, ayant les caractéristiques suivantes : prix d'exercice : 180 € ; cours de la prime : 5 €. En fonction des hypothèses envisagées du cours de l'action, la valeur du call se décomposera ainsi :

	Valeur intrinsèque	Valeur spéculative
Hypothèse 1 : cours de l'action à 184 €	184 – 180 = **4**	5 – 4 = **1**
Hypothèse 2 : cours de l'action à 174€	**174 < 180 ⇒ Option non exercée ⇒ valeur = 0**	**5 – 0 = 5**

Remarquons que la valeur totale de l'option ne change pas ; seule sa composition est modifiée. Ce constat est lié à la possibilité de ne pas exercer l'option quand S_1 est inférieur à *E*.

3.4 L'impact des déterminants sur la valeur des options

La valeur spéculative de l'option est impactée par l'évolution des déterminants. Les tableaux ci-dessous résument les relations pour une hausse de ceux-ci. Pour une baisse des déterminants, les analyses sont inverses.

Hausse des déterminants	Call	Put
Le cours du sous-jacent *S*	Le call **augmente**	Le put **diminue**
Le prix d'exercice *E*	Plus *E* est fixé à un niveau élevé par rapport au cours actuel de l'action, plus le sous-jacent aura du mal à le dépasser. La valeur du call va donc **baisser**.	Plus le niveau de *E* est grand, plus le cours de *S* aura de difficultés à aller au-delà de ce dernier. Le put s'en trouve valorisé à la **hausse**.
La date d'échéance *T*	Plus l'échéance ***T*** est lointaine, plus le cours du sous-jacent à des probabilités d'évoluer favorablement à la hausse ou à la baisse en fonction de la position de l'acheteur. Dans les deux cas, la valeur du call comme celle du put **augmentent**.	

La relation entre *T* et l'option mérite d'être d'approfondie par le schéma suivant :

Figure 10. Impact de l'échéance sur la valeur spéculative d'un call

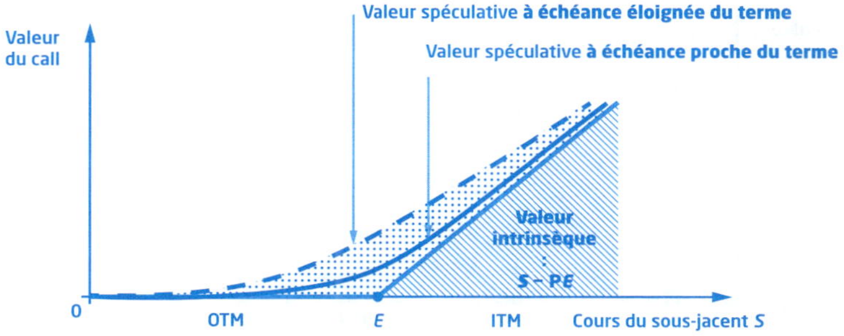

Plus l'échéance ***T*** est lointaine, plus la probabilité que ***S*** évolue favorablement (ici, qu'elle augmente par rapport à ***E***) est élevée. La valeur spéculative est donc valorisée mais reste fonction du niveau de ***S*** par rapport à ***E***.

Inversement, plus l'échéance est proche, plus la probabilité que ***S*** évolue favorablement est faible. La valeur spéculative a un maigre potentiel tout en restant fonction du niveau de ***S*** par rapport à ***E***. La valeur spéculative est donc bien une fonction décroissante du temps : plus on se rapproche de l'échéance, plus elle est faible et plus la valeur de l'option se rapproche de sa valeur intrinsèque. La courbe devient de plus en plus convexe et épouse davantage le segment de la valeur intrinsèque. Inversement, elle augmente avec une échéance lointaine ; c'est pourquoi on parle aussi de **valeur temps**.

Hausse des déterminants	Call	Put
Du taux sans risque : R_f	**Le call augmente** Acheter un *call* revient à différer un décaissement : la différence entre le cours de l'action et la prime. Ce non-décaissement peut être placé au taux sans risque, et ce d'autant plus que celui-ci est élevé.	**Le put diminue** Acheter un *put* revient à différer un encaissement (à ne pas vendre immédiatement le sous-jacent *S*). On ne peut donc pas profiter de la rémunération sans risque ; le *put* sera d'autant plus pénalisé que R_f est élevé.

Le déterminant suivant revient à introduire le risque propre au sous-jacent actions, à savoir la fluctuation de son cours par rapport à la moyenne. Il s'agit donc de la volatilité mesurée classique par l'écart type σ.

Comme pour la variable temps, elle fera l'objet d'un développement particulier.

Hausse des déterminants	Call	Put
De la volatilité de l'action : l'écart type σ	Plus la volatilité de l'action augmente, plus la probabilité que l'option, quelle qu'elle soit, devienne dans le marché, c'est-à-dire exerçable. La valeur de l'option, call ou put, **augmente**.	

La volatilité suit une distribution de probabilité de type loi normale. Plus elle est forte, plus la courbe de la loi se trouve étendue avec des écarts très importants par rapport à la moyenne.

Il est possible de schématiser le lien entre la forme de la loi et la valeur intrinsèque de la façon suivante :

Figure 11. Impact de la volatilité sur la valeur spéculative d'un call

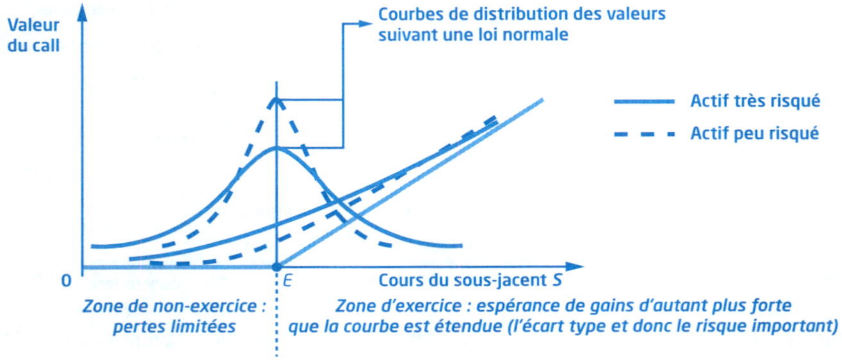

Ainsi, contrairement aux critères classiques (VAN, TIR...) où la hausse de la volatilité entraîne une augmentation du coût de l'investissement (du taux d'actualisation, donc une baisse de la valeur du projet), ici le risque est perçu positivement, comme une opportunité d'investissement. Ainsi, plus l'actif de support est volatile, plus le risque de l'option est important, ce qui accroît sa valeur (la courbe de la valeur spéculative sera plus éloignée de la valeur intrinsèque).

Nous pouvons à ce stade en déduire que, pour un même sous-jacent, une option de long terme est mieux valorisée qu'une option de court terme et qu'une option risquée l'est davantage qu'une option peu risquée. Sur ce dernier point, il est important de retenir que l'existence même de l'option est liée à la présence du risque. En univers certain, l'option aurait une valeur nulle car elle ne serait d'aucune utilité, les investisseurs n'auraient aucun doute sur l'évolution future du sous-jacent. La valeur de l'option est du reste nommée ***prime***, sous-entendu **prime de risque** ; l'option n'a en effet **pas d'autre valeur que son risque**. On comprend dès lors sa corrélation positive par rapport à celui-ci.

Hausse des déterminants	Call	Put
Des dividendes	Le versement des dividendes entraîne une baisse du cours du sous-jacent *S* et, conséquemment, une **diminution** du call.	La baisse du cours du sous-jacent *S* liée à la distribution des dividendes engendre une **hausse** du put.

3.5 La parité put-call ou l'équilibre de la valeur des options

Cette relation est en lien avec le principe d'**arbitrage** selon lequel deux titres générant les mêmes flux et dotés du même niveau de risque doivent avoir la même valeur. Appliqué aux options, cela se traduit par la parité put-call que l'on peut définir ainsi :

DÉFINITION

La parité put-call exprime le principe selon lequel un call et un put construits à partir du même sous-jacent, ayant un prix d'exercice identique et une date d'échéance semblable, doivent avoir la même valeur.

De ce principe découle la possibilité de déduire la valeur d'un call à partir de son put – et inversement. Si cet équilibre n'est pas respecté, une opération d'arbitrage d'achat-vente viendrait rétablir automatiquement l'égalité. Ce principe ne concerne que les options européennes, mais peut servir de base au calcul des écarts maximaux entre un put et un call américains de même actif de support, même prix d'exercice et même échéance.

Afin de formaliser cette parité, supposons une action dont le cours actuel est S_0 et qui, à l'échéance, prendra une valeur S_1. Un put est émis à partir de cette action. Sa valeur actuelle est P_0 et son prix d'exercice est E. Pour se couvrir contre le risque de perte, on souscrit un emprunt au taux sans risque R_f. Son montant est égal à la valeur actuelle du prix d'exercice $E / (1 + R_f)$. À l'échéance, on rembourse E, qui comprend le remboursement du capital et les intérêts. Les flux à l'échéance peuvent être combinés de manière à obtenir la valeur du call qui aurait les mêmes caractéristiques que le put :

	$S_1 > E$	$S_1 < E$
Valeur de l'action	S_1	S_1
+ Valeur du put	0	$(E - S_1)$
- Emprunt	E	E
= Position du call à l'échéance	$(S_1 - E)$	0

Autrement dit, **détenir un call** à l'échéance revient à **acheter une action** et **un put** sur cette action et **emprunter au taux sans risque** la valeur actuelle du prix d'exercice :

$C_1 = S_1 + P_1 - E \Leftrightarrow C_1 - P_1 = S_1 - E.$

La seconde relation signifie que, à l'équilibre, **l'achat d'un call et la vente d'un put reviennent à un achat à terme d'actions**. En début de période, la relation sera :

$C_0 = S_0 + P_0 - E / (1 + R_f) \Leftrightarrow C_0 - S_0 = P_0 - E / (1 + R_f).$

Cette formalisation permet de définir des équivalences entre les différents titres mobilisés :

$S_0 = C_0 - P_0 + E / (1 + R_f)$	Détenir une **action** revient à **acheter un call**, **vendre un put** et **octroyer un prêt** égal à la valeur actuelle du prix d'exercice.
$P_0 = C_0 - S_0 + E / (1 + R_f)$	Détenir un **put** revient à **acheter un call**, **vendre l'action** sous-jacente et **octroyer un prêt** égal à la valeur actuelle du prix d'exercice.
$E / (1 + R_f) = P_0 - C_0 + S_0$	Détenir un **actif sans risque** revient à **acheter un put**, **vendre un call** et **acheter l'action** sous-jacente.

D'autres combinaisons sont envisageables par une simple lecture logique de la formule de base.

3.6 Le suivi de la performance des options

Comme de nombreux titres financiers, les options sont soumises au risque de marché, c'est-à-dire au risque d'exposition (de surexposition), aux fluctuations qui touchent entre autres le sous-jacent mais aussi les taux d'intérêt. Leur gestion nécessite donc un suivi des performances et, en particulier, de leur sensibilité par rapport à ses principaux déterminants. Les opérateurs disposent d'une série de critères, appelés indicateurs grecs, capables de mesurer ces effets.

Indicateur	Interprétation	Formule
Le delta : δ **ou** Δ	Le delta δ d'une option mesure la sensibilité de son prix $\Delta \boldsymbol{P}$ à une variation donnée du cours du sous-jacent $\Delta \boldsymbol{S}$.	$\Delta = \Delta \boldsymbol{P} / \Delta \boldsymbol{S}$ avec $\delta_{Put} = \delta_{Call} - 1$
Le gamma : γ **ou** Γ	Le gamma γ d'une option rend compte de la **convexité** du prix d'une option en fonction du cours du sous-jacent. Il indique **l'intensité** à la hausse ou à la baisse de l'option par rapport à l'évolution du prix du sous-jacent.	$\Gamma = \Delta \boldsymbol{P} / \Delta \boldsymbol{S}^2$ *c'est-à-dire la dérivée seconde de* P *par rapport à* S
Le thêta : θ **ou** Θ	Le thêta θ d'une option détermine la sensibilité du prix $\Delta \boldsymbol{P}$ de l'option lorsque évolue sa maturité $\Delta \boldsymbol{T}$. Comme $\Delta \boldsymbol{P}$ diminue quand on se rapproche de l'échéance, θ est dans la plupart des cas **négatif** (1).	$\theta = \Delta \boldsymbol{P} / \Delta \boldsymbol{T}$
Le rhô : ρ **ou** P	Le rhô ρ d'une option correspond au taux de variation de la valeur de la prime $\Delta \boldsymbol{P}$ en fonction du taux d'intérêt $\Delta \boldsymbol{r}$.	$\rho = \Delta \boldsymbol{P} / \Delta \boldsymbol{r}$
Le vega ν	Le vega ν d'une option mesure sa sensibilité $\Delta \boldsymbol{P}$ à la variation de la volatilité $\Delta\sigma$ de son sous-jacent (sensibilité théorique du modèle Black-Scholes-Merton, même s'ils font l'hypothèse d'un σ constant).	$\nu = \Delta \boldsymbol{P} / \Delta\sigma$ avec $\sigma_{Put} = \sigma_{Call}$

(1) Il existe un lien entre *S* et θ : pour un call, quand *S* est hors monnaie et très faible, θ est proche de 0 ; quand *S* atteint le prix d'émission *E*, θ est à un optimum négatif. Au-delà, θ reste négatif mais pour des valeurs de moins en moins faibles.

3.7 La détermination de la valeur des options

a. Le problème de l'appréhension du risque

Les méthodes traditionnelles d'évaluation sont fondées sur la prévision des flux futurs de trésorerie et la détermination d'un coût d'opportunité du capital mesurant le risque du projet. Les flux futurs des options peuvent être appréhendés de la même façon mais pas leur risque. S'il peut être considéré comme stable dans le temps pour un actif, le risque d'une option est beaucoup plus instable car :

– il se modifie lors de chaque variation de cours de l'actif sous-jacent : lorsque pour un call le cours de *S* devient de plus en plus supérieur à *E*, le risque de l'option diminue - et inversement ;

– la variation du sous-jacent par rapport au prix d'exercice suit un processus aléatoire pendant toute la durée de vie de l'option.

Autrement dit, il faudrait envisager un taux d'actualisation différent pour chaque variation du sous-jacent, soit autant de taux que de variations.

Le niveau de risque n'étant pas stable, sa valorisation devient difficile. L'incertitude pesant sur l'évolution du sous-jacent par rapport au prix d'exercice vient en outre s'ajouter au risque du sous-jacent. C'est pourquoi l'option est toujours plus risquée que l'actif sous-jacent, son bêta (risque systématique) et son écart type sont plus élevés. En réalité, et comme nous l'avons souligné précédemment, l'option est une prime de risque.

L'évaluation de l'option va toutefois être possible par application du double principe d'arbitrage/duplication qui permet de reconstituer les caractéristiques de l'option à partir d'un portefeuille de titres dont la valeur est plus facile à appréhender, à savoir une certaine proportion d'actions et un emprunt au taux sans risque.

b. La solution : la duplication de l'option et le raisonnement d'arbitrage

La duplication

DÉFINITION

La duplication est un principe selon lequel tout actif financier (action, obligation, option…) peut être répliqué par la construction d'un portefeuille constitué d'actifs risqués (actions) et d'actifs sans risque (obligations d'État) qui présentera la même rentabilité et le même niveau de risque.

L'option peut ainsi être synthétisée à partir d'un portefeuille composé d'actions (souvent le sous-jacent lui-même) et d'un emprunt au taux sans risque pour la parité put-call.

L'arbitrage

DÉFINITION

L'arbitrage consiste à se positionner simultanément acheteur et vendeur sur deux actifs financiers qui sécrètent des flux futurs identiques et une même rentabilité mais dont le prix diffère, ce qui permet de bénéficier de profits d'opportunités.

Les mouvements d'achat et de vente se poursuivent jusqu'à ce qu'il n'y ait plus de possibilités de réaliser ces profits. À l'équilibre et sur un marché efficient, les prix de ces deux actifs sont identiques.

Deux modèles de valorisation des options se construisent à partir de ces deux principes :

– le modèle de **Black, Scholes et Merton** (1973) en temps continu ;

– le modèle binomial de **Cox, Ross et Rubinstein** (1973) en temps discret.

Outre le recours du double principe duplication/arbitrage, ces modèles supposent que les options sont européennes, que les taux de rendement et la volatilité de l'action sous-jacente sont constants, que l'action n'entraîne pas de distribution de dividendes (cela n'influence donc pas sa cotation), qu'il n'y a pas de coûts de transaction sur le marché. Les investisseurs sont considérés comme étant neutres au risque : ils n'ont pas de préférence par rapport au niveau de celui-ci. Le sous-jacent a autant de probabilités de monter que de baisser.

c. L'évaluation par le modèle de Black et Scholes (1973)

Black et Scholes envisagent une infinité de périodes pendant la durée de vie de l'option, et donc une infinité de cours possibles du sous-jacent. Dans ce cas, la distribution des variations du sous-jacent suit une **loi normale.** Celle-ci centralise la majeure partie des cours autour de la moyenne et suppose que les variations extrêmes ont peu de chances de se réaliser. Le risque de l'option peut ainsi être évalué par l'utilisation de la loi normale centrée réduite de moyenne nulle et d'écart type 1. Le taux d'actualisation retenu est le taux continu (e^{-R_f}).

Le modèle applique **le double principe duplication/arbitrage** :

– **acheter un call** revient à acquérir une proportion $N(d1)$ d'actions $\boldsymbol{S}$ et à couvrir celles-ci par une part $N(d2)$ d'emprunt $\boldsymbol{E}$ au taux sans risque continu $\boldsymbol{R_f}$ pour une durée à échéance de $\boldsymbol{\Delta T}$:

$$Call = S \times N(d1) - E.e^{-R_f.\Delta T} \times N(d2)$$

– **acheter un put** revient à vendre $N(d1)$ actions ***S***, à se couvrir une part $N(d2)$ de prêt ***E*** :

$Put = -S \times N(-d1) + E.e^{-R_f.\Delta T} \times N(-d2)$

Les proportions $N(d1)$ et $N(d2)$ sont interprétées et construites de la façon suivante :

$N(d1)$ est la proportion d'actifs à détenir dans le portefeuille, soit la probabilité qu'une variable centrée réduite soit ≤ à ***d1*** fois l'écart type au-dessus de la moyenne si ***d1* > 0** ou au-dessous de la moyenne si ***d1* < 0**.

$N(d2)$ est la part d'emprunt actualisé à R_f à détenir, soit la probabilité qu'une variable centrée réduite soit ≤ à ***d2*** fois l'écart type au-dessus de la moyenne si ***d2* > 0** ou au-dessous de la moyenne si ***d2* < 0**.

$N(d1)$ **et** $N(d2)$ prennent des valeurs comprises entre 0,5 et 1, traduisant le fait qu'il existe 50 % de probabilités que la variable soit inférieure à la moyenne. Seule la moitié du risque est prise en compte car, en cas d'évolution défavorable du sous-jacent, l'option n'est pas exercée [▶ FIGURE 7].

d1* et *d2 sont des variables qui dépendent de la volatilité de l'actif sous-jacent σ et du temps restant jusqu'à l'échéance ΔT. Elles sont estimées par la loi normale centrée réduite et les probabilités qui leur sont associées, respectivement $N(d1)$ et $N(d2)$. Elles sont directement extraites de la table de répartition $P(T \leq t)$, avec $d1 = t$.

Elles sont construites de telle sorte que pour ***d1*** :

– si la volatilité de l'actif sous-jacent σ augmente (pour un intervalle de temps ΔT donné), $N(d1)$ s'accroît (tend vers 1) et **valorise ainsi l'option** ;

– si l'intervalle de temps augmente (pour une volatilité donnée), $N(d1)$ s'accroît et **valorise l'option**.

Nous retrouvons ainsi l'influence de ces deux déterminants déjà évoqués au point 3-4 qui veulent que l'option de long terme ou très risquée soit mieux valorisée que l'option de court terme ou peu risquée.

d2 est fonction de ***d1*** et sert à la **valorisation de l'emprunt** de couverture. Il assure l'absence d'opportunités d'arbitrage et l'équilibre du portefeuille.

EXEMPLE

Soit un call dont le prix d'exercice ***E*** est 60 €, d'échéance à 3 mois. Nous considérons que le cours varie 1 fois par mois. Le taux d'intérêt sans risque est de 3 %. Le cours de l'action à la date d'achat du call est de 55 €. La volatilité du titre est de 20 %. Nous raisonnerons en convention 360/360, soit 12 mois de 30 jours. La valeur du call est telle que :

$Call = S.N(d1) - E.e^{-R_f.\Delta T}.N(d2)$

avec $S = 55$; $R_f = 3\ \%$; $E = 60$; $\Delta T = (3 / 12) / 3$ périodes de cotation $\Rightarrow \Delta T = 0{,}0833$; $\sigma = 0{,}20$.

$$d1 = \frac{\ln\frac{S}{E} + \left(R_f + 0{,}5.\sigma^2\right).\Delta T}{\sigma.\sqrt{\Delta T}} \Rightarrow d1 = \frac{\ln\frac{55}{60} + \left(0{,}03 + 0{,}5 \times 0{,}20^2\right) \times 0{,}0833}{0{,}20 \times \sqrt{0{,}0833}} \Rightarrow d1 = -0{,}7451$$

$$d2 = d1 - \sigma.\sqrt{\Delta T} \Rightarrow d2 = -0{,}7451 - 0{,}20 \times \sqrt{0{,}0833} \Rightarrow d2 = -0{,}8452$$

$$N(d1) = P(N \leq + d1) \Rightarrow P(d1) = P(N \leq -0{,}7451) = 1 - P(N \leq 0{,}07451)$$

$$N(d2) = P(N \leq + d2) \Rightarrow N(d2) = P(N \leq -0{,}8452) = 1 - P(N \leq 0{,}8452)$$

Extrait de la table de la loi normale centrée réduite pour $N(d1) = P(N \leq +d1)$:

d	..,.4	..,.5	..,.6
0,7	0,770 4	0,773 4	0,776 4
0,8	0,799 5	0,802 3	0,805 1

Un raisonnement par interpolation linéaire permet d'approcher les probabilités $N(d1)$ *et* $N(d2)$

$$\left.\begin{array}{l} P(N \leq 0{,}74) = 0{,}7704 \\ P(N \leq 0{,}7451) = x \\ P(N \leq 0{,}75) = 0{,}7734 \end{array}\right\} \frac{0{,}7451 - 0{,}74}{0{,}75 - 0{,}74} = \frac{x - 0{,}7704}{0{,}7734 - 0{,}7704} \Rightarrow x \cong 0{,}772 \Rightarrow 1 - N(d1) = 0{,}772$$

$$\Rightarrow N(d1) = 0{,}228$$

$$\left.\begin{array}{l} P(N \leq 0{,}84) = 0{,}7995 \\ P(N \leq 0{,}8452) = x \\ P(N \leq 0{,}85) = 0{,}8023 \end{array}\right\} \frac{0{,}8452 - 0{,}84}{0{,}85 - 0{,}84} = x\frac{x - 0{,}7995}{0{,}8023 - 0{,}7995} \Rightarrow x \cong 0{,}801 \Rightarrow 1 - N(d2) = 0{,}801$$

$$\Rightarrow N(d2) = 0{,}199$$

$$Call = S.N(d1) - E.e^{-R_f.\Delta T}.N(d2)$$
$$Call = 55 \times 0{,}228 - 60 \times e^{-0{,}03 \times 3/12} \times 0{,}199 \cong 0{,}69$$

---

d. L'évaluation par la méthode binomiale

Cette méthode est également basée sur le principe duplication/arbitrage avec risque neutre. Cette hypothèse signifie que, techniquement, le risque est intégré dans les probabilités et non dans le taux d'actualisation qui sera précisément le taux sans risque. Contrairement à la méthode précédente, les auteurs ont ici recours à la loi binomiale qui est une loi discrète, c'est-à-dire qui découpe le temps en *n* périodes. À chacune d'entre elles, le sous-jacent peut augmenter avec une probabilité $\boldsymbol{P_u}$ ou diminuer avec la probabilité complémentaire $\boldsymbol{P_d = 1 - P_u}$.

Ces probabilités risque-neutres sont déterminées à partir des coefficients de hausse (*u*) et de baisse (*d*) qui, sur ***n*** périodes, s'appliquent de la façon suivante à la valeur actuelle S_0 de l'action afin d'obtenir l'**arbre binomial** :

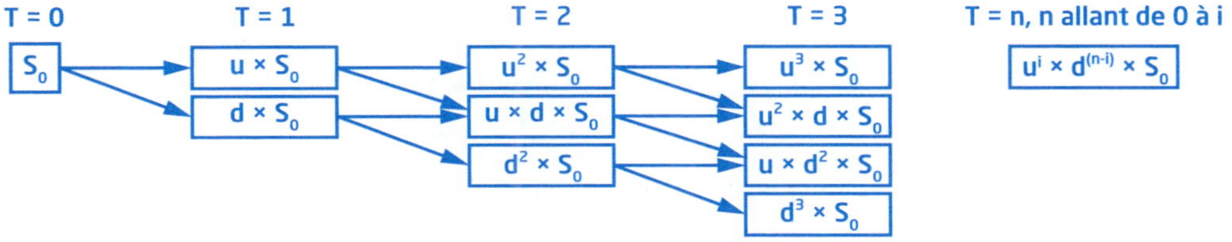

Le paramètre de hausse $u = e^{\sigma\sqrt{\Delta t}}$

Le paramètre de baisse $d = {}^{1}/_{u} \Rightarrow d = 1 / e^{\sigma\sqrt{\Delta t}} \Rightarrow d = e^{-\sigma\sqrt{\Delta t}}$.

La probabilité risque-neutre de hausse $p_u = \dfrac{a-d}{u-d}$ et la probabilité risque-neutre de baisse $p_d = \dfrac{u-a}{u-d}$, avec a le taux continu équivalent sans risque, fonction de la période restante jusqu'à l'échéance : $a = e^{R_f.\Delta T}$.

EXEMPLE

Reprenons le call du dernier exemple avec $E = 60$ €, d'échéance 3 mois. Nous considérons que le cours varie 1 fois par mois. $R_f = 3$ %, $S_0 = 55$ € ; $\sigma = 0{,}20$; convention 360/360.

Calculons les paramètres utiles pour appliquer la méthode binomiale :

$S_0 = 55$; $E = 60$; $\Delta T = (3 / 12) / 3$ périodes de cotation $\Rightarrow \Delta T = 0{,}0833$; $\sigma = 0{,}20$.

Le paramètre de hausse $u = e^{\sigma\sqrt{\Delta t}} \Rightarrow u = e^{0,20\sqrt{0,0833}} \Rightarrow u = 1{,}0594$.

Le paramètre de baisse $d = e^{-\sigma\sqrt{\Delta t}} \Rightarrow d = e^{-0,20\sqrt{0,0833}} \Rightarrow d = 0{,}9439$.

Pour une capitalisation au taux sans risque à : $a = e^{R_f \cdot \Delta T} \Rightarrow a = e^{0,03 \times 0,0833} \Rightarrow a = 1{,}0025$.

Déterminons l'arbre binomial des états du monde (des événements) sur nos trois périodes, obtenu par simple application des coefficients :

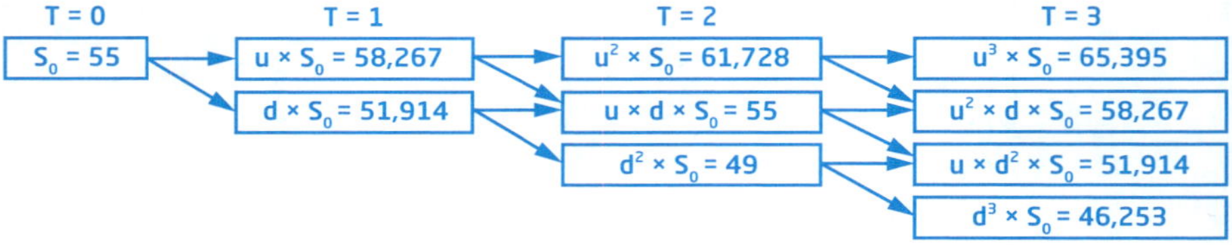

Déterminons l'arbre binomial des décisions par induction arrière, c'est-à-dire en commençant par les valeurs d'échéance à 3 mois. La valeur d'exercice étant de 60 €, l'opérateur va maximiser ses revenus en levant ou non son option.

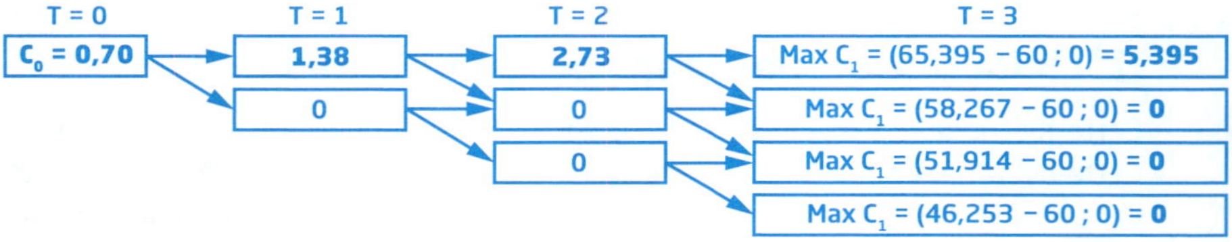

Pour $T = 2$, il convient de déterminer l'espérance de gain actualisée en fonction des probabilités risque-neutres :

Pour le premier nœud :

$(p_u \times 5{,}395 + p_d \times 0).\ e^{-0,03 \times 0,0833}$

avec $p_u = \dfrac{a-d}{u-d} \Rightarrow p_u = \dfrac{1{,}0025 - 0{,}9439}{1{,}0594 - 0{,}9439} \Rightarrow p_u = 0{,}5074$ et $p_d = 1 - P_u \Rightarrow P_d = 0{,}4926$

$(0{,}5074 \times 5{,}395 + 0{,}5926 \times 0).\ e^{-0,03 \times 0,0833} = 2{,}73$

Le même principe de calcul s'applique pour $T = 1$:

$(0{,}5074 \times 2{,}73 + 0{,}5926 \times 0).\ e^{-0,03 \times 0,0833} = 1{,}38$

En $T = 0$, nous obtenons la valeur du call :

$C_0 = (0{,}5074 \times 1{,}38 + 0{,}5926 \times 0).\ e^{-0,03 \times 0,0833} \Rightarrow C_0 = 0{,}70$

soit une valeur très proche de ce qui avait été trouvé avec le modèle Black, Scholes et Merton du dernier exemple.

Schéma de synthèse

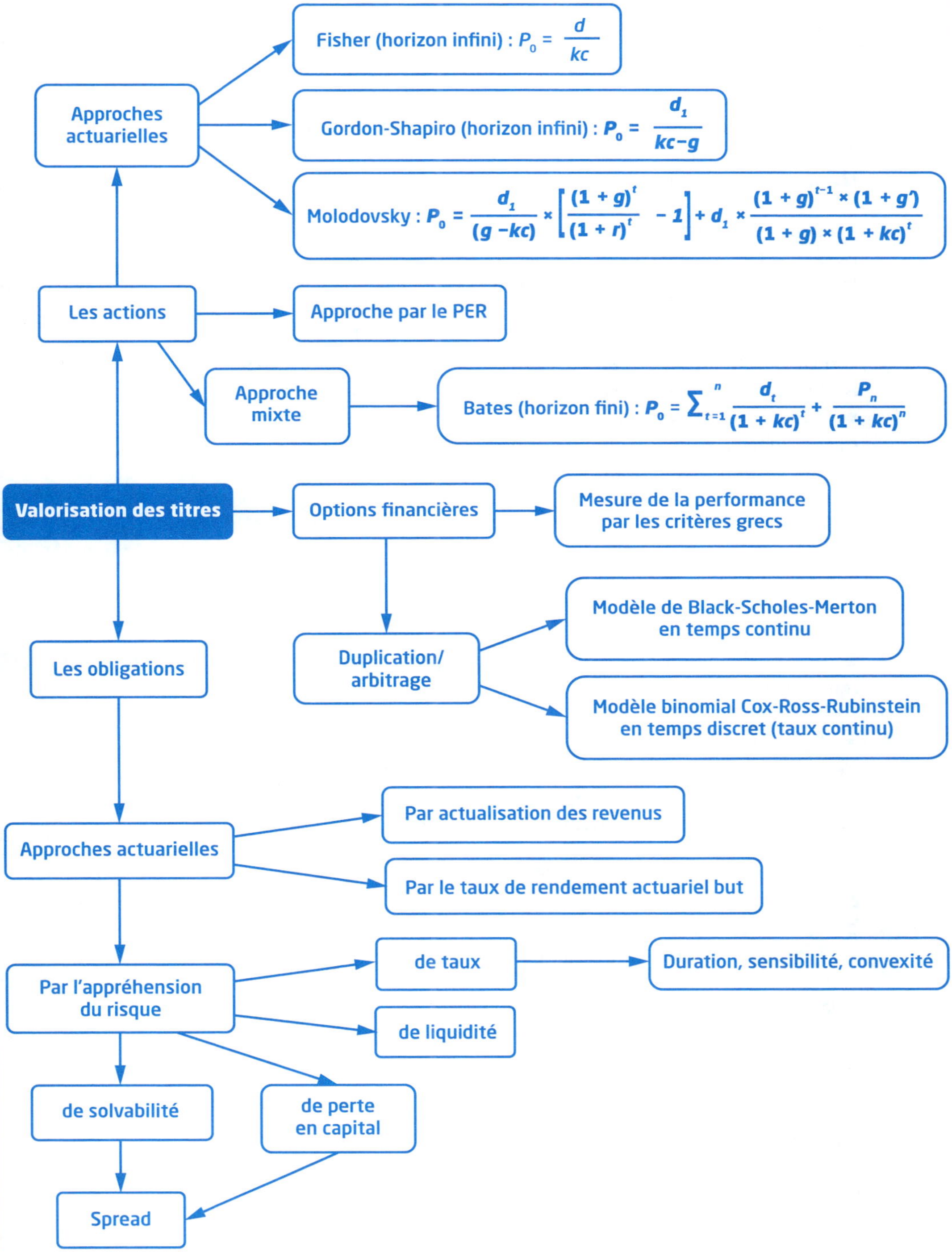

QCM

1. Le rendement exigé d'une action est d'autant plus grand que :
- **a.** la moyenne des dividendes versés est élevée.
- **b.** le taux de croissance de l'activité de l'entreprise est fort.
- **c.** l'horizon temporel retenu est éloigné.
- **d.** la liquidité du titre est faible.

2. La valeur de l'obligation est d'autant plus forte que :
- **a.** le rendement requis des créanciers est élevé.
- **b.** l'échéance de remboursement est proche.
- **c.** sa duration est forte.

3. Parmi les affirmations suivantes, quelles sont celles qui sont vraies ?
- **a.** La duration augmente quand le rendement requis diminue.
- **b.** La duration diminue au fur et à mesure que l'obligation se rapproche de son terme.
- **c.** Les investisseurs qui anticipent une baisse des taux d'intérêt ont intérêt à investir dans des obligations à long terme à forte duration.

4. Parmi les affirmations suivantes, quelles sont celles qui sont vraies ?
- **a.** Une obligation de sensibilité de –5 % signifie que si le rendement requis augmente de 5 %, l'obligation diminue de 1 %.
- **b.** La sensibilité est un critère de mesure du risque de taux plus approprié lorsque l'échéance de l'obligation est lointaine.
- **c.** Une obligation à forte convexité sera plus rapidement impactée par une variation du rendement requis.

5. Parmi les affirmations suivantes, quelles sont celles qui sont vraies ?
- **a.** L'acheteur d'un put anticipe une baisse modérée du sous-jacent.
- **b.** Le vendeur d'un call anticipe une forte baisse du sous-jacent.
- **c.** Le vendeur d'un put anticipe une forte hausse du sous-jacent.

6. La parité put-call permet d'envisager les combinaisons possibles :
- **a.** détenir une action revient à acheter un call, vendre un put et contracter un prêt.
- **b.** vendre un call revient à vendre une action, vendre un put et contracter un prêt.
- **c.** contracter un emprunt revient à vendre une action, acheter un put et vendre un call.

7. La valeur d'un put est d'autant plus faible que :
- **a.** la volatilité du sous-jacent est faible.
- **b.** l'échéance est proche.
- **c.** le taux sans risque est faible.

8. La valeur d'un call est d'autant plus forte que :
- **a.** son échéance est lointaine.
- **b.** la volatilité du sous-jacent est forte.
- **c.** la valeur du prix d'émission est élevée par rapport au sous-jacent.

Applications

EXERCICE GUIDÉ

Évaluation et analyse d'une obligation classique

Le 10 mars *N*, la société Farman émet un emprunt de 200 000 obligations pour un prix d'émission de 397 €, valeur faciale 400 €, qui sera rémunéré par un taux nominal de 7,5 %. Le remboursement est prévu au pair, *in fine* le 10 mars *N* + 6. Le taux actuariel est affiché à 7,66 %. La convention est en Exact/Exact, avec 2 jours ouvrés.

Le *rating* du titre est le suivant : Aa2 par Moody's ; AA+ par Fitch Ratings.

1. Après avoir caractérisé l'émission de l'emprunt, vérifiez le taux actuariel et expliquez la raison pour laquelle il est supérieur au taux facial.

Le 15 juin *N* + 1, qui est un jeudi, la cotation est à 110,93 sans autre précision sur le coupon.

2. Précisez la cotation du coupon en pourcentage du nominal et en valeur.

3. À combien se monte le coût d'acquisition de l'obligation à cette date ?

4. Quelle sera la valeur des obligations, 1 an après l'émission, pour un taux de marché de 6,82 % ?

5. Cette obligation vous semble-t-elle supporter un risque de taux important ?

6. Ce risque de taux aurait-il été le même avec une échéance plus lointaine ? (Justifier.)

7. Les notations dont bénéficie la société sont-elles de nature à rassurer les investisseurs pour tous les types de risque ?

CORRIGÉ COMMENTÉ

MÉTHODE

Cet exercice suppose une bonne maîtrise des formules du cours ainsi que des analyses. En niveau DSCG, le candidat est avant tout testé sur ses capacités d'analyse, de prise de recul, sur ses qualités rédactionnelles : savoir s'exprimer clairement, de manière structurée et concise. Ses compétences purement techniques ont déjà été sanctionnées en DCG (ou équivalent).

Le présent exercice ne présente donc pas de difficultés techniques particulières, mais il nécessite une bonne compréhension des formalisations d'évaluation des obligations et une lecture attentive de l'énoncé et des questions. Afin de s'assurer de la bonne compréhension des questions, vous pouvez adopter la technique qui consiste à se les réapproprier en les reformulant au fur et à mesure de leur résolution.

L'utilisation des termes techniques appropriés est une nécessité.

1. Caractéristiques de l'emprunt, vérification et analyse du taux actuariel.

Il s'agit d'un emprunt émis au-dessous du pair mais remboursable au pair, en totalité en fin de période. Son coupon annuel se monte à 400 € × 7,5 % = **30 €**. La prime d'émission est de : 400 - 397 = **3 €** par titre émis.

Le taux actuariel affiché, k_{dr}, de 7,66 % vérifie l'équation suivante :

$$397 = 30 \times \frac{1-(1+k_{dr})^{-6}}{k_{dr}} + \frac{400}{(1+k_{dr})^{6}}$$

Le taux actuariel est supérieur au taux facial en raison de l'émission au-dessous du pair. Les souscripteurs bénéficient d'une prime d'émission qui vient s'ajouter aux revenus tirés des seuls intérêts. Cela explique pourquoi ce taux est supérieur au taux nominal.

2. Cotation du coupon en pourcentage du nominal et en valeur.

MÉTHODE

Ne pas hésiter à s'aider d'un axe des temps en cas de doute (▶ cours).

Le coupon est coté selon une logique de taux proportionnel. Il détermine le nombre de jours exacts entre la date de la dernière échéance (10 mars *N*) et la date de cotation du 15 juin *N* + 1 : (31 - 10) + 30 + 31 + 15 = 97 jours auxquels s'ajoutent les 2 jours ouvrés : vendredi + samedi (non ouvré) + dimanche (non ouvré) + lundi = 4 jours, soit un total de 101 jours. Le coupon couru est donc évalué à :

30 × 101 / 365 = **8,30 €** ou 7,5 % × 101 / 365 = **2,07 %** (ou 8,75 / 400)

3. Coût d'acquisition de l'obligation.

L'obligation est cotée au pied du coupon, son coût d'acquisition s'élève donc à :

400 × (110,93 % + 2,07 %) = **452 €**

4. Valeur des obligations, 1 an après l'émission, pour un taux de marché de 6,82 %.

ATTENTION Le taux de marché correspond au rendement requis des créanciers. Il va servir de taux d'actualisation pour déterminer la valeur de l'obligation à cette date (donc pour une échéance qui n'est plus qu'à 5 ans) :

$$V_0 = 30 \times \frac{1-1{,}0682^{-5}}{0{,}0682} + \frac{400}{1{,}0682^{5}} \Rightarrow V_0 \cong 411{,}21\ €$$

Le taux d'intérêt ayant baissé, l'obligation voit sa valeur augmenter.

5. Analyse du risque de taux.

MÉTHODE

Il s'agit d'une question ouverte, c'est-à-dire qui ne suggère pas explicitement les outils à utiliser. La résolution n'est pas forcément compliquée, mais elle suppose de savoir faire le lien entre la problématique posée et les outils appropriés, à savoir ici le risque de taux qui se gère grâce aux durations.

Les exemples du cours aident à la compréhension des modèles, des théories, et proposent également une méthodologie de résolution qu'il est bon de retenir. Ainsi, le calcul de la duration ne pose pas de problème particulier si on s'inspire du tableau préconisé lors de l'illustration.

Toutes les obligations se trouvent soumises à un risque de fluctuation des taux. Pour mesurer le degré d'exposition de l'obligation à ce risque, nous pouvons recourir aux critères de duration :

Date	(1) Durée d'actualisation	Flux : coupon	Flux actualisé à 8,5 %	(2) Proportion des flux actualisés	(3) Durée pondérée = (1) × (2)
10 mars 2012	1	30	28,08	6,83 %	0,07
10 mars 2013	2	30	26,29	6,39 %	0,13
10 mars 2014	3	30	24,61	5,99 %	0,18
10 mars 2015	4	30	23,04	5,60 %	0,22
10 mars 2016	5	430	309,18	75,19 %	3,76
		Somme	**411,21** →	**100 %**	**4,36**

La duration de l'obligation est de **4,36** ans, soit 4 ans et un peu plus de 4 mois, c'est-à-dire moins de 8 mois avant le terme de l'emprunt.

La duration modifiée (sensibilité) se monte à $S = -4{,}36 / 1{,}0682 \Rightarrow S = -4{,}08\ \%$

L'emprunt obligataire s'avère donc relativement sensible à la fluctuation des taux. Pour une variation de 1 %, le cours de l'obligation varie en sens inverse de 4,08 %.

MÉTHODE

Les questions 6 et 7 mobilisent les analyses présentées dans la partie « Cours ». La difficulté n'est pas tant de les maîtriser que de savoir les restituer de manière claire et concise (il faut s'y entraîner). Il ne s'agit pas, pour la question 7 par exemple, de développer l'ensemble des autres risques évoqués en cours ; ce serait trop chronophage et presque hors sujet. Il convient de toujours bien resté centré sur la question, en lien avec le cas d'étude, et d'éviter de retranscrire le contenu d'un cours sans y apporter d'adaptation.

6. Évolution du risque de taux pour une échéance plus lointaine.

Avec une échéance plus lointaine, la valeur de l'obligation augmente, ce qui génère un taux actuariel plus faible et par conséquent une duration plus forte. Plus éloignée de sa date de remboursement, l'obligation aurait été logiquement considérée comme plus risquée : soumise plus longtemps au risque de taux.

7. Le rôle des notations de l'emprunt.

Au-delà du risque de taux, l'obligation est soumise à d'autres types de menaces et notamment au problème de solvabilité : de non-recouvrement de la créance à l'échéance. Les bonnes notes dont la société bénéficie sont de ce point de vue de nature à rassurer les investisseurs. Elles ne présagent pas, en revanche, de l'exposition au **risque de taux**, **de la perte en capital** (de moins-value en cas de cession avant l'échéance) ou **de la liquidité** (la difficulté à trouver un acheteur pour une vente avant terme).

EXERCICES

1. Évaluation de l'action et analyse ⌛ 30 minutes ★★

La société Géraldini présente un bénéfice par action (BNPA) de 6 €. Le *Price Earning Ratio* (PER) du secteur dans lequel elle évolue est estimé à 15.

1. Quel est le prix théorique de l'action Géraldini ?

2. À combien se monte le rendement requis théorique ?

L'action est actuellement cotée à 80 € et le rendement requis des actionnaires à 8 %. Vous apprenez par ailleurs que l'entreprise s'est endettée afin de financer sa croissance externe en lien avec une stratégie d'internationalisation.

3. S'agit-il d'une bonne opportunité de placement ? (argumenter en une douzaine de lignes, en analysant notamment les éventuelles opportunités de croissance).

Selon d'autres sources, vous apprenez que la société Géraldini va prochainement verser un dividende par action de 5,50 €. On peut raisonnablement anticiper une croissance à horizon infini de l'activité de 2 %.

4. Ces informations sont-elles de nature à confirmer l'évaluation théorique de l'action déterminée en question 1 ?

2. Évaluation d'une obligation zéro coupon ⌛ 1 heure ★★

Soit une obligation d'État zéro coupon à échéance 10 ans, de nominal 100 000 €. Le taux d'intérêt du marché est de 5 %.

1. Déterminer la valeur de cette obligation zéro coupon ainsi que sa duration.

2. Sachant que le taux diminue de 50 points de base (0,50 %), évaluer la valeur de l'obligation.

3. Est-il possible de disposer de critères plus précis, voire plus fiables, pour évaluer la duration de l'obligation ? Quel en est l'intérêt ? Tester l'hypothèse d'un rendement requis de 4,50 %.

CAS DE SYNTHÈSE 1

Dossier 1 : réflexion

Sujet : Théorie financière

Travail à faire — 1 heure

À l'aide de vos connaissances, il vous appartient de répondre à la question suivante :

« le MEDAF (le Modèle d'Equilibre des Actifs financiers) a fait l'objet de vives polémiques. Présentez l'intérêt et les limites de ce modèle ainsi que les alternatives existantes »

Il est attendu de la part du candidat de répondre de manière précise et structurée à la question posée.

Il est demandé de limiter votre réponse à 4 pages au maximum sur voter copie d'examen.

Dossier 2 : gestion de portefeuille d'actifs

Monsieur et Madame Durand, gérants d'une SARL, réfléchissent à un placement financier pour une partie de la trésorerie de leur entreprise : 50 000 €. Monsieur Durand estime que l'opération la plus judicieuse serait d'en investir 60 % dans l'action A et le reste dans l'action B. Le coefficient de corrélation entre ces deux titres est 0,20. Les prévisions de rentabilité et de risque sont les suivantes :

Titres	A	B
Rentabilités attendues en %	10 %	15 %
Ecarts types en %	15 %	18 %

Madame Durand propose plutôt un placement également réparti entre les actions C et D dont le coefficient de corrélation est de 0,50 et dont les caractéristiques sont :

Titres	C	D
Rentabilités attendues en %	12 %	10 %
Ecarts types en %	16 %	4 %

Le taux annuel sans risque est de 8,22 %.

Travail à faire — 1 heure

1. Déterminez la rentabilité et le risque de chacun des deux portefeuilles.

2. Proposez un critère permettant d'orienter le choix financier des époux entre les deux portefeuilles qu'ils envisagent.

Ne parvenant pas à se mettre d'accord, ils réfléchissent à la possibilité de constituer un portefeuille composé des 4 actions.

3. Les 4 actions ont-elles le même intérêt ?

Ils sont finalement tentés par l'action C mais préfèreraient ne pas exposer l'entreprise à plus de 12 % de risque.

4. Faites leur une proposition concrète.

Ils tranchent pour un portefeuille P combinant 50 % du titre C et 50% d'actif sans risque

5. Pour une aversion au risque α = 1,48, le montant disponible est-il à peu près optimal ?

Vous utiliserez la formule : $x = \frac{1}{2.\alpha} \times \frac{R_p - R_f}{\sigma_p^2}$ avec R_f : le taux sans risque, R_p le rendement du portefeuille P, σ^2_p la variance du portefeuille P et x le coefficient multiplicateur de la valeur du placement.

Diagnostic financier des comptes consolidés

Chapitre 6

À l'heure où les entreprises des pays occidentaux sont ancrées dans une dynamique de mondialisation à travers la globalisation des échanges internationaux, savoir analyser et interpréter les informations comptables et financières issues des comptes consolidés constitue une nécessité. L'analyse de ces comptes se distingue quelque peu de l'analyse des comptes sociaux, dans la mesure où ils se caractérisent par leur complexité et leur technicité qui rendent souvent l'analyse et l'interprétation des informations diffusées difficiles. Dès lors, l'établissement du diagnostic financier des groupes nécessite d'utiliser des méthodologies spécifiques et de s'attarder sur des points non abordés dans le cadre du diagnostic des comptes sociaux.

1. Les spécificités des comptes consolidés

L'établissement du diagnostic financier d'un groupe nécessite une maîtrise parfaite des règles qui entourent l'établissement des comptes consolidés[1]. En effet, sans cette maîtrise préalable, le diagnostic ne serait qu'un compte rendu superficiel de l'état financier du groupe étudié.

1.1 Rappel règlementaire

a. Qui doit établir des comptes consolidés ?

Toutes les sociétés commerciales qui contrôlent de manière exclusive ou conjointe une ou plusieurs autres sociétés, ou qui exercent sur celles-ci une influence notable, sont tenues d'établir des comptes consolidés (art. L. 233-16 du code de commerce). Cependant, pour les sociétés qui n'émettent pas de titres sur un marché règlementé, l'obligation d'établir des comptes consolidés est levée si l'ensemble constitué par la société mère et les sociétés contrôlées ne dépasse pas deux des trois seuils suivants : total bilan inférieur ou égal à 24 M€, total CA inférieur ou égal à 48 M€, nombre de salariés inférieur ou égal à 250. De même, dans le cas où la société mère d'un groupe est sous le contrôle d'une société qui l'inclut dans ses comptes consolidés, l'obligation est également levée.

D'après la norme IFRS 10, une société mère n'a pas l'obligation de présenter des états financiers consolidés si toutes les conditions suivantes sont remplies.

– Il s'agit d'une filiale entièrement détenue, ou encore partiellement détenue par une autre entité, et tous ses autres propriétaires, y compris ceux qui ne sont généralement pas habilités à voter, ont été informés que la société mère ne présente pas d'états financiers consolidés et ne s'y opposent pas.

– Ses instruments de dette ou de capitaux propres ne sont pas négociés sur un marché organisé (une bourse des valeurs nationale ou étrangère, ou un marché de gré à gré, y compris un marché local ou régional).

1. Pour un approfondissement des aspects liés aux comptes consolidés, se référer à l'ouvrage relatif à l'UE4 du DSCG « Comptabilité et Audit ».

– Elle n'a pas déposé et n'est pas en voie de déposer ses états financiers auprès d'une autorité de réglementation des valeurs mobilières ou d'une autre autorité de réglementation, aux fins d'émettre des instruments d'une catégorie quelconque sur un marché organisé.

– Sa société mère ultime, ou l'une de ses sociétés mères intermédiaires, produit des états financiers consolidés mis à la disposition du public, qui sont conformes aux normes IFRS.

b. Quel référentiel appliquer ?

Tous les groupes qui émettent des titres sur un marché règlementé doivent établir leurs comptes consolidés en application du référentiel IFRS. Lorsqu'il n'y a pas d'émission de titres sur un marché règlementé, les groupes peuvent appliquer le référentiel français 99-02 ou opter pour l'adoption des normes IFRS. En revanche, quelle que soit la situation du groupe, les comptes sociaux de l'ensemble des sociétés mères ou contrôlées doivent être établis en application du référentiel français PCG.

État de la règlementation sur les référentiels applicables aux comptes des entreprises

	Comptes consolidés	Comptes individuels
Sociétés qui émettent des titres sur un marché réglementé	IFRS	PCG
Sociétés qui n'émettent pas de titres sur un marché réglementé	RMCC Option possible pour les IFRS	PCG
Entreprises individuelles	/	PCG

1.2 Le périmètre de consolidation

La notion de contrôle est centrale dans la définition du périmètre d'un groupe. Il existe trois méthodes de consolidation : **intégration globale, intégration proportionnelle ou comptabilisation ligne à ligne et mise en équivalence**. Leur application dépend de la relation de contrôle existant entre la société mère et les sociétés contrôlées.

a. La relation entre la société mère et les sociétés consolidées

La société mère peut avoir le contrôle sur une entité, la contrôler conjointement ou avoir une influence notable sur celle-ci.

Notion de contrôle

D'après la norme IFRS 10**,** une société détient le contrôle d'une entité si les trois éléments suivants sont remplis.

– Si elle détient **le pouvoir** sur l'entité dans laquelle elle possède des titres. Ce pouvoir résulte de la détention de « *droits effectifs qui lui confèrent la capacité actuelle de diriger les activités pertinentes, à savoir les activités qui ont une incidence importante sur les rendements de l'entité faisant l'objet d'un investissement* ». Ce pouvoir peut résulter de la détention de plus de 50 % des droits de vote, mais aussi de l'existence de plusieurs accords contractuels avec l'entité.

– Si elle a droit ou est exposée à des **rendements variables** du fait de sa relation avec l'entité. Ces rendements doivent varier selon la performance de l'entité. Ils peuvent être positifs ou négatifs.

– Si elle a le **pouvoir d'influencer** le montant des rendements issus de sa participation dans l'entité.

Contrôle conjoint

Une société mère exerce un **contrôle conjoint** sur une entreprise lorsque le contrôle de cette dernière est partagé avec une ou plusieurs autres entreprises en vertu d'un accord contractuel. Pour les exercices ouverts à partir du 01/01/2014, la norme IFRS 11 distingue désormais les **co-entreprises** (*joint-ventures*) et les **opérations communes** (*joint operations*).

DÉFINITION

Une **co-entreprise** est « un accord conjoint par lequel les parties qui exercent un contrôle conjoint ont des droits sur les actifs nets de l'accord » (http://www.focusifrs.com/menu_gauche/normes_et_interpretations/textes_des_normes_et_interpretations/ifrs_11_partenariats).

Dans ce cas, l'entreprise doit enregistrer sa participation au bilan consolidé en appliquant la méthode de la mise en équivalence.

DÉFINITION

Une **activité commune** est, quant à elle, définie comme un « accord conjoint par lequel les parties qui exercent un contrôle conjoint ont des droits sur les actifs, et des obligations au titre des passifs » (http://www.focusifrs.com/menu_gauche/normes_et_interpretations/textes_des_normes_et_interpretations/ifrs_11_partenariats).

Dans ce cas, l'entreprise doit enregistrer au bilan la quote-part des actifs, passifs, charges et produits détenus conjointement dans les états financiers consolidés. En fonction du type de contrôle conjoint exercé, la méthode de comptabilisation à appliquer ne sera pas la même.

Influence notable

Une société exerce une **influence notable** sur une autre lorsqu'elle a le pouvoir de participer aux décisions de politique financière et opérationnelle de l'entreprise sans pour autant exercer un contrôle sur celle-ci (IAS 28). C'est le seuil de 20 % des droits de vote qui en principe constitue une référence pour savoir si la société doit être incluse dans le périmètre de consolidation. En deçà de ce seuil, elle sera exclue.

b. La détermination des pourcentages de droits de vote et d'intérêts

La détermination des pourcentages de droits de vote et d'intérêts constitue une étape primordiale lors de l'établissement des comptes consolidés.

Détermination du pourcentage de droits de vote

Pour la détermination du pourcentage de droits de vote en application du référentiel CRC 99-02, il convient de tenir compte :

– des actions ordinaires ;

– des actions à droit de vote double ;

– des certificats de droits de vote ;

– des titres faisant l'objet d'une convention de portage.

Ce calcul diffère légèrement lorsque la norme IFRS 10 est appliquée car celle-ci autorise la prise en compte des **droits de vote potentiels** pour la détermination du pourcentage de droits de vote. Lorsque la participation est **directe**, le pourcentage de contrôle de la société mère (M) sur une entité (F1) est égal au pourcentage de droits de vote détenus par la société mère. Lorsque la participation sur une entité (F2) est **indirecte**, par l'intermédiaire d'une entité (F1 par exemple), il y a deux possibilités :

– Soit la société mère M contrôle l'entité intermédiaire F1, dans ce cas, le pourcentage de contrôle de la société mère sur l'entité F2 est égal au pourcentage de droits de vote de F1 sur F2.

– Soit M ne contrôle pas F1, dans ce cas, le pourcentage de contrôle de M sur F2 est nul.

Ainsi, les pourcentages de droits de vote sont comptabilisés au sein de la société M sur chacune des filiales tant que la chaîne de contrôle n'est pas rompue.

Détermination du pourcentage d'intérêts

DÉFINITION

Le **pourcentage d'intérêts** désigne la part du groupe dans les capitaux propres de l'entité.

Le pourcentage d'intérêts est utilisé lors de la détermination des intérêts minoritaires et au moment du partage des capitaux propres des filiales. La méthode de détermination du pourcentage d'intérêts dépend du type de participation directe ou indirecte de la société mère M sur la filiale comme présenté dans le tableau suivant :

Type de participation	Méthode de détermination du pourcentage d'intérêts	
Directe	Le pourcentage d'intérêts de M sur F1 est égal au pourcentage d'actions détenu par M.	
Indirecte, par l'intermédiaire de F1 par exemple	CRC 99-02 : le pourcentage d'intérêts peut être calculé en tenant compte des capitaux détenus par la société mère et par n'importe quelle autre société du groupe.	IFRS 10 : le pourcentage d'intérêts est déterminé en ignorant la part des capitaux détenus indirectement par l'intermédiaire de sociétés sous contrôle conjoint ou sous influence notable.

EXEMPLES

Participations directes

	Pourcentage d'intérêts	Pourcentage de droits de vote
De M sur F1	70 %	70 %

Participations indirectes

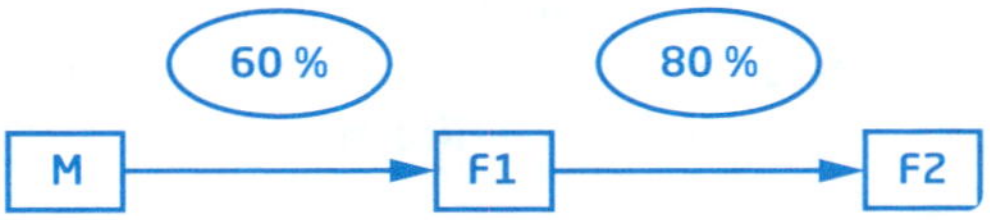

	Pourcentage d'intérêts	Pourcentage de droits de vote
De M sur F1	60 %	Directement : 60 %
De M sur F2	0,6 × 0,8 = 48 %	Indirectement : 80 %

Participations directes et indirectes sans rupture de la chaîne de contrôle

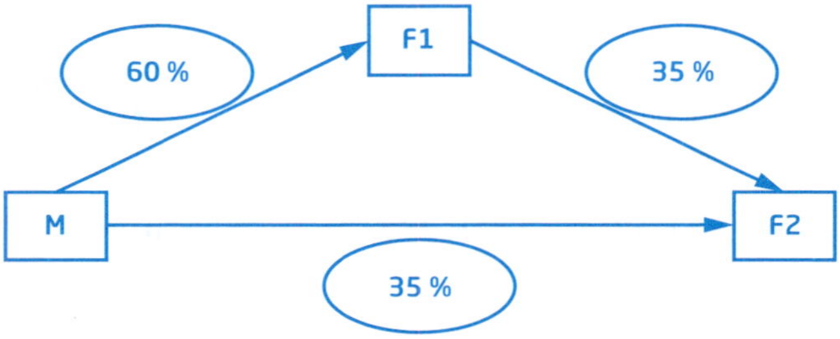

	Pourcentage d'intérêts	Pourcentage de droits de vote
De M sur F1	60 %	Directement : 60 %
De M sur F2	0,6 × 0,35 + 0,35 = 56 %	Directement : 35 % Indirectement : 35 % Total : 70 %

Participations indirectes avec rupture de la chaîne de contrôle

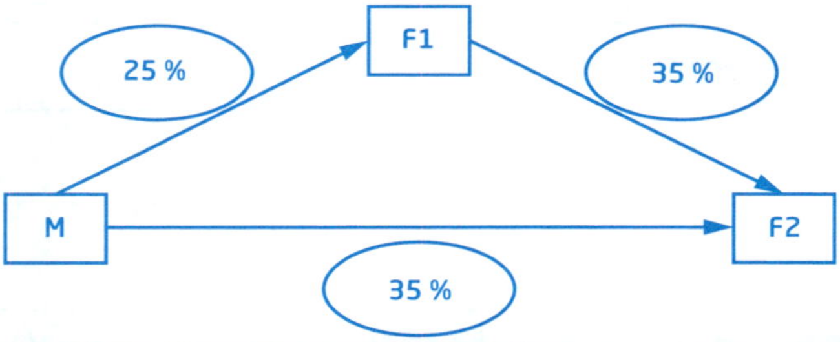

	Pourcentage d'intérêts	Pourcentage de droits de vote
De M sur F1	25 %	Directement : 25 %

De M sur F2	RMCC : 0,35 + 0,25 × 0,35 = 43,75 %	Directement : 35 % Indirectement : 0 % car F1 n'est pas contrôlée par M Total : 35 %
	IFRS : 35 % (on ne retient pas la détention indirecte par l'intermédiaire d'une entreprise non contrôlée)	

Cas particulier des participations réciproques et circulaires

DÉFINITIONS

Une participation est **réciproque** lorsqu'une société M détient des actions d'une société A et que cette société A détient des actions de la société M.
Une participation est **circulaire** lorsqu'une société M détient des actions d'une société A, elle-même détenant des actions d'une société B qui détient des actions de la société M.

Ces participations génèrent une situation d'autocontrôle qui est strictement règlementée en France.

> D'après l'art. L. 233-29 du code de commerce, « *une société par actions ne peut posséder d'actions d'une autre société, si celle-ci détient une fraction de son capital supérieure à 10 %* ».

La détention de titres d'autocontrôle émis par la consolidante détenus par elle-même ou par les sociétés consolidées n'a aucun impact sur les pourcentages de droits de vote de la consolidante dans ses filiales et participations. En revanche, pour le calcul des pourcentages d'intérêts dans les filiales, deux méthodes de calcul peuvent être utilisées. Ainsi, dans la configuration suivante :

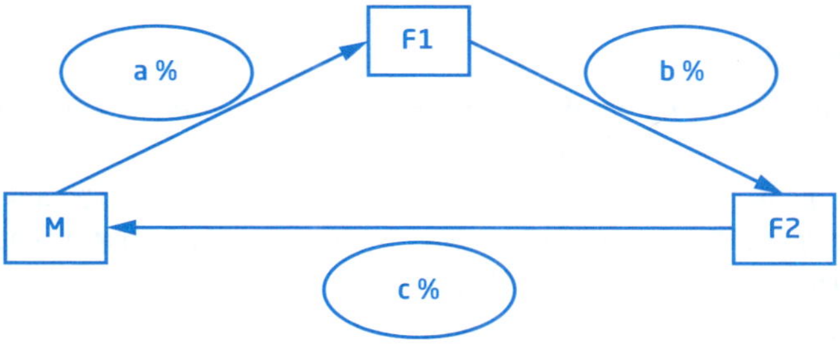

PI dans M = (1 − c) + c × PI dans F2

PI dans F1 = a × PI dans M

PI dans F2 = b × PI dans F1

⇨ PI M = (1 − c) + c × b × a × PI M ⇨ PI M - c × b × a ×PI M = 1 − c ⇨ PI M × (1 − c × b × a) = 1 − c

⇨ PI M = $\frac{1 - c}{1 - c \times b \times a}$

EXEMPLE

Participations circulaires

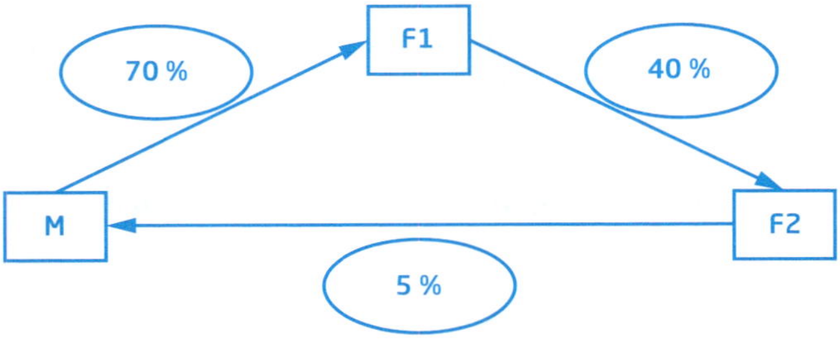

	Pourcentage d'intérêts	Pourcentage de droits de vote
De M dans M	$\frac{1-c}{1-c \times b \times a} = \frac{1-0{,}05}{1-0{,}7 \times 0{,}4 \times 0{,}05} = 96{,}35\ \%$	100 %
De M dans F1	$\frac{a \times (1-c)}{1-c \times b \times a} = \frac{0{,}7 \times (1-0{,}05)}{1-0{,}7 \times 0{,}4 \times 0{,}05} = 67{,}44\ \%$	70 %
De M dans F2	$\frac{a \times b \times (1-c)}{1-c \times b \times a} = \frac{0{,}7 \times 0{,}4 \times (1-0{,}05)}{1-0{,}7 \times 0{,}4 \times 0{,}05} = 26{,}98\ \%$	40 %

c. Les méthodes de consolidation

En fonction de la relation entre la société consolidante et l'entité consolidée, la méthode de consolidation à appliquer diffère.

L'intégration globale

Si une entité est contrôlée par une société mère, la méthode à adopter pour consolider les comptes de la filiale est **l'intégration globale**. Cette méthode consiste principalement à :

– ajouter au bilan et au compte de résultat de la société mère 100 % des actifs, passifs, charges et produits de l'entité contrôlée (certains retraitements liés par exemple à l'élimination des comptes réciproques devront être effectués) ;

– éliminer de l'actif immobilisé consolidé la valeur comptable des titres détenus dans l'entité par la société mère ;

– répartir les capitaux propres de l'entité contrôlée entre le groupe et les minoritaires en tenant compte du pourcentage d'intérêts détenu par la société mère.

EXEMPLE

Vous disposez des bilans individuels de la société mère M et de la filiale F détenue par M à hauteur de 55 %.

Bilan de la société M			
Immobilisations corporelles	800	Capital	600
Titres de participation F1	50	Réserves	200
Créances clients	200	Résultat	20
Disponibilités	100	Dettes	330
Total actif	1 150	Total passif	1 150

Bilan de la société F			
Immobilisations corporelles	400	Capital	250
Stocks	100	Réserves	100
Créances clients	80	Résultat	10
Disponibilités	70	Dettes	290
Total actif	650	Total passif	650

Établissez le bilan consolidé du groupe M-F.

Bilan de la société consolidée			
Immobilisations corporelles	800 + 400 = 1 200	Capital	600
Titres de participation	0	Réserves consolidées	200 + 0,55 × (100 + 250) – 50 = 342,5
Stocks	100	Résultat	20 + 0,55 × 10 = 25,5
Créances clients	200 + 80 = 280	Intérêts minoritaires	(250 + 100 + 10) × 0,45 = 162
Disponibilités	100 + 70 = 170	Dettes	330 + 290 = 620
Total actif	1 750	Total passif	1 750

L'intégration proportionnelle

L'intégration proportionnelle est proche de la méthode de l'intégration globale à la différence que la prise en compte des actifs, passifs, charges et produits se fait à hauteur du pourcentage d'intérêts que la société mère détient dans la société consolidée (contre une prise en compte à 100 % dans le cas de l'intégration globale). Pour les exercices clos avant le 01/01/2014, la méthode de l'intégration proportionnelle devait être appliquée lorsqu'une société mère partageait le contrôle d'une entité avec une ou plusieurs autres sociétés.

La norme IFRS 11 est venue modifier la norme IAS 11 relative aux méthodes de consolidation pour les entreprises contrôlées conjointement. Désormais, l'intégration proportionnelle (ou comptabilisation ligne à ligne) doit être appliquée uniquement dans le cas d'une activité commune (***joint operations***), ce qui limite de manière significative l'utilisation de cette méthode.

EXEMPLE

Reprenez les bilans individuels des sociétés M et F. Vous supposerez cette fois que la société mère M détient 45 % de la filiale F et qu'elle partage le contrôle de F avec une société X. La société F constitue une activité commune à M et X.
Établissez le bilan consolidé de M-F.

Bilan de la société consolidée			
Immobilisations corporelles	800 + 0,45 × 400 = 980	Capital	600
Titres de participation	0	Réserves consolidées	200 + 0,45 × (100 + 250) – 50 = 307,5
Stocks	0,45 × 100 = 45	Résultat	20 + 0,45 × 10 = 24,5
Créances clients	200 + 0,45 × 80 = 236	Dettes	330 + 0,45 × 290 = 460,5
Disponibilités	100 + 0,45 × 70 = 131,5		
Total actif	1 392,5	Total passif	1 392,5

La mise en équivalence

La mise en équivalence est utilisée dans deux cas :

– Dans le cadre d'une **co-entreprise** (*joint-venture*) : avant le 01/01/2014, la méthode à appliquer dans ce cas était l'intégration proportionnelle.

– Lorsque la société consolidante exerce une **influence notable** sur l'entité.

Cette méthode consiste à remplacer, à l'actif du bilan, la valeur comptable des titres que la société consolidante M détient dans l'entité F par la valeur de la quote-part du groupe détenue dans les capitaux propres de cette entité en tenant compte du pourcentage d'intérêts.

EXEMPLE

Reprenez les bilans individuels des sociétés M et F. Vous supposerez cette fois que la société mère M détient 30 % de la filiale F.

Établissez le bilan consolidé de M-F.

Bilan de la société consolidée			
Immobilisations corporelles	800	Capital	600
Titres de participation	0,3 × (100 + 250 + 10) = 108	Réserves consolidées	200 + 0,30 × (100 + 250) – 50 = 255
Créances clients	200	Résultat	20 + 0,30 × 10 = 23
Disponibilités	100	Dettes	330
Total actif	1 208	Total passif	1 208

Le tableau suivant reprend les différentes méthodes de consolidation à appliquer en fonction du type de contrôle exercé et du référentiel appliqué.

Méthodes de consolidation

Relations de contrôle	RMCC	IFRS (IAS 31) Avant 01/01/2014	IFRS (IFRS 11) Depuis 01/01/2014
Contrôle exclusif	Intégration globale	Intégration globale	Intégration globale
Contrôle conjoint	Intégration proportionnelle	Intégration proportionnelle ou mise en équivalence	Opérations communes (*joint operations*) : comptabilisation « ligne à ligne »
			Co-entreprise (*joint-venture*) : mise en équivalence
Influence notable	Mise en équivalence	Mise en équivalence	Mise en équivalence

d. Les spécificités des comptes consolidés en matière de présentation des états financiers

En application de la norme IAS 1, les entreprises soumises au référentiel IFRS doivent présenter pour chaque exercice clos :

– un état de la situation financière (bilan consolidé) ;

– un état du résultat global (compte de résultat global consolidé) ;

– un état des variations de capitaux propres ;

– un tableau des flux de trésorerie consolidé ;

– des notes qui fournissent des explications concernant les choix, méthodes et calculs effectués pour établir les états financiers consolidés.

Le bilan consolidé

Le bilan consolidé regroupe les actifs et passifs de la société mère et des entités intégrées globalement, et une partie des actifs et passifs des entités intégrées proportionnellement. La norme IAS 1 n'impose pas une méthode de présentation spécifique. Elle stipule cependant que le bilan consolidé doit faire la distinction entre les actifs et passifs courants et non courants en fonction du degré de liquidité des actifs et d'exigibilité des passifs. Si cela est plus pertinent, le groupe peut également choisir de présenter les actifs (passifs) par ordre de liquidité (d'exigibilité) :

– les **actifs courants** regroupent les actifs destinés à être réalisés, vendus ou consommés dans le cadre du cycle normal d'exploitation, la trésorerie, ainsi que les actifs détenus à des fins de transactions ou pour une durée courte ;

– les **passifs courants** regroupent, quant à eux, l'ensemble des passifs réglés dans le cycle normal d'exploitation ou exigibles dans moins d'un an ;

– les **actifs et passifs non courants** représentent tous les autres éléments qui ne peuvent pas être classifiés en courant.

Le bilan consolidé fait apparaître certains postes spécifiques, absents du bilan classique, présentés dans le tableau ci-après.

Les principaux postes spécifiques au bilan consolidé

Postes spécifiques au bilan consolidé	Description
Réserves consolidées	Réserves propres de la société mère + part de la société mère dans les réserves des sociétés consolidées.
Écarts d'acquisition ou goodwill	Survaleur apparaissant lors des opérations de regroupement = différence entre le prix d'acquisition et la juste valeur des titres acquis.
Titres mis en équivalence	Ils apparaissent lorsque la société mère a une influence notable sur une ou plusieurs entités. Ces titres mis en équivalence correspondent à la quote-part des capitaux propres des entités sur lesquelles le groupe a une influence notable.
Intérêts minoritaires	Part des intérêts des sociétés intégrées globalement qui n'appartiennent pas au groupe.

Le compte de résultat consolidé

La norme IAS 1 n'impose pas une méthode de présentation particulière pour le compte de résultat consolidé. Il peut être présenté par nature (présentation à la française) ou par fonction (présentation à l'anglo-saxonne). Le compte de résultat consolidé a plusieurs particularités présentées dans le tableau suivant.

Les principaux postes spécifiques au compte de résultat consolidé

Postes spécifiques au compte de résultat consolidé	Description
Chiffre d'affaires consolidé	Produits et services liés aux activités courantes des sociétés consolidantes et consolidées par intégration globale ou proportionnelle.
Éléments exceptionnels	Ils n'apparaissent pas dans un résultat distinct. Cependant, les groupes distinguent souvent le **résultat opérationnel récurrent**, qui regroupe l'ensemble des opérations opérationnelles régulières, du résultat opérationnel global qui intègre les **éléments non récurrents** qui sont détaillés également dans les notes aux états financiers.
Résultat consolidé	Résultat de la société mère auquel sont ajoutés le résultat des sociétés consolidées par intégration globale ou proportionnelle, ainsi que la quote-part de résultat des entreprises mises en équivalence.

La norme IAS 33 impose également au groupe de présenter le bénéfice par action et le bénéfice dilué par action.

Par ailleurs, outre le compte de résultat consolidé, les groupes sont tenus de présenter un **compte de résultat global** soit dans un document unique (regroupant le compte de résultat consolidé et un état du résultat global), soit dans deux documents qui distinguent les composantes associées au « compte de résultat classique » et les autres éléments du résultat global. La réalisation d'un compte de résultat global permet de prendre en compte certaines charges ou certains produits qui n'affectent pas le compte de résultat classique. Il permet notamment de tenir compte :

– des variations de la juste valeur des actifs financiers disponibles à la vente ;

– des gains et pertes directement comptabilisés en capitaux propres : écarts de conversion liés aux activités étrangères, gains et pertes latentes sur instruments de couverture des flux de trésorerie, écarts de réévaluation, ajustements liés aux engagements de retraite.

Il ne remet cependant pas en cause le calcul du résultat net consolidé.

Le tableau de variation des capitaux propres consolidés

Le tableau de variation des capitaux propres consolidés permet d'expliquer la variation globale des capitaux propres et d'apprécier l'augmentation ou la diminution de la valeur financière du groupe. Il explique le passage des capitaux propres consolidés fin N-1 aux capitaux propres consolidés fin N en tenant compte des éléments suivants :

– élimination des dividendes internes au groupe distribués ou reçus ;

– augmentations ou réductions de capital (ce qui explique la variation du capital consolidé du groupe) ;

– résultat de l'exercice ;

– variations de valeur des actifs et passifs enregistrés directement dans les capitaux propres ;

– changements de méthode comptable ou corrections d'erreurs ;

– variations de taux de conversion ;

– réévaluations ;

– variations des intérêts minoritaires.

Il s'agit d'un état financier qui intéresse particulièrement les **actionnaires du groupe**.

Le tableau des flux de trésorerie consolidé

L'objectif du tableau des flux de trésorerie consolidé est de fournir de l'information sur la capacité de l'entreprise à générer de la trésorerie et l'utilisation de cette trésorerie. Il s'agit d'un état financier important et **informatif pour l'ensemble des parties prenantes** du groupe car, en se focalisant sur la trésorerie, il ne prend pas en compte l'influence des produits et charges calculés sur les indicateurs.

Comme dans un tableau de flux de trésorerie classique, il distingue les flux de trésorerie générés par les activités opérationnelles, par les activités d'investissement et par les activités de financement. Il permet d'obtenir la variation globale de trésorerie du groupe.

Les notes aux états financiers consolidés

Cette partie est très certainement la plus importante pour un analyste car elle permet de comprendre comment les états financiers ont été constitués, les choix comptables qui ont été opérés par le groupe, le détail des éléments intégrés dans les états financiers, etc. Sans ces notes, il serait impossible d'avoir une lecture active des informations résumées par le groupe dans les états financiers. En conformité avec la norme IAS 1, ces notes comprennent notamment :

– un résumé des principales méthodes comptables appliquées dans les états financiers ;

– des informations qui n'apparaissent pas ailleurs dans les états financiers, mais qui sont pertinentes pour les comprendre et les analyser ;

– des informations sur les hypothèses que le groupe a formulées pour faire ses estimations, etc.

e. L'application des normes IFRS : une information tournée vers l'actionnaire

Avant de débuter tout diagnostic financier de comptes consolidés établis sous le référentiel IFRS, il est important de s'interroger sur le postulat de ces normes et notamment sur le fait qu'elles soient **tournées vers l'investisseur**. En effet, d'après le cadre conceptuel de l'IASB, l'objectif des états financiers établis sous le référentiel IFRS est de « *fournir une information sur la situation financière, la performance et les variations de la situation financière d'une entreprise qui soit utile à un large éventail d'utilisateurs pour prendre des décisions économiques* ».

Bien que le cadre conceptuel de l'IASB précise l'ensemble des utilisateurs potentiels de l'information issue des états financiers (investisseurs actuels et potentiels, salariés, prêteurs, fournisseurs, clients, États, public), il indique que « *comme les investisseurs sont les apporteurs de capitaux à risque de l'entreprise, la fourniture d'états financiers qui répondent à leurs besoins répondra également à la plupart des besoins des autres utilisateurs susceptibles d'être satisfaits par des états financiers* ». Dès lors, les informations présentées dans les comptes sont tournées vers l'actionnaire et rendent nécessaire l'adoption d'une approche globale pour intégrer les autres parties prenantes de l'entreprise, et ainsi avoir une meilleure vision des performances de l'entreprise. En outre, une attention particulière devra être portée aux demandes précises du destinataire du diagnostic, car la manière de réaliser celui-ci diffèrera selon ce destinataire.

2. Le diagnostic financier des groupes

Le diagnostic financier d'un groupe consiste à **analyser les états financiers consolidés de celui-ci et à porter un jugement relatif à sa situation financière et économique**. La manière d'établir le diagnostic est fortement dépendante de l'émetteur des états financiers et du destinataire du diagnostic. En effet, il est important d'avoir toujours à l'esprit que dans la mesure où l'information issue des états financiers est principalement orientée vers l'actionnaire, l'établissement d'un diagnostic financier pour une autre partie prenante, comme les salariés ou les syndicats, devrait nécessiter un retraitement de l'information plus important. La recherche complémentaire d'informations peut également être nécessaire.

Quatre composantes majeures doivent être analysées pour établir un diagnostic :

– analyse de la stratégie et de l'environnement macro-économique dans lequel s'inscrit le groupe ;

– analyse de l'activité et de la profitabilité ;

– analyse de la structure financière ;

– analyse des rentabilités.

2.1 L'analyse de la stratégie et de l'environnement macro-économique de l'entreprise

Dans l'analyse des comptes consolidés d'un groupe, une attention toute particulière doit être portée aux variations de périmètre d'une année sur l'autre. Outre les aspects comptables liés à ces variations, elles donnent des indications sur les orientations stratégiques poursuivies par le groupe.

a. Les variations de périmètre

DÉFINITION

Le **périmètre de consolidation** du groupe désigne l'ensemble des entreprises retenues pour établir les comptes consolidés, c'est-à-dire la société mère et les sociétés sur lesquelles elle exerce un contrôle exclusif, conjoint ou une influence notable.

D'une année sur l'autre, ce périmètre peut varier en fonction de la stratégie de croissance externe du groupe (investissement ou désinvestissement dans des nouvelles entités ou dans des entités préalablement consolidées).

Ces variations de périmètre sont un point important dans la vie d'un groupe et constituent un point de départ capital à tout diagnostic financier des comptes consolidés, dans la mesure où elles peuvent avoir un effet significatif sur les états financiers et donc sur le diagnostic. Ainsi, il est très important pour un analyste de comparer les états financiers d'un groupe d'une année sur l'autre à **périmètre constant**. La lecture à périmètre constant doit permettre de maintenir le critère de comparabilité des exercices dans le temps. Pour garantir cette comparabilité, en cas de variations de périmètre, l'AMF exige des groupes de communiquer des états financiers *pro forma* à périmètre constant.

Les variations de périmètre peuvent apparaître dans trois principaux cas :

Variations de périmètre

Entrée dans le périmètre de consolidation de nouvelles sociétés contrôlées ou sous influence notable	Acquisition de nouveaux titres : dès lors que le bilan et le compte de résultat des sociétés contrôlées sont ajoutés en totalité ou en partie à ceux de la société mère, l'entrée d'une nouvelle société contrôlée de manière exclusive ou conjointe entraîne de fait un accroissement des postes consolidés du bilan et du compte de résultat sans pour autant donner une indication sur la valeur économique de l'entreprise. Idem pour la variation des capitaux propres, quelle que soit la méthode de consolidation retenue.
Sortie du périmètre de consolidation de sociétés contrôlées ou sous influence notable	Cession de titres : entraîne une diminution des postes du bilan et du compte de résultat sans pour autant remettre en cause nécessairement la situation financière de l'entreprise.
Variations du pourcentage d'intérêts dans les sociétés contrôlées ou sous influence	L'acquisition ou la cession de titres de sociétés préalablement consolidées peut se traduire par une modification de la méthode de consolidation à appliquer (ex : passage de l'intégration globale à la mise en équivalence ou *vice versa*).

En outre, l'étude des variations de périmètre peut donner des indices sur :

– le développement de la stratégie de croissance externe de l'entreprise par le biais de nouvelles filiales incluses dans le périmètre de consolidation du groupe ou par le biais de l'augmentation des prises de participation amenant parfois à un changement de méthode de consolidation ;

– la stratégie de désinvestissement ou de recentrage opérée par le groupe *via* des diminutions de participation dans des filiales pouvant entraîner un changement de méthode de consolidation, ou *via* des sorties de filiales du périmètre du groupe.

b. Les orientations stratégiques poursuivies par l'entreprise

Au-delà de l'analyse des variations de périmètre, il est important de se demander quelle est la stratégie poursuivie par l'entreprise :

– De croissance interne ou externe ?

– De diversification ?

– D'internationalisation ?

– D'alliance ?

– De recentrage ?

Il faut également se demander quelle est la position de l'entreprise par rapport à son secteur d'activité, car il est important de **comparer ce qui est comparable**.

Plusieurs sources d'informations peuvent être utilisées pour connaître la stratégie de l'entreprise :

– Le tableau des flux de trésorerie consolidé permet de distinguer les flux d'activité, d'investissement et de financement. La répartition de ces flux donne des indications sur l'importance de l'investissement dans l'entreprise et sur l'état des financements en cours.

– Le bilan consolidé permet également d'apprécier la structure financière du groupe.

– Les notes aux comptes consolidés donnent des informations sur l'évolution du périmètre de consolidation.

Par ailleurs, la norme IFRS 8 oblige les groupes à fournir une information sectorielle détaillée indiquant notamment les activités et implantations du groupe par zone géographique.

2.2 L'analyse de l'activité et de la profitabilité

L'analyse de l'activité et de la profitabilité du groupe se réalise principalement *via* le compte de résultat consolidé.

a. L'analyse de l'activité

Comme lors de l'étude des comptes sociaux, l'analyse de l'activité débute généralement par l'observation de la **variation du chiffre d'affaires consolidé**. L'étude de cette variation demeure une étape importante dans la mesure où elle va orienter en partie les points à étudier lors du diagnostic. En effet, celui-ci ne sera pas appréhendé de la même manière si l'entreprise étudiée est dans une situation de croissance ou de déclin. Ainsi, commencer l'analyse par l'observation de l'évolution du chiffre d'affaires par rapport aux périodes précédentes constitue un premier point de départ capital.

$$\text{Évolution du chiffre d'affaires} = \frac{\text{Chiffre d'affaires N - Chiffre d'affaires N-1}}{\text{Chiffre d'affaires N-1}} \times 100$$

Il est important d'avoir à l'esprit que le chiffre d'affaires consolidé du groupe inclut celui de la société mère et celui des sociétés intégrées globalement et proportionnellement. Le chiffre d'affaires des sociétés sous influence notable n'est pas repris dans les états financiers du groupe.

EXEMPLE

La société mère M détient 65 % de F1 et 40 % de F2, filiale pour laquelle elle partage le contrôle avec une autre société Y. M exerce une influence notable sur F3 en détenant 25 % de son capital. Les chiffres d'affaires des sociétés M, F1, F2 et F3 s'élèvent respectivement à 50 000 €, 20 000 €, 12 000 € et 15 000 €.

Déterminez le chiffre d'affaires consolidé du groupe.

Chiffre d'affaires consolidé = 50 000 + 20 000 + 0,4 × 12 000 = 74 800 €.

ATTENTION

Le chiffre d'affaires des sociétés mises en équivalence n'apparaît pas dans le chiffre d'affaires consolidé, contrairement au résultat net consolidé qui intègre la quote-part détenue par le groupe des sociétés mises en équivalence. Une attention particulière doit donc être portée à la **cohérence des indicateurs** retenus dans les ratios calculés.

b. L'apparition d'indicateurs de performance non normés

L'adoption des normes IFRS pour l'établissement des comptes consolidés a fait également apparaître deux principaux indicateurs non normés : **l'EBIT et l'EBITDA**. Dans une vision simplifiée, l'EBITDA est proche de l'EBE français dans la mesure où il s'agit du résultat avant les charges financières, les impôts et les charges calculées (amortissements, dépréciations, provisions). L'EBIT, quant à lui, est proche du résultat d'exploitation et doit être entendu comme le résultat avant les charges financières et les impôts.

Ces deux indicateurs sont très utilisés par les groupes et largement repris par les médias. La lecture de ces indicateurs doit pourtant faire l'objet d'une attention particulière dans la mesure où leur mode de calcul n'est pas normé. Comme mentionné par Saghroun (2003, p. 87)[1], l'EBITDA et l'EBIT sont « *des indicateurs hétérogènes, dont la définition est souvent imprécise* ». Le mode de calcul de ces indicateurs est obligatoirement détaillé par les groupes dans les notes aux comptes consolidés. L'analyste devra donc lire avec attention ces notes.

c. L'analyse de la profitabilité

Les indicateurs de profitabilité sont obtenus en faisant le rapport entre le chiffre d'affaires et les résultats du groupe. Ils permettent d'observer l'aptitude du groupe à dégager des résultats durant un exercice. À la différence des comptes sociaux, une attention particulière doit être portée ici à la cohérence entre les résultats considérés et le chiffre d'affaires en termes de périmètre de consolidation retenu pour le calcul de ces ratios.

---

1. Saghroun, J., (2003), « Le résultat comptable : conception par les normalisateurs et perception par les analystes financiers », *Comptabilité-Contrôle-Audit, 2(9)*, pp. 81-108.

Par exemple, si au dénominateur le chiffre d'affaires consolidé inclut le chiffre d'affaires de la société mère et celui des entités intégrées globalement et proportionnellement, il pourrait être maladroit de considérer un résultat net au numérateur qui prenne en compte également le résultat lié aux entités mises en équivalence.

Le tableau suivant donne un aperçu des indicateurs qui peuvent être calculés pour estimer la profitabilité d'un groupe. Plus le ratio de profitabilité est élevé, plus le groupe dégage des revenus à partir des ressources engagées.

Quelques ratios de profitabilité utiles pour analyser les comptes consolidés

Ratios	Calcul
Ratio de profitabilité basée sur l'EBE (ou EBITDA)	$\frac{\text{EBE ou EBITDA}}{\text{Chiffres d'affaires}} \times 100$
Ratio de profitabilité basée sur le résultat d'exploitation (ou EBIT)	$\frac{\text{RE ou EBIT}}{\text{Chiffres d'affaires}} \times 100$
Ratio de profitabilité basée sur le résultat net	$\frac{\text{RN - résultat des entreprises mises en équivalence}}{\text{Chiffres d'affaires}} \times 100$

Quel que soit le résultat choisi (EBE, EBITDA, RE, etc.), le principe est toujours le même : le diviser par le chiffre d'affaires afin d'obtenir le niveau de profitabilité. Comme déjà indiqué, ces indicateurs de profitabilité donnent des indications à l'analyste uniquement lorsqu'une comparaison temporelle ou sectorielle peut être effectuée. Sauf exception, il n'existe pas en soi un bon niveau ou un faible niveau de profitabilité.

2.3 L'analyse de la structure financière

Comme pour l'analyse des comptes sociaux, l'analyse de la structure financière des groupes est réalisée *via* l'étude du bas du bilan consolidé.

a. La distinction entre dettes financières, endettement financier brut et endettement financier net

Les ratios d'évaluation de la structure financière n'étant pas strictement normés, il peut exister des variations dans les items retenus en fonction des groupes ou des secteurs d'activité. Notamment, certains préfèreront utiliser l'endettement financier brut ou l'endettement financier net au lieu du total des dettes financières de long terme.

D'après la recommandation du CNC datée du 2 juillet 2009 relative au format de présentation des états financiers des entreprises appliquant le référentiel IFRS, « *l'endettement financier brut est constitué* :

– des passifs financiers à long terme : opérations d'emprunt de capitaux réalisées auprès du public - par exemple sous forme d'emprunt obligataire - ou auprès de banques ou d'établissements financiers (crédits à moyen ou long terme, crédits-bails...) ;

– des passifs financiers à court terme de même nature que ci-dessus y compris des émissions de titres de créances négociables à court terme auprès des investisseurs ;

– à titre exceptionnel des passifs d'exploitation - dettes fournisseurs, avances clients - dès lors que les conditions de règlement sortent très largement des pratiques habituelles des entreprises du même secteur d'activité sur un même marché. Dans ce cas, l'opération commerciale s'accompagne d'une opération de financement : il s'agit par exemple d'opérations pour lesquelles les délais de règlement conduisent à constater des incidences très significatives au titre de l'actualisation ou dont le contrat commercial prévoit explicitement la facturation d'intérêts. Ces dettes devraient être dans ce cas reclassées au bilan en dettes financières ;

– des instruments financiers de couverture de juste valeur inscrits au bilan relatifs aux passifs constitutifs de l'endettement financier brut décrits ci-dessus ;

– des intérêts courus sur les postes du bilan constitutifs de l'endettement financier brut.

Conformément au § 54 d'IAS 1, les passifs de l'exploitation (provisions, engagements de retraites et assimilés, éléments du besoin en fonds de roulement, etc.) - sauf cas exceptionnels évoqués ci-dessus - sont exclus de la dette financière » (p. 8).

L'endettement financier net correspond, quant à lui, à l'endettement financier brut diminué de la trésorerie nette.

Endettement financier net	=	Endettement financier brut (dettes financières)	-	Trésorerie (disponibilité, VMP)

b. Les ratios utiles pour analyser la structure financière d'un groupe

Les principaux ratios utiles pour analyser la structure financière d'un groupe sont :

– le ratio d'autonomie financière ;

– la capacité de remboursement ;

– les ratios de liquidité.

c. Le ratio d'autonomie financière

Le **ratio d'autonomie financière** mesure la part de l'endettement par rapport aux capitaux propres consolidés du groupe. Plus la part de l'endettement par rapport aux capitaux propres est forte, plus les créanciers ont du pouvoir, et moins l'entreprise (et ses actionnaires) dispose d'une autonomie financière permettant une forte liberté dans la prise de décision concernant les choix de gestion et la stratégie. En effet, un taux d'endettement élevé par rapport au passif du bilan accroît le pouvoir des créanciers et entraîne donc un risque de contrôle des décisions prises par ces derniers.

$$\text{Ratio d'autonomie financière} = \frac{\text{Dettes financières}}{\text{Capitaux propres}} \times 100$$

d. La capacité de remboursement

L'objectif de la **capacité de remboursement** est de capter la part de l'endettement qui peut être remboursée par le groupe. Elle est mesurée par référence à la CAF du groupe :

$$\text{Capacité de remboursement} = \frac{\text{Dettes financières}}{\text{CAF}} \times 100$$

e. Les ratios de liquidité

Il existe trois ratios classiquement utilisés par les groupes pour évaluer leur niveau de **liquidité** :

$$\text{Ratio de liquidité générale} = \frac{\text{Actifs courants}}{\text{Passifs courants}} \times 100$$

$$\text{Ratio de liquidité limitée} = \frac{\text{Actifs courants - stocks}}{\text{Passifs courants}} \times 100$$

$$\text{Ratio de liquidité immédiate} = \frac{\text{Trésorerie et équivalents de trésorerie}}{\text{Passifs courants}} \times 100$$

Lorsque ces ratios sont supérieurs à 1, ceci indique que le groupe est en capacité de rembourser ses dettes de court terme (passifs courants) avec les actifs courants qui constituent de la liquidité (trésorerie et équivalents de trésorerie) ou qui vont se transformer en liquidité durant l'année avec une échéance plus (ex. créances clients : ratio de liquidité limitée) ou moins (ex. stocks : ratio de liquidité générale) courte.

EXEMPLE

Vous disposez des informations suivantes concernant le groupe FFG.

Actifs non courants	5 000	Capitaux propres	4 000
Stocks	1 000	Dettes financières	2 000
Créances clients	500	Dettes fournisseurs	900
Disponibilités	400		
Total actif	6 900	Total passif	6 900

Par ailleurs, la capacité d'autofinancement du groupe est de 2 500 €.

Analysez la structure financière du groupe.

Ratio d'autonomie financière	Dettes financières / Capitaux propres = 2 000 / 4 000 = 50 % ⇨ Les dettes financières représentent 50 % des capitaux propres du groupe. Il n'y a pas de risque de dépendance du groupe vis-à-vis des banques.
Capacité de remboursement	Dettes financières / CAF = 2 000 / 2 500 = 80 % ⇨ Les dettes financières représentent 80 % de la CAF. À l'heure actuelle, le groupe possède des ressources financières suffisantes pour faire face à son endettement.
Ratio de liquidité générale	Actifs courants / Passifs courants = (1 500 + 500 + 400) / 900 = 2,67 ⇨ La liquidité présente ou à venir de l'entreprise permet de financer largement ses dettes de court terme.

Ratio de liquidité limitée	(Actifs courants – stocks) / Passifs courants = (500 + 400) / 900 = 1 ⇨ La liquidité à très court terme permet de financer la totalité des dettes de court terme du groupe.
Ratio de liquidité générale	Disponibilités / stocks = 400 / 900 = 44 % ⇨ La liquidité disponible permet de financer 44 % des dettes de court terme du groupe.

2.4 Le calcul des rentabilités économiques et financières

a. La rentabilité économique

Le ROCE, ou *Return on Capital Employed*, vise à mesurer la rentabilité et l'efficacité des investissements en capital nécessaires à l'activité d'une entreprise. Il est le résultat du produit entre le taux de marge économique après impôts et le taux de rotation de l'actif :

$$\text{Taux de marge économique} = \frac{\text{Résultat économique (ou résultat d'exploitation) après IS}}{\text{Chiffre d'affaires consolidé}} \times 100$$

$$\times$$

$$\text{Taux de rotation de l'actif} = \frac{\text{Chiffre d'affaires consolidé}}{\text{Capitaux investis ou Actif économique}} \times 100$$

$$=$$

$$\text{ROCE} = \frac{\text{Résultat économique (ou résultat d'exploitation) après IS}}{\text{Capitaux investis ou Actif économique}} \times 100$$

DÉFINITION

Le **taux de marge économique** est un ratio de profitabilité qui permet d'observer la marge économique dégagée par l'activité. Il s'obtient en divisant le résultat économique par le chiffre d'affaires consolidé du groupe.

ATTENTION

Le résultat économique n'étant pas normé, l'analyste considèrera le plus souvent le résultat opérationnel.

Toutefois, dans certains cas, d'autres résultats pourront être utilisés. Par exemple, le résultat après résultat financier pourra être pris en compte comme résultat économique. C'est là toute la difficulté du diagnostic. L'analyste doit avoir suffisamment de recul pour identifier les ratios et les modes de calcul les plus pertinents.

DÉFINITION

Le **taux de rotation de l'actif** désigne, quant à lui, le montant des capitaux investis par rapport au chiffre d'affaires consolidé de l'année. Il s'obtient en divisant le chiffre d'affaires consolidé par les capitaux investis ou l'actif économique.

Les capitaux investis et l'actif économique se calculent comme suit :

Capitaux investis = Fonds propres + endettement financier brut - trésorerie non nécessaire à l'exploitation	Actif économique = immobilisations nettes d'exploitation + BFRE

Ainsi, la rentabilité économique est le fruit de la marge d'exploitation dégagée par le groupe, mais aussi de la gestion des actifs opérée par celui-ci. Une rentabilité économique en baisse peut donc s'expliquer par l'un de ces deux éléments ou par les deux.

b. La rentabilité financière

La rentabilité financière, ou *Return on Equity* (ROE), mesure la rentabilité des capitaux propres, c'est-à-dire la rentabilité obtenue par les apporteurs de fonds propres. Elle se mesure en faisant le rapport entre le résultat net et les capitaux propres du groupe.

$$ROE = \frac{\text{Résultat net consolidé}}{\text{Total des capitaux propres}} \times 100.$$

Comme précédemment indiqué lors de l'analyse de l'activité d'un groupe, une attention particulière doit être portée à la cohérence entre le résultat net et les capitaux propres considérés en fonction du périmètre étudié.

$$\text{ROE pour les actionnaires de la société mère} = \frac{\text{Résultat net consolidé, part du groupe}}{\text{Capitaux propres, part du groupe}} \times 100.$$

$$\text{ROE pour les actionnaires minoritaires} = \frac{\text{Résultat net consolidé, part des minoritaires}}{\text{Capitaux propres, part des minoritaires}} \times 100.$$

ROE pour les sociétés mises en équivalence =

$$\frac{\text{Quote-part de résultats de sociétés mises en équivalence}}{\text{Titres mis en équivalence}} \times 100.$$

Schéma de synthèse

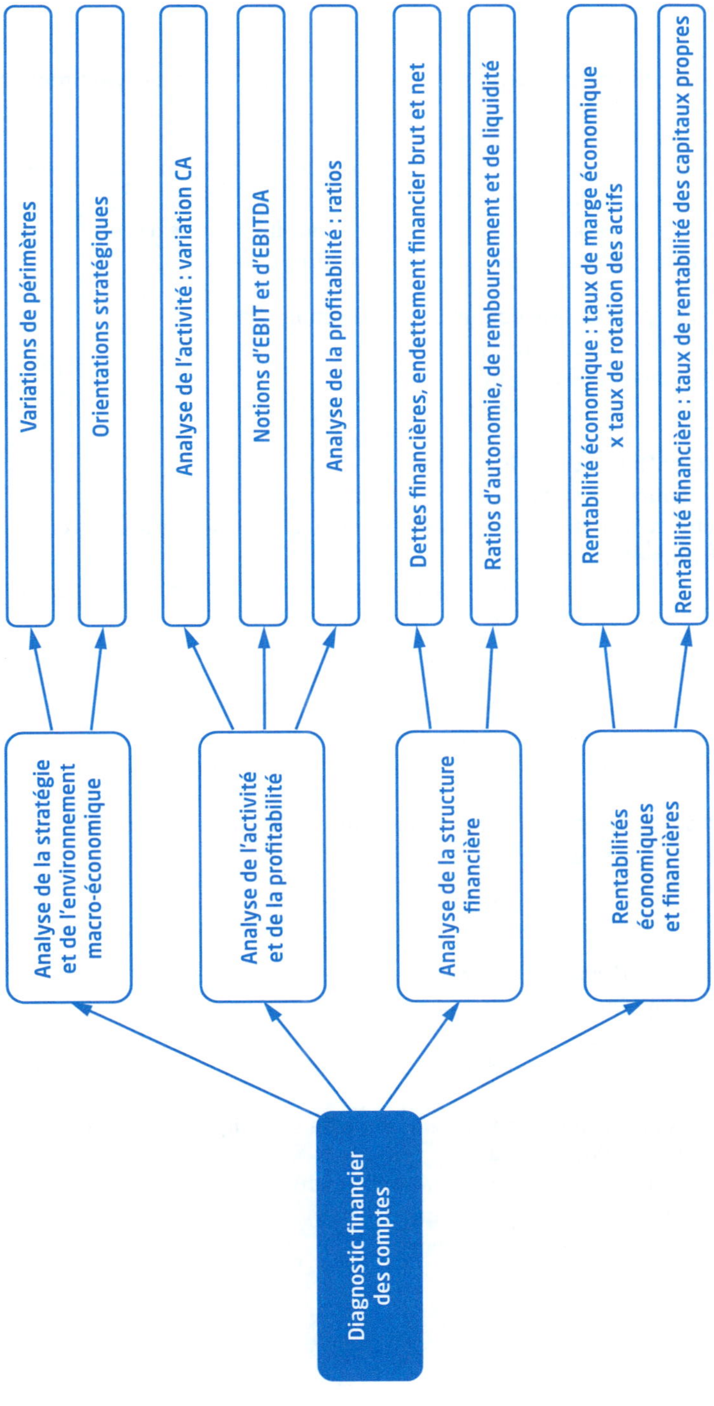

QCM

1. Quels états financiers consolidés les groupes doivent-ils obligatoirement établir selon la norme IAS 1 ?

a. Un bilan, un compte de résultat et des notes.

b. Un bilan, un compte de résultat global, des notes, un tableau de variation des capitaux propres, un rapport sur le contrôle interne.

c. Un bilan, un compte de résultat global, des notes annexes, un tableau des flux de trésorerie, un tableau de variation des capitaux propres.

4. Les ratios de profitabilité donnent une indication sur :

a. la structure financière de l'entreprise.

b. la rentabilité de l'entreprise.

c. les performances de l'entreprise.

5. Le chiffre d'affaires consolidé intègre :

a. uniquement le chiffre d'affaires de la société mère.

b. le chiffre d'affaires de la société mère et des sociétés contrôlées intégralement et proportionnellement.

c. le chiffre d'affaires de la société mère, des sociétés contrôlées intégralement et proportionnellement et des sociétés sous influence notable.

6. L'endettement financier brut mesure globalement :

a. l'ensemble des dettes financières de long terme.

b. l'ensemble des dettes financières.

c. l'ensemble des dettes financières diminué de la trésorerie.

7. Le calcul de la rentabilité financière implique de mettre au numérateur :

a. le résultat le plus pertinent.

b. le résultat net.

c. l'EBITDA.

8. L'EBIT et l'EBITDA sont des indicateurs :

a. strictement normés par les normes IFRS.

b. qui sont toujours calculés de la même manière par les entreprises.

c. dont le mode de calcul doit faire l'objet d'une lecture attentive des notes par l'analyste.

9. Les intérêts minoritaires constituent un poste spécifique aux comptes consolidés lorsque le périmètre de consolidation inclut :

a. des sociétés intégrées proportionnellement.

b. des sociétés intégrées globalement.

c. des sociétés mises en équivalence.

Applications

EXERCICE GUIDÉ

Cas DFG

Vous disposez ci-dessous des états financiers du groupe DFG.

Le taux d'imposition est de 33,1/3 %.

Compte de résultat consolidé

Chiffre d'affaires	80 000
- charges opérationnelles décaissables	- 36 000
Revenu opérationnel courant	**44 000**
- DAPD	- 12 000
+ autres produits opérationnels	+ 1 000
Résultat opérationnel	**33 000**
+ produits financiers	+ 500
- coût de l'endettement financier	- 1 200
+ quote-part des sociétés MEE	2 000
Résultat avant impôt	**34 300**
- charge d'impôt	- 12 005
Résultat net	**295**
Résultat net, part du groupe	20 065
Résultat net, part des minoritaires	2 230

Bilan consolidé

Écarts d'acquisition	8 550	Capital	70 000
Immobilisations incorporelles	26 470	Prime d'émission	10 000
Immobilisations corporelles	85 430	Réserves consolidées	58 000
Titres mis en équivalence	8 700	Résultat net	20 065
Autres immobilisations financières	14 900	**Capitaux propres (part du groupe)**	**158 065**
Impôts différés actif	2 800	**Part revenant aux minoritaires**	**19 535**
Actifs non courants	**146 850**	**Total capitaux propres**	**177 600**

Stocks et en-cours	12 000	Provisions	8 000
Créances clients	22 000	Emprunts auprès des ets de crédit	9 500
Autres créances	15 000	Emprunts obligataires	10 000
Disponibilités	28 550	Impôts différés passif	2 500
Actifs courants	**77 550**	**Passifs non courants**	**30 000**
		Dettes fournisseurs	6 800
		Dettes financières	10 000
		Passifs courants	**16 800**
Total	**224 400**	**Total**	**224 400**

1. Estimez la profitabilité du groupe en utilisant plusieurs ratios de marge.

2. Calculez la rentabilité économique et financière du groupe.

CORRIGÉ COMMENTÉ

1. Estimez la profitabilité du groupe en utilisant plusieurs ratios de marge.

MÉTHODE

L'étude de la profitabilité du groupe nécessite de confronter les différents résultats obtenus par le groupe, et détaillé dans le compte de résultat, à son chiffre d'affaires consolidé. On obtient le tableau ci-après.

		Taux de marge
Chiffre d'affaires consolidé	80 000	
Résultat opérationnel courant	44 000	44 000 / 80 000 = 55 %
Résultat opérationnel	33 000	33 000 / 80 000 = 41 %
Résultat avant impôt	34 300	34 300 / 80 000 = 43 %
Résultat net	22 295	(22 295 – 2 000) / 80 000 = 25 %
+ quote-part des sociétés MEE	2 000	

Lorsque le taux de marge est calculé *via* le résultat net, il est important de considérer un résultat net diminué de la quote-part de résultat des sociétés mises en équivalence dans la mesure où le chiffre d'affaires de ces sociétés n'est pas inclus dans le chiffre d'affaires consolidé du groupe.

2. Calculez la rentabilité économique et financière du groupe.

MÉTHODE

La rentabilité économique et la rentabilité financière se calculent en appliquant les ratios vus dans le cours.

La rentabilité économique se calcule en divisant le résultat économique par le montant des capitaux investis. Il est important de considérer le résultat économique net d'impôt. Les capitaux engagés sont obtenus en ajoutant les capitaux propres et l'endettement financier brut et en soustrayant la trésorerie.

• Détermination du résultat économique après impôt

Le résultat économique du groupe est le résultat opérationnel. Le taux d'imposition est de 33,1/3 %.

	Résultat opérationnel
Montant brut	33 000
Impôt	11 000
Montant net	22 000

• Détermination des capitaux engagés

Capitaux propres + endettement financier brut – trésorerie

Capitaux propres	177 600
Endettement financier brut	29 500
Trésorerie	28 550
Total capitaux engagés	178 550

La rentabilité économique est donc de 12,32 %.

Applications

EXERCICE

Organigramme de la société M. ⌛ 15 minutes ★★

Une société M possède 40 % des actions d'une société F1, dont le quart du capital est composé d'actions à dividende prioritaire sans droit de vote. Toutes les actions F1 détenues par M sont ordinaires et aucun des actionnaires n'a conclu d'accord pour en consulter d'autres ou prendre des décisions collectives. M possède aussi 6 000 actions à droit de vote double et 22 000 actions ordinaires émises par F2, dont le capital est formé de 45 000 actions ordinaires et 10 000 à droit de vote double. Par ailleurs, M exerce un contrôle conjoint avec le groupe FER2000 sur la société F3, dont elle possède 45 % du capital. La société F3 est sous une forme sociétaire et ne constitue pas une activité commune à M et F3. La société M détient 14 000 ORA (obligations remboursables en actions) et 14 000 actions émises par F4. Cette dernière a un capital formé de 34 000 actions ordinaires et a émis 20 000 ORA remboursables *in fine* sur la base de deux actions pour une obligation (l'échéance finale de l'emprunt est dans deux mois). La société M détient 28 % (des droits de vote et du capital) de F5 et 70 % de F6. F5 détient 10 % de F6 et 12 % de F7.

Faites l'organigramme du groupe et déterminez pour chaque société :
(i) le pourcentage de droits de vote de M sur les sociétés de F1 à F6 ;
(ii) le type de contrôle exercé ;
(iii) la méthode de consolidation ;
(iv) le pourcentage d'intérêts de M sur les sociétés de F1 à F6.

Vous distinguerez les résultats selon les référentiels CRC 99-02 et IFRS lorsque cela est nécessaire.

Création de valeur et gouvernance

Chapitre 7

Thèmes	Sens et portée de l'étude	Notions et contenus
Création de valeur et gouvernance	L'analyse de la création de valeur constitue un outil moderne du diagnostic, développé récemment afin de pallier les limites des approches strictement comptables du diagnostic financier.	Analyse de la création de valeur Impact de la structure financière sur la valeur Gouvernance

Il existe deux modèles de gouvernance :

– Le modèle de **gouvernance actionnariale**, qui repose sur la théorie de l'agence de Jensen et Meckling (1976). Selon cette théorie, le dirigeant (agent) est mandaté par les actionnaires (principal) pour accomplir en leur nom une tâche qui est la gestion de l'entreprise. Ainsi, l'objectif du dirigeant doit être de créer de la valeur pour les actionnaires.

– Le modèle de **gouvernance partenariale**, qui repose sur la théorie de l'agence élargie de Hill et Jones (1992) et sur la théorie des parties prenantes (TPP) de Freeman (1984). Dans ce modèle, l'entreprise doit maximiser la valeur créée pour l'ensemble de ses parties prenantes.

Le modèle qui domine en matière de création de valeur est le modèle actionnarial. C'est donc celui sur lequel porte le présent chapitre. Le deuxième modèle est en effet plus compliqué à mettre en œuvre, car il existe une multitude de parties prenantes aux intérêts divergents.

Dans le cadre du modèle actionnarial, il faut avoir conscience des conflits qui existent entre dirigeants et actionnaires. Étant au cœur de l'entreprise, les dirigeants sont amenés à disposer d'informations sur l'entreprise que ne possèdent pas les actionnaires, ces derniers étant plus rarement impliqués dans le quotidien de l'entreprise. Il s'ensuit une asymétrie informationnelle entre ces deux parties pouvant conduire les dirigeants à maximiser davantage leur propre utilité (conservation de leur emploi, maintien ou augmentation de leur rémunération et avantages en nature) que celle des actionnaires de l'entreprise qu'ils dirigent (maximisation de leur richesse), cela compte tenu de l'hypothèse de rationalité de l'agent.

Face à ces conflits, la méthode privilégiée aux États-Unis et dans les principaux pays d'Europe continentale est d'indexer la rémunération des dirigeants sur la création de valeur actionnariale. L'objectif est de « récompenser » les dirigeants en fonction des mesures prises pour augmenter la richesse des actionnaires. C'est ainsi que s'est développé, en premier lieu aux États-Unis, le concept de valeur actionnariale.

DÉFINITION

Il y a **création de valeur** lorsque l'entreprise investit dans des projets qui lui rapporteront davantage que ce qu'ils ne lui coûtent, c'est-à-dire lorsque la rentabilité anticipée de l'investissement est supérieure au coût du capital.

Dans le cas contraire, c'est-à-dire lorsque la rentabilité anticipée est inférieure au coût du capital, on parle de destruction de valeur.

Enfin, lorsque la rentabilité anticipée de l'investissement est égale au coût du capital, il n'y a ni création, ni destruction de valeur.

1. Les mesures de création de valeur

Il existe un nombre relativement important d'indicateurs permettant de mesurer la création de valeur. Ces indicateurs peuvent être de différentes natures : comptable, économique ou boursière.

1.1 Les mesures comptables

Jusqu'au milieu des années 1980, la création de valeur a été principalement mesurée au travers d'indicateurs comptables tels que le **résultat net comptable** (RNC) et le **bénéfice par action** (BPA). Une des critiques majeures formulées à l'encontre de ces indicateurs est qu'ils reposent sur le RNC qui est potentiellement manipulable par le biais, par exemple, de la R&D, des provisions ou encore des éléments exceptionnels.

Un focus a donc été effectué ensuite sur le RE et l'EBE, car ils ne tiennent pas compte de ces éléments exceptionnels et témoignent de la qualité de l'activité de l'entreprise. On s'est ensuite concentré sur l'efficacité en rapportant, par exemple, les résultats aux capitaux mis en œuvre pour les dégager.

ROE (*Return On Equity*) = RNC / CP (mesure de performance financière)

ROA (*Return On Assets*) = RNC / total actif (ou REX après impôts / capitaux investis = mesure de rentabilité économique)

Le problème inhérent à l'ensemble de ces indicateurs comptables est qu'ils ne tiennent pas compte du coût du capital et donc de l'influence du risque (le RNC tient compte du coût de la dette, mais pas du coût des CP). Cela peut amener une certaine déconnexion entre les valeurs issues de la comptabilité et leur réalité économique. C'est ainsi que des indicateurs d'autres natures (économique et boursière) sont apparus.

1.2 Les mesures économiques

Ces mesures économiques de création de valeur revêtent une perspective interne à l'entreprise dans laquelle l'influence des marchés financiers est plutôt faible. Ce qui est véritablement évalué ici, c'est la capacité des dirigeants à créer ou au contraire à détruire de la valeur pour les propriétaires. Ces indicateurs se sont développés à la suite d'une prise de conscience de la nécessité de comparer la rentabilité dégagée au coût des capitaux mis en œuvre, c'est-à-dire le coût du capital.

Les mesures économiques de création de valeur sont les suivantes :

– le *Cash Flow Return On Investment* (CFROI) ou taux de rentabilité interne des investissements de l'entreprise ;

– l'*Economic Value Added* (EVA) ou valeur ajoutée économique.

a. Le CFROI

Le premier indicateur de création de valeur de nature économique est le CFROI.

$$CI = \sum_{t=1}^{n} \frac{CF_t}{(1+CFROI)^t} + \frac{VR}{(1+CFROI)^n}$$

CI : capitaux investis

CFt : cash-flow année t

1...n : période considérée

VR : valeur résiduelle

La démarche à mettre en œuvre est semblable à celle du taux de rentabilité interne (TRI) utilisé pour statuer quant à la rentabilité d'un projet d'investissement. Le calcul du CFROI nécessite en effet l'évaluation de l'investissement initial qui correspond aux capitaux investis (CI) ou à l'actif économique (AE) en valeur brute, c'est-à-dire avant amortissements et provisions. La durée de vie « n » correspond, quant à elle, au rapport immobilisations en valeur brute sur dotation aux amortissements de l'année.

RAPPEL

CI = CP + dettes financières
AE = actifs immobilisés + besoin en fonds de roulement

Une fois calculé, le **CFROI est comparé au coût du capital** (CMPC) :

– Si le CFROI est supérieur au CMPC, l'entreprise crée de la valeur pour ses actionnaires. Le montant de la **valeur créée** se calcule de la manière suivante : (CFROI - kc) × CI avec kc = CMPC.

– Si le CFROI est inférieur au CMPC, l'entreprise détruit de la valeur.

– Si le CFROI est égal au CMPC, il n'y a ni création, ni destruction de valeur.

b. L'EVA

Le deuxième indicateur de création de valeur de nature économique est l'EVA (*Economic Value Added* ou valeur ajoutée économique), qui a été proposée par le cabinet Sten & Stewart.

Il existe deux méthodes de calcul de l'EVA :

– la méthode du surprofit ;

– la méthode du taux de rentabilité excédentaire.

Méthode du surprofit :

EVA = RE (1 - T) - CMPC × CI

avec :

RE = résultat d'exploitation

T = taux d'impôt

CMPC = coût moyen pondéré du capital

CI = capitaux investis

Avec la **méthode du surprofit**, on considère que l'entreprise crée de la valeur lorsque l'EVA est supérieure à 0, c'est-à-dire lorsque le résultat d'exploitation après impôts est supérieur au coût des capitaux investis. Dans le cas contraire (EVA < 0), l'entreprise détruit de la valeur puisque son résultat d'exploitation après impôts est inférieur au coût des capitaux investis.

EVA > 0 : création de valeur

EVA < 0 : destruction de valeur

EVA = 0 : ni création, ni destruction de valeur

La deuxième méthode est celle du **taux de rentabilité excédentaire**. Selon cette méthode, l'EVA est obtenue de la façon suivante.

Méthode du taux de rentabilité excédentaire :

EVA = (r – CMPC) × CI

avec :

r (ou ROIC) = RE (1 – T) / CI

CMPC = coût moyen pondéré du capital

CI = capitaux investis

« r » représente le taux de rentabilité des capitaux investis après impôts (*Return on Invested Capital* ou ROIC). Avec la méthode du taux de rentabilité excédentaire, on considère que l'entreprise crée de la valeur lorsque r est supérieur au coût du capital. Dans le cas contraire (r < CMPC), on parle de destruction de valeur.

r > CMPC : création de valeur

r < CMPC : destruction de valeur

r = CMPC : ni création, ni destruction de valeur

Relation entre EVA et méthode DCF :

$$V_0 = CI_0 + \sum_{t=1}^{n} \frac{EVA_t}{(1 + CMPC)^t} + \frac{VR_n}{(1 + CMPC)^n}$$

avec :

EVA = *Economic Value Added*

CMPC = coût moyen pondéré du capital

CI = capitaux investis

VR = valeur résiduelle

L'EVA peut aussi permettre d'évaluer une entreprise. La valeur de l'entreprise correspond alors à la valeur du capital initialement investi auquel on ajoute les flux d'EVA actualisés au coût du capital, ainsi que la valeur résiduelle également actualisée. Comme pour la méthode DCF, des hypothèses simplificatrices sont faites concernant le calcul de cette valeur résiduelle (ou terminale). Les EVA post-horizon explicite seront supposées :

– soit constantes à l'infini : VRn = EVAn / CMPC ;

– soit croissantes à l'infini à un taux g : VRn = EVAn (1 + g) / (CMPC – g)

ou VRn = EVAn+1 / (CMPC – g).

EXEMPLE

Dans le cadre d'une prise de participation dans la société XYZ, vous disposez des informations prévisionnelles suivantes :

	2018	2019	2020	2021	2022
Capitaux propres	8 000	9 000	10 000	12 500	15 000
Dettes financières	5 000	5 500	7 000	9 000	11 000
Résultat d'exploitation	1 600	2 100	3 200	3 800	4 500

Le coût moyen pondéré du capital est de 8 % et le taux d'IS est de 33,1/3 %. Le capital investi en 2017 est de 10 000 €.

– Déterminez la rentabilité des capitaux investis après impôts (ROIC).

– Établissez les prévisions d'EVA.

– Déterminez la valeur de l'entreprise XYZ par la méthode d'actualisation des EVA. Vous estimerez l'EVA résiduelle sous l'hypothèse d'une rente perpétuelle constante.

	2018	2019	2020	2021	2022
Capitaux investis	13 000	14 500	17 000	21 500	26 000
ROIC (RE après impôts / capitaux investis)	8,21 %	9,66 %	12,55 %	11,78 %	11,54 %
EVA = (ROIC – CMPC) × capitaux investis	27,3	240,7	773,5	812,7	920,4
EVA actualisées	25,28	206,36	614,03	597,36	626,41

Valeur résiduelle = 920,4 / 0,08 = 11 505

Valeur résiduelle actualisée = 11 505 × $(1{,}08)^{(-5)}$ = 7 830,11

Valeur de l'entreprise = 10 000 + 25,28 + 206,36 + 614,03 + 597,36 + 626,41 + 7 830,11 = 19 899,55 €

Avantages et limites de l'EVA

L'EVA présente un certain nombre d'**avantages** :

– Elle est indépendante de la taille de l'entreprise.

– Elle exprime une mesure plus économique que comptable, ce qui est un atout étant donné le caractère manipulable des données comptables.

– Elle met en évidence que le capital n'est pas une ressource gratuite et qu'il faut le rémunérer en prenant en compte le risque encouru. Autrement dit, elle prend en compte le coût du capital.

Mais l'EVA présente aussi un certain nombre de **limites** :

– D'abord, il existe un grand nombre de retraitements possibles pour le calcul de l'EVA (164 plus précisément). Le calcul de l'EVA n'est pas normé, c'est-à-dire qu'il n'est pas issu de règles édictées par le PCG. Chaque entreprise choisit donc les retraitements qu'elle souhaite appliquer, ce qui pose un problème de comparabilité inter-entreprises et d'homogénéité (et donc qualité) de l'information financière. Comment comparer des EVA calculées différemment, c'est-à-dire avec des ajustements différents ? Les entreprises ne vont-elles pas naturellement choisir les ajustements qui vont leur permettre de donner une meilleure image en termes de création de valeur ?

Ces questionnements et inquiétudes ont conduit la COB (désormais AMF) à formuler en 2001 une recommandation sur la communication des entreprises au sujet de la création de valeur.

– Ensuite, des doutes peuvent être exprimés quant à la capacité de l'EVA de représenter une tendance sur le LT. En effet, une EVA faible à CT peut être liée à la mise en œuvre d'investissements sur le LT. De manière similaire, une EVA importante à CT peut faire suite à une diminution du capital investi ou des charges de personnel compromettant potentiellement le développement futur de l'entreprise. Diminuer les charges de personnel, c'est en effet avant tout détruire du capital humain créateur de valeur ajoutée pour l'entreprise.

1.3 Les mesures boursières

Les mesures boursières de création de valeur revêtent une perspective externe à l'entreprise dans laquelle l'influence des marchés financiers est forte, alors que le potentiel manipulable est faible.

Les mesures boursières de création de valeur sont les suivantes :

– la MVA (*Market Value Added* ou valeur ajoutée de marché) ;

– le TSR (*Total Shareholder Return* ou taux de rendement actuariel) ;

– le M/B (*Market-to-Book Ratio*).

a. La MVA

La MVA **fournit de l'information sur la valorisation**, par le marché financier, des ressources apportées par les apporteurs de fonds (actionnaires et créanciers) par rapport à leur valeur comptable.

MVA = valeur boursière (ou de marché) des CP et des dettes - valeur comptable des CP et des dettes

À ce stade, on fait l'hypothèse que les dettes n'apportent pas de valeur additionnelle et donc que leur valeur de marché est égale à leur valeur comptable. La MVA devient donc :

MVA = capitalisation boursière - valeur comptable des CP

La MVA peut aussi être calculée par le biais de la **somme actualisée des EVA**. La formule de calcul est la suivante :

$$MVA = \sum_{t=1}^{n} \frac{EVA_t}{(1 + CMPC)t}$$

avec :

1...n = période considérée

CMPC = coût moyen pondéré du capital

t = année t

EVA = *Economic Value Added*

Une MVA supérieure à 0 reflète un optimisme de la part du marché qui anticipe que l'entreprise va créer de la valeur au-delà du coût du capital. Il est donc prêt à payer le prix actuel du marché.

Au contraire, une MVA inférieure à 0 reflète un pessimisme ou manque de confiance du marché qui anticipe une rentabilité trop faible par rapport au coût des capitaux engagés.

La MVA diffère de la simple observation des cours de bourse, puisqu'elle intègre les capitaux engagés pour parvenir à une valeur donnée, et permet donc une analyse plus fine de la valeur créée. Cependant, elle repose sur des valeurs de marché qui varient fortement selon le contexte boursier (périodes d'euphorie ou de krach), ce qui constitue une des principales limites de la méthode.

EXEMPLE

Vous disposez des informations suivantes sur la société ABC :
- capitaux propres : 694 (en M€) ;
- nombre d'actions : 196,243176 (en M) ;
- valeur d'une action : 6,82.

⇨ MVA = (196,243176 × 6,82) – 694 = 644,3785

MVA > 0, il y a donc optimisme du marché.

b. Le TSR

Le TSR **mesure la création de valeur actionnariale** à partir des flux de revenus issus de la détention d'une action pour une période donnée.

Que faut-il entendre ici par flux de revenus ?

– le gain en capital (ou plus-value réalisée) ;

– les dividendes (on suppose ici que l'actionnaire réinvestit les dividendes dans l'achat de nouvelles actions).

$$TSR = \frac{(P_t - P_t - 1) + D_t}{P_t - 1}$$

avec :

Pt = prix de l'action à la fin de l'année t

Pt-1 = prix de l'action à la fin de l'année t-1

Dt = dividende de l'année t

RAPPEL

Les dividendes perçus sur l'année n sont dus au titre de l'année n-1.

Cette mesure de création de valeur suppose que le prix actuel d'une action (P_0) correspond à la valeur actualisée des revenus attendus de l'investissement.

$$Po = \sum_{t=1}^{n} \frac{D_t}{(1 + TSR)^t} + \frac{P_n}{(1 + TSR)^n}$$

avec :

Pn = prix de l'action à la fin de l'année n

Dt = dividende de l'année t

Autrement dit, il s'agit de comparer le cours de début de période avec celui de fin de période. Cela donne pour une période de n années :

$P_0 (1 + TSR)^n = P_n \longrightarrow TSR = [(P_n / P_0)^{1/n}] - 1$

Une fois le TSR calculé, comment analyser les résultats obtenus et conclure en termes de création de valeur ? Il faut tout simplement comparer le TSR au coût des CP (kcp), c'est-à-dire à la rentabilité minimale exigée par les actionnaires :

– si TSR > k_{CP}, il y a création de valeur ;

– si TSR < k_{CP}, il y a destruction de valeur ;

– si TSR = k_{CP}, il n'y a ni création, ni destruction de valeur.

Le TSR étant un indicateur de création de valeur de nature boursière, il repose sur des données boursières qui sont volatiles. Afin de « neutraliser » l'impact du contexte boursier (périodes d'euphorie ou de krach), il est d'usage d'effectuer ce calcul sur une période assez longue (minimum 5 ans).

EXEMPLE

On dispose des informations suivantes concernant la détention d'un titre par un actionnaire de la société XYZ au 1er janvier 2013 (cours début 2013 : 28,65) et l'équivalent du nombre de titres retenus fin 2017 (cours fin 2017 : 53,76). Le coût des CP est de 9 %.

	2013	2014	2015	2016	2017
Total d'actions détenues après réinvestissement du dividende	1,0267	1,0587	1,0945	1,1265	1,1723

⇨ Valeur du titre fin 2017 = 1,1723 × 53,76 = 63,02

$28{,}65 \times (1 + TSR)^5 = 63{,}02$

TSR = 17 %

Le TSR est supérieur au coût des CP. Il y a donc création de valeur actionnariale.

c. Le M/B

À l'instar de la MVA, le M/B **compare la valeur de marché des CP** (capitalisation boursière) à **leur valeur comptable**.

M/B = capitalisation boursière / valeur comptable des CP

– Si le ratio est **supérieur à 1**, le marché a confiance en la capacité de l'entreprise de créer de la valeur actionnariale.

– Au contraire, un ratio **inférieur à 1** indique un pessimisme du marché quant à cette capacité. Plus le M/B est élevé, plus la firme est supposée créatrice de valeur pour ses actionnaires.

Il existe, à ce jour, plusieurs obstacles à la bonne compréhension de l'information relative à la création de valeur par les investisseurs (notamment non sophistiqués). On note, tout d'abord, un nombre important de méthodes pour mesurer la création de valeur actionnariale. Ensuite, les modalités de calcul de ces dernières ne sont pas normées, ce qui incite les entreprises à choisir l'indicateur ou la méthode de calcul qui servira le mieux leurs intérêts.

2. Incidence de la structure financière sur la valeur

La question majeure qui est posée ici est la suivante : existe-t-il une structure financière optimale, c'est-à-dire une structure financière qui minimise le coût du capital et maximise la valeur de l'entreprise ? L'idée est que plus le CMPC sera faible, plus la valeur des ressources sera élevée, et donc plus la valeur de l'entreprise sera importante.

2.1 La thèse de la neutralité

Sous l'hypothèse d'un marché parfait et en l'absence d'impôt, aucune structure financière n'est meilleure qu'une autre. Autrement dit, la valeur de l'entreprise est indépendante de sa structure financière. C'est la thèse de la neutralité de Modigliani et Miller (1958). Dans cette configuration, la valeur d'un actif est la même qu'il soit financé par endettement et/ou CP.

Les hypothèses d'un marché parfait (ou en équilibre) sont les suivantes :

- pas de frais de transaction et d'émission (coût négligeable d'une augmentation de capital) ;
- neutralité de la fiscalité (pas d'impôt) ;
- marchés parfaitement liquides et information égale pour tous ;
- taux d'emprunt identique pour tous, professionnels et particuliers.

2.2 L'existence de biais sur les marchés financiers

Cependant, dans la réalité, il existe sur les marchés financiers des biais tels que la fiscalité et les coûts de faillite liés à un endettement trop important qui ont une influence sur le choix du mode de financement. Cela a conduit Modigliani et Miller (1963) à revenir sur certaines de leurs hypothèses.

Le financement par endettement présente un avantage de taille pour une entreprise : celui de la déductibilité des charges d'intérêt. Autrement dit, le recours à l'endettement permet de bénéficier d'économies d'impôt. Il en résulte un surplus de revenus qui bénéficiera aux actionnaires. La valeur de l'entreprise endettée sera donc égale à la valeur de l'entreprise non endettée, à laquelle on ajoute la valeur actuelle de l'économie d'impôt générée par le recours à l'endettement.

$V_D = V_{ND}$ + valeur actuelle de l'économie d'impôt

avec :

V_D = valeur de l'entreprise endettée

V_{ND} = valeur de l'entreprise non endettée

Le piège est ici de penser que l'entreprise a intérêt à avoir systématiquement recours à l'endettement pour se financer. En effet, des coûts importants appelés coûts de faillite (ou coûts de défaillance) vont apparaître lorsque l'endettement est trop important et neutralisent l'avantage lié à la déductibilité des charges d'intérêt.

Le risque de faillite engendre, en effet, des coûts :

– directs (honoraires des avocats, frais de procédure, indemnités de licenciement, etc.) ;

– indirects (perte de notoriété, diminution des commandes, effets sur la productivité).

Ces coûts sont de plus en plus élevés à mesure que le niveau d'endettement s'accroît. Ainsi, un endettement excessif fait apparaître un risque élevé de défaillance et l'équation précédente devient :

$V_D = V_{ND}$ + valeur actuelle de l'économie d'impôt - valeur actuelle des coûts de faillite

avec :

V_D = valeur de l'entreprise endettée

V_{ND} = valeur de l'entreprise non endettée

2.3 Un éclairage par les théories des organisations

a. Un éclairage par la théorie du signal

La théorie du signal se fonde sur l'hypothèse selon laquelle les dirigeants (*insiders*) disposent d'informations privilégiées sur l'entreprise et sont donc plus/mieux informés que les actionnaires et créanciers (*outsiders*). Dans ce contexte d'asymétrie informationnelle, les dirigeants ont intérêt à signaler la bonne qualité de leur gestion et de leur entreprise. Pour que la signalisation soit crédible, le signal doit néanmoins être coûteux, c'est-à-dire qu'il doit comporter sa propre sanction, et décourager ainsi l'émission de faux signaux.

Dans ce cadre d'analyse, **Ross** (1977) a mis en évidence que toute modification de structure financière entraîne une modification de la perception des flux de revenus futurs de la part des investisseurs et constitue donc un signal pour le marché. Les dirigeants d'une entreprise dont l'endettement s'accroît signalent au marché leur confiance dans les performances futures de l'entreprise qui leur permettront de faire face aux charges financières et échéances de remboursement futures. L'endettement peut donc être perçu comme un signal positif.

b. Un éclairage par la théorie du financement hiérarchique

Cette théorie suppose que l'asymétrie informationnelle précédemment décrite a un coût. Ce coût influence le choix des modes de financement : l'entreprise privilégie les modes de financement les moins coûteux.

Selon **Myers** et **Majluf** (1984), les dirigeants favoriseraient l'autofinancement, puis l'endettement, et n'auraient recours à l'augmentation de capital qu'en dernier lieu. L'ordre général de sélection des modes de financement est le suivant :

– l'autofinancement ;

– la trésorerie ;

– la dette financière peu risquée ;

– la dette financière risquée et les titres hybrides ;

– l'augmentation de capital.

c. Un éclairage par la théorie de l'agence

Le contrat d'endettement qui lie les dirigeants et les créanciers fait naître une **relation d'agence** dans laquelle les créanciers (principal) octroient aux dirigeants (agent) des fonds restituables dans le futur à des conditions fixées par le contrat d'endettement.

Cette relation se caractérise par des conflits d'intérêts dans la mesure où les dirigeants peuvent être incités à s'approprier des richesses initialement dédiées aux créanciers ou à transférer ces richesses des créanciers vers les actionnaires dans le but *in fine* de maximiser leur propre rémunération.

Afin d'éviter un comportement opportuniste de la part des dirigeants, les créanciers peuvent insérer des clauses spécifiques dans les contrats d'endettement (« *covenants* »). Ces clauses apparaissent sous la forme de seuils (ratios de distribution de dividendes, ratios d'endettement, etc.), dont le franchissement peut entraîner une augmentation du coût de l'endettement.

L'endettement limite aussi le pouvoir discrétionnaire des dirigeants en diminuant les *free cash flows* (fonds restant à disposition des dirigeants une fois que tous les projets rentables ont été financés), évitant ainsi les investissements peu rentables tels que les acquisitions d'entreprises souvent surpayées.

Le propre de la dette est d'être remboursée à échéance, ce qui oblige les dirigeants à générer des liquidités pour satisfaire ces obligations. La discipline imposée par l'endettement fait que les dirigeants utiliseront les ressources de l'entreprise de manière plus efficiente, en se focalisant sur des projets qui sont susceptibles de créer de la valeur pour les actionnaires. Il y aurait donc un impact positif de l'endettement sur la valeur.

Cependant, pour Watts et Zimmerman (1978), l'existence de ces clauses, souvent basées sur les résultats comptables, inciterait les dirigeants à manipuler à la hausse le résultat comptable.

Si des mesures de création de valeur partenariale peinent à voir le jour, il ne faut cependant pas en conclure que les entreprises ont systématiquement intérêt à privilégier leurs actionnaires au détriment des autres parties prenantes de l'entreprise, et notamment les salariés. Aujourd'hui, pour certaines entreprises, la tentation est grande de diminuer au maximum leurs charges de personnel, par le biais notamment des licenciements, afin d'augmenter leur performance. Plusieurs recherches portant sur les licenciements dans les grandes entreprises montrent néanmoins que les effets des licenciements sont loin d'être aussi évidents.

Les dangers d'une trop grande focalisation sur les actionnaires s'illustrent parfaitement par « l'affaire Danone ». Au cours du premier semestre de l'année 2001, le groupe Danone dévoilait un plan de restructuration de sa branche « biscuits » incluant six fermetures d'usines, dont deux en France, soit 1 816 suppressions d'emplois (dont 570 en France). Choquée par cette vague de licenciements de la part d'une entreprise en bonne santé (CA en progression de 7,5 % par an), une partie des salariés a lancé un appel au boycott des produits Danone. Le boycott a eu un impact significatif sur les ventes de Danone en France, qui ont connu un net ralentissement, et a aussi impacté la réputation du groupe.

Schéma de synthèse

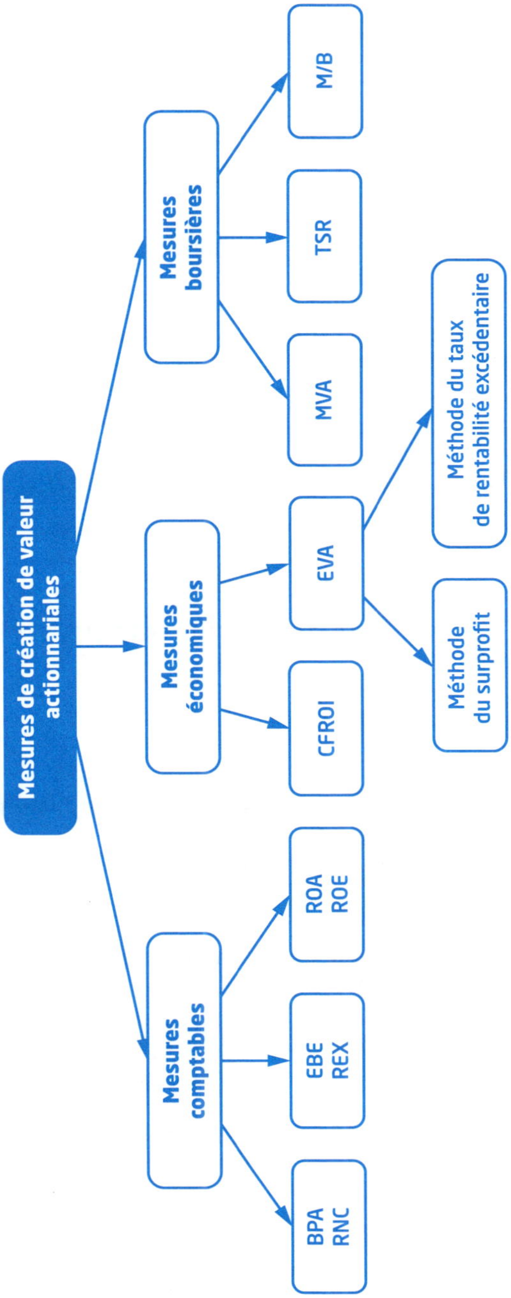

QCM

1. L'indicateur comptable le plus pertinent pour évaluer la création de valeur actionnariale est :

a. le résultat net comptable.
b. le résultat exceptionnel.
c. l'excédent brut d'exploitation.

2. L'avantage de l'*Economic Value Added* (EVA) est qu'elle :

a. est comparable entre les entreprises.
b. est calculée de manière identique pour toutes les entreprises.
c. prend en compte le coût du capital.

3. Les mesures boursières de création de valeur correspondent à :

a. une vision externe de l'entreprise.
b. une vision interne de l'entreprise.
c. une vision externe et interne de l'entreprise.

4. Il n'est pas conseillé de calculer le *Total Shareholder Return* (TSR) :

a. sur une période courte de 2 ans.
b. sur une période moyenne de 5 ans.
c. sur une période longue de 10 ans.

5. Le marché financier est confiant dans la capacité de l'entreprise à créer de la valeur lorsque le *Market to Book Ratio* est :

a. inférieur à 1.
b. supérieur à 1.
c. égal à 1.

6. Sur un marché parfait et en l'absence de fiscalité, la valeur de l'entreprise :

a. dépend de sa structure financière.
b. est indépendante de sa structure financière.
c. est égale à sa structure financière.

7. Selon le modèle développé par Myers et Majluf (1984), les dirigeants favorisent le plus souvent le mode de financement suivant :

a. l'augmentation de capital.
b. les dettes financières peu risquées.
c. l'autofinancement.

8. Dans le cadre de la théorie du signal, l'endettement (jusqu'à un certain niveau) envoie :

a. un signal positif sur l'entreprise.
b. un signal négatif sur l'entreprise.
c. un signal neutre sur l'entreprise.

Applications

EXERCICE GUIDÉ

Relation entre EVA et méthode DCF

Dans le cadre d'une prise de participation dans l'entreprise ABC, on fournit les documents prévisionnels suivants :

Tableau 1. Actifs économiques prévisionnels

En milliers d'€	2011	2012	2013	2014	2015	2016	2017
Immobilisations	560	560	600	630	650	710	730
BFR	110	110	123	118	121	128	131

Tableau 2. Résultats d'exploitation prévisionnels

En milliers d'€	2012	2013	2014	2015	2016	2017
REX	90	109	119	123	125	137

Structure financière en 2011 :

– coût des capitaux propres : 8 % ;

– coût de la dette : 6 % ;

– taux d'imposition : 33,33 % ;

– ratio CP / (D + CP) : 60 %.

1. **Calculez le CMPC.**

2. **Évaluez la valeur de l'entreprise par la méthode d'actualisation des EVA (i) en supposant que le niveau des CMPC calculé en 2011 sera constant sur toute la période et (ii) en estimant l'EVA résiduelle sous l'hypothèse d'une rente perpétuelle constante.**

3. **Refaites les calculs sous l'hypothèse d'une EVA croissante à l'infini à un taux g de 2 %.**

CORRIGÉ COMMENTÉ

1. **Calculez le CMPC.**

CMPC = 0,08 × 0,6 + 0,06 × (2/3) × 0,4 = 6,4 %

2. **Évaluez la valeur de l'entreprise par la méthode d'actualisation des EVA.**

REX	90,00	109,00	119,00	123,00	125,00	137,00
REX(1-T)	60,00	72,67	79,33	82,00	83,33	91,33
R	0,09	0,11	0,11	0,11	0,11	0,11
K	0,064	0,064	0,064	0,064	0,064	0,064

	2012	2013	2014	2015	2016	2017
EVA	17,12	29,79	33,06	34,13	33,99	37,70
EVA act	16,09	26,31	27,45	26,63	24,92	25,98

Somme des EVA actualisées : 147,39

VR = 37,7 / 0,064 = 589,06

VR actualisée = 405,98

Valeur de l'entreprise = 660 + 147,39 + 405,98 = 1 213,37

3. Refaites les calculs sous l'hypothèse d'une EVA croissante à l'infini à un taux g de 2 %.

VR = 37,7 (1 + 0,02) / (0,064 - 0,02) = 866,3

VR actualisée = 597,06

Valeur de l'entreprise = 660 + 147,39 + 597,06 = 1 404,45

EXERCICES

1. Total Shareholder Return (TSR) ⌛ 45 minutes ★★

Le TSR de l'entreprise ABC se calcule sur une période de 5 ans, allant de début 2013 à fin 2017. L'investissement initial correspond au montant d'une action au cours d'ouverture au 02/01/2013, soit 28,63 euros.

Il est supposé que le dividende est payé en numéraire et qu'il est réinvesti en actions au cours de bourse du jour du versement du dividende. Vous avez à disposition les éléments suivants :

	Cours au 31/12	Dividende dû au titre de l'exercice	Date du paiement du dividendes	Cours du jour du versement du dividende
2012	28,63	1,04	06/2013	29,7
2013	34,6	1,05	05/2014	31,3
2014	31,3	1,25	05/2015	34,2
2015	45,6	1,10	05/2016	46,7
2016	57,9	2,5	05/2017	62,8
2017	53,2	3	05/2018	59,8

Le coût des capitaux propres est de 10 %.

Calculez le TSR et concluez quant à la création de valeur actionnariale de l'entreprise ABC.

2. Sujet de réflexion ⌛ 1 heure ★★★

Existe-t-il une structure financière optimale ?

L'évaluation d'entreprises

Chapitre 8

Thèmes	Sens et portée de l'étude	Notions et contenus
L'évaluation d'entreprises	Il existe différentes méthodes d'évaluation d'entreprises. Le choix de la ou des méthodes dépend du contexte d'évaluation et des spécificités de l'entreprise. La mise en œuvre de différentes méthodes permet d'aboutir à une fourchette de valeurs.	Contextes d'évaluation : IPO, OPA/OPE, OPR. Méthodes d'évaluation : directes et indirectes. Approches par les flux, approche comparative, approches patrimoniale et mixte.

1. Le contexte des évaluations

L'évaluation d'entreprises est particulièrement cruciale lorsqu'elle est effectuée à des moments forts de la vie d'une entreprise tels que :

– Une **introduction en bourse** (IPO), qui correspond à la mise sur le marché d'actions d'une entreprise afin d'obtenir des capitaux de la part des actionnaires (première admission).

– Une **offre publique d'acquisition** : opération par laquelle une société initiatrice annonce publiquement aux actionnaires d'une société cible qu'elle s'engage à acquérir leurs titres contre une somme en espèces (OPA), des titres (OPE), voire les deux (offre publique mixte).

Parmi ces opérations, il faut distinguer celles qui permettent de prendre le contrôle d'une société cible de celles qui permettent de renforcer une participation dans le capital d'une société cotée déjà contrôlée. Dans ce dernier cas, on parle d'offres publiques d'acquisition **simplifiées** (OPAS/OPES).

Il faut aussi distinguer les offres **amicales** des offres **hostiles** (ou inamicales). Les offres amicales sont recommandées par le conseil d'administration ou le conseil de surveillance de l'entreprise cible, ce qui n'est pas le cas des offres hostiles qui se caractérisent de plus par la mise en œuvre de stratégies de défense par l'entreprise cible (par exemple, recours à un chevalier blanc, vente d'actifs stratégiques, actions juridiques, communication financière, etc.).

Enfin, certaines offres publiques d'acquisition sont **volontaires**, d'autres **obligatoires**. Le lancement d'une offre est obligatoire dès lors qu'un actionnaire franchit le seuil de 30 % du capital ou des droits de vote. Notons que dans la pratique, un actionnaire qui ne souhaiterait pas lancer d'offre ne dépasserait pas ce seuil, ce qui conduit à relativiser le caractère obligatoire ou non d'une offre.

– Une **offre publique de retrait** (OPR) : procédure qui consiste, pour un actionnaire majoritaire, à racheter la totalité des actions d'une société, afin de les retirer de la cote. Quand le contrôle atteint 95 % du capital, une offre publique de retrait obligatoire est lancée afin de contraindre les minoritaires à céder leurs titres.

Le tableau ci-après récapitule les moments forts de la vie d'une entreprise où l'évaluation occupe une place prépondérante.

Les « moments forts » de la vie d'une entreprise	
IPO	Introduction en bourse
OPA **OPE**	Offre publique d'achat Offre publique d'échange
OPAS **OPES**	Offre publique d'achat simplifiée Offre publique d'échange simplifiée
OPR **OPRO**	Offre publique de retrait Offre publique de retrait obligatoire

Le contexte de l'IPO se caractérise par une forte incertitude et asymétrie informationnelle. En effet, lorsque l'entreprise n'est pas cotée sur le marché boursier, il n'y a pas (ou peu) d'informations la concernant qui sont diffusées aux investisseurs. Ces derniers doivent cependant évaluer l'entreprise et plus précisément le prix des actions pour voir si celui-ci est satisfaisant. Dans ce contexte d'asymétrie informationnelle, les entreprises ont tendance à proposer leurs actions à un prix plus faible que la vraie valeur de l'action afin d'attirer les investisseurs ; on parle de **décote d'introduction.** Il en résulte un phénomène de « sous-évaluation » à l'introduction qui rémunère en quelque sorte les investisseurs pour leur prise de risque. L'ampleur de la sous-évaluation à l'introduction témoigne de la qualité de l'opération. En effet, plus l'entreprise est capable de supporter une sous-évaluation importante au moment de l'introduction, plus cela montre qu'elle attend des flux de revenus futurs conséquents qui lui permettront de compenser cette sous-évaluation. Le prix ne doit cependant pas être trop faible. En effet, lorsque l'entreprise vend des actions à un prix plus faible que leur vraie valeur, cela engendre un coût d'opportunité lié au fait que la récolte de fonds propres est inférieure à ce qu'elle aurait pu être. Inversement, si le prix est trop élevé, il n'y aura pas assez de souscription et donc la levée de fonds ne sera pas aussi importante qu'initialement prévue.

Dans le contexte des OPA/OPE, les entreprises proposent le plus souvent un prix qui est supérieur à la valeur de l'action telle que fournie par l'évaluation ; c'est ce qu'on appelle **la prime de contrôle**. Le prix ne doit cependant pas être trop élevé car cela reviendrait pour l'initiatrice à payer l'entreprise cible bien au deçà de sa valeur. Au contraire, si le prix d'acquisition est trop faible, les actionnaires de la cible ne souscriront pas à l'offre et l'opération se soldera par un échec.

Enfin, dans le contexte des OPR, l'objectif est pour l'actionnaire majoritaire de **minimiser le prix offert**. Si le prix est trop faible, le risque est cependant que l'offre soit refusée par les actionnaires restants. Notons qu'un expert indépendant est désigné pour donner un avis sur l'offre qui figurera dans la note d'information, afin de vérifier que les actionnaires restants ne soient pas lésés.

2. Les méthodes d'évaluation

Différentes méthodes d'évaluation (patrimoniales, actuarielles, analogiques ou comparables, boursières, mixtes ou hybrides) peuvent être mises en œuvre. Nous étudierons successivement chacune de ces méthodes.

Il existe deux grandes catégories de méthodes d'évaluation :

– les **méthodes indirectes** qui évaluent d'abord la valeur de l'actif économique (AE), de laquelle il faut retirer la valeur de l'endettement net pour obtenir la valeur des CP ;

– les **méthodes directes** qui évaluent directement la valeur des capitaux propres.

ATTENTION Une fois que l'on a la valeur des capitaux propres, il faut diviser cette valeur par le nombre d'actions pour obtenir la valeur d'une action.

2.1 Les méthodes patrimoniales

Les méthodes patrimoniales, ou méthodes comptables, consistent à évaluer l'entreprise à partir des actifs et des passifs qui composent son bilan.

a. La méthode de l'ANC

Selon cette méthode, la valeur de l'entreprise correspond à la notion d'**actif net comptable** (ANC), c'est-à-dire à la différence entre ce que possède l'entreprise (éléments d'actifs) et ce qu'elle doit (passif exigible).

ANC = actifs réels - dettes réelles avec :

– actifs réels = total actif net - actifs fictifs

– dettes réelles = total dettes + provisions pour R&C + dividendes - ECP

Remarque

Les provisions pour risques et charges (R&C) qui ne sont pas justifiées doivent être considérées comme des réserves et réintégrées dans les capitaux propres (CP). Il s'agit, par exemple, des provisions liées à un litige dont on sait déjà que l'issue sera favorable à l'entreprise.

L'ANC peut également se calculer à partir des CP après répartition du résultat de l'exercice.

ANC = CP - actifs fictifs + ECP - dividendes

EXEMPLE

Le capital de la société ABC est constitué de 75 000 actions de nominal 100.
Extrait du passif du bilan au 31/12/N avant répartition :

Capital social	750 000
Réserves	150 000
Résultat	50 000
Total capitaux propres	950 000

Le total actif de l'entreprise est de 1 500 000 € et comprend :
– des frais d'établissement : 8 000 € ;
– des charges à répartir sur plusieurs exercices : 7 000 € ;
– des provisions pour risques et charges liées à un procès dont l'issue devrait être défavorable à l'entreprise : 110 000 €.
Le total des dettes est de 440 000 €.
Il n'y a pas d'écarts de conversion actif et passif.
L'entreprise prévoit de distribuer un dividende de 2 euros par action.
Calculez le montant de l'actif net comptable à partir des deux méthodes.

Calcul de l'ANC à partir du total actif	
Total actif	1 500 000
– Actifs fictifs • Frais d'établissement • Charges à répartir sur plusieurs exercices	 – 8 000 – 7 000
– Dettes	– 440 000
– Provisions pour risques et charges	– 110 000
– Dividendes	– (2 × 75 000) = 150 000
Total ANC à partir du total actif	**785 000**
Calcul de l'ANC à partir des capitaux propres	
Capitaux propres	950 000
– Dividendes	– 150 000
– Actifs fictifs • Frais d'établissement • Charges à répartir sur plusieurs exercices	 – 8 000 – 7 000
Total ANC à partir des capitaux propres	**785 000**

b. La méthode de l'ANCC

Toujours dans les méthodes patrimoniales, on peut également calculer l'**actif net comptable corrigé** (ANCC). Le principe est le même que la méthode de l'ANC, mais les actifs et les dettes sont évalués à leur valeur actuelle. On retient plus précisément la valeur la plus élevée entre la valeur de marché et la valeur d'usage. On retient en outre la valeur du crédit-bail.

RAPPEL
Valeur de marché : prix auquel on peut actuellement vendre un actif sur le marché.
Valeur d'usage : valeur des avantages économiques futurs attendus de l'utilisation d'un actif et de sa sortie.

EXEMPLE

Reprenons le cas de l'entreprise ABC exposé dans l'exemple précédent. Les valeurs comptable et actuelle des actifs immobilisés sont les suivantes :

Actif immobilisé	Valeur comptable	Valeur actuelle
Frais de R&D	150 000	180 000
Terrain	300 000	320 000
Constructions	260 000	300 000
Matériel et outillage	100 000	100 000
Autres immobilisations corporelles	90 000	75 000
Total actif immobilisé	900 000	975 000

Par ailleurs, l'entreprise a réévalué ses dettes à long terme pour prendre en compte l'évolution des taux bancaires. Elle les évalue à 300 000 € contre une valeur comptable de 280 000 €.

Enfin, l'entreprise utilise un bien en crédit-bail d'une valeur de 60 000 €. Le contrat a été conclu début N-2 pour une durée de cinq ans. La redevance annuelle est de 9 000 € et est payable d'avance. Le contrat prévoit une option d'achat de 8 000 € que l'entreprise envisage de lever. Le taux d'actualisation retenu est de 10 %.

Calculez le montant de l'actif net comptable corrigé.

Évaluation du crédit-bail :

Valeur réelle – valeur comptable = 60 000 – somme actualisée des paiements restant à effectuer

Somme actualisée des paiements restant à effectuer :

$= 9\,000 + 9\,000 \times (1{,}1)^{(-1)} + 8\,000 \times (1{,}1)^{(-2)} = 23\,793$

⇨ Évaluation du crédit-bail = 60 000 – 23 793 = 36 207

ANC	785 000
+ Réévaluation des frais de R&D	(180 000 – 150 000) = 30 000
+ Réévaluation du terrain	(320 000 – 300 000) = 20 000
+ Réévaluation des constructions	(300 000 – 260 000) = 40 000
+ Réévaluation du matériel et de l'outillage	(100 000 – 100 000) = 0
+ Réévaluation des autres immobilisations corporelles	(75 000 – 90 000) = – 15 000
+ Crédit-bail	36 207
– Réévaluation des dettes financières	(300 000 – 280 000) = – 20 000
Total ANCC	**876 207**

c. La méthode des CPNE

Une autre méthode patrimoniale repose sur la notion de **capitaux permanents nécessaires à l'exploitation** (CPNE).

CPNE = immobilisations d'exploitation (y compris crédit-bail) + BFRE (actifs fictifs exclus)

Notons que le crédit-bail figure parmi les immobilisations car on considère que la machine « acquise » *via* un tel contrat participe au processus de production au même titre que les autres immobilisations.

EXEMPLE

Reprenons le cas de l'entreprise ABC. Nous savons qu'une partie des terrains d'une valeur de 50 000 € est conservée dans un but purement spéculatif. Le BFRE de l'entreprise s'élève à 250 000 €.

Calculez le montant des capitaux permanents nécessaires à l'exploitation.

Frais de R&D	180 000
Terrain	320 000 – 50 000 = 270 000
Constructions	300 000
Matériel et outillage	100 000
Autres immobilisations corporelles	75 000
Crédit-bail	60 000
Immobilisations nécessaires à l'exploitation	*985 000*
BFRE	250 000
Capitaux permanents nécessaires à l'exploitation	**1 235 000**

d. La méthode de la VSB

La dernière méthode patrimoniale repose sur la notion de **valeur substantielle brute** (VSB). Celle-ci est proche de la méthode des capitaux permanents nécessaires à l'exploitation, mais elle prend en compte l'actif circulant d'exploitation à la place du BFRE.

VSB = immobilisations d'exploitation (y compris crédit-bail) + actifs circulants nécessaires à l'exploitation + EENE.

EXEMPLE

Reprenons le cas de l'entreprise ABC. Les actifs circulants de l'entreprise se décomposent comme suit : stocks (10 000 €), créances clients (15 000 €), disponibilités (8 000 €). Les effets escomptés non échus sont de 2 000 €.

Calculez le montant de la valeur substantielle brute.

Frais de R&D	180 000
Terrain	320 000 – 50 000 = 270 000
Constructions	300 000
Matériel et outillage	100 000
Autres immobilisations corporelles	75 000
Crédit-bail	60 000
Immobilisations nécessaires à l'exploitation	*985 000*
Stocks	10 000

Créances clients	15 000
Disponibilités	8 000
EENE	2 000
Valeur substantielle brute	**1 020 000**

e. Conclusion sur les méthodes patrimoniales

Si l'approche patrimoniale a été l'une des plus utilisées en France par le passé, il semble aujourd'hui qu'elle soit peu mobilisée par les professionnels de la comptabilité et de la finance. Cette méthode intervient désormais le plus souvent en soutien à d'autres méthodes, car elle présente **un certain nombre de limites** :

– D'abord, cette méthode est plutôt tournée vers le passé. La valeur de l'entreprise est déterminée sur la base de la valeur comptable historique des actifs et des passifs constituant son patrimoine. Les opportunités de croissance de l'entreprise ne sont pas prises en compte. La mise en œuvre de cette méthode est donc principalement pertinente dans le cas d'entreprises en phase de maturité.

– Ensuite, les effets de synergies (principe du 1 + 1 = 3) entre les différents éléments d'actifs ne sont pas pris en compte. Autrement dit, la valeur de l'entreprise est égale à la somme des éléments d'actifs pris séparément.

– Enfin, c'est une méthode qui ne valorise pas les actifs immatériels (tels que le capital humain) qui sont cependant susceptibles de contribuer à la création de valeur, particulièrement au sein des entreprises de services. Exemples d'éléments immatériels non pris en compte dans l'évaluation : la qualité du management, les compétences des salariés, la notoriété de la marque, etc.

Le cabinet de consultants Interbrand réalise chaque année un rapport sur les 100 marques les plus puissantes du monde. En tête de ce classement figure Apple, valorisé à 178,119 milliards USD.

2.2 Les méthodes actuarielles

a. La méthode par actualisation des flux nets de trésorerie ou *Discounted Cash Flows* (méthode DCF)

La méthode DCF est une méthode d'évaluation majeure en finance. Il s'agit d'une **méthode d'évaluation indirecte** (il faudra donc soustraire l'endettement net de la valeur de l'AE pour obtenir la valeur des CP). La valeur de l'AE correspond à la valeur actualisée sur l'infini des cash-flows futurs :

$$V_{AE} = \sum_{t=1}^{\infty} \frac{CF_t}{(1+k)^t}$$

avec :

V_{AE} = valeur de l'actif économique

CF_t = cash-flow de l'année t

k = taux d'actualisation ou CMPC

Cette formule nécessite la détermination des flux nets de trésorerie chaque année jusqu'à l'infini, ce qui est quasiment impossible. L'évaluateur est donc amené à poser certaines **hypothèses simplificatrices**. Il va plus précisément procéder à la prévision des flux nets de trésorerie qu'il va actualiser pendant un certain nombre d'années, appelé **horizon explicite** (période de prévision qui va dans la formule de 1 à T). Cet horizon est variable selon les secteurs d'activité. Puis, l'évaluateur va borner l'horizon par une **valeur terminale** (période post-prévision qui va de T+1 à l'infini dans la formule).

Ainsi, la valeur de l'AE devient la somme des flux de trésorerie actualisés sur un horizon explicite, à laquelle on ajoute la valeur terminale actualisée, d'où la formule suivante :

$$V_{AE} = \sum_{t=1}^{T} \frac{CF_t}{(1+k)^t} + \frac{VT}{(1+k)^T}$$

avec :

V_{AE} = valeur de l'actif économique

CFt = cash-flow de l'année t

k = taux d'actualisation ou CMPC

1...T = période considérée

VT = valeur terminale de l'entité au terme de l'année T

Une question importante demeure à ce stade : **comment évaluer les cash-flows futurs ou flux nets de trésorerie** ?

CF = REX (1-T) + DAP - ΔBFR - investissements

avec :

CF = cash-flow

REX = résultat d'exploitation

DAP = dotations aux amortissements et provisions

ΔBFR = variation du besoin en fonds de roulement

T = taux d'impôt

Le résultat d'exploitation (REX), ou résultat opérationnel (RO), mesure la performance commerciale et/ou industrielle de l'entreprise. Il tient compte de la politique d'investissement de l'entreprise, mais est indépendant de sa politique financière et de ses éléments exceptionnels. *A contrario* du résultat exceptionnel, il s'agit d'un résultat qui a vocation à se répéter dans le temps.

On ajoute à ce REX après impôts les DAP car elles ne donnent pas lieu à des sorties de flux de trésorerie. Or, elles ont été déduites dans le calcul du REX. En les ajoutant ici, on annule donc en fait leur influence.

Sont ensuite déduits la variation du BFR et les investissements. Rappelons que le BFR reflète le besoin de financement du cycle d'exploitation et hors exploitation de l'entreprise. Il correspond à des décalages entre la réalisation des opérations et leur transformation monétaire.

Reste à savoir **comment estimer la valeur terminale**. Cette estimation se fait à partir d'un cash-flow normatif (CFN) qui peut :

– Être constant, c'est-à-dire identique à l'infini. Dans ce cas, la valeur terminale s'obtient en faisant : CFN / k.

– Croître à l'infini à un taux de croissance g. Dans ce cas, le calcul de la valeur terminale est différent selon que le CFN est identique ou non au dernier CF de l'horizon explicite connu. Si le CFN est différent du dernier CF de l'horizon explicite connu, on pose :

$$VT = \frac{CFN}{k - g}$$

Inversement, si le CFN est identique au dernier CF de l'horizon explicite connu, on applique la formule suivante :

$$VT = \frac{CFN(1 + g)}{k - g}$$

EXEMPLE

Vous disposez des informations suivantes concernant l'évolution des flux de trésorerie estimés par l'entreprise ABC pour les trois prochaines années.

Années	N+1	N+2	N+3
Flux de trésorerie prévisionnels	100 000	180 000	250 000

À partir de N+4, l'entreprise estime que les flux devraient croître de 2 % par an. Le taux d'actualisation est de 10 %.

Calculez la valeur de l'entreprise par la méthode de l'actualisation des flux de trésorerie.

Calcul de la valeur terminale $= \dfrac{250\ 000 \times 1{,}02}{0{,}1 - 0{,}02} = 3\ 187\ 500$ €

Valeur de l'entreprise $= 100\ 000 \times (1{,}1)^{(-1)} + 180\ 000 \times (1{,}1)^{(-2)} + 250\ 000 \times (1{,}1)^{(-3)} + 3\ 187\ 500 \times (1{,}1)^{(-3)} = 2\ 822\ 314$ €

Avantages et limites de la méthode

Le premier avantage de cette méthode est qu'elle est indépendante du contexte boursier. Le fait de se focaliser sur les performances économiques de l'entreprise permet de neutraliser l'impact de variations boursières importantes (périodes d'euphorie ou de krach boursier). Le second avantage de cette méthode est qu'elle est applicable à toutes les entreprises : jeunes ou matures, en phase de croissance ou de déclin.

Cependant, cette méthode présente également plusieurs limites :

– D'abord, elle nécessite d'avoir une certaine visibilité. Or, l'évaluateur ne dispose pas toujours des informations suffisantes pour réaliser un business plan sur un horizon temporel donné.

– Ensuite, les résultats de l'évaluation sont fortement dépendants 1) des hypothèses retenues, et 2) de l'estimation de VT qui représente souvent plus de 50 % de la valeur de l'entreprise.

– Enfin, le CMPC est utilisé pour évaluer l'entreprise. Or, celui-ci fait l'objet de plusieurs critiques :

- Le CMPC ne prend pas en compte tous les déterminants de la valeur de l'entreprise et notamment la rentabilité et la croissance de l'activité, qui impactent pourtant les flux de revenus futurs.
- L'impact du risque est répercuté de manière un peu trop « mécanique ».
- La prise en compte de la structure financière est aussi discutable car elle va à l'encontre de certains développements théoriques comme la théorie de la neutralité de Modigliani et Miller (1958).
- Enfin, le calcul du CMPC (et plus précisément celui du coût des CP) repose en partie sur le modèle d'évaluation des actifs financiers (MEDAF) qui est lui aussi largement controversé en raison de difficultés liées à l'évaluation du bêta et de la prime de marché.

b. La méthode par actualisation des flux nets de trésorerie pour l'actionnaire ou Equity Cash Flows (méthode ECF)

Les flux nets de trésorerie revenant à l'actionnaire, ou *Equity Cash Flows* (ECF), correspondent aux *free cash flows* précédemment décrits auxquels on ajoute :

– la variation de l'endettement bancaire (nouveaux emprunts - remboursements d'emprunt) ;

– la différence entre les produits et les charges financières après impôts.

ECF = FCF + variation emprunt + (produits financiers - charges financières après impôts)

Il s'agit d'une méthode d'évaluation directe. La valeur des CP s'obtient par actualisation à l'infini des ECF. L'actualisation se fait au coût des CP qui correspond au taux de rendement exigé par les actionnaires.

$$V_{CP} = \sum_{t=1}^{\infty} \frac{ECF_t}{(1 + k_{cp})^t}$$

avec :

VCP = valeur des capitaux propres

ECFt = *Equity Cash Flows* à la fin de l'année t

kcp = taux d'actualisation ou coût des capitaux propres

Comme pour la méthode DCF, l'évaluateur va procéder à la prévision des ECF pendant un certain nombre d'années, appelé horizon explicite (période de prévision qui va dans la formule ci-dessous de 1 à T), puis il va actualiser ces ECF. Ensuite, l'évaluateur doit borner l'horizon par une valeur terminale VT (période post-prévision qui va dans la formule ci-dessous de T+1 à l'infini).

Ainsi, la valeur des CP devient la somme des ECF actualisés sur un horizon explicite, à laquelle on ajoute la valeur terminale actualisée, d'où la formule suivante :

$$V_{CP} = \sum_{t=1}^{T} \frac{ECF_t}{(1 + k_{cp})^t} + \frac{VT}{(1 + k_{cp})^T}$$

Pour le calcul de la VT, le principe est le même que pour la méthode DCF.

EXEMPLE

Vous disposez des informations suivantes concernant l'entreprise ABC :

Années	N+1	N+2	N+3
Flux de trésorerie prévisionnels	100 000	180 000	250 000
+ Nouvel emprunt	30 000	0	0
– Remboursement emprunts	7 000	8 000	8 000
+ Produits financiers	1 200	1 600	1 400
– Charges financières nettes d'impôts	900	1 000	950
Flux nets de trésorerie revenant à l'actionnaire	**123 300**	**172 600**	**242 450**

Comme précédemment, à partir de N+4, l'entreprise estime que les flux devraient croître de 2 % par an. Le taux d'actualisation est de 10 %.

Calculez la valeur de l'entreprise par la méthode de l'actualisation des flux de trésorerie revenant à l'actionnaire.

Calcul de la valeur terminale = $\frac{242\ 450 \times 1{,}02}{0{,}1 - 0{,}02}$ = 3 091 237 €

Valeur de l'entreprise = 123 300 × $(1{,}1)^{(-1)}$ + 172 600 × $(1{,}1)^{(-2)}$ + 242 450 × $(1{,}1)^{(-3)}$ + 3 091 237 × $(1{,}1)^{(-3)}$ = 2 759 384 €

c. La méthode par la valeur de rendement ou *Discounted Dividend Model* (méthode DDM)

Selon cette méthode d'évaluation directe, la valeur des CP d'une entreprise est déterminée à partir de l'actualisation des flux de dividendes revenant aux actionnaires. Notons que l'actualisation se fait au coût des CP.

$$Vr = \sum_{t=1}^{n} \frac{D_t}{(1 + k_{cp})^t}$$

$$V_{cp} = V_r \times nombre\ d'actions$$

avec :

Vr = valeur de rendement

k_{cp} = taux d'actualisation ou coût des capitaux propres

D_t = dividende versé à la fin de l'année t

1...n = période considérée

Vcp = valeur des capitaux propres

Il existe deux manières de traiter l'équation ci-dessus :

– Irwing et Fisher supposent que les dividendes à recevoir sont constants. La formule de base devient alors celle d'une rente perpétuelle de montant D_1 actualisée au coût des CP.

$$Vr = \frac{D_1}{k_{cp}}$$

– Cependant, cette hypothèse de constance des dividendes est jugée un peu trop simplificatrice, d'où le modèle de Gordon Shapiro qui suppose une croissance des dividendes à l'infini à un taux g.

$$Vr = \frac{D_1}{k_{cp} - g}$$

Avantages et limites de la méthode

La méthode DDM est une méthode particulièrement pertinente pour l'évaluation 1) des banques dont la structure financière évolue peu en raison des réglementations en vigueur, et 2) des entreprises ayant un taux de distribution conséquent. Cette méthode est en revanche difficile à mettre en œuvre si la structure financière, et donc le coût des CP fluctuent au fil des ans, ce qui est le plus souvent le cas.

2.3 Les méthodes analogiques

Les méthodes analogiques, également appelées méthodes des comparables ou encore méthodes des multiples, font partie des méthodes les plus utilisées dans la pratique. Il s'agit d'évaluer une entreprise par comparaison à un **échantillon de référence** contenant soit des entreprises comparables, soit des transactions comparables selon le contexte de l'évaluation.

Le principe général de la méthode est le suivant :

– Sur l'échantillon de référence, on calcule un multiple moyen ou médian en faisant pour chaque entreprise/transaction de l'échantillon : valeur de la firme / critère retenu. Une moyenne ou médiane des résultats obtenus pour chacune des firmes est ensuite effectuée.

– On applique enfin ce multiple aux données de la société à évaluer, aussi appelée entreprise cible.

Valeur de l'entreprise à évaluer = multiple moyen/médian × critère de performance retenu

a. Les différentes étapes de la méthode

La mise en œuvre de la méthode nécessite de suivre les étapes suivantes :

Étape 1 : il faut tout d'abord constituer **l'échantillon de référence**. Les sociétés comparées doivent *a minima* posséder des caractéristiques similaires en termes de secteur d'activité et de taille (total bilan, chiffres d'affaires, total des effectifs). Dans l'idéal, il est également pertinent d'avoir des profils pas trop éloignés concernant la rentabilité, l'endettement ou la phase dans le cycle de vie. Dans la pratique, cependant, il n'est pas aisé de trouver des entreprises parfaitement comparables, c'est-à-dire semblables sur tous les plans précédemment cités.

Étape 2 : ensuite, il faut choisir le ou les **multiples pertinents**, c'est-à-dire les indicateurs de performance les plus appropriés compte tenu des caractéristiques de l'entreprise à évaluer. Il est courant de retenir plusieurs multiples et d'effectuer une moyenne des différentes valorisations obtenues à l'issue des calculs.

Étape 3 : puis, on effectue, si besoin, des **ajustements empiriques** sur les résultats obtenus dans le cas où l'on souhaite comparer des entreprises qui présentent des disparités quant à la taille et la liquidité. Ces ajustements, nous y reviendrons dans le point d, prennent la forme de décotes.

Étape 4 : enfin, on **applique les multiples aux données comptables** et/ou financières de la société à évaluer.

b. Les différentes « familles » de multiples

Il faut savoir qu'il existe deux grandes familles de multiples :

– Les **multiples de valeur économique** qui, comme leur nom l'indique, permettent de mettre en évidence la valeur de l'actif économique de l'entreprise à évaluer.

EXEMPLES

– Le multiple du CA (*Price Sales Ratio* ou PSR) ;
– le multiple de l'EBE (*Earnings Before Interest and Taxes Depreciation and Amortization* ou EBITDA) ;
– le multiple du RE (*Earnings Before Interest and Taxes* ou EBIT).

– Les **multiples des capitaux propres** qui donnent eux directement la valeur des CP.

EXEMPLES

– Le multiple des CP (*Price-to-Book-Ratio* ou PBR) ;
– le multiple de la CAF (capacité d'autofinancement) ;
– le multiple du résultat net (*Price Earning Ratio* ou PER).

Concernant ce dernier multiple (multiple du PER), il faut savoir que celui-ci peut ne pas bien refléter la capacité d'une entreprise à dégager des bénéfices et ce, compte tenu des phénomènes de gestion des résultats existants. Ce multiple est donc moins fiable que ses homologues tels que les multiples de l'EBE ou du RE.

EXEMPLE

Prenons comme exemple le cas du multiple moyen du CA.
Le multiple du CA se calcule comme suit : moy(VE / CA).
Ensuite, pour déterminer la valeur de l'entreprise cible, on procède de la façon suivante : $(VE / CA)^{comp} \times CA^{cible}$ avec $(VE / CA)^{comp}$ qui correspond au multiple moyen précédemment obtenu.
La valeur des CP de la cible est alors obtenue en faisant : VE^{cible} – Dettes (nettes). On prend souvent les dettes nettes, c'est-à-dire les dettes (financières) auxquelles on ajoute l'excédent de trésorerie.
Enfin, si l'on souhaite avoir la valeur d'une action, on divise la valeur des CP par le nombre d'actions qui compose son capital.

La logique est la même pour les autres multiples de valeur économique. Il suffit de remplacer dans les formules le CA par l'EBE ou le RE. Pour les multiples de CP, ils peuvent être calculés en rapportant à la capitalisation boursière l'indicateur de « performance » retenu, à savoir : les CP, la CAF ou le résultat net. Il suffit ensuite de multiplier le multiple moyen/médian obtenu par le critère de performance retenu pour l'entreprise cible, pour obtenir cette fois-ci directement la valeur des CP.

EXEMPLE

	Multiple de l'EBE		Multiple du REX	
	2015	2016	2015	2016
Moyenne	4,3	6,2	7,1	6,3

	Données de l'entreprise à évaluer	
	2015	2016
EBE (k€)	12 803	14 657
REX (k€)	10 067	12 938
Dette nette (k€)	26 400	
Nombre d'actions	4 200 000	

	Multiple de l'EBE		Multiple du REX	
	2015	2016	2015	2016
Valeur entreprise	55052,9	90873,4	71475,7	81509,4
Valeur CP	28652,9	64473,4	45075,7	55109,4
Prix action	6,8	15,35	10,73	13,12

Fourchette de prix : [6,8 ; 15,35].

c. Les décotes de taille et d'illiquidité

Si l'on doit évaluer, par exemple, une société non cotée en la comparant à des sociétés cotées, il faut appliquer ce qu'on appelle une **décote d'illiquidité** qui est, en général, de 30 % environ. En effet, les titres des entreprises non cotées sont par nature moins liquides que ceux des entreprises cotées en bourse.

DÉFINITION

La **liquidité** donne au détenteur d'un titre un droit supplémentaire : celui de céder rapidement, facilement, à un coût moindre et quand il le souhaite tout ou partie de sa participation dans le capital d'une entreprise. Ce droit a un prix, qu'on appelle « *prime de liquidité* » et qui doit être contrebalancé par le biais de la décote au moment de l'évaluation.

Si la société à évaluer est de plus petite taille que les entreprises comparables, il faut appliquer ce qu'on appelle une **décote de taille**. Cette décote se situe le plus souvent dans une fourchette comprise entre 15 % et 30 %. La logique sous-jacente est que les investisseurs ont tendance à être optimistes dans leur évaluation lorsque l'entreprise à évaluer est de grande taille ; ils ont un sentiment de « sécurité ».

d. Les analyses de régression

Les multiples moyens/médians présentent les inconvénients suivants :

– Ils masquent les différences qu'il peut y avoir au sein d'un même secteur d'activité en termes de valorisation ou de profitabilité.

– Ils ne permettent pas d'identifier les différents facteurs explicatifs de la valeur d'une entreprise.

– Ils sont hautement dépendants de la qualité de l'échantillon de référence, la constitution de cet échantillon étant néanmoins considérée comme la difficulté majeure de cette méthode.

Ces différents inconvénients peuvent être amoindris, voire éliminés, par des analyses de régression. On parle alors de **comparables ajustés**. Cette approche consiste à :

– élaborer un échantillon le plus grand possible (au minimum 10 entreprises/transactions comparables) au sein du secteur d'activité dans lequel figure l'entreprise à évaluer ;

– représenter graphiquement cet échantillon sous la forme d'un nuage de points *via* la méthode des moindres carrés ordinaires (MCO) ;

– mettre en exergue une relation linéaire entre un multiple de valorisation (variable endogène) et la ou les variables fondamentales qui influencent son niveau (variables exogènes) ;

– corriger le multiple sectoriel moyen obtenu sur la base de l'échantillon en fonction des spécificités de l'entreprise à évaluer.

Dans la plupart des cas, le multiple sectoriel moyen qui est ajusté (Y) est le multiple du CA car il existe souvent de fortes différences en la matière au sein d'un échantillon, alors qu'il y a plus d'homogénéité entre les entreprises au niveau des autres multiples. Quant au X retenu, il s'agit régulièrement du multiple de l'EBE car il neutralise les disparités en termes de politiques d'investissement et de financement.

$Y = aX + b$

$a = cov(X,Y) / var(X)$

$b = moyY - a \times moyX$

e. Les avantages et les limites de la méthode

Les **avantages** de la méthode des multiples sont les suivants :

– D'abord, c'est une méthode qui est relativement simple d'utilisation, facile à appliquer.

– Ensuite, elle est bien adaptée aux entreprises pour lesquelles on a peu de visibilité (par exemple, jeunes entreprises), ce qui rend difficile la prévision des cash-flows futurs.

– Enfin, elle permet d'éviter le recours au CMPC qui est critiquable.

Cependant, cette méthode présente aussi un certain nombre de **limites** :

– D'abord c'est une méthode qui, bien que fortement utilisée, ne se base sur aucun fondement théorique.

– Ensuite, il faut souligner la difficulté que représente la constitution d'un échantillon de référence pertinent. Cela est d'autant plus problématique qu'il y a une forte sensibilité des résultats à la constitution de l'échantillon. Il existe cependant des décotes d'illiquidité et de taille pour pallier cette limite.

– Enfin, les éléments qui concourent à la valorisation d'une entreprise ne sont que partiellement pris en compte. Les comparables ajustés permettent néanmoins de pallier cette limite.

2.4 La méthode boursière

La méthode boursière consiste à évaluer une entreprise à partir des cours de bourse. Autrement dit, on considère que les cours boursiers reflètent la valeur fondamentale de l'entreprise. Le postulat implicite effectué est celui de l'efficience des marchés financiers qui implique :

– Une efficience **informationnelle** : le prix de l'action reflète spontanément toute l'information disponible sur la valeur de la firme.

– Une efficience **organisationnelle** : demandeurs et apporteurs de capitaux sont mis en relation et opèrent des transactions dans les meilleures conditions possibles, par exemple en termes de coûts.

– Une rationalité des agents qui ont des préférences et des objectifs clairement définis et qui se comportent de manière à atteindre ces objectifs. Face à de nouvelles informations, les agents disposent des capacités suffisantes pour modifier leurs anticipations et comportements.

On peut distinguer trois formes d'efficience informationnelle :

– l'efficience faible, lorsque le cours de bourse est représenté par l'ensemble des informations passées ;

– l'efficience semi-forte, lorsqu'on considère toutes les informations publiques disponibles (chiffres comptables, annonces d'opérations financières, etc.) ;

– l'efficience forte, lorsqu'on considère l'ensemble des informations existantes, y compris celles non rendues publiques détenues par les « initiés ».

Notons qu'en France, l'utilisation d'informations non publiques constitue un délit d'initié et est punie par la loi. On se situe donc essentiellement dans une forme semi-forte de l'efficience informationnelle.

2.5 Les méthodes mixtes (ou hybrides)

Comme leur nom l'indique, il s'agit d'un « mix » entre les méthodes patrimoniales et actuarielles. Nous avons vu précédemment que l'une des principales limites des méthodes patrimoniales est liée à la non-prise en compte des actifs immatériels qui ont pourtant un potentiel indéniable en termes de création de valeur. Dans une logique d'évaluation, le **goodwill** (GW) peut permettre de mesurer la valeur des actifs immatériels non évalués par l'ANCC tels que :

– la compétence des salariés ;

– la qualité du management ;

– la notoriété de la marque ; etc.

Le GW représente la valeur actuelle du surprofit dégagé par l'entreprise grâce aux actifs immatériels précédemment cités.

Dans le cadre des méthodes hybrides, la valeur de l'entreprise correspond à l'ANCC (hors fonds de commerce), auquel il faut ajouter le goodwill.

Valeur entreprise = ANCC* + GW (*hors fond de commerce)

Il existe deux méthodes d'évaluation du GW : la méthode des « praticiens » et la méthode de la rente du GW. Ces deux méthodes sont successivement présentées.

a. La méthode des « praticiens »

Selon cette méthode, le GW se calcule de la façon suivante :

GW = (VR - ANCC) / 2

avec :

VR = B / k

B = moyenne des bénéfices corrigés sur plusieurs années k = coût du capital (CMPC)

La valeur de rendement (VR) correspond à la moyenne des bénéfices corrigés sur plusieurs années (en général, trois) divisée par le coût du capital. Les corrections appliquées sont en général les suivantes :

- élimination des éléments exceptionnels (principale correction) ;
- élimination des produits/charges non récurrents (par exemple, provisions pour restructurations);
- élimination des amortissements autres qu'économiques.

Au final, la valeur des CP est obtenue en faisant la moyenne de la valeur patrimoniale de l'entreprise et de sa capacité bénéficiaire.

VCP = (ANCC + VR) / 2

Cette méthode n'est pas fréquemment utilisée dans la pratique, car elle ne repose sur aucun fondement théorique.

b. La méthode de la rente du GW

Lorsque deux entreprises disposent des mêmes outils de production, mais que l'une d'entre elles est plus rentable que l'autre, cela peut s'expliquer par les actifs immatériels. Ce supplément de rentabilité correspond à un **surprofit**.

Dans le cadre de la méthode de la rente du GW, la valeur du GW va donc correspondre à la somme des surprofits actualisés. Un surprofit est obtenu de la façon suivante :

Surprofit = B - t × ANCC

L'actualisation des surprofits peut se faire sur un nombre limité (en général, cinq) ou illimité d'années (actualisation à l'infini). Si on procède à une actualisation sur un nombre fini d'années, il s'agit d'une **rente abrégée** du GW, alors que si on procède à une actualisation sur un nombre infini d'années, il s'agit d'une **rente infinie** du GW. Le taux d'actualisation retenu est le coût des CP qui correspond au taux de rendement exigé par les actionnaires.

Lorsque l'actualisation se fait sur un nombre infini d'années, la formule de calcul du GW est la suivante :

GW = surprofit / $k_{cp.}$

Lorsqu'on actualise sur un nombre fini d'années, on suppose en réalité que l'existence d'un surprofit va attirer de nouveaux concurrents sur le marché qui vont chercher à capter une partie de la rente, d'où une dégradation du surprofit et donc une réduction de la durée d'actualisation du GW. La formule de calcul du GW devient alors :

$$GW = \sum_{t=1}^{n} \frac{Surprofit_t}{(1 + k_{cp})^t}$$

EXEMPLE

ANC = 430 000 €, dont 30 000 € de frais de R&D. Les frais de R&D engagés ne vont pas prochainement donner lieu au dépôt d'un brevet.
Bénéfice corrigé prévisionnel de l'année t = 34 000 €
Taux de croissance prévisionnel du bénéfice corrigé : 16 %
Durée probable de la rente : 5 ans
Taux d'un placement sans risque : 3 %
Rendement attendu par les actionnaires : 12 %
Calculez la valeur de l'entreprise.

Années	t	t+1	t+2	t+3	t+4
Bénéfice corrigé	34 000	39 440	45 750,4	53 070,5	61 561,2
Rémunération ANC	12 000	12 000	12 000	12 000	12 000
Surprofit	22 000	27 440	33 750,4	41 070,5	49 561,7
Surprofit actualisé	19 642,9	21 875	24 022,9	26 101	28 122,7

GW = 119 764,4
Valeur de l'entreprise = 400 000 + 119 764,4 = 519 764,4

Une des difficultés majeures de l'évaluation est liée au nombre non négligeable de méthodes d'évaluation existantes. Se pose alors au moment de l'évaluation la question suivante : quelle méthode choisir ? L'avis de l'Autorité des marchés financiers (AMF) sur cette question est d'utiliser une approche multicritères (autrement dit, d'utiliser plusieurs méthodes). Le prix proposé sera obtenu en faisant la moyenne des valorisations obtenues *via* les différentes méthodes.

Parmi les méthodes d'évaluation les plus utilisées aujourd'hui dans la pratique, on trouve la méthode DCF et la méthode des multiples. Le multiple le plus utilisé est plus précisément le multiple de l'EBE. Le multiple du PER est aussi très fréquemment mobilisé, malgré les réticences potentielles liées au phénomène de gestion des résultats.

Schéma de synthèse

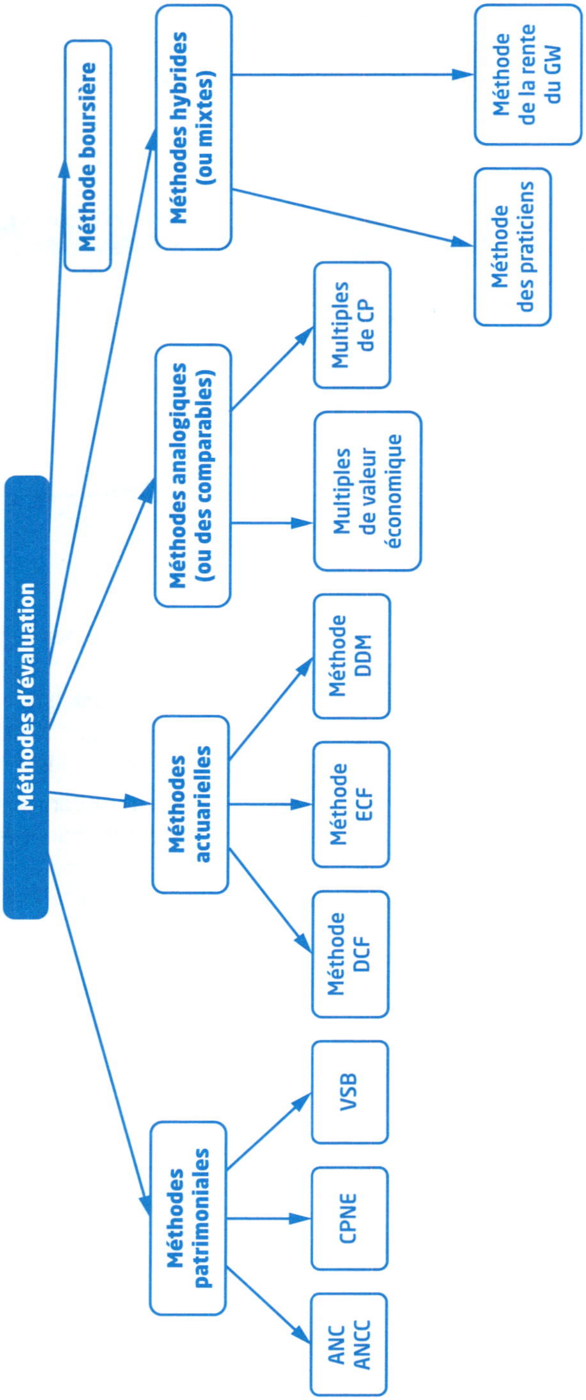

QCM

1. En termes d'évaluation d'entreprises, l'AMF recommande d'utiliser :
- **a.** un seul critère constant dans le temps.
- **b.** plusieurs critères issus d'une même approche.
- **c.** plusieurs critères issus d'approches différentes.

2. Les critiques à l'encontre des méthodes patrimoniales ne concernent pas :
- **a.** leur orientation vers le passé.
- **b.** leur incapacité à valoriser certains éléments intangibles.
- **c.** leur vision dynamique.

3. La valeur de l'entreprise calculée à l'aide de la notion d'ANC comprend :
- **a.** le total actif.
- **b.** les actifs réels.
- **c.** les actifs fictifs.

4. Le CMPC représente le taux de rentabilité :
- **a.** minimal exigé par les actionnaires.
- **b.** maximal exigé par les actionnaires et les créanciers.
- **c.** minimal exigé par les actionnaires et les créanciers.

5. Le goodwill permet :
- **a.** de mesurer la valeur des actifs immatériels non évalués dans les actifs comptables.
- **b.** d'ajuster la valeur des actifs corporels à leur juste valeur.
- **c.** d'ajuster le montant des passifs financiers de l'entreprise.

6. Dans la majeure partie des cas, la méthode des comparables ajustés ajuste le multiple sectoriel moyen du :
- **a.** chiffre d'affaires.
- **b.** de l'EBITDA.
- **c.** de l'EBIT.

7. La méthode DCF s'applique :
- **a.** à toutes les entreprises.
- **b.** aux entreprises matures.
- **c.** aux jeunes entreprises.

8. Le multiple de la famille des capitaux propres qui est le moins fiable pour l'évaluation est :
- **a.** le *Price to Book Ratio*.
- **b.** le multiple de la CAF.
- **c.** le multiple du PER.

9. La fourchette appliquée par la décote de taille est généralement la suivante :
- **a.** 0-15 %.
- **b.** 15-30 %.
- **c.** 30-45 %.

Applications

Applications

EXERCICE GUIDÉ

Évaluation d'entreprise

Le chiffre d'affaires prévisionnel de la société GFT est estimé à 35 000 € HT en 2018 et devrait progresser de 8 % par an. Le taux de marge brute d'exploitation est de 25 % la première année, puis de 30 % les trois années suivantes. Les dotations aux amortissements s'élèvent à 6 000 € par an. Le BFR correspond à 8 % du chiffre d'affaires (il est de 3 000 € en N). L'entreprise effectue un investissement de 900 € en 2018 et de 1 800 € en 2021. Le taux d'impôt est de 33,1/3 %. Le coût du capital est de 8 %. À partir de 2021, les flux de trésorerie sont supposés rester constants dans le temps. Les dettes financières de la société GFT s'élèvent à 8 500 €.

Vous disposez par ailleurs des informations suivantes sur trois entreprises comparables à la société GFT pour l'année 2018 :

	A	B	C
Chiffre d'affaires	30 000	36 000	38 000
Résultat net	2 000	1 800	1 900
Cours de bourse	10	11	9
Nombre d'actions	15 000	10 000	9 000
Dettes financières	6 000	12 000	8 000

1. Estimez la valeur de l'entreprise par la méthode de l'actualisation des flux de trésorerie.

2. Estimez la valeur de l'entreprise par la méthode des comparables.

3. Concluez.

CORRIGÉ COMMENTÉ

1. Estimez la valeur de l'entreprise par la méthode de l'actualisation des flux de trésorerie.

	2018	2019	2020	2021
Chiffre d'affaires	35 000,00	37 800,00	40 824,00	44 089,92
EBE	8 750,00	11 340,00	12 247,20	13 226,98
- DA	- 6 000,00	- 6 000,00	- 6 000,00	- 6 000,00

	2018	2019	2020	2021
Résultat avant IS	2 750,00	5 340,00	6 247,20	7 226,98
- IS	- 916,67	- 1 780,00	- 2 082,40	- 2 408,99
Résultat net	1 833,33	3 560,00	4 164,80	4 817,98
DA	6 000,00	6 000,00	6 000,00	6 000,00
- Investissement	- 900,00			- 1 800,00
- Variation du BFR	- 500,00	- 280,00	- 302,40	- 326,59
Flux de trésorerie	**6 433,33**	**9 280,00**	**9 862,40**	**8 691,39**

Valeur terminale = 8 691,39 / 0,08 = 108 642,37

Valeur actualisée des flux de trésorerie = 6 433,33 × $(1{,}08)^{(-1)}$ + 9 280 × $(1{,}08)^{(-2)}$ + 9 862,4 × $(1{,}08)^{(-3)}$ + 8 691,39 × $(1{,}08)^{(-4)}$ + 10 8642,37 × $(1{,}08)^{(-4)}$ = 107 985,80 €

2. Estimez la valeur de l'entreprise par la méthode des comparables.

	A	B	C
Valeur des capitaux propres	150 000	110 000	81 000
Valeur économique	156 000	122 000	89 000
VGE / CA	5,2	3,39	2,34
VCP / RN	75	61,11	42,63

Moyenne de VGE / CA = 3,64

Moyenne de VCP / RN = 59,58

Estimation de la valeur de la société GFT par le multiple du CA : 3,64 × 35 000 = 127 400 €

Estimation de la valeur de la société GFT par le multiple du RN : 59,58 × 1 833,33 = 109 230 €

3. Conclusion

Les deux approches (par les flux et par les comparables) donnent des estimations proches s'agissant de la valeur de la société GFT, entre 102 070,58 € et 127 400 €. Cela permet de donner une assurance raisonnable quant à la fiabilité de cette estimation.

Applications

EXERCICE

CPNE ⌛ 45 minutes ★★

Les dirigeants de la société SKL souhaitent se renseigner sur la valeur de la société en vue d'une potentielle vente. Cette société est spécialisée dans la vente et l'installation de panneaux solaires. L'actif net réévalué de l'entreprise s'élève à 75 000 €.

Le taux d'IS est de 33,1/3 %.

1. Calculez la rentabilité économique et la rentabilité financière de l'entreprise pour chaque année.

2. Calculez la valeur du goodwill estimé sur la base des CPNE sur un horizon de cinq ans avec un taux de rémunération de 8 % et un taux d'actualisation de 10 %.

Vous disposez des informations prévisionnelles suivantes concernant les cinq prochaines années :

Compte de résultat prévisionnel

	2018	2019	2020	2021	2022
Chiffre d'affaires	250 000	300 000	330 000	380 000	400 000
- Achats stockés	- 25 000	- 28 000	- 35 000	- 40 000	- 44 000
- Locations (incluses redevances crédit-bail)	- 40 000	- 40 000	- 40 000	- 40 000	- 40 000
- Charges de personnel	- 100 000	- 110 000	- 110 000	- 115 000	- 120 000
- ITVA	- 6 000	- 6 000	- 6 500	- 6 500	- 7 000
- Dotations aux amortissements	- 9 000	- 9 000	- 9 500	- 9 500	- 9 500
- Charges d'intérêt	- 2 500	- 3 000	- 3 000	- 3 500	- 3 500
Résultat avant impôt	67 500	104 000	126 000	165 500	176 000
Impôt	- 22 500	- 34 666,67	- 42 000	- 55 166,67	- 58 666,67
Résultat net	45 000	69 333,333	84 000	110 333,33	117 333,33

Extrait du bilan prévisionnel

	2018	2019	2020	2021	2022
Capitaux propres	65 000	115 000	185 000	275 000	350 000
Dettes financières	25 000	55 000	80 000	100 000	150 000
Dettes fournisseurs	3 500	5 000	6 000	6 500	8 000
Total passif	**93 500**	**175 000**	**271 000**	**381 500**	**508 000**
Immobilisations nettes	63 000	110 000	185 000	280 000	405 000
Stocks	8 000	12 000	16 000	22 000	28 000
Créances clients	9 000	15 000	20 000	27 000	35 000
Disponibilités	13 500	38 000	50 000	52 500	40 000
Total actif	**93 500**	**175 000**	**271 000**	**381 500**	**508 000**

La faillite

Chapitre 9

Thème 5. La pérennité de l'entreprise

Thèmes	Sens et portée de l'étude	Notions et contenus
5.1 L'entreprise en difficulté : comment sélectionner des projets d'investissement ?	Nombreuses sont les difficultés qui peuvent menacer la pérennité de l'entreprise. Le droit, en cherchant à préserver les intérêts des différents partenaires de l'entreprise, va encadrer de manière spécifique la vie de l'entreprise durant cette période.	Les causes de la défaillance La prévention des difficultés Le traitement des difficultés : - les procédures à l'amiable ; - les procédures collectives.

Beaucoup d'entreprises au cours de leur vie devront faire face à des difficultés financières, économiques ou juridiques, qui peuvent les amener à la faillite. La cessation de paiement marque le début des difficultés ; elle apparaît quand l'entreprise ne peut pas faire face à ses obligations, c'est-à-dire rembourser les dettes qu'elle s'est engagée à payer selon un échéancier bien précis.

La seule échappatoire dans ce cas est la restructuration. C'est une opération destinée à transformer le bilan de l'entreprise. Cette solution est adaptée aux entreprises fortement endettées et sous-capitalisées. Mais l'opération est souvent vouée à l'échec, car il est difficile pour une entreprise en difficulté de convaincre les investisseurs actuels de remettre de l'argent ou d'attirer de nouveaux investisseurs.

La cessation de paiement pousse les créanciers à demander la liquidation de l'entreprise pour récupérer leur argent. Si l'entreprise n'est pas capable de réaliser des bénéfices et fait des pertes, ses actionnaires sont en droit de demander l'arrêt de l'activité et le gaspillage de leur argent. L'entreprise fera un dépôt de bilan et liquidera l'ensemble de ses actifs, afin de rembourser ses dettes, et le reste sera destiné aux actionnaires.

1. Les premiers signes de la faillite

Certaines défaillances sont accidentelles et d'autres sont prévisibles. Avec un peu de vigilance, le dirigeant pourrait éviter la cessation de paiement.

C'est au **directeur financier** ou au **commissaire aux comptes** de vérifier les comptes et surtout les budgets prévisionnels. Une sous-estimation des dépenses ou une surestimation des revenus engendrera un écart négatif dans la trésorerie du cycle d'exploitation. L'entreprise pourra le combler soit par sa propre trésorerie, soit par un crédit auprès de son banquier. Mais en cas de refus de ce dernier, certaines entreprises qui n'ont pas d'autofinancement ne pourront pas éviter la cessation de paiement. Dans ce cas, pour éviter la faillite, le dirigeant devra essayer de discuter avec les créanciers pour obtenir plus de délais. Beaucoup de créanciers acceptent pour éviter le redressement judiciaire. Dans la suite de ce chapitre, nous verrons plus en détail les principales erreurs des entreprises.

2. Les causes de la faillite

Il existe de multiples explications aux faillites des entreprises, qui dépendent de la gestion de l'entreprise, de son financement, de la stratégie adoptée ou de facteurs externes. Nous ne pouvons pas énumérer toutes les raisons, mais nous essaierons de citer les plus fréquentes.

2.1 Les raisons internes

Dans une entreprise, plusieurs services s'entremêlent ; si certains sont mal gérés, ils peuvent provoquer des pertes qui peuvent se cumuler dans le temps et impacter négativement les comptes de l'entreprise. Cette situation peut poser des problèmes financiers insurmontables à l'entreprise et la conduire à la cessation de paiement.

a. Les raisons financières

Certaines entreprises sont **sous-capitalisées**, ce qui signifie que l'apport des actionnaires est très faible. L'ensemble des actifs de l'entreprise sont principalement financés par endettement. Un niveau d'endettement élevé peut créer des problèmes financiers. Malgré une bonne marge et un résultat d'exploitation positif, certaines entreprises sont incapables de rembourser leurs dettes bancaires. Par conséquent, le résultat de fin d'exercice sera négatif et la situation pourra perdurer si l'entreprise ne fait rien pour restructurer son passif. Elle doit en premier lieu solliciter ses actionnaires pour remettre de l'argent dans l'entreprise et augmenter le capital. Pour accéder à cette demande, les actionnaires vont analyser la capacité future de l'entreprise à dégager des bénéfices. Si les prévisions sont mauvaises, ils ne prendront pas de risque et ils préféreront limiter leurs pertes à l'argent qu'ils ont déjà investi dans l'entreprise. En cas de refus, l'entreprise aura peu de chances de s'en sortir et elle devra faire face à la cessation de paiement.

Certaines entreprises n'ont pas suffisamment de fonds de roulement pour couvrir leur besoin en fonds de roulement et se retrouvent avec une trésorerie négative (fonds de roulement - besoin en fonds de roulement = trésorerie < 0). Cette situation n'est pas dangereuse si les dirigeants y remédient rapidement. En effet, il existe plusieurs solutions pour réduire le besoin en fonds de roulement :

– **Réduire les stocks**. Dans certaines industries, les stocks sont très difficiles à écouler sur le marché et il faut accorder des rabais importants pour liquider les stocks.

– **Réduire les créances clients** en réduisant les délais. Cependant, il est impossible de le faire sans prendre le risque de perdre des clients.

– **Augmenter les dettes fournisseurs** en renégociant les délais de paiement.

Dans le même ordre, certaines entreprises n'ont pas suffisamment de fonds à long terme pour couvrir les immobilisations. Le fonds de roulement sera donc négatif, et cette situation est très délicate. En effet, l'entreprise sera obligée de financer une partie de ses immobilisations par des crédits à court terme. Elle formulera des demandes d'emprunt régulièrement et au moindre refus de la banque de continuer à la soutenir, elle se retrouvera en cessation de paiement. Mais il existe des solutions, comme :

– L'**augmentation du capital**.

– La **cession d'immobilisations**. Cette solution est néanmoins difficile à mettre en place, car certaines machines sont indispensables à l'exploitation de l'entreprise.

– La **souscription de nouveaux emprunts à long terme**. Mais cette dernière solution dépend du banquier, du taux d'endettement de l'entreprise et de sa capacité de remboursement.

Les bénéfices réalisés par les entreprises ne représentent pas une garantie contre la cessation de paiement. Si la rentabilité financière est inférieure à la rentabilité exigée par les actionnaires, l'entreprise peut être poussée à la faillite.

EXEMPLE

Pour 100 millions de capitaux propres, les actionnaires peuvent exiger un minimum de 10 % de rendement, mais si le bénéfice net moyen de l'entreprise ne dépasse pas les 5 millions d'euros, il sera en dessous des exigences des actionnaires. Par conséquent, malgré des bénéfices positifs, les actionnaires préfèrent la liquidation judiciaire afin de récupérer leur mise de départ et l'investir dans un autre projet plus rentable.

b. Les erreurs de management

Au cours de sa vie, l'entreprise doit faire des **choix stratégiques** pour s'adapter à son environnement ou assurer sa pérennité. Les conséquences peuvent la mettre dans une situation difficile. Malgré de bons résultats économiques et financiers, certaines entreprises peuvent se retrouver un jour en cessation de paiement et aller jusqu'au dépôt de bilan. Par exemple, une fusion avec une entreprise qui ne donne pas les résultats attendus peut être impossible à dénouer et poussera le groupe à la faillite. Pour l'ensemble de ces raisons, l'entreprise doit prendre son temps avant de prendre des décisions importantes. Elle doit également identifier les hommes clés et essayer de les fidéliser.

Les erreurs de management sont nombreuses, mais nous n'en citerons que quelques-unes pour illustrer le problème.

EXEMPLES

L'absence de contrôle de gestion dans certaines PME ou une non-maîtrise des outils de gestion rend l'analyse de la situation de l'entreprise et le calcul des marges difficiles, voire impossibles. Donc une hausse des prix des matières premières pour une entreprise qui ne connaît pas exactement son coût de revient se répercutera sur sa marge et peut la conduire à la cessation de paiement.

Le développement d'un nouveau produit ou l'implantation dans une nouvelle zone géographique (pays ou continent) peut également générer des erreurs de prévision et l'entreprise peut se retrouver avec des difficultés financières importantes.

Parfois, le problème est lié directement aux hommes qui dirigent l'entreprise :

– Le **changement de manager** peut créer des mésententes entre dirigeants. Des hommes clés peuvent ainsi décider de quitter l'entreprise et dans un marché fortement compétitif, l'entreprise perdra rapidement des parts de marché.

– **L'embauche de personnes incompétentes** à des postes importants peut à moyen terme nuire au bon fonctionnement de l'entreprise et faire apparaître des défaillances financières.

– Certains entrepreneurs n'ont pas préparé **leur succession**. Après la transmission de leur entreprise à leurs enfants ou la vente de l'entreprise, le fonctionnement de l'entreprise peut être handicapé si le dirigeant ne peut plus assurer la continuité (retraite, création d'une nouvelle entreprise...). Dans ce cas, l'entreprise n'est pas à l'abri de se trouver dans une situation difficile.

c. Les jeunes entreprises

Généralement, les entreprises en création sont encore fragiles ; elles essaient de trouver leur place et de capter des parts de marché en respectant leur *business plan*. Mais il suffit d'un imprévu pour déséquilibrer les comptes (prix des matières premières, coûts de revient...) et l'écart entre les chiffres réels et prévisionnels ne pourra être comblé. Au moindre problème, elles seront en cessation de paiement. Les banques sont en effet peu enclines à financer les jeunes entreprises. Le financement se fait principalement par apport en capital ; il est donc difficile de trouver un financement rapidement, surtout si elles n'ont pas atteint les objectifs prévus.

2.2 Les raisons externes

Une **rapide cessation de paiement** peut s'expliquer par la défaillance d'un client important qui ne pourra pas rembourser sa dette. Surtout pour les entreprises qui dépendent de deux ou trois clients, si l'un d'entre eux fait face à des difficultés, il aura un impact important sur la trésorerie de l'entreprise. Parfois, les difficultés concernent l'ensemble des acteurs du secteur. Cela peut s'expliquer par une mauvaise situation conjoncturelle ou une crise financière.

La **conjoncture économique** peut pousser beaucoup d'entreprises à faire un dépôt de bilan. En effet, une crise économique fera chuter la demande et ainsi le chiffre d'affaires de plusieurs entreprises qui feront des pertes. L'entreprise devra essayer d'équilibrer ses comptes par autofinancement ou faire appel à son banquier en attendant la reprise des marchés. Si cette crise s'accompagne d'une crise financière comme celle de 2008, les banques refuseront de prêter de l'argent aux entreprises en difficulté, ce qui provoquera des faillites en chaîne. Seules les entreprises qui ont beaucoup de liquidité ou qui ont des parts de marché importantes pourront survivre à ce type de crise. Mais pour les jeunes entreprises et les entreprises fragiles financièrement, la crise sera fatale.

3. Les solutions juridiques

Les **procédures judiciaires** permettent aux entreprises qui n'ont pas eu le temps de réagir à une cessation de paiement de solliciter le tribunal pour mettre en place un plan qui a pour but de sauver l'entreprise, les emplois et le remboursement des créanciers. L'objectif de ces procédures est de restructurer la dette et de trouver des solutions de financement pour assurer la pérennité de l'entreprise.

3.1 La procédure à l'amiable

a. Le mandat *ad hoc*

Avant la cessation de paiement, le dirigeant peut demander au tribunal de nommer un mandataire pour l'aider à négocier ses dettes avec les différents créanciers. Cette procédure a plusieurs avantages. Le dirigeant peut en effet demander au tribunal un mandat *ad hoc*, sans en informer ni le comité d'entreprise, ni les délégués du personnel. L'absence de publicité est le critère le plus important ; toutes les négociations peuvent rester confidentielles, ce qui est essentiel pour la survie de l'entreprise. Le mandataire joue le rôle d'intermédiaire pour convaincre les créanciers de renégocier les échéances de remboursement ou les taux d'intérêt afin d'éviter la cessation de paiement et le redressement judiciaire, qui peut durer longtemps et donc pénaliser les créanciers et coûter cher à l'entreprise (image de marque, perte de clients et de fournisseurs, etc.).

b. La conciliation

Les entreprises qui ont des difficultés juridiques, économiques ou financières, même prévisibles, peuvent bénéficier de la procédure de conciliation, à condition que la cessation de paiement n'ait pas dépassé les 45 jours. Seul le dirigeant peut la demander ; elle est d'une durée de quatre mois avec une possibilité de prolongation d'un mois. Le tribunal désigne un conciliateur pour aider le dirigeant à trouver un accord à l'amiable avec ses créanciers afin de renégocier la dette (rééchelonnement, prolongation des délais, etc.).

La procédure de conciliation donne certains avantages aux créanciers qui acceptent de renégocier leurs créances, comme le fait d'être remboursé en priorité (à l'exception des salariés et des frais de justice). Comme le mandat *ad hoc*, la conciliation est confidentielle et non publiée.

3.2 Les procédures collectives

DÉFINITION

La **cessation de paiement** est une procédure collective qui permet aux entreprises en difficulté de geler l'ensemble de leurs dettes, c'est-à-dire de ne pas rembourser leurs créanciers pendant une période fixée par le tribunal. Ce n'est pas une faillite, mais au contraire une procédure autorisée pour éviter la faillite.

a. La procédure de sauvegarde

Le plan de sauvegarde, inspiré du *Chapter II* du droit américain, est adopté en France depuis 2005. L'objectif est de sauver l'entreprise et ses salariés. L'ordonnance de décembre 2008 a remplacé celle du 26 juillet 2005 portant sur la sauvegarde des entreprises. Elle permet principalement à des entreprises qui ont des difficultés financières insurmontables, mais qui n'ont pas encore droit à la procédure de sauvegarde collective parce qu'elles ne sont pas en cessation de paiement, d'accéder à la procédure de sauvegarde pour éviter le pire. Elle est prononcée par le tribunal après validation du rapport du juge commissaire. Elle commence par une période d'observation de six mois renouvelables jusqu'à 18 mois. Le tribunal peut valider le plan s'il estime que la sauvegarde de l'entreprise est possible, sachant que la durée du plan ne peut excéder les dix ans. L'entreprise doit tenir son engagement et respecter le plan, sinon le tribunal peut y mettre fin. Le tribunal peut également refuser le plan, s'il l'estime impossible à mettre en place ou insuffisant pour redresser les comptes de l'entreprise. Dans ce cas, l'entreprise devra procéder à un redressement ou à une liquidation judiciaire.

Avant la validation du plan, il existe une **période d'observation** qui ne peut excéder six mois, pendant laquelle un administrateur judiciaire est nommé par le tribunal pour assister le chef d'entreprise et surveiller la gestion au quotidien afin de préparer un plan de sauvegarde qui sera soumis au tribunal à la fin de la période. La procédure de sauvegarde a pour effet de geler les intérêts des prêts de moins d'un an, et le remboursement des créances antérieures à la procédure est suspendu. Pendant cette période, deux comités de créanciers seront créés afin de négocier avec le dirigeant de l'entreprise et trouver un compromis. Le premier est constitué par les établissements de crédit et le deuxième par les fournisseurs de l'entreprise. À la différence des précédentes procédures, la sauvegarde n'est pas confidentielle.

b. Le redressement judiciaire

Il représente la dernière solution pour une entreprise en cessation de paiement avant la liquidation. La cessation de paiement se déclenche quand l'entreprise se trouve incapable de rembourser ses dettes avec ses actifs. L'objectif du redressement judiciaire est de permettre aux dirigeants la sauvegarde de l'entreprise, de l'emploi et l'apurement du passif en réalisant une réorganisation de l'entreprise. La période de redressement judiciaire peut aller d'un an à deux ans, en fonction de la situation de l'entreprise et de son passif. Elle commence comme la procédure de sauvegarde par une période d'observation de six mois. Elle peut être déclenchée par le débiteur si la période de cessation de paiement n'a pas dépassé les 45 jours, par un créancier ou à la demande du procureur qui peut être alerté par le commissaire aux comptes. Le redressement n'est pas accordé à toutes les entreprises qui en font la demande. Le juge doit vérifier le plan de réorganisation de l'entreprise et juger sa faisabilité dans les délais prévus. S'il estime que les garanties présentées sont insuffisantes, il pourra soit accepter une proposition de reprise par une partie externe, soit décider de la liquidation de l'entreprise.

Le redressement judiciaire ne concerne que les dettes antérieures au jugement qui seront gelées, ainsi que les intérêts et les majorations. Le juge nommera un administrateur judiciaire pour gérer l'entreprise ou accompagner le dirigeant. Il doit s'assurer de la bonne gestion de l'entreprise et surtout vérifier que chaque décision est prise dans l'intérêt de l'entreprise et de sa pérennité, et non dans l'intérêt de l'actionnaire.

Pour les salariés, la procédure de redressement judiciaire est une seconde chance, mais également une garantie contre le non-paiement des salaires, car il existe une assurance qui prendra en charge les salaires en cas de liquidation. Seuls les licenciements économiques seront autorisés pendant la procédure de redressement judiciaire, sous l'aval du juge commissaire qui décidera du nombre de salariés à licencier.

c. La liquidation judiciaire

Le dépôt de bilan est une déclaration de cessation de paiement. Le **dépôt de bilan** survient lorsque l'entreprise déclare être en cessation de paiement, c'est-à-dire lorsqu'elle est incapable de rembourser ses dettes et qu'il n'existe aucune solution de sauvegarde. C'est au gérant de faire la demande de dépôt de bilan auprès du greffe du tribunal de commerce. Dès cette date, l'entreprise a 45 jours pour effectuer son dépôt de bilan. Mais bien souvent, ce sont les créanciers non remboursés qui demandent le dépôt de bilan de l'entreprise. Le juge demandera d'abord une réconciliation ; la liquidation judiciaire ne sera que le dernier choix.

La cessation de paiement n'est pas toujours suivie d'une liquidation judiciaire. Si le juge estime, après analyse des documents financiers, que l'entreprise est capable de redresser ses comptes, il favorisera le redressement ou la cession judiciaires.

En cas de liquidation, l'ensemble de l'actif de l'entreprise sera vendu pour apurer le passif. Certains créanciers ne pourront pas récupérer 100 % de leurs créances et les délais peuvent parfois être longs. Enfin, les actionnaires seront les derniers à être remboursés.

Schéma de synthèse

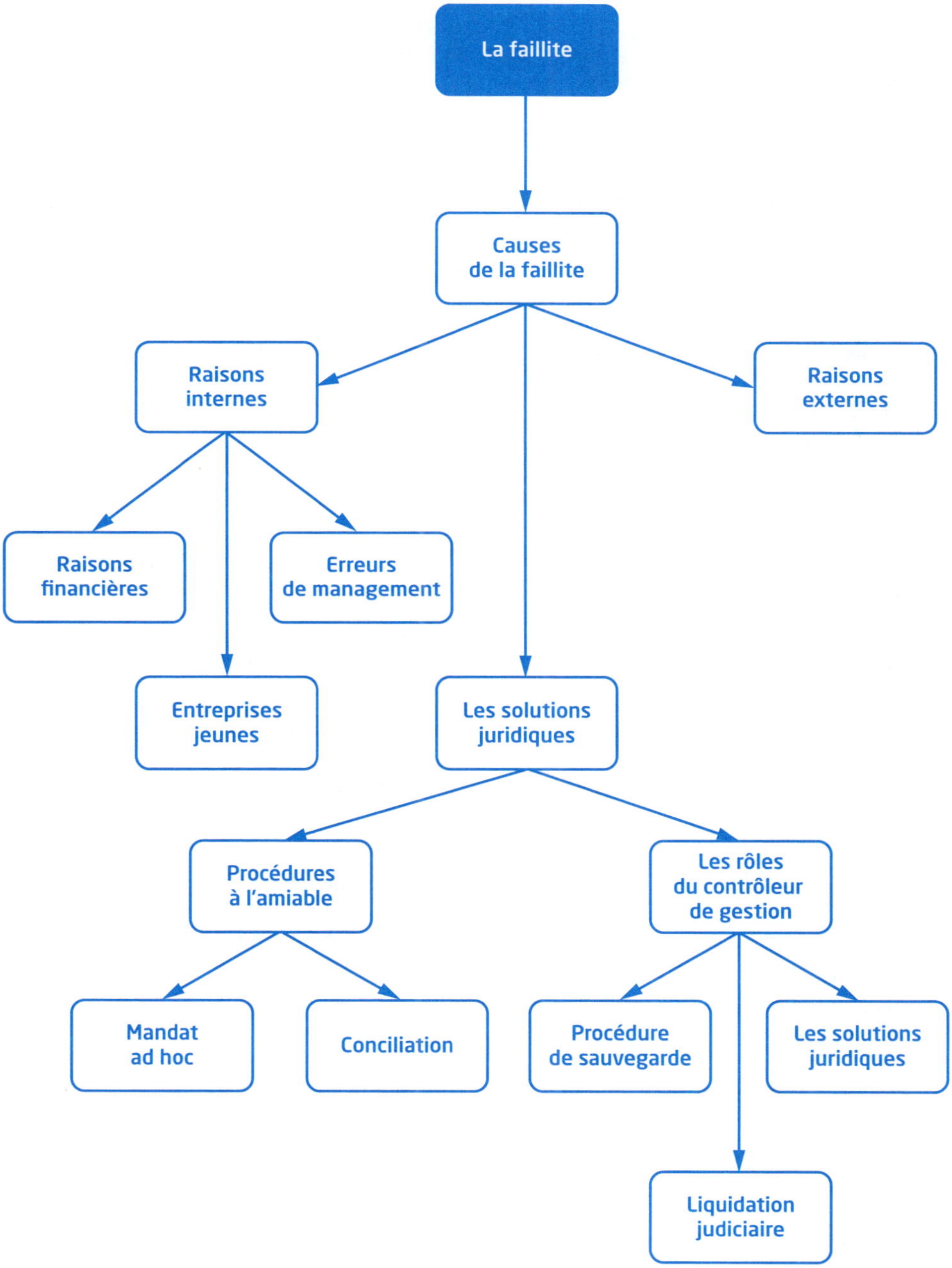

QCM

1. Si une entreprise rencontre des difficultés de paiement, les dirigeants devront :
- **a.** faire une procédure de redressement.
- **b.** faire une procédure collective.
- **c.** entamer une restructuration.

2. Qui peut saisir le tribunal dans le cadre d'une procédure de mandat *ad hoc* ?
- **a.** Le dirigeant.
- **b.** Un créancier.
- **c.** Un actionnaire.

3. Quelle procédure peut rester confidentielle et n'a pas d'obligation de publication ?
- **a.** La conciliation.
- **b.** La procédure de sauvegarde.
- **c.** Le redressement judiciaire.

4. Dans le cadre du mandat *ad hoc*, le dirigeant doit valider la décision par :
- **a.** ses créanciers.
- **b.** le comité d'entreprise.
- **c.** Il n'a pas besoin d'accord préalable.

5. En cas de faillite, qui sera remboursé en dernier ?
- **a.** Les salariés.
- **b.** Les banques.
- **c.** Les actionnaires.

6. La procédure de sauvegarde permet à l'entreprise de geler :
- **a.** l'ensemble de ses dettes.
- **b.** seulement les dettes financières.
- **c.** seulement les dettes des créanciers qui acceptent de faire un accord.

7. Parmi les situations suivantes, laquelle est la plus inquiétante pour l'entreprise ?
- **a.** Un fonds de roulement inférieur aux immobilisations.
- **b.** Un besoin en fonds de roulement négatif.
- **c.** Une trésorerie négative.

8. Afin de réduire son besoin en fonds de roulement, une entreprise peut :
- **a.** augmenter son stock.
- **b.** réduire ses créances clients.
- **c.** réduire ses immobilisations.

9. Si le fonds de roulement est inférieur aux immobilisations, l'entreprise devrait :
- **a.** augmenter son capital.
- **b.** réduire sa dette.
- **c.** réduire son besoin en fonds de roulement.

Applications

EXERCICE GUIDÉ

L'avenir de l'entreprise ESSI

L'entreprise ESSI, qui fabrique des rétroviseurs pour voiture, emploie 1 200 personnes. Depuis quelques jours, elle commence à rencontrer des difficultés financières suite à une mauvaise conjoncture économique qui touche le secteur automobile.

La première action du directeur financier a été de contacter son banquier pour l'informer de la situation de l'entreprise et le rassurer quant à son avenir. L'objectif était d'avoir le soutien de la banque afin d'obtenir facilement des découverts bancaires, qui lui permettraient de faire face aux différentes échéances.

Cependant, la situation n'a cessé d'empirer et elle s'est répandue dans tout le secteur. Un des principaux clients de l'entreprise rencontre d'importants obstacles et n'arrive plus à vendre sa marchandise ; il a d'importants stocks de marchandises invendues. Cette situation l'empêche de payer ses dettes à temps. Il demande à l'entreprise ESSI de lui accorder plus de délais de paiement afin de trouver de nouveaux marchés. Le directeur financier en informe la direction, mais lui conseille de refuser cette demande, car les conséquences peuvent être graves pour l'entreprise. Le dirigeant se retrouve devant un dilemme, car non seulement l'entreprise a perdu 20 % de son chiffre d'affaires depuis le début de la crise, mais en plus ce client représente 15 % du chiffre d'affaires de l'entreprise, et refuser sa demande aurait pour conséquence de perdre des parts de marché à long terme. Le dirigeant doit soit assurer la stabilité financière à court terme et éviter la cessation de paiement, soit faire face momentanément à cette crise et garder ses clients, ainsi que son chiffre d'affaires à long terme.

Que doit faire cette entreprise et quelles sont les conséquences de ses décisions sur son avenir ?

CORRIGÉ COMMENTÉ

Les crises économiques sont souvent fatales pour beaucoup d'entreprises. Seules celles qui ont suffisamment de liquidités peuvent laisser passer la tempête. Ce qui n'est pas le cas de l'entreprise ESSI qui, malgré le soutien de son banquier, ne pourra pas continuer à garder le même niveau de production. On connaît toujours le début d'une crise, mais personne ne peut en prévoir la fin. Dans ce cas, le dirigeant doit penser à la sauvegarde de l'entreprise et sauver partiellement les emplois. Il devra réduire sa cadence de production, ce qui le poussera à faire des licenciements économiques. Il ne faut pas penser à la croissance du chiffre d'affaires, ni à garder ses clients.

EXERCICE

Questions de cours ⌛ 1 heure ★

On vous demande de répondre aux questions suivantes :

1. Pendant une procédure de redressement judiciaire, le juge peut-il accepter une solution qui permettra de sauver l'entreprise pendant les cinq prochaines années ?

2. L'entreprise est en situation de redressement judiciaire et la proposition de restructuration est jugée insuffisante par les juges. Que peut faire le juge pour éviter la liquidation judiciaire ?

3. Dans le cadre d'un redressement judiciaire, le plan de sauvegarde de l'entreprise consiste à délocaliser le siège de l'entreprise et toute l'activité en Asie. Est-ce que le juge peut accepter cette solution ?

4. Pouvez-vous indiquer l'avantage d'une procédure de sauvegarde par rapport à un redressement judiciaire ?

RSE et pratiques de reporting financier : vers une communication élargie et transparente ?

Introduction

Il serait bien de débuter cette dissertation en évoquant le développement important des pratiques RSE des entreprises depuis un peu plus d'une vingtaine d'années. La RSE désigne la prise en compte des préoccupations sociales et environnementales au sein des activités organisationnelles. Les entreprises adoptant des comportements non éthiques sont régulièrement pointées du doigt par les ONG ou encore les médias. Ces dernières ont donc tendance à mettre en avant leurs bonnes pratiques en matière sociétale, mais la question se pose de savoir si les pratiques de *reporting* financier actuelles prennent réellement en compte des considérations liées à la RSE.

Le candidat peut répondre à cette question en deux parties. La première partie montrera que le *reporting* financier s'adresse principalement aux actionnaires et ne constitue donc pas une communication élargie favorable au développement de la RSE. La seconde partie se concentrera davantage sur les questions liées à la transparence des informations financières diffusées par les entreprises.

Vers une communication financière élargie ?

L'idéologie sur laquelle repose les normes IFRS est largement influencée par le système anglo-saxon. L'investisseur financier est désigné par l'IASB (*International Accounting Standard Board*) comme étant le principal destinataire de l'information comptable, ces derniers étant dotés d'une « *connaissance raisonnable des activités économiques et de la comptabilité* » (IAS, 1998). Les autres parties prenantes1 de l'entreprise (ex. les salariés, fournisseurs, pouvoirs publics) ne voient donc plus leurs besoins informationnels véritablement satisfaits. Ce modèle est en opposition avec une conception plus partenariale de l'entreprise (Freeman, 1984 ; Hills et Jones, 1992) basée sur le dialogue et la concertation avec l'ensemble des parties prenantes.

Le *reporting* sur la création de valeur s'adresse aussi essentiellement aux actionnaires. Pour preuve, seules des mesures de création de valeur actionnariale sont développées et donc communiquées. Pourtant, si l'on prend l'exemple des salariés comme partie prenante de l'entreprise, on voit bien qu'ils contribuent par l'apport de leur capital humain à l'entreprise à la création de valeur globale de l'entreprise. L'information à ce sujet les concerne donc également, car du niveau de cette création de valeur dépend potentiellement leurs emplois et rémunérations, leurs conditions de travail, etc. Cette focalisation sur les actionnaires peut remettre en cause la légitimité de l'entreprise en cas de réaction des autres parties prenantes, comme c'est le cas lors de mouvements de grèves, de boycotts, etc. Pour un *reporting* financier plus éthique, il est urgent de mettre en place des modèles de mesures de création de valeur partenariale qui se généraliseraient à l'ensemble des entreprises.

Le lien entre communication et RSE passe non seulement par une communication élargie mais aussi par davantage de transparence.

---

1. Une partie prenante peut être définie comme un individu, ou groupe d'individu,s susceptible d'influencer ou d'être influencé par la réalisation des objectifs de l'entreprise (Freeman, 1984).

Le reporting financier est éthique s'il est transparent

Certains indicateurs comptables comme le résultat net, l'EBIT ou l'EBITDA peinent à refléter parfois la performance réelle de l'entreprise. Le résultat net peut en effet faire l'objet de manipulations. Il ne s'agit pas là de fraudes mais de stratégies comptables (habillage des comptes) parfois adoptées par les dirigeants pour présenter un résultat en faveur de leurs propres intérêts ou de ceux des actionnaires uniquement. Par exemple, en contexte de réductions d'effectifs, les entreprises ont tendance à manipuler à la baisse leurs résultats pour faire croire que de telles opérations sont indispensables pour préserver la santé financière de l'entreprise.

Quant à l'EBIT et l'EBITDA, il s'agit d'indicateurs non normés ; leur mode de calcul nécessite une attention particulière car il manque d'homogénéité selon les entreprises, ce qui pose un problème de comparabilité. C'est pour l'ensemble de ces raisons que des mesures autres que comptables se sont développées en termes d'évaluation et de création de valeur (notamment des mesures économiques et financières). Il n'en demeure pas moins que le choix du ou des indicateurs à communiquer dans le rapport annuel ainsi que la façon de présenter ces indicateurs restent à la discrétion des entreprises. Ces dernières auraient donc tendance à choisir ceux qui donnent une meilleure image de leur performance et/ou des décisions managériales prises.

Conclusion

Derrière chaque ratio, chaque flux calculé, chaque OPA décidée, le monde social, politique, écologique et économique change. La question est de savoir s'il change dans le bon sens.

La politique d'investissement en univers certain

Chapitre 10

Thème 4. Investissement et financement

Thèmes	Sens et portée de l'étude	Notions et contenus
4.1 Les projets d'investissement : comment sélectionner des projets d'investissement ?	Pour assurer sa pérennité, l'entreprise doit investir. La sélection des projets à réaliser est une étape cruciale dans la vie des entreprises, qui doit tenir compte de nombreux facteurs.	Les critères de sélection des projets d'investissement (prise en compte des projets mutuellement exclusifs, des projets liés).

Les éléments fondamentaux de la politique d'investissement ont été abordés dans le programme du DCG (UE6). Au niveau du DSCG, il s'agit, d'une part, d'approfondir la démarche par une approche complémentaire et, d'autre part, d'étudier le cas de projets multiples. L'étude des projets d'investissement prendra en compte le **rationnement du capital**, l'**inflation** et le **risque de change**.

1. La notion d'investissement et ses implications

1.1 Origine et définition de l'investissement

a. Origine du terme

Issu du verbe « investir », l'investissement recouvre au Moyen Âge le sens de « mettre en possession d'une charge, d'un droit ou d'un pouvoir ». Ce n'est qu'au début du XXe siècle qu'il prend le sens économique qu'on lui attribue aujourd'hui : « employer des capitaux dans une entreprise ».

b. Définition

DÉFINITION

L'investissement représente des engagements immédiats de fonds d'une entité en vue d'en obtenir des revenus ou de réaliser des économies de charges dans le futur.

L'investissement s'inscrit donc dans un processus financier articulant deux phases :

– l'engagement **immédiat** de ressources ;

– le dégagement **différé** de flux futurs devant permettre la couverture des engagements et, éventuellement, la création de valeur pour l'entreprise (sous forme de profits ou d'économies).

La problématique posée par l'investissement est liée au processus même, qui crée une dichotomie temporelle entre présent et futur, source de forces contradictoires.

c. Les forces contradictoires d'un investissement

L'investissement nécessite une attention particulière car il est mû par un certain nombre de forces contradictoires qui lui sont propres. Elles trouvent leur origine dans la nature des flux d'engagement et des revenus attendus.

Propriétés des flux engagés	Propriétés des flux attendus
Ils sont en général **immédiats** et entraînent la **mobilisation de ressources rares** dont l'entreprise ne disposera plus pendant une période plus ou moins longue.	Les flux dégagés sont **différés** : le retour sur investissement peut nécessiter du temps pendant lequel l'entreprise devra financer les coûts de l'investissement et de son financement.
Ils sont **certains** car actuels et donc facilement évaluables.	Ils ne peuvent qu'être **estimés** car le résultat du projet dépend de nombreux facteurs que l'entreprise ne maîtrise pas (niveau de la demande, attraction du produit, efficacité technique de l'investissement, contexte économique...).
Ils constituent des **charges fixes** qui engagent l'entreprise sur du **moyen ou long terme**.	Ils sont en général issus du **cycle court d'exploitation** et sont **variables** car fonction de l'activité de l'entreprise.

Comme nous l'avons précisé dans le chapitre 2, la finance va mettre en place les outils, les techniques et les théories propices à résoudre ces contradictions.

Notons que tous les investissements ne présentent pas le même degré de difficulté, les mêmes incertitudes (par exemple, sur le niveau des flux futurs attendus ou sur les échéances de revenus). Pour ces raisons, il importe de définir la nature de l'investissement afin de lui appliquer les modèles d'évaluation les plus adaptés.

1.2 Les différentes typologies de l'investissement

L'action d'investir recouvre un certain nombre de réalités différentes car les investissements ne mobilisent pas tous les mêmes ressources, n'ont pas le même impact sur l'avenir de l'entreprise, ne poursuivent pas les mêmes objectifs et ne sont pas de la même nature. En fonction de tel ou tel type d'investissement, les circuits de décision et les critères d'évaluation utilisés pour prendre une décision optimale sont divergents.

a. Les investissements en fonction de leur impact sur l'avenir de l'entreprise

L'investissement tactique (moyen terme)

Il s'agit pour l'essentiel d'investissements de renouvellement ou de remplacement pour lesquels l'évaluation des ressources à engager et des *cash-flows* futurs peut être déduite des anciens investissements. Leur légitimité stratégique est déjà acquise et leur processus décisionnel est assez court et formalisé. Il peut s'agir :

– d'équipements nouveaux destinés à en remplacer d'anciens en raison de leur obsolescence, de leur usure... ;

– du remplacement d'un salarié lors d'une embauche (suite à un départ à la retraite ou autre).

Le remplacement peut se faire :

– à l'identique : maintien de la capacité de production ;

– avec des améliorations technologiques : hausse de la qualité des produits et de la productivité.

L'impact financier sur l'entreprise reste limité.

La gestion de ce type d'investissement s'effectue dans le cadre d'une certaine décentralisation. Le responsable d'un centre d'unité autonome peut avoir l'initiative et la gestion complète du projet (y compris dans la décision finale d'investir ou pas).

L'investissement stratégique

L'investissement stratégique a la particularité d'engager des ressources importantes sur le long terme. Les flux attendus en sont plus incertains et ne couvrent le coût de l'investissement qu'après une assez longue période.

Son impact sur l'équilibre financier de l'entreprise est non négligeable, voire fondamental.

Il doit être considéré à la fois comme :

– un projet autonome capable de générer son propre équilibre ;

– un élément d'action inséré dans une démarche stratégique de l'entreprise qui participe donc à son équilibre financier global. Il est alors le simple élément d'un système qui l'englobe.

Il peut s'agir d'investissements de croissance ou de rationalisation.

Le processus de décision est plus complexe et suit un circuit plus long, incluant les étapes du processus précédant.

b. Les investissements par rapport à leur objectif

L'investissement de croissance

Il est regroupé selon 3 catégories :

1. L'investissement d'expansion

– interne : équipements nouveaux destinés à :

- accroître la capacité de production de l'entreprise,
- élargir la place de l'entreprise sur le marché,
- diversifier les activités,
- modifier la structure d'exploitation ;

– externe : prises de participation menant au contrôle d'une autre entreprise.

2. L'investissement d'innovation

Il comprend les équipements nouveaux destinés à perfectionner les produits actuels ou à en créer de nouveaux. Il s'agit souvent d'investissements immatériels (de type R&D).

3. L'investissement de rationalisation

– Le désinvestissement : réduction des coûts

Une sous-activité chronique doit amener l'entreprise à s'interroger sur l'opportunité de conserver ou non une partie de ses capacités de production. Le choix d'un désinvestissement peut parfaitement suivre les mêmes méthodes d'évaluation que l'investissement, afin de répondre entre autres aux interrogations suivantes :

- De quels flux va-t-on se priver ?
- Quelles seront les économies réalisées ?
- Quels sont les coûts de sortie ?
- Faut-il désinvestir ou redéployer les capacités actuelles ?

Le choix d'une restructuration (*reengineering*) fait partie de cette problématique.

– L'investissement de réduction des risques a notamment pour objet :

- la **diminution de l'exposition aux risques** par la diversification industrielle, commerciale et financière, la réorientation stratégique de l'entreprise (changement de secteur...), etc. ;
- l'**amélioration des conditions de travail, de la productivité, de la qualité des produits** (avec un impact sur l'image de l'entreprise ou du groupe) ;
- la **fidélisation des partenaires** essentiels à l'entreprise : clients, fournisseurs, sous-traitants...

c. Les investissements par rapport à leur nature

L'investissement productif (ou matériel ou quantitatif ou corporel)

Il s'agit des dépenses destinées à la constitution par acquisition ou création d'un patrimoine composé de biens de production et ayant pour objet le maintien ou l'augmentation du potentiel de production. L'investissement productif est fonction de la croissance de l'entreprise et de la durée de vie des biens de production, elle-même dépendante de la technologie employée.

L'investissement immatériel (ou incorporel, intellectuel, social, qualitatif)

Il regroupe des dépenses plus larges que ce que recouvre le concept comptable d'immobilisation incorporelle, puisqu'il peut s'agir :

– de frais de recherche et développement ;

– des dépenses d'acquisition de brevets, licences, procédés... ;

– de frais de formation et d'information du personnel ;

– de dépenses commerciales destinées à maintenir ou augmenter les parts de marché (publicité, développement de marques...).

Il intervient souvent de manière indirecte (en soutien) sur le processus d'exploitation. Il améliore la productivité et la qualité des produits, ou offre de meilleurs débouchés.

L'investissement financier

Il recouvre en partie le concept comptable d'immobilisation financière et, plus particulièrement, les titres de participation et les titres immobilisés de l'activité en portefeuille (TIAP). Les premiers traduisent la volonté de détenir un pouvoir de décision au sein d'une autre entité et relèvent d'une stratégie de croissance externe. Les seconds tiennent d'une décision de placement durable et volontaire.

Autres distinctions possibles selon les caractéristiques de l'investissement

– L'investissement est-il réversible ou irréversible ?

– L'impossibilité de revenir en arrière, de se désengager rend les engagements plus risqués, donc plus coûteux et plus difficiles à financer.

– L'investissement est-il spécifique ou non spécifique (redéployable ou non) ?

De même, des fonds investis dans des projets très spécifiques, qui ne seront pas adaptables pour d'autres clients et d'autres utilisations (un haut-fourneau, une centrale nucléaire), augmentent l'exposition au risque.

2. La VAN : critère de référence

Les modèles de la valeur actuelle nette (VAN ; en anglais, *Net Present Value* ou NPV) et du taux interne de rentabilité (TIR, ▶ PARTIE 3) résultent des travaux de l'économiste américain Irving Fisher[1] (1867-1947), relatifs à l'évaluation des investissements à partir de l'actualisation des flux futurs que l'on peut en attendre. Il s'intègre dans le cadre théorique du marché parfait où l'on suppose l'avenir avec certitude. Les modèles alternatifs prenant en compte l'incertitude, et donc le risque, seront abordés dans le chapitre 11.

2.1 Définition, formule et première analyse de la VAN

a. Définition

DÉFINITION

> **La VAN** est un **indicateur qui mesure la richesse créée** (ou détruite si la VAN est négative) par **l'investissement**. Elle se calcule par la différence entre la somme des flux futurs attendus (*cash-flows* ou surplus monétaires pouvant être positifs ou négatifs) actualisés de l'investissement et son coût initial.

Ainsi, la formule de la VAN du projet i actualisé au taux R_p et générant les flux F de la période de temps t allant de 1 à l'échéance n s'écrit :

$$VAN_i = -I_0 + F_1\left(1+R_p\right)^{-1} + F_2\left(1+R_p\right)^{-2} + \ldots + F_n\left(1+R_p\right)^{-n} \Rightarrow VAN_i = -I_0 + \sum_{t=1}^{n} \frac{F_t}{\left(1+R_p\right)^t}$$

Si les flux F_t sont identiques, la formule devient :

$$VAN_i = -I_0 + F_t \frac{1-(1+R_P)^{-n}}{R_P}$$

Si on raisonne en horizon infini, ($n \to \infty$) la formule se simplifie et devient :

$$VAN_i = -I_0 + \frac{F_t}{R_P}$$

$\boldsymbol{R_p}$ est le taux d'actualisation qui représente le taux de rendement requis par l'investisseur, tenant compte du taux de rendement sans risque auquel s'ajoute une prime de risque.

Un investissement est susceptible d'être retenu si sa VAN > 0 car cela signifie :

– qu'elle permet de **récupérer le capital engagé** ;

– qu'elle parvient à **rémunérer le risque** ;

1. Fisher I., *The Theory of Interest*, The MacMillan Company, New York, 1930.

– qu'elle offre un **rendement supérieur à l'actif sans risque** (au prix du temps) ;

– qu'elle dégage un **surplus dont la valeur actuelle correspond à la VAN**.

Ainsi la VAN est d'autant plus faible que le coût du capital retenu est élevé, c'est-à-dire :

– que le taux de rémunération des actifs sans risque est fort ;

– que le risque du projet est jugé élevé ;

– que le décalage dans le temps entre les flux engagés et les flux futurs attendus est grand... et inversement.

Les bases de calcul de la VAN (et du TIR), sont accessibles dans le manuel de DCG UE6, chapitre 14 (La décision d'investissement), de Gilles Meyer, paru aux Éditions Vuibert.

b. Les principes de raisonnement de la VAN

Le critère de choix d'investissement de la VAN repose sur **six principes fondamentaux :**

1. Les flux retenus sont des **flux de trésorerie** et non des flux comptables (charges ou produits) qui ne sont pas tous **décaissables** (les dotations aux amortissements) et qui ne tiennent pas compte des **décalages de paiement (du besoin en fonds de roulement : BFR).**

2. Il faut appliquer un **raisonnement marginal** et ne prendre en compte que les **flux propres au projet**. Cela exclut les **frais généraux de structure** (coûts de R&D, et des services de soutien) qui ont été engagés **avant l'investissement,** donc indépendamment de la réalisation ou non de celui-ci. On cherche à mesurer la **contribution marginale** de l'investissement à la rentabilité de l'entreprise.

3. Il convient d'intégrer les **coûts d'opportunité** et notamment la possibilité pour l'entreprise d'investir dans un actif sans risque ou un projet alternatif. Il s'agit d'une logique de confrontation systématique entre diverses alternatives, les ressources mobilisées sur l'une pouvant l'être sur une ou plusieurs autres.

4. Le projet est analysé **indépendamment du mode de financement et de l'économie d'impôt** qui en résulte (sur les charges financières) car :

– ces données sont déjà prises en compte dans l'évaluation du taux d'actualisation, qui comprend le coût du capital, donc le coût de financement ;

– la politique d'endettement de l'entreprise ne doit pas influencer la rentabilité du projet. En effet, un endettement important à un taux inférieur au rendement de l'investissement revalorise la VAN. Une entreprise peut alors être incitée à investir dans un programme industriellement peu ou pas rentable, mais dont la VAN se trouve surestimée par simple effet de levier.

EXEMPLE

Soit le projet X engendrant les flux suivants :

Années	0	1	2	3
Flux d'investissement	- 100	20	20	120

Taux d'actualisation retenu pour ce projet : 12 %

1. La VAN du projet sera de 19,21 et son TIR de 20 %.

Supposons à présent que le projet soit financé à 40 % par un emprunt au coût après impôt de 5 % (donc inférieur à 12 %) l'an. En tenant compte des flux d'endettement, les *cash-flows* deviennent :

Années	0	1	2	3
Flux d'investissement	**- 100**	**20**	**20**	**120**
Flux de financement par dette	**60** *(1)*	**- 3** *(2)*	**- 3** *(2)*	**- 63** *(3)*
Flux nets	**- 40**	**17**	**17**	**57**

(1) : encaissement de l'emprunt ; (2) : charges financières : 5 % × 60 ; (3) : charges financières + remboursement de l'emprunt : 5 % × 60 + 60

2. La VAN passe à 29,30 et le TIR à 42,5 %.

On constate une hausse de la VAN et du TIR, alors que **le projet est fondamentalement identique** : même flux, même dotation de départ, même niveau de risque attribué (à tort car, normalement, celui-ci tend à augmenter avec le niveau d'endettement puisqu'apparaît un risque de solvabilité : capacité de l'entreprise à rembourser sa dette).

Les critères de valorisation augmentent uniquement en raison du recours à l'endettement. Ce phénomène s'explique par le fait que le TIR du projet sans endettement est supérieur au coût de la dette : 20 % > 5 %. L'entreprise joue sur l'**effet de levier** [▶ CHAPITRE 12] pour améliorer artificiellement la performance de son investissement. Dans l'approche financière classique, les projets doivent être jaugés à partir de leur **valeur intrinsèque** générée par leurs capacités à créer de la **valeur d'exploitation**, sans interférence de la politique de financement.

5. Il convient **de tenir compte de la fiscalité** car l'entreprise cherche à maximiser les **flux de trésorerie nets d'impôt**. Ainsi, il faudra tenir compte des économies d'impôt liées aux dotations et aux amortissements, de l'imposition des bénéfices induits par l'investissement, des éventuels crédits d'impôt, des abattements, etc.

6. Il ne faut pas rester **focalisé sur le seul critère de la VAN**, mais garder à l'esprit les limites du modèle.

2.2 Les déterminants de la VAN

a. La détermination du taux d'actualisation

Le taux de rendement **R_p = taux de rendement sans risque + une prime de risque** [▶ CHAPITRE 4].

R_p peut être évalué par le **coût du capital**, c'est-à-dire de la mobilisation des ressources nécessaires au projet compte tenu des niveaux des taux d'intérêt sans risque, du risque d'exploitation et du décalage dans le temps des flux futurs attendus. Nous détaillerons cette approche au cours du chapitre 12.

b. L'estimation des flux de trésorerie

Leur estimation suit la logique du raisonnement à la marge [▶ PRINCIPE 2 CI-DESSUS] : il convient de mesurer les flux **uniquement liés de manière directe ou indirecte à l'investissement**. Il s'agit donc de **flux différentiels** :

flux de l'entreprise avec l'investissement - flux de l'entreprise sans l'investissement.

RAPPEL

Les flux liés au financement ne sont pas pris en compte, ce qui exclut notamment :
– le capital emprunté, les charges d'intérêt, les remboursements d'emprunt ;
– les loyers de crédit-bail ;
Les flux sont estimés nets d'impôt (impôt sur les sociétés et impôt sur les plus ou moins-values).

Les flux de trésorerie à retenir sont de trois types :

– Le flux de la **période initiale** : I_0

Il s'agit des fonds initialement engagés comprenant :

- le coût de l'investissement ;
- les frais induits par le projet (mise en service, fonctionnement, formation du personnel, etc.) ;
- l'accroissement éventuel du besoin en fonds de roulement d'exploitation (BFRE) ;
- les possibles coûts d'opportunité [▶ PRINCIPE 3 CI-DESSUS].

Un étalement des flux d'engagement conduit à leur actualisation :

$$I_0 = \sum_{t=1}^{n} I_t \left(1 + R_p\right)^{-t}$$

– Les flux des **périodes intermédiaires**

Il s'agit des flux dégagés par l'investissement lors du processus d'exploitation. On parle de **flux de trésorerie d'exploitation (FTE)**, où : **FTE = EBE - IS d'exploitation - Δ BFRE**

où **FTE = résultat net d'exploitation + DADP d'exploitation - Δ BFRE**

avec EBE : excédent brut d'exploitation ; Δ BFRE : variation du besoin en fonds de roulement d'exploitation et DADP : dotations aux amortissements, dépréciations et provisions.

– Les flux de la **période terminale**

Ils correspondent aux flux de la dernière période au cours de laquelle l'investissement produit ses effets. À l'issue de cette période, l'investissement est totalement liquidé, ce qui engendre des flux d'encaissement :

- le prix de cession de l'investissement, net d'impôt ;
- la récupération du BFRE (les stocks sont liquidés, les créances et les dettes réglées).

2.3 Les autres critères de choix des investissements

a. Le taux interne de rentabilité (TIR)

DÉFINITION

Le taux interne de rentabilité (TIR) est le taux d'actualisation pour lequel la VAN est nulle.

$$-I_0 + F_1(1+TIR)^{-1} + F_2(1+TIR)^{-2} + \ldots + F_n(1+TIR)^{-n} = 0 \quad -I_0 = \sum_{t=1}^{n} \frac{F_t}{(1+TIR)} = 0$$

Un investissement est jugé rentable si le TIR est supérieur au taux d'actualisation retenu pour la VAN (au coût du capital). S'il s'agit de choisir entre des projets exclusifs, le décideur retiendra l'investissement présentant le TIR le plus élevé. Ce critère met en évidence le rapport entre la VAN et le taux d'actualisation.

b. Le délai de récupération

DÉFINITION

Le délai de récupération (DR) ou *payback period* représente le temps nécessaire pour que le cumul des recettes d'exploitation soit égal au montant investi.

L'nterprétation du critère

Pour un projet individualisé, l'entreprise accepte le projet si son délai de récupération est inférieur à un seuil qu'elle exige elle-même.

Pour des projets mutuellement exclusifs, l'entreprise retient celui qui offre le délai de récupération le plus court.

L'intérêt et limites du délai de récupération

Le délai de récupération reste un critère facile à calculer, qui met en évidence la capacité du projet à récupérer plus ou moins rapidement la mise de fonds initiale, ce qui constitue pour les PME une donnée non négligeable.

Il ne rend toutefois pas compte des flux engendrés au-delà de ce délai. Il tend ainsi à privilégier les projets de court terme, les plus liquides, qui ne sont pas pour autant les plus rentables.

EXEMPLE

Soit les deux projets exclusifs A et B générant les flux suivants (en K€) :

	N	N + 1	N + 2	N + 3	N + 4	N + 5
Flux T projet A	- 900	300	300	300	300	400
Flux T projet B	- 900	600	300	100	100	200

En cumulant les flux de trésorerie, nous obtenons un DR_A de 3 ans contre un DR_B d'à peine 2 ans. Le critère du DR nous incite donc à privilégier le projet B.
Pour un coût du capital de 10 % : VAN_A = 299,33 K€, TIR_A = 21,8 % et VAN_B = 161,01 K€, TIR_B = 19,63 % ; le projet A apparaît plus rentable que le projet B.
Cette divergence est liée au fait que :
– le DR ne tient pas compte des flux ultérieurs (années 4 et 5 pour A, années 3, 4 et 5 pour B) ;
– B génère des flux de trésorerie élevés en début de période, quand A offre des flux étalés dans le temps ;
– le projet B est plus liquide que le projet A, mais le projet A est plus rentable que le B.
– Le délai de récupération mesure en réalité la liquidité d'un investissement, non sa rentabilité.

Il est possible de calculer un DR actualisé afin de tenir compte du coût du capital. On procède au cumul des flux actualisés jusqu'à égalisation de l'investissement initial. Outre que la méthode perd en simplicité (autant calculer la VAN), le DR n'en reste pas moins une mesure de la liquidité d'un projet, non un critère de rentabilité.

3. Les limites du modèle VAN/TIR

3.1 Des paramètres difficiles à évaluer

a. Les difficultés de mise en œuvre dans l'estimation des flux futurs

Une transposition délicate du modèle d'actualisation des flux financiers

Les revenus générés par l'investissement sont liés à l'estimation de l'activité de l'entreprise, au contexte économique anticipé... Cette estimation est aisée pour des projets tactiques ou de renouvellement, mais paraît beaucoup plus incertaine lorsqu'il s'agit d'investissements stratégiques ou de croissance [▶ SECTION 1.2].

Il ne faut pas perdre de vue que la VAN est, comme le MEDAF et les modèles actuariels, fondée sur les hypothèses d'un marché parfait et efficient [▶ CHAPITRES 3 ET 4] dédié aux titres échangeables sur le marché financier. Chaque projet industriel s'analyse de la même façon qu'un achat d'actions sur le marché. Les flux de trésorerie et le coût de l'investissement sont respectivement l'équivalent des dividendes et du prix d'acquisition du titre. Mais si une connaissance rapide et fiable des dividendes distribués est concevable, il n'en va pas de même pour les flux de trésorerie, qui restent très sensibles à de nombreuses variables : chiffre d'affaires, BFR, coûts variables et fixes de production, méthode d'amortissement retenue pour les immobilisations, etc. À cette limite intrinsèque des flux, s'ajoutent généralement des difficultés d'ordre technique qui, généralement, trouvent des solutions.

L'influence du mode d'amortissement

Quel que soit le mode d'amortissement retenu (linéaire, dégressif, variable), la somme des amortissements pratiqués sera identique, **seul le rythme de répartition sera différent**. Les annuités (ou dotations), et donc l'économie d'impôt qui en résulte, seront en revanche divergentes. L'amortissement dégressif permettra par exemple à l'entreprise de **bénéficier plus rapidement de l'économie d'impôt**, mais réduira la **valeur nette comptable** (donc attention à l'impact sur les flux de la période terminale).

Il peut en outre exister des divergences entre dotation comptable et dotation fiscale (différences de base, de durée...). L'entreprise cherche dans ce cas à maximiser l'économie d'impôt. Elle est incitée à privilégier les dotations **fiscales,** indépendamment du rythme réel de consommation des avantages économiques futurs.

Ainsi, le niveau de la VAN (et donc du TIR) devient fonction de la méthode d'amortissement retenue et de l'option fiscale choisie. Il ne dépend plus uniquement de déterminants fondamentaux valorisant la capacité de l'entreprise (de ses investissements) à créer de la valeur. Leur détermination peut faire l'objet de calculs stratégiques plus ou moins manipulatoires. D'outils de mesure de la valeur, les critères deviennent des cibles à atteindre en jouant sur les déterminants de la fonction. On retrouve le principe de la loi dite de Goodhart[1], selon laquelle lorsqu'un outil de mesure devient un objectif, il cesse d'être un bon instrument de mesure.

Le problème de l'imputation de l'économie d'impôt

Lorsque le résultat d'exploitation du projet est négatif, l'entreprise se trouve confrontée à deux situations possibles :

– L'économie d'impôt peut être impactée sur les résultats positifs des autres activités ; dans ce cas, ce flux d'impôt est assimilé à une trésorerie positive.

– L'économie d'impôt ne peut être impactée sur les résultats des autres activités (parce qu'ils sont négatifs ou pas assez positifs pour y imputer la totalité des pertes, ou parce que l'entreprise n'a pas d'autre activité) ; dans ce cas, l'économie d'impôt non imputable viendra en diminution des bénéfices futurs.

EXEMPLE

Cas 1 :

Imputation sur les bénéfices des autres activités	1	2	3	4
Résultat d'exploitation	– 600	– 300	330	660
- Impôt sur les sociétés (33,1/3 %)	**+ 200**	**+ 10**	**– 110**	**– 220**

Cas 2 :

Imputation sur les bénéfices futurs	1	2	3	4
Résultat d'exploitation	– 600	– 300	330	660
Base imposable	**0**	**0**	**0 *a***	**30 *b***
- Impôt sur les sociétés (33,1/3 %)	**0**	**0**	**0**	**- 10**

a : imputation des déficits antérieurs : 330 – 600 – 300 ⇒ il restera 570 à imputer sur la période 4.

b : imputation des déficits antérieurs : 600 – 570 = 30.

b. Le problème du taux d'actualisation

L'intégration de l'inflation

Les investisseurs **intègrent l'inflation anticipée** dans leur estimation du coût du capital, donc dans le taux d'actualisation. Quand on prévoit une inflation forte, celle-ci entraînera donc une **hausse de la rentabilité** exigée (une hausse du taux d'actualisation). Les flux futurs étant actualisés par le taux d'actualisation, ils sont donc évalués en euros courants, c'est-à-dire compte tenu de l'inflation anticipée.

1. Du nom de l'économiste britannique Charles Goodhart, qui l'avait énoncée en 1975, à propos d'indicateurs macroéconomiques, en ces termes : « Dès lors qu'un gouvernement tente de contrôler un ensemble particulier d'actifs financiers, ceux-ci perdent leur fiabilité à titre d'indicateurs de tendances économiques. »

L'intégration du risque

Pour l'école néoclassique, tenante des marchés parfaits et efficients, le taux d'actualisation à retenir est celui qui maximise la valeur de l'entreprise et ainsi la richesse des actionnaires. Il s'agit du coût du capital, ou rendement requis des actionnaires. Il correspond à la rémunération d'un taux sans risque auquel s'ajoute une prime de risque, prenant en compte :

– le risque financier lié à la structure de l'entreprise (part des fonds propres et des dettes financières) ;

– le risque d'exploitation relatif à l'activité de l'entreprise ;

– l'espérance de rentabilité du marché ;

– le rendement d'un actif sans risque.

Or, l'évaluation de l'ensemble de ces données ne peut être qu'une estimation sujette à caution, particulièrement pour des projets industriels spécifiques, non redéployables, dont l'horizon de revenus n'est pas arrêté (type R&D) et pour lesquels il n'est pas possible de concevoir un marché actif (avec un nombre important d'intervenants qui assurent la liquidité du projet) et efficient [▶ MODÈLE DU MEDAF ET SES LIMITES DANS LE CHAPITRE 4].

En outre, le risque de l'investissement considéré ne correspond pas forcément au risque de l'entreprise dans son ensemble. Il peut être plus élevé dans le cadre d'un investissement stratégique (diversification, lancement d'un nouveau produit...) ou plus faible s'il s'agit d'un simple projet de renouvellement. Un ajustement est alors nécessaire et techniquement possible [▶ CHAPITRE 12].

La stabilité du taux d'actualisation pose également des difficultés. Elle implique que le niveau de risque reste identique tout au long du déploiement du projet. Il n'est alors pas possible de tenir compte des modifications de la conjoncture, de la diffusion de nouvelles informations relatives aux réactions du marché (clients, concurrents...), des évolutions technologiques, même pour des projets se déroulant sur 10 ou 20 ans.

Le taux sans risque, composant du coût du capital, se trouve parfois affecté par les politiques monétaires accommodantes ou restrictives, ce qui renforce l'instabilité du paramètre.

c. Le problème de la structure des charges

Il s'agit de différencier les **charges fixes** (CF) et les **charges variables** qui vont s'imputer sur les ventes qui, elles, dépendent forcément de l'activité de l'entreprise, et sont donc variables.

Plus la part des charges fixes relative au projet est importante :

– plus les résultats attendus seront **sensibles aux fluctuations** de l'activité ;

– plus **l'investissement sera rigide** (fonction du degré de redéploiement de l'investissement) ;

– plus les flux futurs attendus seront **difficilement prévisibles** ;

– plus l'horizon d'atteinte du **seuil de rentabilité** financier (CA qui annule la VAN) sera **lointain** et **incertain** ;

– plus **l'impact sur le cours boursier sera fort** (les fluctuations seront importantes) ;

– plus l'investissement sera considéré comme **risqué**.

Les investissements intensifs en CF doivent donc être évalués par rapport :

– à leur valeur **intrinsèque** ;

– à la valeur d'un **investissement alternatif** dans le cadre d'une possible externalisation (faire ou faire faire) : l'externalisation transforme les charges fixes en charges variables ;

– à leur **importance stratégique** (pour quels facteurs clés de succès ?).

d. Les réponses aux problèmes liés de paramètres

L'incertitude résultant de l'évaluation des paramètres amène les praticiens à utiliser les modèles avec prudence. Une solution consiste à opter pour la **méthode des scénarios** où les critères de choix sont évalués selon plusieurs niveaux de paramètres, en fonction d'hypothèses différentes de réalisation [▶ CHAPITRE 11].

3.2 Le problème de la divergence des capitaux investis

a. Le problème

La difficulté se présente lorsqu'il est question de sélectionner des projets exclusifs à partir du TIR. Elle peut conduire à un choix sous-optimal si les deux investissements considérés sont de tailles (montant de l'investissement initial) trop différentes, comme le montre l'exemple ci-après.

EXEMPLE

Soit deux projets exclusifs A et B générant les flux suivants (en K€) pour un coût du capital de 15 % :

	N	N + 1	N + 2	N + 3	N + 4	N + 5
Flux T projet A	- 300	120	120	120	120	130
Flux T projet B	- 200	90	90	90	90	90

TIR_A = 32,66 % et TIR_B = 38,67 %

Le projet B semble être plus rentable, mais le rapprochement est biaisé par le fait que la mise de fonds initiale est différente. A n'est comparable à B qu'à condition de neutraliser cette différence.

b. La solution

Un raisonnement marginal permet de résoudre ce problème. Il consiste à actualiser les flux différentiels qui existent entre les deux projets. Ils représentent ici le surplus d'investissement du projet A : 300 - 200 = 100 K€ de plus, qui rapporte 120 - 90 = 30 K€ de richesse supplémentaire.

	N	N + 1	N + 2	N + 3	N + 4	N + 5
Flux différentiels	- 100	30	30	30	30	30

Le TIR différentiel des flux est de 19,91 %, supérieur au coût du capital de 15 %. C'est donc le projet A qui génère le plus de richesse et qui doit être retenu.

3.3 Le problème de la forte divergence des niveaux de flux

a. Le problème

Dans le cadre de la sélection entre plusieurs programmes exclusifs, on constate une contradiction entre VAN et TIR lorsque les rythmes de flux de trésorerie se révèlent trop divergents.

Un exemple va permettre de concrétiser le problème.

EXEMPLE

Soit les deux projets exclusifs générant les flux suivants pour un coût du capital de 10 % :

	N	N + 1	N + 2	N + 3	N + 4	N + 5
Flux T projet A	- 90	80	50	20	5	5
Flux T projet B	- 90	5	5	40	80	100

VAN_A = 45,6 et VAN_B = 65,46 ⇒ choix projet B
TIR_A = 42,23 % et TIR_B = 26,12 % ⇒ choix projet A
} Contradiction des critères

Figure 2

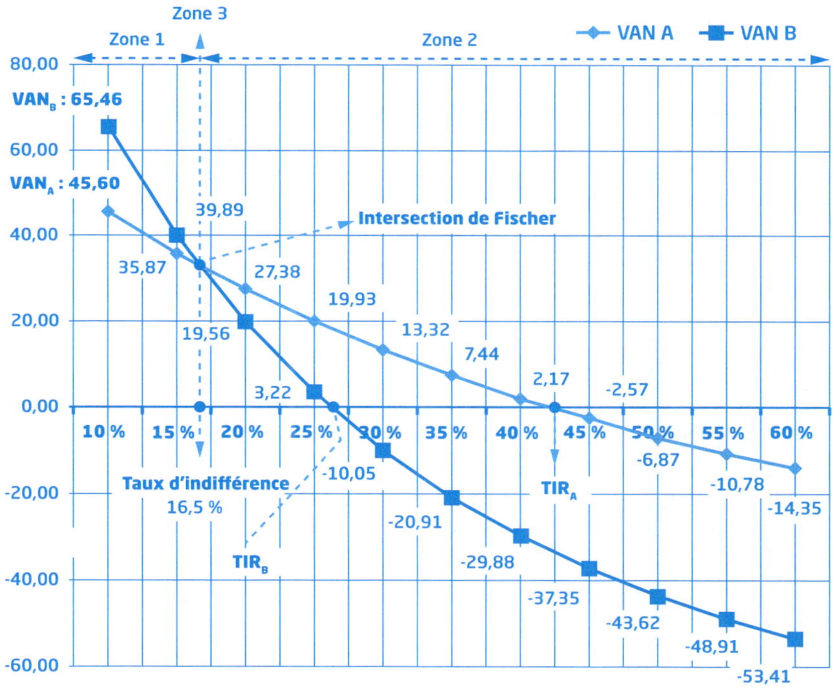

La figure 2 ci-dessus met en évidence trois zones qui mènent à trois appréciations différentes :
Zone 1 : Coût du capital < Taux d'indifférence ⇒ le projet B est préférable au projet A.
Zone 2 : Coût du capital > Taux d'indifférence ⇒ le projet A est préférable au projet B.
Zone 3 : Coût du capital = Taux d'indifférence ⇒ le projet A est équivalent au projet B. Dans ces conditions, la sélection devient délicate.

La zone d'indifférence est en réalité le point de rencontre (l'intersection de Fisher) entre les courbes de valeur, croisement qui est le symptôme de la contradiction des résultats. On calcule ce taux d'indifférence en suivant un raisonnement différentiel, comme nous l'avons vu lors du problème précédent.

	N	N + 1	N + 2	N + 3	N + 4	N + 5
Flux différentiels	0	75	45	- 20	- 75	- 95

Le TIR des flux différentiels se monte à 16,54 % et correspond bien au taux d'indifférence. Les cas de contradiction sont souvent liés à la divergence de rythme des flux pendant la période analysée.
Rappelons que le taux d'actualisation correspond au coût du capital, c'est-à-dire, entre autres, au coût du temps. Un même flux à taux d'actualisation identique est d'autant plus pénalisé qu'il est éloigné dans le temps. Ainsi, le flux de 80 de N + 1 (projet A) actualisé en N vaut 72,73 ; le même flux, mais généré en N + 4 (projet B) actualisé en N, n'est plus que de 54,64.
Ces écarts sont d'autant plus importants que le taux d'actualisation est élevé (vers la droite sur l'axe des abscisses). Dans ces conditions, les investissements engendrant des flux élevés en début de période, puis faibles en fin de période (cas du projet A) sont privilégiés en zone 2, où les taux sont forts, et pénalisés en zone 1, où les taux sont faibles. Les flux les plus importants ne supportent pas longtemps le coût élevé du temps, ce qui explique pourquoi, au taux faible de 10 % (hypothèse de départ), le projet B est préféré au projet A.
À l'inverse, les investissements engendrant des flux faibles en début de période puis élevés en fin de période (cas du projet B) sont pénalisés en zone 2, où les taux sont forts, et privilégiés en zone 1, où les taux sont faibles.
Leurs flux élevés étant les plus lointains, ils subissent un coût temps plus important.

b. Première solution : privilégier la VAN

Le taux d'actualisation (et *a fortiori* le TIR) est un taux d'intérêt composé qui s'interprète à la fois comme le coût du projet pour l'entreprise et le rendement requis pour l'investisseur qui amène les fonds. Actualiser l'ensemble des flux signifie que les apporteurs de fonds réinvestissent les revenus générés dans le projet lui-même, conformément au principe des taux d'intérêt composés. Au TIR, on suppose implicitement que les flux de trésorerie futurs peuvent être placés sur le marché financier au TIR, ce qui n'apparaît pas réaliste lorsque celui-ci est élevé (cas du projet A, notamment avec un TIR à 42,23 %).

Cette limite intrinsèque au TIR justifie le fait de privilégier le critère de la VAN dès que celle-ci se trouve en contradiction avec le TIR, dans le cadre d'une sélection de projets exclusifs. Mais l'on perd alors la cohérence entre valeur nette créée et taux de rentabilité.

c. Seconde solution : les critères intégrés : VAN globale (VANG) et TIR global (TIRG)

Cette technique consiste à considérer que les flux positifs (ne s'applique pas aux éventuels flux négatifs) de trésorerie sont réinvestissables au taux sans risque du marché (par exemple), puis actualisés au TIR. Cette technique répond à l'hypothèse implicite de réinvestissement des flux au TIR. En effet, le coût du capital étant un taux composé, lorsque les flux sont actualisés, on suppose qu'il est possible de les réinvestir à ce même taux composé (c'est le principe des intérêts composés vus au chapitre 2). Pour pallier cette faiblesse, les critères globaux vont intégrer un taux de réinvestissement fixé de manière réaliste (cela pourrait être le taux sans risque), dans la formule d'actualisation qui devient :

$$VANG_i = -I_0 + [F_1(1+R_i)^n + F_2(1+R_i)^{n-1} + F_3(1+R_i)^{n-2} + \ldots + F_n] \times (1+R_P)^{-n}$$

avec R_i le taux de réinvestissement qui ne s'applique qu'aux flux F positifs, R_p le coût du capital (le taux d'actualisation), ***n*** le nombre de périodes retenu.

Le $TIRG_i$ sera le taux de rentabilité qui annule la $VANG_i$. Il sera tel que :

$$-I_0 + \left[F_1(1+R_i)^n + F_2(1+R_i)^{n-1} + F_3(1+R_i)^{n-2} + \ldots + F_n\right] \times (1+TIRG_i)^{-n} = 0$$

$$TIRG_i = \left(\frac{I_0}{\left[F_1(1+R_i)^n + F_2(1+R_i)^{n-1} + F_3(1+R_i)^{n-2} + \ldots + F_n\right]}\right)^{-1/n} - 1$$

Si les flux F sont constants, les formules se simplifient et deviennent :

$$VANG_i = -I_0 + F_t \times \frac{(1+R_i)^n - 1}{R_i} \times (1+R_P)^{-n}$$

$$TIRG_i = \left(\frac{I_0 \times R_i}{F_t[(1+R_i)^n - 1]}\right)^{-1/n} - 1$$

Attention à ne pas oublier les éventuels flux négatifs (autres que l'investissement initial), qui doivent être actualisés au taux R_P pour le calcul de la VANG, auxquels s'applique le TIRG.

EXEMPLE

Reprenons les données de l'exemple précédent, où les résultats des VAN et TIR étaient contradictoires.

Supposons à présent un taux de réinvestissement de 12 % pour les deux projets.

$$VANG_A = -90 + [80(1,12)^4 + 50(1,12)^3 + 20(1,12)^2 + 5(1,12)^1 + 5] \times (1,10)^{-5}$$

$$VANG_A = -90 + [231,816] \times (1,10)^{-5} \Rightarrow VANG_A = 53,94$$

$$VANG_B = -90 + [5(1,12)^4 + 5(1,12)^3 + 40(1,12)^2 + 80(1,12)^1 + 100] \times (1,10)^{-5}$$

$$VANG_B = -90 + [254,67] \times (1,10)^{-5} \Rightarrow VANG_B = 68,13$$

$TIRG_A$ est tel que :

$$-90 + \left[80(1,12)^4 + 50(1,12)^3 + 20(1,12)^2 + 5(1,12)^1 + 5\right] \times (1+TIRG_A)^{-5} = 0$$

$$TIRG_A = \left(\frac{90}{231,816}\right)^{-1/n} - 1 \Rightarrow TIRG_A = 20,831\ \%$$

$TIRG_B$ est tel que :

$$-90 + \left[5(1,12)^4 + 5(1,12)^3 + 40(1,12)^2 + 80(1,12)^1 + 100\right] \times (1+TIRG_B)^{-5} = 0$$

$$TIRG_A = \left(\frac{90}{254,67}\right)^{-1/n} - 1 \Rightarrow TIRG_B = 23,125\ \%$$

Selon les critères globaux, le projet B est plus rentable que le projet A : il n'y a plus de contradiction.

3.4 Présence de flux négatifs lors de périodes non successives

a. Le problème

Jusqu'à présent, les cas envisagés considèrent que les fonds sont investis uniquement au début du projet et que les flux de trésorerie attendus sont toujours positifs. Les modèles de la VAN et du TIR ne conçoivent pas des situations susceptibles d'engendrer des flux négatifs au cours de la période d'exploitation. La présence de ce type de données génère en effet des résultats à TIR multiples qui ne permettent plus d'apprécier la pertinence de l'investissement en considérant ce seul critère. L'exemple suivant va permettre de poser le problème.

EXEMPLE

Supposons le projet X, dans lequel a été investi 100 K€ en N. D'importants travaux sont nécessaires en fin de période d'exploitation. Le coût du capital est de 15 %, et les flux générés (en K€) sont :

	N	N + 1	N + 2	N + 3	N + 4	N + 5
Flux de trésorerie	- 100	100	150	160	10	- 500

Figure 3

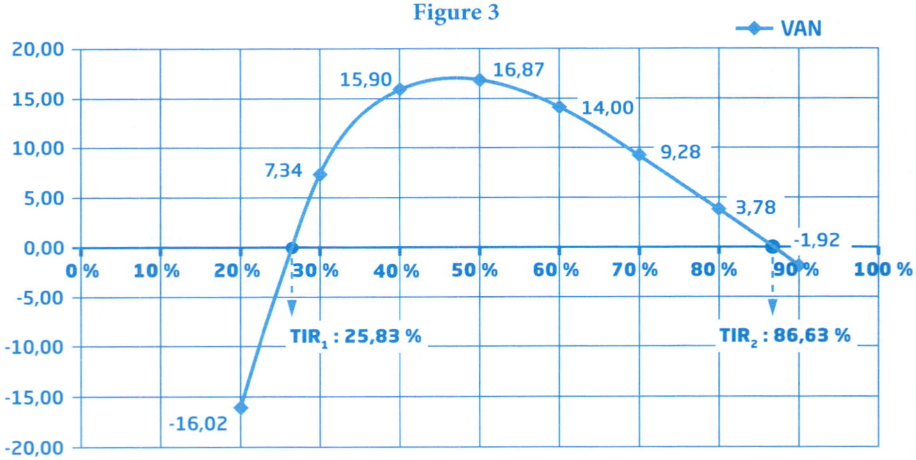

On constate que la courbe de la VAN coupe l'axe des abscisses en deux points, faisant ainsi apparaître deux TIR pour le projet X. Il serait possible de démontrer qu'il y aurait en fait autant de TIR que de changements de signe dans les flux nets de trésorerie (cas des projets nécessitant de nouveaux investissements en cours d'exploitation).

b. La première solution : privilégier la VAN

La VAN reste unique pour un coût du capital donné et rend compte sans ambiguïté de la performance de l'investissement :

$$VAN_X = -100 + 100(1{,}15)^{-1} + 150(1{,}15)^{-2} + 160(1{,}15)^{-3} + 10(1{,}15)^{-4} - 500(1{,}15)^{-5}$$

VAN_X = - 37,29 K€, entraînant un rejet du projet.

Le TIR n'est donc pas un indicateur adapté en cas de taux de rentabilité multiples. La VAN elle, reste opérante.

c. La deuxième solution : les critères intégrés TIRG et VANG

EXEMPLE

Reprenons les données du projet X et supposons que les flux positifs puissent être réinvestis au taux de 10 %.

$$VANG_X = -100 + [100(1,10)^4 + 150(1,10)^3 + 160(1,10)^2 + 10(1,10)^1] \times (1,15)^{-5} - 500(1,15)^{-5}$$

$VANG_X = -100 + [550,66 - 500] \times (1,15)^{-5} \Rightarrow VANG_X = -74,81\ K€$, résultat négatif qui incite l'investisseur à ne pas accepter le projet.

Le $TIRG_X$ sera tel que :

$$-100 + \left[100(1,10)^4 + 150(1,10)^3 + 160(1,10)^2 + 10(1,10)^1\right] \times (1 + TIRG_X)^{-5} - 500(1 + TIRG_X)^{-5} = 0$$

$$-100 + [550,66 - 500] \times (1 + TIRG_X)^{-5} = 0$$

$$(1 + TIRG_X)^{-5} = \frac{100}{50,66} \Rightarrow 1 + TIRG_X = \left(\frac{100}{50,66}\right)^{-1/5}$$

$TIRG_X$ = **– 12,72 %** < au coût du capital de 15 %, le projet X se trouve donc rejeté.

Du point de vue du TIRG, et compte tenu du taux de réinvestissement retenu, le projet X n'est pas rentable. Nous retrouvons une cohérence entre les critères du TIR et de la VAN.

d. La troisième solution : l'approche par des méthodes flexibles

Les évaluations par les arbres de décision et les options réelles offrent des possibilités d'intégrer plus de flexibilité dans les modalités de l'investissement [▶ CHAPITRE 11].

3.5 Le problème de la sélection de projets exclusifs à horizons différents

a. Le problème

Lorsque l'entreprise compare des projets exclusifs de même durée, la lecture des critères de choix d'investissement est assez aisée : il convient de sélectionner le projet offrant la VAN la plus élevée. Le problème est plus délicat lorsque les horizons des projets sont différents, comme le montre l'exemple suivant.

EXEMPLE

Soit les deux projets alternatifs A et B actualisés au taux de 15 % :

Projet A	0	1	2	3	4	5	6
I_0	- 150						
Flux de trésorerie		50	50	50	50	50	50

$$VAN_A = -150 + 50 \times \frac{1 - 1{,}15^{-6}}{0{,}15} \Rightarrow VAN_A = 39,22\ K€$$

Projet B	0	1	2	3
I_0	- 150			
Flux de trésorerie d'exploitation		80	80	80

$$VAN_B = -150 + 80 \times \frac{1 - 1{,}15^{-3}}{0{,}15} \Rightarrow VAN_A = 32,66\ K€$$

A priori, l'entreprise aurait intérêt à retenir le **projet A.** Ce choix néglige toutefois le fait que les flux mobilisés par le projet B seront disponibles plus tôt et pourront être réinvestis. Trois méthodes sont possibles pour rendre les projets comparables.

b. La première solution : ajuster les périodes en introduisant un projet fictif

On suppose ici la possibilité de **réinvestissement à l'identique** dans un projet fictif (B'), de telle sorte que la durée du projet le plus court équivaut à la durée du projet le plus long**.**

Projet B	0	1	2	3	4	5	6
I_0	- 150			**- 150**			
Flux de trésorerie		80	80	80	**80**	**80**	**80**

$$VAN'_B = 32,66 + \left(-150 + 80 \times \frac{1 - 1{,}15^{-3}}{0{,}15}\right) \times 1{,}15^{-3} \Rightarrow VAN'_B = 54{,}13\ K€$$

Ou bien : $VAN'_B = VAN_B + VAN_B \times 1{,}15^{-3} = 54,13\ K€$

Cette méthode est plus délicate lorsque le projet le plus court **n'est pas un multiple du projet le plus long.** En outre, la méthode suppose comme étant possible la duplication du projet le plus court.

c. La deuxième solution : s'aligner sur la durée la plus courte

Il faut dans ce cas évaluer la valeur résiduelle du projet le plus long à la date de fin du projet le plus court. Ainsi, supposons que, fin N + 3, le projet A ait une valeur résiduelle de 70.

Projet A	0	1	2	3
I_0	- 150			
Flux de trésorerie d'exploitation		50	50	50
Valeur résiduelle				70

$$VAN_A = -150 + 50 \times \frac{1 - 1{,}15^{-3}}{0{,}15} + 70 \times 1{,}15^{-3} \Rightarrow VAN_A = 10{,}19\ K€$$

Reste posé le problème de l'**évaluation de la valeur résiduelle du projet le plus long**.

d. La troisième solution : l'annuité constante équivalente

Cette méthode consiste à comparer les investissements à partir d'une annuité constante (a) qui, actualisée au taux du projet et sur sa durée, égalerait la VAN :

$$VAN_i = a_i \times \frac{1-(1+R_P)^{-n}}{R_P} \Rightarrow a_i = VAN_i \times \frac{R_P}{1-(1+R_P)^{-n}}$$

Appliquée à nos deux projets, nous aurons :

$$a_A = 39{,}22 \times \frac{0{,}15}{1-(1{,}15)^{-6}} \Rightarrow a_A = 10{,}36\ K€\ et a_B = 32,66 \times \frac{0{,}15}{1-(1{,}15)^{-3}} \Rightarrow a_B = 14{,}30K€$$

Le projet qui génère l'annuité la plus élevée est considéré comme celui engendrant le plus de richesse (ici, B).

Cette technique apparaît plus souple que les précédentes car elle est applicable à tous les projets, sans estimation supplémentaire (comme pour la méthode 2).

e. La quatrième solution : la VAN sur horizon infini

Il s'agit ici de faire abstraction des différences temporelles en considérant tous les projets sur un horizon infini. La formule de la VAN devient :

$$VAN_{\inf} = VAN_i \times \frac{(1+R_P)^n}{(1+R_P)^n - 1}$$

Appliquée à nos deux projets, nous aurons :

$$VAN_{\inf A} = 32,66 \times \frac{1{,}15^3}{(1{,}15)^3 - 1} \Rightarrow VAN_{\inf A} = 95{,}36K€$$

$$VAN_{\inf B} = 39,22 \times \frac{1{,}15^6}{(1{,}15)^6 - 1} \Rightarrow VAN_{\inf B} = 69{,}09K€$$

Cette méthode est très proche de la première, puisque les deux reviennent à dupliquer les projets sur un horizon infini. Les VAN à horizon infinie peuvent être retrouvées par actualisation sur horizon infini des annuités constantes équivalentes. Ainsi, pour le projet *i* :

$$VAN_{\inf i} = \frac{a_i}{R_P}$$

Nous pouvons vérifier cette relation dans notre exemple (aux arrondis près) :

$$VAN_{infA} = \frac{14,30}{0{,}15} \Rightarrow VAN_{infA} = 95{,}47 \cong 95{,}36K€\ ;\ VAN_{infB} = \frac{10,36}{0{,}15} \Rightarrow VAN_{infB} = 69{,}07 \cong 69{,}36K€$$

3.6 Le problème de la sélection de projets exclusifs avec rationnement du crédit

a. Le problème

Même si l'étude des projets s'effectue indépendamment du financement, il se peut que, dans un contexte de contraintes fortes d'accès au crédit, le montant initial de l'investissement ne soit pas neutre. Ce rationnement peut être lié notamment à un contexte économique très incertain, incitant les banques à prendre moins de risques, à la structure de l'entreprise qui est proche de son niveau d'endettement maximum, au coût du capital, etc.

b. La solution : l'indice de profitabilité (*Index Of Profitability*)

Pour tenir compte de la valeur relative de l'investissement initial, une solution consiste à raisonner en unités de VAN créées pour une unité investie, soit le taux de rentabilité (ou ROI : *Return On Equity*) : $\frac{VAN}{I_0}$.

Le montant global de I_0 n'a alors plus d'importance. En passant par le multiplicateur de ce quotient, nous obtenons l'indice dit de profitabilité I_p : $I_p = 1 + \frac{VAN}{I_0}$.

DÉFINITION

L'indice de profitabilité est un indicateur financier qui mesure la **rentabilité différentielle d'un investissement.** Il est le multiplicateur du ratio de profitabilité : rapport entre la valeur actuelle nette des *cash-flows* futurs et le capital investi. Ce rapport indique la valeur créée (ou détruite) par euro investi. L'indice de profitabilité est un critère de choix d'investissement.

Si $I_p > 1$, cela signifie que la VAN est positive et que le projet est rentable, si $I_p < 1$, la VAN est négative et l'investissement n'est pas rentable, si $I_p = 1$, il y a égalité entre la VAN et l'investissement initial, autrement dit ce dernier ne rapporte pas plus que ce que permettrait un placement au taux d'actualisation. Dans le cadre d'une comparaison entre plusieurs projets exclusifs, celui qui présente l'indice, supérieur à 1, le plus élevé sera retenu.

3.7 La prise en compte de l'impact du financement

a. Problème

Le calcul de la VAN classique s'inscrit dans **le principe de Fisher de séparation entre la décision de financement et celle de l'investissement**. Il existe toutefois des cas où l'entreprise parvient à obtenir des financements particulièrement avantageux dans le cadre d'une politique publique d'aide à l'investissement (pour développer tel ou tel secteur...). Ceux-ci peuvent notamment prendre la forme de prêts bonifiés, l'État prenant à sa charge la différence de taux. Leur obtention est en général conditionnée à l'investissement, c'est pourquoi il n'est pas pertinent de séparer les décisions de financement et d'investissement.

b. La solution : la VAN Ajustée (VANA)

Ce modèle consiste à calculer une valeur actuelle dite ajustée (VANA) composée de la VAN classique du projet (VAN_P), financée intégralement par capitaux propres, et de la VAN de financement (VAN_f). Cette dernière résulte du recours à l'endettement qui permet des économies d'impôt, mais entraine des coûts de faillite, de transaction, etc.

$VANA = VAN_P + VAN_f$, avec :

$$VAN_P = -I_0 + \sum_{t=1}^{n} F_i (1 + R_P)^{-i}$$

$$VAN_f = +E_0 - \sum_{t=1}^{n} \frac{R_t + C_t(1-T)}{(1+R_d)^t}$$

Où $\boldsymbol{F_i}$ correspond au flux net de trésorerie périodique généré par l'investissement initial $\mathbf{I_0}$;

$\boldsymbol{E_0}$ est le montant de l'emprunt et $\boldsymbol{R_t}$ le remboursement du capital en année t ;

$\boldsymbol{C_t}$ représente les charges financières de l'emprunt en année t, $\boldsymbol{T}$ le taux d'imposition $\boldsymbol{C_t \cdot (1 - T)}$ représente la charge financière nette d'impôt ;

$\boldsymbol{R_p}$ et $\boldsymbol{R_d}$ désignent respectivement le rendement requis des actionnaires (coût du capital) et des créanciers (taux d'intérêt de l'emprunt avant impôt).

La VAN de financement fait apparaître le supplément de valeur procuré par le mode de financement, c'est-à-dire la différence entre le taux d'intérêt bonifié et le taux d'intérêt normal de l'entreprise.

Schéma de synthèse

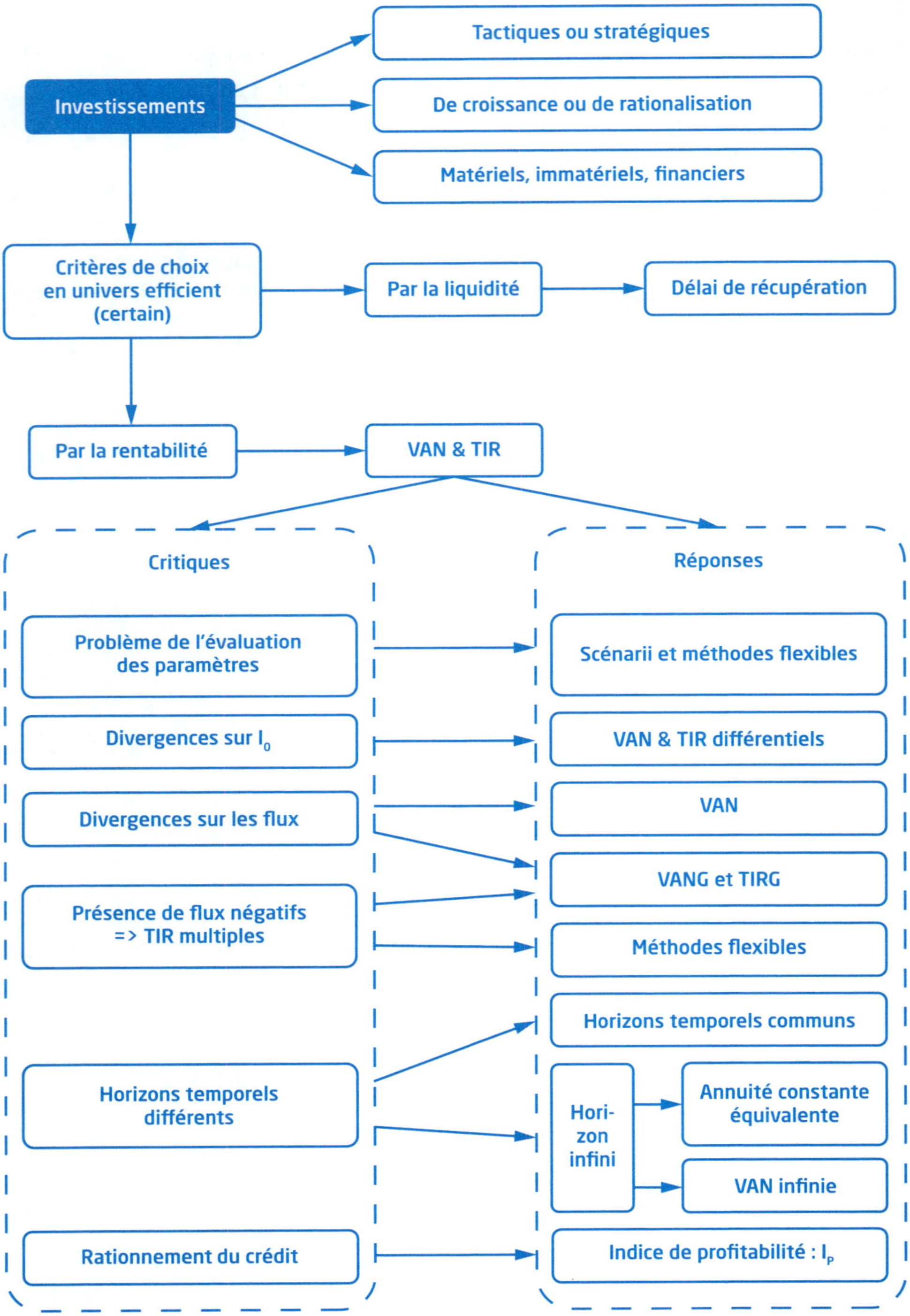

QCM

1. Une VAN positive signifie que :

a. l'investissement engagé initialement a été couvert.
b. le projet offre une rentabilité supérieure au placement sans risque.
c. la dette contractée pour financer et les charges d'intérêt sont couvertes.

2. La VAN est d'autant plus élevée :

a. que le coût de l'investissement initial est faible.
b. que le risque du projet est fort.
c. que la période considérée entre les flux engagés et les flux futurs attendus est grande.

3. Plus le taux d'actualisation est élevé :

a. plus la VAN est faible.
b. plus la VAN est forte.
c. plus le TIR est élevé.

4. Les critères financiers (VAN, TIR, I_p, DR) :

a. permettent d'évaluer de façon certaine la faisabilité d'un projet.
b. reposent sur des données comptables historiques.
c. doivent être considérés avec précaution.

5. La méthode de l'annuité équivalente permet d'évaluer des projets qui ont :

a. une durée de vie différente.
b. un investissement initial différent.
c. une répartition différente des flux dans le temps.

6. Le délai de récupération est davantage un indicateur qui permet d'évaluer :

a. la liquidité du projet.
b. la profitabilité du projet.
c. la rentabilité du projet.

7. La VAN globale et le TIR global sont des solutions :

a. en cas de TIR multiples.
b. en cas de contradiction entre le critère de la VAN et celui du TIR.
c. pour sélectionner des investissements exclusifs d'horizons temporels différents.

8. L'investissement initial d'un projet d'investissement est constitué :

a. du prix d'achat hors taxe de l'immobilisation acquise.
b. du prix d'achat hors taxe de l'immobilisation acquise diminué du BFR initial.
c. du prix d'achat hors taxe de l'immobilisation acquise augmenté du BFR initial.

9. L'indice de profitabilité d'un investissement :

a. correspond au rapport entre la VAN et l'investissement initial réalisé pour obtenir cette VAN.
b. constitue une solution possible quand se pose un problème de rationnement du crédit.
c. correspond au multiplicateur du taux de rentabilité de l'investissement.

Applications

EXERCICE GUIDÉ

Flux nets de trésorerie, VAN et TIR

La société DBB envisage de réaliser un investissement dans une nouvelle unité de production début janvier 2018. Cet investissement, d'un montant de 900 000 €, a une durée de vie de 6 ans et est amortissable en linéaire sur 5 ans. À l'issue de la période d'exploitation, sa valeur résiduelle serait nulle. Cette nouvelle unité viendrait remplacer un équipement ancien : valeur d'origine 200 000 €, valeur nette comptable au 1er janvier 2018 : 20 000 €, prix de cession au 1er janvier 2018 : 26 000 €, dans son plan d'amortissement initial cet équipement affichait une valeur nette comptable (VNC) nulle au 31 décembre 2018.

Pour maintenir son potentiel de production, DBB envisage également de réaliser un nouvel investissement début 2021 : montant de l'investissement : 60 000 €, valeur nette comptable et valeur résiduelle nulles fin 2023.

Données économiques relatives au projet

- Le chiffre d'affaires HT engendré par la mise en place du projet est de 800 000 € HT en 2018 et devrait progresser de 10 % par an.
- Les charges d'exploitation décaissables s'élèvent à 50 % du chiffre d'affaires de la période et les charges fixes sont de 200 000 € par an.
- Le BFR associé au projet est de 15 % du chiffre d'affaires hors taxes.
- Le taux d'impôt est de 33,1/3 %.
- Le taux d'actualisation est de 6,7 %.

Données financières relatives au coût du capital de l'entreprise

Le bêta de l'action de la société DBB est de 1,2. La prime de risque du marché est de 6 % et le taux sans risque est de 4 %. L'endettement de la société est constitué d'un emprunt d'une valeur de 12 millions d'euros. Le taux d'endettement du marché est de 6 %. Le capital de la société est constitué de 80 000 actions de nominal 90 €. Le cours du titre est de 250 €.

Le rendement requis R_c des actionnaires sera déterminé par la formule du MEDAF [▶ CHAPITRE 4] : $R_c = R_f + \beta_i\left(E(R_M) - R_f\right)$ avec R_f : le taux sans risque et $E(R_M)$: l'espérance de rendement du marché.

Le taux d'actualisation du projet R_p sera déterminé par le coût moyen pondéré du capital [▶ CHAPITRE 12] :

$$R_p = R_c.\frac{C}{C+D} + R_d.\frac{D}{C+D}.(1-T)$$

avec C : le capital de l'entreprise, D : la dette financière de l'entreprise et R_d le taux auquel l'entreprise pourrait s'endetter sur le marché et T : le taux d'imposition.

1. Présentez le tableau de calcul des flux nets de trésorerie liés au projet (arrondir à l'entier).

2. Calculez la VAN.

3. Justifiez la valeur du taux d'actualisation retenue et notamment le fait que l'entreprise puisse utiliser son propre bêta pour l'appliquer au projet.

4. Calculez le TIR du projet.

5. Concluez.

CORRIGÉ COMMENTÉ

MÉTHODE

Il est important d'avoir à l'esprit que les tableaux de flux relatifs à une décision d'investissement doivent être considérés par **différentiel**. L'objectif est de comptabiliser les flux d'encaissement et de décaissement qui apparaissent du fait de l'existence du nouvel investissement. Ainsi, lors du calcul des dotations aux amortissements relatifs à l'investissement 1, il est important de retrancher les amortissements qui auraient été comptabilisés si l'investissement n'avait pas eu lieu (fin de l'amortissement de l'ancien matériel, puisque dans l'énoncé, il est précisé que la VNC de ce matériel est supposée être nulle fin 2018). Pour l'année 2018, il faut donc soustraire les DA qui auraient été comptabilisées si l'ancien matériel avait été conservé (20 000), des DA relatives à la mise en place du nouveau matériel (180 000).

1. Présentez le tableau de calcul des flux nets de trésorerie liés au projet (arrondir à l'entier).

– Calculs préalables : dotation (DA) investissement 1 : 900 000 / 5 ans = 180 000 €.

– Dotation (DA) investissement 2 : 60 000 / 3 ans (durée résiduelle du projet) = 20 000 €.

– Variation BFR : $(CA_{N+1} - CA_N) \times 15\ \%$.

	2018	2019	2020	2021	2022	2023
(1) CA (+ 10 % à partir de 2018)	800 000	880 000	968 000	1 064 800	1 171 280	1 288 408
(2) Charges variables d'exploitation décaissables (50 % du CA)	400 000	440 000	484 000	532 400	585 640	644 204
(3) Charges fixes d'exploitation décaissables	200 000	200 000	200 000	200 000	200 000	200 000
***(4)* EBE** : *(1) - (2) - (3)*	**200 000**	**240 000**	**284 000**	**332 400**	**385 640**	**444 204**
(5) Différentiel DA investissement 1	160 0001	180 000	180 000	180 000	180 000	

	2018	2019	2020	2021	2022	2023
(6) DA investissement 2				20 000	20 000	20 000
***(7)* Résultat avt IS :** *(4) - (5) - (6)*	**40 000**	**60 000**	**104 000**	**132 400**	**185 640**	**424 204**
(8) IS : 33,1/3 % × *(7)*	13 333	20 000	34 667	44 133	61 880	141 401
(9) Résultat net : *(7) - (8)*	**26 667**	**40 000**	**69 333**	**88 267**	**123 760**	**282 803**
***(10)* CAF :** *(9) + (5) + (6)*	**186 667**	**220 000**	**249 333**	**288 267**	**323 760**	**302 803**
(11) Variation BFR	12 000	13 200	14 520	15 972	17 569	0
(12) Récupération BFR						193 261
***(13)* Flux de T :** *(10) - (11) + (12)*	**174 667**	**206 800**	**234 813**	**272 295**	**306 191**	**496 064**

[1] *180 000 - 20 000*

2. Calculez la VAN.

ATTENTION

Le capital investi I_0 constitue la valeur qui doit être allouée au financement du projet. Il est constitué des prix d'achat HT des investissements 1 (900 000) et 2 (60 000 à actualiser sur 3 ans pour le ramener à début 2018) auxquels s'ajoute le BFR initial (15 % × 800 000). Dans cet exercice, il faut également tenir compte de l'encaissement lié à la vente de l'ancien matériel qui intervient en début de période. Cet encaissement doit être considéré net d'impôt sur la plus-value de cession et vient diminuer le besoin en capital de l'entreprise pour financer le projet.

L'investissement 2 pouvait éventuellement figurer dans le tableau des flux, le montant pour 2020 aurait alors été de 234 813 - 60 000 = 174 813 €.

Prix de cession = 26 000 €.

Plus-value de cession = prix de vente - valeur nette comptable du bien = 26 000 - 20 000 = 6 000 €.

Impôt/plus-value = 6 000 × 1/3 = 2 000 et plus-value nette = 20 000 - 6 000 = 24 000 €.

Investissement 1	900 000
Investissement 2 actualisé : 60 000 × (1,067)-3	49 392
BFR début de période : 15 % × 800 000	120 000
PV nette	24 000
Investissement net total	**1 045 392**

VAN = 174 667 × $1{,}067^{-1}$ + 206 800 × $1{,}067^{-2}$ + 234 813 × $1{,}067^{-3}$ + 272 295 × $1{,}067^{-4}$ + 306 191 × $1{,}067^{-5}$ + 496 064 × $1{,}067^{-6}$ - 1 045 392 = **260 889 €**.

3. Justifiez la valeur du taux d'actualisation retenue.

ATTENTION

L'espérance de rendement du marché $E(R_M)$ ne doit pas être confondue avec la prime de risque du marché : $\left(E(R_M) - R_f\right)$, c'est-à-dire ce que le marché offre en plus du rendement sans risque pour rémunérer le risque systématique [▶ CHAPITRE 4].

Pour le coût moyen pondéré du capital, C représente le capital comptable et non la capitalisation boursière. Il faut donc utiliser la valeur nominale de l'action : $C = 80\,000 \times 90 = 7{,}2$ M€.

Le rendement requis des actionnaires est :

$$R_c = R_f + \beta_i\left(E(R_M) - R_f\right) \Rightarrow R_c = 0{,}04 + 1{,}2.(0{,}06) \Rightarrow R_c = 11{,}2\ \%$$

Le taux d'actualisation correspond au coût moyen pondéré du capital.

En raisonnant en millions d'euros, nous aurons :

$$R_p = R_c.\frac{C}{C+D} + R_d.\frac{D}{C+D} \Rightarrow R_p = 0{,}112.\frac{7{,}2}{7{,}2+12} + 0{,}06.\frac{12}{7{,}2+12} \times \frac{2}{3} \Rightarrow R_p = 6{,}7\ \%$$

L'entreprise peut utiliser son propre bêta car il s'agit d'un projet de renouvellement qui ne modifie pas le risque de l'activité. Dans le cas contraire (projet d'une nouvelle ligne de production), il aurait fallu utiliser un bêta propre au projet.

4. Calculez le TIR du projet.

Le TIR est le taux de rentabilité qui annule la VAN. Il est donc tel que :

$$174\,667 \times (1 + \text{TIR})^{-1} + 206\,800 \times (1 + \text{TIR})^{-2} + 234\,813 \times (1 + \text{TIR})^{-3} + 272\,295 \times (1 + \text{TIR})^{-4} + 306\,191 \times (1 + \text{TIR})^{-5} + 496\,064 \times (1 + \text{TIR})^{-6} - 1\,045\,392 = 0$$

Il est possible d'utiliser la fonction financière IRR de certaines machines à calculer, le TIR serait alors de 13,6 %. Sinon on peut raisonner par tâtonnement et interpolation linéaire.

Taux	6,7 %	10 %	13 %	TIR	13,5 %
VAN	260 889	116 841	5 333	0	- 11 694

Le TIR est compris entre 13 % et 13,5 %. Par interpolation linéaire, on obtient :

$$\frac{0{,}135 - 0{,}13}{-11\,694 - 5\,333} = \frac{0{,}135 - TIR}{-11\,694 - 0} \Rightarrow TIR = 13{,}156\ \%$$

5. Concluez

La VAN est supérieure à 0 et le TIR est supérieur au taux d'actualisation. Du point de vue de ces deux critères, le projet apparaît financièrement acceptable. Il faudra cependant veiller à ce que ce projet (i) ne soit pas destructeur de valeur sur le plan social et environnemental et (ii) s'inscrive bien dans une perspective stratégique de long terme, source de valeur pour l'ensemble des partenaires de l'entreprise.

EXERCICES

1. Investissement de remplacement et raisonnement différentiel ⌛ 30 minutes ★

Présentation du sujet

L'entreprise Febry étudie l'opportunité du remplacement d'une ancienne machine par une nouvelle. La VNC de l'ancienne machine est de 150 K€, sa durée de vie résiduelle est de cinq ans et sa valeur vénale est de 120 K€. Le prix d'acquisition de la nouvelle machine est de 330 K€ et sa durée de vie de cinq ans. La mise en service de ce nouvel équipement conduirait à augmenter les charges d'exploitation de 60 K€ par an mais permettrait d'augmenter le chiffre d'affaires des montants suivants :

	N + 1	N + 2	N + 3	N + 4	N + 5
CA en K€	90	150	150	150	120

Le taux d'imposition est de 33,⅓ % et le coût du capital du projet est de 15 %. La variation du BFR est négligeable. La valeur vénale de la nouvelle machine est nulle.

Faut-il ou non procéder au remplacement de la machine ?

2. choix de projets alternatifs ⌛ 30 minutes ★★

Présentation du sujet

L'entreprise Médry veut se lancer dans la production d'un nouveau produit. Elle hésite entre la construction de deux chaînes de production, X et Y, dont les durées de vie sont de cinq ans. La chaîne X permet des gains de productivité substantiels pour un coût relativement modéré. La chaîne Y offre la possibilité de réduire la consommation de matières et d'énergie mais elle apparaît assez onéreuse.

	Chaîne X	Chaîne Y
Coût de mise en service	900 K€	1 200 K€
Durée d'amortissement	5 ans	5 ans
Production prévue	90 000 unités	60 000 unités
Prix de vente	90 €	90 €
Charges variables unitaires (CVu)	42 €	33 €

Le coût du capital est de 20 %. Le taux d'imposition est de 33,⅓ %.

Le BFRE est égal à 10 % du chiffre d'affaires de l'année suivante.

1. Quel est le projet le plus rentable ?

2. Quel est le projet le plus liquide ?

La politique d'investissement avec prise en compte de l'incertitude

Chapitre 11

Thème 4. Investissement et financement

Thèmes	Sens et portée de l'étude	Notions et contenus
4.1 Les projets d'investissement : comment sélectionner des projets d'investissement ?	Pour assurer sa pérennité, l'entreprise doit investir. La sélection des projets à réaliser est une étape cruciale dans la vie des entreprises, qui doit tenir compte de nombreux facteurs.	Les critères de sélection des projets d'investissement (prise en compte des projets mutuellement exclusifs, des projets liés) Approche par les options réelles

Les éléments fondamentaux de la politique d'investissement ont été abordés dans le programme du DCG (UE6). Au niveau du DSCG, il s'agit, d'une part, d'approfondir la démarche par une approche complémentaire et, d'autre part, d'étudier le cas de projets multiples. L'étude des projets d'investissement prendra en compte le **rationnement du capital**, l'**inflation** et le **risque de change**.

1. La prise en compte de l'incertitude

Sous la forme du risque, l'incertitude peut être intégrée dans la formalisation du choix d'investissement par ajustement du taux d'actualisation (coût du capital du projet) ou par ajustement des flux de trésorerie.

1.1 L'ajustement du coût du capital du projet

a. Principe

Plus l'incertitude quant aux futurs flux de trésorerie est forte, plus le taux d'actualisation doit être élevé. Il s'agit du même principe que pour le MEDAF, où l'espérance de rendement d'un actif est fonction de son risque non diversifiable (systématique) : β.

Deux cas sont toutefois à distinguer :

– Le projet envisagé s'inscrit dans l'activité normale de l'entreprise et son financement n'a pas d'impact sur sa structure financière : on utilise alors le coût du capital de l'entreprise.

– Le projet considéré présente une prise de risque particulière (orientée vers une nouvelle activité, un nouveau marché...). Il convient alors d'estimer le coût du capital spécifique de l'investissement à partir du coût des fonds propres du projet, lui-même déterminé à l'aide :

- du bêta de l'actif (risque d'exploitation) d'entreprises évoluant exclusivement dans le secteur d'activité envisagé par le projet (cas des entreprises en mono-activité ou *pure players*) ;
- et du bêta des actions de l'entreprise si celle-ci est endettée.

Mais il se peut que les entreprises servant de référence ne soient pas endettées au même niveau que la firme envisageant le projet. Afin de respecter la séparation entre décision d'investissement et de financement, il faut corriger le bêta de l'action afin de neutraliser le risque financier supplémentaire que représente l'endettement.

b. La formalisation

La formule d'évaluation du rendement requis d'une firme endettée k_c^e [▶ MEDAF AU CHAPITRE 4 ; MODIGLIANI ET MILLER AU CHAPITRE 12] se présente ainsi :

$$k_c^e = \underbrace{R_f}_{\text{Rémunération sans risque}} + \underbrace{\beta^{ne} \times [E(R_M) - R_f]}_{\text{Prime de risque d'exploitation}} + \underbrace{\beta^{ne} \times [E(R_M) - R_f] \times \frac{D}{C} \times (1 - T)}_{\text{Prime de risque financier diminuée de l'économie d'impôt}}$$

Avec : R_f le taux sans risque ; β^{ne} le bêta de l'entreprise non endettée ; $E(R_M)$ l'espérance de rendement du marché ; D la dette financière ; C les capitaux propres ; T le taux d'impôt sur les bénéfices.

L'analyse de la formule, qui sera approfondie au chapitre 12, montre que le risque financier génère une prime qui augmente le risque systématique de l'entreprise endettée. Ainsi, son bêta (β^e) est plus élevé que lorsqu'elle n'est pas endettée (β^{ne}) : l'endettement augmente le risque non diversifiable. La relation entre les deux bêtas est :

$$\beta^e = \beta^{ne} \times \left[1 + \frac{D}{C} \times (1 - T)\right]$$

1.2 L'ajustement des flux de trésorerie

Il s'agit d'essayer de réduire l'incertitude qui pèse sur les flux futurs. Trois approches sont possibles.

a. L'analyse de la sensibilité d'une variable de flux

L'analyse de la sensibilité consiste à étudier l'impact d'une variation d'un élément entrant dans l'estimation des flux de trésorerie (prix de vente, quantité vendue, cours des matières premières, coût de production...) sur la VAN. Cet élément est considéré comme un inconnu qui, une fois mis sous forme d'équation, pourra prendre des valeurs différentes en fonction de la sensibilité à tel ou tel élément de conjoncture par exemple.

EXEMPLE

Sensibilité à partir de la variable prix P

Soit un projet nécessitant un montant initial de 1 000 K€ et dont la durée est estimée à cinq ans. Les charges annuelles d'exploitation prévues s'élèvent à 300 K€, dont 60 K€ de dotation aux amortissements.

L'entreprise espère vendre 9 000 pièces par an pour un prix unitaire compris entre 75 et 90 €. Le coût du capital du projet est fixé à 10 % et le taux d'imposition est de 33,1/3 %.

Comment évoluera la VAN en fonction des prix P ?

	N	N + 1 à N + 4
I_0	–1 000	
CA (divisé par 1 000 car en K€)		P × 9 000 / 1 000
– Charges d'exploitation		300
= Résultat d'exploitation		**9.P – 300**
– IS		1/3 (9.P – 300)
= Résultat net d'exploitation		2/3 (9.P – 300) = **6.P – 200**
+ Flux non financier		60
= Flux de trésorerie		6.P – 200 + 60 = **6.P – 140**

$$VAN = -1\,000 + (6.P - 140) \times \frac{1 - 1{,}10^{-5}}{0{,}10}$$

L'entreprise détermine ensuite des niveaux de VAN pour différents prix :

Prix	75	80	85	90
VAN en K€	**175,14**	**288,87**	**402,59**	**516,31**

L'entreprise peut également envisager des horizons temporels différents, entre trois et six ans par exemple :

Prix	VAN en K€			
Échéance \ Prix en €	**75**	**80**	**85**	**90**
3 ans	–229,08	–154,47	–79,86	–5,26
4 ans	–17,34	77,75	172,85	267,95
5 ans	175,14	288,87	402,59	516,31
6 ans	350,13	480,79	611,45	742,10

L'entreprise doit ensuite être capable de retenir l'hypothèse la plus vraisemblable.

b. L'analyse du seuil de rentabilité financier

DÉFINITION

Le seuil de rentabilité financier représente le chiffre d'affaires à réaliser pour que la VAN soit nulle, et donc au-delà duquel la VAN devient positive.

EXEMPLE

Soit un investissement dont les caractéristiques sont les suivantes :
- montant de l'investissement : 600 K€, amortissable sur cinq ans ;
- taux de marge sur coût variable (MVC) : $t_{MVC} = 30\ \%$;

– charges fixes annuelles : 150 K€, dont 120 d'amortissement et 30 d'autres charges d'exploitation ;
– coût du capital : 20 % par an ; taux d'impôt : 33,1/3 %.

1. Calcul du seuil de rentabilité comptable : SR = CF / t_{MCV} ⇒ SR = 150 / 0,30 = 500 K€.

2. Calcul du seuil de rentabilité financier :

Libellés	De N à N + 4
CA (1)	CA
CV (2) CF (3)	(1 – 0,30) × CA 150
Résultat avant impôt (4) = (1) – (2) – (3)	0,30.CA – 150
IS (5) = (4) × 1/3	0,10.CA – 50
Résultat après impôt (6) = (4) – (5)	0,20.CA – 100
Flux non monétaire (7)	120
Flux net de trésorerie (8) = (7) + (6)	0,20.CA + 20

$$VAN = -600 + (0,30\ CA + 20) \times \frac{1 - 1,20^{-5}}{0,20}$$

Le SR financier est le CA qui annule la VAN :

$$VAN = 0 \Rightarrow 600 = (0,30\ CA + 20) \times \frac{1 - 1,20^{-5}}{0,20}$$

$$600 = 0,30\ CA \times \frac{1 - 1,20^{-5}}{0,20} + 59,812 \Rightarrow 540,188 = 0,30\ CA \times \frac{1 - 1,20^{-5}}{0,20}$$

$$CA = 602,09\ K€$$

Le SR financier est ici supérieur au SR comptable, ce qui signifie qu'un bénéfice comptable ne suffit pas forcément pour qu'un projet soit rentable. En plus des charges fixes, il faut aussi couvrir le coût du capital.

c. L'analyse de scénarios et l'approche espérance-variance

Il s'agit d'affecter à une VAN une probabilité de survenance des états possibles de la nature (conjoncture, variations des prix...). La VAN devient alors une variable aléatoire caractérisée par son espérance mathématique E(VAN) et sa variance V(VAN) ou son écart type σ(VAN). Le décideur cherche à maximiser la richesse possible (espérance), tout en minimisant le risque (variance ou écart type).

Cette méthode est particulièrement adaptée pour comparer des projets concurrents pour lesquels il conviendra d'arbitrer entre le niveau d'espérance et le risque.

Détermination de l'espérance de la VAN

$$E(VAN) = -I_0 + E(F_1)(1 + R_P)^{-1} + E(F_2)(1 + R_P)^{-2} + \ldots + E(F_n)(1 + R_P)^{-n}$$

$$avec\ E(F_t) = \sum_{i=1}^{m} Proba_i \times VAN_i$$

EXEMPLE

Soit un projet nécessitant un investissement initial de 90 K€, pour un coût du capital de 10 % et générant les flux de trésorerie suivants (en K€) :

	Probabilités	N + 1	N + 2	N + 3
Hypothèse H_1	**0,30**	20	20	30
Hypothèse H_2	**0,50**	30	40	70
Hypothèse H_3	**0,20**	40	50	90

1. Calcul de l'espérance de la VAN :

Pour N + 1 : $E(F_1) = 0{,}30 \times 20 + 0{,}50 \times 30 + 0{,}20 \times 40 = 29$

Pour N + 2 : $E(F_2) = 0{,}30 \times 20 + 0{,}50 \times 40 + 0{,}20 \times 50 = 36$

Pour N + 3 : $E(F_3) = 0{,}30 \times 30 + 0{,}50 \times 70 + 0{,}20 \times 90 = 62$

$E(VAN) = -90 + 29 \times 1{,}10^{-1} + 36 \times 1{,}10^{-2} + 46 \times 1{,}10^{-3} \Rightarrow E(VAN) =$ **12,70 K€**

2. Détermination de la variance et de l'écart type de la VAN :

$$V(VAN) = \sum_{i=1}^{m} \boldsymbol{Proba_i} \times (\boldsymbol{VAN_i} - \boldsymbol{E(VAN)})^2$$

	Proba	N + 1	$(F_i - E(VAN))^2$	Prob × $(F_i - E(VAN))^2$	N + 2	$(F_i - E(VAN))^2$	Prob × $(F_i - E(VAN))^2$	N + 3	$(F_i - E(VAN))^2$	Prob × $(F_i - E(VAN))^2$
Hypothèse H_1	0,30	20	81 *(1)*	24,3	20	256 *(2)*	76,8	30	1 024 *(3)*	307,2
Hypothèse H_2	0,50	30	1 *(4)*	0,5	40	16 *(5)*	8	70	64 *(6)*	32
Hypothèse H_3	0,20	40	121	24,2	50	196	39,2	90	784	156,8

(1) *: $(29 - 20)^2$;* ***(2)*** *: $(36 - 20)^2$;* ***(3)*** *: $(62 - 30)^2$;* ***(4)*** *: $(29 - 30)^2$;* ***(5)*** *: $(36 - 40)^2$;* ***(6)*** *: $(62 - 70)^2$*

$V(VAN_1) = 0{,}30 \times 81 + 0{,}5 \times 1 + 0{,}20 \times 121$

$V(VAN_1) = 49$ K€ et $\sigma(VAN_1) = \sqrt{49} = 7$ K€

$V(VAN_2) = 124$ K€ et $\sigma(VAN_2) = \sqrt{124} = 11{,}136$ K€

$V(VAN_3) = 496$ K€ et $\sigma(VAN_3) = \sqrt{496} = 22{,}27$ K€

Si les flux de trésorerie sont **indépendants** d'une année sur l'autre, la survenance de H_1 en N + 1 ne présage pas des hypothèses à venir en N + 2 et N + 3 ; il faut raisonner avec les variances (les exposants sont doublés) :

$V(VAN) = 49 \times (1{,}10)^{-1\times2} + 124 \times (1{,}10)^{-2\times2} + 496 \times (1{,}10)^{-3\times2}$

$V(VAN) = 405{,}17$ et $\sigma(VAN) = \sqrt{405{,}17} \Rightarrow \sigma(VAN) =$ **20,13 K€**

Coefficient de variation de la VAN : $C_{VAN} = \sigma(VAN) / E(VAN) \Rightarrow C_{VAN} = 20{,}13 / 12{,}70$ $\Rightarrow$ **$C_{VAN} = 1{,}585$**

Si les flux de trésorerie sont **dépendants** d'une année sur l'autre, une hypothèse constatée en N + 1 le sera aussi en N + 2 et N + 3 ; il est possible de raisonner directement avec les écarts types :

$\sigma(VAN) = 7 \times (1{,}10)^{-1} + 11{,}136 \times (1{,}10)^{-2} + 22{,}27 \times (1{,}10)^{-3} \Rightarrow$ **σ (VAN) = 32,30**

Coefficient de variation de la VAN : $C_{VAN} = \sigma$ (VAN) / E(VAN) $\Rightarrow C_{VAN} = 32{,}30 / 12{,}70$ $\Rightarrow$ **C_{VAN} = 2,54**

Le coefficient de variation permet de comparer les risques entre plusieurs projets. Celui qui présente le coefficient le plus faible est privilégié, car son risque est plus faible.

1.3 La décision d'investir en avenir incertain

a. Du risque à l'incertitude

Dans le chapitre 4 consacré à la valeur et au risque, nous avons, à partir des travaux de F. Knight et de J. M. Keynes, distingué les divers degrés de risque formalisés par :

– Les probabilités objectives *a priori* qui s'appliquent lorsque l'ensemble des solutions futures sont connues par avance et ont les mêmes chances de survenance.

– Les probabilités statistiques (ou objectives *a posteriori* ou fréquentistes) qui mesurent la fréquence de survenance d'un événement à partir d'un grand nombre d'observations.

– Les probabilités subjectives qui formalisent l'avènement probable d'une occurrence en fonction de l'état de nos connaissances et de notre degré d'ignorance, de nos croyances et de nos capacités d'analyse et de compréhension de notre environnement. Thomas Bayes et Pierre-Simon de Laplace ont les premiers, et de manière indépendante, formalisé cette approche.

Les probabilités subjectives permettent d'intégrer le manque d'information, de mesurer l'*a priori* (qui n'a pas de sens dans l'approche fréquentiste) et de tenir compte de l'intuition. Elles prennent des valeurs différentes selon la qualité de la partie prenante : dirigeant, créancier, expert-comptable, spéculateur... Les cinq critères fondés sur cette approche sont ceux de Laplace-Bayes, Wald, Savage et Hurwicz.

b. Le critère de Laplace-Bayes : moyenne maximale

Étape 1 : calcul de la moyenne des revenus par projet (dernière colonne du tableau ci-dessous).

Étape 2 : sélection du projet dont la moyenne est la plus élevée : le projet P_2.

EXEMPLE

Soit les quatre projets alternatifs P_1, P_2, P_3 et P_4 dont les revenus prévisionnels, en fonction de l'état de la conjoncture au bout d'un an, sont présentés dans le tableau ci-dessous :

	Conjoncture basse	Conjoncture moyenne	Conjoncture haute	Moyenne
P_1	3 000	3 900	3 600	3 500
P_2	2 400	4 200	4 500	**3 700**
P_3	–300	1 500	6 000	2 400
P_4	3 300	3 000	1 200	2 500

Attention, ce critère n'a de sens qu'à partir du moment où les écarts des données par rapport à la moyenne ne sont pas trop élevés. Dans l'exemple, la moyenne de P_3, dont les revenus sont très dispersés, pose question.

c. Le critère de Wald : maximin

Étape 1 : relever le revenu minimal de chaque projet, soit 3 000 pour P_1, 2 400 pour P_2, -300 pour P_3 et 1 200 pour P_4.

Étape 2 : sélection du projet dont le revenu minimal est maximal : le projet P_1.

Cette technique évite l'écueil du recours à la moyenne, mais repose sur une vision pessimiste du futur.

d. Le critère de Savage : minimax regret

Étape 1 : sélectionner, pour chaque conjoncture, le projet offrant le revenu maximal, soit P_1 à 3 300 en conjoncture basse, P_2 à 4 200 en conjoncture moyenne, P_4 à 6 000 en conjoncture haute.

Étape 2 : pour chaque conjoncture, déterminer les regrets, c'est-à-dire le coût d'opportunité subi par l'investisseur s'il choisit un autre projet que celui qui génère le revenu maximal.

Par exemple, si la conjoncture est basse et que l'investisseur a opté pour P_1, son coût d'opportunité est de : 3 300 (gain maximal en conjoncture basse) - 3 000 (revenu de P_1) = 300 de regrets.

En raisonnant ainsi pour chaque conjoncture et chaque projet, on obtient la matrice des regrets suivante :

	Conjoncture basse	Conjoncture moyenne	Conjoncture haute
sP_1	300	300	**2 400**
P_2	900	-	**1 500**
P_3	**3 600**	2 700	-
P_4	-	1 200	**4 800**

Étape 3 : pour chaque projet, sélectionner le regret maximal (en gras dans la matrice).

Étape 4 : sélectionner le projet présentant le regret maximal minimal, soit ici le projet P_2 : 1 500, montant inférieur au 2 400 de P_1, au 3 600 de P_3 et au 4 800 de P_4.

Ce critère pallie les limites des modèles précédents. Il faudra toutefois rester prudent lorsque les écarts de regret sont trop importants et très divergents entre eux. Une trop grande dispersion des mesures fait perdre sens à l'analyse.

e. Le critère de Hurwicz : maximax

Étape 1 : relever le revenu maximal de chaque projet, soit 3 900 pour P_1, 4 500 pour P_2, 6 000 pour P_3 et 3 300 pour P_4.

Étape 2 : sélection du projet dont le revenu minimal est maximal, soit le projet P_3.

Cette technique évite l'écueil du recours à la moyenne, mais repose sur une vision optimiste du futur.

f. Le critère de Hurwicz : maximum de la moyenne pondérée des extrêmes

Hurwicz propose de modérer son critère du maximax, en fixant un coefficient d'optimisme qui sera applicable au revenu le plus élevé de chaque projet. Le complément à 1 de ce coefficient représente le coefficient de pessimisme et sera appliqué au revenu le plus faible de chaque projet.

Supposons un coefficient d'optimisme à 0,3. Il s'applique au revenu le plus élevé de P_1 :
3 900 × 0,3 = 1 170.

Le coefficient de pessimisme (1 - 0,3 = 0,7) s'applique au revenu le plus faible de P_1 : 3 000 × 0,7 = 2 100. La moyenne pondérée des extrêmes de P_1 est donc de 1 170 + 2 100 = 3 270.

En poursuivant le même raisonnement pour les trois autres projets, on obtient la matrice suivante :

P_1	**3 270**	⇒ 3 900 × 0,3 + 3 000 × 0,7
P_2	**3 030**	⇒ 4 500 × 0,3 + 2 400 × 0,7
P_3	**1 590**	⇒ 6 000 × 0,3 + (-300) × 0,7
P_4	**1 830**	⇒ 3 300 × 0,3 + 1 200 × 0,7

On retient le projet présentant la moyenne pondérée des extrêmes maximale, soit ici P_1.

Cette méthode donne un résultat identique au maximax lorsque le coefficient est de 1. Le choix du projet est fonction du niveau du coefficient d'optimisme retenu, ce qui rend la méthode fragile de ce point de vue.

2. La prise en compte de la flexibilité

2.1 Principes

L'incertitude liée à la décision d'investir est étroitement corrélée au temps. Aux périodes intermédiaires, l'information relative aux *états du monde* est de meilleure qualité et incite le décideur à modifier ses choix. Or la VAN et le TIR sont trop rigides pour rendre compte de ces modifications.

D'autres techniques permettent de prendre en considération les éléments de flexibilité, à savoir une série de décisions successives dans le temps, telles que :

– Faut-il intégrer dans le projet des possibilités d'augmentation ou de diminution des capacités de production en fonction de l'évolution du marché ?

– Faut-il investir maintenant ou temporiser ?

– Faut-il engager la totalité du capital prévu pour le projet maintenant ou procéder par étapes en fonction du contexte économique ?

2.2 Les arbres de décision

a. Définition et structure

DÉFINITION

L'arbre de décision est un **graphe orienté qui présente une succession de décisions et d'événements.**

Il faut distinguer :

– les **nœuds de décision**, représentés par un carré, qui traduisent un choix entre plusieurs décisions ;

– les **nœuds d'événement**, représentés par un rond, qui rendent compte de différents **états du monde** possibles auxquels des probabilités de survenance sont affectées.

Les décisions sont des actions maîtrisées par le décideur, tandis que les événements constituent des éléments subis, influençant le choix.

La racine de l'arbre est toujours un nœud de décision, auquel succèdent des nœuds d'événement, amenant d'autres nœuds de décision ou d'événement.

Figure 1. Arbre de décision

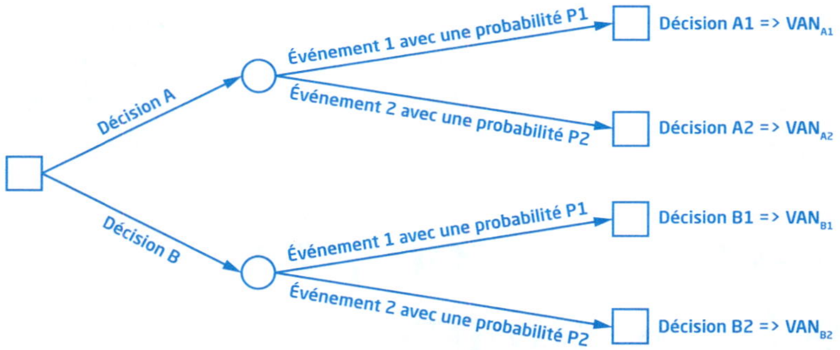

b. Procédure de résolution

Partons d'un exemple qui nous conduira à formaliser la procédure à suivre.

EXEMPLE

Une entreprise doit choisir entre les deux décisions alternatives suivantes : investir immédiatement 3 000 K€ ou ne rien investir maintenant pour, au début de l'année 2, engager 1 500 K€. Le coût du capital est de 12 %.

Les états de la demande :

– Année 1 : probabilité de demande forte de 40 % et de demande faible de 60 %.

– Années 2 à 4 :

- Si la demande en année 1 a été forte, la probabilité qu'elle le reste est de 70 % ;
- Si la demande en année 1 a été faible, la probabilité qu'elle le reste est de 90 %.

Les flux monétaires :

– **En cas d'investissement immédiat** de 3 000 K€, les recettes annuelles des années 1 à 4 seront de 1 000 K€ si la demande est forte, et de 600 K€ si la demande est faible.

– **Sans aucun investissement**, les recettes annuelles pour les années 1 à 4 seront de 500 K€.

L'entreprise peut toutefois choisir, au début de l'année 2, d'investir 1 500 K€ ; les recettes annuelles seraient alors de 800 K€ si la demande est forte, et de 600 K€ si elle est faible.

1. Élaboration de l'arbre de décision

Figure 2. Arbre de décision

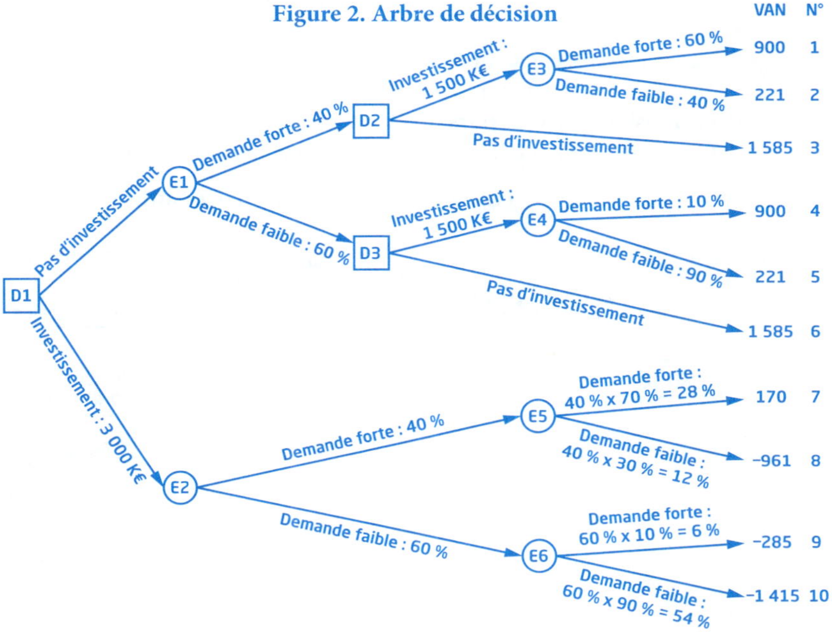

2. Calcul des différentes valeurs actuelles nettes rattachables à chaque situation

Investissement			Flux de trésorerie				VAN actualisée à 12 %
N°	N	N + 1	N + 1	N + 2	N + 3	N + 4	
1	0	–1 500	500	800	800	800	**900 *(1)***
2	0	–1 500	500	500	500	500	**221**
3	0	0	500	500	500	500	**1 585**
4	0	–1 500	500	800	800	800	**900 *(1)***
5	0	–1 500	500	500	500	500	**221**
6	0	0	500	500	500	500	**1 585**
7	–3 000		1 000	1 000	1 000	1 000	**170**
8	–3 000		1 000	500	500	500	**–961**
9	–3 000		500	1 000	1 000	1 000	**–285**
10	–3 000		500	500	500	500	**–1 415**

(1) : $VAN_1 = 0 + (-1\,500 + 500) \times 1{,}10^{-1} + 800 \times \dfrac{1 - 1{,}10^{-3}}{0{,}10} \times 1{,}10^{-1} \Rightarrow VAN_1 = 900$

3. Élimination des décisions dominées

L'élimination des décisions dominées s'effectue en commençant par les **nœuds de décision les plus tardifs** (les plus à droite), ici les nœuds D2 et D3.

Pour D2 :

– avec investissement de 1 500 : E(VAN) = 900 × 60 % + 221 × 40 % = 628,4 K€ ;

– sans investissement de 1 500 : E(VAN) = 1 585 K€.

La décision d'investir offre une VAN plus faible : elle est donc éliminée car dominée.

Pour D3 :

– avec investissement de 3 500 : E(VAN) = 900 × 10 % + 221 × 90 % = 288,90 K€ ;

– sans investissement de 3 500 : E(VAN) = 1 585 K€.

La décision d'investir offre une VAN plus faible : elle est donc éliminée car dominée.

L'investissement en début de N + 2 est donc non rentable et l'arbre se réduit à :

Figure 3. Arbre de décision simplifié, exemple 8

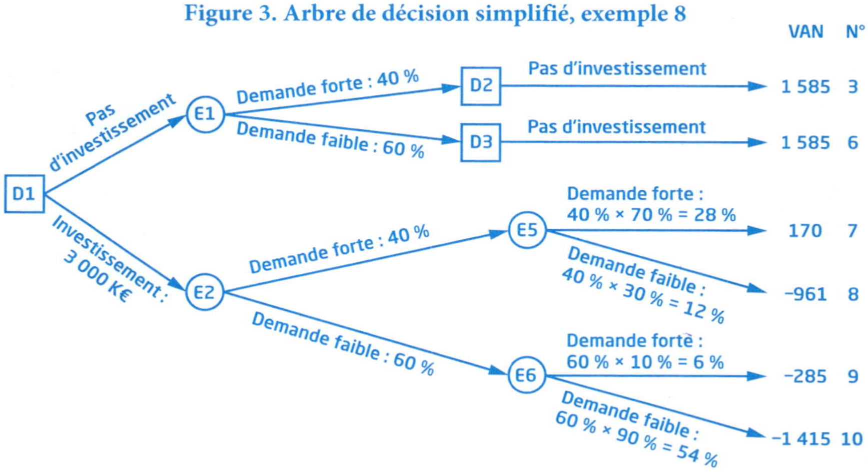

4. Détermination de la décision optimale D1

Sans investissement : E(VAN) = 1 585 × 40 % + 1 585 × 60 % = 1 585 K€.

Avec investissement : E(VAN) = 170 × 28 % + –961 × 12 % –285 × 6 % + –1 415 × 54 % = –848,92 K€.

La décision d'investir génère la VAN la plus faible ; le choix final consiste **à ne pas investir début N.**

La formalisation de la méthode d'évaluation par l'arbre de décision :

1. Représenter l'arbre en identifiant les décisions à prendre et leur séquence logique et les événements aléatoires (états du monde), ainsi que les probabilités conditionnelles associées à chacun.

2. Calculer la valeur actuelle de chaque chemin.

3. Calculer, pour chaque décision, la valeur espérée en partant de la droite vers la gauche, sachant que :

– à un nœud d'événement aléatoire, celle-ci est obtenue par une moyenne des valeurs de chaque branche pondérée par les probabilités (cas de D_1) ;

– à un nœud de décision, est retenue la valeur maximale obtenue sur les différentes branches (D_2 et D_3 sans investissement).

4. Déterminer les décisions qui maximisent la valeur espérée en éliminant les chemins dominés.

3. Les options réelles

Elles ont été développées par **Stewart Myers** en 1977, par analogie avec les options financières.

3.1 L'intérêt et la définition

Le modèle classique de la VAN suppose que la décision d'investir est irréversible. Comme nous venons de le constater avec l'arbre de décision, il se peut que cette décision puisse être retardée, voire annulée, en fonction de l'évolution des états du monde. Ce type d'éventualité s'applique particulièrement :

– aux gisements de ressources naturelles qui ne sont exploités que lorsque les cours sont favorables ;

– aux mises en production des projets complexes en fonction des résultats de la R&D, ou des sites pilotes déjà exploités.

En outre, l'analyse classique suppose des investisseurs adverses au risque. Ainsi, plus le risque est jugé élevé, plus le taux d'actualisation sera fort et plus les flux de trésorerie escomptés seront faibles, ce qui pénalisera la VAN.

Le modèle des options réelles permet au contraire de valoriser le risque qui est aussi source de richesse (le potentiel de croissance est aussi plus fort).

DÉFINITION

L'option réelle est un engagement financier qui donne le droit (et non l'obligation) d'aller plus en avant à une ou des échéances futures si l'évolution de la ou des valeurs sous-jacentes est favorable, si l'état de l'environnement économique est porteur.

Lorsque le projet doit entraîner une sortie de flux, il est assimilable à une option d'achat : *call* (option d'expansion ou de différé d'investissement). Lorsque le projet doit générer une entrée de flux, il est assimilable à une option de vente : *put* (option de réduction ou d'abandon).

Notons que les options réelles (tout comme les options financières) sont des actifs dérivés : leur valeur dépend de celle du sous-jacent qui leur est attaché (de l'actif de support).

3.2 Les différents types d'option réelle

a. L'option de report ou de différé (*option to delay*)

L'investisseur a la possibilité de **différer tout ou partie de son investissement**. L'intérêt est de disposer d'une **information supplémentaire** réduisant l'incertitude environnementale (état du marché, des prix, de la concurrence, des coûts à engager...). La décision de différer l'investissement est assimilable à une option d'achat (*call*) aux caractéristiques suivantes :

– prix d'exercice : coût de l'investissement ;

– cours du sous-jacent : flux nets de trésorerie actualisés générés par le projet ;

– valeur de l'option (la prime) : coût de l'attente correspondant :

- au renoncement aux revenus retirés si l'investissement était immédiat,

- au coût d'opportunité associé à la détention de l'option,
- à l'exposition au risque de l'attente : risque de laisser pénétrer de nouveaux entrants sur le marché, de voir apparaître de nouvelles technologies...

Le coût d'attente est donc fonction de l'éventuelle présence de barrières à l'entrée et à la sortie, et de la nature du marché : contestable ou pas, concurrentiel ou monopoliste, etc.

L'option d'achat est exercée lorsque la valeur du sous-jacent dépasse le prix d'exercice. L'investissement n'est réalisé que si les flux actualisés de trésorerie deviennent supérieurs au coût de l'investissement.

La démarche est adaptée pour décider de la mise en exploitation d'un gisement, d'une friche, d'une licence d'exploitation, d'un nouveau produit, d'une nouvelle technologie, etc.

b. L'option d'abandon (*option to abandon*)

Cette option permet d'envisager la possibilité de **renoncer définitivement** à un investissement, puis de procéder à son éventuelle revente sur un marché secondaire. Ce désinvestissement peut être assimilé à **une option de vente (*put*)** avec les déterminants suivants :

– prix d'exercice : **prix de vente** du projet ou **coût de poursuite** de son exploitation ;

– cours du sous-jacent : **valeur actuelle** du projet ou **coût d'abandon** (coûts sociaux, de démantèlement, etc.).

L'option de vente n'est exercée que lorsque la valeur du sous-jacent **est inférieure** au prix d'exercice.

Dans le cas d'un actif réel **peu spécifique** pour lequel il existe un marché secondaire, l'option sera exercée (le désinvestissement réalisé) si **la valeur actuelle du projet devient plus faible que son prix de vente**.

Dans le cas d'un actif réel **très spécifique** pour lequel la revente apparaît comme fortement incertaine et dont le coût de maintien est substantiel, l'option sera exercée (le désinvestissement réalisé) si **le coût d'abandon devient plus faible que le coût de la poursuite de l'exploitation de l'investissement.**

c. L'option de renoncement à l'investissement en cours (*time to build option*)

Il s'agit ici de projets mis en œuvre par **étapes successives**. Au début de chacune d'elles, il est possible de renoncer à la poursuite du projet ou de passer à l'étape suivante en fonction des nouvelles informations disponibles (on parle aussi d'options d'apprentissage). La possibilité de renoncement s'apparente à une **option de vente.** Son exercice intervient lorsque **la valeur accordée à la poursuite du projet devient inférieure à l'investissement requis pour parvenir à l'étape suivante (au coût de poursuite)**.

Un redéploiement des fonds affectés au développement du projet est préférable. Le *put* n'est pas exercé tant que les anticipations quant à l'évolution future de l'investissement restent positives.

Remarque

Chaque étape du projet peut être considérée comme une option sur l'étape suivante, ce qui suppose d'envisager une succession d'options de vente et complique son évaluation.

d. L'option de modification de l'intensité de l'exploitation (*option to alter operating scale*)

L'entreprise se donne la possibilité **d'augmenter, de réduire ou d'arrêter temporairement** l'exploitation du projet. On parle aussi d'option de **flexibilité**. L'exercice ou non de la flexibilité relève d'une logique d'**option de vente**. À la date d'exercice, il s'agit de **comparer :**

– le **coût de la flexibilité** inclus dans le coût initial de l'investissement ou venant s'ajouter à l'investissement initial afin de passer d'un état de production à un autre, ou représentant les pertes de revenus liées à la réduction ou à l'arrêt de l'exploitation ;

– et les **bénéfices** de celle-ci : flux supplémentaires générés par la possibilité de mieux s'adapter à la demande ou à tout autre changement de l'environnement, économies de fonctionnement.

L'option est levée lorsque la valeur accordée à la poursuite du projet en l'état devient **inférieure** aux avantages que l'on peut tirer de la flexibilité, ou lorsque le coût de la flexibilité est plus **faible** que le coût sans flexibilité.

Ce type d'option présente un intérêt particulier pour les entreprises soumises à de fortes fluctuations de l'offre (problèmes des matières premières) ou de la demande (effets de mode, obsolescence ou renouvellements rapides...). On compare des coûts ou des opportunités d'investissement, et non un coût des flux de trésorerie, à la différence des options de report.

e. L'option d'échange (*option to switch use*)

Elle se présente également comme une option de flexibilité assimilable à un ***put***. Ici, la flexibilité ne concerne pas les capacités de production (cas des options précédentes), mais la faculté de **modifier la nature des *outputs* ou des *inputs*** : des facteurs de production ou des produits fabriqués.

EXEMPLES

- **Activités flexibles par rapport aux *outputs* :**
  - les industries utilisant des matières énergétiques substituables : centrales électriques pouvant fonctionner au charbon ou au gaz ;
  - toute entreprise utilisant des facteurs de production substituables pour produire un même bien ou service.
- **Activités flexibles par rapport aux *inputs* :**
  - les industries adoptant des chaînes de production adaptatives capables d'assembler ou de fabriquer des produits différents, comme dans l'automobile ;
  - les exploitations agricoles : possibilité d'utiliser les mêmes terres pour produire tel ou tel fruit ou légume en fonction de la demande, de la saison...

Le *put* s'exerce dans les mêmes conditions que précédemment.

Remarque

Les options de modification de l'intensité de l'exploitation ou d'échange ne s'envisagent pas comme offrant une possibilité unique de modification à une date plus ou moins précise. Les changements peuvent être nombreux, successifs, alternatifs. Il convient d'envisager une **imbrication d'options de vente**, ce qui pose des problèmes d'évaluation.

f. L'option d'expansion ou de croissance (*growth option*)

L'option de croissance s'inscrit dans une optique **stratégique** de développement, donc de long terme. Les investissements en R&D, parce qu'ils comportent de fortes incertitudes quant aux résultats techniques et commerciaux, et que le retour sur investissement peut s'étaler sur une longue période, présentent souvent des VAN négatives. Or, pour mesurer leur réelle rentabilité, il faut aussi tenir compte des autres projets qui, grâce à l'investissement initial en R&D, vont offrir d'importantes perspectives de croissance. Autrement dit, l'investissement initial **conditionne une succession d'investissements ultérieurs**. À chaque étape, un ou plusieurs nouveaux projets peuvent être examinés et plusieurs types de décision sont envisageables :

– investir dans le projet aval ou s'arrêter au projet actuel ;

– choisir entre des projets concurrents mutuellement exclusifs ;

– interrompre la chaîne d'investissement de manière temporaire, en attendant une meilleure information quant aux possibilités de poursuite ou un environnement plus favorable ;

– poursuivre le développement du processus d'exploitation par de nouveaux projets ou sous-traiter les phases en aval.

L'analyse des projets doit s'effectuer de manière globale, comme **une option d'achat composée** (plusieurs *calls* imbriqués entre eux), ce qui pose à nouveau un problème d'évaluation.

g. Les options interactives (*multiple interacting options*)

Il s'agit d'intégrer dans l'analyse les projets qui s'insèrent dans des options dont **l'exercice relève de plusieurs catégories possibles**. La poursuite d'un gisement peut ainsi aussi bien relever d'un choix de démarrer ou non l'exploitation, de la poursuivre ou non, de l'abandonner provisoirement ou définitivement ou non...

La complexité des options interactives pose une fois encore le problème de l'évaluation, à tel point que l'on peut se demander si la théorie des options réelles ne constitue pas avant tout un outil de réflexion visant à compléter la conception traditionnelle de l'investissement, plutôt qu'une méthode fiable de valorisation.

4. L'évaluation de la valeur de l'option

4.1 L'apport de l'approche par les options

Les modèles classiques de valorisation tendent à sous-estimer le potentiel de création de richesse des investissements dans un contexte de forte incertitude. Les options réelles (tout comme les arbres de décision) intègrent la **flexibilité dans le calcul de la VAN, la flexibilité étant valorisée par l'option réelle.**

On parle de **VAN augmentée** (VANA ou, en anglais, *expansed net present value* ou ENPV) :

VANA = VAN + valeur des options réelles

La quantification de cette valeur s'effectue par application des méthodes utilisées pour les options financières. L'analogie suppose toutefois de préciser le parallèle entre les différents déterminants.

4.2 Les déterminants de la valeur d'une option

Le tableau ci-dessous présente les variations de la valeur de l'option réelle pour une hausse de ses déterminants. La première colonne précise l'analogie entre les notions : en option réelle puis, à droite du symbole ⇒, son équivalent en option financière [▶ CHAPITRE 5].

<table>
<tr><th>Hausse des déterminants</th><th>Call</th><th>Put</th></tr>
<tr><td>Valeur actuelle des flux de trésorerie
⇒ cours du sous-jacent : S</td><td>Augmente</td><td>Diminue</td></tr>
<tr><td>Coût de l'investissement lors de l'exercice de l'option
⇒ prix d'exercice : PE</td><td>Diminue
C'est le prix nécessaire de l'investissement afin de bénéficier des flux de trésorerie</td><td>Augmente
C'est le prix de revente ou l'économie de maintenance engendrés par l'abandon du projet</td></tr>
<tr><td rowspan="2">Date d'extinction de la possibilité de lever l'option ou de l'intérêt d'investir ou d'exploiter l'actif réel
⇒ de la date d'échéance : T</td><td>Augmente
Probabilité plus grande que S devienne supérieure à PE</td><td>Augmente
Probabilité plus grande que S devienne inférieure à PE</td></tr>
<tr><td colspan="2">Plus T augmente, plus la période d'investissement est longue et plus le projet a de chances d'avoir une rentabilité importante. C'est particulièrement vrai pour les actifs réels dont l'échéance peut être très longue, voire infinie.</td></tr>
<tr><td>Du taux sans risque : R_f</td><td>Augmente
Acheter un call revient à différer l'investissement total. On peut profiter de la rémunération sans risque, et ce d'autant plus que R_f est élevé.</td><td>Diminue
Acheter un put revient à différer un encaissement. On ne peut donc pas profiter de la rémunération sans risque ; le put sera d'autant plus pénalisé que R_f est élevé.</td></tr>
<tr><td rowspan="2">Volatilité des flux générés par l'investissement
⇒ volatilité du sous-jacent mesurée par son écart type : σ</td><td>Augmente</td><td>Augmente</td></tr>
<tr><td colspan="2">Plus la volatilité des flux générés par l'investissement augmente, plus l'écart entre la valeur de l'actif réel (actualisation des flux générés) et le prix d'exercice (coût de l'investissement) sera important. Si cet écart est favorable à l'entreprise, celle-ci exerce l'opinion et profite des gains ; sinon, elle n'exerce pas l'opinion et limite les pertes.</td></tr>
<tr><td>Niveau des sorties de trésorerie associées à l'actif sous-jacent
⇒ des dividendes</td><td>Diminue</td><td>Augmente</td></tr>
</table>

4.3 Les méthodes d'évaluation par les options réelles

Deux modèles de résolution sont possibles :

– le modèle de **Black-Scholes-Merton** en temps continu avec deux approches : par duplication/arbitrage et par risque neutre ;

– le modèle dit **binomial** de Cox, Ross et Rubinstein, adaptation du modèle de Black-Scholes-Merton, en temps discret.

Ces théories ont été présentées au chapitre 5 dans le cadre des options financières. Nous aborderons donc le thème à travers un exemple mettant en parallèle l'approche classique par la VAN, le modèle flexible par l'arbre de décision et les évaluations par les options réelles.

EXEMPLE

Soit une entreprise qui envisage un investissement de 6 000 K€ qui peut être reporté d'un an. Au bout d'un an, les dirigeants espèrent générer un flux de trésorerie sur horizon infini (pour simplifier les calculs) de 845 K€ en conjoncture favorable, 455 K€ en conjoncture défavorable, soit plus ou moins 30 % autour d'une moyenne estimée à 650 K€. Les deux conjonctures ont autant de chances l'une que l'autre de se réaliser.

Les flux sont stables après la première année. Le risque du projet ne diffère pas de celui de l'entreprise et est estimé à 10 %. Le taux sans risque est de 5 %.

Faut-il reporter ou non l'investissement ?

a. Résolution par l'espérance de la VAN

En fait, la VAN ne peut envisager le report de l'investissement. Elle permet simplement de déterminer la valeur actuelle du projet qui, sur horizon infini [▶ CHAPITRE 10], se détermine par la formule :

$$E(VAN_i) = -I_0 + \frac{E(F_t)}{R_p} \Rightarrow E(VAN_i) = -6\,000 \times \frac{845 \times 0,5 + 455 \times 0,5}{0,10} \Rightarrow E(VAN_i) = 500\ K€$$

b. Résolution par l'arbre de décision

Figure 4. Arbre de décision, exemple 9

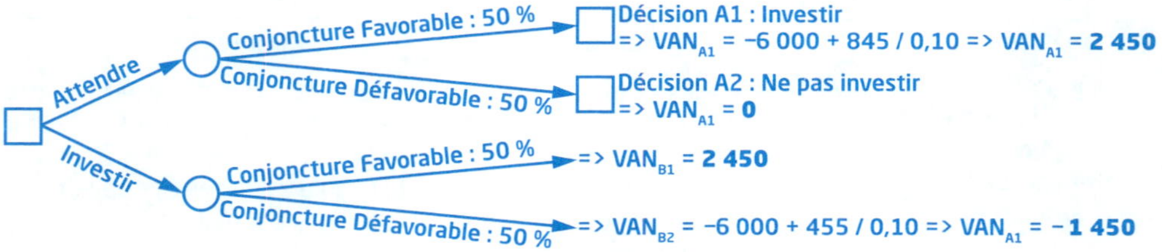

VAN en cas d'investissement immédiat : $2\,450 \times 0,5 - 1\,450 \times 0,5 = 500\ K€$.

VAN en cas de report d'un an : début N + 1, les dirigeants ont connaissance de la conjoncture. Si elle est favorable, ils peuvent espérer une VAN de 2 450 K€ ; si elle est défavorable, ils n'investissent pas car la VAN sera négative à -1 450 K€.

Début N + 1, $E(VAN_i) = 2\ 450 \times 0,5 + 0 \times 0,5 \Rightarrow E(VAN_i) = 1\ 225$ K€, qu'il faut actualiser au taux de 10 % pour le ramener en début N :

$$E(VAN_i) = \frac{2\ 450 \times 0,5 + 0 \times 0,5}{1,10} \Rightarrow E(VAN_i) = 1\ 113,64\ K€$$

La VAN de report étant la plus élevée, l'entreprise a intérêt à **reporter** l'investissement. L'option, la possibilité de **reporter** l'investissement afin d'améliorer l'information, est valorisée à :

1 113,64 - 500 = 613,64 K€

c. Résolution par les options réelles : en temps discret

Méthode binomiale par duplication/arbitrage : risque intégré dans le taux d'intérêt

Étape 1 : détermination des revenus futurs de l'actif réel actualisé en fonction de la conjoncture :

– en conjoncture favorable : $C^+ = \text{Max}\ (0\ ;\ 2\ 450) \Rightarrow$ **$C^+ = 2\ 450$;**

– en conjoncture défavorable : $C^- = \text{Max}\ (0\ ;\ -1\ 450) \Rightarrow$ **$C^- = 0$.**

Étape 2 : détermination de la valeur des portefeuilles répliquant l'option réelle :

Il convient de considérer les deux possibilités (investir immédiatement ou reporter) de manière séparée, puis de construire pour chacune un portefeuille d'actifs répliquant leur rentabilité respective.

On est ici en présence d'un *call* dont la réplique se compose d'une proportion Δ d'actions de l'entreprise S (puisque le projet a le même niveau de risque que l'entreprise) et d'un emprunt de couverture E :

$\text{PF dupliqué} = \Delta \times S - E\ (1 + R_f)$

L'actif de l'entreprise sera évalué par rapport aux flux générés (équivalents de dividendes) qui, en conjoncture favorable, sont de 30 et, en conjoncture défavorable, de 20, actualisés sur horizon infini au taux de rendement requis, soit ici 10 %.

Donc, en T_1, $S^+ = 845/0,10 \Rightarrow S^+ = 8\ 450$ K € et $S^- = 455/0,10 \Rightarrow S^- = 4\ 550$ K€.

En T_0, $S_0 = (8\ 450 \times 0,5 + 4\ 550 \times 0,5)/0,10 \Rightarrow S_0 = 6\ 500$ K€.

– **Valeur des portefeuilles en période T_1 :**

- en conjoncture favorable : $PF^+ = S^+ \times \Delta - E \times (1 + R_f) = C^+$
- en conjoncture défavorable : $PF^- = S^- \times \Delta - E \times (1 + R_f) = C^-$

D'où le système de deux équations à deux inconnues à résoudre :

- **PF^+ =** $8\ 450 \times \Delta - E \times 1,05 = 2\ 450$
- **PF^- =** $4\ 550 \times \Delta - E \times 1,05 = 0$

La résolution du système donne : **Δ = 0,628** et **E = 2 722,22**.

– **Valeur du portefeuille à la date initiale T_0 :**

$PF_0 = S_0 \times \Delta - E \Rightarrow PF_0 = 6\ 500 \times 0,628 - 2\ 722,22 \Rightarrow PF_0 = 1\ 359,78$ arrondi à 1 360

Étape 3 : détermination de la valeur de l'option réelle :

$C_0 = PF_0 - VAN \Rightarrow C_0 = 1\ 360 - 500 \Rightarrow C_0 = 860$ K€

Méthode binomiale risque-neutre : le risque est intégré dans les probabilités

L'étape 1 est identique à la méthode précédente.

L'étape 2 suit la même démarche, mais à l'équilibre, le portefeuille sera sans risque et son rendement correspondra donc à celui du taux sans risque R_f, ici égal à 5 %. On dit que la valorisation se fait dans un univers « neutre au risque », c'est-à-dire indépendamment de l'attitude des investisseurs face au risque.

– Facteurs multiplicateurs à la hausse (*up*) ou à la baisse (*down*) :

- $\mathbf{u = S^+ / S_0} \Rightarrow u = 8\,450 / 6\,500 \Rightarrow \mathbf{u = 1{,}3}$
- $\mathbf{d = S^- / S_0} \Rightarrow d = 4\,550 / 6\,500 \Rightarrow \mathbf{d = 0{,}7}$

– Probabilités discrètes risque-neutre de hausse ou de baisse :

- probabilité risque-neutre de hausse :

$$q^+ = \frac{(1+R_f)-d}{u-d} \Rightarrow q^+ = \frac{1{,}05-0{,}7}{1{,}3-0{,}7} \Rightarrow q^+ = 0{,}5\,834$$

- probabilité risque-neutre de baisse :

$$q^- = 1-q^+ \Rightarrow q^- = 1-0{,}583 \Rightarrow q^- = 0{,}417 \text{ ou } q^- = \frac{1{,}3-1{,}05}{1{,}3-0{,}7} \Rightarrow q^- = 0{,}417$$

Ces probabilités risque-neutre se substituent aux probabilités réelles de 0,5 et 0,5. Elles sont différentes car elles ont été corrigées du facteur risque.

– Valeur du portefeuille à la date initiale T_0 :

$$PF_0 = \frac{q^+ \times C^+ + q^- \times C^-}{(1+R_f)} \Rightarrow PF_0 = \frac{0{,}583 \times 2\,450 + 0{,}417 \times 0}{1{,}05} \Rightarrow PF_0 = 1\,360{,}33\ K€$$

soit le même résultat qu'en arbitrage/duplication, aux arrondis près.

L'étape 3 détermine la valeur de l'option réelle :

$\mathbf{C_0 = PF_0 - VAN} \Rightarrow C_0 = 1\,360 - 500 \Rightarrow C_0 \mathbf{= 860\ K€}$.

Comparaison entre le résultat en arbre de décision et le résultat en méthode binomiale

Méthode arbre de décision : $C_0 = 613{,}64$; méthode binomiale $C_0 = 860$.

La moindre valorisation en arbre de décision s'explique par le fait que le taux d'actualisation reste identique quelle que soit la décision envisagée : report ou investissement immédiat. En méthode binomiale, est pris en compte le fait que le report d'un an **réduit l'incertitude** et donc le taux d'actualisation. La valeur de l'option s'en trouve valorisée.

d. Résolution par les options réelles : méthode de Black-Scholes-Merton en temps continu

Cette méthode est également basée sur le principe duplication/arbitrage avec risque neutre, c'est-à-dire le risque intégré dans les probabilités et non dans le taux d'actualisation. Il faut donc déterminer les coefficients de hausse (u) et de baisse (d), mais dans un temps continu de manière à pouvoir utiliser la loi normale centrée réduite.

Black, Scholes et Merton proposent d'estimer **u** et **d** à partir de la **volatilité** du sous-jacent σ, et de l'intervalle de temps entre deux changements $\mathbf{\Delta t}$, qui correspond à la durée jusqu'à échéance de l'option (ici, 1 an) :

– le paramètre de hausse $u = e^{\sigma\sqrt{\Delta t}}$ avec Δt = 1 (durée du report : 1 an) ;

– le paramètre de baisse $d = \frac{1}{u} \Rightarrow d = 1 / e^{\sigma\sqrt{\Delta t}} \Rightarrow d = e^{-\sigma\sqrt{\Delta t}}$.

u et **d** ont exactement le même sens que dans le modèle précédent ; ils sont simplement exprimés à partir du taux continu (d'où l'utilisation de l'exponentiel, ▶ AUSSI CHAPITRE 2) et non par rapport au taux discret.

Dans cette formulation, l'écart type n'est pas connu, mais nous savons qu'en temps discret, le paramètre de variation est de plus ou moins 30 % pour une période **t**. En temps continu, le mouvement à la hausse **u** est donc égal à **1,30**, qu'il est possible de vérifier **u** = 8 450 / 6 500 ⇒ **u = 1,3**. Nous pouvons en déduire le mouvement à la baisse (en temps continu) **d** = 1 / u ⇒ d = 1 / 1,30 ⇒ **d = 0,769 23**.

Il devient maintenant possible de déterminer l'écart type σ à partir de **u** : $u = e^{\sigma\sqrt{\Delta t}}$

avec **u** = 1,30 et **Δt** = 1.

1,30 = $e^{\sigma\sqrt{1}}$ ⇒ ln (1,30) = σ ⇒ σ = ln (1,1/3) / √ (2/3) ⇒ σ **= 26,23 %**

Un raisonnement à partir de **d** est également envisageable : $d = e^{-\sigma\sqrt{\Delta t}}$ avec **d** = 0,769 et **Δt** = 1.

0,769 = $e^{-\sigma\sqrt{1}}$ ⇒ ln (0,769) = -σ ⇒ σ = -ln (0,769) ⇒ σ **= 26,23 %**

σ mesure les écarts entre la hausse et la baisse et est supposé **constant** jusqu'à l'échéance du projet.

Il reste à appliquer le double principe **duplication/arbitrage** à l'achat d'un *call* : acquérir une proportion N(d1) du projet S et le couvrir par une part N(d2) d'emprunt E au taux sans risque continu R_f : $call = S.N(d1) - E.e^{-R_f.\Delta t}.N(d2)$ où :

– **E** correspond au montant de l'investissement, soit **6 000 K€** ;

– **S** à la valeur du sous-jacent de l'option : la valeur actualisée des flux en cas de report d'un an.

Nous savons que sans le report, les flux actualisés sont de 8 450 × 0,5 + 4 550 × 0,5 = 6 500 K€.

Avec le report d'un an, le projet génère les mêmes flux, mais début N + 1. Il convient donc de les actualiser au coût du capital (10 %) sur une période, pour arriver à la période de prise de décision N :

$S = 6\,500 / 1{,}10 \Rightarrow S = 5\,909{,}1$

La signification des autres variables est identique à ce qui a été explicité au chapitre 5. Nous pouvons donc appliquer la formule, sachant que R_f = 5 % ; Δt = 1 (une période d'un an avant l'échéance).

$$d1 = \frac{ln\frac{S}{E} + \left(R_f + 0{,}5.\sigma^2\right).\Delta T}{\sigma.\sqrt{\Delta T}} \Rightarrow d1 = \frac{ln\frac{5\,909{,}1}{6\,000} + (0{,}05 + 0{,}5 \times 0{,}2623^2) \times 1}{0{,}2623 \times \sqrt{1}} \Rightarrow d1 = 0{,}2635$$

$$d2 = d1 - \sigma.\sqrt{\Delta T} \Rightarrow d2 = 0{,}2635 - 0{,}2623 \times \sqrt{1} = 0{,}0012$$

En se référant à l'extrait de la table de la loi normale centrée réduite pour **:** $N(d1) = P(N \leq + d1)$

	..,0	..,1	..,2	..,3	..,4	..,5	..,6	..,7
0,0	0,5	0,5040	0,5080	0,5120	0,5160	0,5199	0,5239	0,5279
0,1	0,5398	0,5438	0,5478	0,5517	0,5557	0,5596	0,5636	0,5675
0,2	0,5793	0,5832	0,5871	0,5910	0,5948	0,5987	0,6026	0,6064

Un raisonnement par interpolation linéaire permet d'approcher les probabilités $N(d1)$ et $N(d2)$ **:**

$$\left.\begin{array}{l} P(N \leq 0{,}26) = 0{,}6026 \\ P(N \leq 0{,}2635) = x \\ P(N \leq 0{,}27) = 0{,}6064 \end{array}\right\} \frac{0{,}2635 - 0{,}26}{0{,}27 - 0{,}26} = \frac{x - 0{,}6026}{0{,}6064 - 0{,}6026} \Rightarrow x \cong 0{,}6039 \Rightarrow N(d1) = 0{,}6039$$

$$\left.\begin{array}{l} P(N \leq 0{,}00) = 0{,}5 \\ P(N \leq 0{,}0012) = x \\ P(N \leq 0{,}01) = 0{,}5040 \end{array}\right\} \frac{0{,}0012 - 0{,}00}{0{,}01 - 0{,}00} = \frac{x - 0{,}5}{0{,}5040 - 0{,}5} \Rightarrow x \cong 0{,}5005 \Rightarrow N(d2) = 0{,}5005$$

Tous les éléments nécessaires pour déterminer la valeur du *call* $\mathbf{C_0}$ sont à présent connus :

$C_0 = S.N(d1) - E.e^{-R_f.\Delta t}.N(d2) \Rightarrow C_0 = 5\,909{,}1 \times 0{,}6039 - 6\,000 \times e^{-0{,}05 \times 1} \times 0{,}5005$

$\Rightarrow C_0 = 711{,}96$ **K€** arrondis à **712 K€.**

Ce montant représente le surplus (car positif) de valeur par rapport à la VAN sans report. Autrement dit, la VAN est ici estimée à 712 + 500 = **1 212 K€.**

Les dirigeants ont intérêt à opter pour le report. Le surplus d'information (la possibilité de connaître la conjoncture à partir de début N + 1) réduit le risque et offre ainsi un surcroît de revenu.

e. Résolution par les options réelles : méthode de Cox, Ross et Rubinstein en temps discret

Dans un article publié en 1979, Cox, Ross et Rubinstein proposent d'estimer u et d à partir de la volatilité du sous-jacent, c'est-à-dire σ, et de l'intervalle de temps entre deux changements : Δt. Mais, contrairement à Black et Scholes, ils intègrent leur modèle dans une dynamique de temps discret. À intervalle de temps régulier, il est possible d'envisager à tout moment la levée de l'option à sa transformation en fonction de l'évolution des éléments de l'environnement, de l'expérience et de l'information acquises par le décideur.

Les auteurs s'inscrivent dans un univers « **neutre au risque** », c'est-à-dire indépendamment de l'attitude des investisseurs face au risque. Ils déterminent donc un paramètre de neutralisation du risque en utilisant l'actualisation en taux continu :

Paramètre de capitalisation : $\boldsymbol{a = e^{Rf.\Delta}}$, où R_f est le taux de rendement d'un actif sans risque.

Rappelons que le sous-jacent S peut prendre la valeur :

– S^+ dans un état du monde favorable auquel est associée la probabilité **p** de survenance ;

– S^- dans un état du monde défavorable auquel est associée la probabilité **(1 - p)** de survenance.

Or, ces probabilités incluent le risque et dépendent de l'aversion au risque des investisseurs. Il faut donc les corriger afin de les adapter à un univers neutre au risque, c'est-à-dire déterminer des probabilités vraies quelle que soit l'aversion au risque de l'investisseur.

On parle de **probabilités risque-neutre** :

– probabilité risque-neutre de hausse $p_u = \dfrac{a - d}{u - d}$;

– probabilité risque-neutre de baisse $\boldsymbol{p_d = 1 - p_u}$.

Ces paramètres vont permettre de construire l'arbre d'événement et de décision.

Figure 5. Arbre d'événement

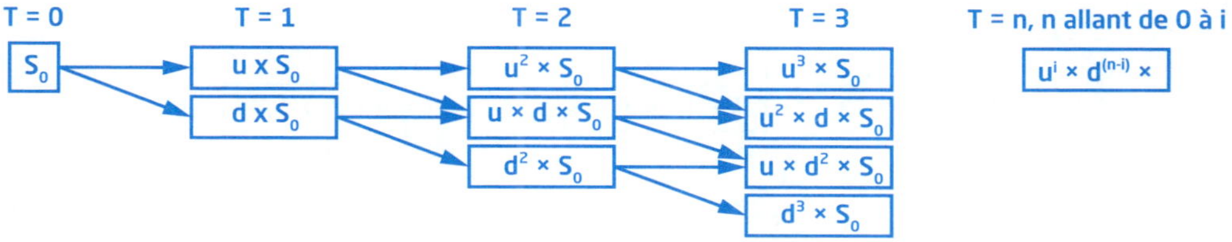

À ce stade, aucune décision n'est considérée ; c'est pourquoi nous n'utilisons pas encore les probabilités associées à chaque cas, ni la valeur de flexibilité.

EXEMPLE

Soit un projet d'investissement d'un montant initial de 1 000 K€ dont on espère des flux nets de trésorerie sur les quatre années à venir. Ces derniers sont évalués à 900 K€, pour un coût du capital de 10 %.

La volatilité des flux est de 25 % et le taux sans risque discret de 3 %. Il est possible d'envisager, chaque année, les deux alternatives non exclusives suivantes :

– **alternative 1 :** augmenter la capacité de production pour un coût de 100 K€, ce qui augmenterait les flux attendus de 20 % ;

– **alternative 2 :** abandonner le projet par cession de cette activité pour un montant net de 600 K€.

1. Évaluation selon le critère classique de la VAN :

VAN = -1 000 + 900 = -100 ⇒ VAN < 0, donc le projet **n'est pas rentable**.

2. La VAN est-elle la méthode la plus appropriée ? Peut-on en envisager une autre ?

Le critère de la VAN ne tient pas compte de la **double flexibilité du projet**. Une évaluation par les **options réelles** permettrait de rendre compte de cette flexibilité dans l'évaluation du projet.

L'alternative d'expansion est assimilable à un *call* puisqu'elle exige une sortie supplémentaire de trésorerie. On attend en revanche une entrée de flux (le prix de cession) pour l'abandon, ce qui nous rapproche d'un *put*.

3. Présentation de l'arbre d'événement (arrondir à l'entier le plus proche)

Détermination des paramètres :

– le paramètre de hausse : $\mathbf{u = e^{\sigma.\sqrt{(\Delta t)}}}$;

– l'arbre étant divisé en cinq périodes d'un an, $\Delta t = 1$ et donc : $u = e^{0,25} \Rightarrow$ **u = 1,284** ;

– le paramètre de baisse : $d = 1 / u \Rightarrow d = 1 / 1,284 \Rightarrow$ **d = 0,7788**.

Ils sont appliqués au flux de trésorerie actualisé, conformément aux formules de la figure 5 ci-dessus.

Figure 6. Arbre d'événement

T_0	T_1	T_2	T_3	T_4
900 = S_0	1 156 = u × S_0	1 484 = u^2 × S_0	1 905 = u^3 × S_0	2 446 = u^4 × S_0
	701 = d × S_0	900 = u × d^2 × S_0	1 156 = u^2 × d × S_0	1 484 = u^3 × d × S_0
		546 = d^2 × S_0	701 = u × d^2 × S_0	900 = u^2 × d^2 × S_0
			425 = d^3 × S_0	546 = d^3 × u × S_0
				331 = u^4 × S_0

4. Construction de l'arbre de décision (arrondir à l'entier le plus proche)

Ce nouvel arbre va tenir compte de l'impact des décisions de l'investisseur, celui-ci faisant le choix de maximiser ses opportunités de gain.

S = Max (S sans exercice de l'option ; S avec exercice de l'alternative 1 ; S avec exercice de l'alternative 2)

La valorisation s'effectue par induction arrière (de droite à gauche : en partant donc de la date d'échéance ou d'exercice) et l'actualisation au taux sans risque R_f.

Figure 7. Arbre de décision, exemple 10

T_0	T_1	T_2	T_3	T_4
1 021	1 301	1 686	2 189	2 835
	805	997	1 290	1 681
		663	766	980
			600	600
				600

Pour T = 4, les décisions optimales (DO) sont :

DO_0 : S = Max (2 446 ; 2 446 × 1,20 - 100 ; 600) = Max (2 446 ; 2 835 ; 600) = **2 835**

DO_1 : S = Max (1 484 ; 1 484 × 1,20 - 100 ; 600) = Max (1 484 ; 1 681 ; 600) = **1 681**

DO_2 : S = Max (900 ; 900 × 1,20 - 100 ; 600) = Max (900 ; 980 ; 600) = **980**

DO_3 : S = Max (546 ; 546 × 1,20 - 100 ; 600) = Max (546 ; 555 ; 600) = **600**

DO_4 : S = Max (331 ; 331 × 1,20 - 100 ; 600) = Max (331 ; 297 ; 600) = **600**

Pour les nœuds précédents, il convient d'actualiser les flux au taux sans risque R_f = 5 %, avec les probabilités de risque-neutre, afin de respecter **la démarche de risque-neutre** :

$$\text{Probabilité risque-neutre de hausse : } p_u = \frac{a-d}{u-d}$$

avec u = 1,284, d = 0,7788 et a, le paramètre de capitalisation ou de risque-neutre tel que : $\boldsymbol{a = e^{Rf.\Delta}}$,

où $\Delta t = 1$ et R_f = taux sans risque continu. Le taux sans risque discret est de 3 %. Son équivalent continu est :

$e^{Rf \text{ continu}} = 1 + R_f \text{ discret} \Rightarrow e^{Rf.\Delta t} = 1{,}03$.

$$p_u = \frac{a-d}{u-d} \Rightarrow p_u = \frac{1{,}03 - 0{,}7788}{1{,}284 - 0{,}7788} \Rightarrow p_u = 0{,}4972$$

Probabilité risque-neutre de baisse $P_d = 1 - 0{,}4972 \Rightarrow \boldsymbol{P_d = 0{,}5028}$.

Formule de maximisation des gains lors de chaque nœud au temps t = i :

S_i = Max ($[p_u \times S_u + p_d \times S_d] \times (1 + R_f)^{-1}$; valeur d'exercice alternative 1 ; valeur d'exercice alternative 2)

Pour T = 3, les décisions optimales (DO) sont :

DO_0 : S = Max ([2 835 × 0,4972 + 1 681 × 0,5028] × $1{,}03^{-1}$; 1 905 × 1,20 - 100 ; 600)

$\Rightarrow$ Max (2 189 ; 2 186 ; 600) = **2 189**

DO_1 : S = Max ([1 681 × 0,4972 + 980 × 0,5028] × $1{,}03^{-1}$; 1 156 × 1,20 - 100 ; 600)

$\Rightarrow$ Max (1 390 ; 1 287 ; 600) = **1 290**

DO_2 : S = Max ([980 × 0,4972 + 600 × 0,5028] × $1{,}03^{-1}$; 701 × 1,20 - 100 ; 600)

$\Rightarrow$ Max (766 ; 741 ; 600) = **766**

DO_3 : S = Max ([600 × 0,4972 + 600 × 0,5028] × $1{,}03^{-1}$; 425 × 1,20 - 100 ; 600)

$\Rightarrow$ Max (600 ; 410 ; 600) = **600**

Pour T = 2, les décisions optimales (DO) sont :

DO_0 : S = Max ([2 189 × 0,4972 + 1 290 × 0,5028] × $1{,}03^{-1}$; 1 484 × 1,20 - 100 ; 600)

$\Rightarrow$ Max (1 686 ; 1 681 ; 600) = **1 686**

DO_1 : S = Max ([1 290 × 0,4972 + 766 × 0,5028] × $1{,}03^{-1}$; 900 × 1,20 - 100 ; 600)

$\Rightarrow$ Max (997 ; 980 ; 600) = **997**

DO_2 : S = Max ([766 × 0,4972 + 600 × 0,5028] × $1{,}03^{-1}$; 546 × 1,20 - 100 ; 600)

$\Rightarrow$ Max (663 ; 555 ; 600) = **663**

Pour T = 1, les décisions optimales (DO) sont :

DO_0 : S = Max ([1 686 × 0,4972 + 997 × 0,5028] × $1{,}03^{-1}$; 1 156 × 1,20 - 100 ; 600)

$\Rightarrow$ Max (1 301 ; 1 287 ; 600) = **1 301**

DO_1 : S = Max ([997 × 0,4972 + 663 × 0,5028] × $1{,}03^{-1}$; 701 × 1,20 - 100 ; 600) = Max (805 ; 741 ; 600) = **805**

Pour T = 0, la décision optimale (DO) est :

DO_0 : S = Max ([1 301 × 0,4972 + 805 × 0,5028] × $1{,}03^{-1}$; 900 × 1,20 - 100 ; 600)

$\Rightarrow$ Max (1 021 ; 980 ; 600) = **1 021**

Pour optimiser la décision, il faut raisonner en partant de T_0. La valeur du projet flexible (VAN augmentée) au moment de la prise de décision est de : $VANA_0 = S_0 - I_0 \Rightarrow$ 1 021 - 1000 **= 21**.

La valeur de l'option en T_0 est : $C_0 = VANA_0$ - VAN sans flexibilité $\Rightarrow C_0$ = 21 - (-100)

$\Rightarrow$ **C_0 = +121**.

La valeur de C_0 est positive ; la double flexibilité du projet se trouve bien valorisée.

f. La synthèse des étapes de valorisation des options réelles (d'après Copeland et Antikarov, 2003)

Étape 1 : **valorisation des flux futurs** du projet par actualisation de ces derniers au coût du capital ; aucun paramètre de flexibilité n'est ici pris en compte.

Étape 2 : **construction de l'arbre d'événement** qui valorise le projet en fonction des différents états du monde possibles. Lorsque les événements sont trop nombreux pour être représentés par un arbre, il est possible d'utiliser des modèles de simulation de type « Monte-Carlo ». Cette méthode va permettre de déterminer un seul facteur de risque : la volatilité (ou variabilité) de la valeur du projet dans le temps, et donc la construction d'un arbre binomial.

Étape 3 : **construction de l'arbre de décision**, où sont pris en compte les choix de gestion envisagés par l'investisseur. Les gains optimaux attachés à chaque décision et la flexibilité sont ainsi pris en compte.

Étape 4 : **évaluation de l'option réelle**, ou des options réelles, et donc du projet flexible. Intérêts et limites des modèles d'options réelles

g. Une réponse aux limites des critères classiques d'évaluation des investissements

L'option réelle (comme l'option financière) présente les caractéristiques d'un actif **dérivé** et **asymétrique**, ce qui lui confère son caractère **flexible** :

– Un **produit dérivé**, dans la mesure où sa valeur **dépend de celle d'un autre actif**, généralement qualifié d'actif support. Dès lors, l'option réelle est **adaptable** à un grand nombre de cas, dont les projets d'investissement dans toute leur pluralité.

– Un **actif asymétrique** car elle confère à son acheteur le **droit**, et **non l'obligation**, de l'exercer : ainsi, un détenteur d'option réelle a le droit d'entreprendre l'investissement ou d'y renoncer. Le caractère asymétrique de l'option provient de ce qu'elle donne la possibilité de bénéficier d'évolutions favorables sans avoir à supporter les situations défavorables. Le détenteur d'un gisement peut ainsi choisir de l'exploiter si la demande pour ce minerai est forte ou, au contraire, de renoncer à la commercialisation si d'autres gisements de meilleure qualité, à coût d'exploitation réduit, ont été découverts entre-temps.

Les options sont donc par essence **séquentielles** et l'investissement n'a pas besoin d'être intégralement mobilisé en début de période. Son utilisation sera conditionnée à telle ou telle évolution future de l'environnement et peut donc se révéler totale, partielle ou nulle.

Sans remettre en question l'intégralité des hypothèses théoriques du marché parfait et efficient, la théorie des options réelles intègre un certain nombre de complexités jusque-là non envisagées dans la finance classique :

– Une **information imparfaite, non immédiatement disponible et coûteuse** qui évolue au cours de l'avancée du projet. L'investissement séquencé relève d'une double logique informationnelle : au temps initial T_0, toutes les informations nécessaires à l'évaluation des flux futurs ne sont pas disponibles, mais elles peuvent le devenir ultérieurement ; à chaque étape, l'investisseur incorpore de nouvelles informations relatives à son projet (état de la demande, réaction des clients ou des consommateurs, avis d'experts...), grâce auxquelles il améliore ses prévisions, affine ses choix. Il s'inscrit dans un processus **d'apprentissage organisationnel**, où le fait de pouvoir attendre offre une opportunité d'amélioration quantitative et qualitative de l'information. La valeur de l'option représente alors le **coût de l'information supplémentaire**.

– Un **environnement plus incertain**, où divers états conjoncturels peuvent être envisagés. Les arbres d'événement et de décision permettent ici de modéliser les différents états du monde possibles et d'établir des scénarios auxquels seront associés divers niveaux de *cash-flow*. Ils deviennent un outil de **formalisation de la complexité** et non de simplification, comme tend à le faire la VAN classique. Avec le développement de l'outil informatique et des logiciels de simulation, la théorie des options réelles est capable de **formaliser une multitude de configurations de projet**.

– Une **valorisation du risque** envisagé comme une **opportunité** et plus seulement comme un coût. La valeur de l'option est en effet une fonction croissante de l'échéance et de la volatilité de son sous-jacent. L'investissement stratégique de long terme, avec d'importants efforts de R&D aux retombées incertaines, s'en trouve mieux valorisé et légitimé.

– La prise en considération de la **flexibilité managériale** qui, à tout moment, peut influer sur les paramètres de décision. Les options d'abandon, de report, de renoncement en particulier intègrent dans la réflexion stratégique le recours toujours possible à une alternative. La décision binaire d'investir ou pas s'en trouve enrichie, l'hypothèse d'irréversibilité de l'investissement levée.

h. Un modèle de réflexion qui dépasse les frontières de la fonction financière pour devenir un outil d'aide à la formalisation stratégique

Au-delà de sa complexité de mise en œuvre (aujourd'hui largement facilitée par l'informatisation) et l'approximation de ses évaluations, la théorie des options réelles constitue avant tout un outil de réflexion visant à compléter la conception traditionnelle de l'investissement.

Le durcissement du contexte environnemental qui accroît l'incertitude financière stimule l'adoption de méthodes plus sophistiquées de choix d'investissement, telles que les options réelles, les simulations Monte-Carlo et la théorie des jeux qui sont capables d'intégrer des éléments de complexité, de flexibilité.

À ce stade, la méthode d'analyse par les options réelles n'est plus seulement un outil d'aide à la décision : elle révèle ses capacités de communication, de représentation du projet et participe à la formalisation de la stratégie de l'organisation. Les applications de la théorie débordent du champ financier pour se propager vers le management stratégique et organisationnel. Tom Copeland, Tim Koller et Jack Murrin (*La stratégie de la valeur. L'évaluation d'entreprise en pratique*, Éditions d'Organisation, 2002) proposent une matrice justifiant le recours aux options réelles en fonction du niveau de flexibilité du projet :

Figure 8. Matrice de Copeland, Koller et Murrin (2000)

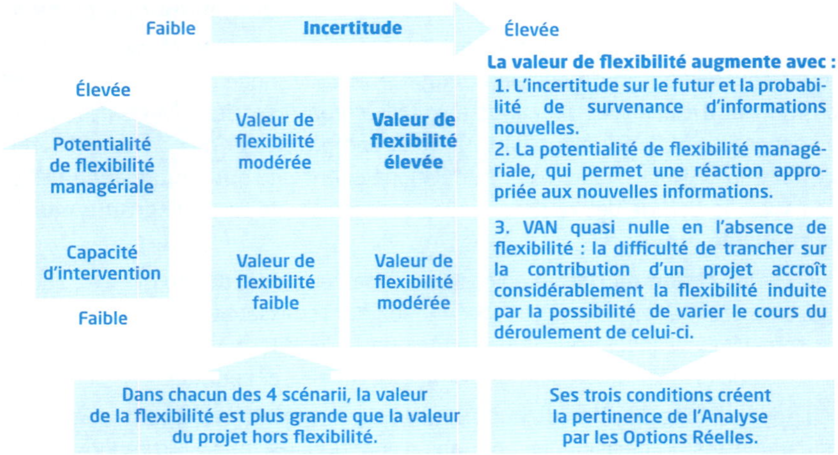

La force des modèles flexibles réside donc dans sa capacité à assouplir les conditions théoriques d'utilisation, à considérer la décision d'investir en situation de plus grande incertitude et à intégrer la flexibilité managériale. Ils sont alors applicables à de multiples configurations, notamment dans les secteurs à forte incertitude (biotechnologie, exploitation énergétique, entreprises de réseaux nécessitant de lourds investissements d'infrastructure, startup Internet, etc.).

i. Le problème de la rigidité des hypothèses des modèles d'évaluation

Les modèles mathématiques d'évaluation, même secondés par la puissance informatique, restent complexes et généralement attachés à des hypothèses discutables (normalité des variations, approche continue et non discontinue...). La similitude avec les options financières n'est en outre pas parfaite.

j. Le problème de l'estimation de la volatilité

Parmi l'ensemble des déterminants de la valeur de l'option, la plupart sont des **données** [S, E, Δt, R_f, N(d1), N(d2)]. Seule la volatilité σ est inconnue et suppose donc une **procédure d'estimation**.

Dans le modèle de Black et Scholes, elle est constante et peut donc être déduite de la volatilité passée. Or, les anticipations de cette dernière peuvent varier dans le temps, en fonction de l'investisseur et de sa connaissance de l'environnement économique du projet envisagé.

En outre, contrairement aux options financières dont le sous-jacent est l'action de l'entreprise pour laquelle la volatilité des prix peut être approchée par observation des variations de cotation sur le marché, la volatilité des flux de trésorerie attendus de l'actif réel résulte de sources multiples non cotées et plus ou moins observables (conjoncture, concurrence, état du marché...). Les flux futurs résultent de **variables aléatoires incertaines dépendantes ou indépendantes du passé** (la conjoncture économique future est dépendante de l'état de la conjoncture passée, ce qui n'est pas forcément le cas de la réaction des consommateurs par rapport à un nouveau produit, qui peut être indépendante de leur réaction passée).

EXEMPLES

Les flux attendus de l'extraction d'un minerai (or, cuivre...) dépendent par exemple :
– de la variation du cours du minerai sur le marché, qui peut être estimée de la même manière que pour une action ;
– de l'anticipation de la demande, du coût de l'extraction qui sont des variables dépendantes et qui peuvent être estimées par les données passées ;
– de la météo, de l'état du sous-sol, des incidents d'extraction, qui sont des variables indépendantes.

Une solution consiste à recourir aux techniques de simulation de type **Monte-Carlo** pour estimer la volatilité. Dans le principe, ces techniques consistent à **isoler les variables clés du projet** (chiffre d'affaires, marge, prix de vente, quantité vendue...) et à leur **affecter une distribution de probabilités** qui peut être normale, binomiale, de Poisson... Pour chacune de ces variables, un grand nombre de tirages aléatoires (on génère au hasard des niveaux de vente, des prix...) sont effectués, qui respectent les distributions de probabilité préalablement déterminées (normale, binomiale...). On obtient alors les probabilités de survenance des résultats possibles, compte tenu des hypothèses retenues qui permettent d'évaluer la volatilité des flux.

k. Les limites liées à l'analogie avec les options financières

Contrairement aux sous-jacents financiers (actions), les **actifs réels ne sont pas forcément liquides** (absence de marché secondaire) et il n'existe pas toujours un vendeur à l'option (l'acteur économique qui, précisément, répondra au droit de l'acheteur). À cela s'ajoute le fait que **l'information** nécessaire à la décision d'exercer ou non l'option est **coûteuse** car parcellaire, asymétrique et, dans le domaine stratégique, souvent associée à des considérations plus managériales : effets de synergie, complémentarité avec les activités existantes...

La valeur de lancement d'un nouveau produit de beauté (sels de bains, lait pour le corps...) peut par exemple provenir, en grande partie, du fait que celui-ci complète la gamme associée à un parfum renommé. Ce cas de figure, fréquent lorsqu'on envisage les actifs réels, ne se rencontre pas dans le cadre financier. En d'autres termes, le cadre théorique des options financières reste, à bien des égards, insuffisant pour appréhender la complexité des actifs réels et leur caractère très stratégique.

L'approche constitue un progrès et non une fin aboutie, une aide à la réflexion plutôt qu'une méthode fiable de valorisation.

Schéma de synthèse

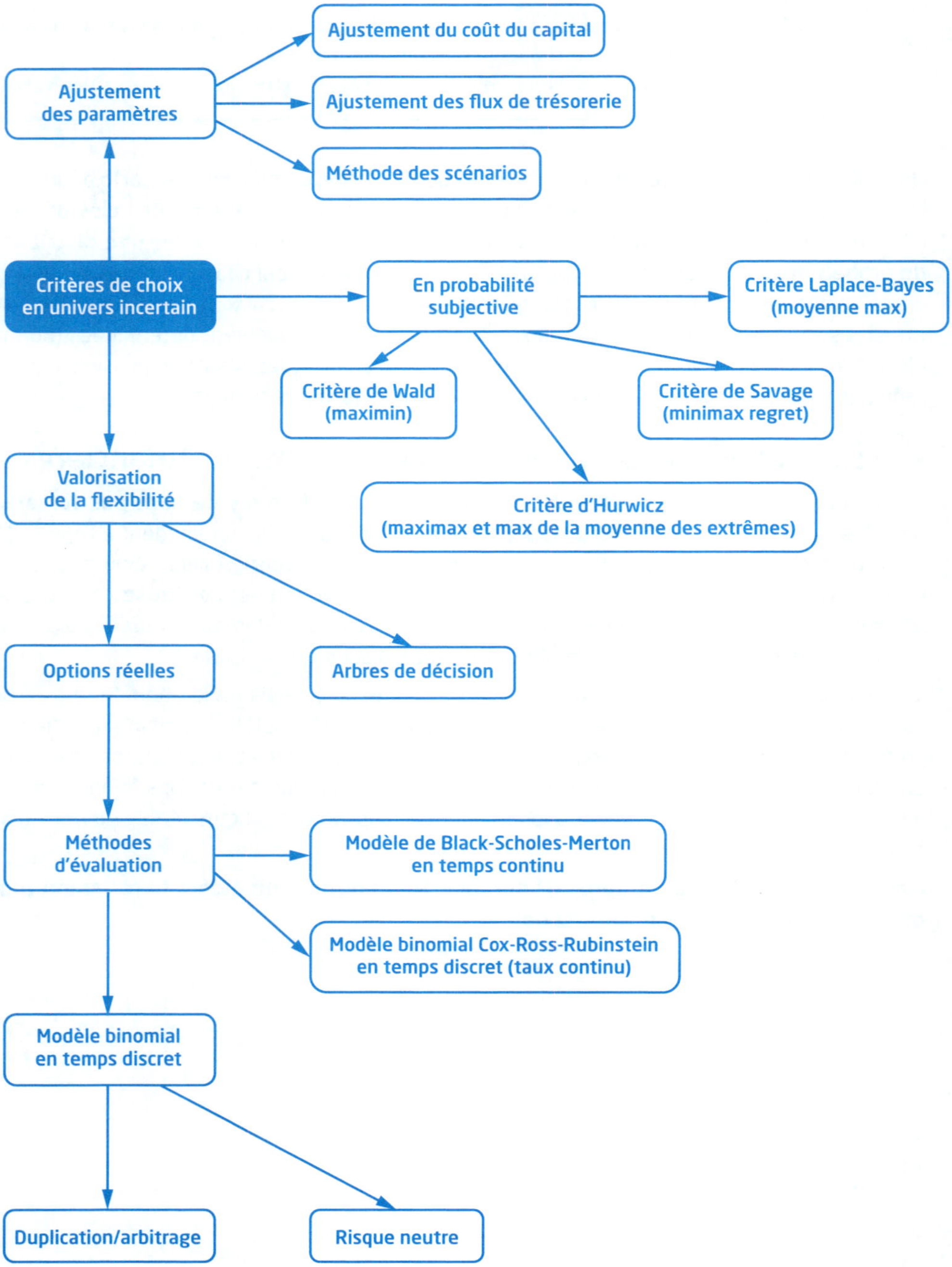

QCM

1. Le seuil de rentabilité financier d'un investissement correspond :

a. au chiffre d'affaires à partir duquel cet investissement génère des bénéfices.
b. au résultat à partir duquel cet investissement génère de la valeur actuelle nette.
c. au chiffre d'affaires à partir duquel cet investissement génère de la valeur actuelle nette.

2. En univers incertain, il est possible de recourir au critère de :

a. Wald : choix du projet à partir du maximum des revenus minimaux.
b. Savage : choix du projet à partir du minimum des regrets maximaux.
c. Hurwicz : choix du projet en fonction de la moyenne arithmétique maximale.

3. Dans la méthode de l'arbre de décision :

a. la probabilité d'un état du monde résultant de plusieurs événements successifs correspond aux produits des probabilités associées à chaque événement.
b. la probabilité d'un état du monde résultant d'un événement précédé d'une décision, correspond à la probabilité de l'événement lui-même.
c. l'espérance de VAN à un nœud de décision est obtenue par la moyenne pondérée des valeurs de chaque VAN de branche.

4. Dans la logique des options réelles :

a. un projet nécessitant une sortie de *cash-flow* est assimilable à un *call*.
b. un projet nécessitant une entrée de *cash-flow* est assimilable à un *call*.
c. un projet nécessitant une sortie de *cash-flow* est assimilable à un *put*.

5. En septembre 2017, après un an de test mené dans deux départements, Chronopost déploie dans mille villes en France un service de livraison le dimanche avec l'e-commerçant Cdiscount. La démarche relève :

a. d'une option réelle d'abandon.
b. d'une option réelle de renoncement à l'investissement en cours.
c. d'une option réelle de modification de l'intensité d'exploitation.

6. Un agriculteur étudie la possibilité de cultiver du blé noir sur des terres jusque-là dédiées au blé dur. Ce projet relève :

a. d'une option réelle d'expansion.
b. d'une option réelle d'échange.
c. d'une option réelle de modification de l'intensité d'exploitation.

7. La valeur d'une option réelle d'achat est d'autant plus importante que :

a. la volatilité des flux générés par le projet est élevée.
b. la date de levée de l'option est lointaine.
c. le taux sans risque est fort.

8. La valeur d'une option réelle de vente est d'autant plus importante que :

a. la volatilité des flux générés par le projet est élevée.
b. le coût du projet est important.
c. la valeur des flux de trésorerie attendus est forte.

Applications

EXERCICE GUIDÉ

Flux nets de trésorerie, VAN et TIR

La société Logifile a pour activité la réalisation de logiciels informatiques de gestion pour de grands groupes.

Chaque logiciel vendu représente un projet important qui nécessite entre 100 et 10 000 « jours-hommes » pour sa réalisation et permet à l'entreprise de réaliser un chiffre d'affaires compris entre 50 milliers d'euros et 5 millions d'euros par projet. Certains projets sont pluriannuels. Chaque développement de logiciel constitue un projet spécifique qui est l'objet d'un contrat préalable, mais aussi d'avenants signés en cours de réalisation.

L'entreprise se trouve confrontée à l'importance croissante des investissements en R&D qui nécessitent un retour sur investissement court, compte tenu de l'évolution technologique extrêmement rapide dans ce secteur.

La société Logifile étudie l'investissement en R&D aux caractéristiques suivantes. Le coût total du projet se monte à 150 K€ pouvant être engagés en une ou deux tranches. Trois scénarios sont envisageables :

- décision D_1 : réalisation de l'investissement en totalité au début de la première année ;
- décision D_2 : réalisation de l'investissement en deux étapes, à hauteur de 100 K€ en début de première année (tranche T_1), puis le solde à la fin de la première année (tranche T_2) ;
- décision D_3 : ne pas réaliser l'investissement (aucune des deux tranches).

La première tranche a déjà fait l'objet d'un certain nombre de commandes et permettrait d'obtenir un *cash-flow* annuel constant de 50 K€ lors des première, deuxième et troisième années, quelle que soit la conjoncture.

En fin de première année, la demande peut être favorable ou limitée et ne change plus par la suite. La seconde tranche permettrait d'obtenir des *cash-flows* annuels de 30 K€ dans le cas d'une demande favorable, et de 15 K€ dans le cas d'une demande limitée. Ces *cash-flows* seraient obtenus :

- les première, deuxième et troisième années, si la tranche T_2 est réalisée avec T_1, dès le début du projet ;
- les deuxième et troisième années, si la tranche T_2 est réalisée en fin de première année.

Dans le cas d'un engagement en deux étapes, si la demande s'avère limitée, la tranche T_2 ne sera pas réalisée en fin de première année, et seuls les *cash-flows* correspondant à la tranche T_1 seront perçus.

Le taux d'actualisation retenu est de 12 %, le taux sans risque de 5 % et l'horizon de l'étude est limité à trois ans.

1. Définissez la notion d'investissement et précisez les spécificités du projet envisagé.

2. Présentez l'arbre de décision relatif à ce projet, puis dans un tableau de synthèse, les VAN correspondant aux décisions envisagées et aux hypothèses relatives à la demande.

3. Indiquez la décision à prendre selon les critères relevant de l'approche subjective.

4. Commentez les résultats obtenus.

5. Quel est l'intérêt de ce type d'approche et quelles en sont les limites ?

6. Déterminez la décision optimale sachant que la demande a 50 % d'être favorable ou limitée.

7. Reprenez la question 6, avec une probabilité de 70 % que la demande soit limitée.

8. Commentez vos résultats et présentez l'intérêt et les limites de cette méthode.

9. Le problème peut-il être présenté sous la forme d'une option réelle ? Si oui, à quel type d'option est-il assimilable ?

10. Déterminez la valeur de l'option par la méthode binomiale risque-neutre en taux discret.

CORRIGÉ COMMENTÉ

MÉTHODE

La difficulté de ce type d'exercice réside dans la formalisation de l'énoncé. Elle suppose une lecture attentive de ce dernier et un entraînement régulier à la construction des graphes.

La méthodologie de construction de l'arbre de décision est la suivante :

- Représenter le graphe en entier, de gauche à droite, en discernant les nœuds de décision et d'événement.
- Faire figurer sur le graphe les probabilités qui y sont associées en distinguant les cas où :

– Elles se succèdent entre plusieurs événements : les probabilités associées aux états du monde les plus éloignés dans le temps (les plus à droite) sont le produit des probabilités des événements antérieurs.

– Elles sont interrompues par des décisions : les probabilités s'appliquent directement aux flux correspondants.

- Indiquer sur le graphe le montant des flux et des capitaux envisagés, et les périodes d'engagement (distinguer les cas de début ou de fin de période).
- Déterminer les VAN en repérant au préalable les combinaisons identiques pour éviter les calculs inutiles.
- Reporter les VAN sur les branches en codifiant chaque combinaison (tout à droite de l'arbre).

1. Définissez la notion d'investissement et précisez les spécificités du projet envisagé.

L'investissement est un engagement immédiat de fonds en vue d'en obtenir des revenus ou de réaliser des économies de charges dans le futur [▶ CHAPITRE 10]. L'investissement s'inscrit dans un processus financier articulant deux phases : l'engagement immédiat de ressources et le dégagement différé de flux futurs devant permettre la couverture des engagements et éventuellement la création de valeur pour l'entreprise (sous forme de profits ou d'économies).

L'investissement envisagé engage l'entreprise à moyen terme (trois ans) pour des montants substantiels. Il a donc un caractère **stratégique**. S'agissant de R&D, il est immatériel par nature et a comme objectif la **croissance** de l'entreprise par l'innovation. Les revenus futurs attendus sont donc relativement incertains et le projet **risqué**.

2. Présentez l'arbre de décision relatif à ce projet, puis dans un tableau de synthèse, les VAN correspondant aux décisions envisagées et aux hypothèses relatives à la demande.

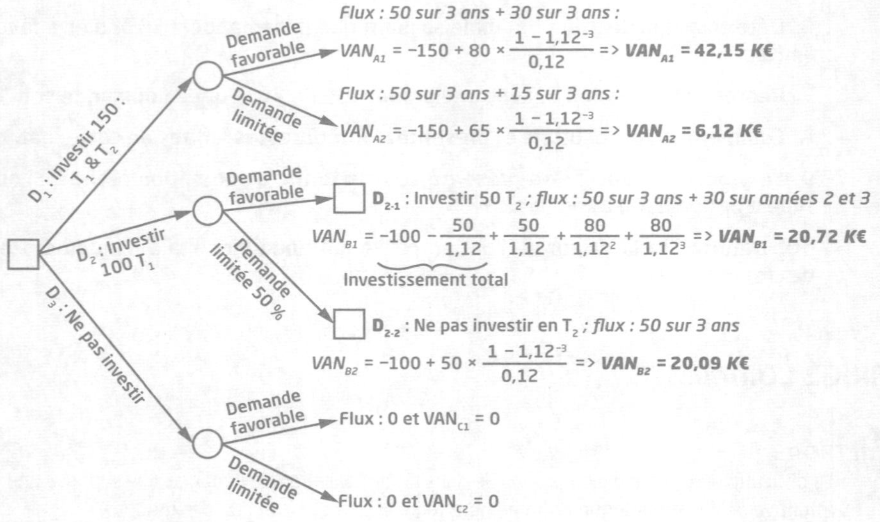

Tableau de synthèse à double entrée des VAN :

	Décision D_1	Décision D_2	Décision D_3
Hypothèse H_1 : demande favorable	42,15	20,72	0
Hypothèse H_2 : demande limitée	6,12	20,09	0

3. Indiquez la décision à prendre selon les critères relevant de l'approche subjective.

Il s'agit des critères de Laplace-Bayes, de Wald, du maximax de Hurwicz et de Savage. En l'absence de coefficient d'optimisme, le critère de Hurwicz basé sur la moyenne pondérée maximale n'est pas applicable.

• Critère de **Laplace-Bayes** : moyenne maximale :

	Décision D_1	Décision D_2	Décision D_3
VAN moyenne	24,135	20,405	0

La décision optimale est $\mathbf{D_1}$: investissement total immédiat.

• Critère de **Wald (maximin)** : VAN maximale parmi les VAN minimales de chaque projet.

La décision optimale est $\mathbf{D_2}$ (en deux étapes) pour espérer la plus forte VAN des VAN minimales (20,09).

• Critère d'**Hurwicz (maximax)** : VAN maximale parmi les VAN maximales de chaque projet.

La décision optimale est $\mathbf{D_1}$ pour viser la plus forte VAN (42,15).

• Critère de **Savage (minimax regret)** : VAN offrant le regret minimal parmi les regrets maximaux.

	Décision D_1	Décision D_2	Décision D_3
H_1 : demande favorable	42,15 - 42,15 = 0	42,15 - 20,72 = **21,43**	42,15 - 0 = **42,15**
H_2 : demande limitée	20,09 - 6,12 = **13,97**	20,09 - 20,09 = 0	20,09 - 0 = 20,09

La décision optimale est $\mathbf{D_1}$, où le regret maximal le plus faible (entre **13,97** ; 21,43 ; 42,15) est minimal.

4. Commentez les résultats obtenus.

MÉTHODE

Il est impératif de résumer vos résultats dans un tableau de synthèse. Outre le fait que cela facilite l'analyse, cela permet de présenter des analyses en cohérence avec vos résultats, même s'ils s'avèrent erronés.

Rappel des décisions optimales :

Critères	Laplace	Maximin	Minimax	Minimax regret
Décision retenue	D_1	D_2	D_1	D_1

Qu'il soit effectué en une tranche (D_1) ou en deux tranches (D_2), le projet devrait générer une VAN positive, donc un TIR supérieur à 12 %. Il est donc souhaitable de le réaliser.

Si la demande est forte, D_1 est préférable à D_2 ; si elle est limitée, D_2 devient plus avantageux.

Lorsque l'investissement est envisagé, nous pouvons constater que, selon le niveau de demande, l'écart de VAN est très faible en D_2 (20,72 - 20,09 = 0,63) et beaucoup plus élevé en D_1 (42,15 - 6,12 = 36,03). Nous pouvons en déduire que la décision D_1 (investissement total immédiat) est plus risquée que D_2 (investissement en deux étapes), ce que confirment en particulier les critères du maximax et du maximin.

5. Quel est l'intérêt de ce type d'approche et quelles en sont les limites ?

Intérêt

Ces analyses alimentent la réflexion sur la rentabilité prévisionnelle des investissements en situation d'incertitude. Les simulations effectuées permettent d'envisager différents scénarios correspondant à des décisions alternatives et à des hypothèses différentes d'évolution du marché. Les critères retenus permettent en particulier de prendre en compte le degré d'aversion pour le risque du décideur. Ils intègrent des paramètres subjectifs en lien avec l'intuition, l'expérience du décideur.

Limites

Cette analyse privilégie les aspects financiers. Or, les conséquences financières de ce genre d'investissement sont très difficiles à prévoir. D'autres critères, notamment stratégiques, sont à prendre en compte. C'est en particulier le cas pour les projets de R&D qui sont des investissements d'innovation dans le domaine informatique et permettent un positionnement commercial de l'entreprise sur le marché.

Techniquement, aucun des critères n'est exempt de critique : Laplace-Bayes et Savage, basés sur la moyenne, posent problème en cas de forte divergence des flux ; Wald et Hurwicz sont très dépendants de la vision subjective du décideur par rapport à l'évolution future de la demande.

Cette approche tend également à sous-évaluer le risque en ne rendant pas compte de toute la flexibilité du projet.

6. Déterminez la décision optimale sachant que la demande a 50 % d'être favorable ou limitée.

En se basant sur le graphe des décisions de la question 2 et en fixant les probabilités de demande à 50 %, nous obtenons les espérances de VAN suivantes :

	Décision D_1	Décision D_2	Décision D_3
H_1 : demande favorable P_1 : 50 %	42,15	20,72	0
H_2 : demande limitée P_2 : 50 %	6,12	20,09	0
$E(VAN_i) = P_1 \times VAN_i + P_2 \times VAN_i$	$E(VAN_1)$ = **24,135**	$E(VAN_2)$ = **20,405**	$E(VAN_0)$ = **0**

La décision optimale est D_1. Nous constatons que ce cas de figure est identique à celui du critère de Laplace-Bayes. En effet, déterminer une espérance avec des probabilités égales revient à calculer une moyenne arithmétique.

7. Reprenez la question 6, avec une probabilité de 70 % que la demande soit limitée.

	Décision D_1	Décision D_2	Décision D_3
H_1 : demande favorable P_1 : 30 %	42,15	20,72	0
H_2 : demande limitée P_2 : 70 %	6,12	20,09	0
$E(VAN_i) = P_1 \times VAN_i + P_2 \times VAN_i$	$E(VAN_1)$ = **16,93**	$E(VAN_2)$ = **20,28**	$E(VAN_0)$ = **0**

La décision optimale est D_2. Une faible probabilité associée à la demande favorable pénalise la décision D_1 qui offre une VAN très importante dans cette configuration. Les VAN en D_2 étant plus proches, elles sont beaucoup moins sensibles à une variation des probabilités des événements.

8. Commentez vos résultats et présentez l'intérêt et les limites de cette méthode.

La méthode reste simple à mettre en place et permet d'envisager différentes conjonctures possibles, mais la solution retenue reste très dépendante des probabilités associées à l'état de la demande future. Elle ne permet pas d'évaluer la totalité de la flexibilité du projet.

9. Le problème peut-il être présenté sous la forme d'une option réelle ? Si oui, à quel type d'option est-il assimilable ?

S'agissant d'un investissement conditionnel, il peut être approché par la théorie des options réelles. Nous sommes en présence d'un *call* de report dans le cas de l'alternative D_1/D_2 qui nécessite une sortie de ressource, et d'un *put* d'abandon en ce qui concerne l'alternative D_1/D_3 qui engendre une économie d'investissement en cas d'exercice.

10. Déterminez la valeur de l'option par la méthode binomiale risque-neutre en taux discret.

Le *put* n'a pas besoin d'être intégré dans le système car sa VAN nulle est inférieure aux VAN des autres éventualités. Il reste donc à évaluer le *call.*

Étape 1 : détermination des **revenus futurs** de l'actif réel actualisé en fonction de la conjoncture :

- en conjoncture favorable : $C^+ = \text{Max}\ (20{,}72 ; 42{,}15) \Rightarrow \mathbf{C^+ = 42{,}15}$ **;**
- en conjoncture défavorable : $C^- = \text{Max}\ (6{,}12 ; 20{,}09) \Rightarrow \mathbf{C^- = 20{,}09}$**.**

Étape 2 : détermination de la **valeur des portefeuilles répliquant l'option réelle :**

PF dupliqué = $\Delta \times S - E\,(1+R_f)$

Donc en T_1 :

$$S^+ = 80 \times \frac{1-1{,}12^{-3}}{0{,}12} \Rightarrow S^+ = 192{,}15\ K€\ et\ S^- = 50 \times \frac{1-1{,}12^{-3}}{0{,}12} \Rightarrow S^- = 120{,}09\ K€$$

En T_0 :

$S_0 = (192{,}15 \times 0{,}5 + 120{,}09 \times 0{,}5) \Rightarrow \mathbf{S_0 = 156{,}12\ K€}$

À l'équilibre, le portefeuille est sans risque et son rendement correspond à celui du taux sans risque R_f ici égal à 5 %. La valorisation se fait dans un univers « neutre au risque », c'est-à-dire indépendamment de l'attitude des investisseurs face au risque. Il faut pour cela déterminer pour chaque conjoncture :

1. les facteurs multiplicateurs à la hausse (*up*) ou à la baisse (*down*) :

$u = S^+ / S_0 = 192{,}15 / 156{,}12 \Rightarrow \mathbf{u = 1{,}23}$

$d = S^- / S_0 = 120{,}09 / 156{,}12 \Rightarrow \mathbf{d = 0{,}769}$

2. les probabilités discrètes risque-neutre de hausse ou de baisse :

- probabilité risque-neutre de hausse

$$q^+ = \frac{(1+R_f)-d}{u-d} \Rightarrow q^+ = \frac{1{,}05-0{,}769}{1{,}23-0{,}769} \Rightarrow q^+ = 0{,}61$$

- probabilité risque-neutre de baisse

$$q^- = 1-q^+ \Rightarrow q^- = 1-0{,}61 \Rightarrow q^- = 0{,}39$$

Valeur du portefeuille à la date initiale T_0 :

$$PF_0 = \frac{q^+ \times C^+ + q^- \times C^-}{(1+R_f)} \Rightarrow PF_0 = \frac{0{,}61 \times 42{,}15 + 0{,}39 \times 20{,}09}{1{,}05} \Rightarrow PF_0 = 31{,}95K€$$

Étape 3 : détermination de la valeur de l'option réelle :

$C_0 = PF_0 - E(VAN)$

avec E(VAN), l'espérance de VAN sans flexibilité :

$E(VAN)= 42{,}15 \times 0{,}5 + 6{,}12 \times 0{,}5 \Rightarrow \mathbf{E(VAN) = 24{,}135}$

$C_0 = 31{,}95 - 24{,}135 \Rightarrow \mathbf{C_0 = 7{,}815\ K€}$

La valeur de l'option est légèrement positive, incitant le décideur à investir en deux étapes.

EXERCICES

1. Option d'expansion, arbre de décision, valorisation par l'approche binomiale ⌛ 40 mn ★★

La société Silfex étudie un projet de nouveau produit. La direction a commandé une étude de marché qui fait ressortir les flux nets d'exploitation sur les cinq prochaines années :

	N + 1	N + 2	N + 3	N + 4	N + 5
Flux en K€	95	100	140	190	200

Au-delà de ces cinq années, compte tenu des mutations rapides de l'environnement, il est considéré que le projet ne dégagera plus aucun flux. Les simulations réalisées par la direction font ressortir une volatilité des flux de trésorerie d'écart type égale à 25 %. Le coût du projet est estimé à 500 K€, le coût du capital du projet est de 10 %, et le taux sans risque annuel discret de 3 %.

Les dirigeants de Silfex ont la possibilité, à tout moment, d'augmenter la capacité de la ligne de production de 40 % (ce qui accroît sa valeur dans des proportions identiques). Dans ce cas, un investissement complémentaire de 200 K€ est à réaliser. Ils ne disposent cependant de cette possibilité que sur les trois prochaines années. Au-delà, il serait déraisonnable de réinvestir sur un produit en fin de cycle. Tous les calculs seront arrondis au millier le plus proche.

1. Quelles sont la valeur et la VAN du projet sans prise en compte de l'option d'expansion ?

2. Construisez l'arbre d'événement et l'arbre de décision de ce projet, et déterminez la valeur de l'option d'expansion selon la méthode binomiale de Cox, Ross et Rubinstein.

2. Option d'expansion, valorisation de l'option par le modèle de Black-Scholes-Merton ⌛ 30 mn ★★

La société Pichard envisage de pénétrer le marché asiatique. Le coût de l'investissement se monterait à 1,5 million d'euros et permettrait de générer un *cash-flow* actualisé de 1,4 million. Cette évaluation ne tient toutefois pas compte de la possibilité de s'associer à une société locale qui faciliterait l'écoulement des produits et rationaliserait les coûts de production. L'investissement supplémentaire serait de 0,2 million d'euros et engendrerait des revenus supplémentaires actualisés de 0,15 million. Cette opportunité est estimée possible sur les cinq années à venir. La volatilité (écart type) de ce projet est de 40 %, le taux sans risque de 3 %.

Intégrez dans la décision la possibilité d'expansion en évaluant la flexibilité du projet à l'aide du modèle de Black-Scholes-Merton et rediscutez, si besoin, de l'opportunité du projet. Vous pourrez utiliser l'extrait de la table de la loi normale de l'exercice 3.

Les politiques de financement

12

Thème 4. Investissement et financement

Thèmes	Sens et portée de l'étude	Notions et contenus
4.2 Modalités de financement	En fonction de son contexte et de sa taille, l'entreprise met en œuvre une politique financière afin de financer le plus judicieusement possible les emplois de sa politique économique.	Les quasi-fonds propres Les financements obligataires (simples et particuliers) Les titres de créance négociables L'introduction en Bourse Le capital-risque
4.3 Le choix d'une structure de financement	L'arbitrage entre capitaux propres et dettes résulte d'un certain nombre de facteurs qu'il convient de connaître afin d'optimiser la structure financière de l'entreprise.	Théories explicatives du choix de financement

4.2 Les modalités de financement étudiées en DCG sont complétées par d'autres formes de financement qui font, en particulier, appel au marché financier.

4.3 Dans cette étude, on intégrera l'impact des coûts de défaillance, des coûts d'accès au capital et des coûts d'agence.

1. Le financement par fonds propres

1.1 Les fonds propres

Contrairement à la dette, la créance ou l'action, la notion de fonds propres, bien que fréquemment utilisée en comptabilité comme en finance, ne repose sur aucune existence juridique formalisée. À l'image du fonds de commerce, les fonds propres se définissent avant tout par les éléments qu'ils regroupent, comptablement les capitaux propres et les « autres fonds propres ».

DÉFINITION

Les capitaux propres correspondent aux fonds provenant soit des actionnaires, soit des bénéfices de l'entreprise qui ne sont pas distribués. Comptablement, ils regroupent le capital, les primes d'émission et assimilées, les réserves, le report à nouveau, le résultat de l'exercice, les subventions d'investissement et les provisions réglementées.

En plus de ces éléments, les fonds propres intègrent la rubrique comptable dite des « autres fonds propres ». Cette dernière regroupe des instruments de financement qui, comme les capitaux propres, ne donnent pas un droit à remboursement (caractéristique conférée aux dettes), mais qui s'en différencient par le fait que leur rémunération n'est pas conditionnée à un niveau suffisant de bénéfice. Le PCG y a inclus :

– les émissions de titres participatifs (par ailleurs classés en quasi-fonds propres, ▶ SECTION 1.5) ;

– les avances conditionnées qui sont des versements de fonds effectués par des tiers (souvent l'État), en vue de financer des projets particuliers (R&D, etc.), et qui ne sont remboursables que sous condition d'un certain niveau de succès de l'investissement entrepris ;

– les droits du concédant : éléments propres aux contrats de concession.

Cette liste d'éléments n'est pas exhaustive et fait, en outre, l'objet d'interprétations de retraitement qui rendent de fait les frontières de la notion un peu floues. Une autre approche consiste à définir les fonds propres à partir de leurs caractéristiques propres qui les distinguent des autres types de fonds (les dettes et les quasi-fonds propres, voir infra), c'est-à-dire des fonds :

– qui ne donnent pas lieu à un remboursement, ou à un remboursement sous contrôle exclusif de l'émetteur ou effectué par émission et attribution d'un autre élément de capitaux propres ;

– qui peuvent ouvrir un droit de participation à la vie sociale de l'entreprise ;

– dont la rémunération est aléatoire, non contractuelle, car fonction des résultats et du niveau d'activité de l'entreprise ;

– qui se trouvent en haut du passif du bilan ;

– dont la rémunération ne donne généralement pas droit à déduction fiscale.

Là encore, chaque propriété pourrait être discutée et comporter des exceptions qui en limitent la portée, ce qui rend de nouveau la notion difficile à cerner. L'ingénierie financière rend la formalisation de la notion de fonds propres encore plus compliquée en créant de multiples produits hybrides (dérivés : options, bons de souscription, obligations échangeables, convertibles en actions, etc.), où droits de créance et de propriété se trouvent étroitement liés, au point de ne pas toujours pouvoir les distinguer ou les comprendre, comme pour les subprimes.

Sans être parfaitement claire, l'approche comptable reste, si ce n'est la plus aboutie, la plus formalisée *via* la référence aux rubriques du passif. Dès lors, le financement sera qualifié par fonds propres lorsqu'il affecte le montant des postes des capitaux propres ou des « autres fonds propres » du bilan. Il prend pour l'essentiel la forme de l'autofinancement (diminution des ressources internes) ou de l'augmentation de capital (augmentation des ressources externes).

1.2 L'autofinancement

a. De la CAF à l'autofinancement

Il fait référence au concept de **capacité d'autofinancement** ou CAF.

DÉFINITION

La capacité d'autofinancement correspond à **la trésorerie potentielle** (comme si toutes les créances et toutes les dettes étaient réglées) générée par l'activité **normale** de l'entreprise.

Formule générale : CAF = produits encaissables – charges décaissables.

L'autofinancement se déduit de la CAF, puisque comptablement :

Autofinancement = CAF – dividendes distribués.

DÉFINITION

L'autofinancement constitue la trésorerie potentielle générée par l'activité normale de l'entreprise **après rémunération des associés.**

Il existe deux méthodes pour calculer la CAF, comme l'illustre le tableau suivant.

Méthode additive	Méthode soustractive (référence aux comptes du PCG entre parenthèses)
Point de départ : Résultat net - somme des produits non encaissables : cas notamment des reprises sur dépréciations, provisions qu'elles soient d'exploitation, financières ou exceptionnelles. + sommes des autres charges non décaissables : cas notamment des dotations aux amortissements, dépréciations, provisions qu'elles soient d'exploitation, financières ou exceptionnelles. - les résultats de cessions exceptionnelles : elles sont relatives aux immobilisations cédées (différence entre les comptes 775 et 675), même si les produits de cession sont encaissables.	**Point de départ : EBE** + somme des autres produits encaissables : autres produits d'exploitation (comptes du 75), produits financiers (comptes du 76 sans le 786), produits exceptionnels (comptes du 77 sans le 787 et 775, bien qu'il soit encaissable). - sommes des autres charges décaissables : autres charges d'exploitation (comptes du 65), charges financières (comptes du 66 sans le 686), charges exceptionnelles (comptes du 67 sans le 687 et le 675), impôt sur les bénéfices (compte 695).

L'autofinancement se répartit selon le schéma suivant :

Figure 1. Partage de la CAF

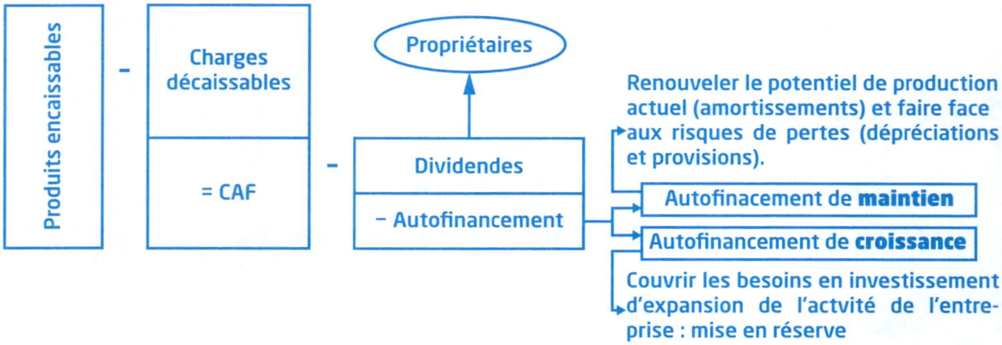

Il ressort de cette répartition que l'autofinancement est d'autant plus grand que les dividendes distribués sont faibles, que les mises en réserve et les dotations sont élevées. Cette analyse pose un des enjeux cruciaux de la problématique de l'entreprise qui, lorsqu'elle a réussi à créer de la valeur, se trouve rapidement confrontée à son partage entre des parties prenantes qui n'ont pas les mêmes intérêts, ni les mêmes forces d'engagement.

b. Les avantages de l'autofinancement

C'est, en France, le mode de financement privilégié par les dirigeants car il permet d'envisager des investissements stratégiques (à long terme) :

– sans subir les pressions à court ou moyen terme des investisseurs extérieurs ;

– en conservant une autonomie de gestion (pas d'obligations vis-à-vis de tiers actionnaires ou créanciers).

Il réduit le poids des charges financières et évite le **rationnement du crédit** en période de crise [▶ SECTION 3]. L'autofinancement ne constitue pas pour autant un inconvénient :

– pour les **actionnaires**, car l'augmentation des réserves accroît la valeur des fonds propres et donc la perspective des plus-values futures sur les cessions d'actions, qui bénéficient d'une imposition plus favorable que les dividendes ;

– pour les **créanciers**, car les fonds propres ainsi renforcés augmentent la garantie potentielle de l'entreprise et réduisent le risque de défaillance, puisque la trésorerie latente est plus élevée.

c. Les inconvénients de l'autofinancement

La distribution de dividendes entraîne une baisse des fonds propres et de la trésorerie. À l'inverse, l'autofinancement maintient le haut de passif et évite les sorties de **trésorerie**. Or, l'excès de trésorerie peut s'avérer pénalisant pour les performances de l'entreprise :

– Une trésorerie non utilisée entraîne un **coût d'opportunité** important : elle pourrait être investie dans des projets plus rentables.

– Elle offre l'image d'une entreprise **peu dynamique**, qui ne serait pas capable d'imaginer sa croissance pour les années à venir et qui risque, à terme, de ne plus être compétitive.

– Le coût de l'autofinancement étant un coût d'opportunité, il n'est pas **directement observable** (contrairement au coût de la dette) et risque d'être sous-évalué, engendrant les inconvénients suivants :

- Le faible coût apparent de cette ressource financière entraîne des décisions d'investissement **sous-optimale**s offrant des rendements **inférieurs** à ce qu'ils pourraient être, voire inférieurs au **coût du capital** qui constitue une bonne approximation du coût d'opportunité.
- N'étant pas soumis aux contraintes liées à l'endettement, le dirigeant peut être tenté par des investissements de **prestige, des dépenses somptuaires** renforçant son pouvoir, satisfaisant son orgueil (*hubris hypothesis*).

– L'autofinancement n'augmente la richesse des actionnaires que si la rentabilité des investissements entrepris devient supérieure au coût du capital (des fonds propres, ▶ CHAPITRES 10 ET 11). Le problème réside dans le fait que l'autofinancement entraîne une hausse des capitaux propres. Pour ne pas appauvrir l'actionnaire, il faut donc que l'autofinancement offre une rentabilité **au moins égale à celle exigée par les actionnaires, sans quoi, il y a destruction de richesse pour l'actionnaire.** Autrement dit, lorsque l'entreprise opte pour l'autofinancement, elle s'engage à rémunérer ses actionnaires à un niveau supérieur à ce que pourrait rapporter le marché. Dans le cas contraire, les actionnaires exigeront une distribution maximale des dividendes afin de pouvoir les réinvestir dans un placement sans risque ou un autre actif risqué plus rentable. Cette problématique n'affecte pas toutes les entreprises de la même façon, mais pour celles qui sont cotées et soumises aux pressions du marché, il s'agit d'un enjeu majeur de gouvernance.

1.3 Les augmentations de capital

a. Les principes de base

Lorsque l'entreprise ne dispose pas d'assez de ressources internes pour financer ses investissements, elle peut recourir à ses associés ou à des actionnaires extérieurs *via* l'augmentation de capital, qui peut s'effectuer :

– en **numéraire**, lorsque les actionnaires participent à l'augmentation de capital en apportant de nouvelles liquidités à l'entreprise ;

– par **apport en nature**, lorsqu'un ou plusieurs actionnaires apportent un bien matériel ou immatériel à l'entreprise ;

– par **compensation de dettes**.

Le problème majeur associé aux augmentations de capital est qu'elles génèrent une **dilution** pour les anciens actionnaires si ces derniers ne souscrivent pas à l'opération. Cette dilution intervient au niveau des droits de vote, du bénéfice par action et de la richesse des actionnaires lorsque le prix d'émission des actions est en-dessous de leur valeur de marché. Dans le cadre d'une augmentation de capital, cette situation est fréquente dans la mesure où, l'entreprise souhaitant attirer de nouveaux investisseurs, proposer un prix attractif, plus bas que le prix du marché.

Les avantages d'une augmentation de capital sont triples. Elle permet tout d'abord d'acquérir de **nouvelles ressources financières**, contrairement à l'autofinancement qui entraîne une diminution de ces ressources. Ensuite, l'augmentation du capital dans les ressources stables génère un accroissement du **fonds de roulement net global** (FRNG), ce qui contribue à renforcer l'équilibre financier de l'entreprise. Enfin, l'augmentation des fonds propres est favorable au ratio fonds propres/dettes, ce qui renforce la **capacité d'endettement** de l'entreprise, ainsi que sa structure financière.

L'augmentation de capital présente toutefois quelques inconvénients. Notamment, il s'agit d'une opération coûteuse nécessitant une forte diffusion d'informations à destination des marchés, ainsi que des formalités importantes sur le plan juridique.

EXEMPLE

Une société présente un capital de 5 400 000 euros composé de 90 000 actions ordinaires de 60 euros chacune. La valeur de marché de ces actions est de 330 euros. Dans le cadre d'une assemblée générale extraordinaire, la société décide d'émettre 10 000 nouvelles actions au prix de 310 euros afin de procéder à une augmentation de capital d'un montant de 3 100 000 euros. Le résultat net de la société est de 10 000 euros. Avant l'augmentation de capital, l'actionnaire **A** détenait 4 000 actions. Il ne souhaite pas souscrire à l'augmentation de capital.

Calculez son pourcentage de droits de vote, son bénéfice par action et sa richesse avant et après l'augmentation de capital, et concluez.

	Avant l'augmentation de capital	Après l'augmentation de capital
% de droits de vote	**4 000 / 90 000 = 4,44 %**	**4 000 / 100 000 = 4 %**
Bénéfice par action	**10 000 / 90 000 = 0,11 €**	**10 000 / 100 000 = 0,10 €**
Richesse de l'actionnaire	**4 000 × 330 = 1 320 000 €**	**Nouvelle valeur de l'action :** **(90 000 × 330 + 10 000 × 310) / 100 000 = 328 €** Richesse de l'actionnaire : 4 000 × 328 = **1 312 000 €** Perte = 1 320 000 – 1 312 000 = **8 000 €**

Du fait de l'augmentation de capital à laquelle il n'a pas souscrit, l'actionnaire **A** voit son pouvoir (4 % contre 4,44 %), son bénéfice par action (0,10 euro contre 0,11 euro) et sa richesse basée sur son patrimoine actionnarial (1 312 000 euros contre 1 320 000 euros) diminuer. Il a perdu 8 000 euros avec cette opération.

Pour limiter les effets dilutifs des augmentations de capital sur la richesse des anciens actionnaires ne souhaitant pas souscrire à l'augmentation de capital, les entreprises peuvent procéder à des augmentations de capital avec droits préférentiels de souscription (DPS).

b. Les droits préférentiels de souscription

Lorsque l'augmentation de capital est attachée à des DPS, le prix est fixé avec une forte décote, généralement comprise entre 15 % et 30 % de la valeur de marché des actions. Cette décote permet aux banques qui garantissent l'opération de se prémunir contre une baisse de la valeur de l'action qui pourrait remettre en cause le succès de l'opération.

Les DPS sont des droits attachés à chaque action ancienne et qui permettent aux anciens actionnaires :

– de souscrire à l'augmentation de capital à des conditions plus avantageuses que les nouveaux actionnaires ;

– ou de limiter la dilution de leur richesse à travers la vente de ces droits lorsqu'ils ne souhaitent pas souscrire à l'augmentation de capital.

En opérant un transfert de richesse des nouveaux actionnaires vers les anciens, le DPS permet de maintenir une certaine égalité entre les actionnaires et ce, malgré le choix de l'entreprise d'accroître son capital.

Détermination de la valeur du DPS

DPS = valeur de l'action avant augmentation de capital - valeur de l'action après augmentation de capital

EXEMPLE

En reprenant les données de l'exemple précédent, calculez la valeur du DPS :
DPS = 330 – 328 ⇒ DPS = 2 €

Détermination de la parité de souscription

La parité de souscription permet de désigner le nombre de DPS nécessaires à l'achat d'une nouvelle action. Elle se calcule en effectuant le rapport entre le nombre d'actions nouvelles à créer et le nombre d'actions en circulation avant l'augmentation de capital.

EXEMPLE

En reprenant les données de l'exemple précédent, calculez la parité de souscription pour cette opération :

Parité = 10 000 / 90 000 = 1 action nouvelle pour 9 actions anciennes.

Dans la mesure où un DPS est attaché à chaque action ancienne, il faut neuf DPS pour acheter une nouvelle action. Les nouveaux actionnaires devront, quant à eux, acheter neuf DPS aux anciens actionnaires et payer ensuite le prix d'achat de l'action.

Neutralité de l'opération sur la richesse des anciens actionnaires après l'augmentation de capital

Les DPS permettent de neutraliser la richesse des anciens actionnaires, quelle que soit leur décision de souscrire ou non à l'opération.

EXEMPLE

En reprenant les données de l'exemple précédent, comparez la richesse de l'actionnaire **A** avant et après l'augmentation de capital (1) s'il souscrit à l'opération à titre irréductible et (2) s'il ne souscrit pas à l'opération.

Calculez également le prix que doit payer un nouvel actionnaire qui souhaite acquérir 500 actions (3).

1. Souscription à l'opération à titre irréductible

Richesse avant l'augmentation de capital	Richesse après l'augmentation de capital
4 000 × 330 = **1 320 000 €**	- Nombre d'actions nouvelles acquises : 4 000 × 1/9 = 444,44 actions nouvelles Avec 4 000 DPS, l'actionnaire A peut acheter **444 nouvelles actions** (pas assez de DPS pour en acheter 445).
	- **Valorisation** des 4 444 actions à leur nouvelle valeur : 4 444 × (90 000 × 330 + 10 000 × 310) / 100 000 = 1 457 632 € - **Valeur à laquelle il faut enlever le coût d'achat** des 444 nouvelles actions achetées au prix de 310 € : 1 457 632 – 310 × 444 = **1 319 992 €** - **Valorisation des DPS** restants que l'actionnaire **A** peut vendre aux nouveaux actionnaires : pour l'achat de 444 nouvelles actions, l'actionnaire **A** a utilisé 444 × 9 = **3 996 DPS.** Il lui en reste donc 4 (4 000 – 3 996) valorisés au prix de 2 €, soit 8 €. La valorisation finale de la richesse de l'actionnaire **A** est donc de : 1 319 992 + 8 = **1 320 000** €

2. Pas de souscription à l'opération

4 000 × 330 = **1 320 000 €**	- **Valorisation** des 4 000 actions à leur nouvelle valeur : 4 000 × (90 000 × 330 + 10 000 × 310) / 100 000 = **1 312 000 €** - **Vente** des 4 000 DPS aux nouveaux actionnaires au prix de 2 €, soit **8 000 €.** La valorisation finale de la richesse de l'actionnaire A est donc de : 1 312 000 + 8 = **1 320 000** €.

3. Achat de 500 actions par un nouvel actionnaire

Achat de 500 actions au prix de 310 € : 500 × 310 = 155 000 €.

Achat des DPS, 1 action nouvelle nécessite l'acquisition de 9 DPS :

500 × 9 = 4 500 €, que le nouvel actionnaire va donner aux anciens actionnaires qui ne souhaitent pas souscrire à l'augmentation de capital, soit un prix total déboursé : 155 000 + 4 500 = 159 500 €.

c. Les émissions de capital sans droits préférentiels de souscription

En France, les émissions de capital sans DPS sont strictement règlementées et impliquent que les actionnaires aient renoncé à leur DPS par une décision prise en AGE. Ces augmentations de capital sont réalisées lorsque l'entreprise souhaite attirer de nouveaux investisseurs.

d. Le problème de la perception des augmentations de capital par le marché

L'augmentation de capital s'effectue en général en dessous du cours actuel et entraîne mécaniquement **une baisse de la valorisation boursière de l'action**. Autrement dit, l'augmentation de capital n'est théoriquement rationnelle que si le dirigeant pense que le cours de l'action est **surévalué**. Cette décision relève alors d'un problème **d'asymétrie d'information** entre dirigeant et actionnaires, ces derniers ayant surestimé les flux futurs liés aux investissements. L'augmentation de capital aura le mérite :

– de réduire ou supprimer la surévaluation ;

– de diminuer l'asymétrie d'information des actionnaires car cette opération s'accompagne de la publication obligatoire d'un certain nombre d'informations relatives à la situation financière actuelle et future de l'entreprise. Ainsi, les coûts d'agence liés à l'asymétrie entre dirigeant et actionnaires seront moins élevés.

Pour les entreprises en difficulté, l'augmentation de capital se traduit par un transfert de valeur des actionnaires vers les créanciers. En effet, l'augmentation des fonds propres renforce la **garantie** donnée aux créanciers et donc diminue leur **risque et revalorise leur dette.**

L'opportunité de l'augmentation de capital s'apprécie en fonction des **spécificités financières** de l'entreprise. Une analyse par le PER [▶ CHAPITRE 5] apparaît dans cette optique tout à fait appropriée. L'augmentation de capital sera d'autant mieux perçue par les investisseurs que la valeur de ses opportunités de croissance (VAOC) est importante, que son PER est à un niveau supérieur à celui de ses concurrents.

1.4 L'introduction en Bourse

a. Les objectifs poursuivis par les entreprises

L'introduction en Bourse est la première admission des valeurs mobilières aux négociations sur un marché réglementé réalisée conformément aux règles fixées par Euronext et l'AMF [▶ CHAPITRE 1]. Les objectifs poursuivis par une entreprise dépendent du type d'introduction retenu. En effet, une introduction en Bourse peut prendre la forme d'une simple **cession de titres**

existants ou, de manière plus ambitieuse, faire l'objet d'une **augmentation de capital** ouverte au public et/ou aux salariés.

L'introduction en Bourse va permettre :

– de valoriser la société et de diversifier l'actionnariat ;

– de rendre liquide les titres détenus par les actionnaires qui peuvent envisager un retrait ;

– d'accorder des actions ou des stock-options aux salariés ;

– d'obtenir des fonds pour investir, financer le BFR ou encore se désendetter ;

– d'apporter une certaine notoriété à l'entreprise (publicité pour l'entreprise, visibilité à l'international, renforcer la crédibilité par rapport aux partenaires) ;

– de céder les titres d'une activité filialisée sur le marché afin de s'orienter sur d'autres secteurs ou de se recentrer sur son cœur.

b. Les conditions requises et procédures d'introduction en Bourse

L'Autorité des marchés financiers (AMF) présente sur son site, de manière très précise et didactique, les principales conditions requises pour une introduction en Bourse :

	Eurolist	Alternext
Minimum de diffusion	25 % du capital ou 5 % pour un capital supérieur à 5 millions d'euros	2,5 millions d'euros
Historique des comptes	3 années de comptes certifiés	2 années de comptes certifiés
Normes comptables	IFRS documents visés par AMF	IFRS ou PCG documents visés par AMF

Préalablement à la première cotation des actions d'une société, la souscription des actions est réalisée dans le cadre d'une offre globale comportant un **placement global** et une **offre à prix ouvert**.

Définition	**Le PG** correspond à la part de l'offre globale d'actions dans le cadre d'une introduction en Bourse, destinée principalement aux **investisseurs institutionnels**, en France et à l'international.	**L'OPO** se définit comme la part de l'offre globale d'actions destinée au **grand public** en France dans le cas d'une introduction en Bourse.
Caractéristiques principales	L'introducteur (généralement un syndicat bancaire) décide d'allouer, de façon discrétionnaire, les actions aux investisseurs. En général, le placement est associé à une autre procédure d'introduction (pour une partie des actions) : **offre à prix ferme** (OPF) ou **à prix minimal** (OPMF), **OPO**, **cotation directe** ; il est réservé aux **professionnels**.	Dans une OPO, les ordres de souscription des particuliers ne portent pas d'information sur le prix, d'où le terme d'offre à prix ouvert. Les ordres sont formulés dans le cadre d'une fourchette de prix. Si l'ensemble des ordres formulés le permet, le nombre de titres effectivement alloués aux particuliers représente au moins 10 % des actions offertes. C'est donc le **marché qui fixe le prix, ainsi que les quantités**.

	Placement global (PG)	Offre à prix ouvert (OPO)
Procédure	L'entreprise constitue un **syndicat bancaire**, dirigé par un établissement chef de file. • L'établissement chef de file se charge du placement des titres offerts aux institutionnels. • Les institutionnels qui souhaitent acquérir des titres font leurs offres dans une fourchette de prix préétablie. • Le chef de file collecte la totalité des ordres suivant la technique dite du « livre d'ordres » ou *book building*. • Sous les directives de l'entreprise, l'établissement chef de file décide quels institutionnels verront leurs ordres exécutés. • Une fois l'attribution des titres réalisée, l'établissement chef de file en transmet un récapitulatif à la société de Bourse.	Le premier cours coté du titre sera le prix définitif de l'offre. Deux cas de figure : Le taux de service est supérieur à 1 % de la demande : l'offre est déclarée positive. Le taux d'allocation est inférieur à 1 % : l'introduction est reportée et le prix sera relevé de 5 %. L'OPO est souvent couplée avec une autre procédure : un PG pour élargir l'introduction et améliorer la liquidité du titre ; une offre à prix ferme (OPF), où le prix est connu par avance.

c. Le rôle joué par les organismes financiers

L'intermédiaire financier, généralement une banque, assure le lien entre l'entreprise et les autres acteurs du marché pour la vente de titres au public. Cet intermédiaire, dénommé **PSI** (prestataire de services en investissement), est membre des marchés d'Euronext. Son rôle est de **conseiller** les dirigeants tout au long du processus (coordination du travail des autres intervenants, placement des actions, etc.). Il joue également un rôle actif dans le cadre d'une **option de surallocation (*greenshoe*)**.

DÉFINITION

L'option de surallocation désigne un mécanisme par lequel une banque émettrice peut réguler le prix d'une action tout juste introduite en Bourse.

L'entreprise et la banque émettrice se mettent d'accord sur un nombre donné d'actions à émettre et, si elles le souhaitent, sur un nombre supplémentaire d'actions à émettre en vue d'assurer la stabilité des cours (jusqu'à 15 % du nombre principal d'actions). Lors d'une introduction en Bourse, les actions nouvellement cotées peuvent être soumises à des **déséquilibres** entre l'offre et la demande, ce qui génère une forte volatilité. L'option de surallocation vient atténuer ces déséquilibres.

d. Les inconvénients de l'introduction

Les introductions en Bourse ne se déroulent pas toujours aussi bien que prévu. L'instabilité des marchés sur des périodes de fortes incertitudes entraîne parfois des reports, comme pour la société de streaming musical Deezer qui, en 2015, a annulé son introduction sur Euronext trois jours avant la date prévue. Cela a également été le cas du groupe d'optique Alain Afflelou en

2016 qui, après un premier report, a renoncé à sa mise en cotation début 2017. Outre de trop fortes volatilités, les raisons sont aussi liées à la situation conjoncturelle des sociétés concernées (la fusion annoncée entre le numéro un mondial des verres ophtalmiques Essilor et le géant italien des lunettes de marques Luxottica pour Afflelou), voire à des interrogations sur la validité du *business model* comme pour Deezer.

Dans son rapport sur l'évolution des radiations de la Bourse des sociétés cotées en France sur la période 2010-2010, l'AMF soulignait qu'une partie non négligeable des retraits volontaires qui touchaient des structures de petites tailles étaient :

– pour la **période 1998-2005**, les réorganisations stratégiques internes et le coût élevé de la cotation au regard des avantages retirés : trop faible liquidité des marchés liée à une forte pression des marchés ;

– pour la **période 2006-2010**, la conjoncture économique (baisses de rentabilité, restructurations, mises en redressement) et une liquidité des marchés insuffisante, mais à relier à la faiblesse de projets d'investissement à financer.

Autrement dit, les introductions en Bourse doivent être accompagnées d'une stratégie d'investissement à long terme qui éclaire durablement les opérateurs sur les perspectives de croissance à venir.

1.5 Le financement par quasi-fonds propres

a. Les caractéristiques des quasi-fonds propres

DÉFINITION

Il s'agit de **fonds intermédiaires** entre capitaux propres et dettes : remboursables après les dettes ordinaires, mais avant les actions. Leur remboursement est ainsi appelé **subordonné.**

Les principales formes de quasi-fonds propres sont :

– Les **titres participatifs**, qui sont des valeurs mobilières souvent utilisées par les entreprises publiques et les coopératives qui n'octroient pas de droits de vote, ni de parts dans le capital, mais qui bénéficient d'une rémunération composée d'une part fixe et d'une part fonction des résultats.

– Le **prêt participatif**, introduit par la loi du 13 juillet 1978 : il est destiné au financement à long terme des entreprises, tout particulièrement des PME. Son remboursement est subordonné au remboursement intégral par l'emprunteur de toutes ses autres créances bancaires (la dette est alors dite « subordonnée »). Il ne confère aucun droit de vote au prêteur et il est accordé moyennant le service d'un intérêt fixe, généralement majoré d'une participation au bénéfice net de l'emprunteur. Longtemps délaissé, ce mode de financement a été réactivé lors de la crise de 2008 en support aux prêts de l'État en faveur des entreprises en difficulté, notamment les constructeurs automobiles (Renault, PSA Peugeot-Citroën et Renault Trucks), et aux interventions d'OSEO (Bpifrance). Entre 2008 et 2011, c'est plus de six milliards d'euros de prêts participatifs qui ont été émis.

– Les **titres subordonnés à durée indéterminée** (TSDI), dont les caractéristiques sont :

- de n'être remboursables qu'en cas de liquidation de l'entreprise et après désintéressement de tous les autres créanciers (privilégiés ou chirographaires) : pas d'obligation contractuelle à rembourser, donc semblables à des fonds propres ;
- de bénéficier d'une rémunération révisable ou variable pouvant être différée en l'absence de bénéfices distribuables, ce qui les rapproche du droit à intérêt des dettes.

– Le **financement mezzanine** : forme de dettes dont le remboursement est subordonné aux dettes seniors (dettes bancaires), mais prioritaire par rapport aux fonds propres. La dette mezzanine non cotée est souscrite par des fonds spécialisés. Les titres hybrides (OBSA, obligations convertibles, ORA, bons de souscription d'actions) sont généralement utilisés comme supports.

– Les **dépôts en compte propre des associés**, souvent assortis de clauses de non-remboursement si les résultats ne sont pas suffisants, cas qui même en l'absence de ces clauses, se trouvent confortés par la jurisprudence.

b. Les intérêts des quasi-fonds propres

En période de crise où les volatilités sont importantes sur les marchés, il est difficile pour les entreprises de lever des fonds par augmentation de capital. Le rendement requis sera élevé et les délais de récupération assez courts, même pour des entités de qualité.

L'émission de titres hybrides - obligations convertibles ou remboursables en actions - permet de temporiser. L'émetteur offre dans un premier temps un risque limité en conférant un droit de créance qui rassure les investisseurs et un actif plus liquide. Ils proposent dans un second temps la possibilité d'entrer au capital de la société. Les droits de créance se transforment en droits de propriété, certes plus risqués, mais que les investisseurs sont prêts à accepter sans exiger de surcoûts parce que la conjoncture est devenue plus favorable et/ou l'entreprise a fait ses preuves en répondant aux exigences de la dette initiale.

Certes moins stables que les capitaux propres, mais moins contraignants que les dettes du point de vue du remboursement, les quasi-fonds propres constituent des voies de financement appropriées pour les entreprises qui n'ont pas totalement consolidé leur croissance et assuré leur potentiel de création de valeur pour le futur.

2. Le financement par endettement

2.1 Pour un bref panorama

Il existe de nombreux instruments de financement recourant à la dette, dont la principale caractéristique qui la différencie des fonds propres et quasi-fonds propres est le droit à remboursement, éventuellement assorti d'un droit à rétribution, mais qui peut être levé ou conditionné.

Sans être exhaustive, l'arborescence suivante présente les principales familles de dettes :

Figure 2. Arborescence des dettes

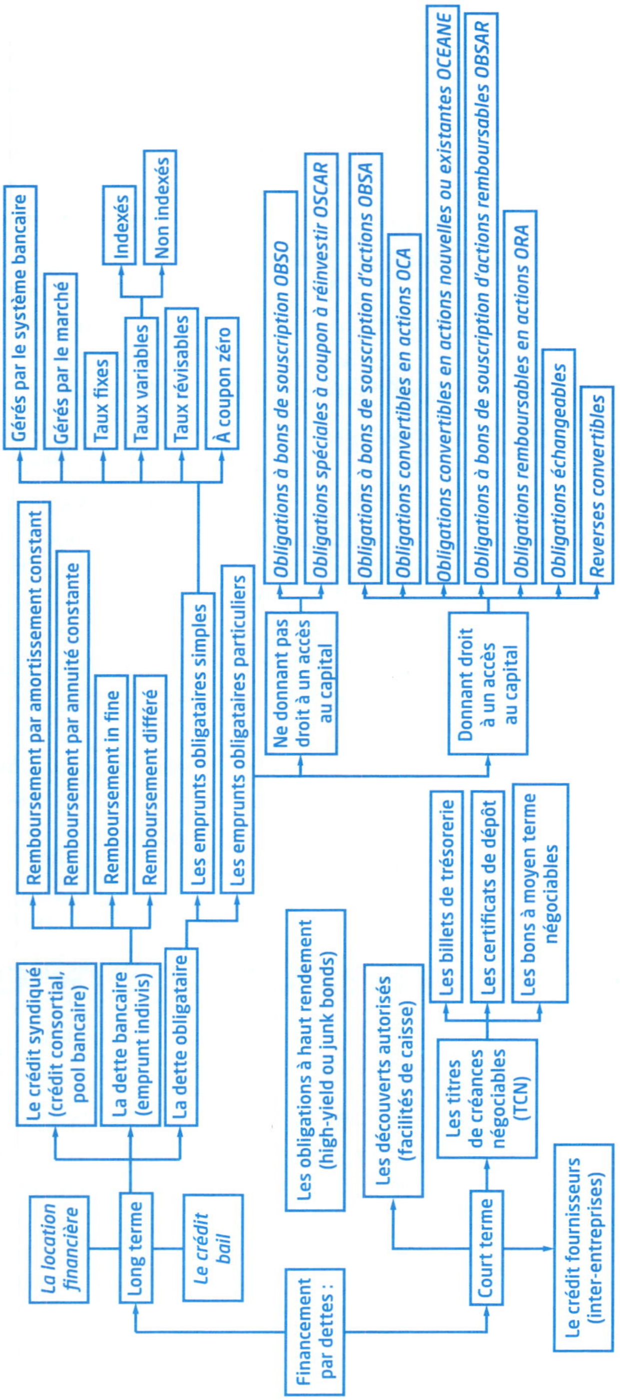

Parmi ces instruments, dont les caractéristiques peuvent être aisément trouvées par ailleurs, l'emprunt obligataire est celui qui fait l'objet des principales transactions sur le marché financier.

2.2 Les emprunts obligataires

La définition et les principales caractéristiques de ces titres, ainsi que leur mode d'évaluation ont été présentés au chapitre 5. Leurs particularités rendent l'AMF particulièrement vigilante quant à l'encadrement de la procédure d'émission, ainsi que pour l'information à produire et à diffuser à cette occasion, surtout lorsqu'elles sont destinées à un large public d'investisseurs. Ainsi, pour les obligations ne donnant pas accès à des parts de capital, il existe la procédure dite d'acquisition ordonnée.

DÉFINITION

La procédure d'acquisition ordonnée consiste, à l'initiative de l'émetteur, de son mandataire ou d'un tiers, à mettre en place un dispositif centralisé permettant d'offrir, à l'ensemble des porteurs d'un même emprunt obligataire, la faculté de céder ou d'échanger tout ou partie des titres de créance qu'ils détiennent à hauteur du montant déterminé dans l'offre.

Cette procédure accroît l'égalité de traitement des porteurs car elle propose une offre de rachat ou d'échange à tous les porteurs de titres à des conditions identiques pour une même ligne obligataire, les rachats s'opérant au prorata de leur participation. Lorsque les titres font l'objet d'une offre au public dès leur émission, le projet d'acquisition donne lieu à un communiqué, formalisé par l'AMF. Il en est de même lors des rachats de titres effectués par l'émetteur hors marché, lorsqu'ils représentent, en une ou plusieurs fois, plus de 10 % de titres d'un même emprunt.

3. Le financement des PME/ETI

3.1 PME/ETI : victimes du rationnement du crédit ?

a. La problématique du rationnement du crédit

Lors de chaque période de crise, le débat du rationnement du crédit des petites structures qui ne peuvent pas se financer sur les marchés financiers pose le problème des responsabilités du phénomène, phénomène qui mérite au préalable d'être défini.

DÉFINITION

On parle de rationnement du crédit lorsqu'un agent économique (entreprise, particulier, etc.) se voit refuser un financement bancaire, alors même qu'il est prêt à en supporter le coût.
Ce coût comprend le coût de refinancement sur le marché monétaire, les frais de gestion, la marge bancaire, la prime de risque nécessaire pour compenser les pertes subies lors du défaut d'un emprunteur.

Les deux principales formes de rationnement du crédit sont :

– Les rationnements liés aux stratégies des banques face au risque : il s'agit pour l'essentiel d'un **rationnement préventif** ; suite à une récession économique ou à une crise financière, les banques se trouvent trop exposées au risque **d'insolvabilité** des emprunteurs. À titre préventif, elles décident alors de réduire leur activité de crédit, excluant une partie des emprunteurs du marché de manière temporaire ou définitive.

– Les rationnements liés aux politiques monétaires : on parle alors de **rationnement contraint** ; les institutions financières imposent des normes de crédit plus contraignantes aux banques (normes de Bâle III) afin d'éviter une trop grande fragilisation du système (faillites bancaires, crise systémique, etc.). La baisse de l'offre de crédit est imposée aux banques pour satisfaire la réglementation. Ce rationnement contraint ne dépend pas de la stratégie prudentielle des banques et aboutit à un rationnement arbitraire et non stratégique.

Dans ce contexte, cette **inefficacité du marché** se produit lorsque les banques ne parviennent pas à **identifier clairement les caractéristiques de leurs clients** et ne peuvent donc pas tarifer correctement le crédit **en fonction du niveau de risque** de chacun.

Cette situation s'inscrit dans une relation classique **d'agence** [▶ SECTION 5.2] entre prêteur et emprunteur, où il existe une **asymétrie d'information**, dans le cas présent au détriment du prêteur. Le processus est le suivant :

Figure 3. Marchés efficients

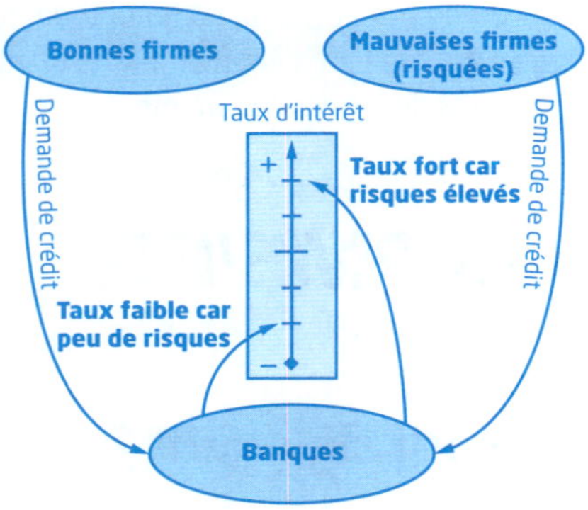

Figure 4. Marchés non efficients

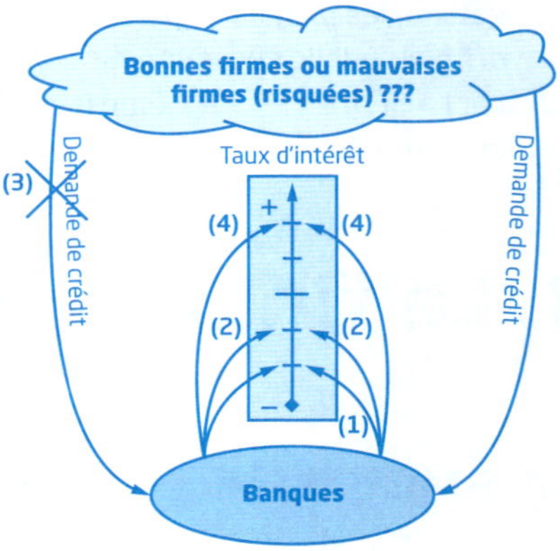

Sur la **figure 3**, le **marché est efficient** et en l'absence d'asymétrie d'information, chaque catégorie d'entreprises obtient le crédit qu'elle souhaite au *juste prix* ; il n'y a **pas de rationnement du crédit.**

Sur la **figure 4**, le **marché n'est pas efficient** et l'information y est **asymétriquement** distribuée au détriment des prêteurs. **Avant la contractualisation**, les firmes risquées en profitent pour ne pas révéler leur vrai niveau de risque de manière à bénéficier de conditions de crédit plus avantageuses. Ce comportement déviant de type **sélection adverse** ne permet plus aux banques de sélectionner le bon grain de l'ivraie en jouant sur le niveau de taux. Soumises à un environnement bancaire très **concurrentiel** (*via* la désintermédiation), elles abaissent les conditions d'octroi des prêts pour rester compétitives (**1**).

Le manque de compétitivité des firmes risquées entraîne des premiers défauts de paiement, suivis de beaucoup d'autres lorsque survient une crise. Les banques réagissent en augmentant les taux, afin de compenser les non-remboursements. Elles les fixent dans un premier temps à un niveau moyen (**2**). Cette hausse engendre le retrait des bonnes entreprises du circuit **(3)**, qui trouvent le coût trop élevé et ne parviennent pas à signaler leur qualité. Les banques comprennent alors qu'en offrant un tarif moyen indifférencié à une catégorie d'emprunteurs, elles n'attirent que ceux présentant un risque supérieur au niveau moyen. Rehausser le tarif **(4)** ne suffit pas à casser ce cercle vicieux, où seules les mauvaises firmes acceptent le financement. Ce phénomène incite les banques à se **retirer du marché** plutôt qu'à pratiquer des taux élevés qui découragent les emprunteurs les moins risqués (Akerlof, 1970). On parle alors de « **credit crunch** » ou **rationnement** ou **resserrement du crédit.** Les PME/ETI en ont-elles été victimes suite à la crise des subprimes de 2007-2008 ?

b. Le rationnement du crédit et PME/TPE

Les PME françaises représentent 99,8 % de la population des entreprises françaises, près de 60 % de la valeur ajoutée et plus de 60 % des emplois. Cette représentativité correspond à la moyenne européenne.

Le 20e baromètre Ifop de CGPME/KPMG sur le financement et l'accès au crédit des PME de février 2014, qui portait sur un échantillon de 401 dirigeants d'entreprise, représentatif d'entreprises françaises de 10 à 500 salariés, mettait en évidence les points de vue des entrepreneurs et des institutions financières sur cette question. Les entrepreneurs pensent globalement qu'ils sont victimes d'un resserrement du crédit de la part des banques qui ont, selon eux, souhaité réduire leur exposition aux risques d'activité. Les institutions financières estiment, au contraire, que c'est la demande de crédit qui s'est réduite parce que les petites structures, en particulier, ont diminué leurs investissements selon le mécanisme suivant :

Figure 5. Mécanisme de baisse de la demande de crédit

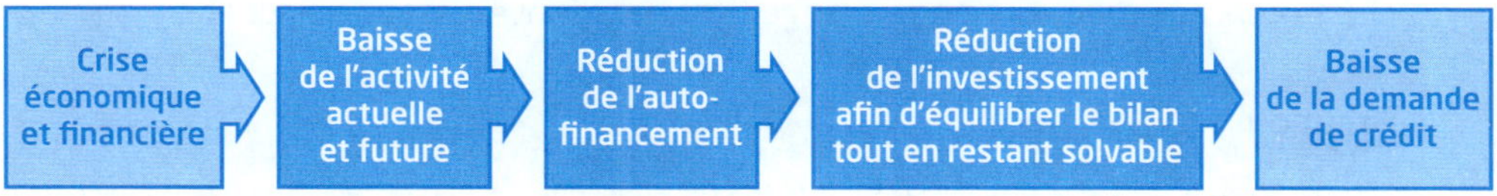

La reprise du crédit dépendrait alors de la capacité des PME à **renforcer leurs fonds propres** afin de retrouver de la capacité d'endettement. Une étude publiée en janvier 2014 par l'association PME Finance apporte des réponses plus nuancées en mettant en évidence que :

– Malgré des conditions très avantageuses de crédit - taux moyen des crédits nouveaux à **1,9 %**, en dessous de la moyenne de la zone euro -, les PME sont restées très prudentes. La Banque de France relève que les PME se sont engagées sur des investissements qualifiés **de défensifs**, c'est-à-dire réalisés dans le but de confirmer une position sur un marché, et non de créer de nouvelles opportunités de croissance.

– La Banque de France a observé à cette époque une **baisse de la demande de crédit des PME/TPE**.

– Lorsque les dirigeants de PME sont interrogés sur les obstacles à l'obtention de crédit, ils estiment que leurs demandes de crédit sont découragées. Les exigences de collatéraux utilisés comme garanties par les banques seraient trop dissuasives. De ce fait, un phénomène d'autocensure des chefs d'entreprise les conduirait à abandonner ou restreindre leurs demandes de crédit.

Le manque de diffusion de la documentation financière et l'absence de *rating* (notations financières) pour cette catégorie d'entreprises ont également pu rendre les banques plus prudentes dans leurs engagements.

– Il existe toutefois de réelles restrictions bancaires qui pénalisent les PME/TPE sur les **crédits à court terme** et les entreprises à **haut risque** (start-ups), c'est-à-dire celles qui ont besoin de financer des investissements d'innovation et de croissance. C'est donc cette catégorie particulière d'entreprises qui a véritablement été contrainte par le resserrement du crédit, les règles de Bâle III règlementant plus fortement l'exposition aux risques des établissements financiers n'y étant pas totalement étrangères. Ces start-ups ont donc dû s'orienter vers d'autres modes de financement.

c. Les nouveaux modes de financement accessibles aux PME/ETI

Le recours aux financements internes

– les **free cash-flows** : ressources issues du cycle d'exploitation ;

– les techniques de **refinancement** : cession d'actifs, *lease-back,* notamment mobilier ;

– les augmentations de capital pour les **actionnaires actuels**.

Le recours aux financements externes

– **L'ouverture du capital** à de nouveaux actionnaires privés. Lors des premières années de développement, l'entreprise a généralement recours :

- au **capital de proximité** (*love money*), c'est-à-dire provenant des proches (famille, amis) soit en prêt sans intérêt, soit en capital ;
- aux **aides gouvernementales** prenant la forme de réductions fiscales, subventions, etc.

– Le recours aux **Business Angels** (ange financier ou investisseur providentiel).

DÉFINITION

Les Business Angels sont des investisseurs privés qui engagent une part de leur propre patrimoine dans des entreprises en phase de création sur des secteurs très innovants (bio Tech, NTIC, etc.) à fort potentiel.

Ces investissements risqués comportent, dans la plupart des cas, une dimension « coup de cœur ». Leurs responsables sont souvent d'anciens entrepreneurs ou cadres dirigeants, qui apportent en complément de fonds en capital leur expérience, un soutien opérationnel et un réseau relationnel au profit de la société.

– Le financement **mezzanine**.

DÉFINITION

Le financement mezzanine est une forme de dette dont le remboursement est subordonné aux dettes seniors (dettes bancaires) mais prioritaire par rapport aux fonds propres. La dette mezzanine non cotée est souscrite par des fonds spécialisés. Les titres hybrides (OBSA, obligations convertibles, ORA, bons de souscription d'actions) sont généralement utilisés comme supports.

– Le capital-investissement (*private equity*).

DÉFINITION

Le capital-investissement ou private equity : prises de participations majoritaires ou minoritaires dans le capital de PME généralement non cotées. Le financement porte sur quatre segments : le **capital-innovation,** le **capital-développement,** le **capital-transmission/LBO** et le **capital-retournement**.

Le capital-investissement est présent tout au long du cycle de vie de l'entreprise :

Figure 6. Capital-investissement et cycle de vie de l'entreprise

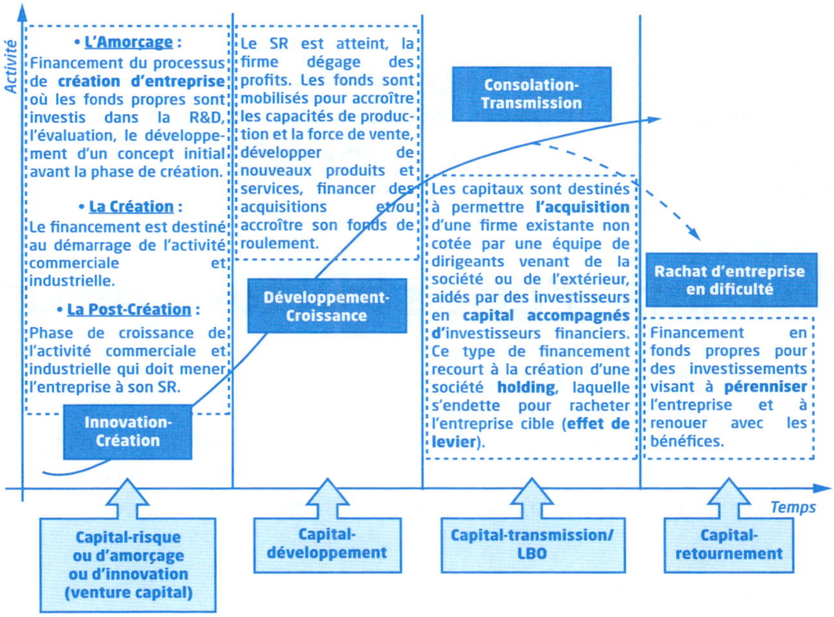

Un des plus dynamiques est sans contexte le **capital-risque.**

DÉFINITION

Le capital-risque (source Bpifrance) est une branche du capital-investissement qui consiste à financer de jeunes entreprises innovantes, sous une forme de participation au capital. Les investisseurs apportent du capital en fonds propres à une entreprise considérée comme étant innovante et/ou avec un fort potentiel de développement et de retour sur investissement.

La plateforme de données Dealroom a publié son étude « Fundraising by European venture capital » en septembre 2017. La France se classe en tête du palmarès européen avec des levées de 2,7 milliards d'euros entre janvier et fin août 2017, contre 2,3 milliards d'euros pour leurs homologues britanniques.

Les financements alternatifs et innovants :

– les prêts participatifs ;

– les fonds propres temporaires de Fondelia ;

– les fonds d'investissement étrangers ;

– les emprunts obligataires mutualisés ;

– les offres obligataires dédiées aux PME : *initial bound offering* (IBO) ;

– le financement participatif ou *crowdfunding* :

DÉFINITION

Le financement participatif ou crowdfunding : nées aux États-Unis, les sociétés de *crowdfunding* mettent en place des plateformes de financement accessibles par Internet et sollicitant les particuliers pour des placements de valeurs parfois assez modestes (quelques dizaines d'euros) destinés à des PME éprouvant des difficultés à se financer par les systèmes bancaires classiques dans un contexte de crise économique et financière.

Le *crowdfunding* se divise en deux grandes catégories :

– le **crowdfunding social** regroupant les dons et prêts sans exigence de rendement ;

– le **crowdlending** (prêts) et **l'equity crowdfunding** (titres), motivés par des retours sur investissement.

4. Le choix d'une structure financière

L'entreprise dispose d'un large éventail de sources de financement s'étendant des fonds propres aux dettes financières. La **répartition des financements** entre ces différentes sources **constitue la structure financière.** La réflexion financière s'est alors portée sur l'existence ou non d'une structure financière optimale, c'est-à-dire une combinaison de dettes et de fonds propres qui offre une valorisation maximale de la valeur de l'entreprise tout en minimisant le coût du capital.

4.1 Le coût du capital

a. Capital et coût du capital

DÉFINITION

Le capital en finance : la notion de capital s'entend de manière plus large que le simple capital social de l'entreprise. Il regroupe l'ensemble des ressources de financement : fonds propres et dettes financières, c'est-à-dire le capital investi.

La notion de coût du capital résulte du fait que les détenteurs des ressources de financement (actionnaires et créanciers) exigent un rendement rémunérant leur placement à hauteur des risques encourus. Son évaluation est financière et suppose une lecture du patrimoine exprimée en valeur de marché :

<table>
<tr><td rowspan="2">Valeur globale de l'entreprise ou VGE sur laquelle pèse un coût : le coût moyen pondéré du capital ou CMPC</td><td>Valeur de marché des capitaux propres C, rémunérée par le rendement requis des actionnaires kc</td></tr>
<tr><td>Valeur de marché des dettes financières D, rémunérée par le rendement requis des actionnaires $\mathbf{k_d}$</td></tr>
</table>

L'équilibre du bilan financier suppose que **VGE = C + D.**

Mais dans l'optique financière, c'est à **la valeur de marché des capitaux propres de s'ajuster**, ce qui change quelque peu le sens de l'équation : **C = VGE - D.**

Ainsi réécrite, elle indique que la part qui revient aux actionnaires constitue une **valeur résiduelle d'actifs,** celle qui restera (ou pas) une fois l'ensemble des créanciers remboursés.

La **VGE** (valeur de marché de l'actif économique ou *firm value*) regroupe les éléments suivants :

– les **immobilisations** corporelles, incorporelles et financières ;

– des éléments **intangibles** ne figurant pas forcément dans le bilan comptable car difficiles à identifier et donc à valoriser (marques, réputation, opportunités de croissance, synergies, etc.) ;

– la **trésorerie** et le **BFR** = actif circulant - passif circulant (dettes fournisseurs, sociales, fiscales, etc.), ce qui signifie que seules les **dettes financières** figurent au passif du bilan financier.

La VGE sera surtout sensible aux **variations de la valeur de marché des capitaux propres**. Celle-ci est en effet plus risquée, plus fluctuante que la valeur de marché de la dette.

b. Évaluation du coût moyen pondéré du capital (CMPC)

Les charges financières étant déductibles, le coût de la dette s'évalue **net d'impôt** :

Coût de la dette = rendement requis des créanciers net d'impôt = $k_d \times (1 - T)$

ce qui suppose que la firme soit capable de générer les profits nécessaires pour imputer ces charges et bénéficier de l'économie d'impôt.

Les dividendes n'étant pas déductibles :

Coût des capitaux propres = rendements requis des actionnaires = kc.

Le coût du capital correspondra à la somme des rendements requis, pondérée par la valeur de chaque élément de la structure. Avec **C** pour le capital, **D** pour la dette, **T** pour le taux d'imposition sur le bénéfice, on obtient :

$$CMPC = kc \times \frac{C}{VGE} + k_d \times (1 - T) \times \frac{D}{VGE}$$

Comment évaluer *kc* ?

Comme nous l'avons vu au chapitre 4 consacré au couple valeur/risque, le rendement requis des actionnaires peut être approché par le MEDAF :

$kc = R_f + \beta_c.\left[E(R_M) - R_f\right]$ c'est-à-dire la rémunération d'un actif sans risque R_f à laquelle s'ajoute une prime de risque constituée du risque systématique des titres de l'entreprise mesurée par le coefficient de volatilité β_c qui réagit plus ou moins fortement à la hausse ou à la baisse aux fluctuations du marché et qui est appliqué à l'écart entre le rendement de marché $E(R_M)$ et le taux sans risque R_f.

Comment évaluer k_d ?

Il s'agit d'un taux requis (espéré), auquel l'entreprise **pourrait s'endetter** et non le taux auquel elle est actuellement endettée. L'entreprise a déjà évalué la création de richesse de son investissement ; il s'agit à présent de confronter le **rendement du projet au coût de financement d'une éventuelle nouvelle dette.**

L'entreprise peut se référer au coût de ses dettes passées ou actuelles et le corriger des particularités actuelles de l'opération (son niveau de risque en particulier), à condition que sa situation financière reste stable.

4.2 La neutralité de la politique de financement de F. Modigliani et M. Miller (1958)

Les travaux de Franco Modigliani (1918-2003) ont été reconnus par un prix Nobel d'économie (ou plus exactement le Prix de la Banque de Suède en sciences économiques en mémoire d'Alfred Nobel) en 1985. Ceux de Merton Miller (1923-2000) ont été récompensés par la même distinction en 1990 (avec Harry Markowitz et William Sharpe). Leurs apports théoriques ont ainsi été considérés comme des contributions essentielles aux sciences économiques et financières, et forment l'assise scientifique du MEDAF qui viendra ultérieurement.

a. Les hypothèses du modèle

Modigliani et Miller se placent dans le cadre d'un **marché parfait** [▶ CHAPITRE 3], caractérisé notamment par l'absence de **coûts de transaction** ou de **faillite**, l'absence **d'impôt**, la possibilité d'emprunter et de prêter à un **même taux sans risque** R_f.

Comme Gordon et Shapiro [▶ CHAPITRE 5], ils raisonnent sur un **horizon infini**. Les entreprises comparées ont le même portefeuille d'actifs : le même niveau de **risque d'exploitation.**

Les bénéfices sont entièrement **redistribués.**

b. La conclusion du modèle

La structure financière n'affecte pas la valeur de l'entreprise. Autrement dit, deux entreprises ayant les **mêmes caractéristiques économiques**, mais qui présentent une **structure financière différente** (l'une est endettée : e, l'autre ne l'est pas : ne), seront **valorisées à l'identique :** $VGE_e = VGE_{ne}$; il y a **neutralité de la politique de financement.**

c. Les justifications du modèle

La VGE de chaque entreprise est déterminée par l'actualisation des flux de trésorerie disponibles **d'exploitation** selon le même principe que la VAN. Les charges financières ne sont pas prises en compte, le niveau d'endettement de la firme n'interfère donc pas dans l'évaluation de sa valeur. Seule la **répartition** de ses flux diffère. L'entreprise non endettée en verse la totalité aux **actionnaires**, quand la société endettée les partage **entre actionnaires et créanciers.**

La valorisation qui pourrait être attendue de l'effet de levier pour la société endettée est exactement **compensée par la prime de risque supplémentaire que les actionnaires exigent compte tenu des risques liés à l'endettement.** Ainsi, si les valeurs des deux sociétés, l'une endettée et l'autre non, venaient à diverger, les investisseurs procèderaient à des **arbitrages** à la suite desquels les **VGE deviendraient égales.**

Modigliani et Miller démontrent dans ces conditions que deux entreprises en tout point semblables, exception faite de leur structure financière, présentent un coût moyen pondéré du capital identique : $CMPC_{ne} = CMPC_e$.

Cette égalité prouve que les deux entreprises ont le même niveau de risque d'exploitation.

En **l'absence d'endettement**, le rendement requis des actionnaires et le CMPC n'ont aucune raison de diverger. On obtient donc : $kc_e = CMPC_{ne}$.

Avec la dette, le rendement requis des actionnaires kc_{ne} devient :

$$kc_e = CMPC_e + \frac{D}{C} \times (CMPC_e - Rf)$$

Effet de **levier financier** qui correspond à la **prime de risque liée à l'endettement** de l'entreprise et qui a pour effet d'augmenter le rendement requis par les actionnaires du fait de **l'existence de la dette**.

Impact du **levier financier** jouant à la hausse si le CMPC est supérieur au taux sans risque.

Comme $kc_e = CMPC_{ne}$, la formulation se réécrit : $kc_e = kc_{ne} + \frac{D}{C} \times (kc_{ne} - R_f)$.

Rendement requis des actionnaires de la firme **endettée** : kc_e	=	Rendement requis des actionnaires de la firme **non endettée** : kc_{ne}	+	Prime de risque liée à l'endettement de l'entreprise : $\frac{D}{C} \times (kc_{ne} - Rf)$

EXEMPLE

Soit deux entreprises **U** et **L** générant les mêmes flux d'exploitation de 1 000, et donc le même risque. La firme **L** est endettée à hauteur de 2 000 au taux sans risque de 7 % et ses capitaux propres sont valorisés à 4 000. La firme **U** n'est pas endettée et est valorisée à 5 000.

1. Tableau d'analyse des flux

	U	L	Justifications
Flux de trésorerie	**1 000**	**1 000**	
Charges financières	**0**	**140**	**Pour L** : 2 000 × 7 %
Bénéfices nets	**1 000**	**860**	
C	**5 000**	**4 000**	
D	**0**	**2 000**	
VGE	**5 000**	**6 000**	
Levier financier = D / C	**0**	**0,5**	
k_c = Bénéfices nets / C	**20 %**	**21,50 %**	**⇒ Effet de levier : 21,5 – 20 = 1,5 %**
CMPC	**20 %**	**16,2/3 %**	$CMPC_U = k_c \times \frac{C}{C+D} \times 20\,\% \times \frac{5\,000}{5\,000+0} = 20\,\%$ $CMPC_L = k_c \times \frac{C}{C+D} + R_f \times \frac{D}{C+D}$ $\Rightarrow CMPC_L = 21{,}50\,\% \times \frac{4\,000}{6\,000} + 7\,\% \times \frac{2\,000}{6\,000}$ $\Rightarrow CMPC_L = 16{,}2 / 3\,\%$

2. Opération d'arbitrage d'un actionnaire A possédant 11,25 % du capital de la société L

L'actionnaire détient **11,25 % × 4 000 = 450** de capitaux propres de la société **L** et il va :

a. vendre ses parts et recevoir **450** ;

b. emprunter au même taux et dans les mêmes proportions (avec le même levier financier) que **L**, soit 2 000 / 4 000 = **0,5** ⇒ **dette contractée** = 450 × 0,5 = **225** ;

c. acheter des parts de la société **U** pour un montant de **225 + 450 = 675** ;

d. régler les intérêts de sa dette : 7 % × 225 = **15,75** ;

e. recevoir son revenu de la société **U** : 20 % × 675 = **135**.

Sa rentabilité financière sera de : (135 – 15,75) / 450 = 26,5 %.

Tous les investisseurs feront de même. La VGE de la société endettée L, dont les titres sont vendus, **diminue** et la VGE de l'entreprise non endettée U, dont les titres sont achetés, **augmente**, jusqu'à **l'égalisation** des valeurs des deux firmes, point où l'opération d'arbitrage ne permet plus d'accroître la rentabilité des investisseurs.

L'opération d'arbitrage a consisté à substituer une dette personnelle à un endettement social, celui de l'entreprise, et ce pour un même niveau de risque.

3. Tableau d'analyse des flux en supposant que, suite aux arbitrages, les capitaux propres de L soient valorisés à 3 500 et ceux de U à 5 500

	U	L	Justifications
Flux de trésorerie	**1 000**	**1 000**	
Charges financières	**0**	**140**	**Pour L** : 2 000 × 7 %
Bénéfices nets	**1 000**	**860**	
C	**5 500**	**3 500**	
D	**0**	**2 000**	
VGE	**5 500**	**5 500**	
Levier financier = D / C	**0**	**0,5714**	
k_c = Bénéfices nets / C	**18,18 %**	**24,57 %**	⇒ **Effet de levier : 24,57 – 18,18 = 6,39 %**
CMPC	**18,18 %**	**18,18 %**	$CMPC_U = 18{,}18\ \% \times \frac{5\ 500}{5\ 500 + 0} \Rightarrow CMPC_U = 18{,}18\ \%$ $CMPC_L = 24{,}57\ \% \times \frac{3\ 500}{5\ 500} + 7\ \% \times \frac{2\ 000}{5\ 500}$ $\Rightarrow CMPC_L = 18{,}18\ \%$

4. L'arbitrage a-t-il encore un intérêt pour l'actionnaire A ?

L'actionnaire détient 11,25 % × 3 500 = **393,75** des capitaux propres de la société L et il va :

a. vendre ses parts et recevoir **393,75** ;

b. emprunter au même taux et dans les mêmes proportions (avec le même levier financier) que **L**, soit 2 000 / 3 500 = **0,5714** ⇒ **dette contractée :** 393,75 × 0,5714 **= 225** ;

c. acheter des parts de la société U pour un montant de 225 + 393,75 = **618,75** ;

d. régler les intérêts de sa dette : 7 % × 225 = **15,75** ;

e. recevoir son revenu de la société **U** : 18,18 % × 618,75 = **112,5**.

Sa rentabilité financière sera de (112,5 – 15,75) / 393,75 = 24, 57 %, soit la même rentabilité que l'entreprise ! L'actionnaire n'a donc aucun intérêt à procéder à l'arbitrage car l'entreprise endettée U est valorisée de la même façon que la firme non endettée U.

$VGE_U = VGE_L = 5\,500$

Du fait de l'endettement de la société L, les actionnaires ont exigé un rendement des capitaux propres plus élevé de $kc_e = 24{,}57\ \%$ qui correspond à :

$$kc_e = CMPC_e + \frac{D}{C} \times (CMPC_e - R_f) \Rightarrow 24{,}75 = 18{,}18\ \% + 0{,}5714 \times (18{,}18\ \% - 7\ \%)$$

Prime de risque liée à l'endettement de l'entreprise **L** : 0,0639 € de plus exigé pour chaque investi.

4.3 La relation entre taux de rentabilité des capitaux propres et coût du capital

a. Au niveau de la rentabilité des capitaux propres exigés par les actionnaires : k_a

– **À l'équilibre et en l'absence d'endettement**, on obtient l'égalité suivante : $\mathbf{kc_{ne} = k_a}$ = 18,18 %, où :

- $\mathbf{kc_e}$ est le rendement requis par les **actionnaires** ou taux de rentabilité des capitaux propres mesuré par le ROE (*return on equity*) ou **rentabilité financière = Résultat net / Capitaux propres** ;
- $\mathbf{k_a}$ est le taux de richesse que l'entreprise génère avec son potentiel de production (ses actifs), qui est mesuré par la rentabilité des **actifs** ou rentabilité **économique de l'entreprise** : le ROCE (*return on capital employed*).

– **À l'équilibre et avec endettement,** l'égalité devient :

$$kc_e = kc_{ne} + \frac{D}{C} \times (kc_{ne} - R_f) \text{ ; et comme } kc_{ne} = k_a \Rightarrow kc_e = k_a + \frac{D}{C} \times (k_a - R_f)$$

Autrement dit, le rendement requis de la firme endettée correspond au **coût du capital de l'entreprise non endettée augmenté de l'effet de levier (**18,18 % + 6,39 % = 24,57 % dans l'exemple 5).

b. Au niveau du coût du capital de l'entreprise : CMPC

– **À l'équilibre et en l'absence d'endettement**, on obtient :

$$CMPC_{ne} = kc_{ne} \times \frac{C}{C} \Rightarrow CMPC_{ne} = kc_{ne} \Rightarrow 18{,}18\ \% \times \frac{5\,500}{5\,500} = 18{,}18\ \%$$

Donc, sans endettement, le coût du capital de l'entreprise correspond au coût des capitaux propres, ainsi qu'au rendement requis des actionnaires : $CMPC_e = kc_{ne} = k_a = CMPC_{ne} = 18{,}18\ \%$.

– La relation entre coût des capitaux propres, coût du capital et structure financière **avec un endettement** au taux sans risque R_f peut se représenter ainsi :

Figure 7. Liens entre kc, k_a et taux sans risque R_f

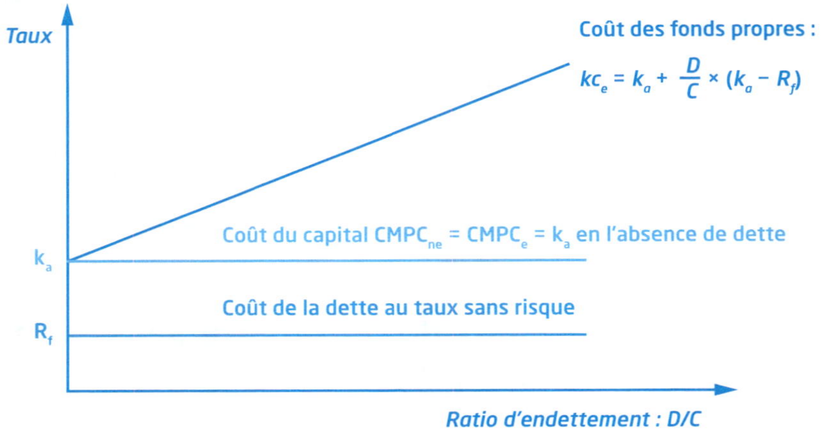

L'effet de **levier financier** (en supposant qu'il joue positivement : kc > R_f) entraîne **une hausse de la rentabilité financière des capitaux propres** ($kc_e > kc_{ne} \Rightarrow$ 24,57 % > 18,18 %), exactement compensée par une augmentation du rendement requis par les actionnaires du fait du risque lié à l'endettement. Plus l'endettement est important, plus le rendement exigé est élevé.

La relation entre coût des capitaux propres, coût du capital et structure financière avec un endettement au taux risqué R_d peut se représenter ainsi :

Figure 8. Liens entre kc, k_a et taux risqué k_d

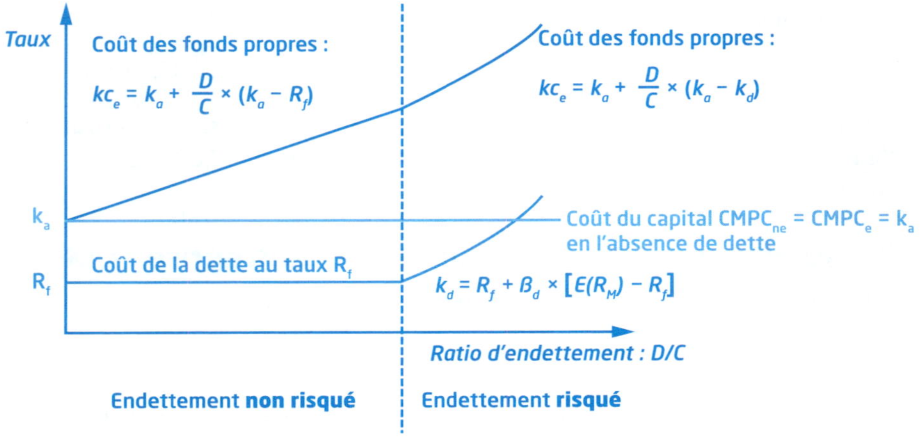

Lorsque l'entreprise a recours à une dette risquée, c'est-à-dire qu'il existe une **incertitude** quant au taux de rentabilité attendu par les créanciers, les actionnaires incorporent dans leur rendement requis la prime de risque exigée des créanciers. Le **coût des fonds propres augmente.**

Plus la dette est risquée, plus le rendement exigé est élevé.

4.4 La neutralité de la politique de financement de F. Modigliani et M. Miller (1963)

a. Les hypothèses et la conclusion du modèle

Les hypothèses sont identiques au modèle de 1958, mais les auteurs introduisent l'effet de l'impôt sur les bénéfices : **T**. Ce dernier va avoir un impact positif sur la **valeur globale** de l'entreprise, rendant la **structure financière non neutre**, au grand regret des auteurs qui y voient une intervention néfaste du législateur fiscal.

La valeur de l'entreprise endettée, bien que présentant un même niveau de risque, sera mieux valorisée que l'entreprise non endettée : **$VGE_e = VGE_{ne}$ + économie d'impôt.**

La politique de financement n'est plus neutre *via* l'influence fiscale, et l'entreprise endettée a un CMPC plus faible que l'entreprise non endettée. On ne respecte plus le théorème de séparation de Fisher [▶ CHAPITRE 3].

b. Les justifications du modèle

La dette génère des charges financières, fiscalement déductibles, ce qui permet à l'entreprise endettée de réaliser une économie d'impôt. Cette économie d'impôt augmente la valeur globale de l'entreprise endettée et réduit le coût du capital. **Plus la dette est risquée, plus le rendement exigé est élevé**.

Valeur de la firme endettée		Valeur de la firme non endettée		Valeur actuelle de l'avantage fiscal
VGE_e	=	$\frac{FTD(1-T)}{k_c^{ne}}$	+	DT

$\Rightarrow VGE_e > VGE_{ne}$

EXEMPLE

Reprenons nos deux entreprises **U** et **L** générant les mêmes flux d'exploitation de 1 000, et donc le même risque. La firme **L** est endettée à hauteur de 2 000 au taux sans risque de 7 % et ses capitaux propres restent à valoriser, en tenant compte de la valeur de l'entreprise non endettée et de l'économie d'impôt liée à la dette. La firme **U** n'est pas endettée et est valorisée à 5 500. Le taux d'impôt sur les sociétés est de 33,⅓ %.

Tableau d'analyse des flux

	U	L	Justifications
Flux de trésorerie FT	**1 000**	**1 000**	
Charges financières	**0**	**140**	**Pour L** : 2 000 × 7 %
Bénéfices avant IS	**1 000**	**860**	
IS à 33,⅓ %	**333,⅓**	**286,⅔**	
Bénéfices nets	**666, ⅔**	**573,⅓**	
C	**5 500**	**4 166,⅔** ↑	$C_L = VGE_e - D \Rightarrow 6\ 166{,}2/3 - 2\ 000 = 4\ 166{,}2/3$
D	**0**	**2 000** ↑	
VGE	**5 500** →	**6 166,⅔**	$VGE_e = VGE_{ne} + D.T \Rightarrow 5\ 500 \times 2\ 000 \times 33{,}1/3\ \%$
Levier financier = D / C	**0**	**0,48**	
$\mathbf{k_c}$ = Bénéfices nets / C	**12,12 %**	**13,76 %**	⇒ **Effet de levier : 13,76 – 12,12 = 1,64 %**
$\mathbf{k_a}$ = FT / VGE	**18,18 %**	**16,216 %**	
CMPC	**20 %**	**16,⅔ %**	$CMPC_U = k_c \times \dfrac{C}{C+D} \Rightarrow 12{,}12\ \% \times \dfrac{5\ 000}{5\ 500} = 12{,}12\ \%$ $CMPC_L = k_c \times \dfrac{C}{C+D} + R_f \times \dfrac{D}{C+D}(1-T)$ $\Rightarrow CMPC_L = 13{,}76\ \% \times \dfrac{4\ 166{,}2/3}{6\ 166{,}2/3} + 7\ \% \times \dfrac{2\ 000}{6\ 166{,}2/3} \times \dfrac{2}{3}$ $\Rightarrow CMPC_L = 10{,}81\ \%$

Vérification de la relation entre $\mathbf{k_a}$ et **CMPC** : $CMPC = k_a \times (1 - T)$

$\Rightarrow 12{,}12\ \% = 18{,}18\ \% \times 2/3 \Rightarrow 10{,}81\ \% = 16{,}216\ \% \times 2/3$

Vérification de la relation entre $CMPC_e$ et $CMPC_{ne}$:

$$\boldsymbol{CMPC_e = CMPC_{ne} - \left[CMPC_{ne} \times \frac{D}{VGE_e} \times T \right]} \Rightarrow \mathbf{10{,}81\ \%} = 12{,}12\ \% - \left[12{,}12\ \% \times \frac{2\ 000}{6\ 166{,}^2/_3} \times \frac{1}{3} \right]$$

Économie liée à la dette

La relation entre coût des capitaux propres, coût du capital et structure financière avec une dette sans risque et avec impôt sur les sociétés peut se représenter ainsi :

Figure 9. Liens entre kc, k_a et taux sans risque R_f avec impôt T

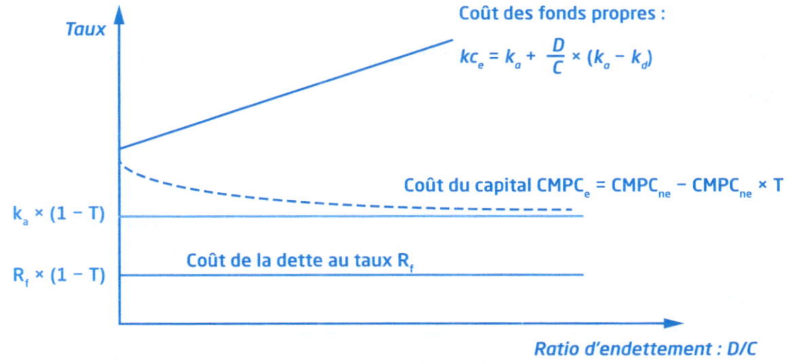

Plus l'entreprise s'endette, plus le coût du capital diminue en raison de l'économie d'impôt qui augmente. Dans le cadre du marché parfait avec impôt, l'entreprise aurait donc intérêt à se financer à 100 % par dette.

Ces conclusions restent valides avec l'introduction, dans le raisonnement, du **risque spécifique** tel qu'il sera ensuite développé avec le MEDAF. La prise en compte du risque va toutefois permettre de distinguer la prime de **risque d'exploitation** de la firme et la prime de **risque financier**.

4.5 La structure financière et MEDAF ou l'introduction du risque systématique

Tout actif générant des flux de trésorerie (actions, créances, projet d'investissement, etc.) pouvant être évalués connaît un risque spécifique (non diversifiable) mesuré par son bêta (⊠), qui rend compte de la **sensibilité des flux générés par rapport aux variations du marché, elles-mêmes fonction de la conjoncture économique.**

a. L'analyse du modèle sans impôt

En l'absence d'impôt, la relation de Modigliani et Miller s'écrit : $kc_e = k_a + D / C \times \left(k_a - R_f\right)$

D'après le MEDAF : $k_a = R_f + \beta^{ne} \times \left[E(R_M) - R_f \right] = kc_{ne}$

Par substitution de k_a dans la formule de Modigliani et Miller :

$$kc_e = R_f + \beta^{ne} \times \left[E(R_M) - R_f \right] + D / C \times \left(R_f + \beta^{ne} \times \left[E(R_M) - R_f \right] - R_f\right)$$

$$kc_e = \underbrace{R_f}_{\text{Rémunération sans risque}} + \underbrace{\beta^{ne} \times [E(R_M) - R_f]}_{\text{Prime de risque d'exploitation}} + \underbrace{D/C \times \beta^{ne} \times [E(R_M) - R_f]}_{\text{Prime de risque financier}}$$

kc_e peut également être évalué par le MEDAF : $kc_e = R_f + \beta^e \times \left[E(R_M) - R_f \right]$

$$R_f + \beta^e \times \left[E(R_M) - R_f \right] = R_f + \beta^{ne} \times \left[E(R_M) - R_f \right] + D / C \times \beta^{ne} \times \left[E(R_M) - R_f \right]$$

$$\Rightarrow \beta^e = \beta^{ne} \times (1 + D / C)$$

Autrement dit, le risque systématique β^e de l'entreprise endettée est **plus élevé** que celui de l'entreprise non endettée β^{ne} ; **l'endettement augmente le risque non diversifiable**.

– Pour **l'entreprise non endettée**, son risque systématique correspond au risque de ses fonds propres :

$$\Rightarrow \beta^{ne} = \beta_c = \beta_a$$

– Pour **l'entreprise endettée**, son risque systématique correspond au risque de ses fonds propres compte tenu de l'endettement : $\beta^e = \beta_c = \beta_a \times (1 + D / C)$.

EXEMPLE

Soit trois entreprises : **U** non endettée, **L** et **L*** endettées au taux sans risque de 10 %.

U et **L** génèrent les mêmes flux d'exploitation, donc le même risque d'exploitation, mais l'entreprise **L** se finance par endettement pour 50 %. Le risque systématique de la firme **U** est : **β**U = 0,8. **L*** est endettée à hauteur de 30 %. Elle présente un portefeuille d'actifs plus risqué. Le bêta d'une entreprise disposant du même portefeuille d'actifs que **L***, mais sans endettement, est estimé à 1,5. L'espérance de rendement du marché est de 20 %.

Selon le MEDAF, le rendement requis et le coût des capitaux propres de ces trois entreprises sont :

Pour l'entreprise non endettée U : $k_a = R_f + \beta^{ne} \times \left[E(R_M) - R_f \right] = kc_{ne}$

$kc_{ne} = 10\,\% + 8\,\% \times [20\,\% - 10\,\%] \Rightarrow kc_{ne} = \mathbf{18\,\%}$

Ce taux représente à la fois la rentabilité des capitaux propres, le taux de rentabilité économique (des actifs) et le coût moyen pondéré du capital.

Pour l'entreprise endettée **L** présentant le même risque d'exploitation que **U**, son risque systématique doit tenir du risque financier compte tenu de son endettement qui est de 50 % :

$$\Rightarrow \beta^e = \beta^{ne} \times (1 + D / C)$$

avec $D / (C + D) = 50\,\% \Rightarrow D / C = 0{,}5 / 0{,}5 \Rightarrow D / C = 1$

$$\beta^L = 0{,}8 \times (1 + 1) \Rightarrow \beta^L = 1{,}6$$

$$kc_e = R_f + \beta^e \times \left[E(R_M) - R_f \right] \Rightarrow kc_L = 10\,\% + 1{,}6 \times [\,20\,\% - 10\,\%] \Rightarrow kc_L = 26\,\%$$

ou bien :

$$kc_e = R_f + \beta^{ne} \times \left[E(R_M) - R_f \right] + \beta^{ne} \times \left[E(R_M) - R_f \right] \times D / C$$

$$kc_e = 10\,\% + \underbrace{0{,}8 \times [\,20\,\% - 10\,\%]}_{8\,\%} + \underbrace{0{,}8 \times [20\,\% - 10\,\%] \times 1}_{8\,\%}$$

$$kc_e = 10\,\% + 8\,\% + 8\,\% \Rightarrow kc_e = 26\,\%$$

L doit rémunérer le taux sans risque de 10 % + la prime de risque d'exploitation de 8 % + la prime de risque financier également de 8 % (puisque $D / C = 1$), soit un total de 26 %.

Pour l'entreprise endettée **L*** présentant un risque d'exploitation plus important que les deux autres :

$$\Rightarrow \beta^e = \beta^{ne} \times (1 + D / C) \text{ avec } D / (C + D) = 30\,\% \Rightarrow D / C = 0{,}3 / 0{,}7$$

$$\beta^{L^*} = 1{,}5 \times (1 + 0{,}3 / 0{,}7) \Rightarrow \beta^{L^*} = 2{,}14$$

$$kc_e = R_f + \beta^e \times \left[E(R_M) - R_f \right] \Rightarrow kc_{L^*} = 10\,\% + 2{,}14 \times [\,20\,\% - 10\,\%] \Rightarrow kc_L = 31{,}4\,\%$$

ou bien :

$$kc_e = R_f + \beta^{ne} \times \left[E(R_M) - R_f \right] + \beta^{ne} \times \left[E(R_M) - R_f \right] \times D / C$$

$$kc_e = 10\ \% + \underbrace{1{,}5\ \times [\ 20\ \% - 10\ \%]}_{15\ \%} + \underbrace{1{,}5\ \times [20\ \% - 10\ \%] \times 0{,}3 / 0{,}7}_{6{,}4\ \%}$$

$$kc_e = 10\ \% + 15\ \% + 6{,}4\ \% \Rightarrow kc_e = 31{,}4\ \%$$

L* doit rémunérer le taux sans risque de 10 % + la prime de risque d'exploitation de 15 % + la prime de risque financier de 6,4 %, soit un total de 31,4 %. On constate ainsi que :

– Les entreprises U et L ayant le même portefeuille d'actifs risqués présentent la même prime de risque d'exploitation, soit 8 %, à laquelle s'ajoute une prime liée à l'endettement de 8 % pour L.

– L*, parce qu'elle présente un ensemble d'actifs plus risqué, a une prime de risque d'exploitation supérieure : 15 %.

– L* étant moins endettée que L, sa prime de risque financier apparaît plus faible : 6,4 % < à 8 %.

On retrouve les mêmes effets que pour le modèle de Modigliani et Miller sans impôt : la structure financière n'influence pas la valeur de l'entreprise, puisque le levier financier sera compensé par un rendement requis des actionnaires plus élevé. Le coût des capitaux sera le même pour U et L :

$$CMPC_U = kc_{ne} = 18\ \%$$

et $CMPC_L = 26\ \% \times 0{,}5 + 10\ \% \times 0{,}5 \Rightarrow CMPC_L = 18\ \%$

b. L'analyse du modèle avec impôt

En suivant une démarche semblable à la précédente, on obtient les relations suivantes :

$kc_e = R_f + \beta^e \times \left[E(R_M) - R_f \right]$ avec $\beta^e = \beta^{ne} \times [1 + D / C \times (1 - T)]$

$$\Rightarrow kc_e = R_f + \beta^{ne} \times \left[E(R_M) - R_f \right] + \beta^{ne} \times \left[E(R_M) - R_f \right] \times D / C$$

Le risque systématique β^e de l'entreprise endettée est **plus élevé** que celui de l'entreprise non endettée β^{ne}, **l'endettement augmentant le risque non diversifiable**.

– Pour **l'entreprise non endettée**, son risque systématique correspond au risque de ses fonds propres :

$$\Rightarrow \beta^{ne} = \beta_c = \beta_a$$

– Pour **l'entreprise endettée**, son risque systématique correspond au risque de ses fonds propres compte tenu de l'endettement **et l'économie d'impôt** : $\beta^e = \beta_c = \beta_a \times [1 + D / C \times (1 - T)]$

EXEMPLE

Soit deux entreprises : **U** non endettée, **L** endettée pour 400 au taux sans risque de 10 %, présentant le même risque d'exploitation et générant des flux de trésorerie identiques de 300. Le risque systématique de U est : $\beta^U = 1{,}25$. L'espérance de rendement du marché est de 18 %. Le taux d'impôt sur les sociétés est de 33,⅓ %.

1. Calculez le rendement requis des actionnaires pour l'entreprise non endettée U et déduisez-en la valeur des capitaux propres : C^{ne}.

$$k_a = R_f + \beta^{ne} \times \left[E(R_M) - R_f \right] = kc_e$$

$kc_e = 10\ \% + 1{,}25 \times [\ 18\ \% - 10\ \%] \Rightarrow kc_e = 20\ \%$, c'est-à-dire le taux de rendement des actifs : k_a et le coût du capital : $CMPC_{ne}$.

$$kc_e = \frac{FT \times (1-T)}{C^{ne}} \Rightarrow C^{ne} = \frac{FT \times (1-T)}{kc_e} \Rightarrow C^{ne} = \frac{300 \times 2/3}{20\ \%} \Rightarrow C^{ne} = 1\ 000$$

2. Déduisez-en la valeur de l'entreprise non endettée U et celle de l'entreprise endettée L. N'étant pas endettée, la valeur de U correspond à l'évaluation de ses capitaux propres, soit : $VGE_U = 1\ 000$.

Celle de **L** correspond à la valeur de l'entreprise non endettée augmentée de l'économie d'impôt :

$$VGE_e = VGE_{ne} + D.T \Rightarrow VGE_L = 1\ 000 + 400 \times 33{,}⅓\ \% \Rightarrow VGE_L = 1\ 133{,}⅓$$

3. Déduisez-en la valeur des capitaux propres de l'entreprise endettée L.

$C_L = VGE_L - D \Rightarrow C_L = 1\ 133{,}⅓ - 400 \Rightarrow$ **$C_L = 733{,}⅓$**

4. Calculez le risque systématique de l'entreprise endettée L.

$$\beta^e = \beta^{ne} \times (1 + (1-T)D / C_L) \Rightarrow \beta^L = 1{,}25 \times \left(1 + \frac{2}{3} \times \frac{400}{733{,}1/3}\right) \Rightarrow \beta^L = 1{,}7045$$

On vérifie que le risque systématique de **L** est supérieur à celui de **U** : 1,7045 > 1,25 à cause de la dette.

5. Calculez le rendement requis des actionnaires de l'entreprise endettée L.

$$kc_e = R_f + \beta^e \times \left[\ E(R_M) - R_f\ \right] \Rightarrow kc_L = 10\ \% + 1{,}7045 \times [\ 18\ \% - 10\ \%] \Rightarrow kc_L = 23{,}63\ \%$$

ou bien :

$$kc_e = R_f + \beta^{ne} \times \left[\ E(R_M) - R_f\ \right] + \beta^{ne} \times \left[\ E(R_M) - R_f\ \right] \times D / C \times (1-T)$$

$$kc_e = 10\ \% + \underbrace{1{,}25\ \times [18\ \% - 10\ \%]}_{10\ \%} + \underbrace{1{,}25\ \times [18\ \% - 10\ \%] \times 400 / 733{,}1/3 \times 2/3}_{3{,}63\%}$$

$$kc_e = 10\ \% + 10\ \% + 3{,}63\% \Rightarrow kc_e = 23{,}63\ \%$$

L doit rémunérer **le taux sans risque** de 10 % + **la prime de risque d'exploitation** de 10 %, soit le rendement requis de l'entreprise non endettée (20 %) + **la prime de risque financier de 3,63 %** pour un total de **23,63 %.**

6. Calculez le coût moyen pondéré du capital de l'entreprise endettée L.

$$CMPC_e = kc_e \times \frac{C}{C+D} + R_f \times \frac{D}{C+D} \times (1-T)$$

$$CMPC_e = 23{,}63\ \% \times \frac{733{,}1/3}{733{,}1/3 + 400} + 10\ \% \times \frac{400}{733{,}1/3 + 400} \times \frac{2}{3} \Rightarrow CMPC_e = 17{,}64\ \%$$

ou bien :

$$CMPC_e = CMPC_{ne} - CMPC_{ne} \times \frac{D}{C_L + D} \times T$$

$$CMPC_e = 20\ \% - 20\ \% \times \frac{400}{733{,}1/3 + 400} \times \frac{1}{3} \Rightarrow CMPC_e = 17{,}64\ \%$$

On constate que grâce à l'impôt, le **$CMPC_e$ < $CMPC_{ne}$: 17,64 % < 20 %.**

7. Dressez le tableau d'analyse des flux.

	U	L	Justifications
Flux de trésorerie FT	**300**	**300**	
Charges financières	**0**	**40**	**⇒ pour L : 400 × 10 %**
Bénéfices avant IS	**300**	**260**	
IS à 33,⅓ %	**100**	**86,⅔**	
Bénéfices nets	**200**	**173,⅓**	
Risque systématique β	**1,25**	**1,7045**	
kc = Bénéfices nets / C	**20 %**	**23,63 %**	**⇒ Effet de levier : 23,63 % – 20 % = 3,63 %**
C	**1 000**	**733,⅓**	$C_L = VGE_e - D \Rightarrow$ 1 133, ⅓ – 400
D	**0**	**400**	
VGE	**1 000**	**1 133,⅓**	$VGE_e = VGE_{ne} + D.T$ **⇒ 1 000 + 400 × 33,⅓ %**
Levier financier = D / C	**0**	**0,545**	
k_a = FTD / VGE	**20 %**	**26,47 %**	
CMPC = k_a **×** (1-T)	**20 %**	**17,64 %**	**CMPC**$_e$ = k_a x (1-T) ⇒ 26,47 % × 2/3 = 17,64 %

Vérification de la relation entre $\mathbf{k_a}$ et **CMPC** :

$$CMPC = k_a \times (1 - T) \Rightarrow 17{,}64\ \% = 26{,}47\ \% \times 2\ /\ 3$$

Vérification de la relation entre $CMPC_e$ et $CMPC_{ne}$:

$$CMPC_e = CMPC_{ne} - \boxed{CMPC_{ne} \times \frac{D}{VGE_e} \times T} \Rightarrow \mathbf{17{,}64\ \%} = 20\ \% - \boxed{20\ \% \times \frac{400}{1\ 133,^1/_3}\ G \times \frac{1}{3}}$$

Économie liée à la dette

La relation est vérifiée, uniquement dans le cas où **l'entreprise est endettée au taux sans risque** $\mathbf{R_f}$.

5. La dette, les coûts de faillite et d'agence

Si l'on reste dans la logique du modèle de Modigliani et Miller avec impôt, l'entreprise aurait intérêt à **maximiser son niveau d'endettement**. Les hypothèses du modèle restent toutefois assez fortes et ne rendent pas compte du comportement réel des entreprises qui tendent à limiter le recours à la dette. L'introduction des coûts de faillite et d'agence va permettre de reconsidérer les vertus supposées de la dette.

5.1 L'introduction des coûts de faillite ou de défaillance

D'un point de vue financier, la faillite est un mécanisme de réallocation d'un patrimoine (actifs et passifs) vers les créanciers, puis vers des entreprises plus rentables. Il n'y a pas d'impact sur le niveau de richesse des actionnaires, puisque ceux-ci ont constitué un portefeuille parfaitement diversifié. La faillite n'entraîne qu'une modification de la composition de celui-ci.

En réalité, la situation de défaillance de l'entreprise, c'est-à-dire son impossibilité de faire face au passif exigible avec son actif disponible, engendrant ainsi une cessation de paiement, génère des coûts non négligeables pouvant être évalués à 4 ou 5 % de son actif économique. Bien que difficiles à estimer, on peut distinguer :

– **les coûts directs légaux ou administratifs** liés aux procédures judiciaires : frais de procédure, d'avocats, indemnités de licenciement, etc. ;

– **les coûts indirects d'opportunité** engendrés par :

- la dépréciation de la valeur des actifs de l'entreprise,
- la perte de confiance des partenaires : salariés (démotivation, grèves, etc.), clients (baisse des commandes, etc.), fournisseurs (suspension des ventes à crédit, etc.), banques (rationnement du crédit, même pour des projets rentables, etc.),
- les conflits d'intérêts entre actionnaires et créanciers (à rapprocher des coûts d'agence).

La **simple probabilité de mise en faillite** suffit pour que les coûts apparaissent. Ils ont notamment pour cause :

– la réduction des investissements à long terme (en R&D, maintenance, formation, marketing) afin de privilégier les échéances immédiates, mais qui pénalise les capacités futures de création de richesse ;

– les premiers dysfonctionnements internes du fait des inquiétudes des salariés pouvant peser sur la productivité (démotivation, grèves, etc.).

Plus le niveau d'endettement est élevé, plus les obligations de la firme vis-à-vis des créanciers augmentent et **plus le risque de ne pas pouvoir y répondre s'accroît**. Les coûts associés à l'état de faillite deviennent alors **de plus en plus probables.**

La construction de la structure financière de l'entreprise devra prendre en considération l'évolution de ces coûts. L'équilibre entre valeur de l'entreprise endettée et non endettée, compte tenu de l'impôt, devient :

$$VGE_e = VGE_{ne} + D.T - CF$$

Valeur actualisée des économies d'impôts (D.T)

Valeur actualisée des coûts de faillite = probabilité de faillite × perte de valeur si faillite (CF)

L'avantage du recours à l'endettement qui offrait une économie d'impôt est au moins partiellement compensé par les coûts de faillite.

Figure 10. Structure de financement, coûts de faillite et optimum d'endettement

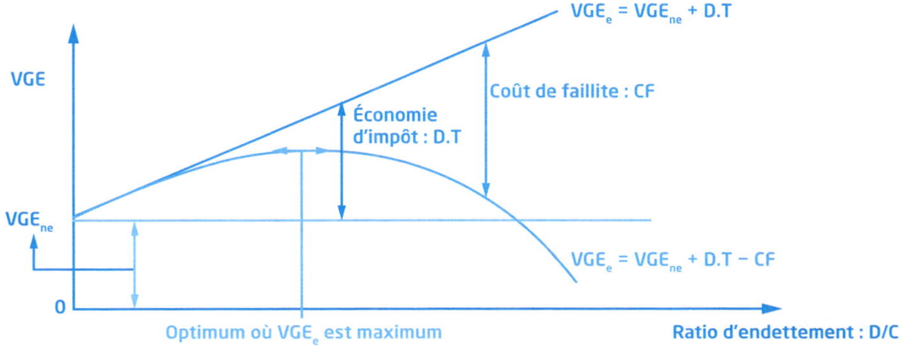

La courbe représentant la valeur globale de l'entreprise endettée présente **deux particularités** :

– Concave, elle fait apparaître **un optimum** : une structure optimale d'endettement qui maximise VGE_e. Il est atteint lorsque la valeur actuelle marginale de l'économie d'impôt (liée à une unité supplémentaire de dette) est compensée par le coût de faillite marginal actualisé.

– Passée l'optimum, **elle décroît de plus en plus vite**. Avec un endettement élevé, l'entreprise augmente son risque financier et le coût de la dette (K_d). Le poids des charges financières, auquel peut s'ajouter une conjoncture plus défavorable, diminue la capacité de l'entreprise à faire des bénéfices. Or, sans bénéfice, l'entreprise ne peut plus profiter de l'économie d'impôt, tandis que sa probabilité et donc son coût de faillite augmentent de plus en plus fortement.

5.2 Les comportements opportunistes et les coûts d'agence

a. L'information imparfaite et asymétrique entre des acteurs

L'hypothèse la plus contraignante des modèles précédents reste celle relative à **l'information parfaite et égale** pour toutes les parties prenantes. Elle ne permet notamment pas d'expliquer les **conflits d'intérêts** entre actionnaires, dirigeants et créanciers, ainsi que les efforts de chacun pour les résoudre.

Ces conflits ne sont pas envisagés par les théories classiques, dans la mesure où elles privilégient l'intérêt général de l'entreprise : les décisions de chaque intervenant visent à maximiser la richesse créée de l'entreprise, le partage se fera de manière optimale par une régulation de marché. Une telle démarche sous-estime la dynamique des **comportements individuels** qui, mus par des intérêts divergents, tentent d'orienter les décisions de l'entreprise et peuvent affecter la structure financière.

La multiplicité des objectifs poursuivis résulte pour l'essentiel :

– d'une sensibilité différente des acteurs face au risque ;

– d'une fonction d'utilité spécifique pour chaque catégorie de parties prenantes ;

– de l'imperfection et l'inégale répartition de l'information entre les parties prenantes.

L'information reste en effet incomplète car coûteuse à obtenir et toujours insuffisante pour rendre parfaitement compte de la complexité des transactions.

Elle est, en outre, répartie de manière **asymétrique.** Le fait de posséder une information privilégiée offre à son détenteur un pouvoir susceptible de mieux servir ses intérêts privés, de capter une part plus importante de la richesse créée ou des ressources utilisées, au détriment des autres acteurs de la firme. Chacun a rationnellement intérêt à développer une rente d'information à son profit.

b. Les comportements opportunistes au cœur d'une relation d'agence

DÉFINITION

La relation d'agence (M. Jensen et W. Meckling, 1976) : « Nous définissons une relation d'agence comme un **contrat** par lequel une ou plusieurs personnes (**le principal**) engage une autre personne (**l'agent**) **pour exécuter en son nom une tâche quelconque qui implique une délégation d'un certain pouvoir de décision à l'agent.** »

L'agent détient un pouvoir lié au niveau d'information qu'il possède, qui est supérieur à celui du principal. Il peut en profiter pour servir ses propres objectifs au détriment de ceux du principal.

Il peut profiter de cette asymétrie en adoptant deux types de comportement :

– **La sélection adverse ou anti-sélection** : l'agent ne révèle pas toute l'information (ou en donne une mauvaise) au principal au moment de l'élaboration du contrat. La source du problème est **pré-contractuelle.**

– **L'aléa moral ou hasard moral** : l'agent ne respecte pas ses engagements vis-à-vis du principal. La source du problème est **post-contractuelle.**

c. Application au conflit dirigeant/actionnaire : la dette comme solution

Selon M. Jensen et W. Meckling, si le dirigeant est actionnaire à 100 % de sa société, il assume **la totalité des risques** d'exploitation et percevra l'ensemble des bénéfices générés par ses prises de décision.

S'il cède une partie du capital social, les coûts résultant de l'activité de direction seront **partagés** avec les actionnaires non dirigeants. On entre dans **une relation d'agence** où les actionnaires (rôle du principal) délèguent le pouvoir de direction au dirigeant-actionnaire (rôle de l'agent) et se trouvent moins bien informés que celui-ci sur l'efficacité des décisions de gestion.

Le dirigeant peut dans ces conditions être incité **à privilégier des investissements peu rentables** pour la firme, et donc pour les autres actionnaires, mais qui satisfont davantage sa propre fonction d'utilité : investissements de prestige, croissance externe pour accroître son pouvoir, augmentation de ses avantages en nature ou pécuniaires, etc. Le coût de ces projets est partagé avec tous les propriétaires, mais seul le dirigeant en bénéficie.

Pour éviter ce comportement déviant, les actionnaires mettent en place des systèmes incitant le dirigeant à mieux servir leur intérêt. Mais ceux-ci ont un coût appelé **coût de contrôle ou de surveillance** (fait partie des coûts d'agence, voir infra) : frais d'analyse des comptes, d'expertise des états financiers, etc.

Le recours à la dette constitue pour les actionnaires un moyen de réduire leurs coûts d'agence. L'endettement **oblige** en effet le dirigeant à prendre des décisions génératrices de flux de trésorerie, afin de couvrir les charges financières et le remboursement de l'emprunt. Ainsi, plus la part de la dette est forte, plus les flux de trésorerie devront être élevés et plus les coûts d'agence des actionnaires diminueront.

d. Application à la relation dirigeant-actionnaire/créancier : la dette comme source de coût d'agence

Nous sommes également en présence d'une **relation d'agence** où le prêteur (principal) délègue le pouvoir de gestion d'une partie de ses fonds au dirigeant-actionnaire (agent).

L'asymétrie d'information joue en faveur du dirigeant-actionnaire à deux niveaux :

Ex post, une fois le prêt accordé par le créancier, le dirigeant-actionnaire peut être incité à agir de manière non conforme à ce qui était prévu par les créanciers. C'est en effet lui qui détermine l'emploi des fonds propres. Le prêteur encourt un **risque d'utilisation des ressources de l'entreprise.**

Il s'agit d'un problème d'aléa moral source de trois types de conflit :

– Le dirigeant-actionnaire prend des **risques supérieurs à ceux qui étaient initialement prévus** lors de la négociation. C'est particulièrement le cas lorsque sa responsabilité est limitée à ses apports. Il peut être incité à prendre des risques au-delà de ses apports, ses pertes restant limitées.

– Les actionnaires procèdent généralement par **substitution d'actifs**. Ils remplacent des actifs peu ou pas risqués par des actifs dont la rentabilité est plus volatile.

– Lorsque le dirigeant-actionnaire est neutre vis-à-vis du risque, il est conduit à choisir des **projets à la fois plus risqués et sous-optimaux**.

EXEMPLE

La société **Ferma** contracte un emprunt de 5 000 remboursable *in fine* au bout d'une période. Elle a le choix entre les projets X et Y qui, en fonction de la conjoncture à venir, induiraient les flux suivants :

	Probabilité	Projet A	Projet B
Conjoncture défavorable D :	0,5	6 000	0
Conjoncture favorable F :	0,5	7 000	12 000
Espérance des flux des projets		6 500	6 000

Le projet **A** devrait être retenu car il génère des flux plus importants pour un risque plus faible. Les actionnaires vont en fait choisir le projet **B** dans l'espoir de capter le revenu net le plus élevé, à savoir en conjoncture favorable 12 000 – 5 000 = 7 000, contre 7 000 – 5 000 = 2 000 pour A.

Cette stratégie se fait au détriment des créanciers qui, avec le projet **A**, seraient certains de récupérer leur capital de 5 000 (< à 6 000 et à 7 000 ⇒ valeur espérée de la dette = 5 000). Avec le projet **B**, la valeur espérée de la dette ne serait plus que de 5 000 × 0,5 + 0 × 0,5 = 2 500.

1. Le dirigeant-actionnaire choisit de se verser un **niveau de dividende supérieur à ce qui était convenu** lors de l'accord avec les créanciers. Cela peut se faire par une politique de sous-investissement, les fonds non engagés étant distribués aux actionnaires.
2. Le dirigeant-actionnaire souscrit un **nouvel emprunt** de même rang (de même niveau d'exigence de remboursement) que le précédent. Les garanties données aux anciens créanciers s'en trouvent diluées.

Dans tous les cas, les décisions du dirigeant-actionnaire **ne doivent pas être prévues ou perçues par les créanciers**, sans quoi ceux-ci exigeraient un rendement supérieur.

Le rendement requis par ces derniers se trouve donc sous-évalué et le niveau de la dette plus élevé qu'il ne devrait. La structure de l'entreprise devient fonction des comportements opportunistes du dirigeant-actionnaire et la dette peut conduire à une politique d'investissement trop risquée ou sous-optimale.

Ex ante, avant l'octroi du prêt, le créancier se trouve confronté à un problème de **sélection adverse** : le dirigeant-actionnaire profite d'une **information privilégiée** (une meilleure connaissance de la solvabilité future de l'entreprise, de l'état de la conjoncture, etc.) pour bénéficier de conditions de prêt plus favorables.

Les créanciers anticipent ce type d'attitude, sans toutefois parvenir à identifier clairement les débiteurs vertueux des débiteurs tricheurs. Ils vont alors pénaliser indifféremment l'ensemble des entreprises en exigeant des rendements plus élevés (ce qui peut conduire au processus de rationnement du crédit).

Confrontés à cette double difficulté, créancier et dirigeant-actionnaire sont contraints de mettre en place des systèmes **d'incitation, de dissuasion, de signalisation qui engendrent des coûts d'agence** :

– **Les coûts de contrôle ou de surveillance** : sommes engagées par **les créanciers** pour s'assurer de la complète **collaboration** du dirigeant-actionnaire afin qu'il révèle les **bonnes informations** quant à la performance et au niveau de risque de ses investissements et qu'il consente à fournir les **efforts** nécessaires pour poursuivre les objectifs fixés lors du contrat de prêt. Les mesures consistent en :

- l'insertion lors du contrat de clauses d'endettement (*debt convenants*) conditionnant la distribution des dividendes, interdisant la cession de certains actifs, le recours à de nouveaux emprunts, la renégociation périodique des conditions du prêt, etc. ;
- la mise en place de procédures d'audit ;
- l'adoption de systèmes de rémunération incitatifs pour le dirigeant-actionnaire.

– **Les coûts d'obligation ou de dédouanement** qui sont les dépenses assumées par le dirigeant-actionnaire afin de rassurer le créancier sur la véracité de sa situation financière, l'adéquation de ses décisions par rapport aux exigences du contrat. Il s'agit des frais d'élaboration et de diffusion des rapports annuels.

– **Les coûts résiduels ou d'opportunités** qui correspondent à la perte d'utilité subie par les deux parties malgré les frais de surveillance engagés.

Plus le niveau de la dette est élevé, plus les coûts d'agence des créanciers augmentent.

e. La dette au cœur de la théorie du compromis (Leland, 1994)

La dette joue un rôle ambigu :

– Elle est solution dans le conflit actionnaire/dirigeant et réduit les coûts d'agence.

– Elle est source de tensions entre dirigeant-actionnaire et créancier, et engendre des coûts d'agence.

À partir de cette opposition, il est possible de déterminer une structure financière optimale qui minimisera l'ensemble des coûts d'agence, comme le montre la figure 11.

Figure 11. Endettement et coûts d'agence

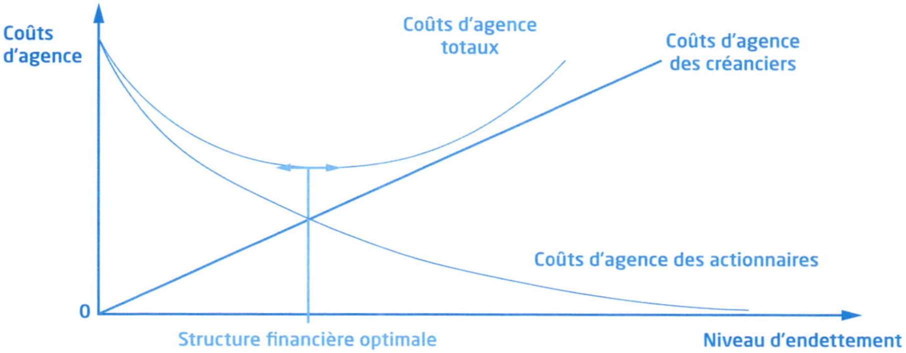

La détermination de cet optimum relève de la **théorie dite du compromis** (*Static Trade-off Theory* ; Leland, 1994) au même titre que l'optimum obtenu par la confrontation des coûts de faillite et des opportunités de la dette liées à l'effet de levier et à l'économie d'impôt.

5.3 La dette comme moyen de signaler la qualité des investissements

Indépendamment des relations d'agence, l'asymétrie d'information entre dirigeant-actionnaire et créancier pose un problème **de comportement opportuniste qui pénalise les firmes vertueuses**. Celles-ci doivent pouvoir **signaler aux prêteurs** la qualité de leur situation financière afin de bénéficier de conditions d'emprunt plus favorables.

La simple communication des états financiers ne constitue pas un signal satisfaisant car il peut être **imité** par des mauvaises firmes. **Seul un signal trop coûteux pour celles-ci sera efficace.** Tel est le cas du recours à l'emprunt.

L'endettement augmente le coût de faillite, les risques de transfert des actifs des actionnaires vers les créanciers et la perte d'emploi pour son dirigeant. Les mauvaises entreprises évitent donc d'emprunter au-delà de leur capacité et ne peuvent pas adopter la structure financière des bonnes firmes **qui signalent ainsi leur vertu par un niveau d'endettement plus élevé.**

Le niveau de la dette informe donc sur :

– la réalité financière actuelle de l'entreprise ;

– **sa volonté et sa capacité à générer des flux futurs** de trésorerie : le dirigeant s'engage en effet à payer les annuités d'emprunt.

5.4 Les autres théories explicatives de la politique de financement

a. La théorie du financement hiérarchique (*pecking order theory*)

Développée par S. Meyers en 1984, cette théorie nous enseigne que le dirigeant n'est pas neutre par rapport aux différents types de financement qui sont à sa disposition. Meyers a classé par ordre décroissant les sources de financement en fonction des préférences des dirigeants :

– **l'autofinancement** qui préserve le pouvoir du dirigeant ;

– **le prélèvement de trésorerie** qui évite de faire appel au financement extérieur ;

– le recours à **l'endettement pas ou peu risqué d'abord, risqué** ensuite ; il incite le dirigeant à fournir plus d'effort pour générer les flux de trésorerie suffisants aptes à respecter les engagements financiers ;

– **l'augmentation de capital** qui dilue le pouvoir des actionnaires et du dirigeant actuel.

Cette théorie explique le fait que :

– le recours à la dette n'est pas le mode de financement privilégié des entreprises, les dirigeants s'y orientant par défaut ;

– les augmentations de capital ne sont généralement pas bien perçues par les actionnaires.

b. La théorie de l'opportunisme managérial (*market timing theory of capital structure*)

Becker et Wurgler (2002) montrent que la structure financière d'une entreprise résulte, non d'un choix conscient en référence à un ratio cible d'endettement, mais **de l'accumulation des décisions prises dans le passé en fonction du contexte boursier :**

– émission d'actions quand les valorisations sont élevées et/ou le contexte boursier favorable ;

– émission de dettes et rachat d'actions quand les cours sont faibles et/ou la Bourse est déprimée.

Les dirigeants saisissent des **fenêtres d'opportunité** sur les marchés boursiers afin de réaliser les émissions les plus appropriées : actions ou obligations. La décision d'émission d'actions est guidée par la recherche de la flexibilité financière. Elle permet de disposer d'une capacité d'endettement qui pourra être exploitée en cas de mauvaise conjoncture boursière.

Schéma de synthèse

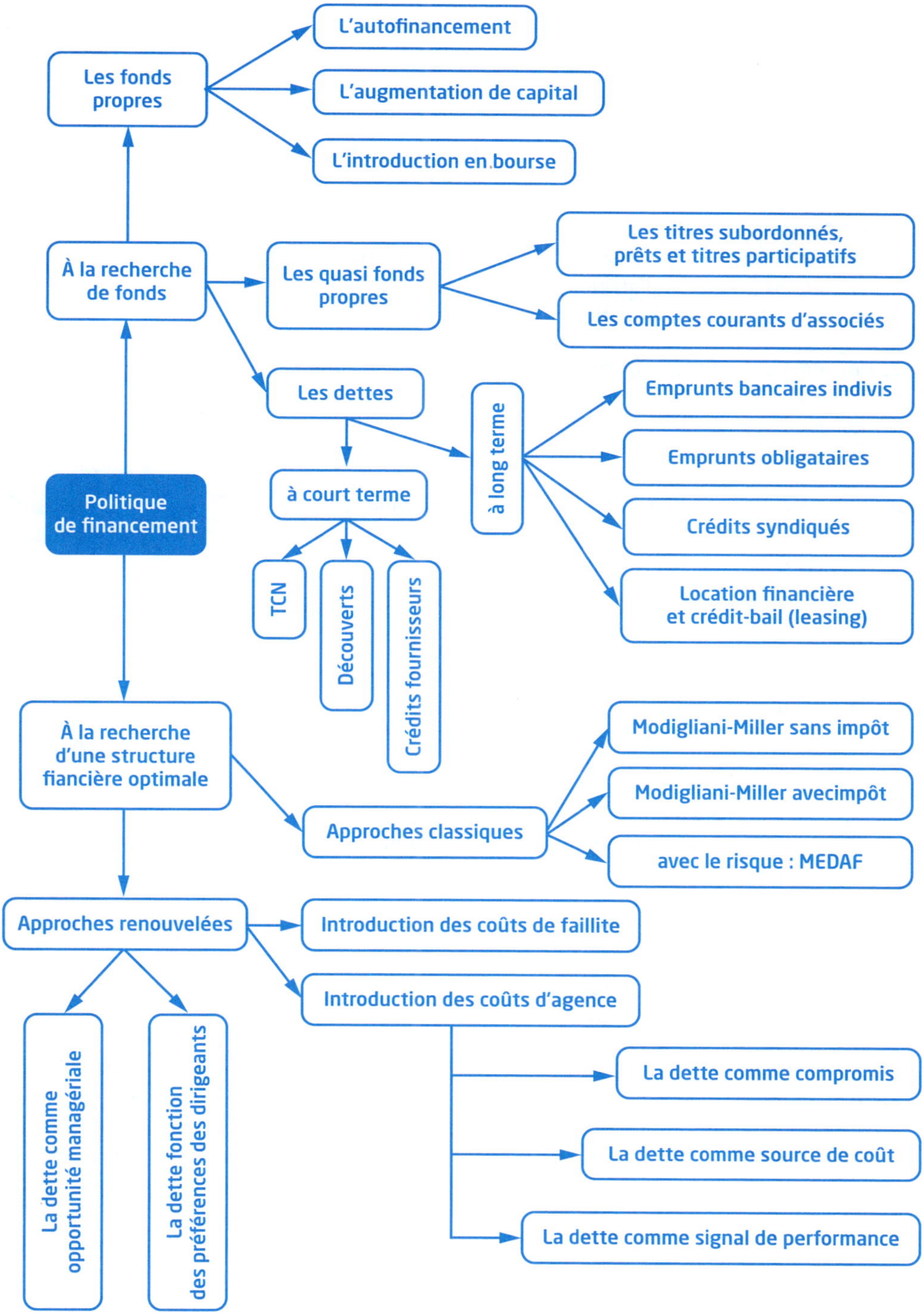

QCM

1. Les quasi-fonds propres :
- **a.** n'ouvrent jamais droit à remboursement.
- **b.** constituent une solution de financement en période de crise.
- **c.** sont des financements hors bilan comptable.

2. Les droits préférentiels de souscription :
- **a.** ont pour objectif de limiter la dilution des anciens actionnaires.
- **b.** ont pour objectif d'attirer de nouveaux investisseurs.
- **c.** ne sont pas une obligation pour une augmentation de capital.

3. Une augmentation de capital sera d'autant mieux perçue :
- **a.** que le PER de l'émetteur est important.
- **b.** que l'inverse du PER (1 / PER) de l'émetteur est important.
- **c.** que le rendement requis des actionnaires est élevé.

4. Lors d'une introduction en Bourse, l'offre à prix ouvert :
- **a.** est la part destinée au grand public.
- **b.** fixe à l'avance le prix de souscription.
- **c.** fixe une fourchette de prix préétablie.

5. La dette fait jouer positivement l'effet de levier lorsque :
- **a.** le taux d'intérêt est supérieur au rendement requis des actionnaires.
- **b.** le taux d'intérêt est inférieur au rendement requis des actionnaires.
- **c.** le taux d'intérêt est égal au rendement requis des actionnaires.

6. Le rationnement du crédit :
- **a.** relève d'une stratégie délibérée des banques qui souhaitent mieux maîtriser leur risque.
- **b.** relève des contraintes imposées par les régulateurs financiers.
- **c.** entraîne le retrait du marché des capitaux des entreprises les plus risquées.

7. Selon la théorie de la structure optimale de Modigliani et Miller avec impôt :
- **a.** l'effet de levier n'a aucun impact sur la structure financière de l'entreprise.
- **b.** la firme endettée sera mieux valorisée que la firme non endettée.
- **c.** plus l'entreprise s'endette, plus le coût du capital diminue.

8. Selon les nouvelles théories qui se sont développées autour de la structure financière :
- **a.** la dette peut être considérée comme un signal de qualité pour l'émetteur.
- **b.** la dette tend à accroître les coûts d'agence.
- **c.** le niveau d'endettement relève des opportunités qui se présentent au dirigeant.

Applications

EXERCICE GUIDÉ

Coût du capital, calcul de parité (Extrait DSCG 2011)

Créé en 2000, Groupimo a assis son développement sur son métier historique d'administrateur de biens. Il est présent sur l'ensemble de la chaîne de valeur des métiers des services à l'immobilier résidentiel ou d'entreprise :

– l'administration de biens : la gestion locative, le syndic de copropriété, la location ;
– l'activité d'agent immobilier : la transaction dans l'ancien et dans le neuf ;
– les activités en amont et en aval dans la chaîne de valeur : le montage d'opérations de promotion et d'aménagement foncier, l'activité de marchand de biens ;
– les services complémentaires : courtage en financement et en assurance, expertise.

Groupimo a démarré son activité en Martinique, où il est devenu en quelques années le leader avec sa marque ombrelle propriétaire « Le marché de l'immobilier », puis s'est développé en Guadeloupe, Guyane et Saint-Martin. Il disposait de 22 implantations à fin 2010 après avoir ouvert une implantation à Paris.

À l'aide des annexes 1, 2 et 3 :

1. **Présentez brièvement les objectifs recherchés par une entreprise au travers d'une introduction en Bourse. Précisez les motivations spécifiques aux dirigeants créateurs de Groupimo dans le cadre de cette introduction en Bourse.**

2. **Indiquez les différences concernant les conditions d'admission entre Eurolist et Alternext.**

3. **Expliquez le rôle joué par les organismes financiers dans le cadre d'une introduction en Bourse et indiquez les différentes procédures d'introduction.**

Si l'émission est réalisée à 100 % et à un prix égal au point médian de la fourchette indicative de prix, le produit brut de l'émission devrait s'élever à 4 032 000 euros, soit une augmentation de capital de 270 000 euros et une prime d'émission de 3 762 000 euros. Les frais d'émission s'élèvent à 500 000 euros.

4. **En faisant abstraction de l'incidence fiscale, déterminez la valeur comptable d'une action avant et après l'opération.**

À l'aide des annexes 1 à 6 :

5. **Calculez le coût moyen pondéré du capital (CMPC) de Groupimo.**

ANNEXE 1 Présentation de l'entreprise

Opérateur intégré de services à l'immobilier, Groupimo intervient dans l'administration de biens (50 % du chiffre d'affaires réalisé dans la gérance, la location et le syndic), la transaction immobilière (41 %) et diverses activités complémentaires (courtage en financement et en assurance, expertise, aménagement foncier et montage d'opérations : 9 %).

Groupimo occupe une position de leader dans les départements et territoires français d'outre-mer, où la demande de biens immobiliers est soutenue par le développement économique et la croissance démographique, ainsi que par les dispositifs de défiscalisation.

Groupimo a augmenté son chiffre d'affaires de plus de 20 % par an depuis 2008 et maintenu une rentabilité opérationnelle de 8 % en 2009 et 2010. La marge d'exploitation devrait progresser à partir de 2011. De nouvelles implantations ont été ouvertes en 2010 : 10 agences nouvelles, soit 83 % de plus qu'en 2009.

Groupimo bénéficie d'une bonne visibilité, liée à la récurrence de l'activité dans l'administration de biens où le taux de renouvellement des mandats de syndic et de gérance est supérieur à 90 %.

Groupimo présente une structure qui favorise les économies d'échelle (mutualisation des services administratifs, comptables et juridiques), la flexibilité (force de vente constituée d'agents commerciaux rémunérés au variable) et les effets de synergie au niveau local (maillage du marché cible, mise en commun des bases de données et fonctionnement en réseau).

Groupimo aborde le marché parisien : encore peu structuré, il est en voie de consolidation et présente des opportunités de croissance organique (mise en place d'un réseau d'agences organisé et mutualisant les fonctions administratives) et de croissance externe (reprise de cabinets d'administration de biens et d'agences).

Groupimo possède plusieurs atouts : une expérience éprouvée dans la reprise et l'intégration de sociétés, des relations établies avec Arthur Loyd et Generalli dans l'immobilier d'entreprise et des partenariats développés dans le montage d'opérations de promotion (Groupe Hoche, Omnium...).

Après la reprise de Foncia par Natixis, Groupimo serait le seul opérateur intégré indépendant coté en Bourse.

L'augmentation de capital réalisée à l'occasion de son admission sur Alternext permettra à Groupimo d'accélérer sa croissance par de nouvelles implantations et acquisitions.

ANNEXE 2 Modalités d'admission sur Alternext

Période de souscription : du 29 juin au 12 juillet 2011 à 17 heures.

Nombre d'actions composant le capital **avant introduction** : 1 000 000 actions de nominal 1 € chacune.

Nombre d'actions offertes : 240 000 actions par augmentation de capital (4 032 M€) au prix de 16,80 € (prix égal au point médian de la fourchette indicative de prix) ; 60 525 actions par cession.

Procédure de diffusion : placement global, 90 % de l'offre ; offre à prix ouvert, 10 % de l'offre.

Clause d'extension : le nombre d'actions nouvelles pourrait être augmenté d'un maximum de 36 000 actions supplémentaires représentant 15 % du montant initial offert au marché.

Fourchette indicative de prix : entre 15,54 € et 18,06 €.

L'opération devra être souscrite à hauteur d'au moins 75 %. Si ce seuil n'est pas atteint, l'opération ne sera pas réalisée et les ordres reçus seront caducs et annulés.

La rémunération globale des intermédiaires et le montant des frais juridiques, comptables et administratifs sont estimés à 500 K€ environ et seront pris en charge par la société.

ANNEXE 3 Extrait des comptes consolidés au 31/12/2010

Données sélectionnées des comptes consolidés en K€ de Groupimo	31/12/2010
Chiffre d'affaires (CA)	10 172
Résultat d'exploitation	793
Capitaux propres part du groupe	2 380

ANNEXE 4 Modalités de fixation du prix

Le prix des actions offertes dans le cadre de l'offre publique (« prix de l'offre publique ») sera égal au prix des actions offertes dans le cadre du placement global (« prix du placement global »).

Il est prévu que le prix de l'offre soit fixé par le Conseil d'administration de la société le 13 juillet 2011, étant précisé que cette date pourrait être reportée si les conditions de marché et les résultats de la construction du livre d'ordres ne permettaient pas de fixer le prix de l'offre dans des conditions satisfaisantes. La date de fixation du prix de l'offre pourra également être avancée en cas de clôture anticipée de l'OPO et du PG.

Le prix du placement global résultera de la confrontation de l'offre des actions dans le cadre du placement global et des demandes émises par les investisseurs dans le cadre du placement global selon la technique dite de « construction du livre d'ordres », telle que développée par les usages professionnels.

Le prix du placement global pourrait se situer dans une fourchette comprise entre 15,54 € et 18,06 € par action, fourchette qui pourra être modifiée à tout moment jusque et y compris le jour prévu pour la fixation du prix du placement global. Cette information est donnée à titre strictement indicatif et ne préjuge pas du prix du placement global qui pourra être fixé en dehors de cette fourchette.

Cette fourchette de prix correspond à une valorisation de la société entre 18,9 M€ et 23,2 M€.

ANNEXE 5 Détermination du coût moyen pondéré du capital (CMPC)

Le bêta de l'actif (ou de l'activité β_a) de l'échantillon de sociétés comparables est de 0,7276.

Le bêta de la dette β_d de la société Groupimo est égal à 0.

Le taux d'intérêt sans risque kc est de 4 % et la prime de risque du marché est de 8 %.

Le taux d'intérêt auquel l'entreprise Groupimo peut s'endetter est de 5 %.

Le taux d'impôt sur les sociétés **T** est de 33,33 %.

La structure de financement cible à retenir est de 20 % de dettes et 80 % de fonds propres.

Pour obtenir le bêta des fonds propres β_{fc} de Groupimo, nous utilisons la formule suivante :

$$\beta_{fc} = \beta_a \times (1 + (1 - T) \times D / C$$

avec **D** la valeur de la dette ; **C** la valeur des capitaux propres ; calcul à arrondir à deux décimales.

CORRIGÉ COMMENTÉ

MÉTHODE

Extrait du premier dossier de l'examen 2011 de DSCG, ce sujet comporte quelques questions de cours qu'il faut inscrire dans la logique suivante : 1. savoir présenter les modalités de fonctionnement d'un processus financier ou des règles applicables ; 2. savoir les appliquer au cas.

Il faut, pour la première étape, éviter l'écueil d'une réponse trop longue qui entre dans les détails (et *a contrario* trop brève qui ne dit pas l'essentiel) et fait perdre un temps précieux. Pour la seconde, il s'agit de bien faire le lien entre la règle et le cas pratique qui se présente, là encore en restant synthétique. Il ne s'agit pas de présenter au correcteur tout ce que vous savez sur le thème, mais que vous l'avez compris et que vous en avez la maîtrise suffisante pour le synthétiser clairement et l'appliquer.

La correction reprend les éléments officiels donnés aux correcteurs pour l'épreuve.

1. Présentez brièvement les objectifs recherchés par une entreprise au travers d'une introduction en Bourse. Précisez les motivations spécifiques aux dirigeants créateurs de Groupimo dans le cadre de cette introduction en Bourse (8 points).

Sur la première partie de la question, reportez-vous à la section 1.4.a du cours, qui correspond en fait à la réponse proposée par la correction officielle (5 points, 1 point par élément).

Concernant l'application au cas, les motivations spécifiques des dirigeants créateurs de Groupimo sont les suivantes (3 points, 1 point par élément) :

- cession de titres de quelques actionnaires ;
- permettre aux salariés d'acquérir des actions à un prix décoté de 80 % ;
- attribuer gratuitement des actions aux salariés.

2. Indiquez les différences concernant les conditions d'admission entre Eurolist et Alternext (8 points).

Reportez-vous à la section 1.4.b du cours ; les deux premières lignes et le premier tableau renvoient à la correction officielle.

3. Expliquez le rôle joué par les organismes financiers dans le cadre d'une introduction en Bourse et indiquez les différentes procédures d'introduction (6 points).

ATTENTION

La seconde partie de la question demande d'indiquer les différentes procédures d'introduction, pas de les expliquer ou de les présenter. Une simple liste des différentes procédures existantes suffit [▶ SECTION 1.4.B, TABLEAU 2 DU COURS]. Cette partie de la question n'était que sur 3 points !

Reportez-vous à la section 1.4.c du cours ; les premières lignes situées avant la définition de l'option de surallocation correspondent à la correction officielle. Elle était suivie, en réponse à la partie procédure d'introduction, de la liste des techniques d'introduction : l'OPF, l'OPM, l'OPO, la cotation directe, le PG.

4. En faisant abstraction de l'incidence fiscale, déterminez la valeur comptable d'une action avant et après l'opération (6 points).

ATTENTION Prenez le temps d'expliquer brièvement votre démarche, pas uniquement la réponse technique chiffrée.

La valeur des fonds propres par action avant l'opération correspond aux capitaux propres divisés par le nombre d'actions. La valeur des fonds propres par action est donc de 2 380 000 / 1 000 000 = **2,38 €** *(2 points).*

Pour déterminer la valeur des fonds propres par action après l'opération, il faut déterminer la valeur des fonds propres après l'opération et le nombre d'actions.

Le montant des capitaux propres est de 2 380 000 + 4 032 000 - 500 000 = **5 912 000** *(1,5 point).*

Le nombre d'actions après l'opération est de 1 000 000 + 240 000 + 30 000 = **1 270 000** *(1,5 point).*

La valeur des fonds propres par action **après l'opération** est alors de **4,65 €** (5 912 000 / 1 270 000) *(1 point).*

5. Calculez le coût moyen pondéré du capital (CMPC) de Groupimo (13 points).

ATTENTION L'énoncé donne la prime de rendement de marché : $E(R_M) - R_f = 8$ %. De nombreux candidats ont à l'époque confondu avec l'espérance de rendement du marché $E(R_M)$.

Avec impôt et en intégrant le MEDAF, le CMPC s'évalue à partir de la formule suivante :

CPMC = $kc_e \times C / (C + D) + k_d \times D / (C + D) \times (1 - T)$

avec $C / (C + D) = 80\,\%$; $D / (C + D) = 20\,\%$; $k_d = 5\,\%$ et $(1 - T) = 2 / 3$

Le rendement requis des actionnaires kc_e peut être évalué à partir du MEDAF :

$kc_e = R_f + \beta^e \times \left[E(R_M) - R_f \right]$ avec $R_f = 4\,\%$ et $\left[E(R_M) - R_f \right] = 8\,\%$

Il reste à déterminer le risque systématique auquel Groupimo est soumis, abstraction faite de sa structure financière : β^{ne}. Ce dernier correspond au bêta des fonds propres β_{fc} qui sera calculé à partir de la formule donnée en annexe 5, où β_a **= 0,7276** :

$\beta_{fc} = \beta_a \times (1 + (1 - T) \times D / C \Rightarrow \beta_{fc} = 0{,}7276 \times (1 + 2 / 3 \times 0{,}2 / 0{,}8) \Rightarrow \beta_{fc} = 0{,}85$ *(5 points)*

$\Rightarrow kc_e = 0{,}04 + 0{,}85 \times 0{,}08 \Rightarrow kc_e = 10{,}80\,\%$ *(5 points)*

CPMC = 0,108 × 80 % + 0,05 × 20 % × 2 / 3 ⇒ **CPMC = 9,30 %** *(3 points)*

EXERCICE

Lancement d'une augmentation de capital avec DPS ⌛ 30 mn ★★

Paris, le 7 mars 2017 – EDF annonce aujourd'hui le lancement d'une augmentation de capital (AC) en numéraire avec maintien du droit préférentiel de souscription des actionnaires pour un montant brut d'environ 4 017,9 millions d'euros.
Le produit de l'AC servira principalement au financement des opérations de développement du groupe EDF sur la période 2017-2020, en cohérence avec la stratégie Cap 2030, et d'une manière générale, à renforcer la flexibilité financière du Groupe. L'AC s'intègre dans un plan d'actions global de renforcement de la performance (plan d'économies et de cessions) et des fonds propres.
Commentant le lancement de cette opération, Jean-Bernard Lévy, PDG d'EDF, a déclaré : « L'augmentation de capital que nous lançons aujourd'hui est une étape historique pour notre entreprise. Elle vient soutenir la stratégie Cap 2030, qui vise à faire d'EDF l'électricien performant et responsable, champion de la croissance bas carbone. En confirmant la trajectoire de l'entreprise pour les prochaines années, nous aurons désormais tous les moyens pour poursuivre notre développement. »
L'État français s'est engagé à souscrire à 3 milliards d'euros, soit environ 75 % de la présente augmentation de capital et cèdera des droits préférentiels de souscription, dans le respect des dispositions légales et réglementaires applicables pour les opérations sur le capital des sociétés à participation publique.

Principales modalités de l'augmentation de capital

L'AC sera réalisée avec maintien du droit préférentiel de souscription des actionnaires et entraînera l'émission de 632 741 004 actions nouvelles. Chaque porteur d'actions EDF existantes enregistrées comptablement sur son compte titres à l'issue de la journée comptable du 7 mars 2017 recevra un (1) DPS par action détenue. Les DPS seront détachés le 8 mars 2017 des actions existantes. La souscription des actions nouvelles sera réservée, par préférence, aux titulaires de DPS, 10 DPS permettant la souscription à titre irréductible de 3 actions nouvelles. La souscription des actions nouvelles sera réalisée au prix de souscription de 6,35 euros par action (dont 0,50 euro de nominal et 5,85 euros de prime d'émission), à libérer intégralement en numéraire au moment de la souscription. Ce prix représente une décote faciale de 34,5 % par rapport au cours de clôture de l'action EDF le jour de Bourse précédant la date du visa de l'AMF sur le Prospectus, soit 9,69 euros le 3 mars 2017. Sur la base de ce cours de clôture, la valeur théorique du DPS est de 0,77 euro.

Calendrier de l'augmentation de capital

La cotation et la négociation des DPS sur Euronext Paris sous le code ISIN FR0013240322 débuteront le 8 mars 2017 et se termineront le 17 mars 2017 inclus. Il ne sera plus possible d'acheter ou de vendre des DPS après la clôture de la séance de Bourse du 17 mars 2017 ; ils seront alors sans valeur. La période de souscription des actions nouvelles sera ouverte du 10 mars 2017 au 21 mars 2017 inclus. Les DPS non exercés avant la fin de la période de souscription, soit avant la clôture de la séance de Bourse du 21 mars 2017, seront caducs de plein droit.

1. Quel est l'objectif de l'augmentation de capital annoncée par EDF ?

2. Quelle est la position de l'État français dans cette augmentation ?

3. À partir des informations sur les modalités de l'augmentation de capital, retrouvez comment la parité de 3 actions nouvelles pour 10 actions anciennes a été calculée.

4. Avant l'augmentation de capital, l'État français détenait 1 805 952 345 actions dans le capital d'EDF. Combien d'actions nouvelles peut-il acheter ?

5. Montrez que l'augmentation de capital est sans incidence pour l'État français.

La politique de distribution aux actionnaires

Chapitre 13

Sens et portée de l'étude	Notions et contenus
La politique de distribution est le fait, pour une entreprise, de déterminer le niveau et la modalité de la rémunération qu'elle entend verser à ses actionnaires.	Modalités de rémunération des actionnaires Choix entre les différentes modalités de rémunération Dimension fiscale Effets informationnels de la rémunération des actionnaires

Lorsqu'une entreprise est capable de dégager des flux de trésorerie disponibles conséquents, elle peut utiliser ces flux pour :

– financer des projets nouveaux, créateurs de valeur pour l'entreprise ;

– augmenter la trésorerie de l'entreprise ;

– rémunérer les actionnaires.

Dans les deux premiers cas, il y a conservation des flux de trésorerie dans l'entreprise, alors que dans le dernier cas, les flux de trésorerie sont distribués aux actionnaires.

Le choix entre ces différentes possibilités d'allocation des flux de trésorerie est nommé **politique de distribution** et dépend des caractéristiques de l'entreprise. Les entreprises matures ont, par exemple, tendance à utiliser une part plus importante de leurs bénéfices pour rémunérer les actionnaires, contrairement aux entreprises jeunes ou en croissance qui préfèrent les réinvestir. Nous verrons que la rémunération des actionnaires peut se faire par versement de dividendes ou rachat d'actions.

1. Les modalités de rémunération des actionnaires

La rémunération des actionnaires peut se faire par **versement de dividendes** ou **rachat d'actions**. Après présentation de ces différentes modalités de rémunération des actionnaires, nous expliciterons le choix entre dividendes et rachats d'actions.

1.1 Le versement de dividendes

a. La détermination du montant des dividendes

Le versement des dividendes se traduit par un transfert de capitaux provenant de l'entreprise à destination des actionnaires. Le montant des dividendes versés ne peut bien évidemment pas être supérieur à celui du **bénéfice distribuable**.

Bénéfice distribuable = RNC – pertes antérieures – dotations aux réserves légales[1] et statutaires + report à nouveau bénéficiaire

1. La réserve légale doit être égale à 10 % du capital social de la société. Tant que cette réserve légale n'est pas constituée, les entreprises ont l'obligation d'affecter chaque année 5 % du bénéfice à la réserve légale.

La part du bénéfice distribuable affectée aux actionnaires est décidée, sur proposition du conseil d'administration (CA) ou du conseil de surveillance (CS) de l'entreprise, lors de l'ssemblée générale ordinaire des actionnaires (AGO). L'AGO a lieu tous les ans et au plus tard six mois après la clôture des comptes de l'entreprise. Les dividendes doivent quant à eux être versés aux actionnaires au plus tard neuf mois après la clôture des comptes.

Deux critères majeurs sont utilisés pour déterminer le montant des dividendes à verser :

– le taux de croissance du DPA (dividende par action) ;

– le taux de distribution (rapport dividendes/bénéfice net).

EXEMPLE

Le 16 juin 2017, vous observez les éléments suivants :
– cours de l'entreprise XYZ : 52,3 € ;
– DPA : 1,02 ;
– BPA : 3,45.

Calculez le taux de distribution et le taux de rendement de l'action XYZ et commentez les résultats obtenus.

Taux de distribution : 1,02 / 3,45 = 29,6 %
Taux de rendement : 1,02 / 52,3 = 2 %

Le taux de distribution et le taux de rendement sont plutôt faibles et seraient le signe d'une volonté de l'entreprise d'être prudente dans une conjoncture économique risquée.

Selon le modèle de Lintner (1956), les dividendes versés dépendent d'une part du bénéfice de l'année et, d'autre part, du dividende de l'année précédente. Cela peut s'écrire sous la forme suivante :

$\Delta Dt = \alpha + \beta 1\ BPAt + \beta 2\ Dt\text{-}1 + \varepsilon$

avec :

ΔDt = variation du dividende de l'année t

Dt-1 = dividende de l'année t-1

BPAt = bénéfice par action de l'année t

Pour cet auteur, « *la plupart des actionnaires préfèrent un dividende raisonnablement stable, et le marché sanctionne positivement la stabilité ou la croissance graduelle du dividende* ». Autrement dit, l'historique de l'entreprise en matière de versement des dividendes influence grandement sa politique en matière de versement des dividendes futurs.

EXEMPLE

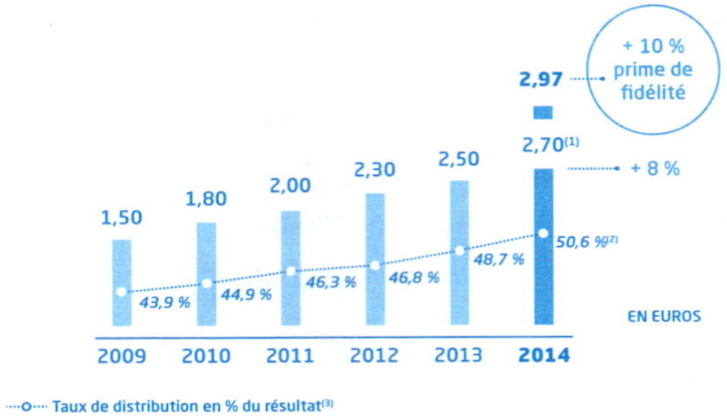

Source : rapport annuel 2014 de L'Oréal.

Que pensez-vous de l'évolution du dividende de L'Oréal ?

On note, conformément au principe de lissage des dividendes, une progression lente et régulière des dividendes versés. En 2014, il semble qu'un dividende majoré ait été proposé afin de récompenser les actionnaires fidèles. Ce dividende majoré n'a pas vocation à se répéter dans le temps.

b. Les différentes formes de versement des dividendes

Il existe différentes formes de versement des dividendes :

– **L'acompte sur dividende** est une pratique qui consiste à verser en avance une partie du dividende à venir (en général, le quart ou la moitié). La décision est prise directement par le CA ou CS de l'entreprise et n'a pas besoin d'être validée au moment de l'AGO des actionnaires. L'acompte sur dividende, bien qu'il permette aux entreprises de « lisser » leur sortie de fonds, est peu utilisé dans la pratique.

– Le versement de **dividendes en espèces** est la forme la plus répandue de distribution des dividendes.

– Un versement de **dividendes sous forme d'actions** peut aussi être proposé aux actionnaires, mais ces derniers peuvent refuser un tel mode de financement des dividendes. Le prix des actions remises en paiement d'un dividende se calcule comme suit : la moyenne des cours des 20 dernières séances de Bourse précédant la date de l'AG est calculée, puis une décote de 10 % maximum est appliquée. Une telle pratique, qui doit être votée en AG et prévue par les statuts, a permis à de nombreuses entreprises de maintenir, pendant la crise financière de 2008, un niveau élevé de dividendes et ce, sans entamer leur trésorerie. Lorsque les liquidités se font plus rares, mais que l'entreprise veut éviter le signal négatif envoyé par une diminution des dividendes, le paiement des dividendes en actions peut être une bonne stratégie.

– **Le dividende majoré** : il s'agit de récompenser les actionnaires fidèles, c'est-à-dire ceux qui détiennent leurs actions depuis plus de deux ans. Le taux de majoration ne peut pas être supérieur à 10 % du montant du dividende ordinaire.

– **Le dividende exceptionnel** : dividende dont le montant est exceptionnellement élevé par rapport au dividende habituellement versé et qui n'est pas amené à se répéter dans le temps.

1.2 Le rachat d'actions

La rémunération des actionnaires peut aussi se faire par le biais de rachats d'actions. Ce[illegible] tions sont aujourd'hui largement répandues en France et leur montant est conséquent.

Selon la réglementation, les entreprises souhaitant racheter leurs actions peuvent le faire :

– En lançant une offre de rachat qui prend la forme d'une **offre publique de rachat d'actions** (OPRA) pour les sociétés cotées. Il s'agit d'une opération par laquelle le CA ou CS de l'entreprise propose, après accord obtenu en AG, à tous les actionnaires de leur racheter tout ou partie de leurs actions à un certain prix et sur une période donnée. Comme pour les autres types d'offres publiques, le prix proposé intègre une prime qui est en général comprise entre 10 et 20 % du prix du marché.

Notons que l'OPRA entraîne une réduction du capital et donc une modification de la structure financière de l'entreprise. Il s'ensuit un accroissement des risques subis par les créanciers qui peuvent, en vertu de la loi, exiger la constitution de garanties supplémentaires ou le remboursement anticipé de tout ou partie de leurs créances.

– Par le biais d'un **programme de rachat d'actions** (PRA) et ce, depuis la loi du 2 juillet 1998. Les entreprises cotées peuvent plus précisément racheter sur le marché jusqu'à 10 % de leur capital. On parle de rachats d'actions « au fil de l'eau ». Le PRA a une durée maximale de 18 mois et doit être voté en AG. Il doit préciser :

- les motivations du rachat ;
- les modalités de financement (endettement ou flux de trésorerie disponibles) ;
- les conséquences, par exemple pour la structure financière et le BPA.

Les actions rachetées par l'entreprise peuvent être annulées (réduction de capital) ou conservées par l'entreprise (actions autodétenues[1]).

1.3 Le choix entre dividendes et rachats d'actions

Lorsqu'une entreprise fait le choix de rémunérer ses actionnaires, elle peut le faire par le biais de versement de dividendes ou de rachats d'actions. Deux questions se posent alors : comment choisir entre ces différentes modalités de rémunération des actionnaires ? Une des modalités de rémunération est-elle préférée par les actionnaires ?

Pour Miller et Modigliani (1961), sur un marché parfait et dès lors que la politique d'investissement n'est pas influencée par la politique de distribution, le choix entre dividendes et rachats d'actions ne modifie pas la valeur de l'entreprise. Autrement dit, l'actionnaire est indifférent entre recevoir 1 € sous forme de dividendes ou de plus-values. C'est la **thèse de la neutralité de la politique de distribution.**

Mais il existe des imperfections sur les marchés financiers, qui peuvent amener les entreprises à privilégier une modalité de rémunération des actionnaires plutôt qu'une autre.

a. La fiscalité

Comme pour la structure financière, la **fiscalité** constitue une de ces imperfections. Les actionnaires sont imposés sur les dividendes reçus et sur les plus-values en capital faisant suite aux

1. Les actions autodétenues perdent leur droit de vote et leur droit au dividende.

rachats d'actions. Si le taux d'imposition sur les dividendes est supérieur à celui sur les plus-values, alors les actionnaires préfèreront une rémunération sous forme de rachats d'actions, et inversement.

Notons que pour les personnes physiques, la fiscalité des dividendes est plus attractive si l'actionnaire détient les titres pendant au moins deux ans. Dans ces conditions, il y a en effet un abattement de 40 % sur les dividendes, alors qu'il n'y a pas d'abattement sur les plus-values. À partir de deux ans de détention, la tendance s'inverse, puisque l'abattement sur les plus-values est de 50 % et atteint 65 % après huit ans de détention.

Selon la modalité de rémunération, le moment du paiement de l'impôt est différent, ce qui peut également modifier les préférences des actionnaires. Les dividendes sont en effet imposés immédiatement (même s'ils sont réinvestis), alors que les plus-values en capital ne sont imposées que lorsque les titres sont vendus. Cela a pour conséquence de reporter l'impôt à payer dans le futur et donc de réduire sa valeur actuelle. Si l'actionnaire n'a pas un besoin immédiat de liquidités, sa préférence devrait donc aller vers le rachat d'actions.

Au final, après deux ans de détention, le coût du capital de l'entreprise qui verse des dividendes est supérieur au coût du capital de l'entreprise qui procède à des rachats d'actions. Les entreprises versant des dividendes doivent dégager une meilleure rentabilité avant impôt pour compenser les impôts supplémentaires payés par les actionnaires recevant des dividendes.

La politique de distribution optimale, lorsque le taux d'imposition sur les dividendes est supérieur au taux d'imposition sur les plus-values, consiste donc à n'opérer que des rachats d'actions et à ne pas verser de dividendes.

b. Les autres facteurs

D'autres facteurs sont susceptibles d'expliquer le choix entre dividendes et rachats d'actions.

Nous y reviendrons de manière plus détaillée au sein de la section suivante, mais il faut savoir que la marge de manœuvre des entreprises concernant la fixation des dividendes n'est pas si importante que cela. En effet, il faut en général éviter toute diminution des dividendes, les investisseurs réagissant négativement à une telle diminution. L'augmentation des dividendes doit elle aussi être bien réfléchie car elle suppose que ce même niveau de dividendes sera maintenu, voire dépassé dans le futur. Autrement dit, elle crée des attentes de la part des investisseurs sur le marché. Une possibilité pour contourner ce manque de flexibilité des dividendes est d'avoir recours au dividende exceptionnel. Quoi qu'il en soit, les entreprises ne peuvent pas vraiment modifier à leur guise le montant des dividendes, ce qui est susceptible d'influencer le choix entre dividendes et rachats d'actions.

Il faut également savoir que le rachat d'actions n'est pas neutre en termes de composition de l'actionnariat. En effet, la part de capital des actionnaires restants, c'est-à-dire ceux qui ont décidé de ne pas prendre part à l'opération de rachat d'actions, s'accroît. On parle de **relution du capital**. Cela peut aussi influencer le choix entre les différentes modalités de rémunération des actionnaires.

Au final, la politique de distribution demeure toujours un sujet de controverse. L'absence de solution optimale concernant le choix entre ces différentes modalités de rémunération des actionnaires est désignée par l'expression « *the dividend puzzle* ».

2. Le rôle des dividendes : une lecture théorique

2.1 La théorie du signal

En théorie, les entreprises sont libres de modifier comme elles le souhaitent le montant des dividendes versés aux actionnaires. En pratique cependant, elles cherchent, sauf événement particulier, **à augmenter de manière lente et régulière leurs dividendes**. Selon Lintner (1956), les investisseurs auraient, en effet, une préférence pour la stabilité des dividendes dans le temps. Cette pratique, qui n'est pas spécifique à la France, est appelée **lissage des dividendes**. Elle justifie en partie que très peu d'entreprises fassent le choix d'une diminution ou suppression des dividendes.

Cette pratique du lissage des dividendes au sein des grandes entreprises françaises amène à formuler deux constats principaux :

– Les dirigeants décident d'augmenter les dividendes seulement lorsqu'ils ont l'assurance que cette augmentation pourra être durable dans le temps. Augmenter les dividendes constitue en fait une sorte d'engagement sur le long terme auprès des investisseurs.

– Si les bénéfices fluctuent au fil des ans, les dividendes sont eux beaucoup plus stables. Ainsi, si le bénéfice d'une entreprise entre deux années peut diminuer, le montant des dividendes restera lui stable, voire augmentera légèrement.

Dans un contexte d'asymétrie d'informations entre *insiders* et *outsiders*, **les dividendes renseignent les actionnaires sur les flux futurs** de l'entreprise attendus par les dirigeants (Bhattacharya, 1980). Si les dividendes augmentent, c'est que les dirigeants ont confiance dans la capacité de l'entreprise à maintenir un niveau au moins aussi élevé de dividendes dans le futur. On dit que l'augmentation des dividendes envoie un signal positif au marché concernant les perspectives futures de l'entreprise. Au contraire, une diminution, voire une suppression des dividendes envoie un signal négatif au marché et témoigne d'un pessimisme des dirigeants quant aux perspectives futures de l'entreprise. Envoyer au marché un faux signal est facteur de risque pour la réputation des dirigeants, ce qui assure en partie la crédibilité du signal envoyé *via* le niveau des dividendes.

Notons que les rachats d'actions (dont le coût dépend du prix du marché) ne sont pas « lissés » comme les dividendes. Cependant, l'annonce d'une opération de rachat d'actions constitue un signal pour le marché :

– Si les dirigeants estiment que les **actions de l'entreprise sont surévaluées par le marché** et qu'ils prennent des décisions conformes aux intérêts des actionnaires, ils ne mettront pas en œuvre de rachat d'actions car une telle opération serait non rentable pour les actionnaires.

– Au contraire, si les dirigeants estiment que les **actions de l'entreprise sont sous-évaluées par le marché** et qu'ils prennent des décisions conformes aux intérêts des actionnaires, ils mettront en œuvre un plan de rachat d'actions car une telle opération serait rentable pour les actionnaires.

2.2 La théorie de l'agence

Pour Jensen (1986), les dirigeants peuvent être incités à gérer de façon inefficiente les *Free Cash Flows* (FCF ou flux de trésorerie disponible) en investissant dans des projets à VAN négative. Ces derniers ont en effet tendance à surinvestir et/ou à augmenter la taille de l'entreprise non pas au niveau optimal, mais à un niveau qui leur est favorable en termes de prestige, de rémunération et de contrôle.

Autrement dit, les dirigeants cherchent par le biais des FCF à étendre leur **pouvoir discrétionnaire**, quitte à investir dans des projets destructeurs de valeur pour les actionnaires. La présence de FCF importants peut donc être source de conflits d'intérêts entre actionnaires et dirigeants.

Dans la perspective de la théorie de l'agence (Jensen et Meckling, 1976), rendre les liquidités excessives aux actionnaires, par exemple sous forme de dividendes, vise à réduire cet espace discrétionnaire et permet ainsi une diminution :

– des **conflits d'intérêts** entre actionnaires et dirigeants ;

– des **coûts d'agence** qui en découlent (coût de surveillance, coût de dédouanement, perte résiduelle).

Selon la théorie de l'enracinement, les dirigeants ont une préférence pour la conservation par l'entreprise d'un maximum de liquidités, ce qui permet d'augmenter les ressources sur lesquelles ils exercent un contrôle. En outre, cela facilite la mise en œuvre de stratégies de croissance et réduit le taux d'endettement de l'entreprise. Les stratégies de croissance sont bénéfiques aux dirigeants qui en retirent des avantages en termes de prestige et de rémunération. Concernant l'endettement, sa réduction engendre une baisse du risque de faillite et donc une probabilité moindre de licenciement du dirigeant. Les dirigeants utiliseraient donc les liquidités pour réduire autant que possible la dette nette de l'entreprise.

Comme nous l'avons vu au début du présent chapitre, la France distribue un niveau assez élevé de dividendes en comparaison avec ses homologues européens. Il est possible que cela soit lié à la très grande taille de certaines entreprises françaises. Par définition, les grandes entreprises sont en effet celles qui versent le plus de dividendes. Il peut s'agir aussi d'attirer par des dividendes élevés les capitaux étrangers. Selon la perspective théorique, le versement de dividendes s'explique par une volonté de signaler au marché les perspectives futures de l'entreprise (théorie du signal) ou par une volonté de réduire les conflits d'intérêts entre actionnaires et dirigeants (théorie de l'agence). La distribution de dividendes peut aussi et tout simplement se faire par mimétisme. Autrement dit, si certaines entreprises font le choix de la distribution de dividendes, c'est parce que leurs homologues le font également.

Le sujet de la rémunération des actionnaires est soumis à controverse depuis maintenant quelques années. Un décalage apparaît en effet entre les efforts demandés aux parties prenantes sociales de l'entreprise (par exemple, les salariés) et le montant jugé excessif de certains dividendes versés aux actionnaires. Il est, par exemple, difficilement concevable sur le plan humain qu'une entreprise licencie, mais continue parallèlement à distribuer des dividendes.

Schéma de synthèse

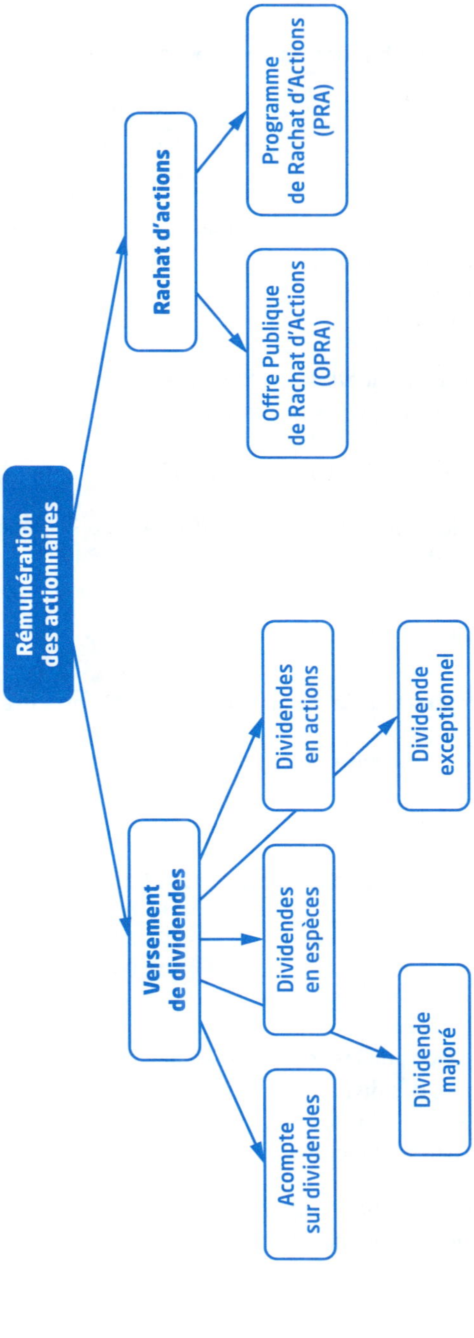

QCM

1. Une fois l'exercice comptable clos, le versement des dividendes doit se faire dans un délai maximal de :

a. six mois.
b. neuf mois.
c. douze mois.

2. Le montant des dividendes versés sur l'année t ne dépend pas :

a. des dividendes distribués en t-1.
b. du résultat de l'année t.
c. du résultat de l'année t-1.

3. La décision de verser un acompte sur dividende est prise :

a. uniquement par le CA ou CS de l'entreprise.
b. par les actionnaires en assemblée générale.
c. à la fois par le CA ou CS et par les actionnaires.

4. Lors d'une offre publique de rachat d'actions (OPRA), le prix proposé intègre une prime qui est en général comprise entre :

a. 0 % et 10 %.
b. 10 % et 20 %.
c. 30 % et 40 %.

5. Dans le cadre d'un programme de rachat d'actions (PRA), les entreprises ne peuvent pas racheter plus de :

a. 5 % du capital de l'entreprise.
b. 10 % du capital de l'entreprise.
c. 20 % du capital de l'entreprise.

6. Après un rachat d'actions, la part de capital des actionnaires qui ont décidé de ne pas participer à l'offre :

a. n'est pas modifiée.
b. augmente.
c. diminue.

7. L'expression « lissage des dividendes » est employée pour désigner une progression :

a. lente et irrégulière des dividendes.
b. rapide et régulière des dividendes.
c. lente et régulière des dividendes.

8. Les rachats d'actions envoient un signal :

a. de sous-évaluation par le marché.
b. de surévaluation par le marché.
c. pas de signal.

Applications

EXERCICE GUIDÉ

BPA

L'entreprise ABC présente les caractéristiques suivantes :
- bénéfice net : 200 M€ ;
- nombre d'actions : 2 000 000 ;
- cours de Bourse : 2 000 € ;
- capitaux propres : 2 400 M€ ;
- BPA : 200 ;
- capitaux propres par action : 1 200 € ;
- frais financiers : 6 %.

Les actions rachetées sont ensuite annulées.

L'entreprise décide de racheter un cinquième de ses actions au prix de 1 500 € par action.

Calculez après l'opération le BPA et le montant des CP par action.

CORRIGÉ COMMENTÉ

Calculez après l'opération le BPA et le montant des CP par action.

Montant du rachat : (1 / 5 × 2 000 000) × 1 500 = 600 M€

Frais financiers : 600 M€ × 0,06 = 36 M€

BPA après le rachat : (200 - 36) / (2 - 0,4) = 102,5

CP par action après le rachat : (1 200 - 600) / (2 - 0,4) = 375

EXERCICES

1. Sujet de réflexion ⌛ 1 heure ★★★

Investissement et distribution de dividendes

Les résultats du CAC 40 pour 2013 soulignent encore une fois combien le coût du capital pèse sur le tissu productif français : avec des profits en baisse de 8 %, les grandes entreprises augmentent leur distribution de dividendes de 6 %, au détriment de l'investissement.

En 2013, les entreprises du CAC 40 ont réalisé 48 milliards d'euros de profits, en diminution de 8 % par rapport à 2012. La croissance en panne dans la zone euro, le ralentissement des pays émergents, l'appréciation de l'euro et des dépréciations d'actifs se combinent pour expliquer ces moins bonnes performances.

Pour autant, les actionnaires de ces entreprises vont ressortir gagnants de cette baisse de forme puisque les dividendes progressent de 6 % pour s'établir à 39 milliards d'euros. Ainsi, un peu plus de 80 % des profits du CAC 40 sont utilisés à la distribution de dividendes.

Source : Alternatives Économiques, 10 mars 2014.

2. Sujet de réflexion ⌛ 1 heure ★★★

La distribution de dividendes au détriment des salariés

Les grandes entreprises privilégient les dividendes aux primes des salariés

Selon le rapport du cabinet Eres Gestion, mieux vaut être un actionnaire en France qu'un salarié pour bénéficier du partage du profit d'une entreprise.

Nicolas Sarkozy avait remis la formule au goût du jour en 2009, en souhaitant que la pratique se généralise : la « règle des trois tiers » était considérée en effet comme la bonne conduite du partage du bénéfice des entreprises. Elle suggère une division à parts égales entre les salariés, les actionnaires et les investissements. Un vœu pieux selon le « baromètre du partage du profit » du cabinet Eres Gestion, spécialisé sur l'épargne salariale et la retraite, pour qui le partage du profit en France est au final bien plus favorable à l'actionnaire. Au détriment du salarié.

Les données de l'étude sont en effet sans appel : en 2014, les dispositifs de partage des profits pour les salariés (type intéressement et participation) ont été cinq fois moins élevés que les dividendes versés aux actionnaires. Concrètement, Eres estime que le niveau moyen de primes allouées à un salarié (calculé en fonction de l'effectif de l'entreprise) s'élève à 4 286 euros, là où la somme des dividendes s'établit à 21 622 euros.

Dynamiques contraires

Et l'écart n'est pas seulement important : il s'accroît. Après un pic en 1992 (40 %), la part de résultat distribué en dividendes a chuté selon les données de l'EM Lyon Business School et de l'IFGE rapporté par le quotidien Les Echos. Entre 1999 et 2006, elle a même stagné dépassant à peine les 20 %, avant de repartir à la hausse et de s'établir à un peu plus de 30 % depuis le tournant de la décennie. Les dividendes versés aux actionnaires ont représenté en tout, pour les seules entreprises du CAC 40, pas moins de 43 milliards d'euros en 2014. Dans le même temps, les primes moyennes de partage du profit en faveur des salariés se sont érodées. Selon les chiffres de l'Eres, entre 2011 et 2014, elles ont reculé de 12 % pour les salariés des entreprises du CAC 40. Une cure d'austérité à laquelle les dividendes ont donc échappé, sans pour autant avoir tout raflé, puisque leur part a malgré tout baissé de 10 points en 20 ans. Les actionnaires ne sont donc pas choyés dans l'absolu, ils sont seulement préservés au détriment des salariés, l'entreprise gardant pour elle-même la principale partie du résultat de l'exercice.

L'étude du cabinet Eres confirme enfin une tendance connue : mieux vaut travailler dans une grande entreprise cotée que dans une petite entreprise de plus de 10 salariés pour espérer toucher un montant de primes dans le haut du panier. Selon les chiffres de la Dares, l'écart, s'il est attendu, la différence s'avère tout de même conséquente : 70 % d'écart (4 286 pour les premières, 2 513 pour les secondes). Malgré tout, 11 % des entreprises du SBF 120 prennent le contrepied de la tendance générale et offrent plus de primes à leurs salariés que de dividendes à leurs actionnaires. Autre timide espoir d'un avenir meilleur pour les salariés : même si l'écart actionnaire/salarié est important, la moitié des entreprises du SBF 120 ont versé des primes plus élevées en 2014 qu'en 2013. Et le contexte globalement plus favorable en 2015 pourrait accentuer la tendance et, peut-être, amorcer un début de rattrapage.

Source : Lefigaro.fr, 21 décembre 2015.

CAS DE SYNTHÈSE 3

La société Tétras SA, au capital de 800 000 € constitué de 4 000 actions de 200 €, fabrique et vend depuis une quinzaine d'années des appareils de télécopie destinés aux particuliers et aux entreprises. À l'origine, la société avait été très novatrice en mettant au point les premiers dispositifs de télécopie sur papier ordinaire. Elle possédait alors un avantage concurrentiel en raison de cette compétence spécifique. Le marché correspondant entre actuellement dans sa phase de maturité et les procédés spécifiques mis au point par Tétras se sont vulgarisés. Les entreprises productrices misent alors, pour se maintenir sur le marché, plus sur le volume des ventes et la réduction des coûts que sur l'innovation technologique.

Au-delà de ce métier, la société Tétras a développé plus récemment une activité de fabrication puis de vente de dispositifs électroniques permettant l'automatisation des communications entre divers matériels informatiques, via divers réseaux téléphoniques nationaux et étrangers.

L'équipe dirigeante axe sa stratégie de développement sur l'activité « dispositifs électroniques de communication » pour laquelle elle effectue actuellement des recherches et teste des projets innovants qui s'avèrent prometteurs.

Ce marché, en pleine expansion, nécessite toutefois que la société Tétras puisse répondre en permanence aux demandes de réclamations mais aussi d'informations des clients qui, dans ce domaine de l'automatisation, exigent des produits de grande précision et de grande qualité. Il convient alors de vérifier que les productions puis les ventes répondent effectivement aux besoins exprimés par les clients, besoins qui peuvent être d'une grande diversité. À cette fin, la société s'est dotée récemment d'un important service consommateurs.

À la suite d'un diagnostic commercial effectué par une société de conseil en marketing, les dirigeants de la Tétras estiment que les ventes de systèmes automatisés devraient progresser de 20 % en moyenne au cours des cinq prochaines années. Ces dirigeants décident alors de poursuivre un objectif devenu prioritaire : développer la qualité des produits en liaison avec une avance technologique reconnaissable sur le marché.

À cette fin, l'entreprise va développer de manière soutenue une activité de recherche et de développement qui nécessite une forte politique d'investissement afin d'améliorer la productivité des actions d'exploitation mais aussi d'assurer la croissance prévue.

DOSSIER I (PARTIE I). ANALYSE DE LA STRUCTURE DE FINANCEMENT

Corrélativement aux recherches qui portent à la fois sur l'amélioration de la productivité et sur les moyens techniques et financiers de faire face à la croissance envisagée, les dirigeants décident de mettre en œuvre à partir de fin N un programme ambitieux qui se décline de la façon suivante :

- un investissement de productivité dont les caractéristiques sont décrites dans **l'annexe 3** ;
- un investissement de croissance, décrit dans **l'annexe 4** ;
- un budget « Étude et recherche », en augmentation pour un montant égal à 300 000 € ;
- un investissement commercial de 1/2 million d'euros.

Le montant du programme d'investissement avoisine 1,6 million d'euros. En tenant compte du remboursement des dettes en cours, le besoin de financement total est estimé à 1,8 million d'euros. Les sources prévisionnelles de financement sont présentées dans **l'annexe 2-2**.

Les informations comptables et financières de la situation de l'entreprise vous sont fournies en **annexe 1** et les données relatives à sa structure d'endettement de l'entreprise et aux coûts d'opportunité des sources de financement actuelles sont retracées en **annexe 2-1**.

Le taux d'imposition à l'IS est supposé stable pour l'ensemble de la période et l'on retient 40 %.

Travail à faire

À l'aide des annexes 1 à 3 :

1. **Justifiez le fait de pouvoir utiliser le taux nominal de l'emprunt obligataire (annexe 2-2) comme taux de rendement actuariel.**

2. **Après avoir déterminé les annuités de remboursement, calculer le taux de revient (ou coût actuariel de l'emprunt compte tenu des frais d'émission, arrondir à deux décimales) de ce nouvel emprunt.**

3. **Calculez le coût moyen de l'endettement de l'entreprise avant prise en compte des nouveaux financements.**

4. **Évaluez le taux de rentabilité requis par les actionnaires de la société Tétras en utilisant le modèle du MEDAF (modèle d'évaluation des actifs financiers), en mettant en évidence :**
- la rémunération sans risque ;
- la rémunération du risque économique (d'exploitation) ;
- le rendement qui serait exigé si l'entreprise n'était pas endettée ;
- la prime de risque financier (ou risque de structure) ;
- l'effet de levier ;
(sur la base de l'annexe 2-1) en supposant un endettement au taux sans risque et sans prendre en compte les charges d'émission.

5. **Déduisez à partir de vos résultats de la question précédente :**
- les flux de trésorerie disponibles, les bénéfices nettes, la valeur globale, la valeur des fonds propres d'une entreprise en tout point semblable mais qui ne serait pas endettée ;
- l'économie d'impôt liée à la dette actuelle de l'entreprise ;
- le rendement économique (ka) avec endettement actuel et sans endettement.

6. **Chiffrez le coût des capitaux propres de l'entreprise en intégrant les charges d'émission des titres puis le coût moyen pondéré du capital compte tenu de son taux d'endettement moyen trouvé en question 3.**

7. **Quelle incidence l'endettement de l'entreprise peut-il avoir sur le coût du capital ?**

DOSSIER I (PARTIE II). ÉVALUATION DES INVESTISSEMENTS

Il convient de s'assurer que les investissements envisagés sont créateurs de valeur pour l'entreprise. L'étude qui suit vous demande d'adopter un coût moyen pondéré des capitaux de 12,6 %.

Travail à faire

À l'aide des annexes 4 à 6 :

1. **Calculez la VAN des investissements de productivité et de croissance. Commentez vos résultats.**

2. **Le taux de 12,6 %, représentatif du coût moyen pondéré du capital, vous paraît-il pertinent pour évaluer les projets mis à l'étude ? Justifiez votre réponse.**

3. **Compte tenu du contexte économique, l'entreprise envisage le report d'un an de l'investissement de croissance. Cette possibilité peut-elle être prise en compte par la méthode de la VAN ? Justifiez votre réponse.**

4. **Évaluez la flexibilité du report à l'aide de la formule de Black et Scholes, pour une volatilité des flux de 19 %.**

ANNEXE 1 INFORMATIONS COMPTABLES ET FINANCIÈRES (SOCIÉTÉ TÉTRAS)

Bilan simplifié au 31 décembre N

Actif		Passif		
Actif immobilisé net	1 500 000	**Capitaux propres**		**1 700 000**
Actif net d'exploitation	1 000 000	Capital social	800 000	
		Réserves	900 000	
		Dettes financières		**570 000**
		Emprunt obligataire	300 000	
		Autres dettes financières	220 000	
		Concours bancaires	50 000	
		Dettes d'exploitation		**230 000**
Total	**2 500 000**	***Total***		**2 500 000**

A. Informations complémentaires

Le capital social est composé entièrement par des actions ordinaires à droit de vote simple. Le nominal de l'action est de 200 €; le nombre de titres est de 4 000.

B. Bilan financier ou bilan en valeur de marché

Fin N-1, l'entreprise avait fait procéder à une évaluation par un important cabinet d'experts. L'estimation qui en découlait était une valeur globale de l'entreprise sur la base de son résultat économique. Ce cabinet avait estimé la valeur de marché de l'ensemble des dettes sur la base de leur valeur comptable et avait justifié de la pertinence de ce choix.

Enfin, les experts estimaient une valeur de marché des capitaux propres au moins égale 1,8 million d'euros. Une récente proposition d'achat de la société avait confirmé aux dirigeants la justesse de l'évaluation tout en montrant qu'il s'agissait d'une valeur minimale.

Le taux de rentabilité économique moyen obtenu au cours des trois dernières années est de 12,90 %

ANNEXE 2-1 DONNÉES RELATIVES AUX COÛTS DES RESSOURCES DE FINANCEMENT POUR FIN N

Les coûts des dettes inscrites au bilan de l'entreprise sont calculés sur la base des taux d'intérêt actuels sur le marché. Ils tiennent compte des frais contractuels divers :

– coût de l'emprunt obligataire : identique à celui du nouvel emprunt obligataire envisagé pour le financement du programme d'investissement soit 8,61 % ;

– coût des autres dettes financières : 8,40 % par an ;

– coût des concours bancaires : 8,7 % par an.

Afin d'estimer le coût des fonds propres de la société, un bureau d'études financières a communiqué les informations suivantes :

– taux de rentabilité du marché financier français : 12 % ;

– taux d'intérêt sans risque : 7 % ;

– coefficient de risque dans l'industrie des automatismes et des systèmes d'automation avec l'hypothèse d'un financement à 100 % par des capitaux propres : 1,20.

Formule du rendement requis avec impôt :

$$k_c^e = R_f + \beta^{ne} \times \left[E(R_M) - R_f \right] + \beta^{ne} \times \left[E(R_M) - R_f \right] \times \frac{D}{C} \times (1 - T)$$

Les frais d'émission des titres en capital social entraînent une majoration du coût des fonds propres par rapport au taux de rentabilité requis par les actionnaires, chiffrée à 0,86 %. Cette majoration est supposée sensiblement constante pour toute émission de titres représentatifs du capital social.

ANNEXE 2-2 SOURCES PRÉVISIONNELLES DE FINANCEMENT

– Les sources prévisionnelles de financement sont les suivantes :

- L'émission d'un emprunt obligataire d'un montant de 800 000 €, dont la date de jouissance correspond à la date de règlement.
- Une augmentation du capital social, d'un montant de 800 000 €, doit compléter le plan de financement. Toutefois, les actionnaires actuels souhaitent éviter la dilution de leur pouvoir de contrôle sur l'entreprise.
- Le complément sera financé par autofinancement.

– L'emprunt sera émis aux conditions suivantes :

- nominal de l'obligation : 100 € ;
- prix d'émission : 100 € ;
- taux d'intérêt nominal : 8,00 % ;
- durée : 8 ans ;
- remboursement au pair ;
- amortissement constant en fin de chaque période ;
- frais divers à l'émission : 2,11 % du prix d'émission.

– L'établissement du plan de financement tient compte des éléments suivants :

• les concours bancaires étant déjà élevés, il n'est pas possible d'envisager une augmentation significative de leur montant ;

• le ratio « dettes financières/valeur comptable des capitaux propres » observé au bilan comptable reste inférieur à 1.

ANNEXE 3 INFORMATIONS RELATIVES À L'INVESTISSEMENT DE PRODUCTIVITÉ

A. Objectifs du projet

– Réduire les malfaçons des composants, améliorer les activités de montage et d'assemblage ;

– Réduire les coûts de contrôle des systèmes fabriqués et vendus.

B. Caractéristiques du projet

Montants :

– matériels et logiciels intégrés : 200 000 € ;

– dépenses de formation : 20 190 €.

Durée économique du projet : 5 ans

– amortissement linéaire des matériels et des logiciels ;

– les dépenses de formation sont non amortissables ;

– la valeur résiduelle au bout de cinq ans est nulle.

Calendrier prévisionnel :

– date de réalisation du projet, acquisition et installation des matériels, début de la formation du personnel : 30 décembre N ;

– date de mise en service : 2 janvier N + 1 ;

– date de règlement :

  • matériels, logiciels et frais d'installation : 100 % à la date de réalisation ;

  • dépenses de formation : 28 décembre N + 1.

Prévisions concernant le projet :

En réduisant les coûts de contrôle et le nombre des produits défectueux, le projet doit permettre d'améliorer la marge sur coûts variables de l'unité de production concernée. Il devrait en résulter une augmentation de l'excédent brut d'exploitation de l'entreprise de 90 000 € par an pendant les cinq prochaines années. Dans ce projet, le BFR est négligeable.

ANNEXE 4 INFORMATIONS RELATIVES À L'INVESTISSEMENT DE CROISSANCE

A. Objectifs du projet

La capacité de production de Tétras est actuellement saturée. Pour l'année N + 1, la société doit sous-traiter une partie de la production des composants standards, soit environ 15 % des ventes.

La politique de sous-traitance n'est pas satisfaisante, tant sur le plan commercial, du fait d'un contrôle limité de la qualité des produits, que du point de vue industriel, car les coûts de production sont voulus très compétitifs.

En conséquence, un accroissement de la capacité de production paraît s'imposer.

B. Caractéristiques du projet

Montant :

– installations techniques, matériels et outillage : 490 000 €;

– besoin en fonds de roulement du projet : 40 jours du chiffre d'affaires prévisionnel ;

– durée de vie économique du projet : 7 ans ;

– amortissement linéaire sur une durée de 7 ans.

La valeur résiduelle des installations techniques, du matériel et de l'outillage au bout de sept ans est supposée nulle.

Calendrier prévisionnel :

– Date de réalisation : décembre N + 1.

– Date de mise en service : début N + 2.

Pour simplifier, on suppose que la totalité des capitaux à investir sera décaissée à la fin de l'année N + 1.

Chiffre d'affaires et excédent brut d'exploitation prévisionnels de l'investissement de croissance :

Périodes	N+1	N+2	N+3	N+4	N+5	N+6	N+7
CA	300 000	368 000	400 000	440 000	440 000	440 000	440 000
EBE	120 000	147 200	160 000	176 000	176 000	176 000	176 000

ANNEXE 5 Extraits des variables pour une loi normale centrée réduite

Pour $N(d1) = P(N \leq +d1)$:

d	..,.1	..,.2	..,.03	..,.4	..,.5
0,0	0,5040	0,5080	0,5120	0,5160	0,5199
0,1	0,5338	0,5478	0,5517	0,5557	0,5596
0,2	0,5832	0,5871	0,5910	0,5948	0,5987

ANNEXE 6 Rappel des formules DU modèle de Black et Scholes

$$Call = S.N(d1) - E.e^{-R_f.\Delta T}.N(d2)$$

$$Put = -S.N(-d1) + E.e^{-R_f.\Delta T}.N(-d2)$$

$$d1 = \frac{ln\frac{S}{E} + \left(R_f + 0{,}5.\sigma^2\right).\Delta T}{\sigma.\sqrt{\Delta T}}$$

$$d2 = d1 - \sigma.\sqrt{\Delta T}$$

DOSSIER II. DÉCISION D'INVESTISSEMENT ET INCERTITUDE

Travail à faire

À l'aide de vos connaissances et des ***annexes 7, 8 et 9***, et en vous référant aux théories et aux pratiques financières, il vous appartient d'éclairer la question suivante :

« La prise en compte de l'incertitude dans les décisions d'investissement »

Il est attendu de la part du candidat de répondre de manière précise et structurée à la question posée.

Il vous est demandé de limiter votre réponse à 4 pages au maximum sur votre copie d'examen.

ANNEXE 7 La pertinence des choix d'investissement à long terme

« Si la question de l'optimalité des stratégies d'investissement est ancienne en *corporate finance*, elle devient aujourd'hui pointue en raison d'un environnement économique de plus en plus incertain. En effet, les crises monétaires, les évolutions technologiques très rapides et les difficultés à anticiper la demande des clients créent un contexte économique dans lequel les entreprises doivent souvent engager beaucoup de fonds pour saisir de nouvelles opportunités... sans toujours pouvoir clairement identifier sous quelles conditions elles atteindront le seuil de rentabilité de leurs investissements. Pour anticiper les rendements d'investissement, la méthode qui domine en finance d'entreprise repose sur les flux futurs de trésorerie actualisés. Une approche solide, souligne Bertrand Quélin, mais pas toujours fiable car elle part du principe qu'une décision est prise une bonne fois pour toutes sans possibilité de modifier le projet d'investissement ultérieurement. C'est justement pour résoudre ce problème de temporalité de l'investissement que différents auteurs ont puisé dans la théorie financière pour adapter le principe des options aux investissements matériels. Par analogie avec les options financières, prendre une option réelle sur une nouvelle activité consiste à faire un investissement d'essai pour observer les premiers résultats et déterminer s'il est judicieux de poursuivre l'opération ou d'y mettre un terme. »

Extrait de la lettre : Recherche HEC n° 15 réalisée par Charlotte Krychowski en 2010 intitulée : « Comment une entreprise peut-elle s'assurer de la pertinence de ses choix d'investissement à long terme ? », HEC Paris.

ANNEXE 8 Les options réelles : un outil permettant de valoriser la flexibilité

« Copeland et Keenan (1998) illustrent à travers l'exemple de l'usine pilote la supériorité des options réelles sur la VAN pour prendre des décisions d'investissement en contexte incertain. Une entreprise s'interroge sur l'opportunité de construire une usine pour fabriquer un nouveau produit. La construction de l'usine nécessite un investissement de 100 millions de $. Le succès du nouveau produit est incertain : il y a 50 % de chances que la construction de l'usine génère des ventes importantes, et conduise à des *cash-flows* pour une valeur totale actualisée de 150 millions de $. Mais il y a 50 % de chances que la valeur actualisée des cash-flows n'atteigne que 10 millions de $. Par ailleurs, il est envisageable de construire une usine pilote pour un montant de 10 millions de $, avec la possibilité un an plus tard de construire la grosse usine pour un montant de 110 millions de $ si le produit se révèle un succès. Le calcul de la VAN conduirait à rejeter le projet.

En effet, l'espérance de la valeur actuelle des *cash-flows* est de 80 millions de $ (moyenne entre 150 et 10 millions de $), ce qui ne compense pas les coûts de construction (100 millions de $). Mais plutôt que d'investir immédiatement 100 millions de $, l'entreprise pourrait construire l'usine pilote, ce qui revient à se constituer une option de croissance sur la grosse usine :

– Si le projet est un succès, l'entreprise construira la grosse usine un an plus tard. Ceci lui coûtera 10 % plus cher que si elle avait construit d'emblée la grosse usine – soit 110 millions de $ – mais par ailleurs générera des *cash-flows* pour une valeur globale de 150 millions de $. Comme la construction de l'usine pilote a reporté les *cash-flows* d'une année, il faut actualiser ces derniers (ici au taux de 10 %). La valeur du projet en cas de succès est alors de 35 millions de $ (135 millions de *cash-flows* moins 100 millions d'investissements).

– Si au contraire, le projet est un échec, l'entreprise ne construira pas la grande usine.

En simplifiant le raisonnement à l'extrême, la valeur globale du projet est donc de 7,5 millions de $ (la moyenne entre 35 millions et 0, moins 10 millions de construction de l'usine pilote).

La valorisation par les options réelles conduit donc à une décision diamétralement opposée à celle qui aurait été prise sur la base d'un calcul de valeur actuelle nette.

Extrait de la thèse réalisée par Charlotte Krychowski en 2007 intitulée :
« Apport et limites des options réelles à la décision d'investissement stratégiques », HEC Paris.

ANNEXE 9 Les options réelles : exemple

L'exemple porte sur l'achat de la concession d'une mine de charbon pour une durée de 10 ans. Cette décision est prise dans un contexte de forte incertitude, car le prix futur de la houille n'est pas connu. En fait, l'achat de la concession peut être assimilé à l'acquisition d'une option d'achat (« *call* ») américaine, dont :

– le sous-jacent correspond aux *cash-flows* générés par l'exploitation de la mine ;

– le prix d'exercice est constitué par les investissements nécessaires pour exploiter la mine ;

– l'échéance est la durée de la concession.

Comme dans le cas des options financières, on peut observer une asymétrie dans les bénéfices potentiels dégagés par l'acquisition de la concession :

– si à l'avenir le prix de la houille a baissé, alors l'exploitation de la mine de charbon ne sera pas rentable ; ceci signifie que l'entreprise n'exercera pas son option, et aura perdu un montant équivalent au prix de la concession (la « prime » d'option) ;

– si au contraire le prix de la houille a augmenté, alors l'exploitation de la mine de charbon sera rentable. En conséquence, l'entreprise exercera son option en exploitant la mine de charbon.

Ainsi, les options réelles peuvent être utilisées pour déterminer la valeur de la concession.

Extrait de la thèse réalisée par Charlotte Krychowski en 2007 intitulée :
« Apport et limites des options réelles à la décision d'investissement stratégiques », HEC.

La gestion de la valeur de l'action

Chapitre 14

Gestion de la valeur de l'action	
1. Sens et portée de l'étude La gestion de la valeur de l'action passe par des opérations sur le capital. Ce sont des décisions financières majeures qui portent sur le haut de bilan.	**2. Notions et contenus** Introductions en Bourse. Rachat d'actions. Opérations de restructuration (scission, apport partiel d'actifs).

Une véritable politique de gestion de la valeur de l'action est actée dès lors que les décisions de l'entreprise agissent positivement sur le cours de l'action. L'objectif est de susciter une participation et une adhésion durable des actionnaires. Trois leviers de gestion de la valeur de l'action sont proposés dans ce chapitre : les introductions en Bourse, le rachat d'actions et enfin, les opérations de restructuration (apport partiel d'actifs, scission).

1. Les introductions en Bourse

L'impératif de croissance de l'entreprise dans un contexte concurrentiel et mondialisé se heurte souvent à l'insuffisance des fonds propres et à l'accès limité au crédit bancaire. En cela, l'introduction en Bourse constitue une **étape cruciale de la vie d'une entreprise** qui couronne un très long processus et qui offre de réelles opportunités. Une entreprise qui projette de s'introduire en Bourse doit répondre à plusieurs questions qui ont trait au timing de l'introduction, au prix d'offre et enfin, au choix de la procédure et des intermédiaires. Plus important encore, les motivations affichées par l'entreprise doivent répondre à une politique de **gestion de la valeur de l'action** qui cherche à optimiser à terme le patrimoine des actionnaires de référence historiques, ainsi que des nouveaux actionnaires.

1.1 La définition et les modalités

Une fois la décision d'introduction en Bourse validée par l'assemblée générale de l'entreprise, plusieurs mois sont nécessaires pour la préparation de l'opération. La gestion du cycle de lancement d'une telle opération conditionne fortement sa réussite.

DÉFINITION

L'**introduction en Bourse (IPO ou Initial Public Offering)** est une opération financière qui permet de coter les actions d'une entreprise sur un marché boursier. La société propose aux investisseurs d'acquérir une partie de son capital. Les levées de capitaux pendant ou post-IPO permettent à l'entreprise de se développer en finançant ses investissements et sa croissance.

a. Les caractéristiques des différents marchés

Le tableau ci-après expose les caractéristiques des différents compartiments du marché Euronext-Paris en termes de conditions de cotation.

Principaux critères d'éligibilité / Marché	Marché Euronext-Paris		
	Eurolist (compartiments A, B et C)	**Alternext**	**Marché libre**
Qualification légale	Marché réglementé	Marché non réglementé	Marché non réglementé
Typologie d'entreprise	Grandes et moyennes entreprises	PME	Petites entreprises
Listing sponsor	Non	Oui	Non
Diffusion minimum	25 % du capital ou 5 % s'ils représentent 5 millions €	2,5 millions € (offre publique) 2,5 million € (placement privé)	Pas de conditions particulières
États financiers	Trois derniers états financiers	Au moins les deux derniers états financiers	Trois derniers états financiers
Normes comptables	IFRS	IFRS ou normes comptables françaises	Normes comptables françaises
Intermédiaire financier	PSI	*Listing sponsor*	*Listing sponsor*
Visa AMF	Exigé	Exigé (offre publique)	Exigé (offre publique)
Documents à fournir	Prospectus visé par l'AMF	Prospectus visé par l'AMF Pas dans le cas de placement privé ou indirect	Prospectus visé par l'AMF
Seuil de divulgation	5 %, 10 %, etc., du capital	50 % et 95 % du capital	Sans conditions

Source : site Internet d'Euronext.

b. Les modalités d'introduction en Bourse

L'entreprise met à disposition du public une partie de son capital selon deux processus différents : la cession de titres déjà existants, qui proviennent des anciens actionnaires, ou l'augmentation de capital. Les différentes procédures d'introduction en Bourse sont les suivantes :

– **L'offre à prix ferme** (OPF) : les ordres d'achat peuvent avoir lieu uniquement à ce prix de vente. Les quantités d'actions demandées par les investisseurs ne sont pas toujours totalement satisfaites. Elles dépendent du **taux de service** qui traduit le mode de répartition des actions offertes.

– **L'offre à prix minimal** (OPM) : l'OPM propose un prix minimal ou prix plancher pour les actions offertes. Les investisseurs passent des ordres d'achat à un prix supérieur au prix d'offre. Le taux de service dépendra des quantités d'actions demandées par tranche de prix proposée à travers les ordres d'achat passés.

– **L'offre à prix ouvert** (OPO) : c'est la procédure la plus utilisée sur le marché. Elle propose une fourchette de prix (prix minimal et maximal) et le prix définitif sera fixé en fonction des ordres d'achat et des quantités demandées par rapport au nombre d'actions offertes. Lorsque l'ordre d'achat est passé à un prix hors fourchette, il ne sera pas servi.

– **La cotation directe** : cette procédure propose un seuil de prix minimal et le prix retenu ne doit pas être supérieur à 10 % du prix minimal. Le prix retenu est celui qui permet d'échanger le plus d'actions. Le taux de service est le même pour tous les ordres passés.

– **Le placement garanti** : le placement des actions est destiné aux investisseurs institutionnels et se fait à un prix (fourchette de prix) supérieur au prix d'offre pour les autres procédures. Il permet de stabiliser l'actionnariat, grâce à la présence des institutionnels, et de garantir la liquidité et le succès de l'opération. Les institutionnels garantissent le placement du bloc qui leur est réservé. Cette procédure est souvent associée à une offre au public.

Le tableau ci-après présente les différentes phases du processus d'introduction en Bourse en France, à savoir : le type d'introduction et le choix du marché, des intermédiaires et enfin, le choix de la procédure d'introduction.

<table>
<tr><td>Phase 1
Type d'introduction</td><td colspan="2">1. Cession de titres
2. Augmentation de capital</td></tr>
<tr><td>Phase 2
Choix du marché</td><td colspan="2">1. Euronext (grandes entreprises)
2. Alternext (PME)
3. Marché libre (PME)</td></tr>
<tr><td rowspan="5">Phase 3
Choix des intermédiaires</td><td>Listing sponsor</td><td>- Audit financier
- Prospectus AMF</td></tr>
<tr><td>Prestataire de services d'investissement (PSI)</td><td>Commercialisation/gestion de l'IPO</td></tr>
<tr><td>Expert-comptable et CAC</td><td>États financiers de l'entreprise</td></tr>
<tr><td>Avocats</td><td>Conseil juridique</td></tr>
<tr><td>Agence de communication</td><td>Relation presse, marketing, etc.</td></tr>
<tr><td>Phase 4
Choix de la procédure d'introduction</td><td colspan="2">1. Offre à prix ferme (OPF)
2. Offre à prix minimal (OPM)
3. Offre à prix ouvert (OPO)
4. Cotation directe (CD)
5. Placement garanti (PG)</td></tr>
<tr><td colspan="3">Autorisation de l'AMF</td></tr>
</table>

1.2 Les motivations et les conséquences

Le processus d'introduction en Bourse est supporté par plusieurs motivations. Il engendre néanmoins des conséquences en termes d'obligations principalement informationnelles et de coûts de différentes natures, pendant et après l'opération.

a. Les motivations sous-jacentes à une introduction en Bourse

L'introduction en Bourse n'est pas une fin en soi et ses motivations sont parfois différentes d'une entreprise à une autre. Elle peut même cacher des raisons inavouées par les dirigeants de l'entreprise concernée. En tout état de cause, cette démarche devrait s'inscrire dans une stratégie de gestion de la valeur qui cherche à optimiser les bienfaits de cette opération et à minimiser les coûts qui lui sont inhérents. Les motivations développées ci-après ne sont pas exclusives les unes des autres.

Levée de capitaux pour financer un développement

Dans le cadre de la mise en place d'une stratégie de croissance, le recours au marché financier permet aux sociétés de solliciter les financements nécessaires à leur développement. L'entreprise peut augmenter son capital et lever les fonds nécessaires même lorsque les anciens actionnaires ne souhaitent pas ou ne peuvent pas souscrire à cette augmentation de capital.

Le recours au marché financier favorise aussi l'accès à des financements que l'entreprise ne trouve pas auprès des **circuits de financement traditionnels**. En effet, les entreprises de croissance génèrent souvent des besoins de financement liés aux investissements et au cycle d'exploitation (besoins en fonds de roulement d'exploitation).

Le recours au marché permet aussi de **diversifier les modes de financement** (augmentation de capital, dette obligataire, quasi-fonds propres, titres de créances négociables à court terme, etc.) avec des appels de capitaux plus ou moins fréquents. De plus, les sociétés introduites augmentent leur capacité d'endettement futur, diversifient leurs créanciers et disposent d'un pouvoir de négociation plus important vis-à-vis des banques.

Renforcer la notoriété de la société

L'introduction en Bourse permet à l'entreprise de bénéficier d'une bonne notoriété sur le plan national et international, et d'une meilleure visibilité auprès de ses clients, de ses partenaires commerciaux et des parties prenantes en général (fournisseurs, banques, actionnaires, etc.). Ces dernières connaissent alors mieux les activités et les produits de l'entreprise, ses différents marchés, sa croissance et sa rentabilité.

Cette visibilité permanente est le résultat d'une attention régulière portée par les médias, les journalistes et la presse spécialisée sur la situation actuelle et le devenir de l'entreprise. De même, les analystes financiers, les courtiers et les gérants de portefeuille sont des relais de premier plan de l'image de l'entreprise auprès de leurs clients et du public. De fait, la cotation est indéniablement une **source de crédibilité** et un atout commercial.

Elle a aussi des conséquences positives sur la relation de l'entreprise avec les organismes bancaires, mais également en termes de recrutement de collaborateurs de haut niveau. Enfin, la notoriété recherchée par l'entreprise introduite peut être accentuée par une introduction sur un marché étranger (double cotation ou *cross-listing*).

Valorisation (*pricing*) permanente de l'entreprise

La cotation de l'action de l'entreprise nouvellement introduite fournit à tout moment un prix de marché qui *price* la situation financière actuelle de l'entreprise, son profil de risque et surtout ses perspectives futures. La **capitalisation boursière** représente la valeur de l'entreprise qui résulte d'une synthèse des opinions des investisseurs à un instant donné et qui est censée incorporer toute l'information disponible dans un cadre d'efficience des marchés financiers.

Ce rôle de *pricing* permanent des marchés apporte une solution, quand bien même imparfaite, au difficile problème de la valorisation des entreprises non cotées. Cette valorisation par le marché permet, entre autres, la mise sur le marché d'une activité filialisée suite à une opération de recentrage stratégique.

Liquidité du patrimoine

La liquidité profite aux propriétaires et actionnaires historiques, qui se heurtaient à la difficulté de céder une partie ou la totalité de leurs actions avant l'IPO. Cette quasi-absence de liquidité s'explique par le fait que peu d'investisseurs recherchent un statut d'actionnaires minoritaires dans une entreprise familiale non cotée. L'IPO permet au dirigeant actionnaire, à un certain stade de sa vie professionnelle, de réduire la concentration de son patrimoine et de diversifier ses actifs grâce à la liquidité du patrimoine. Plus généralement, les actionnaires de contrôle peuvent céder une partie de leur participation tout en conservant un bloc majoritaire. Certains actionnaires familiaux peuvent céder leurs titres pendant et après l'introduction, voire même se retirer totalement.

La liquidité facilite les **problèmes de transmission** du fondateur vers les descendants et la sortie de certains descendants. Elle permet également un élargissement de l'actionnariat vers des institutionnels, des fonds de *private equity*, etc. Enfin, certains cadres de l'entreprise qui détiennent des titres de la société peuvent les céder. Dans le même temps, l'entreprise peut plus facilement opter pour une politique d'intéressement *via* la distribution d'actions ou de stock-options.

Les autres motivations de l'IPO

Aux différentes motivations développées ci-dessus viennent s'ajouter d'autres bienfaits de l'introduction en Bourse, parmi lesquels :

– Un moindre coût d'endettement dès l'instant où il s'agit d'un **financement désintermédié** par rapport à un financement bancaire dont le coût supporte la marge d'intermédiation bancaire.

– Communiquer le projet de l'entreprise à l'ensemble des parties prenantes, et mieux mobiliser et impliquer le personnel dans son processus de développement.

– Adopter le système de *corporate governance* exigé par les différents acteurs de marché (analystes, investisseurs, gérants de portefeuille, etc.) en termes de transparence financière, de composition du conseil d'administration, d'installation d'un certain nombre de comités (audit, rémunération, risque, etc.). Il vise le contrôle de l'action des managers, la protection des investisseurs et les risques d'expropriation.

– Faciliter de futures acquisitions notamment par voie d'offre publique d'échange, d'offre publique mixte ou par un financement obligataire (obligation ordinaire, convertible, remboursable en actions).

– Favoriser la sortie (*exit*) d'un fonds d'investissement, d'un montage LBO. La réussite de cette sortie dépend à l'évidence des conditions de marché à ce moment-là.

b. Les obligations ou contraintes liées à l'introduction en Bourse

L'introduction en Bourse implique une obligation de transparence quant à la divulgation périodique des comptes de l'entreprise. Par ailleurs, l'entreprise doit développer une **communication financière** vis-à-vis des différents acteurs concernés (investisseurs, actionnaires, créanciers, partenaires commerciaux, analystes financiers, gérants de portefeuille, etc.).

De fait, l'entreprise subit une certaine **perte de confidentialité** d'autant plus qu'elle se met sous la surveillance des autorités de régulation. Le respect permanent de ces exigences de marché peut dissuader certaines entreprises à s'introduire en Bourse. Le tableau ci-après expose les principales obligations d'information liées à une introduction en Bourse en France.

	Obligations d'information en France	
	EUROLIST **Marché réglementé**	**ALTERNEXT** **Marché organisé**
Informations financières	Rapport financier annuel audité Rapport financier semestriel audité	Rapport financier annuel audité Rapport financier semestriel audité
Délais de publication	Dans les 4 mois suivant la clôture des comptes pour le rapport annuel Dans les 2 mois pour le rapport semestriel	Dans les 4 mois suivant la clôture des comptes pour le rapport annuel Dans les 2 mois pour le rapport semestriel
Franchissements de seuils	Obligation pour l'actionnaire de le signaler à l'AMF : 5 %, 10 %, 15 %, 20 %, 25 %, 30 %, 33 %, 50 %, 66 %, 9 0% et 95 % du capital et/ou des droits de vote	Obligation pour l'actionnaire de le signaler à l'émetteur : 5 %, 10 %, 15 %, 20 %, 25 %, 30 %, 33 %, 50 %, 66 %, 90 % et 95 %. L'émetteur rend public 50 % et 95 % du capital et/ou des droits de vote.
Régime des offres publiques d'achat	Lancement obligatoire si franchissement des seuils de 30 % et 50 % du capital ou excès de vitesse de 1 % entre ces 2 seuils	Lancement obligatoire en cas de franchissement du seuil de 50 %
Déclaration des transactions du management	Communication dans les 5 jours de négociation si seuil annuel > 5 000 €	Communication dans les 5 jours de négociation si seuil annuel > 5 000 €

Source : site Internet d'Euronext.

À côté de ces exigences liées à l'information, à la communication et à la transparence, l'entreprise supporte des coûts importants pendant et post-introduction, qui devraient peser dans la décision de coter l'entreprise en Bourse. Il y a d'abord les coûts directement liés à la phase d'introduction en Bourse. Ces dépenses sont destinées au paiement du *listing sponsor*, du PSI, des audits comptables et juridiques, de l'agence de communication et de *road shows*, et enfin des frais d'admission à la cotation.

Les coûts liés à l'introduction se manifestent aussi une fois l'entreprise cotée. Ce sont d'abord les coûts liés au temps régulièrement consacré à la communication financière : contacts avec les principaux investisseurs présents dans le capital, réunions d'analystes financiers et interviews de journalistes, présentations officielles des comptes (deux fois par an), assemblée générale des actionnaires, etc. C'est ensuite le coût d'une structure de type direction de la communication financière, fréquemment dédiée à cette fonction, et qui est en contact quotidien avec les marchés financiers. À ces coûts s'ajoutent ceux inhérents à la mise en place du système de *corporate governance* qui, par ailleurs, produit des effets positifs, résultant de la pression exercée par les acteurs du marché, mais aussi à l'appropriation d'une culture des bonnes pratiques de gouvernance à l'intérieur de l'entreprise.

1.3 Les acteurs et la communication

a. Les principaux acteurs de l'introduction en Bourse

Dans le cadre du processus d'introduction en Bourse, l'entreprise sollicite des services de conseil auprès d'avocats, d'experts-comptables et de commissaires aux comptes, mais aussi de prestataires de services spécifiques. Cette opération mobilise, en effet, plusieurs savoir-faire.

Étapes de mise en Bourse et savoir-faire mobilisés

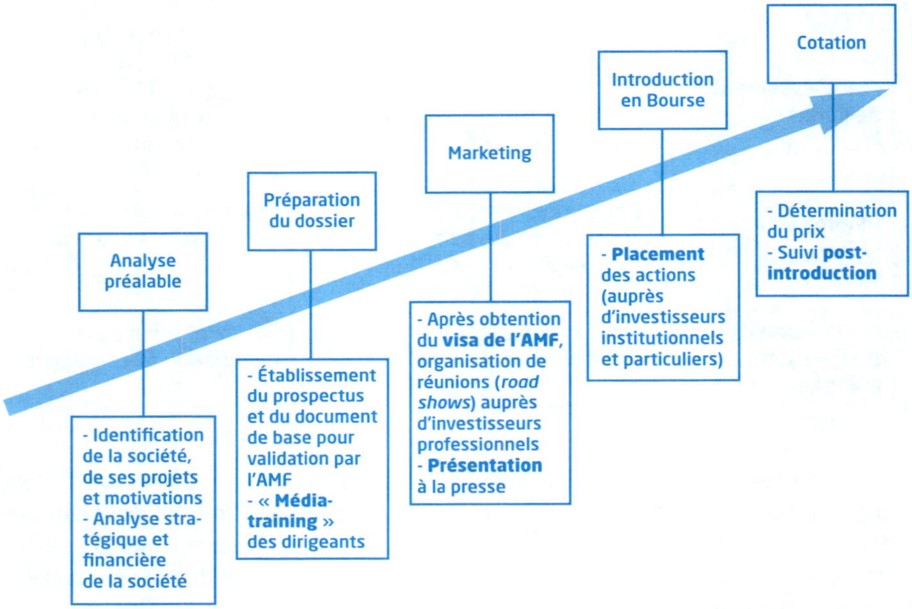

Source : A. Barloutaud, Ernst & Young, *Investir*.

Les principaux acteurs sont :

– **Le *listing sponsor*** (non PSI) accompagne l'entreprise pendant et après le processus d'introduction en Bourse. Il est principalement chargé de la rédaction du prospectus d'introduction après vérification des préalables nécessaires.

– **Le PSI** est un intermédiaire financier (banque, intermédiaire en Bourse) qui conseille l'entreprise pendant le processus d'introduction en Bourse, coordonne avec les autres acteurs et, enfin et surtout, évalue et place les titres. Il peut cumuler cette fonction avec celle de *listing sponsor*.

– **L'agence de communication financière** se charge de la communication et du marketing financier de l'introduction en collaborant avec le PSI. Cette communication est destinée aux acteurs clés du marché, à savoir : les analystes financiers, les investisseurs institutionnels, les gérants de portefeuille, les petits porteurs et enfin, la presse financière.

– **Le commissaire aux comptes** (CAC) : selon l'article 212-15 du règlement général de l'AMF, « les commissaires aux comptes se prononcent sur la régularité, la sincérité et l'image fidèle des comptes annuels, consolidés ou intermédiaires qui ont fait l'objet d'un audit ou d'un examen limité et qui sont présentés dans le prospectus ; attestent que les informations prévisionnelles, estimées ou pro forma, éventuellement présentées dans un prospectus ont été adéquatement établies sur la base indiquée et que la base comptable utilisée est conforme aux méthodes comptables appliquées par l'émetteur ; procèdent à une lecture d'ensemble des autres informations contenues dans un prospectus ; établissent à destination de l'émetteur une lettre de fin de travaux sur le prospectus ».

– **Les conseillers juridiques** réalisent les *due diligence* pré-IPO et apportent les modifications statutaires nécessaires à l'introduction en Bourse. Ils vérifient ensuite la conformité de la procédure engagée par rapport au règlement général de l'AMF en la matière.

b. La communication avec les acteurs du marché

Le succès d'une IPO est largement conditionné par la communication financière sur les métiers, les savoir-faire et la vision stratégique de l'entreprise à long terme. Au premier rang des cibles de la communication de l'entreprise lors d'une IPO, se trouve l'investisseur en qualité d'actionnaire potentiel. Une introduction en Bourse exige un plan de communication à destination des investisseurs afin de les informer sur la situation actuelle de la société et ses perspectives futures.

Plusieurs supports informationnels sont utilisés, dont le plus important est le **prospectus d'introduction**. Ce document est d'abord déposé à l'**AMF afin d'obtenir un visa. Il est ensuite** mis à disposition du public avant le lancement de l'IPO en fournissant, aux investisseurs et aux autres acteurs du marché, un support informationnel complet.

c. Les choix et les décisions pendant le processus d'IPO

Sur un plan pratique, l'entreprise à introduire doit effectuer des choix portant sur différentes dimensions avant, pendant et après l'IPO, et qui conditionnent la réussite de cette opération. Le tableau ci-après expose les choix déterminants lors des différentes phases du processus d'IPO.

Choix déterminants lors du processus d'IPO		
Phase préparatoire	**Phase d'introduction**	**Phase post-introduction**
Intermédiaires Place(s) de cotation Nature des titres à émettre	Période et timing Prix d'offre proposé Procédure d'introduction retenue	Techniques de soutien de cours Politique de gestion de la valeur

Source : P. SENTIS, RFG 2005.

1.4 Les déterminants théoriques de la décision d'introduction en Bourse

L'introduction en Bourse implique de faire un compromis entre les effets négatifs et les bénéfices de cette décision. Nous examinons ci-après les théories sous-jacentes à cette décision.

a. Les effets négatifs sur la valeur d'une introduction en Bourse

Les coûts d'une introduction en Bourse sont classés en trois catégories : coûts de sélection adverse, coûts administratifs, et coûts et perte de confidentialité.

Les **coûts de sélection adverse** se manifestent dans un contexte d'asymétrie d'information entre l'entreprise et les investisseurs. Selon la théorie de la signalisation (Leland et Pyle, 1977), une participation des dirigeants pré-IPO réduit l'asymétrie entre l'entreprise et les investisseurs, et constitue un signal positif quant à la qualité des projets et des perspectives futurs de l'entreprise. Une telle configuration favorise l'aboutissement du processus d'introduction en Bourse. Par ailleurs, l'âge de l'entreprise à introduire, ainsi que sa taille constituent deux facteurs qui affectent le risque de sélection adverse.

La décision d'introduction en Bourse génère des **coûts directs et indirects** liés à l'ensemble du processus de publication. Ces coûts sont pour l'essentiel dépendants de la taille, ce qui implique qu'ils sont plus lourds pour les petites entreprises. Cette situation explique la sous-évaluation observée lors de l'introduction en Bourse qui représente un transfert de patrimoine des actionnaires initiaux vers les nouveaux actionnaires (Ritter, 1987).

Enfin, l'exigence de divulgation d'informations stratégiques entraîne une **perte de confidentialité** et affecte l'avantage concurrentiel de la société cotée, ce qui peut affecter la valeur de l'action.

b. Les bénéfices liés à une introduction en Bourse

L'optique de la gestion de la valeur de l'action motive une entreprise à s'introduire en Bourse. Dans cette perspective, la levée de capitaux et la diversification des financements pour le développement de la croissance sont des leviers de création de valeur. De plus, l'IPO augmente le pouvoir de négociation avec les banques qui ne sont plus les seuls financeurs de l'entreprise, en particulier concernant le coût du crédit. Par ailleurs, l'IPO permet aux anciens actionnaires de diversifier le risque de leur portefeuille en partageant le risque avec les nouveaux actionnaires. La liquidité est l'un des principaux avantages de la décision d'introduction en Bourse et suppose une certaine dispersion de la propriété. Des études expliquent la **sous-évaluation de l'introduction en Bourse** par la perspective d'une dispersion de la propriété et de l'augmentation de la liquidité sur le marché secondaire.

L'entreprise introduite en Bourse subit la pression des acteurs du marché (analystes, institutionnels, investisseurs), ce qui crée un **effet de monitoring** du management en place (Holmstrom et Triole, 1993). Cet effet de monitoring pousse les dirigeants dans le sens d'une meilleure efficience managériale et par conséquent, d'une croissance de la valeur de l'entreprise en Bourse. Cette dernière est souvent considérée comme étant la référence d'indexation de l'intéressement des dirigeants. Par ailleurs, l'introduction en Bourse constitue une fenêtre d'opportunité pour les actionnaires historiques pour réaliser la cession d'une partie de leur participation dans les meilleures conditions de marché. Enfin, l'introduction en Bourse facilite la réalisation d'acquisition d'entreprise (OPE) potentiellement créatrice de valeur. Un statut de cible d'acquisition en Bourse peut aussi créer de la valeur pour les actionnaires.

Introduction en Bourse	**Facteurs de création de valeur**	• Financement (diversifié) de la croissance et du développement • Augmentation du pouvoir de négociation avec les banques • Partage de risque et diversification de portefeuille par les actionnaires historiques • Liquidité des actions introduites • Effet de monitoring du marché • Possibilité de sortie et de changement de contrôle • Fenêtres d'opportunité • Réalisation de fusions et acquisitions (OPE) • Statut de cible d'acquisition en Bourse
	Facteurs de coûts	• Coûts de sélection adverse • Coûts fixes liés au processus d'introduction • Coûts et perte de confidentialité

2. Le rachat d'actions

Le rachat d'actions est une pratique courante dans les pays anglo-saxons depuis au moins trois décennies. C'est un mécanisme de politique financière, utilisé par les entreprises sur les marchés financiers. Il propose un versement de liquidités aux actionnaires, ce qui est une façon de leur rendre l'argent au même titre que la distribution de dividendes. Les sociétés qui disposent d'une situation financière solide ou d'une importante capacité de génération de cash sont des candidates naturelles à ce type d'opération.

Ce mode de distribution est souvent considéré comme une alternative à la politique de distribution de dividendes. Il s'agit aussi d'un mécanisme de réallocation des liquidités de secteurs ou d'entreprises en phase de maturité vers des secteurs ou des entreprises en phase de développement et de croissance. La question principale posée par la théorie financière est de savoir si une politique de rachat d'actions **crée ou détruit de la valeur** pour les actionnaires.

2.1 Définition et enjeux

DÉFINITION

Selon P. Vernimmen, « une entreprise peut dans certaines circonstances racheter ses propres actions et les garder à son actif, ou les annuler et l'on parle alors de réduction de capital. Le rachat d'actions, comme le dividende ou la réduction de capital, permet de rendre des fonds aux actionnaires mais il n'est pas parfaitement substituable à ces deux derniers (cf. flexibilité, signal...). Ainsi le rachat d'actions a un caractère ponctuel, au contraire du dividende qui est récurrent ».

Le rachat d'actions constitue une intervention de l'entreprise sur son propre capital en rachetant une partie des titres en circulation sur le marché. Il n'y a **aucune obligation pour un actionnaire de se faire racheter** une partie de ses actions. Financièrement, et au même titre que la distribution de dividendes, c'est un moyen de retourner une partie de la trésorerie disponible aux actionnaires. Toutefois, détacher un coupon (dividende par action) ou en augmenter le montant revêt un caractère récurrent qui s'inscrit dans une politique de distribution à long terme. Le rachat d'actions est plutôt **ponctuel et limité dans le temps**, ce qui en fait une caractéristique essentielle en la matière.

a. La destination des actions rachetées

Les actions acquises, et donc autodétenues par l'entreprise, peuvent faire l'objet **d'annulation**, ce qui donne lieu à une **réduction du capital**. Les actions rachetées peuvent également être conservées par l'entreprise. Dans ce cas, on ne pourra réellement pas parler de réduction de capital et plusieurs utilisations sont alors possibles :

– couverture de plans d'options (stock-options) au profit des dirigeants et/ou des salariés de l'entreprise ;

– attribution des actions aux salariés dans le cadre de plans de participation ou d'achats préférentiels d'actions ;

– couverture de titres de créances donnant accès au capital (obligations convertibles en actions ou OCA, obligations remboursables en actions ou ORA, obligations à bons de souscription d'actions ou OBSA, obligations à option de conversion et/ou d'échange en actions nouvelles ou existantes ou OCEANE, etc.) ;

– remise des actions rachetées dans le cadre d'opérations de fusion-absorption ou d'offre publique d'échange [▶ CHAPITRE 15] ;

– revente sur le marché afin de réguler le cours de l'action.

Dans tous ces cas de figure, la société est tenue d'informer l'AMF de ces différentes utilisations des actions rachetées selon les procédures indiquées ci-après.

Rachat d'actions : obligations d'information du marché et de déclaration à l'AMF		
Objectifs	**Information du marché**	**Déclaration à l'AMF**
Annulation	Au plus tard J+7	Mensuelle
Couverture de plans d'options ou de titres de créances donnant accès au capital	Au plus tard J+7	
Croissance externe	Au plus tard J+7	
Contrat de liquidité (achat en vue d'une revente prochaine)(1)	Communiqué semestriel	

(1) Toute activité visant à assurer la liquidité ou à animer le marché du titre est confiée à un prestataire de services d'investissement (PSI) agissant de manière indépendante, dans le cadre d'un contrat de liquidité.

Source : Autorité des marchés financiers.

b. La pratique du rachat d'actions en France

La **loi du 2 juillet 1998** autorise le rachat d'actions par les sociétés, qualifié de « rachat d'actions aux fins de gestion financière » ou encore « à des fins de gestion des fonds propres ». Le législateur a instauré deux principes nouveaux : la liberté des rachats d'actions et la non-soumission d'un rachat d'actions à une réduction de capital.

Depuis la mise en application de cette loi, la pratique du rachat d'actions autorisée par l'AMF s'est fortement développée en France. Les sociétés affichent une multitude d'objectifs qu'elles communiquent au marché : l'annulation des actions rachetées, l'utilisation des actions rachetées dans le cadre d'opérations de croissance externe, l'attribution d'actions ou d'options d'achat d'actions (stock-options) et enfin, la régularisation de cours par l'intervention sur le marché financier. Trois techniques de rachat d'actions sont utilisées par les sociétés françaises.

Programme de rachat d'actions (PRA) en Bourse

Les sociétés cotées peuvent procéder au rachat de leurs actions, par **ramassage en Bourse**, dans la limite de 10 % du capital et sur une durée maximale de 18 mois. Le programme de rachat d'actions doit être approuvé par l'assemblée des actionnaires sur proposition du conseil d'administration. La société doit avoir publié, préalablement à la mise en œuvre du PRA, le « descriptif du programme de rachat », défini par l'article 241-2 du règlement général de l'AMF, qui contient (source AMF) :

– la date de l'assemblée générale des actionnaires qui a autorisé le programme de rachat ou qui est appelée à l'autoriser ;

– une mise à jour de la répartition par objectif des titres de capital détenus, arrêtée à la date la plus proche possible de la publication du descriptif du programme ;

– les positions ouvertes, lorsque l'émetteur utilise des produits dérivés ;

– le ou les objectifs du programme de rachat ;

– la part maximale du capital, le nombre maximal et les caractéristiques des titres que la société se propose d'acquérir, ainsi que le prix maximal d'achat ;

– la durée du programme de rachat.

Pendant la réalisation du PRA, la société est tenue d'informer le marché concernant les transactions effectuées, à travers des opérations de ramassage tout au long de la période fixée par l'assemblée générale, hors contrat de liquidité.

Offre publique de rachat d'actions (OPRA)

DÉFINITION

L'OPRA est une offre qui est ouverte à tous les actionnaires. Le conseil d'administration, après autorisation de la part de l'AGE, propose à tous les actionnaires de leur racheter tout ou partie de leurs actions à un prix déterminé, supérieur au cours avant l'offre, et ce pendant une certaine période. En effet, les sociétés proposent souvent aux actionnaires une « **prime** » (prix de rachat supérieur au dernier cours de clôture), ce qui incite les actionnaires à présenter leurs titres à l'offre. Si la quantité d'actions apportées à l'offre est insuffisante, l'entreprise procède au rachat de toutes les actions proposées. Dans le cas où la demande de rachat est supérieure à l'offre, la société rachète les actions au prorata des demandes de rachat. Le tableau ci-après présente les aspects réglementaires relatifs à la procédure de l'OPRA et au contenu de la note d'information.

Offre publique de rachat d'actions (OPRA)	
OPRA **Procédure réglementaire**	**OPRA** **Contenu de la note d'information**
- Dépôt du projet d'offre auprès de l'AMF et du projet de note d'information (NI) - Publication du projet de NI sur le site de l'AMF et mise en ligne sur le site de la société - Diffusion d'un communiqué indiquant que la résolution relative à la réduction du capital par voie de rachat d'actions a été valablement adoptée par l'assemblée générale - Déclaration de conformité de l'offre emportant visa de la note d'information - Mise à disposition de la NI de la société visée par l'AMF - Réunion du conseil d'administration et décision de mise en œuvre de l'offre publique de rachat - Ouverture de l'offre - Clôture de l'offre	- Répartition du capital de la société - Objectifs du programme de rachat - Part maximale du capital ou nombre maximal de titres que la société se propose d'acquérir - Durée et calendrier du programme de rachat - Modalités de financement du programme de rachat - Régimes fiscaux des rachats - Utilisation des titres rachetés

Rachat par voie de bloc d'actions

Une entreprise a la possibilité de racheter ses titres par l'intermédiaire de **transactions de bloc**. Deux cas de figure se présentent :

– La transaction de bloc est réalisée hors marché et pendant la séance de cotation. Dans ce cas, elle peut être effectuée à un prix inférieur ou égal au dernier cours coté sur le marché à l'instant de la transaction ou à la meilleure limite à l'achat observée sur le carnet d'ordres.

– La transaction de bloc est réalisée hors séance de cotation. Le prix de transaction doit être déterminé en fonction du cours de clôture de la séance en question.

Par ailleurs, un rachat d'actions par transaction de bloc réalisée hors séance de cotation ne subit aucune contrainte en termes de volume de transaction. La limitation du volume concerne plutôt les transactions de bloc réalisées hors marché et pendant la séance de cotation. Le but est d'éviter que l'entreprise puisse influer sur la formation du cours.

Comptabilisation des opérations de rachat d'actions

D'un point de vue comptable, le rachat d'actions donne lieu à différentes opérations d'enregistrement selon le type d'utilisation des actions acquises. Ainsi, lorsque le rachat d'actions vise leur annulation, les actions rachetées sont déduites du montant des capitaux propres en référence à leur prix de rachat.

Les actions rachetées peuvent aussi être conservées par l'entreprise pour différentes raisons : financer des stratégies de croissance externe ou couvrir différentes opérations (plans d'actions, d'options sur actions ou de titres de créances donnant accès au capital, contrat de liquidité avec une perspective de revente future). Dans ces cas-là, elles figurent en valeurs mobilières de placement à l'actif du bilan.

2.2 Les objectifs et les déterminants

Le développement considérable en France de la pratique du rachat d'actions a suscité l'intérêt des professionnels, mais aussi des chercheurs quant aux facteurs explicatifs de ce phénomène.

a. Les objectifs recherchés et les motivations du rachat d'actions

Plusieurs motivations supportent l'adoption d'une politique de rachat d'actions, comme le montre le tableau ci-après.

Restitution et réallocation des FCF	La restitution aux actionnaires d'une partie des capitaux qu'ils ont investis dans l'entreprise et qui ne trouvent pas à être affectés vers des investissements à un taux de rentabilité supérieur au CMPC.
Levier financier	La réduction de la part du financement par capitaux propres dans le financement global de l'entreprise (*gearing ratio*).
Liquidité du patrimoine	Offrir une plus grande liquidité aux actionnaires qui le souhaitent, en particulier pour les sociétés à faible rotation du flottant. Les actionnaires stables bénéficient, en général, d'un impact relutif sur le bénéfice net par action d'une telle opération.
Régularisation des cours	La régularisation des cours de l'action en fonction des situations de marché. Paradoxalement, les rachats d'actions ne se sont pas multipliés pendant les crises.
Concentration de la propriété	Œuvrer à une plus grande concentration de la propriété, en réduisant le flottant, pour consolider le pouvoir des anciens actionnaires. Une forte concentration constitue, par ailleurs, une protection contre les prises de contrôle hostiles.
Mécanisme incitatif	Utilisation des actions rachetées comme instrument d'incitation des salariés et des dirigeants *via* l'attribution d'actions ou de stock-options.

b. Les fondements théoriques du rachat d'actions

Plusieurs études montrent que l'annonce d'une opération de rachat d'actions est suivie d'une progression du cours de l'action, inhérente à l'événement en question. Comment expliquer cette réaction du marché et la manière dont il interprète un tel événement ? Plusieurs théories ont cherché à expliquer la politique de l'entreprise en matière de rachat d'actions et son impact sur la valeur de l'entreprise.

Théorie de la structure du capital et rachat d'actions

Les différentes théorisations relatives à la structure du capital conduisent à la conclusion que les décisions de financement ne sont pas neutres sur la valeur de l'entreprise, puisqu'elles modifient le profil des revenus futurs. Ainsi, la théorie du compromis (Myers, 1984), dans sa forme première (avant prise en compte des coûts d'agence), suggère qu'il existe un ratio optimal d'endettement qui optimise la valeur de l'entreprise en arbitrant entre l'économie marginale d'impôt liée à l'endettement d'un côté et les coûts de défaillance qu'il génère de l'autre. Les entreprises seraient alors incitées à racheter leurs propres actions et à les annuler, ce qui fait augmenter mécaniquement la part de la dette engendrant une **modification du levier financier**.

Théorie d'agence et rachat d'actions

La théorie d'agence apporte une triple explication aux décisions de rachat d'actions.

– La première tient au fait qu'en décidant un programme de rachat d'actions, le conseil d'administration favorise la convergence des intérêts des managers sur ceux des actionnaires, mais aussi des actionnaires majoritaires sur ceux des minoritaires. En effet, cette décision favorise la **résorption des flux de trésorerie disponibles** (*free cash flows*) plutôt que l'investissement dans des projets à valeur actuelle nette négative. Il en résulte une économie de coûts d'agence de *free cash flows* (Jensen, 1988). Une telle décision financière œuvre dans le sens de la création de valeur pour l'actionnaire. Une réaction positive du marché en période d'annonce d'une opération de rachat d'actions semble constituer une confirmation de cette hypothèse.

– La deuxième explication est aussi fondée sur l'argument de **l'alignement des intérêts**. Elle postule que l'affectation des actions rachetées aux salariés et aux dirigeants, sous forme d'actions ou de stock-options, constitue un outil incitatif à accroître la performance de la firme, ce qui contribue à la création de la valeur actionnariale.

– La troisième explication apportée par la théorie d'agence est celle du **caractère disciplinaire de la dette**. En effet, comme indiqué plus haut, le rachat d'actions, en tant qu'opération de réduction du capital, modifie le levier financier. Le poids accru de la dette contraint les dirigeants à réaliser de meilleures performances pour éviter une situation de détresse financière due aux engagements de remboursement de la dette.

L'apport de la théorie du signal

La signalisation en direction des marchés financiers est une explication largement étudiée pour plusieurs comportements et décisions d'entreprises. La théorie du signal, développée par Ross (1977), analyse les problèmes liés à l'imperfection des marchés financiers, en particulier en termes d'asymétrie d'information entre les acteurs. Cette théorie stipule que les dirigeants possèdent un avantage informationnel (information privilégiée) sur la valeur de la firme par rapport au marché. Ils connaissent le secteur d'activité dans lequel ils opèrent, les risques et menaces auxquels leur entreprise est confrontée, leur plan stratégique et opérationnel, etc. Selon cette théorie, et contrairement à une augmentation de capital, souvent associée à une surévaluation de l'émetteur, le rachat d'actions est **une réponse à la sous-évaluation du cours** de l'action. Il constitue ainsi un vecteur de signalisation quant à la qualité des projets de l'entreprise et à ses performances futures. Une réaction positive du marché à l'annonce d'une opération de rachat d'actions semble constituer une confirmation et une crédibilisation de ce signal.

Le tableau ci-après synthétise les théories explicatives du rachat d'actions.

<table>
<tr><td rowspan="1">Théorie de la structure du capital</td><td>Économie marginale d'impôt
Coût moyen pondéré du capital</td><td rowspan="5">Réaction positive du marché (création de valeur)</td></tr>
<tr><td rowspan="3">Théorie d'agence</td><td>Résorption des free cash flows</td></tr>
<tr><td>Incitation des dirigeants et des salariés</td></tr>
<tr><td>Caractère disciplinaire de la dette</td></tr>
<tr><td>Théorie du signal</td><td>Signal de sous-évaluation</td></tr>
</table>

c. Les déterminants du rachat d'actions

Rachat d'actions et relution du bénéfice

Le rachat par l'entreprise de ses propres actions fait bénéficier l'actionnaire d'un effet relutif. En effet, la baisse du nombre d'actions du capital social fait augmenter le bénéfice par action (BPA) ce qui, toutes choses étant égales par ailleurs , engendre une augmentation de la valeur de l'entreprise. En d'autres termes, l'augmentation du BPA, à PER constant, implique mécaniquement une augmentation du cours de l'action. D'ailleurs, l'annonce d'un rachat d'actions déclenche souvent une réaction positive des marchés avec une progression significative du cours de l'action. Toutefois, cet effet de relution est conditionné par plusieurs facteurs, tels que le prix auquel ont été rachetées les actions, le poids de la dette post-réduction du capital et son impact sur le profil de risque de l'entreprise et la rentabilité marginale des fonds utilisés pour le rachat d'actions.

Rachat d'actions et effet de levier

La réduction des fonds propres suite au rachat par l'entreprise de ses propres actions et leur remplacement par de la dette permet, toutes choses étant égales par ailleurs, d'accroître l'effet de levier de l'endettement. Ce mécanisme de dosage de la structure financière n'opère que si les actions rachetées sont annulées. Il contribue aussi à une meilleure performance lorsque l'endettement intervient en période de baisse des taux d'intérêts ou lorsque le rating de la société s'améliore (baisse de la prime de risque).

Rachat d'actions et résorption des *free cash flows*

Plusieurs études montrent que l'annonce de rachats d'actions affecte positivement la valeur de l'entreprise. Cet effet est d'autant plus important que les fonds discrétionnaires disponibles préalablement à ces opérations sont élevés. Ces résultats mettent en évidence le fait que le rachat d'actions permet de réduire les *free cash flows*, et que cette réduction est source de création de valeur.

Rachat d'actions et concentration de la propriété

En réduisant le nombre d'actions en circulation, le rachat d'actions participe à plus de concentration de l'actionnariat. En effet, les actionnaires de référence, qui recherchent le contrôle de la société, ne participent pas à l'opération de rachat. Cette évolution de la propriété peut constituer un mécanisme efficace de gouvernance de l'entreprise. Ce sont donc les petits porteurs qui saisissent cette opportunité pour réaliser une plus-value sur le capital investi. De fait, cette politique fournit à l'entreprise une arme anti-prises de contrôle hostiles.

Rachat d'actions et coût du capital

Afin de financer le rachat d'actions, la société doit arbitrer entre l'emploi de sa trésorerie, l'endettement ou la cession d'une partie de ses actifs. L'endettement étant moins cher que les fonds propres, racheter ses propres actions permet de diminuer le coût du capital de l'entreprise. Cette opération est souvent poussée par les dirigeants, car l'amélioration du bénéfice par action figure fréquemment dans les critères permettant de déterminer la partie variable de leur rémunération.

2.3 Le rachat d'actions contre distribution de dividendes : substitution ou complémentarité

Le tableau ci-après résume les similitudes et les différences entre ces deux modes de distribution.

	Rachat d'actions	Distribution de dividendes
Signal positif	Oui	+/-
Résorption des *free cash flows*	Oui	Oui
Flexibilité financière	Oui	Non
Réduction du flottant	Oui	Oui
Fiscalité	Plus-value	Revenu
Récurrence	Non	Oui

Malgré toutes ces différences, plusieurs études indiquent qu'il n'existe pas de phénomène de substitution entre une politique de rachat d'actions et une politique de distribution de dividendes. Il semble même que le rachat d'actions constitue un dispositif de rémunération complémentaire à la distribution de dividendes. D'ailleurs, les grandes entreprises cotées utilisent conjointement le rachat d'actions et la distribution de dividendes.

2.4 Les autres opérations sur le capital

Ces opérations, couramment pratiquées par les entreprises cotées, portent sur les fonds propres de l'entreprise. C'est le cas de l'incorporation des réserves au capital social, de la division du nominal (split), du regroupement d'actions (reverse split) et de l'émission de bon de souscription. Le tableau ci-après présente ces différentes opérations sur le capital, leurs caractéristiques ainsi que leurs conséquences à différents niveaux de l'entreprise.

Incorporation de réserves au capital et attribution d'actions gratuites	-Transformation de réserves en capital. -Augmentation du nominal des actions, ou bien création de nouvelles actions (« actions gratuites ») distribuées aux actionnaires actuels au prorata du nombre de titres détenus. -Emission de droits d'attribution (DA) pour les anciens actionnaires.	-Liquidité de l'action en raison de l'augmentation de leur nombre. -Concentration de la propriété en cas de cession des droits d'attribution (DA) par les petits porteurs. -Baisse mécanique du cours de l'action. -Améliore le profil de solvabilité de l'entreprise.

Opération sur le capital	Caractéristiques	Conséquences
Split ou division du nominal	- L'entreprise fixe un facteur de division du nominal. -Le nombre d'actions augmente selon ce même facteur. -La valeur nominale est divisée par ce même facteur.	-Liquidité de l'action en raison de l'augmentation du nombre d'actions en circulation. -Action plus abordable financièrement pour les petits porteurs. -Baisse mécanique du cours de l'action.
Reverse split ou regroupement d'actions	-C'est l'opération inverse du split. - L'entreprise fixe un facteur multiplicatif du nominal. -Le nombre d'actions diminue selon ce même facteur. -La valeur nominale est multipliée par ce même facteur.	-Une moindre liquidité de l'action en raison de la baisse de nombre d'actions en circulation. -Hausse mécanique du cours de l'action.
Emission de bon de souscription d'action (BSA)	-C'est un titre qui confère à son détenteur le droit d'acheter des actions nouvelles de la société selon une parité et un prix fixés à l'avance. -Ils permettent une augmentation de capital future à des conditions fixés à l'avance. Ils sont parfois associés à l'émission d'actions (ABSA).	-Un mode de financement par fonds propres à terme. -Augmentation du nombre d'actions en circulation en cas d'exercice des BSA avec pour conséquence une meilleure liquidité de l'action. -Affecte la structure de l'actionnariat en cas d'exercice des BSA.

Plusieurs études ont montré que ces opérations ne sont pas neutres en termes de création de valeur. Les entreprises gèrent la valeur de leur action grâce à ces opérations qui affectent la liquidité du titre, la structure de propriété et de contrôle et enfin le profil de solvabilité.

3. Les opérations de restructuration

Les opérations de restructuration visent une modification plus ou moins importante de la **structure des actifs** dans une optique de gestion de la valeur de l'action. Elles ont plusieurs faits générateurs parmi lesquels l'optimisation des moyens de l'entreprise, la gestion stratégique du portefeuille d'activité, la gestion financière de haut de bilan, la gestion d'une situation de détresse financière, etc.

3.1 Les opérations de scission

La scission est une opération par laquelle la société mère transmet son patrimoine à deux ou plusieurs sociétés, nouvelles ou préexistantes. Ce sont donc des **segments ou branches d'activité** qui sont séparés en entités autonomes. Il existe trois types d'opérations de scission : *spin-off* (scission-distribution), *split-off* (scission-échange) ou *split-up* (scission-dissolution ou *demerger*).

a. Principe

Une société A fait l'objet d'une scission par la transmission de son patrimoine à des sociétés nouvellement créées ou à des sociétés préexistantes (X, Y, Z). Il est proposé aux actionnaires de la société A, les actions des sociétés nouvellement créées. Une fois l'opération de scission votée par l'assemblée générale extraordinaire, les actionnaires de la société A sont obligés d'accepter les actions nouvelles (X, Y, Z).

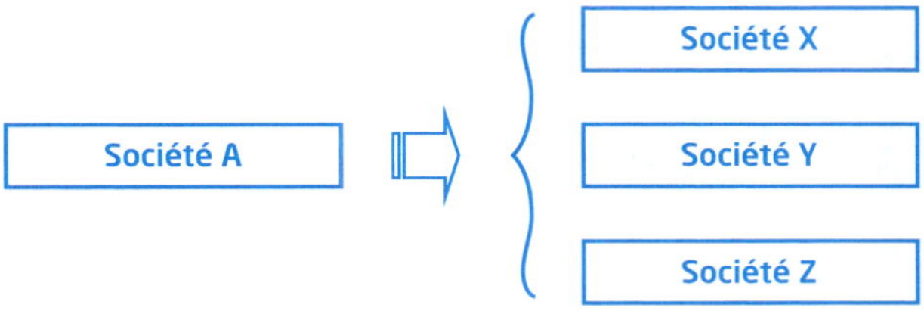

b. Les différents types de scission

Une scission est effectuée selon trois modalités :

– En attribuant aux actionnaires de A les titres des sociétés X, Y et Z (filiales) sous forme de distribution de dividendes en actions (*spin-off* ou scission-distribution).

– Dans le cadre d'une offre publique de rachat (OPR) effectuée par la société A sur ses propres actions. En contrepartie des actions rachetées, A propose les actions des sociétés X, Y et Z (*split-off* ou scission-échange). Les actionnaires de A n'ont pas l'obligation de participer à l'OPR.

– *Via* une scission juridique avec pour conséquence la disparition de la société préexistante (*split-up* ou scission-dissolution).

Le tableau ci-après expose les caractéristiques de chaque forme de scission.

***Spin-off* ou scission-distribution**	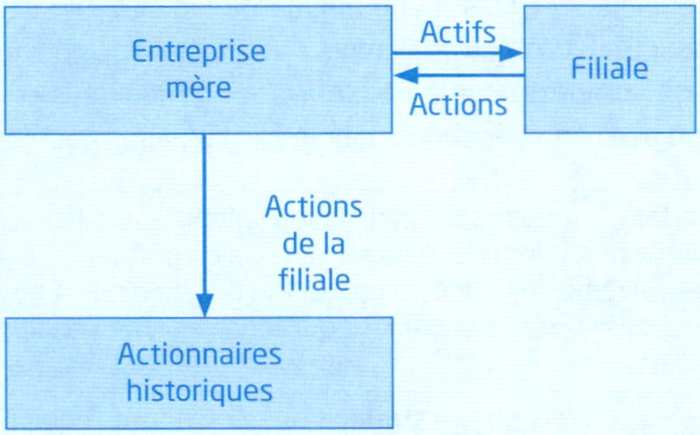	- Attribution des actions des filiales créées sous forme de distribution de dividendes en actions. - Transfert des actifs aux filiales. - La société mère ne disparaît pas. - La société mère n'a aucun contrôle sur les filiales créées. - Les filiales sont contrôlées par les actionnaires de la société mère.

Split-off **ou scission-échange**	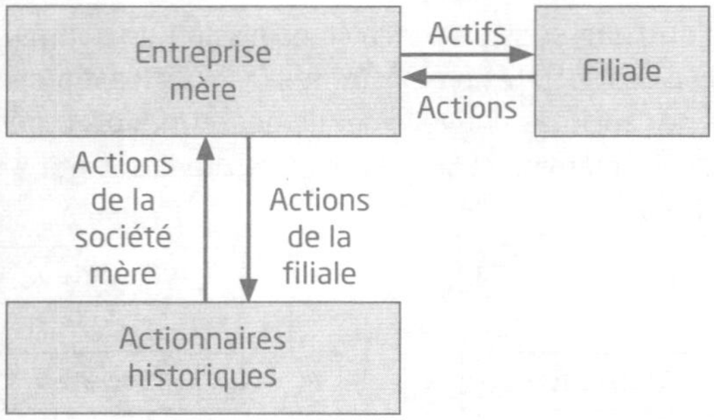	- Offre publique de rachat d'actions (OPRA) de la société mère. - OPRA payée en actions des filiales créées. - Pas d'obligation de participer à l'OPRA. - Transfert des actifs aux filiales. - C'est un *split-up* si 100 % des actions sont apportées à l'offre.
Split-up **ou scission-dissolution (*demerger*)**	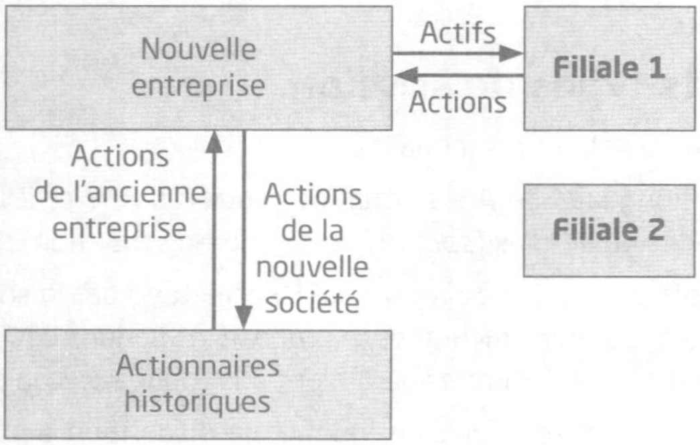	- C'est la vraie scission. - Dissolution de la société mère. - Transfert des actifs aux filiales. - Les actionnaires détiennent les actions des filiales au lieu de celles de la société mère.

c. Les motivations liées aux opérations de scission

Nous assistons depuis quelques années à une augmentation sensible des opérations de scission d'entreprise, aussi bien aux États-Unis qu'en Europe. Il s'agit souvent, pour les entreprises, **de recentrage sur les métiers ou compétences de base** avec pour finalité la création de valeur pour les investisseurs. La **scission** peut être bénéfique pour les actionnaires pour les raisons suivantes.

Synergie inverse et valorisation	Certains groupes sont moins bien valorisés que l'ensemble des filiales, si elles étaient indépendantes. La scission permet en particulier de résoudre le problème de la décote en Bourse des holdings. En effet, c'est l'absence de synergie d'un regroupement qui conduit à une scission source de synergie inverse.
Recentrage stratégique	Opérer un recentrage stratégique et recentrer l'équipe de management sur un seul métier en raison de la spécificité du cycle de vie de chaque activité, de la nature de la concurrence et enfin des savoir-faire. Cette perspective offre une meilleure visibilité pour l'ensemble des parties prenantes et en particulier les investisseurs. Cette stratégie est source d'amélioration de la performance.
Analyse et évaluation	Le transfert d'actifs vers une société autonome rend l'évaluation de cette dernière plus pertinente. Se basant sur des tendances sectorielles, les analyses financiers et les investisseurs peuvent *benchmarker* plus facilement la performance d'une branche d'activité filialisée.

Motivation	Explication
Meilleure gouvernance	Le contrôle interne est plus efficace dans le cas d'entités indépendantes avec une meilleure transparence financière. Le contrôle de l'efficacité des dirigeants est plus direct et plus pertinent.
Besoins de financement	Les activités transférées ont des besoins de financement différents et peuvent attirer des créanciers et/ou des investisseurs différents.

d. Les opérations de scission en France et en Europe

Le tableau ci-après expose les principales opérations de scission en France et en Europe entre 2000 et 2010.

Principales opérations de scission en France			Principales opérations de scission en Europe		
Date	**Société cédante mise en Bourse**	**Millions d'€**	**Date**	**Société cédante mise en Bourse**	**Millions d'€**
03/09/2007	Suez environnement (Suez)	11 148	03/09/2007	Fiat industrial (Suez)	13 480
02/07/2010	Edenred (Accor)	3 743	02/07/2010	De master Blenders (Sarra Lee)	6 105
08/12/2005	Arkema (Total)	1 950	02/02/2002	TNT Express (TNT)	3 591
02/02/2002	Pierre Fabre (BioMérieux)	1 200	14/03/2001	Aperam (Arcelor Mittal)	3 585
14/03/2001	Béghin-Say (EDBS)	419			

Source : Les Echos.

e. Les opérations d'*equity carve-out* : un cas particulier de scission

On parle d'opération d'*equity carve-out* (ECO) lorsqu'une entreprise procède à la cotation (IPO) d'une filiale créée ou préexistante, et à la cession des actions de cette dernière au public. À travers cette opération, l'entreprise mère réalise une entrée de cash permettant de financer des nouveaux investissements ou d'autres activités stratégiques du groupe, ou encore de se désendetter. Elle se différencie ainsi d'un *spin-off* (scission-distribution), où l'entreprise conserve les actions obtenues de la filiale en contrepartie des actifs transférés. C'est donc une forme particulière de scission. La cession d'actions porte sur une part souvent inférieure à 50 % afin de conserver le contrôle. C'est l'exemple de l'IPO d'Enel Green Power, filiale du groupe Enel, avec une cession d'une part de 30 % de son capital en 2010. Le groupe cédant (Enel) reste majoritaire dans le capital.

La cession d'actions peut aussi porter sur une part majoritaire du capital, justifiée par une décision de cession d'activités non stratégiques. Le mécanisme de l'ECO profite à l'évidence à la fois à la société mère et à la filiale. Les marchés réagissent positivement aux **introductions en Bourse de filiales (ECO)**, en particulier en cas d'introduction d'une participation minoritaire.

3.2 Les opérations d'apport partiel d'actifs

Les opérations d'apport partiel d'actifs constituent des mécanismes de restructuration de premier plan et entrent dans le cadre de la gestion de la valeur d'une entreprise.

DÉFINITIONS

1. Selon le GRF (Groupe revue fiduciaire), « *l'apport partiel d'actifs s'entend, d'une manière générale, de l'opération par laquelle une personne morale apporte une partie de ses éléments d'actif à une autre personne morale existante ou créée pour les besoins et reçoit en échange des titres émis par la société bénéficiaire des apports. Cet apport peut porter sur un ou plusieurs éléments d'une entreprise tels qu'un immeuble ou des valeurs mobilières, ou sur un ensemble de biens formant une branche de l'activité de l'entreprise ; l'apport comprend dans ce dernier cas l'actif et le passif attachés à cette branche* ».
2. La définition communautaire (Dir. n° 90/434/CEE du Conseil, 23/07/1990, art. 2-c) de l'apport partiel d'actifs est la suivante : « *L'opération par laquelle une société apporte, sans être dissoute, l'ensemble ou une ou plusieurs branches de son activité à une autre société, moyennant la remise des titres représentatifs du capital social de la société bénéficiaire de l'apport.* »

a. Principe

Une société X apporte une partie de ses actifs à une autre société Y tout en continuant à exister. Pour la société Y, il s'agit d'une opération d'acquisition d'actifs dans une perspective industrielle, stratégique ou financière.

La situation avant et après l'apport partiel d'actifs se présente comme suit :

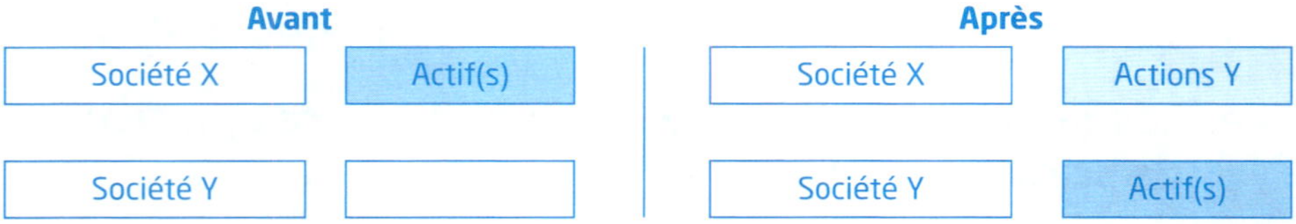

L'entreprise X fournit une partie de ses actifs à l'entreprise Y. La société apporteuse (X) reçoit, en contrepartie de cet apport en nature, des actions composant le capital de la société bénéficiaire (Y), que cette dernière émettra à l'aide d'une augmentation de capital. Cette opération **n'entraîne pas la dissolution de la société apporteuse d'actifs**. L'apport partiel d'actifs modifie la structure du patrimoine de la société apporteuse d'actifs en remplaçant les actifs industriels transférés par des actifs financiers (participation financière dans la société bénéficiaire). L'apport partiel d'actifs ne constitue pas une cession d'actifs dans la mesure où la société apporteuse ne se voit pas verser un prix, mais se voit attribuer les actions de la société bénéficiaire.

b. Les motivations liées aux opérations d'apport partiel d'actifs (APA)

Cette opération de restructuration répond à diverses motivations, fréquemment rencontrées et que nous exposons dans le tableau ci-après :

Motivations des opérations d'APA	**Réorganisation**	Filialiser une activité ou concentrer des activités similaires au sein d'une même société dans une optique d'économies d'échelle et de rationalisation de l'activité en question.
	Coopération	Coopération avec une société tierce en créant une filiale commune avec une activité spécifique autonome et forcément mieux valorisée.
	Recentrage	Recentrage sur les métiers centraux en transférant, après filialisation, un segment d'activité à une société concurrente. La société apporteuse prend une participation dans la société bénéficiaire de l'apport.
	Holding	Transformer la société apporteuse d'actifs en société holding. La société apporteuse va se défaire de tous ses actifs productifs en les apportant à diverses filiales.
	Regroupement	Regroupement de plusieurs sociétés qui cèdent leurs actifs respectifs à une filiale créée pour l'occasion.
	Gestion des risques	Externaliser des risques en isolant la ou les branches d'activité génératrices de risque et en les filialisant. La société apporteuse assainit ainsi sa situation financière, ce qui facilite son accès au financement externe.
	Prise de contrôle	Prendre à terme le contrôle de la société destinataire des apports. La prise de participation initiale *via* l'APA facilite la prise de contrôle future.
	Besoin de liquidités	Besoin de liquidités de la société apporteuse pour investir ou rémunérer les actionnaires dans le cas d'une filialisation suivie d'une cession.
	Valorisation	Meilleure valorisation des actifs par la société acquéreuse.

Ainsi, une opération d'apport partiel d'actifs répond à des motivations à caractère multidimensionnel, dont la principale est de nature stratégique avec, pour conséquence, un effet positif sur la valeur de la firme apporteuse d'actifs.

Schéma de synthèse

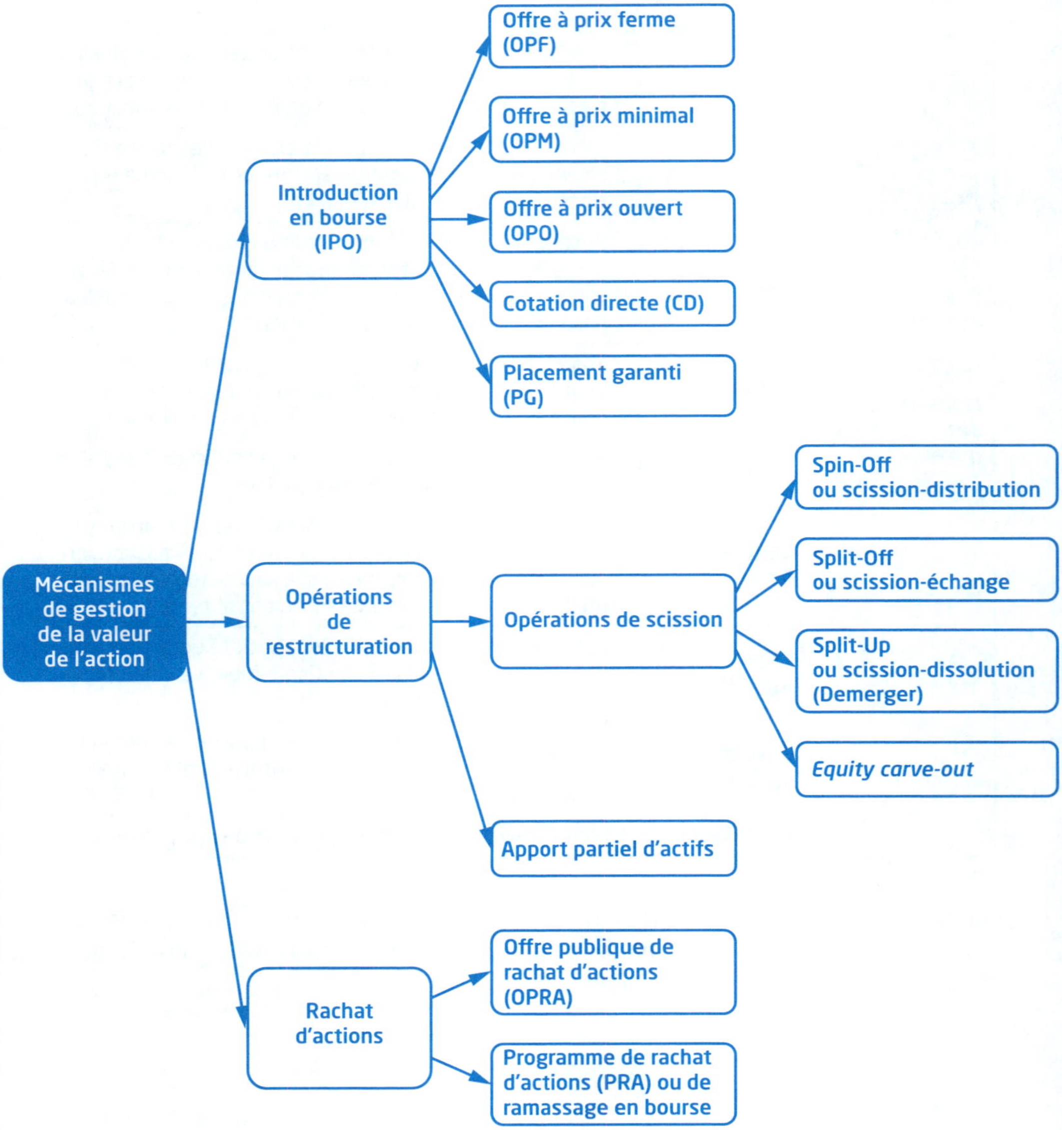

QCM

1. Les opérations de restructuration :

a. affectent la valeur de l'action.
b. sont conduites pour des raisons juridiques.
c. se justifient pour des raisons fiscales.

2. La forme de scission qui implique la disparition de la société mère est le :

a. *spin-off* (ou scission-distribution).
b. *split-off* (ou scission-échange).
c. *split-up* (ou scission-dissolution).

3. Une opération d'*equity carve-out* (ECO) consiste à :

a. vendre une filiale en contrepartie des actions de l'acquéreur.
b. coter en Bourse une filiale en cédant une partie de ses titres sur le marché.
c. céder des actifs à une filiale cotée.

4. Le taux de service d'une introduction en Bourse (IPO) est :

a. le taux d'actions demandées par les investisseurs pour participer à l'IPO par rapport au nombre d'actions offertes.
b. la quantité d'actions à servir lors d'une IPO par rapport au total d'actions du capital.
c. le mode de répartition des actions offertes par rapport au nombre d'actions demandées.

5. L'IPO présente l'avantage :

a. d'augmenter la capacité d'endettement, mais à un coût plus élevé qu'avant l'IPO.
b. d'augmenter la capacité d'endettement, mais à un coût plus faible qu'avant l'IPO.
c. d'augmenter la capacité d'endettement, à coût constant comparé à celui pre-IPO.

6. Entre la politique de rachat et la politique de dividendes, il y a :

a. une complémentarité.
b. un effet de substitution.
c. aucune relation.

7. Dans le cadre de la théorie d'agence, le rachat d'actions est expliqué par :

a. la disponibilité des *free cash flows* et la volonté de concentrer la propriété.
b. la volonté de concentrer la propriété ou la disponibilité des *free cash flows*.
c. ni l'une, ni l'autre.

8. Une opération d'apport partiel d'actifs :

a. génère des liquidités pour l'entreprise apporteuse d'actifs.
b. n'a aucun effet sur les liquidités de l'entreprise apporteuse d'actifs.
c. génère des liquidités pour l'entreprise qui reçoit les actifs.

9. Une opération d'apport partiel d'actifs implique :

a. une prise de participation de l'entreprise apporteuse d'actifs dans le capital de la cible.
b. des participations croisées entre les deux sociétés impliquées.
c. n'a pas d'incidence sur l'actionnariat de la cible.

Applications

Applications

EXERCICE GUIDÉ

Rachat d'actions : politique de rachat d'actions contre distribution de dividendes

La société EVALIS est une société industrielle cotée, spécialisée dans la conception, la fabrication et la commercialisation d'équipements automobiles (équipements thermiques, systèmes de visibilité, systèmes de propulsion et systèmes de confort et d'aide à la conduite). Le tableau suivant présente des données financières relatives aux exercices comptables passés (2011-2016).

	2011	2012	2013	2014	2015	2016
Données comptables (millions €)						
Chiffre d'affaires	350	356	380	410	420	450
Charges d'exploitation	223,6	215,7	229,94	248,3	250,75	277,5
Résultat d'exploitation	126,4	140,3	150,06	161,7	169,25	172,5
Frais financiers avant impôt	11,4	12,3	12,06	11,7	11,25	10,5
Bénéfice avant impôt	115	128	138	150	158	162
Impôt sur les bénéfices	37,95	42,24	45,54	49,5	52,14	53,46
Bénéfice net (BN)	77,05	85,76	92,46	100,5	105,86	108,54
Capitaux propres (CP)	450	523	603	694	805	924
Dette nette	380	410	402	390	375	350
Données de marché						
Cours de l'action	14,5	17,5	22	25	27	28
Nombre d'actions (en millions)	50	50,2	50,2	50,2	50,2	50,5
Données des comparables						
Price earning ratio (PER)	8,50	9,60	11,40	12,10	13,20	13,70
Price to book ratio (PBR)	1,52	1,59	1,73	1,77	1,73	1,64

Le conseil d'administration de l'entreprise a adopté à la majorité une politique de non-distribution de dividendes (taux de distribution ou *payout* = 0) sur la période 2011-2016. Il tient à favoriser une politique de réinvestissement des bénéfices.

1. Calculez la rentabilité économique et financière, ainsi que la rentabilité marginale des fonds propres sur 2011-2016. Commentez les résultats obtenus.

2. Quels enseignements peut-on tirer au regard de la politique de distribution de dividendes adoptée ?

3. Calculez le *price earning ratio* (PER) et le *price to book ratio* (PBR) et comparez-les à ceux des entreprises comparables du secteur. Commentez les résultats.

4. Au regard des résultats de la question 3, quelle politique de rachat d'actions recommanderiez-vous à la direction de la société EVALIS ?

CORRIGÉ COMMENTÉ

1. Calculez la rentabilité économique et financière, ainsi que la rentabilité marginale des fonds propres sur 2011-2016. Commentez les résultats obtenus.

MÉTHODE

Différencier deux concepts différents :

– La rentabilité financière, qui est celle des fonds propres engagés pendant l'exercice et leur capacité à générer du bénéfice net.

– La rentabilité marginale des fonds propres, qui correspond à l'excès de bénéfice net réalisé pendant l'exercice, et qui est généré par l'excès de fonds propres engagé grâce au réinvestissement d'une partie ou de la totalité du bénéfice net de l'exercice passé.

	2011	2012	2013	2014	2015	2016
ROE	17,12 %	16,40 %	15,33 %	14,48 %	13,15 %	11,75 %
Rentabilité économique	10,20 %	10,08 %	10,00 %	9,99 %	9,61 %	9,07 %
Variation (BN) / Variation (CP)		11,93 %	8,38 %	8,84 %	4,83 %	2,25 %

Les résultats montrent une baisse continue de la rentabilité économique et de la rentabilité financière. Il ressort donc que malgré la croissance du chiffre d'affaires, la performance diminue, ce qui est le signe que l'effet de levier de l'endettement n'opère plus. D'un autre côté, la rentabilité marginale des fonds propres décline fortement en 2015 et 2016. Il devient moins intéressant de réinvestir les bénéfices surtout au regard du coût des fonds propres.

2. Quels enseignements peut-on tirer au regard de la politique de distribution de dividendes adoptée ?

Une politique de non-distribution de dividendes (*payout* = 0) et de réinvestissement des bénéfices, qui était totalement rationnelle jusqu'à l'année 2014, ne se justifiait plus en 2015 et 2016. Il est donc préférable d'opérer une réallocation des ressources appartenant aux actionnaires en les leur distribuant. Ces derniers peuvent les réinvestir dans d'autres entreprises au taux de rendement exigé.

3. Calculez le *price earning ratio* (PER), ainsi que le *price to book ratio* (PBR) et comparez-les à ceux des entreprises comparables du secteur.

EVALIS						
	2011	**2012**	**2013**	**2014**	**2015**	**2016**
Bénéfice net (BN)	77,05	85,76	92,46	100,5	105,86	108,54
Capitaux propres (CP)	450	523	603	694	805	924
Cours de l'action (CA)	14,5	17,5	22	25	27	28
Nombre d'actions (en millions) (NA)	50	50,2	50,2	50,2	50,2	50,5
Bénéfice net par action (BNA) = BN / NA	1,54	1,71	1,84	2,00	2,11	2,15
Capitalisation boursière (CB) = CA × NA	725	878,5	1104,4	1255	1355,4	1414
PER = CA / BNA	9,41	10,24	11,94	12,49	12,80	13,03
PBR = CB / FP	1,61	1,68	1,83	1,81	1,68	1,53
COMPARABLES						
PER	8,50	9,60	11,40	12,10	13,20	13,70
PBR	1,52	1,59	1,73	1,77	1,73	1,64

Ces résultats montrent que le marché valorise mieux EVALIS que ses comparables entre 2011 et 2014. La situation s'est complètement inversée en 2015 et 2016. Paradoxalement, sur cette même période (2015-2016), la rentabilité marginale des fonds propres décline fortement.

4. Au regard des résultats de la question 3, quelle politique de rachat d'actions recommanderiez-vous à la direction de la société EVALIS ?

Ainsi, en 2015 et 2016, les multiples nous indiquent qu'il ne faut pas procéder au rachat d'actions car le prix est surévalué ou du moins, EVALIS est plus chère que ses comparables. À l'inverse, la rentabilité marginale des fonds propres préconise une politique de distribution de dividendes. Une telle situation amène à recommander à la direction de procéder à une distribution de dividendes à l'endroit des actionnaires. Elle ne devrait pas envisager une politique de rachat d'actions car le contexte boursier et la valorisation d'EVALIS devraient les y dissuader.

EXERCICES

1. Introduction en Bourse de Facebook en 2012 ⌛ 40 minutes ★★

Mercredi 1er février 2012, le géant des réseaux sociaux Facebook (FB) a déposé son dossier d'introduction en Bourse auprès de la SEC (Security and Exchange Commission), l'autorité des marchés financiers américains. En seulement huit ans, ce petit trombinoscope en ligne créé à l'université de Harvard par des étudiants est devenu un réseau social géant qui a déjà séduit 900 millions d'utilisateurs à travers le monde. Plus de la moitié des internautes du monde utilisent FB. La cotation de FB est décrite comme la plus importante de la décennie… si ce n'est de l'histoire de la Bourse new-yorkaise. Pour une entreprise, le but premier est de mettre une partie de son capital aux enchères boursières et de lever des fonds nécessaires à son développement. L'agence Reuters, citant des « sources proches du dossier », a affirmé mardi que le réseau social ne cherchait plus qu'à lever 5 milliards de dollars. Mais comme le souligne le *Wall Street Journal*, les entreprises ont tendance à sous-évaluer dans un premier temps leurs prétentions afin de tâter le terrain. Toute introduction est menée par une ou plusieurs banques qui touchent une commission. Pour une affaire qui promet d'être aussi juteuse que celle-ci, la bataille fait rage entre deux établissements : Goldman Sachs et Morgan Stanley. Le *Wall Street Journal* croyait simplement savoir que la banque Morgan Stanley serait chargée de l'opération et que ses principaux concurrents (Goldman Sachs, Barclays, Bank of America-Merrill Lynch, etc.) étaient prêts à diminuer fortement leurs habituelles commissions (en général de 4 à 5 % des fonds levés) pour participer à l'aventure.

Le premier jour de cotation peut intervenir un an après le dépôt du dossier. Quant au timing de l'IPO, crise de la zone euro et explosion de la dette américaine ne créent pas un climat euphorique sur les places financières. Les investisseurs réfléchissent à deux fois avant de lâcher leur argent. Avec 800 millions d'utilisateurs actifs, soit près de 40 % du nombre d'utilisateurs d'Internet dans le monde, FB a vu ses revenus publicitaires augmenter de 738 millions de dollars en 2009 à 3,8 milliards de dollars en 2011. Sur la base d'un chiffre d'affaires de 4 milliards de dollars en 2011, 6,6 milliards de dollars seraient attendus en 2012, et l'excédent brut d'exploitation passerait de 2 milliards de dollars en 2011 à 3,2 milliards de dollars attendus en 2012. Le réseau social sur Internet FB va faire ses débuts très attendus vendredi 18 mai sur la plateforme boursière électronique Nasdaq, au prix de 38 $ l'action, ce qui lui donne une valorisation maximale de 104 milliards de dollars (82 milliards €). Avec ces fonds levés, M. Zuckerberg, un des fondateurs de FB, va pouvoir faire évoluer son réseau social. Lui qui détient 57,3 % des droits de vote (et qui participe à hauteur de 28,4 % du capital de FB). Les financiers attendaient désormais de voir jusqu'où allait monter l'action au cours de sa première journée de cotation. Le groupe a annoncé le 3 mai son intention de céder plus de 337 millions d'actions et en cas de fort intérêt des investisseurs, jusqu'à 63,18 millions de titres supplémentaires pourraient être mis en vente.

Tous ces chiffres très favorables sont-ils toutefois révélateurs d'un « business model » si solide et viable à long terme ? Certains n'en doutent pas une seconde. À commencer par les fondateurs de FB. D'autres oui, parmi lesquels les analystes financiers qui critiquent le manque de maturité d'un M. Zuckerberg en sweat à capuche. D'un point de vue financier et boursier, à plus de 100 milliards de dollars, FB serait valorisé plus de 100 fois ses bénéfices ! Ils notent en outre que FB a réalisé plus d'un milliard de dollars au S1 (+ 45 % sur un an), mais aussi que les recettes par utilisateur déclinent. Ce à quoi répondent les optimistes : l'avenir se joue dans les recettes publicitaires qu'il faudra chercher sur les mobiles. La stratégie publicitaire n'a pas été le meilleur avantage de FB ces dernières années, mais cette IPO pourrait permettre d'engager une politique financière plus agressive.

1. Parmi les motivations qui justifient les introductions en Bourse, quelle est celle qui est principalement à l'origine de l'IPO de FB ?

2. D'après le texte, y aurait-il d'autres arguments à l'origine de cette décision ?

3. Les dirigeants de FB ont opté pour une IPO avec augmentation de capital. Quelles sont les conséquences d'une telle décision ? En quoi cette forme d'introduction en Bourse est-elle différente de celle effectuée par cessions de titres ?

4. Quels seraient, d'après les dirigeants, les arguments qui pourraient inciter les investisseurs à participer à l'IPO de FB ?

Applications

2. Les scissions d'entreprises qui profitent le plus aux actionnaires ! ⌛ 50 minutes ★★

Les scissions d'entreprises créent en général de la valeur pour les actionnaires. « *La scission Vivendi-SFR va aboutir à la création de deux grandes entreprises.* » C'est ce qu'affirmait Vincent Bolloré, vice-président du conseil de surveillance de Vivendi, en septembre dernier. Vivendi avait annoncé des résultats financiers en chute libre au troisième trimestre, son bénéfice net chutant de 23,7 %, soit 376 millions d'euros de perte, pour un chiffre d'affaires demeuré stable, estimé à hauteur de 5,3 milliards d'euros. Fort de ce constat, Vivendi avait alors estimé qu'il obtiendrait une meilleure valorisation de son portefeuille d'activités si celui-ci était scindé. D'où cette volonté de séparer ses activités de médias et de contenus (Canal+, Universal, ainsi que l'opérateur brésilien GVT) et celles d'opérateur (SFR). Au départ, Vivendi parlait d'introduire SFR en Bourse. Peut-être parce que le groupe éprouvait des difficultés à vendre sa filiale ? Depuis, la situation s'est modifiée. Des acheteurs, Numericable puis Bouygues, se sont manifestés. SFR entrera sans doute indirectement en Bourse mais probablement pas *via* une scission. Souvent appelées de leur nom anglais « *spin-off* », les scissions d'entreprises consistent à créer une société indépendante à partir d'une branche d'activité d'un groupe existant. Ces opérations sont souvent justifiées par la nécessité d'un recentrage stratégique.

La finalité première de ces opérations est la création de valeur pour les actionnaires. « *Parfois, même s'il y a des synergies entre les différentes sociétés d'un groupe, cela peut entraîner une décote si les secteurs diffèrent* », souligne Frédéric Labia, analyste equity chez Amundi. Si les dirigeants de Vivendi se gardent bien de le dire publiquement, c'est, bien entendu, le cas pour la filiale SFR, qui, dans un contexte de tensions dans le secteur des télécoms, pèse sur le titre Vivendi. En plus d'offrir une vision simplifiée des activités avec des sociétés opérant au sein d'un seul secteur, la scission peut se montrer bénéfique au niveau opérationnel : elle recentre l'équipe de management sur un seul métier et elle ouvre de nouvelles opportunités de financement pour son développement. « *La multiplication des activités peut entraîner une distraction du management et une moindre efficience* », appuie Frédéric Labia. En résumé, les *spin-off* permettent de gommer les inconvénients des mariages entre les activités qui n'ont pas grand-chose à voir : synergies négatives, coûts dupliqués. Depuis 2009, les scissions importantes se sont multipliées en France et à l'international. « *Ce n'est pas une mode mais plutôt une évolution durable liée à la théorie financière actuelle qui demande d'éviter l'addition des sociétés sans rapport* », souligne Frédéric Labia, selon qui, « *du point de vue boursier, mieux vaut se positionner avant le* spin-off, *afin de profiter des primes spéculatives liées aux opérations.* »

Source : Investir, 13/03/2014.

1. Rappelez le mécanisme du *spin-off* ou scission-distribution en tant qu'outil de restructuration d'entreprise.

2. Montrez le lien entre les arguments stratégiques avancés et la création de valeur escomptée par une telle opération.

3. L'auteur indique que « *ce n'est pas une mode mais plutôt une évolution durable liée à la théorie financière actuelle qui demande d'éviter l'addition des sociétés sans rapport* ». Expliquez le sens de cette citation.

4. Une fois la scission réalisée, expliquez le mécanisme qui permet d'évoluer vers un *equity carve-out* (ECO).

Fusions et acquisitions

Chapitre 15

Fusions et acquisitions

1. Sens et portée de l'étude

Les F&A s'inscrivent dans le cadre des stratégies de croissance externe avec pour leitmotiv la création de valeur.
Ces opérations ont des conséquences considérables post-acquisition en particulier sur le plan financier.

2. Notions et contenus

Formes d'acquisition et recherche de synergies
Recours aux holdings et opérations à effet de levier
Les offres publiques.

Sous l'impulsion du mouvement de mondialisation, les marchés financiers connaissent, depuis trois décennies, un essor spectaculaire des opérations de fusions-acquisitions (F&A). Ces dernières sont légitimées, sur le plan stratégique et financier, par la création de valeur actionnariale. Les F&A s'inscrivent dans le cadre des stratégies de croissance externe des entreprises et participent à une recomposition des acteurs du paysage industriel. Le leitmotiv de ces stratégies de croissance externe, tel que défendu par les initiateurs, demeure la **création de valeur et son partage** entre les parties impliquées. Toutefois, les prises de contrôle sont parfois considérées comme un bradage des actifs industriels au profit de certains acteurs financiers. Par ailleurs, la médiatisation croissante sur certaines opérations dites hostiles a contribué à renforcer ces craintes.

1. Les formes d'acquisition et la recherche de synergies

L'arbitrage en faveur de la croissance externe par rapport à la croissance interne engage l'entreprise dans un processus stratégique qui vise la réalisation de synergies de différentes natures, source de création de valeur.

1.1 Les différentes formes d'acquisition

DÉFINITION

« Les fusions-acquisitions sont des opérations de regroupements ou de prises de contrôle d'entreprises cibles, réalisées par l'intermédiaire d'un achat ou d'un échange d'actions. » (Meier et Schier)

Le terme « fusions et acquisitions » est un terme générique qui englobe une pluralité de situations et de mécanismes. Ces mécanismes portent sur un **transfert de propriété de titres ou d'actifs**. Les modalités de ce transfert ont des implications stratégiques, organisationnelles, financières, juridiques et fiscales pour les parties concernées. Toutes les formes d'acquisition s'accordent sur le caractère d'accélérateur de croissance de ces opérations et sur leur objectif de création de valeur.

a. La fusion par création d'une société nouvelle

Deux ou plusieurs entreprises se regroupent pour donner lieu à une **entité combinée** qui reprend la totalité de leurs actifs. Ce type de fusion se caractérise par un processus de négociation directe avec les dirigeants et doit obtenir l'approbation du conseil d'administration de chacune des sociétés impliquées.

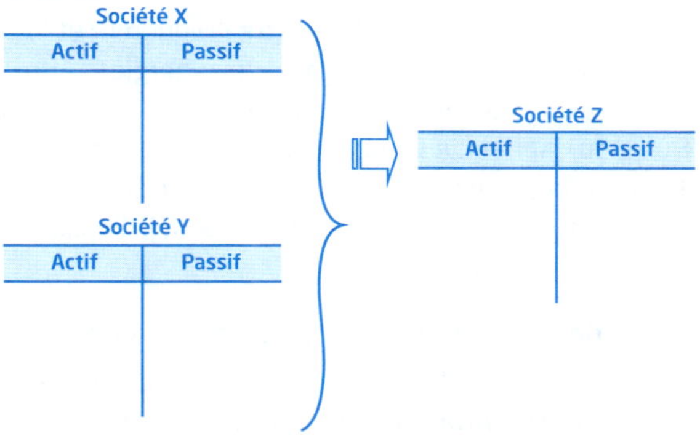

La création d'une entité nouvelle s'accompagne de la disparition des sociétés engagées dans la fusion. Les actionnaires de ces dernières reçoivent, en contrepartie des actions qu'ils détenaient avant la fusion, les actions de la nouvelle entité.

b. La fusion par absorption

Une société X (absorbante) absorbe une société Y (absorbée) lorsqu'elle reçoit ses actifs et ses dettes, ce qui implique la disparition de la société Y.

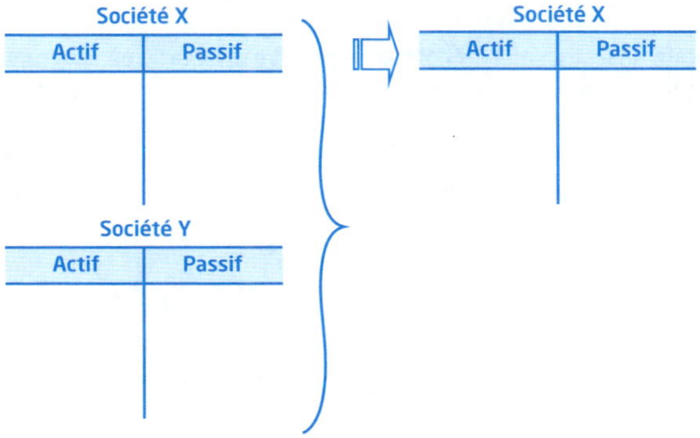

Une fusion par absorption engendre un financement par actions puisque l'absorbante propose aux actionnaires de l'absorbée de recevoir, en échange de leurs actions, ses propres actions selon **une parité fixée** au préalable. En conséquence, la société absorbée fait l'objet d'une dissolution.

c. La prise de participation

Une société X prend une participation dans le capital d'une société Y, les deux sociétés ne perdant pas leur autonomie juridique.

La prise de participation industrielle

Une société peut prendre une participation dans le capital d'une autre société qui peut être son, fournisseur, sous-traitant, client, etc. Cette prise de participation industrielle peut être unilatérale ou bilatérale (croisée), directe ou indirecte. La société initiatrice cherche à s'approprier une capacité à influencer les décisions stratégiques et opérationnelles de la cible. Cette prise de participation peut être une étape de **transition vers une prise de contrôle**. En effet, elle permet, de réduire le degré d'asymétrie d'information entre l'acquéreur et la cible, et d'apprécier les intérêts stratégiques, ainsi que le potentiel de gains de synergie. À titre d'exemple, le 16 décembre 2002, le Crédit Agricole a lancé une offre publique d'acquisition des actions du Crédit Lyonnais, qui portait sur 80 % du capital. La valeur de la transaction est d'environ 16 milliards d'euros. Crédit Agricole détenait préalablement à l'offre une participation de 17,43 % du capital du Crédit Lyonnais, ce qui en faisait un actionnaire de référence, déjà impliqué dans les choix stratégiques de ce dernier.

La prise de participation par une société de capital risque (SCR ou capital-risqueur)

Une SCR peut entrer dans le capital d'une entreprise avec un objectif de performance sous forme de dividendes et/ou de **plus-value en capital**. Elle recherche souvent des jeunes entreprises à fort potentiel de croissance (start-up). La SCR n'a pas vocation à rester longtemps présente dans le capital de la société financée. Le prix de sortie est souvent assez élevé du fait de l'appréciation de la valeur de la société concernée. La SCR peut ainsi prendre une participation en fonds propres suite à une augmentation du capital, ce qui accroît la capacité d'endettement de la cible lui permettant plus facilement d'obtenir des financements bancaires. La présence du capital-risqueur s'accompagne de son savoir-faire, de son carnet d'adresses et de son expérience.

La prise de participation par le capital-investissement (CI) ou *private equity (PE)*

DÉFINITION

> Le métier du capital-investissement « consiste à prendre des participations majoritaires ou minoritaires dans le capital de petites et moyennes entreprises généralement non cotées. Cette prise de participations permet de financer leur démarrage, leur croissance, leur transmission, parfois leur redressement et leur survie. Le métier s'exerce sur quatre segments : le capital-innovation, le capital-développement, le capital-transmission/LBO et le capital-retournement. » (AFIC – Association française des investisseurs pour la croissance).

Le *private equity* (PE) consiste en l'apport en fonds propres (*equity*) par des investisseurs, à des sociétés non cotées (*private*), ou de quasi-fonds propres (obligations convertibles en actions par exemple) pour en financer le développement ou la reprise. Ces apports sont effectués par des fonds d'investissement, investisseurs institutionnels, etc. Ces **investisseurs sont dotés d'équipes de professionnels** fournissant une expertise à des entreprises, jeunes et à fort potentiel de croissance, ou matures dans le cadre d'une restructuration et/ou d'une transmission. Ces professionnels et experts accompagnent le management de l'entreprise financée, pour prendre des décisions stratégiques créatrices de valeur. Les fonds de PE recherchent une plus-value en capital significative lors d'une **sortie réussie (e*xit*)**, suite à une introduction en bourse (*initial public offering*) ou à une cession à un investisseur lors d'une opération de *leverage buy-out* (LBO). Le rendement attendu est souvent supérieur à celui d'actifs financiers cotés et offre la possibilité aux fonds d'investissement, de mieux diversifier leur portefeuille tout en optimisant le couple rendement/risque.

1.2 Les modalités de croissance de l'entreprise

Toute entreprise a nécessairement pour objectif de croître et de faire croître sa rentabilité. Pour y parvenir, il faut engager une politique d'investissement qui aura à arbitrer entre croissance interne et externe.

DÉFINITION

La **croissance externe** est un mode de développement s'appuyant sur la prise de participations (minoritaire, majoritaire, totale) dans le capital d'autres sociétés. Elle s'oppose à la **croissance interne (organique)** qui correspond à la création d'actifs nouveaux. Pour arbitrer judicieusement entre croissance interne et externe, il convient de placer la réflexion sur le plan des synergies possibles et de la création de valeur.

a. La croissance interne et croissance externe

La croissance est dite interne ou organique lorsqu'il s'agit d'un développement en interne de l'activité propre de l'entreprise afin d'assurer une croissance du chiffre d'affaires. Elle se base sur les propres ressources humaines, financières et techniques de l'entreprise. Ces ressources sont allouées pour le développement des moyens de production, de distribution ainsi que des activités de support. La croissance externe est un processus de développement discontinu qui implique un changement de **périmètre de la société** suite au rapprochement avec une autre société, ce qui a pour effet d'accroître la taille de la société initiatrice (effectif, part de marché, volume des ventes, montant des actifs). Cette dernière profite du savoir-faire et des ressources humaines, financières et techniques de la cible. Pour ce faire, l'entreprise déploie les différentes formes d'acquisition citées plus haut. Le tableau ci-après résume les avantages et les inconvénients de ces deux modes de croissance.

	Avantages	Inconvénients
Croissance interne (Organique)	- Développement d'une courbe d'expérience. - Adaptation lente et maîtrisée des structures organisationnelles au développement de la société. - Climat social favorable. - Signal d'une bonne santé de l'entreprise.	- Lenteur du processus de développement. - Risque lié à la spécialisation. - Non saisie des opportunités de l'environnement.
Croissance externe	- Développement rapide de l'entreprise. -Atteinte d'une **taille critique**. - Effets de synergie liés à l'acquisition. - Réduction de l'intensité concurrentielle.	- Coût de l'acquisition. - Risques liés à l'intégration de la cible. - Absence d'effets de synergie (destruction de valeur).

b. Les différents types de concentration

Il existe quatre modalités de concentration (intégration) d'entreprises : **horizontale, verticale (avant, arrière), conglomérale (diversification) ou concentrique**. Le schéma ci-après décline ces quatre modalités.

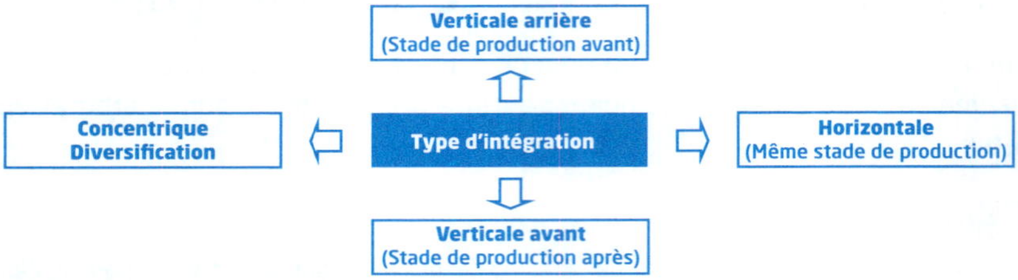

La concentration horizontale

La concentration horizontale est un regroupement d'entreprises appartenant au même secteur d'activité et directement concurrentes. Elle concerne aussi des entreprises du même secteur mais parfois positionnées sur des segments de marché différents. La plupart des fusions et acquisitions participent à un **mouvement de restructuration ou de consolidation sectorielle**. La majorité des secteurs sont concernés et en particulier l'énergie, la pharmacie, la banque, les SSII (sociétés de services et d'ingénierie en informatique), etc. Les synergies attendues sont de nature opérationnelle et financière. Il s'agit d'accroître son pouvoir de marché et par conséquent son pouvoir de négociation avec les fournisseurs (baisse des prix, délais de paiement, qualité), les clients (augmentation des prix, emplacements favorables des produits) et/ou les tiers (banquiers, institutionnels, organismes publics). L'acquéreur escompte aussi des économies d'échelle liées à un effet de taille.

La concentration verticale

La concentration verticale, ou intégration verticale, résulte d'un regroupement d'entreprises qui sont complémentaires dans le processus de production. Ce sont des regroupements au sein de la même filière économique, en amont ou en aval. En amont, cela consiste à intégrer le fournisseur dans le but d'assurer une sécurité des sources d'approvisionnement et de bénéficier de la marge du fournisseur. En aval, il s'agit de l'intégration des circuits de distribution. Les synergies attendues des acquisitions de type vertical sont de nature opérationnelle et financière. Elles se manifestent en particulier dans le contrôle de la **chaîne de valeurs** mais aussi dans un meilleur pouvoir de négociation dû à l'effet de taille.

La concentration conglomérale

La concentration conglomérale est un regroupement d'entreprises ayant des activités indépendantes. Le processus d'intégration et les rapprochements opérationnels sont alors peu importants et n'engendrent aucune difficulté. En diversifiant ses activités, l'entreprise cherche à réduire le risque spécifique à chaque activité et à neutraliser partiellement l'effet du cycle conjoncturel. Les synergies attendues sont essentiellement des économies de coûts de structure et des économies liées à l'effet de taille.

c. Les acquisitions domestiques vs. transfrontalières

Les opérations acquisitions transfrontalières à travers le monde représentent un pourcentage relativement élevé, de l'ordre du tiers du total des acquisitions. Les acquéreurs recherchent un **développement à l'international** du fait que l'environnement devient hautement concurrentiel et mondialisé pour pouvoir maintenir un avantage concurrentiel. Aux États-Unis, les acquéreurs étrangers payent des primes d'offre plus élevées pour acheter des firmes américaines. Les principales raisons de la tendance croissante des F&A transfrontalières tiennent au fait que l'Europe s'élargit, au développement de la **mondialisation** et à l'augmentation de l'**intensité de la concurrence internationale**, à l'évolution rapide de la technologie et enfin à la consolidation des grandes industries à l'échelle internationale.

d. Les prises de contrôle amicales vs. hostiles

La distinction entre prise de contrôle amicale et prise de contrôle hostile

Le caractère hostile ou amical d'une prise de contrôle est déterminé par la position du conseil d'administration de la cible vis-à-vis du projet d'acquisition. Le tableau ci-après présente les deux configurations en question.

Prises de contrôle amicales	Le conseil d'administration communique un avis favorable et la société cible est prête à se faire acheter ou sollicite elle-même l'acquéreur. Les actionnaires de la société cible sont convaincus de l'intérêt stratégique et du potentiel de création de valeur du projet d'acquisition.
Prises de contrôle hostiles	Le conseil d'administration communique un avis défavorable et la cible tente de résister à l'offre. La cible peut prendre certaines mesures de défense anti-prise de contrôle.

Lorsque la position des dirigeants appuyée par celle du conseil d'administration de la société cible vis-à-vis du projet d'acquisition sont défavorables, ils cherchent à empêcher l'acquisition ou à pousser l'initiateur à améliorer l'offre lancée. Les **mécanismes de défense anti-prise de contrôle** sont de plusieurs natures : juridiques, statutaires, financières et autres pilules empoisonnées. Ces mécanismes de défense agissent d'une manière préventive ou interviennent après l'annonce de l'offre. Ces mécanismes sont synthétisés dans le tableau ci-après.

Mécanismes préventifs	Mécanismes post annonce de l'offre
- La société en commandite par actions (SCA) - Les stratégies d'autocontrôle - L'exercice du droit de vote - Les bons de souscription d'actions (BSA) - Les conventions ou pactes d'actionnaires - Les augmentations du capital - Certaines pilules empoisonnées	- L'action en justice - Le chevalier blanc ou (*White Knight*) - L'offre publique sur l'agresseur (Pacman) - Les LBO et LMBO - le rachat d'actions - Le conseil d'administration renouvelable par tranches (*Staggered board of directors*)

Les mécanismes préventifs

Ils sont déclenchés selon différentes techniques avec l'optique de rendre la cible moins attrayante. Ces techniques sont exposées dans le tableau ci-après.

Société en commandite par actions (SCA)	Les parts sociales des commandités, qui sont responsables *in infinitum* des dettes sociales, sont non transmissibles et non cessibles.
Stratégies d'autocontrôle	Elle est mise en œuvre à travers les actions détenues directement ou indirectement par la société visée elle-même (à l'aide de filiales ou d'entreprises contrôlées par celle-ci ou encore via des participations croisées).
Exercice du droit de vote	Les actionnaires hostiles à l'offre et qui disposent d'un droit de vote double ont une capacité à résister à l'offre.

Type	Principe
Les bons de souscription d'actions (BSA)	Les BSA sont exercés au moment où la société est menacée par une tentative d'offre publique hostile.
Conventions ou pactes d'actionnaires	Elles/ils sont conclu(e)s entre des actionnaires coalisés de la cible et comportent des conditions préférentielles de cession ou d'acquisition d'actions entre eux.
Certaines pilules empoisonnées	C'est l'exemple des parachutes dorés qui sont des indemnités prévues pour les dirigeants et les administrateurs en cas d'offre hostile, ce qui rend l'acquisition plus chère.
Augmentations du capital	L'assemblée des actionnaires devra avoir expressément anticipé et autorisé préalablement cette opération qui aura pour effet, en cas de tentative de prise de contrôle hostile, d'augmenter le coût de l'opération.

Les mécanismes post-annonce de l'offre

Parmi ces techniques, nous pouvons citer :

– L'action en justice afin de se donner le temps de bien préparer les autres phases de défense, mais aussi de favorises le déclenchement d'offres concurrentes.

– Le chevalier blanc ou (*White knight*) : il s'agit d'une société alliée qui surenchérit sur l'offre de l'agresseur.

– L'offre publique sur l'agresseur (Pacman) : c'est le lancement par l'entreprise d'une OPA/OPE sur l'agresseur.

– Les LBO et LMBO qui permettent d'échapper au « raid » de l'acquéreur hostile grâce à la reprise de l'entreprise, via un mécanisme de levier, par le management et/ou par des fonds d'investissement.

– Rachat d'actions qui permet de réduire le volume des actions en circulation.

– Le conseil d'administration renouvelable par tranches (*Staggered board of directors*) : dans ce cas, l'acquéreur hostile doit attendre le renouvellement total avant de prendre le contrôle du conseil.

1.3 Fusions et acquisitions : les principales motivations

Les prises de contrôle constituent un instrument privilégié de croissance externe. De nombreuses études s'accordent sur le fait que ces stratégies profitent davantage aux actionnaires de la cible qu'à ceux de l'acquéreur et revêtent donc un caractère inéquitable quant au partage de la création de valeur. Le caractère mitigé des résultats relatifs à la création de valeur par l'acquéreur rencontre plusieurs explications souvent divergentes.

a. La recherche de synergies

Le concept de synergie est au cœur du discours stratégique de l'acquéreur. Il comporte néanmoins des dimensions hétérogènes (économies d'échelle, pouvoir de marché, réduction des risques, capacités de financement, capacités managériales, etc.) et revêt de ce fait un caractère peu opérationnel. La recherche de synergie constitue généralement la principale motivation avancée par les dirigeants de la société initiatrice d'une opération de prise de contrôle. Ces synergies se matérialisent au niveau du cycle d'exploitation ainsi que dans l'accroissement du pouvoir de marché en termes de pouvoir de négociation avec les clients, les fournisseurs, les sous-traitants, etc. Elles peuvent également être de nature financière et trouvent une traduction dans, la réduction du risque par la diversification des activités, la réduction du risque de faillite, et dans les gains liés au cycle de financement. Elles se matérialisent enfin, selon l'argument de l'amélioration de l'efficience opérationnelle, par l'installation d'une équipe dirigeante plus efficace. Elle revêt dans ce cas **un caractère disciplinaire** des anciens dirigeants, ce qui indique le rôle parfois limité des **mécanismes de gouvernance interne**.

b. Les autres explications

La thèse de la synergie se trouve contredite par l'hypothèse de **l'optimisme ou de l'orgueil managérial** soutenue par Roll (1986). Ce dernier défend l'argument que les synergies attendues sont surestimées par les dirigeants de la société initiatrice. Dans ce cas, la prise de contrôle est synonyme de transfert de richesse des actionnaires de la société initiatrice au profit de ceux de la cible, avec une perte nette de richesse due au coût de l'offre. La **théorie de l'agence** constitue un autre facteur explicatif du lancement d'opérations de prise de contrôle. Selon cette théorie, les dirigeants de l'initiatrice sont supposés privilégier leur propre bien-être en expropriant les actionnaires par l'appropriation de bénéfices privés. Ils poursuivent notamment des stratégies de construction d'empire et de diversification pour protéger leur capital humain (Marris, 1963). À cet effet, Jensen (1986) soutient que l'abondance des flux de trésorerie disponibles et à la disposition des dirigeants conduit à surpayer les acquisitions à des fins d'enracinement à travers la construction d'un empire. Un dernier courant relatif aux motivations liées aux acquisitions est celui soutenu par l'hypothèse de la surévaluation ou de « *Market timing* » (Baker et Wurgler, 2002 ; Jensen, 2004). Les entreprises initiatrices, lorsque le prix de leurs actions est en haut de cycle, cherchent à profiter de cette « fenêtre d'opportunité » pour mettre en œuvre des stratégies d'acquisition (par échange d'actions) qui coûteront moins cher.

1.4 L'analyse du processus de fusions-acquisitions

Le processus d'acquisition peut être décomposé en trois phases : ante-, pré- et post-acquisition. Sa mise en œuvre et la veille à son bon déroulement contribuent fortement au succès de l'opération d'acquisition. Ce processus est illustré par le schéma ci-après.

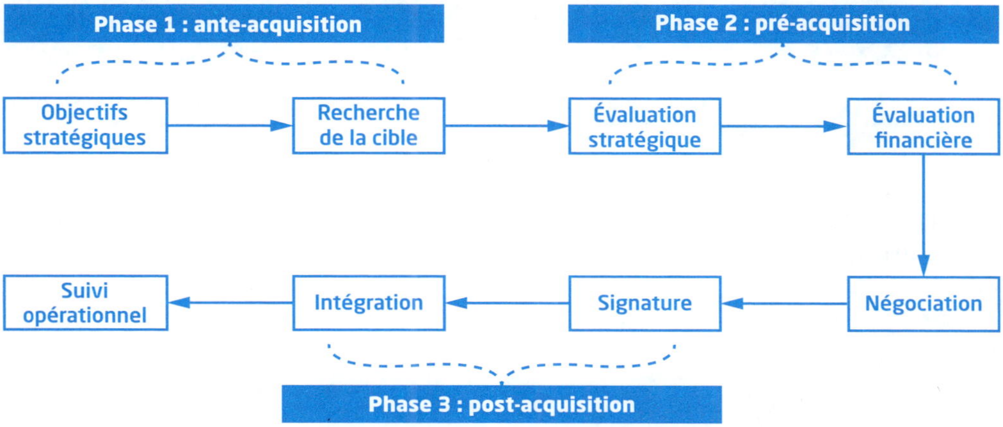

Source : *Stratégique,* G. Johnson, R. Whittington, K. Scholes, F. Fréry, 2014, 11e éd. Pearson.

a. Les objectifs stratégiques et choix de la cible d'acquisition

La phase 1 du processus d'acquisition consiste à s'assurer du caractère approprié de la stratégie de F&A pour la croissance de l'entreprise. Cette stratégie doit être compatible avec la mission et les buts de l'organisation et spécifier la nature des synergies attendues. Ce travail de réflexion aboutit à l'identification du **profil de la cible** potentielle en termes de secteur et de portefeuille d'activités, de leviers de performance (*business model*), de taille et de prix d'acquisition, etc. Ce processus de recherche et de sélection (*screening process*) doit être effectué dans un premier temps en interne, par la société acquéreuse. Certaines institutions financières (département d'ingénierie financière) proposent des services de screening aux entreprises à la recherche de cibles d'acquisition et aux entreprises cibles à la recherche de repreneurs.

b. L'évaluation stratégique et financière de l'acquisition

La phase 2 du processus cherche à évaluer stratégiquement et financièrement la transaction d'acquisition et à analyser les options de financement. L'évaluation stratégique passe notamment par la mobilisation de grilles d'analyse telles que SWOT, Porter, PESTEL, BCG, McKinsey, etc. Ces grilles aident à établir un diagnostic stratégique mettant en avant les facteurs endogènes de la performance de la cible (atouts et faiblesses) mais aussi les facteurs exogènes (forces concurrentielles, menaces, opportunités, etc.). L'évaluation financière mobilise quant à elle les approches d'évaluations patrimoniales, par les flux financiers et enfin par les comparables. Les comparables sont de deux types : entreprises comparables et transactions (acquisitions) comparables.

La méthode des entreprises comparables

Cette méthode d'évaluation du prix de la transaction s'établit comme suit :

Données de l'entreprise	Moyenne des firmes comparables	Valeur estimée de la cible
Bénéfice	PER	= Bénéfice x PER
Chiffre d'affaires	P/Sales	= Chiffre d'affaires x P/Sales
Actif net comptable	Price to book ratio (PBR)	= Actif net comptable x PBR
EBE (EBITDA)	P/EBITDA	= EBE x P/EBITDA
Résultat d'exploitation (EBIT)	P/EBIT	= Résultat d'exploitation x P/EBIT
Cash-flow	P/Cash-flow	= Cash-flow x P/Cash-flow
Prix de transaction = Valeur moyenne des entreprises comparables + Prime d'offre		

Cette approche propose une estimation raisonnable de la valeur de la cible, basée sur la valeur de marché des grandeurs clés de l'entreprise. Elle est de fait très sensible aux erreurs d'évaluation (*mispricing*) par le marché.

La méthode des transactions comparables

Cette méthode d'évaluation du prix de la transaction s'établit comme suit :

Données de l'entreprise	Moyenne des transactions comparables	Valeur estimée de la cible
Bénéfice	PER	= Bénéfice x PER
Chiffre d'affaires	P/Sales	= Chiffre d'affaires x P/Sales
Actif net comptable	Price to book ratio (PBR)	= Actif net comptable x PBR
EBE (EBITDA)	P/EBITDA	= EBE x P/EBITDA
Résultat d'exploitation (EBIT)	P/EBIT	= Résultat d'exploitation x P/EBIT
Cash-flow	P/Cash-flow	= Cash-flow x P/Cash-flow
Prix de transaction = Valeur moyenne des transactions comparables		

Cette approche n'a pas besoin d'estimer la prime, du moment où celle-ci est déjà intégrée dans les transactions comparables. Elle doit se limiter à un nombre acceptable de transactions récentes sur le marché et suppose que ces transactions ont été correctement évaluées. Il est aussi question, lors de cette phase d'évaluation stratégique et financière, d'estimer la valeur actuelle nette de l'investissement (acquisition de la cible), comme suit :

VAN (valeur actuelle nette) = Valeur actuelle des synergies attendues
(-) Prime d'acquisition versée aux actionnaires de la cible
(-) Coûts de transaction liés à l'opération

Le processus d'évaluation financière consiste à déterminer les cash-flows additionnels ou marginaux générés par l'acquisition de la cible, une fois intégrée par l'initiateur. Il faudra ensuite déterminer le taux d'actualisation adéquat, qui n'est pas celui de l'acquéreur, mais tient compte du profil de risque de l'investissement additionnel. L'étape suivante cherche à chiffrer les coûts de transaction liés à l'opération (honoraires des intermédiaires financiers, dépenses liées aux services juridiques et fiscaux, coûts sociaux, etc.) et à les intégrer dans le coût de l'investissement. Enfin, l'horizon limité ou illimité des cash-flows additionnels doit être spécifié.

La phase 2 comporte aussi le **processus de diligence** qui examine l'information fournie par la cible pour juger son exactitude et sa fiabilité. Ce processus se compose de la diligence financière, opérationnelle, légale et contractuelle. Il permet notamment d'évaluer les risques potentiels liés à la transaction, d'affiner son prix et enfin de fixer le mode de financement. Les négociations jouent un rôle crucial et doivent être menées à chaque étape du processus d'acquisition. Dans le cadre d'une **stratégie de négociation** efficace, des experts extérieurs doivent être consultés en raison de l'enjeu de la transaction. Cette phase doit enfin évaluer toutes les conséquences financières de l'acquisition sur l'entité combinée.

c. La clôture de l'acquisition et intégration de la cible

La phase 3 du processus d'acquisition est d'abord celle de la clôture de la transaction du point de vue contractuel. Elle comporte aussi l'étape de l'intégration de la cible à tous les niveaux : comptable, organisationnel, financier, social et humain, système d'information, etc.

2. Le recours aux holdings et les opérations à effet de levier

Les opérations à effet de levier permettent à l'initiateur d'acquérir une société cible en limitant les ressources propres engagées. La mise en place de structures de type holding constitue une solution appropriée dans ce type de situation. Le **levier juridique** occasionné par cette holding accroît la capacité de contrôle de ses actionnaires dans la société contrôlée. Les **leviers de types financier et fiscal** sont aussi recherchés par les sociétés holding.

2.1 Le recours aux sociétés holdings

a. La notion de contrôle

Une action est un **titre de propriété** auquel est attaché, outre le droit au dividende, celui de voter lors des assemblées générales des actionnaires (AGO et AGE). Le principe qui prévaut en matière de droit de vote est celui d'« une action, une voix ». La structure de l'actionnariat ou la **géographie du capital** d'une société renseigne sur la répartition du pouvoir entre les différents actionnaires ou groupes d'actionnaires. Différents types d'actionnariat peuvent être présents dans le capital des sociétés : familial, étatique, institutionnel (compagnies d'assurance, fonds de pension, SICAV...), salariés, fonds de *private equity,* holdings financières, etc. Un contrôle majoritaire suppose la possession de plus de 50 % des droits de vote lors des assemblées ordinaires (AGO), et de plus des deux tiers des droits de vote lors des assemblées extraordinaires (AGE). La détention d'une minorité de blocage (33 % + 1 voix) permet de bloquer toute décision prise en AGE, mais sans influence sur les décisions d'une AGO. Un actionnaire de référence ou de contrôle ne détient pas nécessairement une part majoritaire du capital d'une société, mais dispose d'une participation telle qu'il dispose d'un pouvoir d'influence sur la désignation des administrateurs et des managers et conséquemment sur les choix stratégiques et le pilotage des affaires d'une société. Le seuil minimum de participation conférant le contrôle effectif est variable et dépend en définitive de la dispersion du capital. Dans le cas de sociétés cotées à capital dispersé, on trouve souvent plusieurs actionnaires de référence qui détiennent chacun une participation entre 5 % et 10 % du capital. Attribuer à ces actionnaires de référence des **droits de vote doubles** revient à renforcer leur pouvoir sans payer les sommes nécessaires pour acheter le nombre d'actions équivalent.

La capacité de contrôler une société et de lui dicter ses décisions d'orientation, est considérée comme un bien économique appelé **rente de contrôle**. Ce pouvoir de contrôle peut être accentué par l'attribution, conformément aux statuts, d'un droit de vote double pour certains actionnaires. Cette pratique est fréquemment rencontrée dans les grandes entreprises françaises. Ce privilège est souvent accordé aux actionnaires qui détiennent leurs titres sur une période relativement longue (caractère non spéculatif) démontrant ainsi une fidélité à l'entreprise et une confiance quant à ses perspectives futures. C'est donc un moyen de fidéliser les actionnaires « stables » qui adoptent une logique d'investissement de long terme dans l'entreprise. Ce dispositif est aussi utilisé dans l'optique de renforcer le pouvoir des actionnaires de référence, ceux qui contrôlent réellement l'entreprise. Il est enfin utilisé comme mécanisme de défense anti-prise de contrôle (voir plus haut).

b. Holding de contrôle : définition et montage

DÉFINITION

Une **holding** est une société dont la principale activité consiste à détenir une participation financière dans une ou plusieurs autres sociétés qu'elle cherche à contrôler. Les sociétés contrôlées par la holding appartiennent souvent à des secteurs d'activité différents. L'objectif de la holding est d'exercer une influence significative sur le management des sociétés qu'elle contrôle. La holding peut procéder à l'acquisition des titres d'une ou de plusieurs sociétés suite à l'apport de fonds propres et de dettes. Elle peut aussi être créée grâce à l'apport de titres d'autres sociétés. Plus généralement, plusieurs raisons peuvent pousser à la création d'une structure de type holding : la restructuration d'un groupe d'entreprises, la reprise d'entreprise, la transmission d'entreprise.

Forme juridique et régime fiscal

La société holding peut revêtir n'importe quelle forme juridique. Le choix de sa forme juridique dépend essentiellement des objectifs poursuivis. En pratique, les formes les plus couramment retenues sont les sociétés de capitaux (SA et SARL) et les sociétés civiles. La première différence réside dans le fait que les sociétés civiles ne peuvent pas exercer une activité commerciale, alors que les sociétés de capitaux peuvent faire entrer une nouvelle activité commerciale dans le groupe. L'autre différence est que les sociétés de capitaux constituent une forme adaptée à l'entrée d'investisseurs dans le capital, ce qui n'est pas le cas des sociétés civiles. Enfin, les sociétés civiles sont davantage utilisées dans un cadre familial et dans les activités immobilières. Sur le plan fiscal, et pour les sociétés qui entrent dans le **régime de l'intégration fiscale**, les pertes accusées par les unes compensent les bénéfices réalisés par les autres, ce qui permet de payer globalement moins d'impôts. Pour ce faire, les sociétés intégrées fiscalement doivent être soumises à l'impôt sur les sociétés (IS). De plus, la société holding doit détenir au moins 95 % du capital des sociétés intégrées (périmètre de l'intégration fiscale). Dans le même temps, elle ne doit pas être détenue à 95 % ou plus par une société soumise à l'IS.

Montage de holding

La structure de holding fait valoir un mécanisme de levier juridique qui permet de limiter les apports nécessaires pour le contrôle de l'entreprise cible. Un ou plusieurs actionnaires décident de détenir plus de 50 % du capital de la holding (1 action = 1 voix), qui elle-même prend une participation de plus de 50 % du capital de la cible. De fait, ils ont un contrôle majoritaire de la cible avec un montant de fonds propres équivalent à 25 % du capital de cette dernière. La figure 1 illustre cette situation.

Figure 1

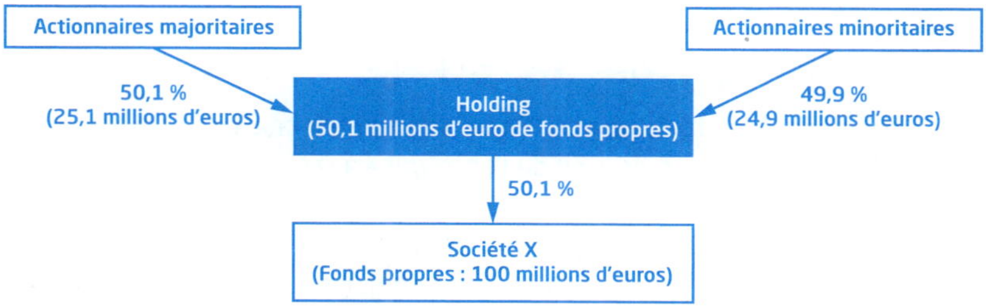

Dans cet exemple, avec 25 millions d'euros, les actionnaires majoritaires (1 action = 1 voix) de la holding exercent un contrôle majoritaire dans la société X dont les fonds propres s'élèvent à 100 millions d'euros. Le levier juridique est de 1 à 2 et constitue une **démultiplication des droits de propriété**. Il s'ensuit que si on ajoute un étage supplémentaire, par la création d'une 2e holding, le pourcentage d'actions requis pour contrôler la société X est divisé par 2 et le levier juridique est multiplié par 2 comme l'illustre la figure.

Figure 2

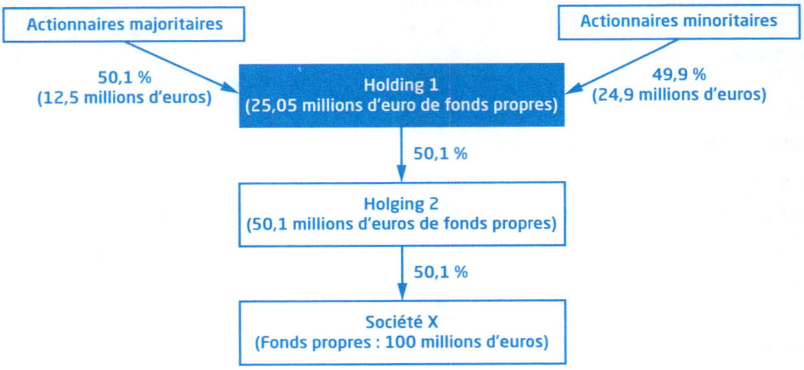

Dans cet exemple, avec 12,5 millions d'euros, les actionnaires majoritaires (1 action = 1 voix) de la holding 1 exercent un contrôle majoritaire dans la société X. Le levier juridique est de 1 à 4 et il peut encore être accentué en créant une cascade de holding. Chaque étage supplémentaire produit un levier juridique de 1 à 2. Afin d'amplifier le levier juridique, plusieurs techniques peuvent être utilisées, parmi lesquelles l'émission d'actions à droit de vote double et/ou la cession d'actions à dividende prioritaire, sans droit de vote.

2.2 Les acquisitions à effet de levier : le *leveraged buy-out*

DÉFINITION

Le LBO (*leveraged buy-out*) est une structure juridico-financière qui réalise des acquisitions par recours à l'effet de levier. Il s'agit de prendre le contrôle d'une société en la finançant en grande partie par endettement. Le moyen le plus souvent utilisé pour réaliser ce type d'opération est la création d'une holding de reprise qui s'endette pour réaliser l'opération de rachat. La holding payera les intérêts de sa dette et assurera le remboursement du principal grâce à la remontée des bénéfices de la société rachetée vers la holding.

a. Les différents types de LBO

Un LBO (*leveraged buy-out*) désigne une opération de rachat d'une société avec un effet de levier financier, initiée par un acheteur issu de l'entreprise à racheter. Lorsque l'acheteur est extérieur à l'entreprise (fonds de *private equity*), le montage est qualifié de *leveraged buy-in* (LBI). Par ailleurs, on parle de LMBO (*leverage management buy-out*) lorsque le rachat est effectué par des cadres dirigeants de la société cible, et de LMBI (*leverage management buy-in*) lorsque les cadres dirigeants sont extérieurs à la société cible et proposés par l'investisseur financier. Si les salariés sont impliqués dans l'opération de reprise de la société cible, il s'agit d'une opération de rachat de l'entreprise par les salariés (RES). Enfin, lorsque ce sont à la fois des cadres dirigeants de la société cible et des dirigeants extérieurs qui s'engagent dans l'opération de reprise de la société cible, on parle de BIMBO (*buy-in management buy-out*).

b. Les caractéristiques des LBO

Grâce à la création d'une société holding et à la mise en place d'un mécanisme d'effet de levier juridico-financier, les investisseurs financiers deviennent actionnaires de la société cible en rachetant la participation des anciens actionnaires qui se désengageront partiellement ou totalement. La prise de contrôle de la société cible s'effectue par un apport personnel minimum en fonds propres. Ainsi, en utilisant l'effet de levier financier, la structure de holding crée un effet d'amplification du levier juridique. Ce levier financier se base sur l'utilisation d'une proportion importante de dette dans les ressources de haut de bilan de la holding. Le remboursement de cette dette s'effectue grâce à la remontée des bénéfices de la ou des sociétés contrôlées vers la holding. Nous reprenons ci-après la figure 1 (voir plus haut) avec une holding dont la structure financière est constituée de 50 % de fonds propres et 50 % de dettes.

Figure 3

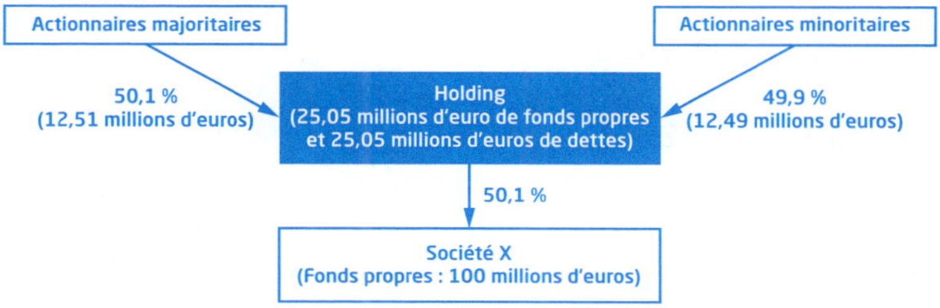

Le schéma 3 ci-dessus montre qu'avec 12,5 millions d'euros, les actionnaires majoritaires de la holding exercent un contrôle majoritaire dans la société X dont les fonds propres s'élèvent à 100 millions d'euros. Le levier juridique est de 1 à 2, le levier financier est de 1 à 2 et enfin, le levier total ou juridico-financier est de 1 à 4.

Dans le cadre d'un LBO, l'équipe dirigeante en place doit être performante et mener un plan d'affaires proposant un taux de rentabilité attendu de la cible supérieur au coût du capital. La holding assure principalement trois missions : prendre le contrôle de la cible, solliciter des fonds pour financer l'opération et enfin, rembourser les fonds empruntés en faisant remonter les bénéfices de la cible. Ce montage de LBO est particulièrement adapté aux problèmes de transmission patrimoniale mais aussi dans une optique de stabilisation de l'actionnariat.

c. Le montage LBO : enjeu pour les différentes parties impliquées

Le choix du profil de la cible est déterminant, dans la mesure où le montage LBO ajoute au **risque d'exploitation** de la cible un **risque financier** (endettement) très important conduisant à un levier combiné extrêmement élevé. Le niveau et la stabilité des cash-flows dégagés par la cible (vache à lait) constituent des facteurs clé de succès majeurs. Les sociétés cibles de LBO peuvent être des entreprises familiales où le dirigeant souhaite céder son entreprise à des fonds de LBO évitant sa cession aux concurrents. Ce sont aussi des filiales de groupe qui font l'objet de cession à des fonds de LBO dans le cadre d'opérations de recentrage. L'opération de cession peut être de type LBO secondaires (reprise d'un montage LBO par un fonds LBO), tertiaires, etc.

Les investisseurs en capitaux propres sont souvent des *private equity sponsors* qui, en investissant dans le LBO, exigent une rentabilité élevée au regard du profil de risque du montage LBO. Lorsque l'apport en fonds propres est faible, la dette bancaire classique qui bénéficie d'une priorité de remboursement (**dette senior**) s'avère souvent insuffisante. Il est donc nécessaire de recourir à la dette subordonnée (**dette junior ou mezzanine**), qui est souvent une dette obligataire (Obligation convertible en action par exemple) souscrite par des fonds spécialisés. Elle est d'une durée souvent plus longue que la dette senior, et se situe à un rang inférieur par rapport à celle-ci en termes de remboursement. En toute logique, les souscripteurs exigeront un rendement plus élevé.

Les dirigeants d'une entreprise contrôlée par un LBO sont soit les dirigeants historiques de l'entreprise, soit de nouveaux dirigeants désignés par le fonds d'investissement. Ils peuvent investir dans le LBO d'autant plus qu'ils ont une forte conviction quant au plan d'affaires (business plan) de la société. Une telle situation, qualifiée de **levier managérial**, ce qui constitue une incitation à créer une forte valeur et contribue à l'alignement des intérêts avec l'ensemble des pourvoyeurs de fonds, ce qui contribue à une meilleure **qualité de gouvernance**. De plus, le financement par dette constitue un mécanisme disciplinaire du fait de la pression exercée sur les dirigeants, qui les pousse à honorer tous les engagements pour éviter une situation de défaut. Ainsi, le LBO propose un mode de gouvernance d'entreprise efficace basé sur la génération de *cash-flow* et la création de valeur.

d. Les limites du LBO

La solvabilité de la holding est tributaire de la profitabilité de la société cible. Un contexte défavorable pour la cible, incapable de réaliser les bénéfices escomptés, peut menacer la survie de la holding. Ce risque est d'autant plus élevé que, dans une telle configuration, les actionnaires et les créanciers de la holding ne parviennent pas à un accord sur un plan de recapitalisation et de renégociation des caractéristiques des différentes dettes contractées par la holding. Par ailleurs, la remontée permanente des bénéfices vers la holding réduit fortement la capacité d'autofinancement de la cible. Elle risque de devoir emprunter pour assurer le financement de son développement, excepté dans le cas d'une situation de faible investissement.

e. La sortie du LBO

Le LBO arrive à son terme lorsque la holding aura remboursé la totalité de sa dette ayant servi au rachat de la société cible. La sortie du montage LBO la plus pratiquée est celle de la fusion entre la holding et la société cible. Mais les fonds d'investissement cherchent souvent une rotation rapide de leur portefeuille d'actifs. C'est pourquoi la durée de vie du LBO peut être de quelques années (de 2 à 5 ans). Dans ce cas, les **options de sortie** sont multiples, comme le montre le tableau ci-après.

Sortie du LBO	Situation positive	Cession à un autre fonds d'investissement (LBO secondaire) qui pourra lui-même refaire la même opération (LBO tertiaire).
		Introduction en bourse et modification de la structure de l'actionnariat.
	Situation de difficulté	Transformation de la dette en fonds propres ce qui crée une dilution de l'actionnariat allant jusqu'à la prise de contrôle par les créanciers.
		Faillite de la holding en cas d'insuffisance ou d'absence de remontée de bénéfices de la société cible pour honorer ses engagements.

3. Les offres publiques

Une offre publique d'acquisition consiste à acquérir, à un prix déterminé, tout ou partie des titres d'une société cible cotée. Le but recherché est la prise de contrôle ou le renforcement d'une participation dans le capital d'une société déjà contrôlée. La forme d'une offre publique d'acquisition dépend du mode de paiement des actions visées : en numéraire (offre publique d'achat ou OPA), par échange de titres (offre publique d'échange ou OPE) ou selon un paiement mixte (offre publique mixte ou OPM). Une offre publique peut être volontaire ou obligatoire. Cette dernière doit être déposée en cas de franchissement d'un seuil de détention de 30 % du capital ou des droits de vote (**seuil de déclenchement**). Elle concerne aussi un actionnaire qui détient déjà entre 30 % et 50 % du capital, et qui augmente sa participation de plus de 1 % en moins d'un an (AMF).

3.1 Les offres publiques : mécanisme et typologie

On parle de prise de contrôle lorsqu'une entreprise (acquéreur) acquiert le contrôle d'une autre entreprise (cible) grâce à la détention de plus de 50 % des actions post-opération (1 action = 1 vote). L'opération d'offre publique se caractérise par la négociation directe avec les actionnaires sur le marché. Le financement d'une offre publique d'acquisition s'effectue sous plusieurs formes : par des liquidités, par la dette (crédit bancaire ou emprunt d'obligataires), par une augmentation de capital ou enfin par le biais d'un financement mixte (trésorerie, dette et actions). La procédure réglementaire du déroulement d'une offre publique d'acquisition ainsi que les points clés de **la note d'information** sont exposés dans le tableau ci-après (source : AMF).

Procédure réglementaire de déroulement d'une offre publique d'acquisition	Points clés d'une note d'information
1. Dépôt du projet d'offre et de note d'information de l'initiateur auprès de l'AMF. 2. Déclaration de conformité de l'offre par l'AMF emportant visas de la note d'information de l'initiateur et de la note en réponse de la société visée. 3. Diffusion de la note d'information et de la note en réponse par mise en ligne sur le site des sociétés concernées et publication dans la presse financière d'un avis de mise à disposition (art. 231-27). 4. Ouverture de l'offre (5 semaines). 5. Clôture de l'offre (2 semaines). 6. Publication par l'AMF de l'avis de résultat définitif de l'offre. 7. Règlement-livraison de l'offre avec Euronext. 8. Réouverture de l'offre en cas de succès, pendant 10 jours de négociation ou, le cas échéant, mise en œuvre du retrait obligatoire (2 semaines). 9. Clôture de l'offre ré-ouverte. 10. Publication par l'AMF de l'avis de résultat de l'offre ré-ouverte.	- les *caractéristiques de l'offre* et, notamment, les éventuelles conditions suspensives de celle-ci, - les *critères d'évaluation* retenus pour déterminer le prix ou la parité d'échange, - les *intentions de l'initiateur* vis-à-vis de la société visée pour les douze mois à venir, - les *réactions de la société cible* (avis du conseil d'administration ou du conseil de surveillance sur l'intérêt ou le risque que présente l'offre pour la société et ses actionnaires, recommandation émise par ce conseil à l'attention des actionnaires, intentions exprimées par les mandataires sociaux d'apporter ou non leurs titres à l'offre, etc.), - l'existence d'*un seul document d'information* conjoint à l'initiateur et à la cible ou de *deux documents distincts*, - le cas échéant, le *rapport de l'expert indépendant* qui analyse les éventuels conflits d'intérêts et porte un jugement étayé sur l'équité du prix d'offre. - le cas échéant, l'*avis du comité d'entreprise* sur l'offre.

a. L'offre publique d'achat (OPA)/*Cash acquisition*

DÉFINITION

Une OPA consiste, pour l'initiateur, à faire connaître publiquement son intention de prendre le contrôle de la société cible, à un prix déterminé payé en numéraire et à une date fixée à l'avance. Le prix d'offre proposé est, en toute logique, supérieur au prix de l'action de la société cible avant l'annonce de l'offre, ce qui conduit à payer **une prime d'OPA**. Celle-ci peut être plus ou moins importante et constitue un facteur incitatif pour les actionnaires de la cible pour présenter leurs titres à l'offre. Le calcul de la prime d'OPA s'effectue comme suit :
Prime d'OPA = $(PO - C_{AO})/C_{AO}$.
Avec,
PO = prix d'offre
C_{AO} = cours de l'action avant l'annonce de l'offre

L'OPA peut être de **nature amicale ou hostile**, **domestique ou transfrontalière**. Le paiement en numéraire empêche la dilution du bénéfice et du contrôle de la société acquéreuse. Il garantit ainsi la stabilisation de l'actionnariat existant contrairement à l'offre publique d'échange (voir plus loin). Il implique toutefois pour l'initiateur, de s'endetter ou d'utiliser sa trésorerie disponible, ce qui, dans les deux cas, se traduit par une augmentation de la dette financière nette (dette financière - trésorerie disponible). De plus, ce mode de paiement a des incidences fiscales pour les actionnaires de la société cible dans la mesure où ils sont amenés à payer l'impôt sur la plus-value réalisée suite à la cession de leurs titres à l'acquéreur.

EXEMPLE

Offre publique d'achat et partage des gains entre la cible et l'acquéreur

La société TRH lance une OPA sur les actions de la société CCB dont les termes sont les suivants :

- L'offre porte sur la totalité des actions de la cible, soit 10 millions d'actions CCB à 22 euros l'action.
- L'action CCB cotait avant l'offre 18 euros l'action.
- L'action TRH cotait avant l'offre 32 euros avec 25 millions d'actions en circulation.
- L'acquéreur escompte des gains de synergie d'une valeur de 6 millions d'euros par année à perpétuité.
- Le taux d'actualisation pour ces gains de synergie s'élève à 10 %.

1. Calculez la prime d'offre publique d'achat.
2. Déterminez les gains synergétiques de cette fusion ainsi que leur répartition entre l'acquéreur et la cible.
3. Déterminez la valeur de l'entité combinée post-acquisition.

Solutions

1. Prime d'offre = (22-18)/18 = 22,22 %.
2. Gains de synergie = (6/0,10) millions d'euros = 60 millions d'euros.
La répartition de ces gains s'effectue comme suit :
Gains de la cible= (10 000 000 x 22) - (10 000 000 x 18)
= 220 millions d'euros - 180 millions d'euros
= 40 millions d'euros

Les actionnaires de la cible réalisent une rentabilité par rapport aux gains de synergie de : (40/60) millions d'euros = 66,66 % de la totalité des gains de synergie.
Gain de synergie pour l'acquéreur = 60 millions - 40 millions = 20 millions d'euros
Les actionnaires de l'acquéreur réalisent une rentabilité par rapport aux gains de synergie de : 20/60 millions d'euros = 33,33 % du gain

3. Valeur de TRH post-fusion = Valeur de l'acquéreur pré-offre : 800 millions d'euros

+ Valeur de la cible pré-offre :	180 millions d'euros
+ Gains de synergie	60 millions d'euros
– Valeur de la transaction	220 millions d'euros
=	820 millions d'euros

b. L'offre publique d'échange (OPE)/*Stock swap acquisition*

DÉFINITION

Une **offre publique d'échange** (OPE) est une opération qui consiste à faire connaître publiquement son intention de prendre le contrôle de la société cible, en remettant en échange, ses propres actions à une date fixée à l'avance. Le prix payé est déterminé à partir de la **parité d'échange** proposée par l'initiateur. Cette parité indique, pour un actionnaire de la société cible, combien d'actions de la société acquéreuse il peut obtenir en échange d'une action détenue. Elle est déterminée comme suit :

Parité : X actions de l'acquéreur pour Y actions de la cible, soit X/Y

Nombre d'actions nouvelles à émettre par l'acquéreur = Parité (X/Y) x nombre d'actions de la cible

La parité d'échange implique le paiement d'une prime d'OPE. Celle-ci peut être plus ou moins importante et constitue un facteur incitatif pour les actionnaires de la cible pour présenter leurs titres à l'offre. Le calcul de la prime d'OPE s'effectue comme suit :

Parité : X actions de l'acquéreur contre Y actions de la cible.

Ca = cours de l'acquéreur avant l'offre

Cc = cours de la cible avant l'offre

X x Ca = Valeur des titres reçus par les actionnaires de la cible

Y x Cc = Valeur des titres cédés par les actionnaires de la cible

[(X x Ca) - (Y x Cc)] = gain réalisé par les actionnaires de la cible

Prime d'offre de l'OPE = [(X x Ca) - (Y x Cc)]/Y x Cc

Le paiement en actions conduit à une **dilution du bénéfice et du contrôle** de la société acquéreuse. La structure de l'actionnariat se trouve modifiée ce qui peut avoir des conséquences sur le contrôle des affaires de la société acquise. En termes fiscal, les actionnaires de la société cible ne paieront pas d'impôt sur la plus-value (latente) suite à l'échange de leurs titres contre celui de l'acquéreur.

c. L'offre publique mixte (OPM)

Une OPM propose d'**échanger** les titres de la cible contre **des espèces et des titres** de la société initiatrice. Le paiement cash implique l'utilisation de la trésorerie disponible voire de la dette, alors que l'échange de titres exige une augmentation de capital. Le choix d'une OPM permet de diluer faiblement le capital. En revanche, il augmente la dette de l'entité combinée et, par voie de conséquence, son risque financier.

d. Les autres formes d'offres publiques (source AMF)

Offre publique d'achat simplifiée (OPAS)

Cette offre intervient après la prise de contrôle d'une société. L'objectif de l'initiateur est de compléter sa participation ou de fermer le capital. Plus précisément, une OPAS doit être lancée par l'acquéreur dès lors qu'il détient préalablement à l'offre plus de 50 % du capital.

L'offre publique de retrait (OPR)

Ces offres sont régies par les articles 236-1 à 236-8 du règlement général de l'AMF. L'OPR permet aux actionnaires détenant la majorité des droits de vote de proposer de racheter les titres cotés de ladite société, afin de permettre aux actionnaires minoritaires de se retirer du capital social. Le retrait de la cible de la cote est souvent initié suite à une OPA ou à une OPE, et porte sur le solde des titres qui n'ont pas été apportés à l'offre.

L'offre publique de retrait obligatoire (OPRO)

Une OPR peut être obligatoire lorsqu'une ou plusieurs personnes physiques ou morales, actionnaires d'une société dont les titres sont cotés, détiennent seules ou de concert, directement ou indirectement, 95 % au moins des droits de vote de ladite société. Selon la loi n° 2006-387 du 31 mars 2006, le prix d'offre doit être au moins équivalent au prix le plus élevé payé par l'initiateur de l'offre dans les 12 mois précédant l'offre. Le principe étant de faire bénéficier les actionnaires minoritaires de la prime versée lors de la prise de contrôle de la cible.

3.2 Les conséquences financières d'une offre publique post-acquisition

Une offre publique d'acquisition affecte fatalement la structure **de l'actionnariat et/ou la structure financière**. Au-delà de l'impératif de la créatrice de valeur, le lancement d'une offre publique doit prendre en considération les conséquences post-acquisition en termes financier et de structure de propriété et de contrôle.

a. Dilution/relution du bénéfice

L'OPE implique de créer des actions nouvelles à travers une augmentation du capital de la société initiatrice. Il en découle souvent une dilution du bénéfice qui impacte quasi-systématiquement le cours de bourse de l'initiateur et par voie de conséquence son PER (*Price earning ratio*). L'OPA n'engendre pas de dilution du bénéfice par action (BPA). Le calcul de la dilution/relution s'effectue comme suit :

Taux de dilution/relution du BPA de l'acquéreur
= (BPA post-acquisition - BPA pré-acquisition)/BPA post-acquisition

Un taux positif (négatif) indique un effet de relution (dilution). La note d'information visée par l'AMF prévoit une rubrique consacrée à la variation du BPA que les acquéreurs sont tenus de communiquer. La décision de l'initiateur n'est pas neutre quant à l'effet relutif/dilutif de l'opération d'acquisition. Cet impact est aussi la conséquence de l'intégration d'une quote-part de résultat net de la société cible en fonction du pourcentage du capital acquis à l'issue de l'opération. Enfin, l'amortissement du goodwill et/ou de l'écart d'évaluation aura tendance à réduire le résultat net du groupe.

b. L'impact du mode de financement

Le financement d'une OPA s'effectue soit par les liquidités disponibles, ce qui est rarement suffisant pour une transaction importante, soit par endettement, ce qui se traduit par un accroissement de la dette financière nette. L'incidence de cette décision sur la structure financière de l'initiateur est mesurée à travers les ratios suivants :

Ratio	Mesure
Structure financière (*Gearing*)	Dettes/Fonds propres
Couverture de la dette par le résultat d'exploitation (REX ou EBIT)	Dettes/REX (EBIT)
Couverture des intérêts par l'excédent brut d'exploitation (EBE ou EBITDA)	EBE (EBTDA)/Intérêts
Couverture des intérêts par le résultat d'exploitation	REX (EBIT)/Intérêts
Capacité de remboursement	CAF/Dettes
	EBE (EBTDA)/Dettes

Impact sur le ratio d'endettement

Le ratio d'endettement (*Gearing ratio*) constitue un indicateur privilégié pour la décision d'investissement. Dans un contexte d'OPA, une telle situation peut conduire à une dégradation de la notation financière (*rating*) de la société acquéreuse, synonyme de **coût de la dette** plus élevé (augmentation de la prime de risque). Dans le cas de l'OPE mais aussi de la fusion par absorption, la dette n'augmente pas, l'opération étant financée par augmentation de capital. L'offre publique mixte peut pallier le problème de l'endettement engendré par une OPA, grâce à l'émission partielle d'actions à échanger. Elle résout aussi le problème de la dilution du bénéfice et du contrôle engendré par l'augmentation du capital lors d'une OPE et ce grâce au paiement partiel en numéraire.

Impact sur la capacité de remboursement de la dette

Les deux ratios qui expriment la capacité de remboursement, constituent des **indicateurs de solvabilité** extrêmement utiles aux analystes et aux décideurs. Ils fournissent une appréciation très pertinente sur le profil de risque financier de l'entité combinée post-acquisition. Cette évolution impacte le coût du capital (taux d'actualisation) et par conséquent, la valeur de la firme et de ses projets d'investissement futurs.

Évolution de la couverture des frais financiers

Le financement par dette d'une OPA implique une réduction du résultat avant impôt et génère une économie d'impôt. L'analyste est amené à évaluer la capacité de l'entreprise à couvrir les intérêts de l'acquéreur post-acquisition. Il procède alors à l'évaluation des ratios de couverture des intérêts. Ces ratios indiquent la capacité de l'entreprise à faire face au service de la dette à partir de l'EBE, qui est un indicateur de cash-flow et à partir du REX, qui indique la performance des métiers clés de l'entreprise. L'OPE, quant à elle, ne génère pas de frais financiers additionnels du moment où elle est financée par une augmentation de capital.

Schéma de synthèse

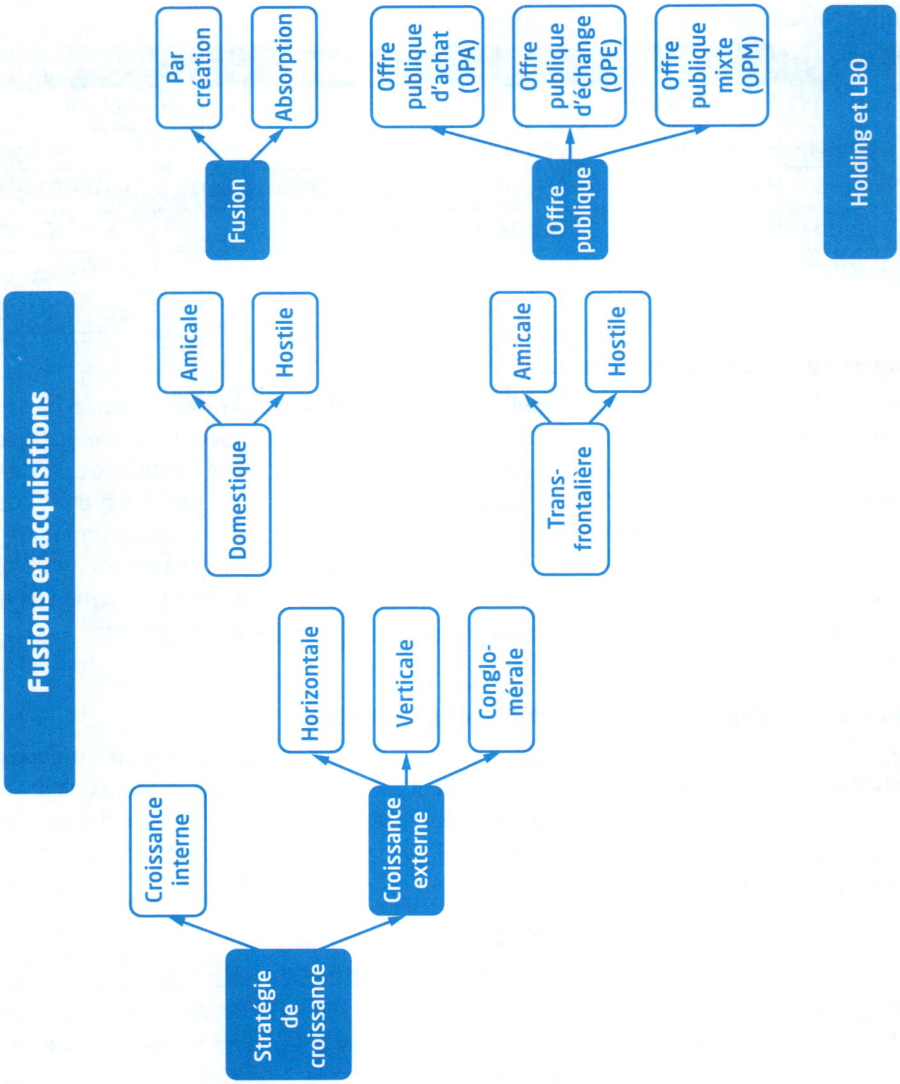

QCM

1. La fusion absorption est financée par :

a. augmentation de capital.
b. autofinancement.
c. endettement.

2. Les acquisitions verticales génèrent des synergies :

a. opérationnelles.
b. financières.
c. opérationnelles et financières.

3. Le capital investissement est un financement :

a. par dette à des entreprises non cotées.
b. par fonds propres à des entreprises cotées.
c. par fonds propres à des entreprises non cotées.

4. Dans le cadre d'un LBO, le levier financier se manifeste à travers :

a. l'effet de l'endettement.
b. l'effet de la fiscalité.
c. l'effet conjoint de la fiscalité et de l'endettement.

5. L'offre publique d'échange est :

a. dilutive du bénéfice.
b. dilutive du contrôle.
c. dilutive du bénéfice et du pouvoir.

6. Le mode de financement d'une offre publique d'achat affecte :

a. son endettement et sa solvabilité.
b. le degré de dilution de son bénéfice.
c. ses fonds propres.

7. Dans une holding à un seul étage et avec 50 % de dettes, le levier est de :

a. trois.
b. quatre.
c. deux.

8. Un LMBO (*leverage management buy-out*) est une reprise d'entreprise par :

a. les cadres dirigeants internes.
b. les salariés de la société cible.
c. les cadres dirigeants internes et externes.

9. La prime d'offre est :

a. certaine dans le cas d'une offre publique d'achat (OPA).
b. certaine dans le cas d'une offre publique d'échange (OPE).
c. certaine dans le cas d'une offre publique mixte (OPM).

Applications

EXERCICE GUIDÉ

Évaluation d'OPA-OPE et conséquences post-acquisition

La société FACET dont le capital est composé de 20 millions d'actions, est une société cotée qui opère dans le secteur des semi-conducteurs. Elle est la cible d'une offre publique lancée par la société RSET et fait donc l'objet d'une évaluation en référence à deux sociétés cotées comparables appartenant au même secteur d'activité, ATM et STM. Les chiffres clés des deux sociétés comparables en 2015 sont présentés ci-après.

Société / (en millions d'euros)	Capitalisation boursière	Nombre d'actions (en millions)	Actif net comptable	Bénéfice net	EBIT	Cash-flow
ATM	950	30	400	40	90	75
STM	710	22	350	33	70	58

Les chiffres clés de la société FACET en 2015 sont présentés ci-après.

Société / (en millions d'euros)	Actif net comptable	Bénéfice net	EBIT	Cash-flow
FACET	300	28	55	46

Ci-après les multiples moyens de deux transactions comparables à celle de l'acquisition de FACET qui ont eu lieu pendant les trois dernières années dans le même secteur :

	Price earning ratio	Price to book	Price to EBIT	Price to cash-flow
Multiple de la transaction	28	2,75	14,8	17

1. Déterminez la moyenne des sociétés comparables en termes de: Price to book, Price to EBIT, Price to cash flow et Price earning.

2. Calculez la valeur de FACET à partir de la moyenne simple des valeurs obtenues sur la base des multiples d'entreprises comparables, présentés plus haut. Calculer la valeur de la transaction qui porte sur la totalité du capital si la prime d'offre s'élève à 30 % de la valeur calculée plus haut.

3. Calculez la valeur de FACET à partir de la moyenne simple des valeurs obtenues sur la base des multiples de transactions comparables présentés plus haut.

4. Concluez quant au processus d'évaluation et aux résultats obtenus.

Le conseil d'administration de RSET valide le lancement de l'opération de prise de contrôle de la société FACET via une offre publique en bourse. La capitalisation boursière des deux sociétés s'établit comme suit :

– Société RSET = 50 millions d'actions à un cours de 52 euros l'action soit 2 600 millions d'euros.

– Société FACET =20 millions d'actions à un cours de 30 euros l'action soit 600 millions d'euros.

Deux modalités de paiement sont proposées par RSET pour l'acquisition de FACET :

– Une OPE sur 100 % du capital avec une parité de trois actions RSET pour quatre actions FACET.

– Une OPA sur 100 % du capital et qui propose un prix d'offre de 37,4 euros l'action FACET.

5. Calculez la prime d'offre pour les deux modalités de paiement (OPA et OPE).

6. En tenant compte de la réaction du marché à l'annonce de l'offre, quelle est l'offre la plus attractive ?

Les structures d'actionnariat de l'acquéreur et de la cible pré-acquisition, se présentent comme suit :

	Pré-acquisition				
	RSET		FACET		
Identité de l'actionnaire	**%**	**Nombre d'actions**	**Identité de l'actionnaire**	**%**	**Nombre d'actions**
Famille R	50 %	25 000 000	Famille F	60 %	12 000 000
Institutionnels	25 %	12 500 000	Investisseurs étrangers	20 %	4 000 000
Petits porteurs	25 %	12 500 000	Petits porteurs	20 %	4 000 000
Total	**100 %**	**50 000 000**	**Total**	**100 %**	**20 000 000**

7. Présentez la structure de l'actionnariat de RSET post-acquisition.

8. Expliquez les incidences de chacune des deux offres (OPA et OPE) sur la position des actionnaires des deux sociétés en termes de contrôle et de décision stratégique.

En définitive, le prix de la transaction a été fixé à 900 millions d'euros et sera entièrement financé par dette dans le cas de l'OPA. Vous disposez des informations comptables ci-après :

Bilan	Capitaux propres	1 300	300
	Dette nette	850	180
	Actif économique	2 150	480

En millions d'euros		RSET	FACET
État de résultat	Ventes	1 500	180
	EBIDTA (EBE)	200	55
	Dotations aux amortissement & provisions	45	10
	Résultat Exploitation (REX)	155	45
	Frais financiers	40	10
	Résultat courant avant IS	115	35
	Résultat net	80	28
Autres données	Taux de l'impôt	30 %	
	Taux d'intérêt	4 %	

9. **Évaluez l'impact post-acquisition des deux stratégies alternatives (OPA et OPE) sur la situation de l'acquéreur. Cette évaluation se fera selon les deux axes suivants :**

a. Relution/dilution du BPA de l'initiateur après l'acquisition.

b. Structure financière de l'initiateur après l'acquisition à travers les ratios suivants : dettes/fonds propres ; dettes/EBE ; dettes/REX ; REX/intérêts ; EBE/intérêts ; CAF/dettes.

10. **Commentez les résultats obtenus et rédiger une note pour recommander un choix entre OPA et OPE pour l'investisseur.**

CORRIGÉ COMMENTÉ

Évaluation d'OPA-OPE et conséquences post-acquisition

1. Déterminez la moyenne des sociétés comparables en termes de: Price to book, Price to EBIT, Price to cash flow et Price earning.

Les différents multiples boursiers des sociétés comparables du secteur s'établissent comme suit.

	ATM	STM	Moyenne
Price earning ratio (PER) = Capitalisation boursière/Bénéfice net	23,75	21,52	**22,63**
Price to EBIT (P/EBIT) = Capitalisation boursière/EBIT	10,56	10,14	**10,35**
Price to cash-flow (PCF) = Capitalisation boursière/Cash-flow	12,67	12,24	**12,45**
Price to book (PBR) = Capitalisation boursière/Actif net comptable	2,375	2,029	**2,20**

2. Calculez la valeur de FACET.

Nous présentons ci-après les données comptables de la société cible FACET, les multiples moyens boursiers des sociétés comparables ainsi que la valorisation de FACET.

	Bénéfice net	EBIT	Cash-flow	Actif net
FACET (en millions d'euros)	28	55	46	300
	PER	**P/EBIT**	**PCF**	**PBR**
Multiples moyens des sociétés comparables	22,63	10,35	12,45	2,20
Valeur de FACET (en millions d'euros)	633,71	569,21	572,89	660,54
Valeur moyenne de FACET (en millions d'euros)	**609,085**			
Valeur moyenne de FACET par action (en euros)	**30,45**			

ATTENTION La valeur peut être calculée à partir d'une moyenne pondérée. Selon les secteurs d'activité, certains multiples ont plus de poids que d'autres.

Calculez la valeur de la transaction.

Le prix de la transaction = Valeur moyenne de FACET + Prime d'offre

= 609, 085 x 1,3 = 791,810 millions d'euros.

Prix de transaction/action = (609 x 1,3)/20 = 39,59 €

3. Calculez la valeur de FACET.

Le calcul du prix de transaction à partir des multiples de transactions comparables s'effectue comme suit :

	Bénéfice net	EBIT	Cash-Flow	Actif net
FACET (en millions d'euros)	28	55	46	300
	PER	**P/EBIT**	**PCF**	**PBR**
Multiples moyens de transactions comparables	28	14,8	17	2,75
Valeur de FACET (en millions d'euros)	**784**	**814**	**782**	**825**
Valeur moyenne de FACET (en millions d'euros)	**801,25**			
Valeur moyenne de FACET par action (en euros)	**40,06**			

MÉTHODE

L'approche par les multiples de transactions comparables suppose que la prime d'offre à payer doit être équivalente à celles payées par der sociétés comparables lors de transactions antérieures.

Applications

4. Concluez quant au processus d'évaluation et aux résultats obtenus.

Le prix d'offre proposé par l'acquéreur, basé sur les multiples des sociétés comparables (39,59 €) avec une prime de 30 %, est très proche de celui déterminé à partir des multiples de transactions comparables (40,06 €). Ceci indique que l'acquéreur a estimé la prime d'offre en s'alignant sur celle des transactions comparables.

5. Calculez la prime d'offre pour les deux modalités de paiement (OPA et OPE).

Le calcul des primes d'OPA et d'OPE se présente comme suit :

	Nombre d'actions	Cours	Capitalisation boursière (en millions d'euros)	Prix d'offre (OPA)	Parité (OPE)
Société RSET	50 000 000	52	2 600	37,4	3 RSET pour 4 FACET
Société FACET	20 000 000	30	600		

	OPA	OPE
Prime d'offre	= (37,4-30)/30 = **24,67 %**	= [(52 x 3) - (30 x 4)]/30 x 4 = **30 %**

Prime d'OPA = 24,67 % < Prime d'OPE = 30 %

6. Quelle est l'offre la plus attractive ?

L'OPE est *a priori* l'offre la plus attractive avec une prime d'offre de 30 % contre une prime d'OPA de 24,67 %. Toutefois, l'OPA permet avec certitude d'encaisser une prime de 24,67 % contrairement à l'OPE. En effet, la prime d'OPE dépend du cours de l'action de l'acquéreur le jour de l'annonce de l'offre et de son évolution pendant la période d'offre. Cette évolution dépend de la réaction du marché à l'OPE, qui traduit ses anticipations quant au potentiel de création ou de destruction de valeur de l'opération d'acquisition.

7. Présentez la structure de l'actionnariat de RSET post-acquisition.

La structure de l'actionnariat de RSET post-acquisition s'établit comme suit :

	Pré-acquisition					Post-acquisition		
	RSET		FACET			RSET		
Identité de l'actionnaire	%	Nombre d'actions	Identité de l'actionnaire	%	Nombre d'actions	Identité de l'actionnaire	Nombre d'actions	%
Famille R	**50 %**	25 000 000	Famille F	**60 %**	12 000 000	Famille R	25 000 000	**38,46 %**
Institutionnels	**25 %**	12 500 000	Inv. étrangers	**20 %**	4 000 000	Institutionnels	12 500 000	**19,23 %**
Petits porteurs	**25 %**	12 500 000	Petits porteurs	**20 %**	4 000 000	Petits porteurs	15 500 000	**23,85 %**
						Famille F	9 000 000	**13,85 %**
						Inv. étrangers	3 000 000	**4,62 %**
Total	**100 %**	**50 000 000**		**100 %**		**Total**	**65 000 000**	**100,00 %**

8. Expliquez les incidences de chacune des deux offres (OPA et OPE) sur la position des actionnaires des deux sociétés en termes de contrôle et de décision stratégique.

Les actionnaires de la société acquéreuse sont amenés à étudier les conséquences du lancement de l'OPE dans les conditions décrites ci-dessus, sur leur position respective dans le capital et sur leur pouvoir de contrôle. Le scénario proposé montre que l'actionnariat familial (Famille R) qui détenait une position de contrôle majoritaire (50 %) voit sa participation passer à 38,46 % garantissant la minorité de blocage au sein de l'AGE. La perte de cette position majoritaire les interroge sur l'opportunité d'exécuter l'OPE dans sa forme actuelle. L'ancien actionnaire majoritaire de la société cible (Famille F) dispose d'une participation de 13,85 %, ce qui en fait un actionnaire de référence. Les investisseurs institutionnels occupent la 2e position de contrôle de RSET avec une participation dans le capital de 19,23 %. En définitive, la Famille R garde une position dominante dans le capital et continuera à contrôler les affaires de RSET et à décider de sa stratégie en raison de l'absence d'un risque de coalition des autres actionnaires de référence.

RAPPEL

Les décisions prises lors de l'assemblée générale ordinaire (AGO) sont prises à la majorité absolue (50% + une voix), étant précisé qu'une action donne, en principe, le droit à une voix. L'assemblée générale extraordinaire AGE) doit, quant à elle, statuer à la majorité des deux tiers des voix. Enfin, et dans le cadre de l'AGE, détenir plus du tiers des voix, permet de bloquer toutes les décisions (minorité de blocage).

9. Impact post-acquisition des deux stratégies alternatives (OPA/OPE) sur la situation financière de l'acquéreur :

RSET		Pré-acquisition RSET		Post-acquisition	
		FACET	OPE	OPA	
	Nombre d'actions	50 000 000	20 000 000	65 000 000	50 000 000
	Cours	52	30		
	Capitalisation boursière	2 600 000 000	600 000 000		
	BPA	**1,60**	**1,40**	**1,66**	**1,74**
	PER	**32,50**	**21,43**		
Taux de dilution/relution				**3,85 %**	**8,50 %**
	Relative size (actif économique)			**4,48**	
	Transaction deal		**900**		
Structure financière	Dettes/FP	**65,38 %**	**60,00 %**	**46,82 %**	**148,46 %**
Couverture de la dette	Dettes/EBE	**4,25**	**2,77**	**3,89**	**7,28**
	Dettes/REX	**5,48**	**3,27**	**4,90**	**9,19**
Couverture des intérêts	EBE/intérêts	**5,00**	**6,50**	**5,30**	**3,08**
	REX/intérêts	**3,88**	**5,50**	**4,20**	**2,44**
Capacité de remboursement (CAF/dettes)		**14,71 %**	**21,11 %**	**15,83 %**	**7,35 %**

10. Analyse des résultats et recommandations

– Relution/dilution du BPA de l'initiateur après l'acquisition

Les deux offres sont relutives avec un taux de relution nettement plus important pour l'OPA (8,5 %) que pour l'OPE (3,85 %). L'OPE est relutive malgré la dilution de l'actionnariat suite à l'augmentation du capital. La raison se trouve dans la contribution de la cible en termes de résultat net.

– Structure financière de l'initiateur après l'acquisition

Le financement de l'OPA étant à 100 % par dette, l'impact sur la structure financière est très significatif. En effet, le ratio dettes/fonds propres a plus que doublé, passant de 65,38 % avant l'acquisition à 148,46 %, ce qui a tendance à accentuer le risque financier de RSET. Les ratios dettes/EBE et dettes/REX se sont fortement dégradés, passant de 4,25 à 7,28 pour le premier et de 5,48 à 9,19 pour le second. La couverture de la dette par l'EBE et le REX devient plus difficile. Dans le même ordre d'idée, les ratios EBE/intérêts et REX/intérêts ont fortement baissé, passant de 5 à 3,08 pour le premier et de 3,88 à 2,44 pour le second. Il s'agit d'une vraie détérioration de la capacité de l'entreprise à couvrir le service d'une dette qui a atteint des proportions très élevées. Enfin, la capacité de remboursement a été divisée par 2, passant de 14,71 % à 7,35 %. Là aussi l'endettement dû au financement de l'OPA va réduire les marges de manœuvre de l'entreprise en termes de distribution de dividendes et d'autofinancement.

Recommandation

En définitive, l'OPE semble plus intéressante dans la mesure où elle ne dilue pas le bénéfice, bien au contraire, puisqu'on observe une légère relution. De plus, la structure financière s'est même améliorée par rapport à ce qu'elle était avant l'offre, dès l'instant où l'augmentation du capital améliore le ratio dettes/fonds propres qui passe de 65,38 % à 46,82 %. L'OPE améliore en fait tous les autres ratios liés à la couverture de la dette, à la couverture des intérêts et enfin à la capacité de remboursement. D'un autre côté, plus de fonds propres, c'est aussi une capacité d'endettement plus importante, ce qui incite l'entreprise à saisir des opportunités futures à financer.

EXERCICES

1. Le retour des OPA réveille la Bourse ⌛ 40 minutes ★

Le retour des opérations de fusion-acquisition en Bourse est interprété comme un signal positif par les professionnels, qui y voient un possible catalyseur de la hausse des marchés. Au cours du seul mois de juillet 2013, six opérations ont secoué le marché parisien. Publicis a annoncé son mariage avec l'américain Omnicom ; Schneider a acquis son concurrent britannique Invensys ; Essilor s'est emparé du fabricant américain de verres ophtalmiques Transitions Optical ; l'opérateur satellitaire Eutelsat a signé un (gros) chèque pour avaler son homologue mexicain Satmex et Medica a acquis Senior living group (SLG), un spécialiste belge des maisons de retraite. Selon Thomson Reuters, le volume de transactions impliquant une entreprise française a atteint 40 milliards d'euros en juillet 2013, soit cinq fois plus qu'en juillet 2012. Pour autant, le nombre d'opérations reste nettement inférieur à ce qu'il était avant la crise. Toujours en juillet, seulement 133 ont été recensées, contre 258 en juillet 2012 et 310 en juillet 2007, une année record. Donc malgré l'agitation estivale, le bilan 2013 sera médiocre pour l'industrie des fusions et acquisitions.

Le phénomène est mondial : le montant des « fusacs » ne représente plus que 2 à 3 % de la capitalisation boursière mondiale, contre 12 % en moyenne entre 2000 et 2007. « Les opérations de LBO [leveraged buy-out ou rachat d'une entreprise par endettement] sont devenues rares car les banques rechignent à accepter ces montages, qu'elles jugent trop risqués », explique Hervé Mangin, gérant du fonds Axa Europe-opportunités chez Axa IM. Comment alors expliquer cette soudaine multiplication des OPA ? « Les sociétés sont désendettées, les coûts de financement restent bas et l'amélioration des perspectives économiques donne aux dirigeants une meilleure visibilité sur leur activité. Ils peuvent donc passer à l'action », répond Philippe Lecoq, qui gère EDR Europe Synergy, un fonds spécialisé dans les « opérations spéciales » (OPA, scissions, restructurations…) chez Edmond de Rothschild AM. « Lorsque la croissance est molle, comme c'est le cas en Europe, acquérir un concurrent peut être la meilleure façon de doper ses résultats », fait remarquer M. Mangin. Un avis partagé par Éric Bleines, gérant chez CCR Actions : « Le fait que les chefs d'entreprises cotées en Bourse préfèrent utiliser leur trésorerie pour s'emparer d'un concurrent plutôt que de le conserver pour faire face aux coups durs est un signal très positif pour le marché. »

Le phénomène devrait perdurer, d'autant que les valorisations des entreprises européennes sont raisonnables : elles capitalisent moins de 13 fois leurs profits escomptés pour 2013, contre 16 fois pour leurs concurrentes américaines. Ce qui donne aux prédateurs la possibilité de faire aux actionnaires de leurs cibles des offres convaincantes. En moyenne, les primes offertes lors des récentes opérations oscillaient entre 20 % et 30 % par rapport au cours de Bourse de la société achetée. « Les opérations vont se multiplier, mais leur taille sera limitée, inférieure à 5 milliards d'euros, précise Philippe Lecoq. Je ne pense pas qu'on reverra beaucoup de méga-fusions car les réglementations anti-trust les rendent difficiles, et l'expérience montre que ces mariages, souvent motivés par l'ego des dirigeants, ne réussissent pas toujours. » Quels seront les secteurs concernés ? Hervé Mangin pense que c'est dans les médias, la technologie et les télécoms que les opérations seront les plus nombreuses. « L'arrivée de la 4G pousse les acteurs à bouger, dit-il. Je verrais bien Vodafone se faire racheter. » Éric Bleines conseille de surveiller en priorité le secteur pétrolier (et parapétrolier), la chimie et la technologie. Philippe Lecoq s'intéresse surtout à la pharmacie et à la chimie.

J. Porier, *Le Monde*, 21 août 2013.

1. L'auteur justifie les opérations de F&A en disant que : « Les sociétés sont désendettées, les coûts de financement restent bas et l'amélioration des perspectives économiques donne aux dirigeants une meilleure visibilité sur leur activité. Ils peuvent donc passer à l'action ». Expliquez cette conception.

2. L'auteur justifie aussi les opérations de F&A par une valorisation raisonnable des cibles sur le marché. Expliquez ce point de vue en explicitant le lien entre les multiples de bénéfice et le niveau des primes offertes.

3. L'auteur évoque l'argument que les méga-fusions sont souvent motivées par *l'ego des dirigeants et qu'elles ne réussissent pas toujours. Développez cette réflexion.*

2. Montage de LBO et plan de financement ⌛ 2 heures ★★

Un fonds d'investissement veut mettre en place un montage financier par LBO (leveraged buy-out) pour la reprise de la société REPOL qui appartient au groupe TBH. Ci-après les multiples de trois entreprises du même secteur, comparables à la société cible REPOL.

Année 2016	Actif net comptable	Bénéfice net	EBIT	Cash-flow
XANET	0,84	7,72	4,7	3,1
ATM	0,95	8,01	4,96	3,21
CTN	1,03	8,32	5,47	3,59

Les chiffres clés de la société REPOL en 2016 sont présentés ci-après.

(Milliers d'euros)	Actif net comptable	Bénéfice net	EBIT	Cash-flow
REPOL	105 000	13 300	20 900	34 100

1. Calculez la valeur de REPOL à partir de la moyenne des multiples des entreprises comparables présentés plus haut.

En définitive, la valeur de la transaction a été fixée à 105 millions d'euros. Le capital de la holding s'élève à 42 millions d'euros (40 % valeur de la transaction) qui sera souscrit à hauteur de 36,54 millions d'euros par le fonds d'investissement et 5,46 millions d'euros par l'équipe de dirigeants en place. La société holding va solliciter une dette globale qui représente 60 % de la valeur de la transaction et qui se compose de :

– 60 % de dette bancaire ou dette sénior avec une maturité de 5 ans, un taux d'intérêt de 4,25 % remboursable par annuités constantes.

– 40 % de dette mezzanine en forme d'obligations remboursables en actions souscrites par le même fonds d'investissement, au taux de 6 % sur 5 ans.

Avec les dettes contractées à hauteur de 63 millions d'euros et son capital social de 42 millions d'euros, la holding peut prendre le contrôle de la totalité du capital de la société cible pour 105 millions d'euros.

2. Schématisez l'ensemble du montage de l'opération de LMBO et expliquer l'intérêt de chacune des parties impliquées dans le montage.

3. Explicitez le double effet de levier juridique et de levier financier.

Ci-après, les données prévisionnelles relatives au compte de résultat et à l'actif économique de REPOL sur la période de 2017 à 2021 (Taux IS = 331/3 %).

Milliers d'euros	2017	2018	2019	2020	2021
Compte de résultat prévisionnel					
Produits d'exploitation	135 000	145 800	157 464	170 061	183 666
Charges d'exploitation avant DAP	91 800	99 144	107 076	115 642	124 893
Excédent brut d'exploitation (EBITDA)	**43 200**	**46 656**	**50 388**	**54 420**	**58 773**
DAP	18 000	18 000	18 500	18 500	19 000
Résultat d'exploitation (EBIT)	**25 200**	**28 656**	**31 888**	**35 920**	**39 773**
Actif économique prévisionnel					
Milliers d'euros	2017	2018	2019	2020	2021
Immobilisations nettes	75 300	58 000	47 000	39 000	32 000
Besoin en fonds de roulement	15 % du chiffre d'affaires				

4. Déterminez la rentabilité économique prévisionnelle de la cible sur la période 2017-2021.

5. Établissez un plan de financement de la holding sur la période 2017-2021 et concluez quant à son équilibre et à sa pertinence pour les différentes parties impliquées (Fonds d'investissement, équipe dirigeante, banque).

6. Quelles sont les incidences du remboursement des ORA en actions à l'échéance ? Quels sont les avantages et les limites du financement par des ORA dans le cadre d'un LBO ?

La trésorerie

Chapitre 16

Thème 5. La trésorerie

Thèmes	Sens et portée de l'étude	Notions et contenus
5. La trésorerie	La dimension internationale des entreprises, tant dans leur structure (multinationale) que dans leurs activités (import-export), les expose à des risques supplémentaires. Plusieurs techniques permettent de diminuer leur exposition globale au risque en optimisant l'organisation de leur trésorerie. Le risque résiduel ne pouvant être supprimé, il peut être couvert sur les marchés organisés ou de gré à gré.	Gestion des flux de trésorerie au sein d'un groupe (y compris les aspects spécifiques à un groupe international) Couverture des risques de change et de taux : contrats standardisés sur les marchés organisés, contrats de gré à gré

Dans un groupe international, la fonction de gestion de trésorerie s'est complètement modernisée. La gestion de la trésorerie de plusieurs filiales autonomes dans le monde, avec le progrès technologique des dernières années et le développement des produits dérivés, rend la fonction beaucoup plus riche et complexe. La fonction exige une maîtrise des frais financiers du groupe avec une amélioration de la rentabilité de l'entreprise et un parfait contrôle des risques financiers. Pour y arriver, il faut mettre en place un budget de trésorerie global basé sur des prévisions fiables.

Le trésorier du groupe a pour rôle de **centraliser toutes les opérations** en passant par les moyens de paiement, la gestion des taux d'intérêt et des devises. Il peut réaliser des économies d'échelle importantes, qui lui accordent une marge de négociation capitale afin d'obtenir de meilleures conditions de financement et une réduction des coûts. Le trésorier doit avoir une vision globale des besoins du groupe pour mettre en place la stratégie de couverture la plus adaptée aux besoins de recouvrement internes et externes.

Avec la mondialisation de l'économie, les risques financiers se sont multipliés et la fonction du trésorier est devenue essentielle. Il doit être capable d'éviter une baisse du chiffre d'affaires et surtout des bénéfices du groupe, due à la volatilité des taux de change ou des taux d'intérêt. Le développement des produits dérivés sur les marchés financiers offre une large gamme de contrats à terme pour se couvrir contre ces risques. Le premier objectif du trésorier est d'équilibrer les comptes du groupe en consolidant l'ensemble des opérations réalisées par les filiales. Certaines filiales peuvent avoir des besoins complémentaires ; par exemple, une entité au Brésil peut avoir besoin d'euros contre des dollars, alors qu'une deuxième filiale en Italie peut avoir besoin de dollars contre des euros pour le même montant et sur la même période. Au lieu de les laisser négocier avec leur banque respective et payer des frais bancaires, il est préférable de concilier les deux opérations. Dans le même cadre, on peut avoir une entité qui a un besoin de financement sur six mois, alors qu'une autre entité dans un autre pays cherche à placer son argent sur le même laps de temps ; le groupe a alors tout intérêt à faire en sorte que la deuxième entité prête de l'argent à la première. Il faut que l'opération se fasse aux conditions de marché pour ne pas nuire aux intérêts minoritaires et favoriser une filiale par rapport à une autre.

Le rôle de trésorier de groupe a beaucoup évolué. Aujourd'hui, il n'essaye pas de répondre à des problématiques traditionnelles, comme trouver le meilleur financement à un projet ou réduire les frais financiers. Il doit être capable de mettre en place le **meilleur outil d'analyse et de**

prévision au sein du groupe, afin d'identifier suffisamment tôt les **besoins de chaque filiale et trouver le meilleur compromis** malgré les contraintes de chaque entité. Seul l'objectif n'a pas changé, qui consiste à assurer la liquidité de l'entreprise sans surcharger le budget pour minimiser les charges financières et éviter qu'il ait une incidence négative sur le résultat net du groupe. La **centralisation de la trésorerie** présente plusieurs avantages, comme la simplification des conditions de négociation avec les banques. Elle permet également de baisser les frais financiers grâce à un solde consolidé et dispense le paiement de plusieurs frais liés à la multiplicité des comptes des filiales. On parle dans ce cas de position nette. Il restera toujours le risque de taux et le risque de change qu'il faut estimer et couvrir, mais là aussi la gestion d'une trésorerie de groupe rend la couverture des risques plus facile.

1. Le risque de taux d'intérêt

Le risque de taux d'intérêt apparaît quand l'entreprise doit emprunter ou faire un placement sans connaître à l'avance l'évolution des taux d'intérêt. En cas de hausse des taux d'intérêt, les emprunts coûteront plus cher à l'entreprise, mais les placements seront plus avantageux ; à l'inverse, si les taux d'intérêt baissent, l'emprunt sera moins coûteux et le placement sera moins intéressant. Il existe plusieurs moyens pour se couvrir contre ces risques. Le taux d'intérêt peut également avoir un **impact sur l'actif et le passif de l'entreprise**. Avant chaque décision d'investissement, l'entreprise doit trouver un mode de financement adapté et certains projets peuvent être annulés à cause du coût élevé ou de l'absence de solution de financement.

En parlant de risque de taux, l'entreprise doit gérer deux types de risque : le risque de **taux d'intérêt à court terme** et le risque de **taux d'intérêt à long terme**.

2. La gestion du risque de taux

2.1 Le *forward agreement* (FRA)

Une entreprise qui souhaite emprunter ou prêter de l'argent à une date future, mais qui souhaite éviter l'évolution des taux peut souscrire à un **contrat FRA**.

DÉFINITION

Le contrat FRA est un engagement entre le signataire et généralement une banque, qui permet de fixer dès à présent le taux d'intérêt. Il faut bien sûr se mettre d'accord sur le montant de la transaction, la date de début et la date de fin de la transaction, ainsi que le taux de référence.

Le contrat FRA présente l'avantage de ne pas porter sur le capital ; c'est **une garantie** de la part du banquier de payer le différentiel de taux si le taux de référence est supérieur au taux convenu dans le contrat. Dans le cas où le taux de référence est inférieur, c'est à l'entreprise de payer le différentiel entre les deux taux. On peut donc soit acheter un FRA pour fixer le taux d'emprunt à une date future, soit vendre un FRA pour fixer les conditions de prêt. Le fait qu'il n'y a pas d'échange de capital dans le contrat FRA donne plus de flexibilité à l'entreprise, qui peut signer un contrat d'emprunt avec sa banque et, pour se couvrir contre une hausse des taux, signer quelques mois avant un contrat FRA avec une autre banque.

2.2 Les swaps de taux

Les produits dérivés cités sont souvent utilisés pour des périodes de court terme et ne sont pas adaptés pour couvrir des opérations de plus long terme. Les **swaps de taux** sont, quant à eux, plutôt utilisés pour des **périodes assez longues** et des montants importants.

DÉFINITION

Un swap de taux d'intérêt est un **contrat d'échange** entre deux parties qui permet, sur une période déterminée, d'échanger deux échéanciers de flux représentant respectivement un endettement et un placement, à taux fixe ou variable, dans une même devise.

Le swap est un contrat par lequel deux parties conviennent d'échanger des **flux futurs de trésorerie**. Ces flux sont des flux d'intérêt et, dans certains cas, ils sont suivis à la fin du contrat par des flux de principal. Ce contrat est conclu entre deux parties appelées **contreparties**. Par la signature du contrat, les deux contreparties s'engagent à s'échanger des flux sur une période donnée (la période peut dépasser les 15 ans).

EXEMPLE

Soit un swap standard portant sur un contrat de capital de base de 100 millions d'euros et un taux fixe de 4 %, contre un taux variable qui sera calculé sur la base du LIBOR 6 mois avec une date de début : 15/06/N pour une durée de cinq ans.
La société A a conclu avec une banque un swap dans lequel, tous les ans, elle paie des intérêts en euro à un taux fixe de 4 %, soit :

$$\frac{10\ \% \times 100 \text{ millions} \times \text{Nbre de jours}}{360}$$

Elle reçoit des intérêts à taux variable, soit :

$$\frac{\text{LIBOR 6 mois} \times 100 \text{ millions} \times \text{Nbre de jours}}{360}$$

À la première date de paiement, c'est-à-dire le 15/06/N + 1, si le LIBOR 6 mois, fixé le 15/06/N, est supérieur à 4 %, la société reçoit un flux net de :

$$\frac{100 \text{ millions (LIBOR 6 mois} - 4\ \%) \times \text{Nbre de jours}}{360}$$

Si le LIBOR 6 mois, fixé le 15/06/N, est inférieur à 4 %, la société verse un flux net à la banque de :

$$\frac{100 \text{ millions } (4\ \% - \text{LIBOR 6 mois}) \times \text{Nbre de jours}}{360}$$

Notons que le prochain LIBOR 6 mois qui sera réglé le 15/06/N + 2 est fixé le 15/12/N + 1.

Les swaps de taux permettent à tout moment de passer d'une structure à l'autre (taux fixe à taux variable) et donc de modifier son exposition au risque de taux. L'entreprise peut utiliser les swaps de taux dans le but d'immuniser son bilan au risque de taux. Les swaps lui permettent dans ce cas d'adosser ses actifs à taux fixe à des ressources à taux fixe et ses actifs à taux variable à des ressources à taux variable.

3. Le risque de change

Le risque que la valeur d'un actif ou que les flux futurs de trésorerie d'un instrument financier fluctuent compte tenu des variations de cours des devises dépend de **la position de change**. L'entreprise peut avoir une position longue, c'est-à-dire avoir des devises étrangères qu'elle devra convertir dans sa monnaie, ou avoir une position courte, c'est-à-dire avoir des besoins en devises étrangères. Cette position s'obtient après avoir fait le solde entre les avoirs et les engagements libellés en monnaies étrangères. Quand on parle de devise, il faut **fixer la monnaie de référence** qui est la devise du pays dans lequel se trouve le siège de la société mère (groupe) ou la devise de la cotation boursière du groupe.

EXEMPLE

Une entreprise française qui travaille beaucoup avec des clients américains aura des flux en dollar et peut se trouver dans l'une des situations suivantes :

	Hausse du taux de change	Baisse du taux de change
Exemple : 1,1 $ = 1 €	1,05 $ = 1 €	1,15 $ = 1 €
Position longue en dollar	Gain	Perte
Position courte en dollar	Perte	Gain

Le risque de change peut être dû à des **transactions décalées dans le temps**. Quand un exportateur attend un paiement d'un client qui aura lieu dans le futur, alors que le paiement se fera en devise et que le prix est fixé aujourd'hui, l'entreprise se trouve dans ce cas exposée au risque de change.

EXEMPLE

Une entreprise française a accepté de vendre de la marchandise à un client chinois qui souhaite payer en dollar dans six mois. Le montant de l'opération est de 5 millions de dollars qu'il faudra convertir en euro. Le trésorier devra évaluer le risque en analysant les prévisions des marchés et le coût de la couverture. Il existe plusieurs scénarios possibles. En supposant que le cours de change d'aujourd'hui est de 1,12 $ = 1 € :

Scénario	Taux de change à l'instant t = 0	Taux de change dans six mois	Position de l'entreprise française
Pas de changement de taux	1,12 $ = 1 €	1,12 $ = 1 €	Ni gain, ni perte
Hausse des taux	1,12 $ = 1 €	1,14 $ = 1 €	Perte
Baisse des taux	1,12 $ = 1 €	1,10 $ = 1 €	Gain

Lors de la signature du contrat, le montant de l'opération en euro selon le cours de change au comptant est de : 5 000 000 $ / 1,12 = 4 464 285 €
Dans le deuxième scénario, l'entreprise ne pourra récupérer que :
5 000 000 $ / 1,10 = 4 385 965 €
Soit une perte de : 4 464 285 € – 4 385 965 € = 78 320 €

4. Gestion du risque de change

4.1 Pas de couverture

Le trésorier d'une entreprise doit évaluer le risque que doit supporter l'entreprise à cause des engagements futurs sur le marché des changes. Ensuite, il doit trouver la couverture optimale et en estimer le coût. Dans certains cas, en se basant sur les estimations du marché sur l'évolution future des taux de change, le trésorier peut décider de ne pas se couvrir, car il estime que le coût de la couverture est supérieur au risque pris par l'entreprise.

EXEMPLE

Si le montant net à couvrir est très faible et si les prévisions sur les marchés à terme parient sur une évolution positive des taux de change en faveur de l'entreprise, le trésorier trouvera opportun de ne pas se protéger. Pourtant, il existe des contrats à terme gratuits à la signature, comme le forward, mais en cas de gain, il faudra reverser les gains à la contrepartie, ou un contrat *future* qui nécessitera un temps de gestion important compte tenu des appels d'offres, qui représentent un coût caché qui peut parfois dépasser la contribution du contrat de couverture. L'inconvénient majeur de cette décision est le risque de dérèglement des marchés et d'inexactitude des prévisions, qui mettrait l'entreprise en situation défavorable.

4.2 La couverture interne

a. Monnaie nationale

Pour faciliter la gestion de la trésorerie de l'entreprise, il peut être décidé que l'ensemble de ses opérations seront libellées dans la monnaie nationale du groupe. Généralement, c'est la devise du siège de l'entreprise qui sera adoptée. Dans ce cas, l'entreprise n'acceptera que des flux dans sa devise ; par exemple, une entreprise française n'acceptera que des opérations en euro, alors qu'une entreprise américaine n'acceptera que des dollars. Dans ce cas, l'entreprise transfère le risque de change vers ses partenaires (clients, fournisseurs, etc.), mais dans un monde fortement concurrentiel, cette solution ne pourra pas perdurer au risque de perdre la majorité de ses clients.

b. Le *netting*

Dans un grand groupe doté de plusieurs filiales dans le monde ayant chacune sa propre trésorerie et des opérations en devise, l'entreprise mettra en place un centre de compensation pour regrouper toutes les positions longues ou courtes en devise sur une même devise et estimer la position nette du groupe. L'objectif est de réduire le nombre de positions sur une même devise et de simplifier la couverture qui se fera au niveau du groupe et non au niveau de chaque filiale. Cette décision aura pour impact de **simplifier la trésorerie du groupe et de réduire les frais de gestion afin d'améliorer l'efficacité des opérations de couverture**. La gestion se fera à partir du siège qui aura une meilleure vision des besoins du groupe et du marché ; il pourra ainsi entamer des négociations plus faciles grâce à l'économie d'échelle et décider du choix optimal de la structure de couverture. Mais de nos jours, le développement technologique pousse les entreprises vers le *cash pooling*.

c. Le *cash pooling*

À la différence du *netting*, qui permet d'avoir une position nette des différentes opérations réalisées par les différentes filiales du groupe, le *cash pooling* est un système qui permet de **centraliser** et de **faire remonter tous les soldes des filiales vers un seul compte géré par le trésorier du groupe**. Il permet également de **collecter** et de **diffuser** de l'information en interne, et de gérer l'ensemble des flux au sein d'un groupe. Il aura une vision globale sur l'ensemble des opérations du groupe. Il pourra accéder à tous les contrats des marchés financiers, dont certains exigent un montant minimal pour y passer des contrats. Le trésorier du groupe pourra donc négocier avec un seul interlocuteur et n'aura pas de limite de taille. Il devra avoir une bonne communication avec les trésoriers des différentes filiales, car il doit être capable de recenser l'ensemble des engagements et des besoins futurs pour mettre en place une politique de gestion du risque de change efficace.

d. La Coface

La Coface est une **compagnie d'assurance** qui propose à ses clients des contrats d'assurance pour se couvrir contre le risque de change, mais à la différence d'un contrat d'assurance classique, où le client doit payer une prime et en contrepartie recevoir une indemnisation **en cas de perte**, la Coface **rembourse la perte de change à l'entreprise**, mais si **l'évolution des cours de change est favorable, c'est l'entreprise qui devra verser les gains à la Coface**. C'est un manque à gagner pour l'entreprise. Seules les entreprises qui ne veulent pas gérer les contrats de couverture directement sur les marchés de change font appel à la Coface ; même cette dernière propose certains contrats avec une prime plus élevée qui permet aux clients de récupérer une partie des gains potentiels.

4.3 La couverture externe

a. Le swap de change et le swap de devise

Les contrats étant signés dans un marché de gré à gré, le client doit contacter sa banque pour lui préciser ses besoins. Cette dernière lui trouve une contrepartie qui accepte de se mettre en face et de faire un contrat qui répond à ses contraintes.

L'avantage du marché de swaps est la **flexibilité des contrats**. En effet, les contrats sont adaptés aux besoins des clients, qui peuvent négocier les différents éléments du contrat :

– Le montant à échanger.

– Les dates d'échange.

– Le cours des devises aux différentes échéances.

– Pour le swap de devises, il faut fixer les échéances des taux d'intérêt à taux fixe, et les périodes de paiement sont généralement semestrielles.

L'inconvénient est qu'il porte sur des montants très importants. Si vous cherchez à vous couvrir pour 1 million de dollars ou moins, il ne faut pas aller sur les marchés de swaps pour couvrir votre position.

Le swap permet de créer un engagement de gré à gré entre deux contractants pour échanger des taux d'intérêt (fixe contre variable) ou des devises.

Les swaps de change et de devises permettent par exemple à la partie A d'échanger des dollars contre des euros avec la partie B. L'objectif est de se prémunir contre une évolution défavorable des taux de change.

La principale différence entre le swap de change et le swap de devises est que le premier permet d'échanger des devises au début du contrat et de les rendre à la fin du contrat. Le swap de devises permet, quant à lui, d'échanger des devises au début du contrat et à la fin, mais il faut également payer les taux d'intérêt pendant toute la durée du contrat de swap.

Le swap de change est un **instrument de couverture du risque de change**, alors que le swap de devises est un instrument qui permet d'échanger les conditions de financement.

Swap de change (swap cambiste)

Le swap de change est un instrument financier qui permet à deux parties d'échanger des devises à l'instant t = 0 au cours de change au comptant et d'échanger le même montant à l'échéance du contrat (trois mois, six mois, un an...).

Le swap de change est composé de deux opérations. Deux entreprises de deux pays différents qui cherchent à se couvrir contre l'évolution du cours de change vont emprunter de l'argent chacune dans leur pays à des conditions favorables et échanger leurs devises à l'instant t = 0 ; à terme, elles échangeront le même montant à un cours convenu d'avance sur la base du cours de change à terme.

L'avantage du swap est qu'il n'est pas inscrit dans le bilan (c'est du hors bilan ; on retrouve ses engagements dans l'annexe). Mais généralement, on enregistre le risque de perte du contrat qui tourne autour de 10 % en cas de défaut de contrepartie.

L'inconvénient majeur est le risque de défaut. C'est un contrat de gré à gré, signé entre deux parties. Même si, pour signer un contrat de swap, l'entreprise passe par une banque qui lui trouvera une contrepartie réputée et qui, avant de les mettre en contact, vérifiera la solvabilité des parties, le risque de faillite reste toujours imprévisible, surtout sur des contrats de plus de cinq ans.

Swap de devises

Les swaps de devises sont plus complexes que les swaps de change. Ils permettent de mixer un swap de devises en échangeant les montants dans deux monnaies et un swap de taux qui permet d'échanger un taux fixe contre un taux variable pendant la durée de vie du contrat. Chaque contrepartie va emprunter dans sa monnaie locale à des taux fixe ou variable. Elles vont échanger les devises au début du contrat et chaque année ou semestre, elles vont payer les taux d'intérêt dus de l'autre partie.

EXEMPLE

L'entreprise A va emprunter 1 million d'euros à sa banque au taux de 4 % et l'entreprise B va emprunter 1,1 million de dollars à sa banque au taux de 3,5 %. Ensuite, pendant la durée du contrat, l'entreprise A va payer les intérêts en dollar à B et *vice versa*. À la fin du contrat, elles vont s'échanger les devises dans le sens inverse.

Le swap de devises, tout comme le swap d'intérêt, permet à deux parties d'emprunter aux meilleures conditions, mais en devises. La principale différence par rapport au swap de taux est l'échange du principal au début et à la fin du contrat.

La différence par rapport au swap de change concerne les intérêts payés pendant la durée de vie du contrat. Généralement, le swap de devises porte sur des périodes plus longues que le swap de change.

On peut résumer les différences entre swap de change et swap de devises dans le tableau suivant :

Swap de change	Swap de devises
Porte sur des périodes courtes	Porte sur des périodes longues
Échange du principal uniquement	Échange du principal et des intérêts
Remboursement à un cours prévu d'avance	Remboursement au cours au comptant à l'échéance du contrat

b. Les contrats à terme

Les marchés des devises de gré à gré (forward, swap) sont beaucoup plus importants que les marchés organisés (*future*).

Les contrats *futures* sur devises

Un contrat *future* permet à son détenteur d'acheter ou de vendre une devise à terme à des conditions préétablies aujourd'hui, ce qui permet de le protéger contre la volatilité des marchés.

Les contrats *futures* sont standardisés et cotés sur un marché organisé. La chambre de compensation, qui joue le rôle de contrepartie, a pour but de garantir toutes les opérations contre le risque de défaut. Sur le marché des *futures*, il y a des **appels de marge** en cas de perte chaque jour, qui permettent de provisionner la perte dans la chambre de compensation en cas de défaillance d'un opérateur. Pour souscrire à un nouveau contrat, chaque opérateur doit verser un dépôt de garantie et à chaque fois que son contrat perd de la valeur, il devra réapprovisionner son compte pour atteindre le montant du dépôt initial. Dans certains contrats, le régulateur de marché met une marge initiale qui est un seuil en dessous de la marge initiale ; les opérateurs ne remettent de l'argent que si le niveau du dépôt est en dessous de la marge initiale. Toutes les opérations sont estimées chaque jour à la clôture, au prix du marché, pour évaluer le gain ou la perte de chaque position.

Quand on achète un *future*, on dit qu'on a une **position longue** et quand on vend un *future*, on a une **position courte**.

EXEMPLE

Une entreprise française qui va acheter des matières premières dans trois mois en provenance du Brésil doit payer la marchandise en dollar américain. Le montant de l'opération s'élève à 10 millions de dollars. Le cours au comptant est de 1 € / 1,15 $, ce qui veut dire que le coût de l'opération est de :

10 000 000 / 1,15 = 8 695 652 €

Le trésorier n'a pas l'argent aujourd'hui, mais il s'engage à payer les 10 millions de dollars. Il sait qu'il aura suffisamment d'argent pour payer cette facture dans trois mois. La fluctuation des cours de change peut néanmoins soit être favorable, c'est-à-dire payer moins d'euros que les 8 695 652 euros, soit être défavorable en payant plus que les 8 695 652 euros. Pour éviter le risque de change, il va opter pour des contrats *futures* (position longue), qui lui permettront de fixer le prix à payer aujourd'hui. Sur le marché des *futures*, le cours à trois mois de l'euro / dollar est de 1 € / 1,16 $. Le marché spécule sur une légère baisse du dollar.

Sur le marché des devises, on retrouve trois types d'intervenants :

– Ceux qui **cherchent à se couvrir** contre le risque de fluctuation des devises et qui doivent soit payer, soit recevoir des devises dans le futur.

– Ceux qui n'ont **aucun engagement dans le futur**, mais qui font des prévisions sur les devises et souhaitent spéculer.

– Enfin, ceux qui **interviennent sur le marché** pour faire de l'arbitrage, c'est-à-dire quand ils trouvent des écarts entre marché au comptant et marché à terme, ils vont acheter sur le moins cher et vendre sur le plus cher rapidement avant que ces deux marchés s'ajustent et que les opportunités d'arbitrage disparaissent.

Les contrats forward

Le contrat forward est comme le contrat *future* : il permet de se protéger contre les fluctuations d'une devise en fixant le prix aujourd'hui. La seule différence réside dans les marchés. Le contrat forward est échangé dans les marchés de gré à gré, tout comme les swaps, alors que le *future* cote sur des marchés organisés. Le marché de gré à gré donne plus de flexibilité dans le choix des contrats et représente des volumes plus importants. Il n'existe pas de dépôt de garantie, ni de chambre de compensation, ce qui facilite l'opération, car il n'exige pas de trésorerie durant la durée du contrat pour payer les appels de marge comme sur les contrats *futures*. Mais l'inconvénient est le risque de défaut. La partie qui fait face peut faire défaut avant la liquidation du contrat ; vous devez alors assumer seul le risque. De même, dans le contrat *future*, vous pouvez à tout moment clôturer votre position en vendant un contrat équivalent à votre contrat. Vous serez, dans ce cas, acheteur et vendeur du même contrat et vous n'aurez plus aucun engagement envers la chambre de compensation. À l'inverse, dans un contrat forward, vous devez aller jusqu'à la clôture, à moins d'un accord avec la partie en face.

Le tableau suivant résume les différences entre contrats *futures* et forward :

Contrat standardisé (même contrat pour tous les intervenants)	Contrat non standardisé (possibilité de se mettre d'accord sur les différentes options)
Contrat émis par la chambre de compensation	Contrat négocié entre deux contreparties
Contrat liquide qui permet à son détenteur de clôturer à tout moment sa position	Contrat non liquide qui oblige son détenteur à aller jusqu'à son terme

Contrat *future*	Contrat forward
Appel de marge en cas de perte	Aucun appel de marge ; le gain cumulé ou la perte seront versés à l'échéance du contrat
Le risque de contrepartie est éliminé grâce à la chambre de compensation	Le risque de contrepartie existe dans tous les contrats

Les options sur devises

Dans le cadre de la gestion du risque sur change, les options sur devises offrent à leur détenteur une couverture avec davantage de flexibilité. Les options proposent plus de choix que les contrats à terme. Comme les contrats à terme, on peut acheter des options sur des marchés organisés ou des marchés organisés. Mais elles sont principalement cotées sur des marchés de gré à gré. Les options sont des dérivés qui portent sur une devise. Par rapport aux contrats à terme, elles présentent l'avantage de donner le droit, et non l'obligation, d'acheter ou de vendre la devise à terme.

L'option donne le droit à son **détenteur d'acheter** (*call*) ou **de vendre** (*put*) une devise dont la quantité, le prix (prix d'exercice) et la date sont fixés à l'avance. Cette option, contrairement au contrat à terme, a un prix (prime) que l'on doit payer tout de suite. La contrepartie qui accepte de porter le risque à votre place parie sur une évolution positive des cours et demande une rémunération.

L'acheteur de l'**option d'achat** (*call*), en payant une prime à l'instant t = 0, acquiert le droit d'exercer son option à l'échéance : il pourra ainsi acheter la devise au prix convenu ou il aura la possibilité de ne pas l'exercer. Il exercera son droit si le prix de la devise à l'échéance est supérieur au prix d'exercice fixé à la signature du contrat. L'acheteur de l'**option de vente** (*put*), en payant une prime à l'instant t = 0, acquiert le droit de vendre ses devises au prix convenu d'avance. Il exercera son droit si le prix de la devise à l'échéance est inférieur au prix d'exercice.

EXEMPLE

Une entreprise française doit payer dans trois mois une facture de marchandises en dollar provenant d'un fournisseur mexicain. Le montant de la facture est connu d'avance (2 000 000 $) et le cours au comptant est de 1,10 $/€ ; il devra donc préparer 1 818 181,8 €. En s'intéressant aux marchés de devises, le trésorier s'est rendu compte que la tendance est plutôt une hausse favorable du dollar. Pour éviter une forte hausse du cours du dollar, qui l'obligera à payer plus cher cette marchandise et perdre tous les efforts de négociation, il devra acheter des options dont le coût est de 0,05 $ pour un prix d'exercice de 1,12 $/€ (basé sur les prévisions des marchés). Généralement, le prix d'un contrat d'options est de 10 000 $. Pour couvrir le montant de son opération, il devra acheter : (2 000 000 / 1,12) / 10 000 = 178,57 contrats, qu'il arrondira à 179 contrats. Le coût de cette opération sera égal à 2 000 000 × 0,05 = 100 000 $.
À l'échéance, si le cours est strictement supérieur à 1,12 $/€, le directeur financier décidera d'exercer son option et ne paiera pas de suppléments. Dans le cas contraire, il n'exercera pas son option et achètera les devises directement sur le marché, car le cours sera dans ce cas inférieur au cours du contrat. Cette option lui permet d'éviter de faire face à un risque de marché qu'il ne maîtrise pas.
En achetant ce contrat, le directeur financier limite la perte au prix de la prime de l'option. En effet, dans le cas d'une forte hausse du prix du dollar à la fin des trois mois, liée à des résultats économiques et aux politiques des banques centrales, il pourrait perdre gros sur cette opération.

Quand on parle d'options, on peut rencontrer deux types de contrat : les **options européennes** et les **options américaines**. Ces options peuvent se trouver sur tous les marchés ; leur nom n'indique pas un lieu géographique. Les options européennes ne peuvent pas être exercées avant l'échéance (elles concernent principalement les options cotées sur des marchés de gré à gré), alors que les options américaines peuvent être exercées à tout moment entre la date d'acquisition et la date de maturité. Ainsi, si le détenteur d'une option d'achat américaine constate pendant la durée de vie de l'option que le prix du marché baisse, il pourra immédiatement exercer son option et éviter une baisse du cours d'ici à la date de fin du contrat. La principale différence entre les deux est de profiter de la volatilité du cours pendant la durée du contrat. Ce genre d'option n'est pas très utile pour un trésorier qui souhaite se protéger contre la volatilité des cours à une date précise.

Le **prix de l'option** dépend de plusieurs paramètres, comme la probabilité de l'exercer qui évolue en fonction du prix du sous-jacent. Dans le cas d'un *call* (*put*), le prix de l'option est corrélé positivement (négativement) au cours du sous-jacent ; plus ce dernier augmente (baisse), plus le cours de l'option sera élevé.

Les différences entre contrat à terme et option

Dans le **contrat à terme**, l'engagement est ferme ; vous devez même, en cas de baisse des devises, respecter les clauses du contrat et donner le gain à la contrepartie. Même si certains contrats, comme les *futures*, peuvent être dénoués avant l'échéance, avec l'appel de marge, vous aurez payé une grande partie de la différence entre le prix fixé sur le contrat et le prix au comptant au moment du dénouement. L'avantage du **contrat d'options** est la possibilité de ne pas l'exercer. On pourra prendre l'exemple de l'achat d'un *call* sur devise ; il y aura perte uniquement si la baisse du cours de la devise est inférieure au prix de la prime payé. D'ailleurs, la perte maximale ne peut être supérieure à la prime et le pire scénario n'apparaît que lorsque le cours de la devise à terme est égal au prix d'exercice. Pour gagner de l'argent sur un contrat d'options, il faut que le prix à l'échéance soit supérieur au prix d'exercice auquel s'ajoute la prime.

On peut dire en conclusion que les contrats à terme (forward et *futures*), les contrats de swap et les contrats d'options représentent d'importants leviers pour leurs utilisateurs par rapport au marché au comptant. L'acquisition de ces contrats permet de se couvrir contre d'éventuelles fluctuations des cours de devises. Pour les contrats à terme et les swaps, on peut soit gagner, soit avoir des pertes d'opportunité, alors que sur les contrats d'options, il n'y a pas de perte d'opportunité ; il peut y avoir soit un gain, soit une perte limitée au prix de l'option.

Dans le cadre d'une option, on peut être soit **acheteur d'une option d'achat**, et avoir le droit d'acheter une devise à un prix fixé d'avance qui vous permet de vous couvrir contre une hausse de la devise, soit **acheteur d'une option de vente** qui vous donne le droit de vendre une devise à un prix fixé d'avance pour se couvrir contre une baisse de la devise. C'est toujours le porteur de la devise, c'est-à-dire celui qui l'a achetée qui doit prendre la décision d'exercer l'option ou non. Normalement, une option d'achat ou une option de vente sur une même devise, qui ont les mêmes caractéristiques (prix d'exercice, échéances), doivent avoir le même prix d'achat.

En face de chaque acheteur d'une option d'achat (ou de vente), il y a un vendeur de cette option. Généralement, l'émetteur parie sur un cours très proche du prix d'exercice et son gain est limité à la prime, alors que sa perte peut être illimitée.

Schéma de synthèse

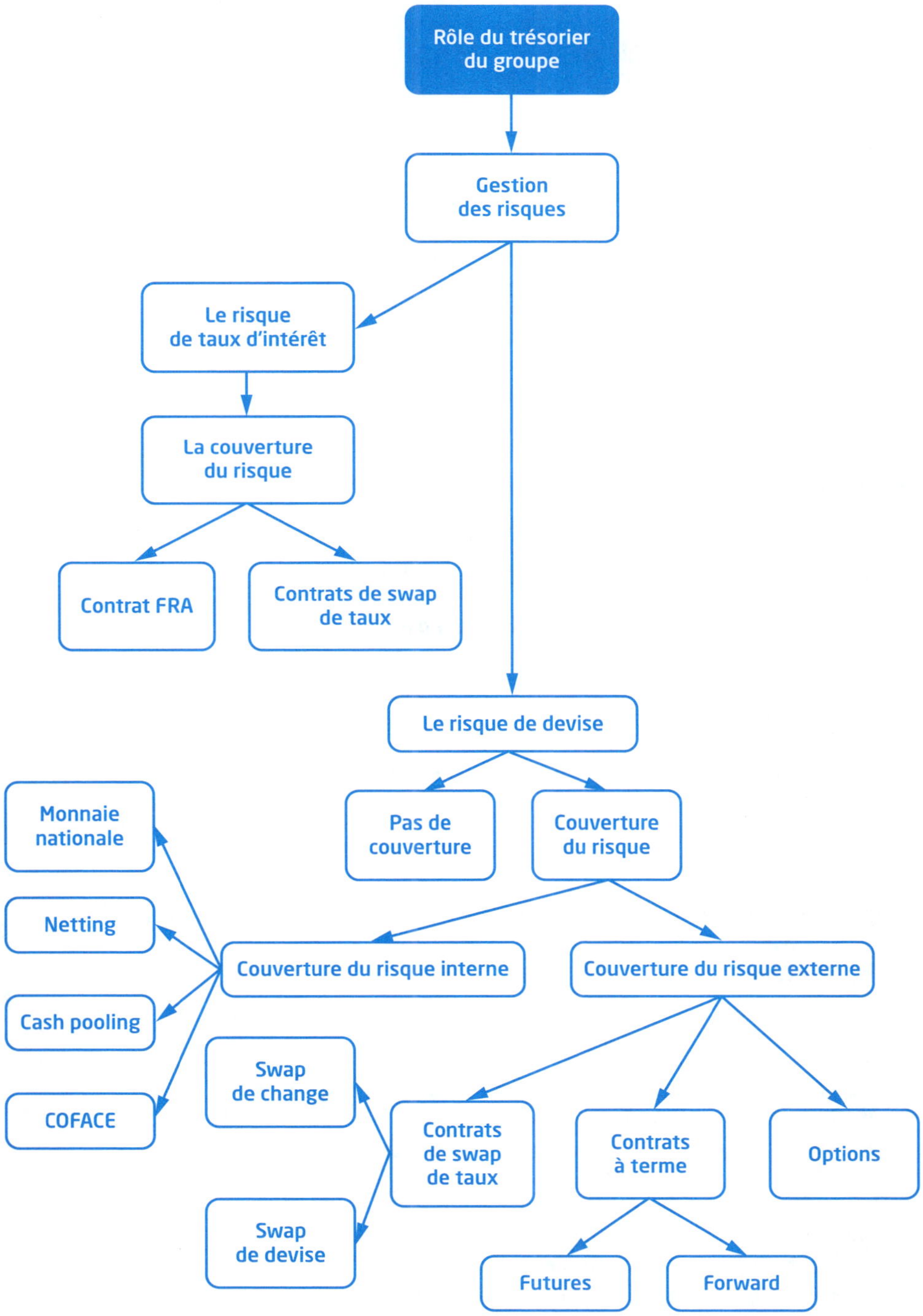

QCM

1. L'utilité d'un produit dérivé est :
- **a.** de transférer le risque.
- **b.** d'augmenter le risque.
- **c.** de supprimer le risque.

2. Quelle est la différence entre un swap de devises et un swap de change ?
- **a.** Un swap de change porte sur une période longue.
- **b.** Un swap de change est coté sur un marché organisé.
- **c.** Un swap de devises permet l'échange du principal et des intérêts.

3. Une hausse du taux de change provoque :
- **a.** un gain en position courte.
- **b.** un gain en position longue.
- **c.** une perte en position longue.

4. On dit que l'entreprise a une position longue sur devise quand :
- **a.** elle a une dette en devise.
- **b.** elle a une créance en devise.
- **c.** elle a des besoins en devise pour une date future.

5. Quel est le contrat qui nécessite le paiement d'une prime ?
- **a.** Option.
- **b.** *Future.*
- **c.** Forward.

6. Quel est le contrat qui est coté sur un marché organisé ?
- **a.** *Future.*
- **b.** Forward.
- **c.** Swap.

7. Quel est le contrat qu'on peut facilement arrêter avant la date de maturité ?
- **a.** *Future.*
- **b.** Forward.
- **c.** Swap.

8. Trouvez la bonne réponse parmi les suivantes :
- **a.** Le contrat forward est coté sur un marché organisé.
- **b.** Pour acheter un contrat *future*, il faut payer une prime.
- **c.** Il y a des appels de marge pour le contrat *future*.

9. Trouvez la bonne réponse parmi les suivantes :
- **a.** Sur les contrats à terme, il faut payer une prime.
- **b.** L'option peut ne pas être exercée.
- **c.** Les contrats à terme ne sont pas utilisés pour la couverture des devises.

Applications

EXERCICE GUIDÉ

La société Read

La société Read souhaite exporter ses produits. Lors d'un salon international, un client a accepté d'acheter une grande quantité de produits, mais il a exigé que le paiement se fasse en dollar. L'opération a lieu le 15/03 et le paiement aura lieu le 15/05. Le montant de cette commande s'élève à 10 000 000 $. Le cours de change du 15/03 est de 1,10 $ = 1 €.

Le trésorier de l'entreprise, pour éviter de supporter le risque de change, s'est renseigné sur les produits de couverture :

– contrat forward : cours de 1,11 $ = 1 €, avec échéance le 15/05 ;

– option de change : cours d'exercice de 1,09 $ = 1 €, avec prime de 0,02 € par $.

1. **On vous demande de préciser le risque de l'entreprise.**

2. **Est-ce que l'entreprise peut ne pas se protéger contre ce risque ? Justifiez cette décision.**

3. **Pouvez-vous expliquer la couverture par le contrat forward et ses conséquences.**

4. **Pouvez-vous expliquer la couverture par l'option de change et ses conséquences.**

5. **On vous donne le cours au comptant du 15/05 et on vous demande d'évaluer le gain ou la perte pour chacune des trois précédentes solutions :**
- première hypothèse : 1,12 $ = 1 € ; deuxième hypothèse : 1,08 $ = 1 €.

CORRIGÉ COMMENTÉ

1. **On vous demande de préciser le risque de l'entreprise.**

L'entreprise est en position longue sur le dollar. Donc, si le cours du dollar chute d'ici au 15/05, l'entreprise risque de perdre de l'argent.

2. **Est-ce que l'entreprise peut ne pas se protéger contre ce risque ?**

Le trésorier doit évaluer le risque et prendre la décision de le couvrir ou non. Cette décision sera basée sur les prévisions des marchés, sur l'évolution du cours du dollar dans deux mois. S'il existe un consensus sur la hausse du dollar, il pourra prendre la décision de ne pas se couvrir.

3. **Pouvez-vous expliquer la couverture par le contrat forward et ses conséquences ?**

Un contrat à terme est un engagement définitif d'achat des euros au cours de 1,11 $ = 1 €. Donc, si le cours du dollar baisse, l'entreprise gagnera de l'argent mais, dans le cas contraire, elle perdra de l'argent au dépens de la contrepartie. Il existe également un risque de contrepartie à ne pas négliger.

4. Pouvez-vous expliquer la couverture par l'option de change et ses conséquences ?

L'option de change offre plus de flexibilité que le contrat à terme. L'entreprise peut soit acheter un *call* sur euro, soit acheter un *put* sur dollar. Les deux options doivent avoir le même prix. En cas de baisse du dollar, l'entreprise exercera son option (*put*) et pourra vendre ses dollars au cours de 1,09 $ = 1 €. En cas de hausse du dollar, elle n'exercera pas son option et vendra ses dollars au cours du marché. Elle réalisera une perte égale à la prime de l'option soit :

10 000 000 × 0,02 = 200 000 $

5. On vous donne le cours au comptant du 15/05 et on vous demande d'évaluer le gain ou la perte pour chacune des trois précédentes solutions :
première hypothèse : 1,12 $ = 1 € ; deuxième hypothèse : 1,08 $ = 1 €.

		Ne rien faire	Forward	Achat d'une option de vente
Première hypothèse : 1,12 $ = 1 €	Réalisé	8 928 571		
	- Attendu	9 090 909 €	9 090 909 €	9 090 909 €
	= Résultat	Perte de 162 338 €		
Deuxième hypothèse : 1,08 $ = 1 €	Réalisé	9 259 259		
	- Attendu	9 090 909 €	9 090 909 €	9 090 909 €
	= Résultat	Gain de 168 350 €		

EXERCICE

Le groupe Dreams ⌛ 40 minutes ★

Le 1er juin, le trésorier du groupe Dreams dont le siège est en Italie décide de faire un inventaire des engagements en dollars pour connaitre l'exposition de l'entreprise. L'entreprise a deux filiales une au États-Unis et une deuxième au brésil. Les comptes du groupe sont tenus en euro qui est la monnaie nationale du siège en Italie. Le taux de change au comptant est de 1,1 $ = 1 €.

- L'entreprise italienne a une position longue de 860 000 $. Elle a fait un placement de 850 000 $ sur un compte rémunéré sur un horizon de 6 mois.
- La filiale américaine a une position longue de 2 500 000 $. Elle a un client qui a acheté de la marchandise pour 1 500 000 € avec un paiement prévu pour le 15 juillet.
- La filiale brésilienne a une position courte de 1 200 000 $. Elle souhaite acquérir un immeuble qui coute 1 200 000 $. L'entreprise italienne va faire un emprunt en Italie pour payer cet investissement.

En fonction des besoins de chaque filiale pouvez-vous faire une proposition au trésorier du groupe en utilisant les produits suivants comme outils de couverture ?

Contrats futurs - Contrats forward - Contrat sur swap - Contrats d'options

Il faut justifier votre choix. Si l'opération peut se faire avec deux ou trois produits différents, n'hésitez pas à préciser les avantages et les inconvénients de chaque contrat.

Opérations sur dettes et créances

Chapitre 17

Thèmes	Sens et portée de l'étude	Notions et contenus
Opérations sur dettes et créances	La gestion des créances et des dettes entre dans le cadre de l'assainissement et de l'optimisation de la structure du bilan. Ce sont des décisions financières qui visent à améliorer la santé financière des organisations.	Les opérations de titrisation Les opérations de défaisance (*in-substance defeasance*, cantonnement des créances)

Ce chapitre propose les principaux développements relatifs aux opérations de titrisation et de défaisance (defeasance). Ces techniques d'ingénierie financière entrent dans le cadre de la gestion de la structure du bilan. Plus précisément, l'amélioration de la structure du bilan à travers la gestion des créances et des dettes vise la création de valeur pour les actionnaires. À côté des avantages du processus de titrisation, des travers de cette technique se sont vus lors de la crise des subprimes de 2007, des manquements qui ont trait à la qualité douteuse des actifs sous-jacents et au processus de rating de ces actifs. D'un autre côté, la défaisance, via un processus de cantonnement des créances, a permis d'assainir le bilan de banques en en éliminant les actifs toxiques.

1. Les opérations de titrisation

Initiée durant les années 1970 aux États-Unis, la titrisation, issue du terme anglo-saxon « **securitization** », est une technique financière qui a connu un essor important aussi bien sur les marchés développés que sur les marchés émergents. Cette technique renforce les circuits de financement en transformant des actifs illiquides en **titres négociables** sur le marché.

1.1 Principe et définition

La **titrisation** dite « réelle » ou « titrisation cash-flow » traduit une tendance financière de plus en plus marquée de la « **marchéisation** » d'actifs peu liquides pour lesquels il n'existait pas de marchés primaire ou secondaire.

DÉFINITION

Titriser des actifs revient, pour un établissement financier ou une entreprise, à restructurer un ou plusieurs actifs générateurs de revenu, en titres portant intérêts. Les actifs en question sont regroupés dans un portefeuille qui fait l'objet d'une cession. Il s'agit donc de sortir du bilan, des créances, ce qui génère une entrée de liquidités pour l'initiateur.

L'**autorité des marchés financiers (AMF)** distingue deux types de titrisation : la titrisation « *on-balance sheet* » et la titrisation « *off-balance sheet* ». Dans le premier cas, les actifs restent inscrits au bilan de l'initiateur qui titrise lui-même ses créances. Dans le second cas, il 'y a création d'une entité ad hoc qui se charge de la titrisation des créances transférées par l'initiateur (le cédant). Les deux opérations génèrent de la liquidité pour l'initiateur. La différence réside dans le mode de gestion des risques qui peut être internalisé (« *on-balance sheet* ») ou externalisé (« *off-balance sheet* »)

a. Le processus de titrisation

Le processus de titrisation s'établit comme indiqué dans le schéma ci-après.

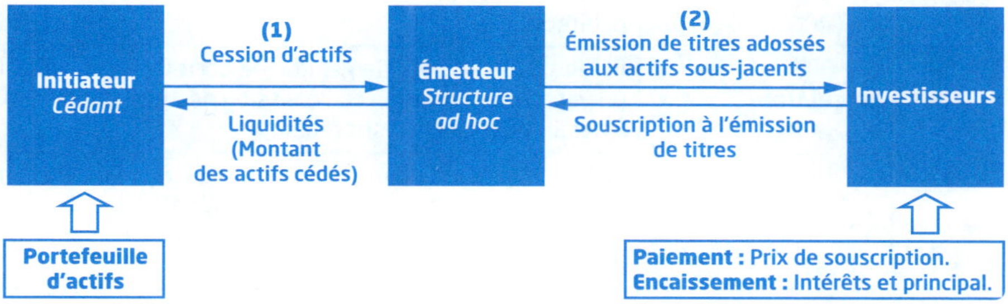

Les trois étapes clés qui caractérisent le processus de titrisation sont décrites ci-dessous :

Étape 1 : les actifs à titriser par l'initiateur sont cédés à un véhicule de titrisation ad hoc appelé *Special Purpose Vehicle* (SPV) ou fonds commun de créances (FCC)/Fonds commun de titrisation (FCT).

Étape 2 : le SPV émet des « **titres adossés à des actifs** » ou *Asset Backed Securities* (ABS). La vente de ces titres sur le marché permet de financer l'acquisition des actifs acquis auprès de l'initiateur.

Étape 3 : l'investisseur bénéficie du paiement des intérêts et du principal liés aux titres émis. Ces paiements sont assurés grâce aux flux de trésorerie produits par les actifs cédés par l'initiateur.

Étape 4 : l'initiateur continue à gérer normalement ses relations commerciales avec ses clients et à gérer financièrement le bas de bilan.

b. Les différentes parties intervenant dans un montage de titrisation

Le tableau ci-après expose les différents acteurs intervenant dans un montage de titrisation ainsi que leur rôle respectif.

Acteurs	Rôle
Cédant/initiateur ***Seller/originator***	C'est souvent un établissement de crédit mais il peut être une entreprise. C'est aussi le cas de filiales financières d'entreprises industrielles ou de services. À titre d'exemple, les filiales financières d'entreprises de l'automobile accompagnent le développement de la société mère en proposant une gamme de financements destinée à la clientèle.
Fonds commun de créances ***Special Purpose Vehicle (SPV) ou Company (SPC)***	Il s'agit d'une entité spécialement établie (ad hoc) qui joue le rôle d'émetteur de titres préalablement notés par une agence de rating. Ces titres seront placés auprès des investisseurs sur le marché.
Agence de notation ***Rating agency***	Elle se charge d'évaluer, pour l'investisseur, la qualité des titres émis par le SPV. Cette qualité dépend du risque du portefeuille des créances cédées par l'initiateur, et en définitive du risque de défaillance des débiteurs.

Acteurs	Rôle
Débiteurs ***Obligors***	C'est le bénéficiaire du crédit (crédit client accordé par l'entreprise, crédit bancaire, etc.) qu'il doit rembourser à l'échéance. Le risque du portefeuille des créances dépend ainsi du profil de risque des débiteurs.
Société de gestion	Il s'agit d'une société de gestion de portefeuille qui s'occupe principalement du suivi de l'émission des titres et de l'information à destination des investisseurs.
Dépositaire	Le dépositaire est un établissement de crédit qui se charge de la conservation de la trésorerie et des créances acquises ainsi que du contrôle de la régularité des décisions prises par la société de gestion.
Arrangeur ***Sponsor***	Il est mandaté par le cédant pour jouer un rôle d'assistance et de conseil afin d'atteindre les objectifs de l'opération de titrisation. Il traite aussi avec la société de gestion dans le but de pérenniser le FCT.

Le montage financier d'une opération de titrisation classique peut être schématisé comme suit.

Montage financier d'une opération de titrisation classique

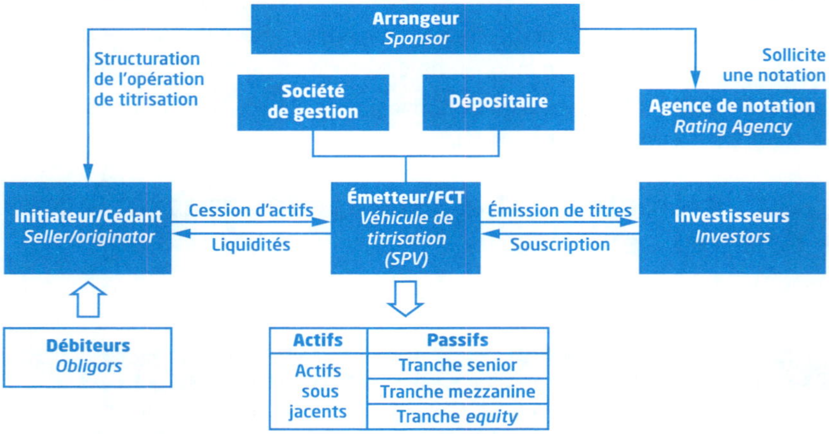

1.2 Les caractéristiques et formes de titrisation

Trois caractéristiques définissent une opération de titrisation : la nature des actifs titrisés, la nature du titre émis par le SPV et enfin le tranchage du risque.

a. La nature des actifs titrisés

Les différents types de titrisation présentés ci-après dépendent de la nature de l'actif auquel sont adossés (*backed*) les titres émis (*securities*) par le véhicule de titrisation.

Actif titrisé	Principe
Asset backed securities (ABS)	Titres adossés à des actifs d'entreprises (créances commerciales) ou bancaires (crédits de consommation, crédits automobiles, crédits aux entreprises).
Mortgage backed securities (MBS)	Titres adossés à des crédits hypothécaires.
Residential mortgage backed Securities (RMBS)	Titres adossés à des crédits hypothécaires pour le financement de l'habitat résidentiel.
Commercial mortgage backed Securities (CMBS)	Titres adossés à des crédits hypothécaires pour l'immobilier commercial (bureaux, centres commerciaux, etc.).
Collateralised debt obligation (CDO) et *Collateralised loan obligation* (CLO)	Titres adossés à des obligations émises par des entreprises ou des banques (CDO), ou à des prêts bancaires (CLO).

b. La nature du titre émis

Le véhicule de titrisation gère la structure du passif en choisissant la nature du titre à émettre. Deux structures sont souvent utilisées :

– *Pass-through structure* : les investisseurs qui souscrivent aux titres émis ont un droit de propriété sur un portefeuille de créances composant les actifs titrisés. Ils sont rémunérés directement à partir des flux générés par le portefeuille d'actifs titrisés.

– *Pay-through structure* : les investisseurs sont des créanciers du véhicule dans la mesure où ils ont acquis un instrument de dette. Le véhicule de titrisation restructure et distribue aux souscripteurs (investisseurs), les flux qui proviennent des actifs sous-jacents.

c. Les instruments de dette et le tranchage du risque

Dans le cadre d'une structure de type *pay-through*, les titres de dette adossés aux actifs cédés n'ont pas le même profil de risque. L'émetteur (SPV) va donc structurer les titres de dette par tranche selon le niveau de risque des actifs sous-jacents. Ainsi, une **subordination (*credit tranching*) des classes de titres** est effectuée en trois catégories :

– Tranche senior : elle est prioritaire en termes de remboursement avec une faible exposition au risque de crédit. Elle propose en toute logique un faible rendement.

– Tranche mezzanine (junior): elle comprend les titres adossés aux actifs exposés à des risques intermédiaires.

– Tranche dite equity qui comprend les titres adossés aux actifs les plus risqués et qui procure le plus fort rendement.

Cette technique du tranchage implique que le niveau de rémunération des titres dépend de leur niveau de risque. Les agences de notation sont amenées à estimer le risque de crédit de chaque tranche afin d'accorder une note à chacune d'entre elles. En termes de rémunération, la priorité de rémunération dépend du **degré de séniorité de la dette**. Ainsi, les détenteurs de la dette senior sont rémunérés en priorité. Une fois le paiement de la dette senior effectué, ce sont les porteurs de dette junior qui sont rémunérés. La tranche *equity* est rémunérée en dernier lieu à partir du solde de revenu restant. Les pertes dues à des créances irrécouvrables ne seront pas ventilées uniformément selon les tranches. Elles sont d'abord absorbées par la tranche *equity*. Si cela n'est pas suffisant, c'est la tranche mezzanine qui couvrira le solde. En effet, il faudrait que les créances irrécouvrables soient suffisamment élevées pour que l'ensemble des tranches ne puissent les couvrir.

d. Les techniques de rehaussement de crédit

Ces techniques cherchent à **sécuriser les titres émis** par le FCT contre le risque de crédit lié aux actifs sous-jacents titrisés. Plusieurs modalités de rehaussement de crédit peuvent être mises en œuvre comme suit :

– Dépôts de garantie (*Cash deposit*) : ils sont effectués par le cédant auprès du FCT (SPV) et peuvent être investis par ce dernier dans des placements sans risque.

– Différentiel de taux d'intérêt (*Excess spread*) : le taux d'intérêt moyen pondéré des actifs sous-jacents titrisés doit être supérieur aux taux d'intérêt des titres émis par le FCT, ce qui dégage une marge positive.

– La subordination (*Credit tranching*) : elle différencie les titres émis par le FCT en les classant en tranches selon leur degré de risque.

– Le surdimensionnement en valeur des actifs sous-jacents titrisés par rapport aux titres émis par le FCT. Ce surplus de valeur permet de sécuriser l'émission de titres par le FCT.

1.3 Les avantages de la titrisation

Cette technique financière apporte plusieurs avantages aux différentes parties prenantes dans le montage de titrisation et en particulier aux deux acteurs clés, à savoir l'initiateur et l'investisseur.

Initiateur/ Cédant	- Constitue une nouvelle source de financement en sortant des actifs du bilan en échange d'une entrée de liquidité. - C'est un instrument de **gestion du besoin en fonds de roulement** par les entreprises. - Permet de pallier une faible capacité d'endettement de l'initiateur. - Pour une banque, elle permet d'améliorer son ratio de solvabilité et 'd'accroître sa capacité de distribution du crédit. - Elle vise à diversifier les sources de financement du cédant. - Elle permet de **transférer le risque** du cédant (banque, entreprise, etc.) lié à l'actif sous-jacent, vers l'investisseur, à travers le véhicule de titrisation. - Elle est potentiellement **créatrice de valeur** dans la mesure où la réduction du besoin en fonds de roulement réduit l'actif économique et, par voie de conséquence, augmente la rotation de l'actif, composante essentielle de la rentabilité.
Investisseurs	- Elle donne la possibilité aux investisseurs de diversifier leur portefeuille avec des titres de créance titrisés appartenant à des tranches de risque différentes. - Selon le rendement recherché, les investisseurs, qui sont surtout des professionnels (institutionnels), peuvent choisir le profil de risque du titre, à travers le niveau de la notation. C'est donc l'accès des investisseurs à de nouvelles classes de risque qui représente un atout pour ce type de produit financier.

1.4 La titrisation synthétique, instrument de couverture du risque de contrepartie

À côté de la titrisation classique, qui implique la cession des actifs sous-jacents au SPV (émetteur), il existe la « titrisation synthétique » où la cession ne porte que sur le risque de crédit/contrepartie associé aux actifs, et non sur les actifs générateurs de revenu.

a. Le principe de la titrisation synthétique

Contrairement à la titrisation classique, la titrisation synthétique n'assure aucun refinancement pour l'initiateur. Les actifs objets de la titrisation ne quittent pas le bilan de l'initiateur (banque, entreprise, etc.). Le montage financier d'une opération de titrisation synthétique peut être schématisé comme suit.

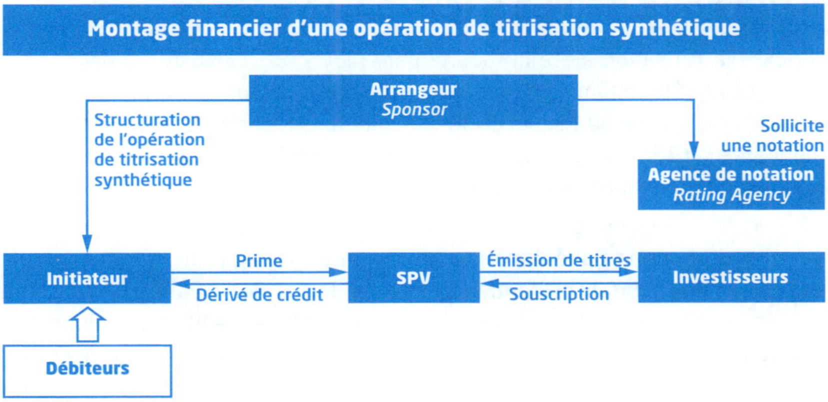

b. Le transfert de risque et dérivés de crédit

Une opération de titrisation synthétique implique pour l'initiateur de contracter un instrument financier de **couverture du risque de défaut** du ou des débiteurs, à savoir un dérivé de crédit. Par ce biais, l'initiateur transfère le risque de défaut du débiteur vers les investisseurs. Ces derniers sont souvent des banques ou des compagnies d'assurance qui supportent le risque transféré moyennant une rémunération (prime) en relation avec le niveau des risques transférés. Le mécanisme de couverture mis en place est celui d'un **dérivé de crédit** prenant souvent la forme d'un **« credit default swap » (CDS)**. C'est un produit dérivé dont le sous-jacent est une créance, qui permet d'acheter une protection contre le risque de défaut, à une ou plusieurs contreparties. Le déroulement d'une titrisation synthétique s'articule selon les étapes ci-dessous :

Étape 1 : l'initiateur achète une protection (dérivé de crédit) auprès du véhicule de titrisation en payant une prime de couverture.

Étape 2 : le véhicule de titrisation procède à une émission obligataire (risquée) d'un montant équivalent à celui du portefeuille d'actifs sous-jacents, objet de la couverture.

Étape 3 : les capitaux levés grâce à cette émission obligataire sont utilisés pour acquérir des actifs sans risque (*collateral*) sur la durée de l'opération.

Étape 4 : en cas de non-défaut, les actifs sans risque seront utilisés pour rembourser les investisseurs ayant souscrit à l'émission obligataire.

Étape 5 : en cas de défaut, l'initiateur reçoit une compensation équivalente à la perte réalisée. Ce sont donc les investisseurs, dont le remboursement est subordonné à la couverture du risque de défaut de l'initiateur, qui assument le risque de non-remboursement des actifs titrisés synthétiquement, avec une perte potentielle qui peut être considérable.

En définitive, grâce à la titrisation synthétique, l'initiateur se débarrasse des risques de crédit. De plus, la titrisation synthétique présente l'avantage d'une gestion simplifiée et d'un coût inférieur à celui d'une titrisation réelle. La principale raison est qu'il n'y a pas de procédure de transfert de créances, ni de constitution d'un fonds commun de créances et la gestion administrative et technique qui en découle. Cet avantage a largement contribué au développement des titrisations synthétiques pendant les années 2000. Toutefois, la titrisation synthétique ne permet pas un refinancement de l'initiateur qui continuera à refinancer les crédits qu'il a accordés.

1.5 La pratique de la titrisation en France

En France, la titrisation a été introduite par la loi n° 88-1201 du 23 décembre 1988, portant création des fonds communs de créance. Cette loi a vu son cadre juridique modernisé, notamment par l'ordonnance du 13 juin 2008 et par la transcription des accords de Bâle II. Ainsi, depuis l'ordonnance du 13 juin 2008, les fonds communs de titrisation (FCT) ont remplacé progressivement les fonds communs de créances (FCC).

En France, les ménages sont les premiers concernés par les crédits titrisés, à hauteur de 60 % environ (bulletin de la Banque de France). En effet, il s'agit des crédits hypothécaires pour le financement de l'habitat résidentiel. C'est aussi le cas des crédits à la consommation titrisés, contractés par les ménages auprès d'établissements de crédit conventionnels ou spécialisés. L'autre type de crédits titrisés est celui des créances commerciales issues des entreprises. En effet, pour se refinancer, les PME ont de plus en plus recours à la titrisation des créances commerciales. Les fonds créés comprennent des créances de plusieurs entreprises. Il y a enfin les crédits automobiles accordés par les banques aux particuliers et les prêts pour le financement du bas de bilan pour les entreprises. Ces opérations permettent aux banques de gérer leur bilan en se refinançant sur le marché.

En France, l'encours de la titrisation synthétique demeure marginal par rapport à celui de la titrisation traditionnelle, qui explique à lui seul l'essentiel de l'encours de la titrisation globale en France. En 2013, et en matière de titrisation, la France se classe au 5e rang parmi les pays de la zone euro pour le total des actifs des véhicules de titrisation. L'Irlande est en 1re place, suivie des Pays-Bas et de l'Espagne.

1.6 La titrisation et la crise financière

La **crise des subprimes** de 2007 a mis en avant certains travers de la titrisation. À l'origine, ce sont des créances immobilières de mauvaise qualité qui ont été titrisées. Les agences de notation, lors de l'évaluation des titres, n'ont pas su intégrer le risque lié aux débiteurs. Elles se sont focalisées sur les mécanismes de garantie pour accorder d'excellentes notations à des titres adossés à des actifs immobiliers dont la valeur sur le marché a augmenté d'une manière significative. Ceci met en lumière la complexité du lien entre les actifs sous-jacents et les titres émis par le véhicule de titrisation. De fait, ces agences ont basé leur évaluation sur l'aspect microéconomique, sans « pricer » correctement le risque macroéconomique. En définitive, la titrisation a servi de courroie de transmission de la crise à travers le monde. Des structures de cantonnement d'actifs toxiques ont été mises en place pour libérer les bilans des institutions financières de ces produits financiers pourris, occasionnant des **provisions colossales** qui ont ponctionné les fonds propres d'une manière plus ou moins significative selon les situations (voir développements plus loin).

À titre indicatif, l'encours des subprimes à la fin de l'année 2006 était de 1 200 milliards de dollars, dont 630 milliards de dollars produits au cours de la seule année 2006. On estime les dépréciations d'actifs subies par les banques lors de cette crise à 500 milliards de dollars. Cette crise aura mis en évidence certains **risques liées à la titrisation** et qui ont surtout trait à la qualité douteuse de certains actifs titrisés, mais aussi à la capacité des agences de rating quant à l'évaluation du risque de crédit spécifique à chaque tranche de dette.

2. Les opérations de défaisance

La défaisance est une technique qui s'est développée aux États-Unis au début des années 1980. Elle consiste à se défaire d'un poste d'actif (cantonnement des créances) ou de passif du bilan (*in-substance defeasance*). Elle entre dans le cadre de la **restructuration du bilan** à travers la gestion des créances et des dettes.

2.1 La défaisance de la dette : *in-substance defeasance*

La défaisance de la dette est une opération rare, qui vise à se défaire d'un poste de dette. « In-substance defeasance » a pour synonyme « Désendettement de fait », ce qui signifie que l'extinction de la dette n'a pas de fondement légal, mais plutôt économique.

a. Le principe de définition

DÉFINITIONS

1. L'opération d'« *in-substance defeasance* » est, selon le Conseil national de la comptabilité (CNC), « une technique d'ingénierie financière qui permet à une entreprise donnée d'atteindre un résultat équivalant à l'extinction d'une dette figurant au passif de son bilan, par le transfert de titres à une entité juridique distincte qui sera chargée du service de la dette, cette opération n'ayant pas pour effet de libérer juridiquement l'entreprise de son obligation initiale ».
2. Une **opération de défaisance** est une « technique d'ingénierie financière d'origine anglo-saxonne consistant pour une entreprise à transférer simultanément vers une entité juridique distincte, d'une part une dette et, d'autre part, des titres exempts de risques (liquidités, actifs monétaires, titres garantis par l'État...), dans le but de faire assurer, en toute sécurité pour les créanciers, le remboursement de la dette (capital et intérêts) par cette entité. Cette opération ne libère pas juridiquement l'entreprise de son obligation initiale. Le transfert est irrévocable et les titres doivent être affectés exclusivement au service de la dette et être émis dans la même monnaie que celle-ci. » (*Lexique de gestion et de management*, A.-C. Martinet, A. Silem).

Une entreprise qui veut se dégager d'une dette, se constitue un portefeuille d'obligations sans risque (obligations d'État ou garanties par l'État), qu'elle cède à une structure ad hoc (*Special Purpose Vehicle* - SPV). Cette dernière se charge d'assurer le remboursement de la dette. D'un point de vue juridique, l'entreprise transfère le service de sa dette, et non la dette elle-même, à la SPV. Cette responsabilité ne libère pas le débiteur initial de son obligation de remboursement.

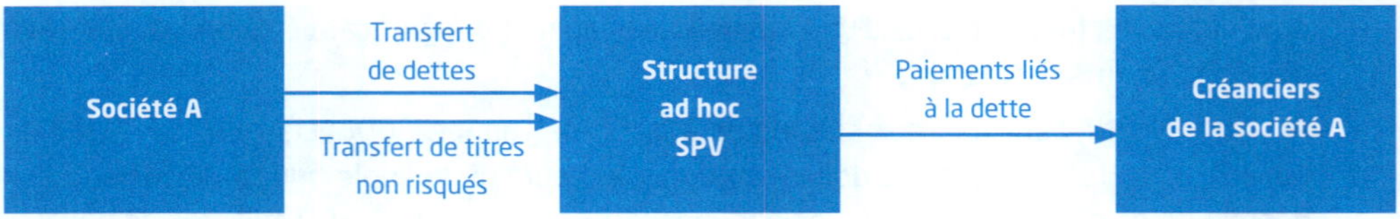

L'opération de défaisance de dette suppose que le transfert à l'entité juridique distincte soit irrévocable. Les titres exempts de risque doivent être affectés de manière exclusive au service de la dette, avec des échéances en principal et des intérêts tels que les flux de trésorerie dégagés permettent de couvrir la totalité du service de la dette. Enfin, la structure ad hoc doit garantir l'affectation exclusive des titres reçus au remboursement de la dette.

b. Les avantages de *l'in-substance defeasance*

L'opération d'*in-substance defeasance* s'apparente à un **remboursement anticipé** d'une dette. C'est une procédure rapide qui ne comporte pas l'obligation d'informer les créanciers. Elle échappe donc aux contraintes liées, à l'existence de clauses de remboursement anticipé et aux différents coûts d'une telle procédure. Elle présente aussi un avantage pour les entreprises non cotées qui ne peuvent pas procéder au **rachat de leur dette** sur le marché obligataire.

L'opération d'*in-substance defeasance* constitue une forme de restructuration du bilan qui a pour conséquence d'**assainir le haut de bilan** en améliorant le ratio d'autonomie financière (fonds propres/capitaux permanents). Elle est appropriée pour les entreprises à fort niveau de disponibilités et ayant d'importantes dettes dont elles veulent se dégager.

Enfin, l'*in-substance defeasance* permet de profiter d'une évolution favorable de la **courbe des taux**. Dans une situation où l'entreprise s'est endettée au cours d'une période de taux d'intérêt élevés, il devient plus intéressant de se refinancer sur le marché obligataire à des taux plus faibles, sources d'économie de charges financières. C'est donc non seulement un instrument de gestion de la qualité de la signature, qui engendre un *spread* de taux plus faible, mais aussi du risque de taux, source de baisse des charges financières et donc d'une amélioration du résultat net comptable.

2.2 Le cantonnement des créances

a. Le principe du cantonnement

Le processus de cantonnement des créances cherche à assainir le bilan d'une banque en éliminant les **actifs toxiques,** favorisant ainsi la poursuite de son activité de distribution du crédit dans de bonnes conditions. Ainsi, cette opération a lieu lorsque le cédant, établissement de crédit, se trouve dans une situation financière précaire suite à une forte accumulation de provisions pour créances douteuses. Ce transfert d'actifs toxiques peut s'effectuer auprès de structures publiques ou alors au sein de l'établissement financier lui-même, à travers une entité ad hoc de *defeasance*, comme le montre le schéma ci-après.

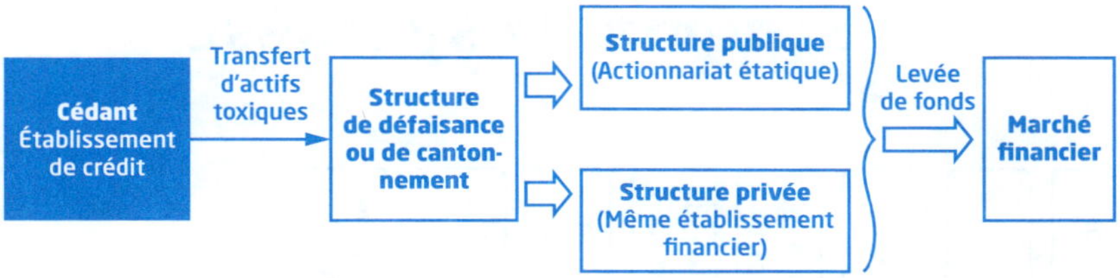

b. Bab bank et cantonnement d'actifs toxiques

Une structure de cantonnement d'actifs toxiques est souvent qualifiée de « *bad bank* ». C'est une structure qui intègre les actifs toxiques d'une institution financière en situation de difficulté dans le but d'assainir son bilan. Elle a pour mission de liquider au meilleur prix les actifs rachetés, afin de limiter les pertes à la charge de l'actionnaire (structure privée) ou de la collectivité (structure publique). Cette structure peut être créée au sein même de la banque, les pertes potentielles sont dans ce cas supportées par les actionnaires. Elle peut aussi être publique, les pertes potentielles sont alors à la charge du contribuable. La mise en place d'une structure publique de défaisance ou de cantonnement est guidée par le souci d'échapper à une déstabilisation du secteur financier. Cette structure publique se justifie naturellement lorsque les établissements concernés sont publics.

c. Les actifs cantonnés

La *bad bank* - également appelée « banque-poubelle » ou « banque-hôpital » - est une structure de défaisance qui peut recevoir des créances douteuses et des participations dans les entreprises de promotion immobilière. Les actifs cantonnés peuvent aussi être des actifs financiers toxiques issus notamment de créances douteuses titrisées (voir paragraphe plus haut) difficilement liquidables. Ce type de produit était réservé aux institutionnels et était très apprécié par ces derniers du fait de la rentabilité élevée qu'il procurait au regard de leur niveau de risque extrêmement élevé. Lors de la crise des subprimes d'octobre 2007, plusieurs banques ont connu des dépréciations massives de leur bilan. Certaines d'entre elles ont fait faillite, la plus connue étant Lehman Brothers, ce qui a entraîné une crise systémique qui s'est propagée à travers le monde. La valeur de ces actifs placés au sein de la structure de défaisance n'est pas nulle, mais ces actifs deviennent de plus en plus illiquides. En les rachetant avec une forte décote, la *bad bank* cherche à les remettre sur le marché lorsque la demande des investisseurs recommence à se manifester. La détermination du prix de rachat est cruciale dans la mesure où s'il est trop élevé, la probabilité de les céder diminuera. À l'inverse, s'il est excessivement faible, les banques cédantes devront provisionner des pertes considérables, ce qui menace leur survie.

Schéma de synthèse

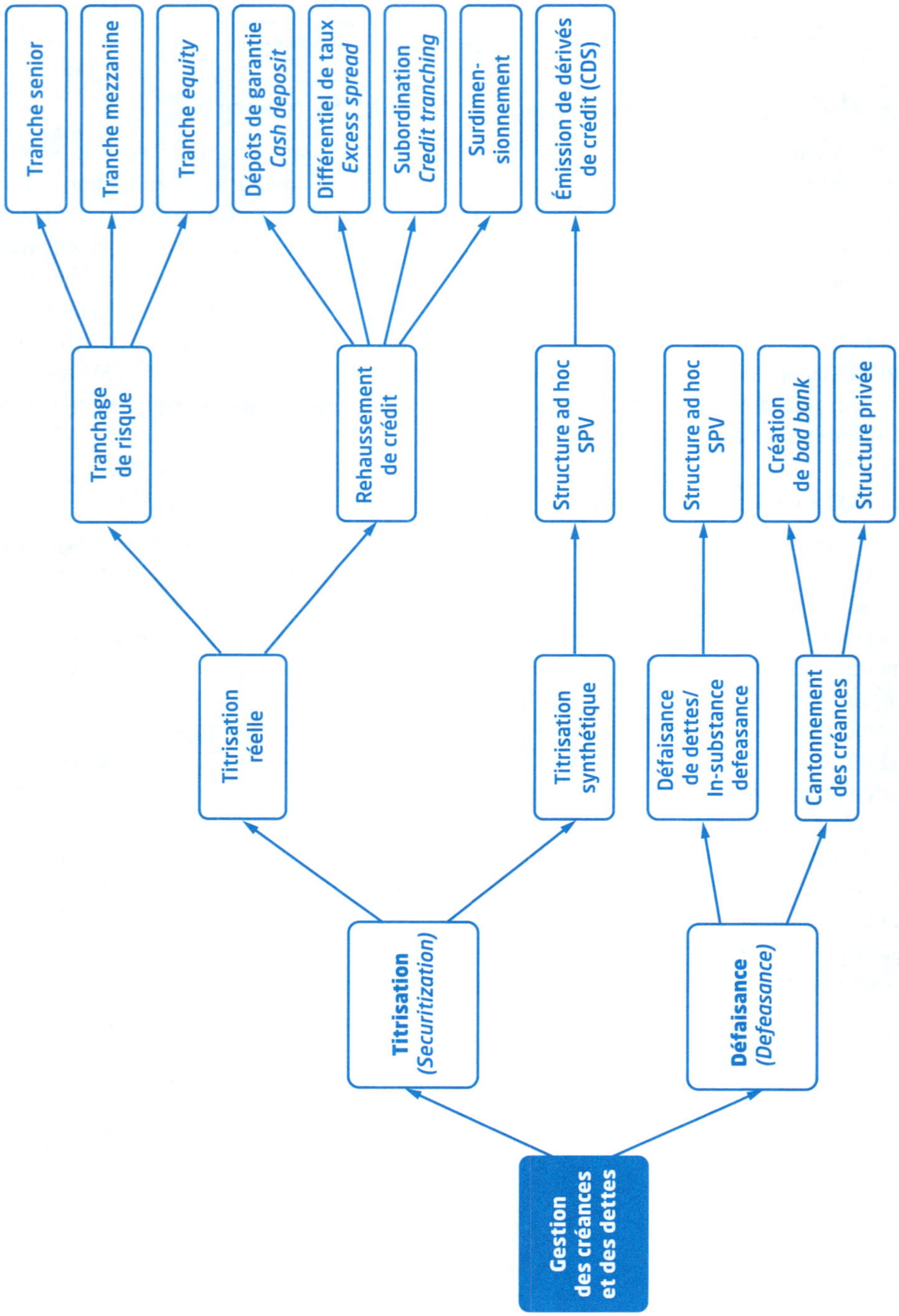

QCM

1. Le financement des actifs titrisés s'effectue grâce à :

a. des titres proposés à l'initiateur en contrepartie des actifs.
b. des liquidités apportées par la SPV suite à la vente de titres sur le marché.
c. une prise de participation de l'initiateur dans le capital de la SPV.

2. Les investisseurs ont un droit de propriété sur un portefeuille d'actifs titrisés dans une structure de type :

a. *pay-through.*
b. *pass-through.*
c. mixte.

3. La rémunération des titres adossés aux actifs est :

a. liée au poids de chaque tranche de dette.
b. liée à la séniorité de la dette.
c. neutre par rapport à la catégorie de la tranche de dette.

4. Le surdimensionnement des actifs est une technique de rehaussement de crédit basée sur :

a. la mise en place d'un dépôt de garantie (*Cash deposit*).
b. l'excès du taux d'intérêt des actifs par rapport au taux d'intérêt des titres émis.
c. l'excès de la valeur des actifs titrisés par rapport aux titres émis.

5. La titrisation synthétique implique :

a. le transfert du risque lié aux actifs sous-jacents.
b. la cession des actifs à la SPV.
c. les deux.

6. Lors d'une titrisation synthétique, la protection grâce à un dérivé de crédit :

a. est suffisante.
b. est associée à l'acquisition d'actifs sans risque.
c. permet de garantir l'émission obligataire.

7. Une opération de défaisance consiste à se défaire :

a. de dettes.
b. de créances.
c. de dettes comme de créances.

8. Une « *bad bank* » est une structure :

a. qui intègre les actifs douteux ou toxiques d'une institution financière.
b. qui transmet à un véhicule, des actifs douteux.
c. en faillite à cause d'actifs douteux ou toxiques.

9. L'*in-substance defeasance* est un instrument de gestion :

a. de la qualité de la signature.
b. du risque de taux.
c. des deux.

Applications

EXERCICE GUIDÉ

Crédit Foncier réussit une titrisation déconsolidante

La titrisation publique adossée à des prêts immobiliers du Crédit Foncier porte sur 8 900 prêts pour un total de 922 millions d'euros et a été sursouscrite trois fois. L'appétit des investisseurs est bien là. Le fonds commun de titrisation a été constitué à 87 % d'une obligation senior répartie en deux tranches, A1 sur 3 ans et A2 sur 11 ans, placées publiquement. Le principal objectif de l'opération est de permettre à la banque de sortir les créances de son bilan. L'originalité du schéma réside dans la cession de toutes les tranches juniors vendues sous forme de placement privé. Les quatre tranches mezzanines (B, C, D, E) sont notées respectivement « AA », « A », « BBB » et « BB ». Le Crédit Foncier conserve la tranche *equity*. Il espère d'ailleurs réaliser d'autres opérations de ce type (2 à 3 milliards d'euros/an pour un besoin de financement annuel de 7 à 8 milliards d'euros), tout en continuant à recourir aux obligations foncières, afin de diversifier ses sources de refinancement. Surtout, la banque améliore ainsi son ratio de levier. La titrisation de créances permet en tout cas de faire converger les intérêts : « La titrisation déconsolidante (réelle) est une bonne formule pour permettre aux banques d'alléger leur bilan et de continuer à prêter, et elle répond à l'appétit des investisseurs pour des titres plus risqués et plus rémunérateurs. Voilà qui devrait permettre un redémarrage », conclut J. Florentin, associé chez Eurogroup. « Finalement, le coût total de financement de cette opération est d'environ 30 points de base supérieur à un refinancement par obligations mais pour un dispositif déconsolidant, souligne B. Deletré. L'enseignement à en tirer est qu'il existe un réel potentiel de titrisation pour les créances immobilières de particuliers en France. » Ce que confirme J. Lewis : « La qualité des crédits en France est supérieure par rapport à de nombreux pays car le niveau d'endettement des particuliers est moindre, les dossiers des emprunteurs bénéficient d'une étude sérieuse et les contraintes d'octroi sont assez strictes. Le succès de cette titrisation auprès des investisseurs étrangers notamment illustre qu'il existe un réel intérêt pour l'exposition aux actifs RMBS (*residential mortgage-backed securities*) français. »

A. Oubrier, l'AGEFI Hebdo, 3 juillet 2014.

Une transaction RMBS, nommée CFHL-1 2014

Tranches	Taille	Répartition (%)	Notation	Spreads (pb)
Senior A1	428 M€	46,2 %	AAA	37
Senior A2	376 M€	40,5 %	AAA	65
Mezzanine B	33 M€	3,6 %	AA	120
Mezzanine C	28 M€	3 %	A	150
Mezzanine D	19 M€	2 %	BBB	200
Mezzanine E	23 M€	2,5 %	BB	300
Equity	20,4 M€	2,2 %	NC	NC

Residential mortgage-backed securities

Source : Agence de notation, Natixis

1. Expliquez l'intérêt des investisseurs sur le marché pour la titrisation réelle des prêts immobiliers.

2. Interprétez le tableau ci-dessus et indiquer la partie responsable en cas d'insolvabilité du débiteur. Dans quelle optique le fonds commun de titrisation a-t-il procédé à un tranchage en sept classes de risque ?

3. Expliquez la politique de diversification des sources de financement par le Crédit Foncier.

4. Comparez cette stratégie de titrisation réelle avec celle d'une titrisation synthétique.

CORRIGÉ COMMENTÉ

1. Expliquez l'intérêt des investisseurs sur le marché pour la titrisation réelle des prêts immobiliers.

Certains investisseurs recherchent des titres qui proposent un taux de rémunération élevé, au regard de leur profil de risque. C'est le cas, en France, des titres adossés à des actifs (prêts) immobiliers ou RMBS (*residential mortgage-backed securities*) qui attirent même des investisseurs étrangers. Le couple risque-rendement est intéressant dans la mesure où la qualité des crédits en France est bonne, du fait d'un niveau d'endettement des particuliers raisonnable. Les investisseurs vont pouvoir sélectionner des titres pour différentes tranches de risque avec un *spread* qui va de 120 points de base (tranche B) à 300 points de base (tranche E). Au regard du profil de risque des actifs titrisés, ce type de rémunération est attrayant.

ATTENTION

La relation entre le niveau de la notation (AAA, AAA, AA, A, BBB, BB) et le nombre de points de base correspondant (spread de taux), est positive mais non proportionnelle.

2. Interprétez le tableau ci-dessus et indiquer la partie responsable en cas d'insolvabilité du débiteur. Dans quelle optique le fonds commun de titrisation a-t-il procédé à un tranchage en sept classes de risque ?

Le tableau ci-après met en évidence la responsabilité des différents acteurs par rapport au tranchage du risque dans le cadre de la stratégie de titrisation réelle engagée par le Crédit Foncier.

Tranches	Taille	Notation	*Spread* (pb)	Partie responsable	Commentaires
Senior A1	428 M€	AAA	37	Investisseurs sur le marché	Les tranches Senior A1 et Senior A2 ont la même notation. La différence de rémunération (*spread*) provient des deux échéances de remboursement (3 ans et 11 ans).
Senior A2	376 M€	AAA	65		
Mezzanine B	33 M€	AA	120	Investisseurs privés	Les investisseurs supportent le risque de la tranche dans laquelle ils ont investi.
Mezzanine C	28 M€	A	150		
Mezzanine D	19 M€	BBB	200		
Mezzanine E	23 M€	BB	300		
Equity	20,4 M€	NC	NC	Banque initiatrice	La banque initiatrice supporte le risque le plus élevé.

Ce tableau expose le tranchage du risque (*credit tranching*), selon le profil de risque des titres de dette émis par le fonds commun de titrisation et adossés aux actifs cédés par l'initiateur. Le remboursement des quatre tranches mezzanines (B, C, D, E) est subordonné à celui des dettes senior (A1 et A2) qui ont la plus faible exposition au risque. La rémunération de cette dette senior propose un *spread* de 37 points de base pour la tranche Senior A1 et de 65 points de base pour la tranche Senior A2. Cette dette a été placée publiquement. La tranche junior propose des titres adossés à des actifs exposés à des risques intermédiaires. Leur rémunération propose un *spread* qui va de 120 points de base (tranche Mezzanine B) à 300 points de base (tranche Mezzanine E). Cette dette a fait l'objet d'un placement privé (investisseurs institutionnels). Enfin, la tranche *equity* porte sur les actifs immobiliers les plus risqués.

RAPPEL

Les transactions sur marché financier illustre parfaitement l'importance de la relation rendement-risque. Le marché offre cet avantage exceptionnel, celui de trouver des investisseurs pour toute catégorie de risque. Le cas extrême est celui des junk bonds (obligations pourries ou poubelle).

3. Expliquez la politique de diversification des sources de financement par le Crédit Foncier.

Grâce à cette opération de titrisation, le Crédit Foncier transforme des prêts immobiliers en liquidités. Cette opération porte sur 8 900 prêts pour un total de 922 millions d'euros. Le principal objectif de l'opération demeure celui de sortir les créances de son bilan. D'ailleurs, le Crédit Foncier compte réaliser d'autres opérations de ce type (voir texte). Cette source de financement s'ajoute à celle du financement par le biais de l'émission d'obligations foncières. L'objectif étant de diversifier les sources de financement. Cette politique de diversification occasionne un surcoût de financement de l'opération de titrisation, d'environ 30 points de base par rapport à un refinancement par obligations. En contrepartie, la banque allège son bilan et améliore ainsi son ratio de levier.

4. Comparez cette stratégie de titrisation réelle avec celle d'une titrisation synthétique.

La titrisation réelle présente l'avantage de permettre à l'initiateur d'obtenir des liquidités en contrepartie des prêts titrisés, et ce contrairement à la titrisation synthétique où l'initiateur continue à refinancer les crédits qu'il a accordés. La titrisation réelle présente toutefois l'inconvénient d'une gestion plus complexe et d'un coût supérieur à celui d'une titrisation synthétique.

EXERCICES

1. La répartition des portefeuilles ⌛ 40 minutes ★

Une banque dispose d'un portefeuille de 10 milliards d'euros de prêts aux grandes entreprises. Elle souhaite se protéger contre le risque de crédit, mais souhaite garder son portefeuille dans son bilan. Si elle décide d'acheter un dérivé de crédit de type CDS (*Credit default swap*) sans passer par un véhicule de titrisation, elle devra payer une prime élevée. Pour réduire ses coûts, elle décide de passer par un montage qui a recours à un véhicule de titrisation. Elle divise son portefeuille en deux. Un portefeuille de 8,5 milliards d'euros comprenant les créances de bonne qualité, qui est donc noté AAA et un portefeuille de 1,5 milliard d'euros composé de créances de faible qualité, plus enclin au risque de crédit. Elle achète un CDS pour son portefeuille noté AAA (super senior) de 8,5 milliards d'euros, ce qui lui assure une protection à moindre coût. En effet, la prime à verser est entre 3 et 10 points de base, car les créances sont de bonne qualité. Pour le deuxième portefeuille de 1,5 milliard de dollars, elle utilise un véhicule de titrisation et sépare ce portefeuille en quatre tranches : une de 750 millions de dollars avec une note AA, une de 375 millions avec une note A, une autre de 150 millions de dollars avec une note BBB qui sont cédés au véhicule de titrisation. Une dernière tranche « tranche *equity* » de 225 millions de dollars, est gardée par la banque. À ce portefeuille, elle achète aussi un CDS au véhicule de titrisation, nommé CDS junior, subordonné au CDS super senior. La banque récupère 1 275 millions de dollars grâce à l'émission de titres obligataires liés aux différentes tranches et avec cette somme elle acquiert des titres sans risque. Ainsi en cas de perte sur la tranche *equity* conservée dans son bilan, elle vend ses titres sans risque afin de récupérer la somme perdue.

1. Schématisez la répartition du portefeuille global en deux portefeuilles (super senior et junior) ainsi que l'ensemble des paramètres du montage qui lui sont liés.

2. Déterminez la partie responsable en cas d'insolvabilité du débiteur, avec des explications à l'appui en utilisant le tableau ci-après.

Perte en millions d'euros	Partie responsable	Explications
< 225		
225 < X > 375		
375 < X > 750		
750< X > 1 500		
1 500 < X > 10 000		

3. Quel est l'intérêt d'une telle stratégie de couverture via des CDS ?

4. Comparez cette stratégie de titrisation synthétique avec celle d'une titrisation réelle.

2. Actifs toxiques : la « *bad bank* » espagnole est désormais opérationnelle

⌛ 45 minutes ★★

La structure de défaisance des actifs immobiliers toxiques des banques espagnoles, la SAREB, est désormais opérationnelle. Les banques privées ont apporté 430 millions d'euros lors d'une augmentation de capital, a annoncé jeudi 13 décembre le Fonds de restructuration ordonnée bancaire (FROB), ébranlé par l'éclatement de la bulle immobilière en 2008. D'ici au 312/2012e, la SAREB disposera des fonds propres nécessaires pour pouvoir absorber les actifs toxiques des quatre banques espagnoles nationalisées. Toutes les grandes banques du pays ont participé à l'augmentation de capital, à l'exception de BBVA : Santander, première banque par capitalisation de la zone euro, a apporté 164 millions d'euros, CaixaBank, 118 millions d'euros, Sabadell, 66 millions d'euros, Banco Popular, 57 millions d'euros, et Kutxabank, 25 millions d'euros, a détaillé le FROB dans un communiqué. Ce dernier a pour sa part apporté 397 millions d'euros. La participation du secteur privé représente donc à ce stade 52 %. Une nouvelle augmentation de capital aura lieu « dans les prochains jours », à laquelle devraient participer « plusieurs

Applications

établissements de crédit et un groupe d'assureurs privés », a précisé le FROB. L'assureur français Axa a fait part de son intention d'y participer, tout comme les compagnies espagnoles Mapfre et Mutua Madrilena.

Les fonds propres de la SAREB seront complétés par une émission de dette subordonnée, « au cours des prochaines semaines », selon le FROB. Les banques actionnaires ont déjà prévu d'y participer, dans la même proportion que leur participation au capital, note le FROB. À l'issue de cette opération, qui sera réalisée avant le 31 décembre 2012, la structure de défaisance aura couvert environ les trois quarts de ses besoins totaux en fonds propres, constitués à 25 % de capital et à 75 % de dette subordonnée. Elle en aura toutefois suffisamment pour réaliser avant le 31 décembre 2012, la première phase de transfert d'actifs, ceux provenant des quatre banques nationalisées, Bankia, Catalunya Bank, NovaGalicia et Banco de Valencia, pour un montant estimé de 44 milliards d'euros. Les fonds propres totaux prévus pour la SAREB s'établissent à quelque 5 milliards d'euros, soit « environ 8 % du volume total d'actifs à gérer ». Le gouvernement espagnol a invité les investisseurs privés à participer à la constitution de la SAREB, soit par injection de capital soit par rachat de dette, afin de limiter la proportion d'argent public impliqué. Son objectif est que le secteur privé représente in fine « au moins 55 % du capital » de la « *bad bank* ». « La réponse positive du secteur (financier) permet de prévoir un développement satisfaisant et rentable pour la SAREB, société qui gèrera un volume d'actifs d'environ 59 milliards d'euros », commente le FROB. La « *bad bank* » doit absorber les actifs immobiliers à risque des banques et des caisses d'épargne espagnoles afin de les aider à assainir leurs bilans. Lors d'une 2e phase, au cours de l'année 2013, la SAREB réalisera une nouvelle augmentation de capital et une nouvelle émission de dette subordonnée pour accueillir le reste des actifs qui lui sont destinés, d'un montant d'environ 15 milliards d'euros, souligne le FROB.

Le Monde.fr, 13 décembre 2012.

1. Expliquez le mécanisme de constitution de la SAREB en tant que *bab bank*, et son rôle en tant que structure de cantonnement ou de défaisance d'actifs toxiques (créances douteuses).

2. Quel impact a la création de la SAREB sur le bilan comptable des banques espagnoles cédantes et sur l'ensemble du système bancaire ?

3. Montrez le rôle déterminant des structures de cantonnement ou de défaisance d'actifs toxiques lors de la crise des subprimes en 2007.

CAS DE SYNTHÈSE 4

Dossier 1 : Fusions et acquisitions

APOL et VXT sont deux entreprises qui opèrent dans le secteur technologique. Le conseil d'administration de la société APOL valide la décision de lancer une opération de prise de contrôle de la société VXT via une offre publique en bourse. Dans le but d'évaluer la société cible, on vous présente ses états prévisionnels ci-après :

(en milliers €)	Actuel	Estimé	Prévisions			
	2016	2017	2018	2019	2020	2021
Chiffre d'affaires (CA)	164 700	172 595	181 750	192 800	202 046	221 940
EBE	72 515	77 640	82 600	85 730	92 400	101 890
DAP	15 000	15 500	14 000	16 500	22 500	23 100
Résultat d'exploitation (EBIT)	57 515	62 140	68 600	69 230	69 900	78 790
IS théorique		20 713	22 867	23 077	23 300	26 263
Investissements		0	13 000	0	42 000	0
Cessions d'immobilisations		15 000	0	0	11 000	0
BFR	32 940	20 % du CA				

La valeur de revente en 2021 est basée sur les CPNE, estimée pour cette année-là à 145 millions d'euros.

Les fonds propres (actif net comptable) s'élèvent à 120 millions d'euros.

Le coût des fonds propres est égal à 12 %

La dette financière nette s'élève à 60 millions d'euros.

Le taux d'intérêt s'établit à 7,2 %

Taux de l'IS = 331/3.

Le compte de résultat de 2016 fournit les chiffres-clés pour l'évaluation de la société VXT qui sont présentés ci-après.

(en millions d'euros)	Bénéfice net	EBIT	Cash-Flow
VXT	18,560	57,515	33,560

Ci-après, les multiples moyens de 3 transactions comparables à celle de l'acquisition de VXT qui ont eu lieu dans le même secteur lors des 3 dernières années :

	Price to book	Price Earning Ratio	Price to EBIT	Price to cash-flow
Multiple de la transaction	2,5	16,2	5,4	9,6

Travail à faire

1. Déterminez la valeur de VXT selon la méthode des flux de trésorerie d'exploitation FTE (le taux d'actualisation est de 9,6 %).

2. Calculez la valeur de VXT à partir de la moyenne simple des valeurs obtenues sur la base des multiples de transactions comparables présentés plus haut.

3. Concluez quant au processus d'évaluation et aux résultats obtenus.

Les données boursières d'APOL et de VXT ainsi que les termes de l'offre publique sont les suivants :

Données boursières :

- Société APOL= 20 000 000 d'actions à un cours de 40 euros l'action.
- Société VXT = 4 000 000 d'actions à un cours de 60 euros l'action.

Termes de l'offre publique

Deux modalités de paiement sont proposées par APOL pour l'acquisition de VXT :

- Une OPA sur 100 % du capital, qui propose un prix d'offre de 77 euros l'action VXT.
- Une OPE sur 100 % du capital avec une parité de deux actions APOL pour une action VXT.
- L'acquéreur escompte des gains de synergie sous forme d'économie d'échelle d'une valeur de 9 millions d'euros par année à perpétuité.
- Le taux d'actualisation pour ces gains de synergie s'élève à 10 %.

4. Calculez la prime d'offre pour les deux modalités de paiement (OPE et l'OPA).

5. Décrivez le processus de décision des porteurs de l'action VXT.

6. Déterminez, dans le cas de l'OPA, les gains synergétiques de cette fusion ainsi que leur répartition entre l'acquéreur et la cible.

7. Déterminez la valeur de l'entité combinée post-acquisition dans le cas de l'OPA.

Les structures d'actionnariat de l'acquéreur (APOL) et de la cible (VXT) pré-acquisition se présentent comme suit :

Pré-acquisition					
APOL			VXT		
Actionnariat	**%**	**Nombre**	**Actionnariat**	**%**	**Nombre**
Famille SH	40 %	8 000 000	Groupe BP	70 %	2 800 000
Institutionnels	25 %	5 000 000	Institutionnels	20 %	800 000
Personnel	15 %	3 000 000	Petits porteurs	10 %	400 000
Petits porteurs	20 %	4 000 000			
Total	**100 %**	**20 000 000**	**Total**	**100 %**	**4 000 000**

8. Présentez la structure de l'actionnariat d'APOL post-acquisition.

9. Expliquez les incidences de l'OPE sur les actionnaires des deux sociétés en termes de contrôle et de décision stratégique.

Lors de la réunion du conseil d'administration de la société cible VXT, il a été décidé de ne pas répondre positivement à l'offre, arguant que cette dernière n'est pas créatrice de valeur, en ce sens que les synergies potentielles demeurent faibles. Il a été par ailleurs décidé que l'équipe des managers envisagent de mettre en place un LMBO pour la reprise de la société VXT évaluée à 300 millions d'euros. Les dirigeants disposent de 100 millions d'euros. Ils vont créer une holding au capital de 150 millions d'euros qui sera souscrit à hauteur de 100 millions par l'équipe de dirigeants, le solde du capital étant apporté par une société de capital investissement, soit 50 millions d'euros. Grâce à ses fonds propres, la holding va pouvoir compléter ses ressources de haut de bilan à hauteur de 150 millions d'euros par l'endettement. Pour ce faire, elle va contracter un emprunt de 100 millions d'euros sous la forme d'une dette bancaire classique (« dette senior »). Le solde de 50 millions sera comblé par l'émission d'obligations convertibles (« dette junior ou mezzanine ») souscrites par les mêmes investisseurs financiers présents au capital de la holding. Ces obligations pourront être converties en actions selon des modalités définies entre les parties lors du montage de l'opération.

10. Schématisez l'ensemble du montage de l'opération de LMBO.

11. Traduisez de manière comptable le montage LMBO dans les bilans de la holding avant et après consolidation.

12. Expliquez l'intérêt de chacune des parties impliquées dans le montage et explicitez le double effet de levier juridique et de levier financier.

Dossier 2 : Trésorerie

Le 25 mai, le trésorier du groupe STARS dont le siège social est en France, souhaite faire un inventaire des engagements en dollars afin d'évaluer le risque auquel peut être exposé le groupe. L'entreprise a toujours fait appel à la COFACE pour se couvrir contre le risque de fluctuation du taux de change, mais avec du recul, la direction pense qu'on peut réduire les coûts en intervenant directement sur les marchés financiers. Dans cette perspective, le responsable de la trésorerie a décidé de rencontrer son banquier afin de mettre en place une stratégie de couverture adaptée aux besoins de l'entreprise et de ses filiales.

La principale entité du groupe est en France ; les filiales, au nombre de trois, se trouvent en Italie, aux États-Unis et en Chine. Le responsable de la trésorerie demande à ses trois filiales de lui remonter leurs positions en devises. Il est question, dans un premier temps, de mettre en œuvre le mécanisme de *netting*, pour ensuite s'engager sur des contrats dérivés couvrant les opérations encore exposées au risque de change. Les comptes du groupe sont tenus en euros. Le taux de change au comptant est de 1,1 \$ = 1 €.

Siège social en France		Filiale en Italie		Filiale aux États-Unis		Filiale en Chine	
Positions	6 000 K€	Positions	680 K€	Positions	300 K€	Positions	67 K€
	3 240 K$		250 K$		2 450 K$		724 K$
Opérations réalisées							
1. Un contrat est signé avec un client pour une vente de marchandises avec pour échéance le 15 juillet et un paiement de 2 500 milliers de dollars. 2. L'entreprise souhaite acheter une usine en Ukraine, les négociations sont en cours, la décision sera annoncée le 25 juillet et en cas d'accord, le paiement se fera le 1er septembre. Le montant à payer est de 3 500 milliers de dollars.		1. Le 12 juillet, la filiale devra payer 600 milliers de dollars à un fournisseur à Singapour. 2. La filiale souhaite faire un emprunt en dollars pour construire une nouvelle usine. Le coût de l'opération est de 1 200 milliers de dollars. La durée de l'emprunt est de cinq ans. Le remboursement du capital et le paiement des intérêts se feront en euros. La date de paiement est prévue pour le 1er juillet.		1. Les 300 milliers d'euros détenus sont placés sur un compte rémunéré à 3 %. 2. Un client qui a acheté de la marchandise pour 1 200 milliers de dollars, s'engage à effectuer un virement le 20 juillet. Les comptes de la filiale sont tenus en dollars.		1. Afin de profiter de la baisse des prix des matières premières, la filiale va acheter pour 5 800 milliers de dollars. le paiement doit se faire dans les 10 jours. Elle sera soutenue par le groupe. 2. Le 25 juin, la filiale va payer une facture de 55 milliers de dollars avec ses propres ressources.	

Une fois le mécanisme de *netting* mis en œuvre, l'ensemble des moyens du groupe sont à utiliser pour chaque opération. Au regard de la situation de chaque filiale et de ses besoins :

✎ Travail à faire

1. Proposez au responsable de trésorerie du groupe des instruments de couverture à partir des contrats ci-après et justifiez votre choix.
- Contrats futurs.
- Contrats forward.
- Contrat de swap.
- Contrats d'options.

2. En cas de choix entre plusieurs contrats pour une même opération, montrez les avantages et les inconvénients de chacun d'entre eux.

Corrigés des QCM

Corrigés du chapitre 1

1. b. Ces émissions portent sur toute sorte de titres financiers.

2. b. Il permet l'échange de titres financiers existants (actions, obligations, etc.) contre du cash, afin de favoriser leur valorisation, la liquidité du patrimoine des investisseurs, le transfert du risque du vendeur vers l'acheteur et la gestion de portefeuille.

3. c. Tout type d'actifs financiers peut faire l'objet de transaction hors marché.

4. c. Euronext assure l'organisation opérationnelle du marché (introduction en bourse, cotation et diffusion des cours en temps réel et négociation des titres, règlement et la livraison des titres, etc.). Il veille aussi à l'application de la réglementation imposé par l'AMF.

5. c. Il comporte 2 compartiments, un exclusif aux institutions financières et l'autre accessible aux entreprises, à l'Etat, aux banques, etc.

6. c. C'est le marché des titres de créances à long terme appelés obligations. On y émet de la dette privée (entreprises, banques, etc.) et de la dette souveraine (étatique). Les échéances peuvent être de 7, 10, 15 ans voire plus.

7. b. Tout type d'actifs physiques (actions, obligations, indices boursiers, matières premières, etc.) peut faire l'objet de transaction sur les marchés dérivés.

8. c.

9. c. Certains investisseurs préfèrent payer cash, d'autres préfèrent une position ouverte sur le SRD, souvent pour des raisons spéculatives.

Corrigés du chapitre 2

1. c.

2. a, b. La réponse **c.** relève de la comptabilité, même si elle fait référence à une opération qui est à l'origine financière.

3. a. La réponse **b.** relève de la fiscalité ; **c.** est une opération immobilière à caractère économique, mais non financière au sens strict car elle n'a pas le caractère d'un placement.

4. a.

5. b.

6. a.

7. c. La réponse **a.** donne la somme totale obtenue au bout de deux ans en taux simple, et **b.** la somme totale obtenue au bout de deux ans en taux composé.

8. a, b. La réponse **c.** relève des taux équivalents.

9. b.

Corrigés du chapitre 3

1. a, b. La réponse **c.** est fausse, le passage d'une courbe d'indifférence à l'autre relève de critères objectifs.

2. a, c. La réponse **b.** est inexacte. En se référant à la figure 4 du cours, il est aisé de vérifier qu'une hausse du taux d'intérêt entraîne une pente plus forte de la droite des capitaux. Celle-ci pivoterait de la droite vers la gauche autour du point d'équilibre C*. Au nouveau point d'équilibre, la consommation différée augmente au détriment de la consommation immédiate (effet de substitution) et le revenu futur s'accroît de par la hausse du taux d'intérêt (effet revenu).

3. a, b, c.

4. a, c. La réponse **b.** est fausse, les analyses techniques et fondamentales relèvent de la gestion active des portefeuilles.

5. c.

6. b.

7. b.

8. c.

Corrigés du chapitre 4

1. c. La réponse **a.** est fausse, le MEDAF, comme toute la théorie financière classique, est fondé sur le risque entendu comme une incertitude mesurable, probabilisable donc prédictible et maîtrisable (définition de la réponse **b.**).

2. c. La réponse **b.** est fausse car elle désigne le rendement ; **b.** n'a aucun sens.

3. a, b, c. La réponse **c.** n'est rien d'autre que la description du calcul de la variance.

4. a, b, c.

5. a, c. La réponse **b.** est fausse, elle décrit la construction de la droite de marché des titres (SML).

6. a, b. La réponse **c.** est fausse, l'alpha de Jensen est fondé sur l'écart entre l'évaluation du portefeuille et l'évaluation idéale qui serait la sienne s'il était situé sur la frontière efficiente (la droite SML). Plus cet écart est grand, plus l'alpha de Jensen est important, plus le risque est élevé et plus la rentabilité est forte.

7. a. Les réponses **b.** et **c.** sont fausses, les trois modèles (MEDAF, *APT* et trois facteurs) se distinguant pour l'essentiel sur le nombre de facteurs explicatifs (1 pour le MEDAF : le ⊠ ; 3 pour Fama et French ; une multitude pour l'*APT*) et le choix de ces derniers (Fama et French excluent les facteurs macro-économiques contrairement à l'*APT*).

Corrigés du chapitre 5

1. a, b, c, d. La réponse **a.** souligne le fait que la valeur de l'action en horizon infini soit mieux valorisée qu'en horizon fini. La réponse **d.** restitue l'argument keynésien selon lequel un titre peu liquide est jugé plus risqué, engendrant une exigence de rendement plus forte.

2. c. La réponse **a.** est fausse. L'obligation étant évaluée par actualisation de ses revenus, elle diminue quand le taux d'actualisation augmente. La réponse **b.** est fausse, le cours de l'obligation tend vers sa valeur de remboursement quand on se rapproche de l'échéance ; le cours tend donc à diminuer.

3. a, b, c. Pour les réponses **a.** et **b.**, il est bon de se rappeler que, de manière générale, la duration est corrélée positivement à la valeur de l'obligation. Pour la réponse **c.**, une baisse des taux engendrant une hausse de la valeur de l'obligation, il est intéressant d'investir dans des obligations à forte duration car leur variation à la hausse sera de plus grande ampleur.

4. b., c. La réponse **a.** est fausse. Une obligation de sensibilité de –5 % signifie que si le rendement requis augmente de 1 %, l'obligation diminue de 5 % - et inversement.

5. a. La réponse **a.** est fausse. Le vendeur d'un call ne peut que gagner la prime, quelle que soit la baisse du sous-jacent. S'il anticipe une forte variation à la baisse, il devrait plutôt acheter un put. De même, la réponse **c.** est fausse, car le vendeur du put n'encaissera que la prime, même avec une forte hausse du sous-jacent. S'il spécule à la hausse, il devrait plutôt acheter un call.

6. a, b. La réponse **c.** est fausse. De manière générale, il faut ici avoir en mémoire la formule de base de la parité put-call :
$C_1 = S_1 + P_1 - E$, qui caractérise la combinaison **a.** Pour la combinaison **b.** : $-C_1 = -S_1 - P_1 + E$. Pour **c.** : $E = S_1 + P_1 - C_1$, autrement dit contracter un emprunt revient à acheter une action, acheter un put et vendre un call, ce qui infirme **c**.

7. a, b. La réponse **c.** est fausse (voir le tableau en section 3.4 : « L'impact des déterminants sur la valeur de l'option »).

8. a, b. La réponse **c.** est fausse (voir le tableau en section 3.4 : « L'impact des déterminants sur la valeur de l'option »).

Corrigés du chapitre 6

1. c. D'après la norme IAS 1, les groupes doivent publier les états financiers consolidés suivants : un bilan, un compte de résultat global, des notes annexes, un tableau des flux de trésorerie, un tableau de variation des capitaux propres.

2. c. Les ratios de profitabilité donnent une indication sur la performance de l'entreprise. Ils visent à confronter les résultats du groupe à son chiffre d'affaires consolidé.

3. b. Le chiffre d'affaires consolidé du groupe intègre le chiffre d'affaires de la société mère et des sociétés contrôlées intégralement et proportionnellement.

4. b. L'endettement financier brut mesure globalement l'ensemble des dettes financières du groupe.

5. b. La rentabilité financière se mesure en divisant le résultat net consolidé du groupe par les capitaux propres consolidés.

6. c. L'EBIT et l'EBITDA n'étant pas des indicateurs normés, leur mode de calcul doit faire l'objet d'une lecture attentive dans les notes.

7. b. Des intérêts minoritaires sont calculés uniquement lorsque la société contrôlée est intégrée globalement par la société mère.

Corrigés du chapitre 7

1. c. Car plus difficilement manipulable

2. c. Le capital n'est pas une ressource gratuite, il faut le rémunérer en prenant en compte le risque encouru.

3. a.

4. a. Le calcul du TSR doit se faire sur une période assez longue (minimum 5 ans).

5. b.

6. b.

7. c.

8. a. L'endettement signale au marché que les dirigeants ont confiance en la capacité de l'entreprise à générer des performances futures suffisantes pour payer les charges financières et les échéances de remboursement futures.

Corrigés du chapitre 8

1. c.

2. c.

3. b. c'est-à-dire hors actifs fictifs.

4. c.

5. a.

6. a. Car il génère de fortes disparités au sein d'un même échantillon (les autres critères sont eux plus homogènes).

7. a. Y compris les entreprises les plus jeunes et/ou en phase de croissance

8. c. Car le RNC est potentiellement manipulable

9. b.

Corrigés du chapitre 9

1. c. Dès que le dirigeant découvre que son entreprise a des difficultés de paiement, il doit trouver rapidement des solutions internes pour résoudre le problème, comme réduire le BFR, réduire les dépenses, arrêter des projets ou repousser dans le temps des travaux encours.

2. a. Dans le cadre du mandat ad hoc, c'est au dirigeant de saisir le tribunal, dans l'objectif de l'aider à faire face aux difficultés de paiements.

3. a. La conciliation est une procédure lancée par le dirigeant afin de nommer un médiateur pour trouver des accords avec les créanciers de l'entreprise et étaler les délais de remboursement afin de permettre à l'entreprise de se restructurer.

4. c. Le mandat ad hoc est une procédure à l'amiable qui permet au dirigeant de saisir le tribunal sans demander l'accord des actionnaires ou des salariés.

5. c. En cas de liquidation judiciaire, les salariés et les différents créanciers seront prioritaire lors du remboursement des dettes, alors que les actionnaires seront les derniers à être remboursé.

6. a. La procédure de sauvegarde est une procédure collective, donc en cas de saisie du tribunal, c'est l'ensemble des dettes qui seront gelés.

7. a. Dans les entreprises, une trésorerie négative n'est pas inhabituelle, c'est même quelque chose de normal, le trésorier met en place des accords avec les banques pour couvrir ce besoin de trésorerie. Alors qu'un BFR négatif représente un résultat positif pour l'entreprise. Alors qu'un fonds de roulement négatif est préoccupant pour le directeur financier.

8. b. La hausse du besoin en fonds de roulement est souvent la principale cause des défauts de paiement. Dans ce cas, le trésorier doit être capable de renégocier à la baisse les délais de paiement des clients, réduire les stocks ou augmenter les dettes fournisseurs.

9. a. Si les ressources stables sont inférieures aux immobilisations alors le fonds de roulement est négatif, dans ce cas l'entreprise peut augmenter les capitaux propres, augmenter les dettes ou céder des immobilisations pour réduire les besoins. La réduction du BFR ne peut pas résoudre le problème du fonds de roulement.

Corrigés du chapitre 10

1. a, b. La réponse **c.** est fausse, le modèle de la VAN fait abstraction des conditions de financement.

2. a. Les réponses **b.** et **c.** sont fausses, elles entraînent au contraire une baisse de la VAN.

3. a. Les réponses **b.** et **c.** sont fausses, le taux d'actualisation représentant le coût du capital, plus il est élevé, plus la VAN est faible et inversement.

4. c. Les réponses **a.** et **b.** sont fausses, **a.** parce que la réalité du projet comporte toujours une part d'incertitude, **b.** parce que ces critères reposent sur des données essentiellement financières.

5. a. Les réponses **b.** et **c.** sont fausses. Le problème de **b.** est résolu par le calcul de la VAN différentielle, celui de **c.** en privilégiant la VAN au TIR ou en optant pour la VANG et le TIRG.

6. a.

7. a, b. La réponse **c.** est fausse, la solution réside dans ce cas dans le calcul de l'annuité équivalente ou la VAN infinie.

8. c.

9. b, c. La réponse **a.** est fausse, par définition, un indice n'est pas un rapport mais le multiplicateur d'un rapport c'est-à-dire que l'indice = 1 + un rapport (ou ratio ou quotient ou taux). Ainsi l'indice du taux de rentabilité de 8 % est 1,08. L'indice est aussi appelé multiplicateur.

Corrigés du chapitre 11

1. c. La réponse **a.** désigne le SR économique et non le SR financier ; la réponse **b.** est fausse car le SR est un chiffre d'affaires.

2. a. b. La réponse **c.** est fausse, car le critère d'Hurwicz est une moyenne pondérée des flux extrêmes. La moyenne arithmétique correspond au critère de Laplace-Bayes.

3. a. b. La réponse **c.** est fausse, car l'espérance de VAN à un nœud de décision correspond à la VAN maximale entre les différentes branches (les différentes combinaisons possibles associées à la décision).

4. a. Les réponses **b.** et **c.** sont fausses : la réponse **b.** est assimilable à un *put* et la réponse **c.** à un *call*.

5. b. Les réponses **b.** et **c.** sont fausses, car l'abandon n'est pas ici l'alternative première. La démarche s'inscrit davantage dans un processus d'apprentissage que l'entreprise acquiert pendant la période de test.

6. b. Les réponses **a.** et **c.** sont fausses, car l'alternative repose ici sur un changement d'*output*, et non sur une expansion de l'exploitation ou un changement de son intensité.

7. a. b. c.

8. a. b. La réponse **c.** est fausse (voir tableau à la section 4.2, « Les déterminants de la valeur d'une option »).

Corrigés du chapitre 12

1. b. La réponse **a.** est fausse, le remboursement est conditionné, subordonné aux remboursements des autres créances ; la réponse **c.** est également fausse, les quasi-fonds propres figurent notamment dans la rubrique « autres fonds propres » et au niveau des comptes courants d'associés.

2. a. Les réponses **b.** et **c.** sont fausses et liées : une augmentation sans DPS permet d'attirer de nouveaux investisseurs.

3. a. Les réponses **b.** et **c.** sont fausses et là encore liées : le rendement requis correspond à l'inverse du PER (voir chapitre 5).

4. a. La réponse **b.** est fausse, ce serait possible en couplant l'OPO avec une offre à prix ferme (OPF) ; la réponse **c.** est fausse, ce serait possible en couplant l'OPO avec un placement global (PG).

5. b. Les réponses **a.** et **c.** sont fausses ; la réponse **a.** fait jouer le levier à la baisse (effet massue).

6. a. b. La réponse **c.** est fausse, le rationnement du crédit entraîne le retrait du marché des capitaux des entreprises les moins risquées, ainsi que des banques qui ne souhaitent plus financer des firmes à forte incertitude.

7. b. c. La réponse **a.** est fausse, elle serait exacte sans impôt (modèle de 1958).

8. a. b. c.

Corrigés du chapitre 13

1. c.

2. c.

3. b. Alors que la part du bénéfice distribuable revenant aux actionnaires est elle décidée en AGO sur proposition du CA ou CS.

4. c.

5. a.

6. a. On parle à cet effet de relution du capital.

7. c.

8. b. En effet, si les dirigeants estiment les actions de l'entreprise surévaluées et qu'ils agissent dans l'intérêt des actionnaires fidèles, ils n'annonceront pas de rachat d'actions car cela serait une opération non créatrice de valeur.

Corrigés du chapitre 14

1. a. Les opérations de restructuration affectent la valeur de l'action.

2. c. La forme de scission qui implique la disparition de la société mère est le *spit-up* (ou scission-dissolution).

3. b. Une opération d'*equity carve-out* (ECO) consiste à coter en Bourse une filiale en cédant une partie de ses titres sur le marché.

4. c. Le taux de service d'une introduction en Bourse (IPO) est le mode de répartition des actions offertes par rapport au nombre d'actions demandées.

5. b. L'IPO présente l'avantage d'augmenter la capacité d'endettement mais à un coût plus faible qu'avant l'IPO.

6. a. Entre la politique de rachat et la politique de dividendes, il y a une complémentarité.

7. a. Dans le cadre de la théorie d'agence, le rachat d'actions est expliqué par la disponibilité des *free cash flows* et la volonté de concentrer la propriété.

8. b. Une opération d'apport partiel d'actifs n'a aucun effet sur les liquidités de l'entreprise apporteuse d'actifs.

9. a. Une opération d'apport partiel d'actifs implique une prise de participation de l'entreprise apporteuse d'actifs dans le capital de la cible.

Corrigés du chapitre 15

1. a. Les actions nouvellement émises sont offertes aux actionnaires de la société absorbée en contrepartie des actions apportées.

2. c. L'accroissement de la taille due à l'acquisition verticale impacte l'exploitation mais aussi les conditions de financement bancaire ou de marché.

3. c.

4. a. L'endettement réduit la participation par des fonds propres, dans le capital de la cible, tout en ayant un contrôle important de cette dernière.

5. c. L'émission d'action par l'acquéreur pour les échanger contre les actions de la cible augmente le nombre d'actions de son capital social, ce qui crée de fait une double dilution. Cette augmentation de capital étant réservée aux actionnaires de la cible.

6. a. Une offre publique d'achat est payée en numéraire. Pour les grandes acquisitions, le cash disponible ne suffit pas, ce qui oblige l'initiateur à avoir recours à la dette. Le ratio d'endettement ou gearing (dettes/fonds propres) augmente alors, ce qui réduit la solvabilité et accroît le risque financier de l'acquéreur.

7. b. Avec une structure de holding, on crée un levier juridique qui consiste à détenir la moitié des 50% des fonds propres de la société cible pour en avoir le contrôle majoritaire (25% du capital de la cible), soit un levier de 2. Le reste est détenu par des minoritaires. Ces 25% peuvent être constitués pour une moitié par des fonds propres et pour l'autre moitié par des dettes (levier financier). Au total, le contrôle de la cible est assuré avec 12,5% de ses fonds propres, soit un levier de 4.

8. a. Ce sont les cadres dirigeants internes de la société cible (top et middle management) qui mettent sur pieds le montage et qui en assurent le financement. Ils ont la conviction que le business plan qu'ils proposent peut garantir la viabilité et la performance de leur société. Le LMBI (*leverage management buy-in*), quant à lui, est réalisé par des cadres dirigeants, extérieurs à la société cible.

9. a. L'obtention de cash par les actionnaires de la cible contre l'apport de leurs actions rend la prime certaine. Dans le cas de l'OPE, l'obtention des actions de l'acquéreur par les actionnaires de la cible, contre l'apport de leurs actions, fait que la prime dépend de l'évolution du cours de l'action de l'acquéreur.

Corrigés du chapitre 16

1. a. Les produits dérivés ne permettent pas de supprimer le risque, mais plutôt le transfert du risque vers la contrepartie.

2. c. Le swap de devise permet l'échange du principal contre une autre devise et le payement des intérêts dans l'autre devise.

3. b. Le détenteur d'un call pourra acheter une devise à un prix fixé au début du contrat et en cas de hausse du prix de la devise son contrat prendra de la valeur.

4. b. La position longue signifie qu'on détient des devises.

5. a. Seule l'option exige le paiement d'une prime au moment de la signature du contrat, ce qui nous le droit de ne pas l'exercer à l'échéance.

6. a. Sur les marchés organisés on peut trouver des options ou des futures.

7. a. Parmi les produits dérivés seuls les futurs peuvent être arrêté sans aucune difficulté, il suffit d'acheter un autre contrat opposé au contrat détenu. Pour les autres contrats, il faut l'accord de la contrepartie.

8. c. Le contrat futur est un contrat à terme qui est coté sur un marché organisé, qui exige le paiement d'un dépôt de garantie au moment de la signature du contrat pour se couvrir contre le risque de défaut.

9. b. Seul l'option exige le paiement d'une prime au moment de la signature du contrat ce qui vous donne le droit de ne pas exercer votre option.

Corrigés du chapitre 17

1. b. L'initiateur recherche la liquidité afin d'alléger son actif. Cela diminue le besoin en fonds de roulement et, grâce à ces liquidités, il accroît la capacité de l'initiateur à faire face à ses engagements à court terme.

2. a. Les investisseurs acquièrent une participation dans le capital de la structure créée.

3. b. La séniorité de la dette signifie un privilège de rémunération et de remboursement. Ce sont souvent les dettes bancaires classiques qui en bénéficient. Viennent ensuite les dettes juniors. Elles sont remboursées après les dettes seniors mais, étant plus risquées, elles bénéficient d'un taux d'intérêt plus élevé.

4. c. Cet excès de valeur des actifs titrisés couvre la variation négative potentielle de la valeur face à un risque de contrepartie.

5. a. Elle assure la couverture contre le risque mais n'assure aucun refinancement pour l'initiateur.

6. b. La titrisation synthétique n'assure aucun refinancement au profit de l'initiateur, et les actifs titrisés ne quittent pas son bilan. Ils sont couverts grâce à un dérivé de crédit, et le risque de défaut du débiteur est alors transféré à un SPV (véhicule de titrisation). Ce dernier émet un emprunt obligataire d'un montant équivalent à celui des actifs couverts. Le SPV garantie le remboursement des souscripteurs grâce à l'acquisition d'actifs sans risque.

7. c.

8. a. Une « *bad bank* » est une structure de cantonnement d'actifs toxiques détenus par des institutions financières qui cherchent à assainir leur bilan (exemple : les produits de subprime). Elle procède à la liquidation de ces actifs toxiques. La création d'une telle structure permet d'échapper à une déstabilisation du secteur financier menacé par des faillites potentielles en raison de la détention de ces actifs toxiques.

9. c. Le principe est celui d'une sortie d'actifs ou de passifs, qui entre dans le cadre de la restructuration du bilan.

Index

A

B

C

D

N

O

P

R

S

T

V

PEFC PEFC/30-32-821

Achevé d'imprimer en novembre 2017 par Wilco aux Pays-Bas
Dépôt légal : novembre 2017
N° éditeur : 2017_0229